## E-Book inside.

Mit folgendem persönlichen Code können Sie die E-Book-Ausgabe dieses Buches downloaden.

1018r-65p6w-jz300-jhb11

Registrieren Sie sich unter
**www.hanser-fachbuch.de/ebookinside**
und nutzen Sie das E-Book auf Ihrem Rechner*, Tablet-PC und E-Book-Reader.

Der Download dieses Buches als E-Book unterliegt gesetzlichen Bestimmungen bzw. steuerrechtlichen Regelungen, die Sie unter www.hanser-fachbuch.de/ebookinside nachlesen können.
* Systemvoraussetzungen: Internet-Verbindung und Adobe® Reader®

Alexander A.W. Scheibeler/Florian Scheibeler
# Easy ISO 9001 für kleine Unternehmen

 **Bleiben Sie auf dem Laufenden!**

Hanser Newsletter informieren Sie regelmäßig über neue Bücher und Termine aus den verschiedenen Bereichen der Technik. Profitieren Sie auch von Gewinnspielen und exklusiven Leseproben. Gleich anmelden unter
**www.hanser-fachbuch.de/newsletter**

Alexander A.W. Scheibeler
Florian Scheibeler

# Easy ISO 9001 für kleine Unternehmen

HANSER

Zu diesem Buch gehört eine CD. Sollte diese nicht beiliegen, können Sie sie unter fachbuch@hanser.de unentgeltlich anfordern.

Bibliografische Information der Deutschen Nationalbibliothek

Die Deutsche Nationalbibliothek verzeichnet diese Publikation in der Deutschen Nationalbibliografie; detaillierte bibliografische Daten sind im Internet über <http://dnb.d-nb.de> abrufbar.

Dieses Werk ist urheberrechtlich geschützt.

Alle Rechte, auch die der Übersetzung, des Nachdrucks und der Vervielfältigung des Buches, oder Teilen daraus, sind vorbehalten. Kein Teil des Werkes darf ohne schriftliche Genehmigung des Verlages in irgendeiner Form (Fotokopie, Mikrofilm oder ein anderes Verfahren), auch nicht für Zwecke der Unterrichtsgestaltung, reproduziert oder unter Verwendung elektronischer Systeme verarbeitet, vervielfältigt oder verbreitet werden.

© 2014 Carl Hanser Verlag München
http://www.hanser-fachbuch.de

Lektorat: Lisa Hoffmann-Bäuml
Herstellung: Der Buch*macher*, Arthur Lenner, München
Satz: Kösel Media, Krugzell
Coverconcept: Marc Müller-Bremer, Rebranding, München, Germany
Titelillustration: Atelier Frank Wohlgemuth, Bremen
Coverrealisierung: Stephan Roenigk
Druck und Bindung: Firmengruppe Appl, aprinta druck, Wemding
Printed in Germany

ISBN 978-3-446-42339-8
E-Book-ISBN 978-3-446-43407-3

# VORWORT

Der Erfolg von Qualitätsmanagement steht außer Frage, aber gerade kleine Unternehmen stehen häufig vor der Umsetzung wie vor einem unbezwingbaren Berg: Dokumentation, Umgang mit Ressourcen, Mess-, Prüf- oder Analyseprozesse, Ermittlung der Kundenanforderungen etc. lassen die Aufgaben scheinbar ins Unermessliche wachsen. Denn wie sollen die Anforderungen der DIN EN ISO 9001:2008 angesichts knapper Ressourcen, eines engen Zeitplans und vor allem geringer Personaldecke umgesetzt werden?

Antwort gibt dieses Praxisbuch: Es zeigt, wie kleine Unternehmen mit geringstmöglichem Aufwand Schritt für Schritt ein zertifizierungsreifes Qualitätsmanagementsystem aufbauen können. Neben vielen Beispielen erleichtern praktische Arbeitshilfen auf CD den direkten Praxistransfer.

In kleinen Organisationen sind pragmatische Vorgehensweisen, wenige Schnittstellen und kurze Wege ein Wettbewerbsvorteil. Mit nur 28 bis 31 Arbeitsaufgaben (AA) und dokumentierten Verfahren (dV) kann die gesamte Organisation dargestellt werden.

Die Beispiele an realen Organisationen mit dem in diesen Unternehmen üblichen Sprachgebrauch berücksichtigen die Prozessorientierung und den Anwendungsbereich des Qualitätsmanagementsystems der Organisation. Die Beschreibung der Wechselwirkung der Prozesse und die Prozessorientierung werden in den Arbeitsaufgaben und den dokumentierten Verfahren dargestellt.

**Die Organisation ist das QM-System!**

**Prozessorientierung bedeutet:** *Nicht die Organisation ist der Norm anzupassen, sondern die Norm ist als „Checkliste" zu nutzen, um das Tagesgeschäft störungsfreier bewältigen und die Kundenanforderungen erfüllen zu können.* Hier liegt der große Nutzen der Norm, da die organisatorischen Schwachstellen gezielt analysiert werden können. Die Umsetzung der Norm in der eigenen Organisation erfolgt **nicht** nach den Norm-Kapiteln, sondern die Integration von Norm und Organisation wird schnell erreicht, indem die Norm-Kapitel in die Arbeitsaufgaben im Sprachgebrauch der Organisation eingebunden sind und somit prozessorientiert definiert werden. So entsteht eine Übersicht über die eigene Organisation, die eigene Unternehmenslandkarte zur gezielten Verbesserung der Organisation.

Die Darstellung der Arbeitsaufgaben und dokumentierten Verfahren erfolgt in Tabellenform mit Microsoft® Office Word 97–2003, ohne dass zusätzliche grafische Elemente und Pfeile eingefügt werden müssen und somit ein doppelter Aufwand entsteht. Die Arbeitsaufgaben und dokumentierten Verfahren sind über Hyperlinks verbunden. Ein zusätzliches Texthandbuch ist nicht erforderlich, somit wird der Dokumentationsaufwand erheblich vermindert.

# AUTOREN

Alexander A.W. Scheibeler, Präsident des VFQG Verband zur Förderung der Qualität im Gesundheitsbereich e.V. und Präsident des VFQPDH Verband zur Förderung der Qualität in Produktion, Dienstleistung und Handel e.V.

Florian Scheibeler, Geschäftsführer der BSBE European Business School for Business Excellence Ltd.

**Mitwirkende Personen**

Christina Heinz, Auditorin für Qualitätsmanagementsysteme.

**Fördernde Organisationen**

UND Unternehmen Neu Denken e.V.

ESI European Solution Institute e.V.

DLQG Deutsche Liga zur Begutachtung der Qualität und Wirtschaftlichkeit im Gesundheitswesen e.V.

# INHALT

| | | |
|---|---|---|
| **1** | **Projektvorbereitung und Durchführung** | **1** |
| 1.1 | Arbeitsaufgaben und dokumentierte Verfahren nutzen | 1 |
| 1.2 | GoM, Grundsätze ordnungsmäßiger Modellierung | 2 |
| 1.3 | Qualitätsmanagementsystem oder Qualitätssicherungssystem? | 3 |
| 1.4 | Wechselwirkung und Wechselbeziehung | 4 |
| 1.5 | Qualitätssicherung in der Organisation | 9 |
| 1.6 | QFD-Excel-Arbeitsmappen Formular – ENTWICKLUNG: QFD Produkt | 12 |
| | | |
| **2** | **Fertigungsunternehmen 1 (Werkzeughersteller)** | **17** |
| 2.1 | Grundsätzliches zum Fertigungsunternehmen 1 | 17 |
| 2.2 | Handbuch/Unternehmenslandkarte (AA und dV) | 20 |
| 2.3 | Vertrieb (AA) | 22 |
| 2.4 | Einkauf (AA) | 32 |
| 2.5 | Entwicklung (AA) | 42 |
| 2.6 | Fertigung (AA) | 48 |
| 2.7 | Lager, Wareneingang, Versand (AA) | 56 |
| 2.8 | Verantwortung der Leitung (AA) | 66 |
| 2.9 | Mitarbeiter (AA) | 84 |
| 2.10 | Ständige Verbesserung des QM-Systems (dV) | 88 |
| 2.11 | Dokumentation des QM-Systems (dV) | 102 |
| | | |
| **3** | **Fertigungsunternehmen 2 (mechanische Bearbeitung)** | **113** |
| 3.1 | Grundsätzliches zum Fertigungsunternehmen 2 | 113 |
| 3.2 | Handbuch/Unternehmenslandkarte (AA und dV) | 116 |
| 3.3 | Vertrieb (AA) | 118 |
| 3.4 | Einkauf (AA) | 128 |
| 3.5 | Fertigung (AA) | 138 |
| 3.6 | Lager, Wareneingang, Versand (AA) | 146 |

| | | |
|---|---|---:|
| 3.7 | Verantwortung der Leitung (AA) | 156 |
| 3.8 | Mitarbeiter (AA) | 174 |
| 3.9 | Ständige Verbesserung des QM-Systems (dV) | 178 |
| 3.10 | Dokumentation des QM-Systems (dV) | 192 |
| **4** | **Dienstleistungsunternehmen (Softwarehaus/Beratungsunternehmen)** | **203** |
| 4.1 | Grundsätzliches zum Dienstleistungsunternehmen | 203 |
| 4.2 | Handbuch/Unternehmenslandkarte (AA und dV) | 206 |
| 4.3 | Vertrieb – Beratung (AA) | 208 |
| 4.4 | Vertrieb – Innendienst | 222 |
| 4.5 | Service (AA) | 230 |
| 4.6 | Verantwortung der Leitung (AA) | 242 |
| 4.7 | Mitarbeiter (AA) | 260 |
| 4.8 | Ständige Verbesserung des QM-Systems (dV) | 264 |
| 4.9 | Dokumentation des QM-Systems (dV) | 278 |
| **5** | **Handelsunternehmen (Maschinen, Geräte, Anlagen, Service)** | **289** |
| 5.1 | Grundsätzliches zum Handelsunternehmen 1 | 289 |
| 5.2 | Handbuch/Unternehmenslandkarte (AA und dV) | 292 |
| 5.3 | Vertrieb (AA) | 294 |
| 5.4 | Einkauf (AA) | 304 |
| 5.5 | Service (AA) | 314 |
| 5.6 | Lager, Wareneingang, Versand (AA) | 322 |
| 5.7 | Verantwortung der Leitung (AA) | 332 |
| 5.8 | Mitarbeiter (AA) | 350 |
| 5.9 | Ständige Verbesserung des QM-Systems (dV) | 354 |
| 5.10 | Dokumentation des QM-Systems (dV) | 368 |
| **Index** | | **381** |

# 1 PROJEKTVORBEREITUNG UND DURCHFÜHRUNG

## 1.1 ARBEITSAUFGABEN UND DOKUMENTIERTE VERFAHREN NUTZEN

Die Erfüllung der ISO-Norm muss für kleine Organisationen nicht mit einem großen bürokratischen Aufwand verbunden sein. Die DIN EN ISO 9001:2008 ermöglicht gerade diesen Organisationen eine drastische Verringerung des Dokumentationsaufwandes.

Die Nutzung der Arbeitsaufgaben (AA) und dokumentierten Verfahren (dV) bildet die Basis für die erfolgreiche Umsetzung der Norm und die Integration ins Tagesgeschäft.

In kleinen Organisationen sind pragmatische Vorgehensweisen, wenige Schnittstellen und kurze Wege ein Wettbewerbsvorteil. Mit nur 28 bis 31 Arbeitsaufgaben und dokumentierten Verfahren kann die gesamte Organisation dargestellt werden.

**Das Handbuch besteht aus einer Seite** (A_START-Handbuch-Prozessorientierter Ansatz) und berücksichtigt die Prozessorientierung und den Anwendungsbereich des Qualitätsmanagementsystems der Organisation. Aus dieser Seite wird auf die *Arbeitsaufgaben* und *dokumentierten Verfahren* verwiesen. Die Beschreibung der *Wechselwirkungen* der Prozesse wird in den Arbeitsaufgaben und den dokumentierten Verfahren dargestellt. Ein zusätzliches Texthandbuch ist nicht erforderlich, somit wird der Dokumentationsaufwand erheblich vermindert.

**EIN ZUSÄTZLICHES TEXTHANDBUCH ENTFÄLLT**

*4.2.1 Allgemeines*

*ANMERKUNG: Die Dokumentation kann in jeder Form und Art eines Mediums realisiert sein.*

*4.2.2 Qualitätsmanagementhandbuch*

*a) den Anwendungsbereich des Qualitätsmanagementsystems, einschließlich Einzelheiten und Begründungen für jegliche Ausschlüsse (siehe 1.2),*

*b) die für das Qualitätsmanagementsystem erstellten dokumentierten Verfahren oder Verweise darauf und*

*c) eine Beschreibung der Wechselwirkung der Prozesse des Qualitätsmanagementsystems.*

**ISO 9001:2008 AUSZUG AUS DER NORM**

In realen Szenarien erhalten Sie Schritt für Schritt alle Tipps für die Umsetzung der Norm. In die Arbeitsaufgaben können die Arbeitsschutzbestimmungen, Gefahrstoffe und Dokumente direkt über Hyperlinks eingebunden werden.

**REALE SZENARIEN BILDEN DIE BASIS**

Die Darstellung der Arbeitsaufgaben und dokumentierten Verfahren erfolgt mit der Tabellenfunktion von Microsoft® Office Word 97–2003. Wenn Sie bereits Word im Einsatz haben, dann benötigen Sie keine weitere Software. Die Arbeitsaufgaben und dokumentierten Verfahren sind über Hyperlinks mit dem Handbuch (A_START-Handbuch-Prozessorientierter Ansatz) verbunden.

**WORD ZUR DARSTELLUNG DER PROZESSE**

# 1 Projektvorbereitung und Durchführung

**EASY ISO 9001:2008**

EASY ISO 9001:2008 ist auch für mittlere und größere Organisationen interessant, die den Mitarbeitern einfache und flexible Strukturen aufzeigen wollen.

**BEISPIELORGANISATIONEN**

Da die Organisationen nicht gleich sind, wurden Beispielorganisationen erstellt. Sie müssen nun selbst auswählen, welche Beispielorganisation für Ihre eigene Organisation am besten geeignet ist. In vielen Arbeitsaufgaben müssen Tabellenspalten nur geändert, gelöscht oder neue hinzugefügt werden, um die eigene Organisation herauszuarbeiten. Der weitere große Nutzen liegt in der strukturierten Darstellung. Die Einarbeitungszeiten von Mitarbeitern und Führungskräften können mit dieser Prozessdarstellung verringert werden.

Die Darstellung als Organisationsstruktur mit der LEAN-ON-Methode® ermöglicht diese einfache Vorgehensweise. Da die Prozesse die Strukturen einer Organisation wie eine Landkarte mit den Wechselwirkungen darstellen, ist die Anforderung der Norm damit erfüllt.

**ALLTAGSPROBLEME = MESSBARE QUALITÄTSZIELE**

Die Umsetzung der Alltagsprobleme in messbare Qualitätsziele schafft gerade in kleinen Unternehmen die gewünschte Transparenz und letztendlich den Erfolg mit der Norm.

Definieren Sie die Arbeitsaufgaben nicht zu tief. Definieren Sie nur die benötigten wichtigen Teilschritte. Damit erhalten Sie

- eine große Akzeptanz bei den Mitarbeitern,
- einen minimaler Pflegeaufwand,
- eine Umsetzungszeit von ca. fünf bis neun Tagen, wenn die Beispielorganisation auf Ihre Organisation zutrifft und Sie Unterstützung erhalten,
- die Möglichkeit, weitere Dokumente der Organisation jederzeit einbinden zu können und
- können auf ein zusätzliches Text-QM-Handbuch verzichten.

**TEAMBILDUNG**

Versuchen Sie nicht, die Arbeitsaufgaben und dokumentierten Verfahren als Einzelkämpfer zu ändern. Sie werden nur die Kritik der Mitarbeiter erhalten. Binden Sie aus den Funktionsbereichen zum benötigten Zeitpunkt einen Mitarbeiter ein und überarbeiten Sie gemeinsam die Arbeitsaufgaben.

Geben Sie die Arbeitsaufgaben **nicht** in die Funktionsbereiche und lassen Sie die Arbeitsaufgaben dort nicht ändern. Ziel der Norm sind Kundenbezug und stärkere Mitarbeitertransparenz. Drucken Sie die Arbeitsaufgaben, dokumentierten Verfahren und Formulare aus und lesen Sie die entsprechenden Hinweise in diesem Begleitheft.

## ■ 1.2 GOM, GRUNDSÄTZE ORDNUNGSMÄSSIGER MODELLIERUNG

**ALLGEMEIN**

Der Ordnungsrahmen der GoM wird durch sechs allgemeine Grundsätze vorgegeben, die *Richtigkeit*, die *Relevanz*, die *Wirtschaftlichkeit*, die *Klarheit*, die *Vergleichbarkeit* und den *systematischen Aufbau*. **Die sechs Grundsätze werden stark verkürzt wiedergegeben.**

**GRUNDSATZ DER RICHTIGKEIT**

Die Modelle müssen die Organisation in ihrem wirklichen Ablauf widerspiegeln. Dazu zählen auch die Namenskonventionen bzw. die in der Organisation gebräuchlichen Abkürzungen. Doppelte Benennungen für den gleichen Prozess oder das gleiche Objekt sind immer zu vermeiden, da dadurch die Komplexität der Begriffe in der Organisation unnötig gesteigert wird. Es müssen Regeln vorhanden sein, wie ein Modell zu modellieren ist. Diese Regeln sind zu beachten, um einen Widerspruch im Modell zu verhindern.

**GRUNDSATZ DER RELEVANZ**

Hier ist die Vollständigkeit des Modells der ausschlaggebende Faktor. Die Vollständigkeit ist immer mit einem Ziel verbunden. Wenn diese Modelle für den allgemeinen Gebrauch bestimmt sind, dann ist das Ziel sehr genau zu definieren. Dabei muss die Vollständigkeit genauso berücksichtigt werden wie der Informationsgrad und die Genauigkeit (Tiefe) der Definition.

Hier konkurrieren die anderen Punkte miteinander. Ein mit geringem Aufwand änderbares Modell erhöht die Wirtschaftlichkeit und die Akzeptanz bei den Mitarbeitern. Somit schränkt der Grundsatz der Wirtschaftlichkeit die anderen Grundsätze ein. Aus Gründen der Wirtschaftlichkeit können die Namenskonventionen des Modells auf die Organisation übertragen werden.

**GRUNDSATZ DER WIRTSCHAFTLICHKEIT**

Ähnlich wie die Relevanz ist auch die Klarheit zielorientiert. Generell müssen die Aspekte Strukturiertheit, Übersichtlichkeit und Lesbarkeit immer erfüllt werden. Es müssen Vorschriften vorhanden sein, die eine Anordung von Objekten und deren Beziehung untereinander festlegen. Eine Veränderung des Modells darf nur unter Berücksichtigung dieser Forderungen durchgeführt werden. Eine zu sehr ins Detail gehende Modellierung ist zu vermeiden, wenn das Modell an Klarheit und Transparenz verliert. Namenskonventionen tragen ebenfalls zur Klarheit der Begriffe bei.

**GRUNDSATZ DER KLARHEIT**

Hier wird eine Vergleichbarkeit mit dem ursprünglichen Modell und den organisationsspezifischen Modellen gefordert, wie ein Soll-Ist-Modell oder unterschiedliche Tochterorganisationen.

**GRUNDSATZ DER VERGLEICHBARKEIT**

Sind unterschiedliche Sichten vorhanden, dann müssen diese in dem Modell integriert sein. Werden gleiche Informationsobjekte in unterschiedlichen Sichten dargestellt, müssen die Bezeichnungen identisch sein.

**GRUNDSATZ DES SYSTEMATISCHEN AUFBAUS**

## ■ 1.3 QUALITÄTSMANAGEMENTSYSTEM ODER QUALITÄTSSICHERUNGSSYSTEM?

Es gibt unterschiedliche Meinungen zu Managementsystemen. Die Frage nach dem Ziel und Nutzen solcher Systeme soll nachfolgend diskutiert werden.

Ein Qualitätsmanagementsystem nach DIN EN ISO 9001:2008 hat zum Ziel, die Wirksamkeit (Effektivität) der Organisation zu erhöhen. Wenn damit noch die Wirtschaftlichkeit (Effizienz) im Unternehmen steigt, dann ist dies ein Erfolg. Die Ausrichtung der DIN EN ISO 9001:2008 ist auf die effektive Erfüllung der Anforderungen des Kunden gerichtet. Die Umsetzung von Effektivität und Effizienz kann mit der DIN EN ISO 9004:2009 erreicht werden.

**EFFEKTIVITÄT ODER EFFIZIENZ?**

Die DIN EN ISO 9001:2008 ist keine Norm für die Qualitätssicherung der Produkte und Dienstleistungen. Es ist die Anforderung des Kunden zu erfüllen und daher eine „Qualitätszusicherung" einer bestimmten Qualität zu liefern.

**QUALITÄTSSICHERUNG?**

Die „Sicherung der Produktqualität oder der Dienstleistungsqualität" war aber auch nie die Aufgabe der Norm. Es war immer die Zusicherung der Qualität (englisch: „quality assurance"). Durch den Übersetzungsfehler in der DIN EN ISO 9001:1994 (Qualitätssicherung anstatt Qualitätszusicherung) wurde dieser falsche Eindruck erweckt.

Die Aufgabe eines Qualitätsmanagementsystems wird in der DIN EN ISO 9001:2008 deutlich: Es geht um die Darlegung der Fähigkeit, konforme Produkte und Dienstleistungen bereitzustellen. Natürlich kann nicht 100-prozentig ausgeschlossen werden, dass fehlerhafte Produkte gefertigt oder fehlerhafte Dienstleistungen erbracht werden.

**DEUTLICHE AUSSAGE**

Die DIN EN ISO 9001:2008 unterscheidet zwischen Anforderungen an Qualitätsmanagementsysteme und Anforderungen an Produkte und Dienstleistungen:

**UNTERSCHEIDUNG DER ANFORDERUNGEN**

- Anforderungen an Qualitätsmanagementsysteme sind allgemeiner Natur und gelten für Organisationen in jedem beliebigen Industrie- oder Wirtschaftssektor, unabhängig von den Produkten und Dienstleistungen, die sie anbieten. Die DIN EN ISO 9001:2008 legt keine Produktanforderungen fest.
- Die Anforderungen an das Produkt oder die Dienstleistung können entweder von den Kunden, von der Organisation oder durch Gesetze und Vorschriften oder andere Normen bestimmt werden.

**ZERTIFIZIERUNG NACH DIN EN ISO 9001:2008**

Eine Zertifizierung nach der DIN EN ISO 9001:2008 ist eine Stichprobenprüfung. Es wird am Tag des Audits festgestellt, ob die Organisation die Anforderungen der Norm erfüllt. Sie sagt daher nichts über die eigentliche Qualität der Organisation, der Produkte oder der Dienstleistung aus. Die DIN EN ISO 9001:2008 ist keine Zertifizierung für Produkte, Prozesse oder Dienstleistungen, sondern eine Systemzertifizierung der Organisation.

**ZUSAMMENFASSUNG**

Die DIN EN ISO 9001:2008 ist für alle Organisationen und alle Produkte geeignet. Es kann nicht das Ziel sein, allein die Anforderungen der Norm zu erfüllen. Ziel sollte es sein, durch die Erfüllung der wesentlich weiter reichenden Anforderungen der Organisation die DIN EN ISO 9001:2008 als Nebeneffekt zu integrieren.

Der Grundgedanke **die Organisation ist das QM-System** ist der rote Faden, der sich durch die gesamte Umsetzung in der Organisation ziehen sollte. Dadurch wird die Norm nicht über die Organisation gestülpt, man arbeitet nicht nach der Norm, sondern man integriert die Norm in das Tagesgeschäft. Der organisatorische Nutzen für die Organisation ist daher vorrangiges Ziel bei der Umsetzung von Managementsystemen.

Die DIN EN ISO 9001:2008 ist eine Norm für den *gesetzlich nicht geregelten Bereich*. Deshalb kann die Norm nicht über den gesetzlichen Regelungen stehen oder diese außer Kraft setzen. Eine Organisation hat immer die gesetzlichen Anforderungen zu erfüllen. Eine Norm kann nur als Hilfe für die Reorganisation der Organisation genutzt werden.

## ■ 1.4 WECHSELWIRKUNG UND WECHSELBEZIEHUNG

Die nachfolgenden Aufzählungen wurden aus den entsprechenden Normenabschnitten entnommen. Sie sind daher **nicht** vollständig angeführt, sondern werden nur hinsichtlich der Begriffe **Wechselwirkung** und **Wechselbeziehung** zitiert.

Da die DIN EN ISO 9000:2005 sowohl für die DIN EN ISO 9001:2008 als auch für die DIN EN ISO 9004:2009 gilt, müssen die Begriffe *Effizienz* und *interessierte Parteien* für die DIN EN ISO 9001:2008 nicht berücksichtigt werden.

### Wechselwirkung und Wechselbeziehungen nach DIN EN ISO 9000:2005

**ZITAT AUS DER NORM**

*0.2 Grundsätze des Qualitätsmanagements*

*Das erfolgreiche Führen und Betreiben einer Organisation erfordert, dass sie in systematischer und klarer Weise geleitet und gelenkt wird. Ein Weg zum Erfolg kann die Einführung und Aufrechterhaltung eines Managementsystems sein, das auf ständige Leistungsverbesserung ausgerichtet ist, indem es die Erfordernisse aller interessierten Parteien berücksichtigt.*

*Eine Organisation zu leiten und zu lenken umfasst neben anderen Management-Disziplinen auch das Qualitätsmanagement. Es wurden acht Grundsätze des Qualitätsmanagements aufgestellt, die von der obersten Leitung benutzt werden können, um die Leistungsfähigkeit der Organisation zu verbessern.*

## 1.4 Wechselwirkung und Wechselbeziehung

*e) Systemorientierter Management-Ansatz:*

*Erkennen, Verstehen, Leiten und Lenken von miteinander in* **Wechselbeziehung stehenden Prozessen** *als System tragen zur Wirksamkeit und Effizienz der Organisation beim Erreichen ihrer Ziele bei.*

*2.4 Prozessorientierter Ansatz*

*Jede Tätigkeit oder jeder Satz von Tätigkeiten, die bzw. der Ressourcen verwendet,* **um Eingaben in Ergebnisse umzuwandeln, kann als Prozess** *angesehen werden. Damit sich Organisationen wirksam betätigen können, müssen sie zahlreiche* **miteinander verknüpfte und in Wechselwirkung zueinander stehende Prozesse erkennen und handhaben.**

*Oft bildet das* **Ergebnis des einen Prozesses die direkte Eingabe für den nächsten***. Das systematische Erkennen sowie Handhaben dieser verschiedenen Prozesse innerhalb einer Organisation, vor allem aber* **der Wechselwirkungen zwischen solchen Prozessen***, wird als „prozessorientierter Ansatz" bezeichnet.*

*2.7.2 Art der Dokumente, die in Qualitätsmanagementsystemen verwendet werden*

*Jede Organisation legt den Umfang der geforderten Dokumentation und die dafür zu verwendenden Medien fest. Dies hängt von Faktoren ab wie: Art und Größe der Organisation,* **Komplexität und Wechselwirkungen von Prozessen,** *Komplexität der Produkte, Kundenanforderungen, anwendbare behördliche Anforderungen, dargelegte Fähigkeit des Personals und der Umfang, in dem das Erfüllen der Qualitätsmanagementsystem-Anforderungen darzulegen ist.*

*3.2 Managementbezogene Begriffe*

*3.2.1 System*

*Satz von in* **Wechselbeziehung** *oder* **Wechselwirkung** *stehenden Elementen*

*3.4 Prozess- und produktbezogene Begriffe*

*3.4.1 Prozess*

*Satz von in* **Wechselbeziehung** *oder* **Wechselwirkung** *stehenden* **Tätigkeiten,** *der Eingaben in Ergebnisse umwandelt*

*ANMERKUNG 1* **Eingaben für einen Prozess sind üblicherweise Ergebnisse anderer Prozesse.**

*ANMERKUNG 2 Prozesse in einer Organisation (3.3.1) werden üblicherweise geplant, und unter beherrschten Bedingungen durchgeführt, um Mehrwert zu schaffen.*

*ANMERKUNG 3 Ein Prozess, bei dem die Konformität (3.6.1) des dabei erzeugten Produkts (3.4.2) nicht ohne Weiteres oder nicht in wirtschaftlicher Weise verifiziert werden kann, wird häufig als „spezieller Prozess" bezeichnet.*

*3.10.1 Messmanagementsystem*

*Satz von in* **Wechselbeziehung oder Wechselwirkung stehenden Elementen,** *der zur Erzielung der metrologischen Bestätigung (3.10.3) und zur ständigen Überwachung von Messprozessen (3.10.2) erforderlich ist*

## Wechselwirkung und Wechselbeziehungen nach DIN EN ISO 9001:2008

*0.2 Prozessorientierter Ansatz*

*Diese Internationale Norm fördert die Wahl eines prozessorientierten Ansatzes für die Entwicklung, Verwirklichung und Verbesserung der Wirksamkeit eines Qualitätsmanagementsystems, um die Kundenzufriedenheit durch die Erfüllung der Kundenanforderungen zu erhöhen.*

*Damit eine Organisation wirksam funktionieren kann, muss sie* **zahlreiche miteinander verknüpfte Tätigkeiten** *erkennen, leiten und lenken. Eine Tätigkeit, die Ressourcen verwendet und die ausgeführt wird, um die* **Umwandlung von Eingaben in Ergebnisse zu ermöglichen, kann als Prozess angesehen werden. Oft bildet das Ergebnis des einen Prozesses die direkte Eingabe für den nächsten.**

ZITAT AUS DER NORM

ZITAT AUS DER NORM

ZITAT AUS DER NORM

ZITAT AUS DER NORM

ZITAT AUS DER NORM

ZITAT AUS DER NORM

# 1 Projektvorbereitung und Durchführung

*Die Anwendung eines* **Systems von Prozessen** *in einer Organisation, um das gewünschte Ergebnis zu erzeugen, gepaart mit dem Erkennen und den* **Wechselwirkungen dieser Prozesse** *sowie deren Management, kann als „prozessorientierter Ansatz" bezeichnet werden.*

*Ein Vorteil des prozessorientierten Ansatzes besteht in der ständigen Lenkung, die dieser Ansatz über die Verknüpfungen zwischen den einzelnen Prozessen in dem System von Prozessen sowie* **deren Kombination und Wechselwirkung** *bietet.*

**ZITAT AUS DER NORM**

*4 Qualitätsmanagement-System*

*4.1 Allgemeine Anforderungen*

*Die Organisation muss entsprechend den Anforderungen dieser Internationalen Norm ein Qualitätsmanagement-System aufbauen, dokumentieren, verwirklichen, aufrechterhalten und dessen Wirksamkeit ständig verbessern.*

*Die Organisation muss*

*a) die für das Qualitätsmanagement-System erforderlichen Prozesse und ihre Anwendung in der gesamten Organisation erkennen (siehe 1.2),*

*b)* **die Abfolge und Wechselwirkung dieser Prozesse festlegen,**

**ZITAT AUS DER NORM**

*4.2 Dokumentationsanforderungen*

*4.2.1 Allgemeines*

*Die Dokumentation zum Qualitätsmanagementsystem muss enthalten*

*a) dokumentierte Qualitätspolitik und Qualitätsziele,*

*b) ein Qualitätsmanagementhandbuch,*

*c) dokumentierte Verfahren, die von dieser Internationalen Norm gefordert werden,*

*d) Dokumente, einschließlich Aufzeichnungen, die die Organisation zur Sicherstellung der wirksamen Planung, Durchführung und Lenkung ihrer Prozesse benötigt.*

*ANMERKUNG 1 Wenn die Benennung „dokumentiertes Verfahren" in dieser Internationalen Norm verwendet wird, bedeutet dies, dass das jeweilige Verfahren festgelegt, dokumentiert, verwirklicht und aufrechterhalten wird. Ein einzelnes Dokument darf Anforderungen an eines oder mehrere Verfahren behandeln. Die Anforderungen an ein dokumentiertes Verfahren dürfen durch mehr als ein Dokument behandelt werden.*

*ANMERKUNG 2 Der Umfang der Dokumentation des Qualitätsmanagement-Systems kann von Organisation zu Organisation unterschiedlich sein auf Grund*

*a) der Größe der Organisation und der Art ihrer Tätigkeiten,*

*b)* **der Komplexität und Wechselwirkung der Prozesse,** *und*

*c) der Kompetenz des Personals.*

*ANMERKUNG 3 Die Dokumentation kann in jeder Form oder Art eines Mediums realisiert sein.*

**ZITAT AUS DER NORM**

*4.2.2 Qualitätsmanagementhandbuch*

*Die Organisation muss ein Qualitätsmanagementhandbuch erstellen und aufrechterhalten, das enthält:*

*a) den Anwendungsbereich des Qualitätsmanagementsystems einschließlich Einzelheiten und Begründungen für jegliche Ausschlüsse*

*b) die für das Qualitätsmanagement-System erstellten dokumentierten Verfahren oder Verweise darauf, und*

*c)* **eine Beschreibung der Wechselwirkung der Prozesse des Qualitätsmanagementsystems.**

### Umsetzung von Wechselwirkung und Wechselbeziehung mit den Arbeitsaufgaben und dokumentierten Verfahren

Bild 1.1 und Bild 1.2 verdeutlichen die Umsetzungen der Begriffe *Wechselwirkung* und *Wechselbeziehung* aus der DIN EN ISO 9000:2005 und DIN EN ISO 9001:2008.

## 1.4 Wechselwirkung und Wechselbeziehung

### Prozessorientiertes Handbuch nach DIN EN ISO 9001:2008

**Übersicht der Arbeitsaufgaben (AA) und der dokumentierten Verfahren (dV)**

| VERTRIEB (AA) | EINKAUF (AA) | ENTWICKLUNG (AA) |
|---|---|---|
| • Angebot erstellen, ändern | • Disposition, Anfrage, Preisvergleich, Bestellung | • Entwicklung, Änderung Serienprodukt |
| • Angebot verfolgen | | • Entwicklung Sonderprodukt (Kundenwunsch) |
| • Auftrag erstellen | • Reklamationen, Falschlieferung | • |
| • Auftrag ändern, stornieren | • Lieferanten Auswahl, Beurteilung, Neubeurteilung | • |
| • Reklamationen | • | • |

| FERTIGUNG (AA) | WARENEINGANG / LAGER / VERSAND (AA) | |
|---|---|---|
| • Fertigungsablauf Serienprodukte, Sonderprodukte | • Wareneingang | • |
| • Instandhaltung der Fertigungseinrichtungen | • Lager | • |
| • Überwachungs- und Messmittel | • Versand | • |
| • | • | • |
| • | • | • |

*System von Prozessen*    *System von Prozessen*

*Beschreibung der Wechselwirkung und Wechselbeziehungen der Prozesse des Qualitätsmanagementsystems*

| Verantwortung der Leitung (AA) | Ständige Verbesserung des QM-Systems (dV) | Dokumentation des QM-Systems (dV) |
|---|---|---|
| • Verantwortung der Leitung | • Internes Audit | • Lenkung von Dokumenten |
| • Qualitätspolitik | • Lenkung fehlerhafter Produkte | • Lenkung von Aufzeichnungen |
| • Messbare Qualitätsziele | • Korrekturmaßnahmen | • Zuordnung Norm-Kapitel: Arbeitsaufgaben (AA) / dokumentierte Verfahren (dV) |
| • Managementbewertung | • Vorbeugungsmaßnahmen | • |

| Mitarbeiter (AA) | | |
|---|---|---|
| • Mitarbeiter Ausbildung, Schulung, Fertigkeiten, Erfahrung | | • |

| Folgende Ausschlüsse wurden vorgenommen: | Begründung: |
|---|---|
| • 7.5.2 Validierung der Prozesse zur Produktion und zur Dienstleistungserbringung | • Die Produkte oder Dienstleistungen können durch Überwachung oder Messung verifiziert werden. |

**Dokument:** Bild 1.1 A_START-Handbuch-Prozessorientierter Ansatz.doc
© BSBE European Business School for Business Excellence Ltd. 2014,
Freigegeben: Klaus Mustermann, Datum: 05.01.2014, Fertigungsunternehmen I
Seite 1 von 1

**BILD 1.1** Übersicht über das QM-System mit dem System von Prozessen

# 1 Projektvorbereitung und Durchführung

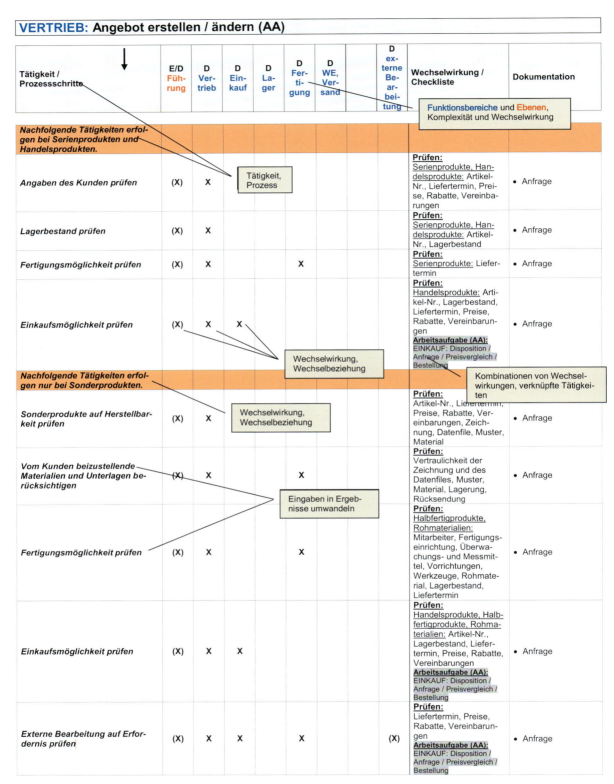

**BILD 1.2** Komplexität, Wechselwirkung, Wechselbeziehung, Prozess, Eingaben, Ergebnisse (Ausschnitt)

# 1.5 QUALITÄTSSICHERUNG IN DER ORGANISATION

Die DIN EN ISO 9001:2008 ist kein Qualitätssicherungssystem für Produkte und Dienstleistungen ist, sondern eine Managementnorm für die Organisation, um die Organisation auf die Kundenanforderungen auszurichten und die Organisationsabläufe in dieser Hinsicht effektiv zu gestalten. Auch die ständige Verbesserung hat dies zum Ziel.

Nur, ohne Qualitätssicherung geht es nicht. Daher wurden in den Arbeitsaufgaben die *Qualitätssicherung der Organisation* und die *Qualitätssicherung der Produkte und Dienstleistungen* mitberücksichtigt. An den nachfolgenden Punkten 1 bis 3 wird dies erläutert. Bild 1.3 zeigt ein entsprechendes Beispiel.

**OHNE QUALITÄTS-SICHERUNG GEHT ES NICHT**

### 1. Managementsystem der Organisation

Für die Darstellung der Organisation als Arbeitsaufgabe benötigt man die einzelnen *Tätigkeiten/Prozessschritte* innerhalb der Arbeitsaufgabe in der Organisation. Dadurch erhält man eine Aneinanderreihung von Tätigkeiten, die leicht von den Mitarbeitern nachvollzogen werden können.

### 2. Qualitätssicherung der Organisation

Für die Qualitätssicherung in der Organisation benötigt man die Spalte *Wechselwirkung/Checkliste*.

Durch die konsequente Anwendung der beiden Abschnitte kann eine ständige Verbesserung der Organisation erreicht werden. Alle wichtigen Informationen stehen den Mitarbeitern zur Verfügung.

### 3. Qualitätssicherung der Produkte und Dienstleistungen

Für die Qualitätssicherung der Produkte und Dienstleistungen benötigt man die *Dokumentation*. Die Qualitätssicherung der Organisation muss nicht komplex oder aufwendig in der Pflege sein. Dies zeigt das Beispiel deutlich auf.

Die **Punkte 1 bis 3 bilden eine Einheit** und ermöglichen so die ständige Verbesserung.

Neue Mitarbeiter können so sehr schnell das Unternehmen kennenlernen. Bisher festgelegte Anforderungen oder Vereinbarungen stehen den neuen Mitarbeitern somit sofort zur Verfügung.

### Umsetzung

Es werden am Beispiel der Arbeitsaufgabe *VERTRIEB: Angebot erstellen/ändern (AA)* die unterschiedlichen Sichten dargestellt (Bild 1.4). Nachfolgend die Erläuterung der Punkte 1 bis 8:

**UMSETZUNG IN DER ORGANISATION**

1. **Was** wird ausgeführt? *(VERTRIEB: Angebot erstellen/ändern)*
2. **Wer** ist der Prozessverantwortliche?
   In der Fußzeile wird die verantwortliche Person mit Datum eingetragen. Damit ist die Arbeitsaufgabe in Kraft gesetzt. Die handschriftliche Unterzeichnung ist nicht erforderlich. Auf eine *Version* oder Ähnliches konnte verzichtet werden, da durch das Datum der aktuelle Stand erkennbar ist. Außerdem sind nur aktuelle Dokumente im Umlauf.
3. **Warum** wird ausgeführt?
4. **Wer** führt aus? *(Funktionsbereich/Mitarbeiterebene (blau) und Führungsebene (rot))*

# 1 Projektvorbereitung und Durchführung

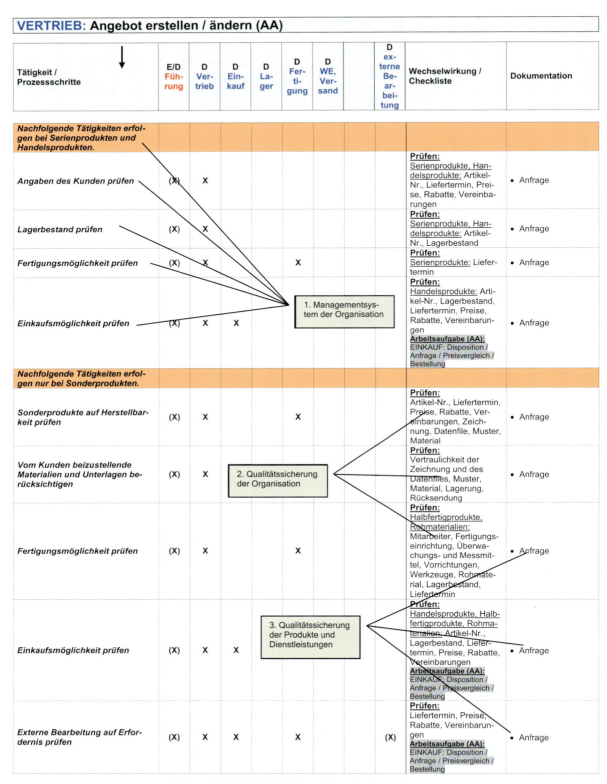

**BILD 1.3** Managementsystem – Qualitätssicherung – Qualitätssicherung der Produkte und Dienstleistungen (Ausschnitt)

## 1.5 Qualitätssicherung in der Organisation

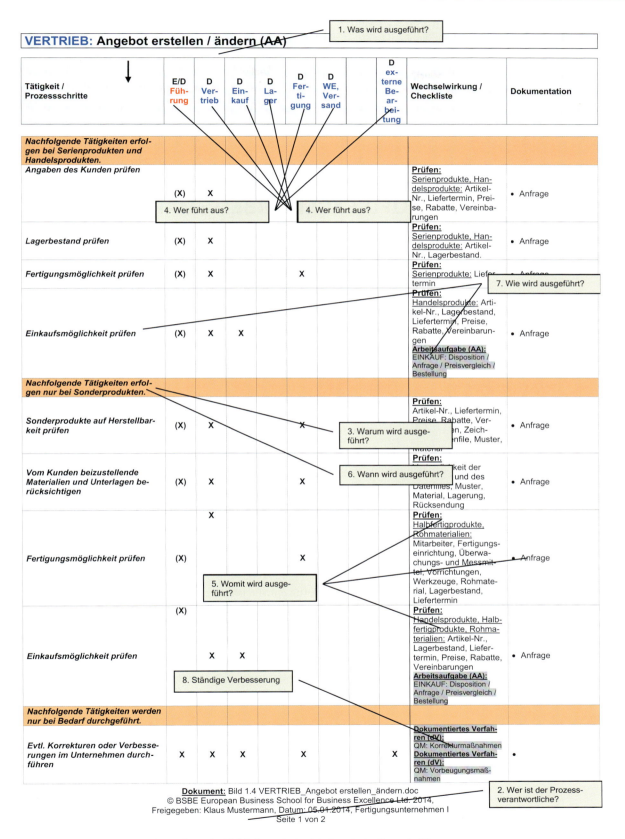

**BILD 1.4** Prozessorientierte Darstellung der Tätigkeiten mit der Arbeitsaufgabe (Ausschnitt)

5. **Womit** wird ausgeführt?
   In den Spalten *Wechselwirkung/Checkliste* und *Dokumentation* werden die benötigten Daten eingetragen. Dokumente, Aufzeichnungen und Gesetze, Verordnungen usw. vervollständigen die Arbeitsaufgabe.
6. **Wann** wird ausgeführt?
7. **Wie** wird ausgeführt? (Dies wird durch **alle Tätigkeitsschritte** dargestellt.)
8. Ständige **Verbesserung.**

## ■ 1.6 QFD-EXCEL-ARBEITSMAPPEN FORMULAR – ENTWICKLUNG: QFD PRODUKT

Die Excel-Arbeitsmappe *ENTWICKLUNG: QFD Produkt* wurde zur Erfüllung der Kundenforderungen oder der Forderungen des Marktes entwickelt. Sie koordiniert von Anfang an Vertrieb, Marketing, Einkauf und Produktion.

Mithilfe des Formulars *ENTWICKLUNG: QFD Produkt*

- kann die Entwicklung verfolgt und einfach dokumentiert werden,
- können weitere Produktoptimierungen nach Markteinführung dokumentiert werden,
- können Änderungen am Produkt gezielt durchgeführt werden,
- können gezielt Lieferanten nach ihren Fähigkeiten ausgewählt werden,
- kann die Entwicklung von Produkten schneller und sicherer durchgeführt werden,

da alle Entscheidungen, Argumente, Kundenforderungen und Bewertungen vorhanden sind.

Die Produktentwicklung beginnt zuerst mit einer Idee. Grob vereinfacht kann man Folgendes sagen:

1. Es gibt Produkte und Dienstleistungen, die durch gesetzliche Bestimmungen gestützt werden.
2. Es gibt Produkte und Dienstleistungen, die einen großen Nutzen für den Kunden darstellen.
3. Es gibt Produkte und Dienstleistungen, die man eigentlich nicht benötigt.

Der Punkt 3 ist der komplexeste, deshalb wurde als Beispiel der Punkt 2 ausgewählt. Es wurden bewusst Vereinfachungen im Formular *ENTWICKLUNG: QFD Produkt* vorgenommen, um einen schnelleren Einsatz in kleinen und mittleren Organisationen zu ermöglichen.

Die vier Beispielorganisationen enthalten unterschiedliche *QFD Formulare*. Die Unterschiede werden in dem entsprechenden Kapitel behandelt. Das nachfolgende Beispiel zeigt ein komplexes Formular *ENTWICKLUNG: QFD Produkt*.

**ORDNER FÜR DAS „PRODUKTIONSUNTERNEHMEN 1"**

Im Ordner **E_9001_Beispiel_1_Hanser/Dokumente Formulare** finden Sie die Excel-Arbeitsmappe *ENTWICKLUNG: QFD Produkt*.

Da Hochleistungswerkzeuge als Serienprodukte hergestellt werden, kann mit der Excel-Arbeitsmappe *ENTWICKLUNG: QFD Produkt* eine qualifizierte Dokumentation der Entwicklung und der Änderung durchgeführt werden. Die Excel-Arbeitsmappe *ENTWICKLUNG: QFD Produkt* wurde für diese Organisationsgröße stark vereinfacht. Zusätzlich kann unter den *kleinen, roten Dreiecken* ein Kommentar aufgerufen werden, den Sie selbst verändern können.

Die **Punkte 1 bis 6** werden nachfolgend detailliert besprochen.

1. Der Einsatz der QFD-Arbeitsmappen ist einfach. Zuerst muss die Produktidee in Verkaufsargumente umgewandelt werden. Hier ist der Vertrieb gefordert. In der ersten Zeile wird das Hauptverkaufsargument definiert. In der zweiten Zeile erfolgen weitere Argumente zum Hauptverkaufsargument, d. h., das Hauptverkaufsargument soll den Kunden „neugierig" machen und die zweite Zeile weitere Erklärungen ermöglichen. Die dritte Zeile gibt die Zielgruppe an.

   In diesem Beispiel: *Hochleistungswerkzeug* als **Hauptverkaufsargument** und *für Hartbearbeitung oberhalb 62 HRC* als **weitere Erklärung.** Hier ist zu beachten, dass der Kunde das letzte Wort als „prägend" behält. Als **Zielgruppe** wurde *Formenbau, Gesenkbau* ausgewählt.

2. Als Nächstes sind die *Forderungen des Kunden (FdK)* oder *des Marktes* zu beschreiben. *Hier ist der Vertrieb gefordert.* Führen Sie alle Forderungen auf. Hier muss die *Stimme des Kunden* berücksichtigt werden. Aus Sicht des Kunden ist jedoch nicht jede Forderung gleich wichtig. Es gibt Forderungen, die der Kunde als selbstverständlich annimmt. Die *Gewichtung der Forderungen* wird in der Spalte *Gewichtung Forderung* vorgenommen, *1 = unwichtig bis 10 = sehr wichtig.* Durch diese Gewichtung wird *Technikverliebtheit* vermieden. Es kommt also darauf an: Was will der Kunde? Was wird der Kunde bezahlen? Es nützt nichts, ein Produkt zu entwickeln, das die Forderung übererfüllt. Dadurch kann das Produkt schwieriger am Markt abzusetzen sein. Außerdem soll für die Zukunft eine Weiterentwicklung möglich sein, die bei einer 150-prozentigen Neuentwicklung schwerer möglich ist.

   Sollten Sie einen Service anbieten, dann ist die Spalte *Gewichtung Service* ebenfalls auszufüllen, Gewichtung: 1 = unwichtig bis 10 = sehr wichtig. (**Hinweis:** Es erfolgt keine Berechnung.)

3. Die Forderungen des Kunden oder des Marktes sind nun bekannt und gewichtet. Als Nächstes sind die *allgemeinen technischen Merkmale (atM)* und die *spezifischen technischen Merkmale (stM)* zu beschreiben. *Hier sind die Fertigung, der Einkauf und der Vertrieb gefordert.*
   **Allgemeine technische Merkmale:** Materialqualität; **spezifische technische Merkmale:** Hartmetall TSF 44; **allgemeine technische Merkmale:** ruhiger Lauf; **spezifische technische Merkmale:** extra stabiler Kern; **allgemeine technische Merkmale:** ruhiger Lauf; **spezifische technische Merkmale:** hohe Schneidkantenbelastung.

   Die **technischen Schwierigkeiten** berücksichtigen die Probleme bei der Produktion des Bohrers, wie z. B. Produktionseinrichtungen, Mitarbeiter, Formen usw., *1 = einfach bis 10 = sehr schwierig.* Die Daten stellen eine **Hilfe** dar, d. h., sie müssen nicht ausgefüllt werden. In diesem Beispiel zeigt die *hohe Rundlaufgenauigkeit*, dass es technische Probleme bei der Umsetzung geben wird und eventuell eine neue Produktionsmaschine erforderlich ist. (**Hinweis:** Es erfolgt keine Berechnung.)

4. Nun ist die Beziehungsmatrix mit größter Sorgfalt auszufüllen, da sonst die Gesamtbewertung verfälscht wird. Die *Beziehungsmatrix (FdK) zu (atM) zu (stM)* bewertet jede *Forderung des Kunden (FdK)* mit den *allgemeinen technischen Merkmalen (atM)* und den *spezifischen technischen Merkmalen (stM).*

   Die *Beziehungsmatrix* sieht kompliziert aus, sie ist es jedoch nicht, wenn man folgende Vorgehensweise einhält: Drucken Sie die Kommentare – *rotes Dreieck über dem Wort* „(stM)", Sie müssen die Mausspitze auf das rote Dreieck bewegen, es wird dann automatisch ein Fenster eingeblendet – aus (nur über „Druck"-Taste möglich). Stellen Sie die Frage immer mithilfe des ausgedruckten Textes. Die Praxis hat gezeigt: Wenn man diese beiden Regeln beachtet, dann ist die Aussage in der *Beziehungsmatrix* korrekt. Ohne die ausgedruckten Kommentare wird die Fragestellung sehr schnell verfälscht.

1 Projektvorbereitung und Durchführung

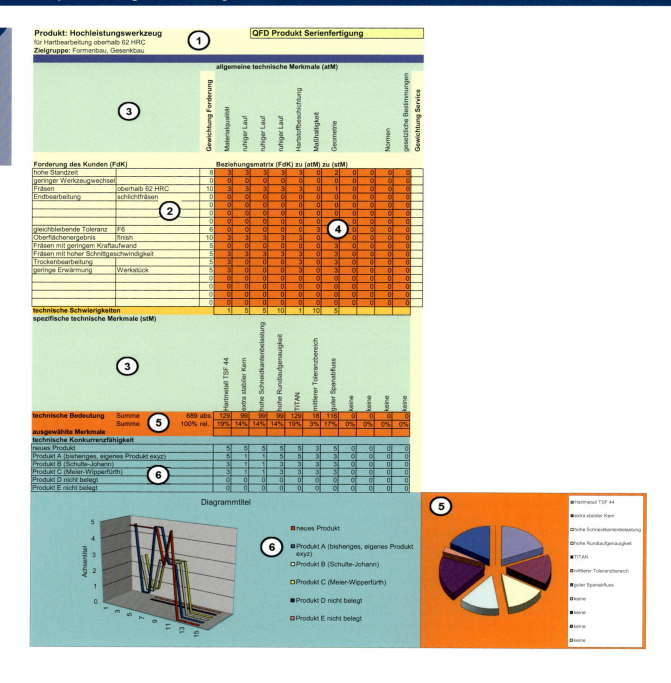

**BILD 1.5** Formular: ENTWICKLUNG: QFD Produkt

## 1.6 QFD-Excel-ArbeitsmappenFormular – ENTWICKLUNG: QFD Produkt

Die Bewertungsgrundlage: 0 = keine Bewertung, 1 = leicht, schwach, 2 = mittel, normal, 3 = stark.

**Fragestellung:** Wie stark wird die Forderung des Kunden nach „hoher Standzeit" mit der „Materialqualität Hartmetall TSF 44" erfüllt? **Eingabe:** 3 = stark; **Fragestellung:** Wie stark wird die Forderung des Kunden nach „Fräsen oberhalb 62 HRC" mit der „Materialqualität Hartmetall TSF 44" erfüllt? **Eingabe:** 3 = stark; **Fragestellung:** Wie stark wird die Forderung des Kunden nach „geringem Werkzeugwechsel" mit „Materialqualität Hartmetall TSF 44" erfüllt? **Eingabe:** 0 = keine Bewertung usw.
**Sie müssen jede Frage beantworten, um ein korrektes Ergebnis zu erhalten.**

5. Die **technische Bedeutung** an der Gesamtentwicklung wird sofort sichtbar. Die wichtigen Kundenforderungen können nun gezielt entwickelt werden. Die Daten werden zusätzlich in einer Tortengrafik dargestellt. Die Grafik kann jederzeit gegen eine andere Darstellungsform ausgetauscht werden. In der Excel-Arbeitsmappe *ENTWICKLUNG: QFD Produkt* ab **Zeile 67** werden die Eingaben berechnet. Die Berechnung wurde getrennt aufgeführt, um ein leichteres Ändern zu ermöglichen. (**Hinweis:** Hier dürfen **keine** Daten eingetragen werden, da sonst die Formeln zerstört werden.)

**Berechnung:** *Gewichtung der Forderung*, Eingabe = 8, multipliziert mit Eingabe aus der *Fragestellung:* Wie stark wird die Forderung des Kunden nach „hoher Standzeit" mit der „Materialqualität Hartmetall TSF 44" erfüllt? **Eingabe:** 3 = stark, **Ergebnis:** 24. *Die Ergebnisse jeder Spalte werden summiert und als Summe angezeigt. Dadurch ist jede Forderung des Kunden gewichtet.*

Sollten Sie unter *Forderung des Kunden (FdK)* oder bei *allgemeine technische Merkmale (atM)* weitere Spalten einfügen, **dann muss die Summenbildung ebenfalls ergänzt werden.**

Als Nächstes wird die **technische Bedeutung** in Zahlen und in Prozent dargestellt. Die Summen werden aus der Summenbildung übernommen und nach *technischer Bedeutung* übertragen. Es wird weiter eine Quersumme gebildet, in diesem Fall 689 abs. Diese Quersumme wird als 100 % rel. gesetzt, und nun wird jede Spalte bewertet. **Beispiel:** 19 % = 129 : 689. Es ist sofort zu erkennen, wo die wichtigen Kundenforderungen sind. Für jedes *spezifische technische Merkmal (stM)* wird der prozentuelle Anteil der technischen Bedeutung am Endprodukt ermittelt. So lassen sich unnötige Kosten vermeiden.

6. **Die Kenntnis über Wettbewerbsprodukte kann entscheidend für das neue Produkt sein.** Das Beispiel in Bild 1.5 zeigt das eigene neue Produkt im Vergleich zum Wettbewerb. Das Bild zeigt deutlich die Schwächen und Stärken auf. Die Grafik kann auch in Verkaufsgesprächen eingesetzt werden, um dem Kunden die neuen technischen Möglichkeiten zu verdeutlichen. In diesem Beispiel schneidet das eigene neue Produkt sehr gut ab. Diese Erkenntnisse treten bereits in der Planungsphase hervor, d. h., es wurde noch kein Produkt entwickelt oder verändert! **Neues Produkt:** Die *spezifischen technischen Merkmale (stM)* werden mit den *Forderungen des Kunden (FdK)* verglichen. Bei fehlenden wichtigen Informationen über Wettbewerbsprodukte und deren „spezifische technische Merkmale" kann unter Umständen ein Entwicklungsdefizit entstehen.

**Produkt A bis Produkt E:** Die Daten liefern Vergleichstest, Produktuntersuchungen oder Markbeobachtungen der Wettbewerbsprodukte zu dem neuen Produkt. **Bewertung:** 1 = schlecht, 3 = durchschnittlich, 5 = gut. Sie stellt eine Hilfe dar, muss jedoch nicht ausgefüllt werden. Die Daten für den Vergleich zwischen den eigenen Produkten und den Wettbewerbsprodukten werden hier eingegeben. Die Grafik kann jederzeit gegen eine andere Darstellungsform ausgetauscht werden.

# 2 FERTIGUNGSUNTERNEHMEN 1 (WERKZEUGHERSTELLER)

## ■ 2.1 GRUNDSÄTZLICHES ZUM FERTIGUNGSUNTERNEHMEN 1

Das *Fertigungsunternehmen 1* produziert Werkzeuge als Serienprodukte und zusätzlich kundenbezogene Sonderprodukte. Weiter werden Produkte als Handelsprodukte hinzugekauft. Zusätzlich erfolgt eine externe Bearbeitung der Produkte. Es findet eine komplette Entwicklung im Bereich Serienprodukte statt, daher ist das *Norm-Kapitel 7 Produktrealisierung* in vollem Umfang zu erfüllen. Insgesamt sind 25 Mitarbeiter in Verwaltung und Fertigung beschäftigt. **Eine vorhandene EDV-Unterstützung wird den Abläufen zugrunde gelegt.**

ANGABEN ZUM „FERTIGUNGSUNTERNEHMEN 1"

Die ISO 9001:2008 ist eine Erfüllungsnorm. Das bedeutet, die Norm-Kapitel 4, 5, 6, 7 und 8 sind zu erfüllen. Die Fragen, die sich aus dem Text der Norm ergeben, können nur mit *erfüllt, nicht erfüllt, ausgeschlossen* oder *trifft nicht zu* beantwortet werden. Nur das *Norm-Kapitel 7 Produktrealisierung* lässt *Ausschlüsse mit Begründung* zu. Der Originaltext der Norm wird nur auszugsweise zitiert.

ISO 9001:2008

Im Ordner **E_9001_Beispiel_1_Hanser/Dokumente Arbeitsaufgaben_AA** finden Sie die *Arbeitsaufgaben (AA)*, im Ordner **E_9001_Beispiel_1_Hanser/Dokumente dokumentierte Verfahren_dV** die *dokumentierten Verfahren (dV)* und im Ordner **E_9001_Beispiel_1_Hanser/Dokumente Formulare** die *Formulare*.

ORDNER FÜR DAS „FERTIGUNGSUNTERNEHMEN 1"

Die Erreichung der Kundenzufriedenheit, die Vermeidung von Fehlern und die ständige Verbesserung der Organisation sind oberstes Ziel der Norm. Um diese Ziele und Anforderungen zu erreichen, wird das *Fertigungsunternehmen 1* in **Arbeitsaufgaben** aufgeteilt. Durch diese pragmatische Vorgehensweise wird die Norm für die Mitarbeiter transparent und leicht umsetzbar.

UMSETZUNG DER ISO 9001:2008 ALS ARBEITSAUFGABEN

**Die Organisation ist das QM-System!**

**Prozessorientierung bedeutet:** *Nicht die Organisation ist der Norm anzupassen, sondern die Norm ist als „Checkliste" zu nutzen, um das Tagesgeschäft störungsfrei bewältigen und die Kundenanforderungen erfüllen zu können.* Hier liegt der große Nutzen der Norm, da die organisatorischen Schwachstellen gezielt analysiert werden können. Die Umsetzung der Norm in der eigenen Organisation erfolgt **nicht** nach den Norm-Kapiteln, sondern die Integration von Norm und Organisation wird schnell erreicht, indem die Norm-Kapitel in die Arbeitsaufgaben im Sprachgebrauch der Organisation eingebunden sind und somit prozessorientiert definiert werden. So entsteht eine Übersicht über die eigene Organisation, die eigene Unternehmenslandkarte, zur gezielten Verbesserung der Organisation. Die erforderliche Zuordnung der Arbeitsaufgaben und dokumentierten Verfahren zu den einzelnen Norm-Kapiteln der DIN EN ISO 9001:2008 wird mit dem dokumentierten Verfahren *QM: Norm-Kapitel: Arbeitsaufgaben (AA)/dokumentierte Verfahren (dV)* erreicht.

ELIMINIEREN DER ORGANISATORISCHEN SCHWACHSTELLEN

## 2 Fertigungsunternehmen 1 (Werkzeughersteller)

**DIE ARBEITSAUFGABEN**

Die einzelnen Tätigkeiten, die zur Erfüllung der Arbeitsaufgabe benötigt werden, müssen von oben nach unten definiert werden. Die betroffenen Funktionsbereiche, die diese Tätigkeiten ausüben, werden mit einem „X" markiert. Dadurch entsteht eine Matrix, in der die Anteile jeder Ebene und jedes Funktionsbereiches zur Erfüllung der Arbeitsaufgabe leicht erkennbar sind. Ebenfalls werden die Schnittstellen und Wechselwirkungen zwischen den Funktionsbereichen und Ebenen deutlich. **Die Führungsebene ist rot markiert, die Funktionsbereiche/Mitarbeiterebenen sind blau markiert** (Bild 2.1).

Mit dieser Arbeitsaufgabe wird das Erstellen oder das Ändern des Angebotes prozessorientiert beschrieben.

**BEDEUTUNG DER ZUORDNUNG IN DEN ARBEITSAUFGABEN**

1. **VERTRIEB:** grundsätzliche Zuordnung der Arbeitsaufgabe in der Organisation zum Funktionsbereich.
2. **Angebot erstellen/ändern:** Definition der Arbeitsaufgabe im Sprachgebrauch der Organisation.
3. **Führungsebene (rot):** Wie z. B. Inhaber, Geschäftsführer, Vertriebsleiter, Einkaufsleiter, Fertigungsleiter usw., alle Führungsentscheidungen im Arbeitsablauf werden unter dieser Ebene zusammengefasst (E/D, E = entscheiden, D = durchführen).
4. **Funktionsbereich/Mitarbeiterebene (blau):** Vertrieb, Einkauf usw. (D = durchführen).
5. **Externe Bearbeitung:** Zum Beispiel Bearbeitung von Produkten, diese Tätigkeit wird einzeln betrachtet, da ein erhöhter logistischer Aufwand erforderlich ist.
6. **Wechselwirkung/Checkliste:** Hier werden die Wechselwirkungen mit anderen Arbeitsaufgaben oder die zu beachtenden Einzelheiten aufgeführt.
7. **Dokumentation:** Alle benötigten Unterlagen zur Durchführung der Tätigkeit werden hier aufgeführt.
8. **Tätigkeit/Prozessschritte:** Die durchzuführenden Tätigkeiten (Prozessschritte) werden immer in der erforderlichen Reihenfolge nacheinander durchgeführt.
9. **Farbliche Erläuterung zu Tätigkeiten:** Tätigkeiten, die nicht immer ausgeführt werden oder nur für bestimmte Tätigkeiten Gültigkeit haben, sind farblich markiert und müssen erläutert werden. Die *farbliche Kennzeichnung der Tabellenzeile* zeigt den Beginn und das Ende an.
10. **Ständige Verbesserung:** Hier *können* Methoden und Informationen aufgeführt werden, die zur ständigen Verbesserung der Arbeitsaufgabe genutzt werden.
11. **Dokument:** der Name der Arbeitsaufgabe.
12. **Freigegeben, Datum:** Diese Daten dokumentieren die Person, die für den Prozess verantwortlich ist, und die Aktualität der Arbeitsaufgabe.
13. **Fertigungsunternehmen 1:** Hier ist der Name der Organisation einzutragen oder das Logo einzufügen.

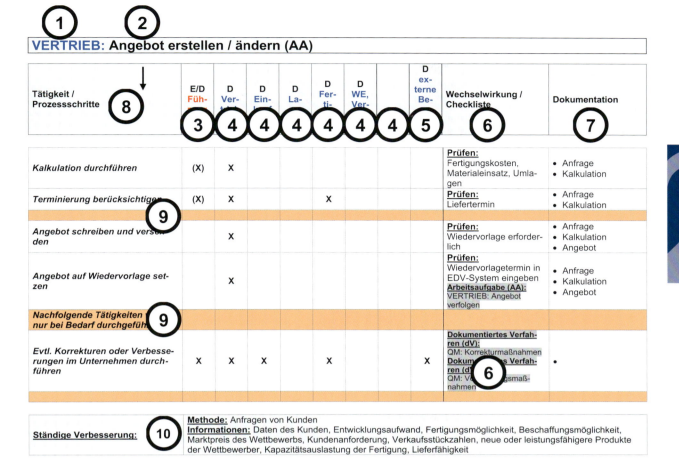

**BILD 2.1** Grundsätzliche Darstellung der Arbeitsaufgabe (Ausschnitt)

## 2 Fertigungsunternehmen 1 (Werkzeughersteller)

# ■ 2.2 HANDBUCH/UNTERNEHMENS-LANDKARTE (AA UND DV)

**Das Handbuch besteht aus einer Seite** *(A_START-Handbuch-Prozessorientierter Ansatz;* Bild 2.2) und berücksichtigt die Prozessorientierung und den Anwendungsbereich des Qualitätsmanagementsystems der Organisation. Aus dieser Seite wird auf die Arbeitsaufgaben und dokumentierten Verfahren verwiesen. Die Integration von Norm und Organisation wird schnell erreicht, indem die Arbeitsaufgaben definiert werden. So entsteht eine Übersicht über die eigene Organisation, die eigene Unternehmenslandkarte, zur gezielten Verbesserung (ständige Verbesserung) der Organisation. Die Unternehmenslandkarte enthält alle benötigten Arbeitsaufgaben und dokumentierten Verfahren zur Umsetzung der Norm.

**ISO 9001:2008 AUSZUG AUS DER NORM**

*0.1 Allgemeines*

*… Es ist nicht die Absicht dieser Internationalen Norm zu unterstellen, dass Qualitätsmanagementsysteme einheitlich strukturiert oder einheitlich dokumentiert sein müssen …*

**STRUKTUR „FERTIGUNGS-UNTERNEHMEN 1"**

Die Umsetzung der ISO 9001:2008 erfolgt *prozessorientiert* mit den Arbeitsaufgaben und den dokumentierten Verfahren.

Die Organisation wird in folgende Funktionsbereiche aufgeteilt:

1. Vertrieb (AA),
2. Einkauf (AA),
3. Entwicklung (AA),
4. Fertigung (AA),
5. Wareneingang/Lager/Versand (AA),
6. Verantwortung der Leitung (AA),
7. ständige Verbesserung des QM-Systems (dV),
8. Dokumentation des QM-Systems (dV),
9. Mitarbeiter (AA),
10. Zuordnung der Arbeitsaufgaben und dokumentierten Verfahren zu den Norm-Kapiteln,
11. Norm-Kapitel, die ausgeschlossen werden mit der Begründung, warum ein Ausschluss erfolgt.

Diese Aufteilung können Sie jederzeit ändern, wenn Ihre Organisation anders strukturiert ist. Die blauen Texte, z.B. *Angebot erstellen, ändern*, sind mit einem Hyperlink versehen. Sie verzweigen direkt aus der Unternehmenslandkarte in die Arbeitsaufgaben oder in die dokumentierten Verfahren.

**Bitte beachten Sie Folgendes:** Wenn Sie Word-Dokumente umbenennen oder neue Word-Dokumente in die Unternehmenslandkarte aufnehmen, dann müssen Sie auch den Hyperlink ändern.

## 2.2 Handbuch/Unternehmenslandkarte (AA und dV)

### Prozessorientiertes Handbuch nach DIN EN ISO 9001:2008

**Übersicht der Arbeitsaufgaben (AA) und der dokumentierten Verfahren (dV)**

| (1) VERTRIEB (AA) | (2) EINKAUF (AA) | (3) ENTWICKLUNG (AA) |
|---|---|---|
| • Angebot erstellen, ändern | • Disposition, Anfrage, Preisvergleich, Bestellung | • Entwicklung, Änderung Serienprodukt |
| • Angebot verfolgen | • Bestellung verfolgen | • Entwicklung Sonderprodukt (Kundenwunsch) |
| • Auftrag erstellen | • Reklamationen, Falschlieferung | • |
| • Auftrag ändern, stornieren | • Lieferanten Auswahl, Beurteilung, Neubeurteilung | • |
| • Reklamationen | | • |

| (4) FERTIGUNG (AA) | (5) WARENEINGANG / LAGER / VERSAND (AA) | |
|---|---|---|
| • Fertigungsablauf Serienprodukte, Sonderprodukte | • Wareneingang extern | • |
| • Instandhaltung der Fertigungseinrichtungen | • Wareneingang aus Fertigung | • |
| • Überwachungs- und Messmittel | • Produkte ein- und auslagern | • |
| • | • Produkte versenden | • |
| | • Inventur | • |

| (6) Verantwortung der Leitung (AA) | (7) Ständige Verbesserung des QM-Systems (dV) | (8) Dokumentation des QM-Systems (dV) |
|---|---|---|
| • Verantwortung der Leitung | • Internes Audit | • Lenkung von Dokumenten |
| • Qualitätspolitik | • Lenkung fehlerhafter Produkte | • Lenkung von Aufzeichnungen |
| • Messbare Qualitätsziele | • Korrekturmaßnahmen | • (10) Zuordnung Norm-Kapitel: Arbeitsaufgaben (AA) / dokumentierte Verfahren (dV) |
| • Managementbewertung | • Vorbeugungsmaßnahmen | |

| (9) Mitarbeiter (AA) | | |
|---|---|---|
| • Mitarbeiter Ausbildung, Schulung, Fertigkeiten, Erfahrung | • | • |

| Folgende Ausschlüsse wurden vorgenommen: (11) | Begründung: |
|---|---|
| • 7.5.2 Validierung der Prozesse zur Produktion und zur Dienstleistungserbringung | Die Produkte oder Dienstleistungen können durch Überwachung oder Messung verifiziert werden. |

**Dokument:** Bild 2.2 A_START-Handbuch-Prozessorientierter Ansatz.doc
© BSBE European Business School for Business Excellence Ltd. 2014,
Freigegeben: Klaus Mustermann, Datum: 05.01.2014, Fertigungsunternehmen I

**BILD 2.2** Prozessorientiertes Handbuch/Unternehmenslandkarte

## ■ 2.3 VERTRIEB (AA)

Der Vertrieb benötigt die Arbeitsaufgaben:
1. VERTRIEB: Angebot erstellen/ändern (AA)
2. VERTRIEB: Angebot verfolgen (AA)
3. VERTRIEB: Auftrag erstellen (AA)
4. VERTRIEB: Auftrag ändern/stornieren (AA)
5. VERTRIEB: Reklamation (AA)

**VERTRIEB: Angebot erstellen/ändern (AA)**

Mit dieser Arbeitsaufgabe wird das Erstellen oder das Ändern des Angebotes prozessorientiert beschrieben (Bild 2.3).

Die Anfragen der Kunden werden durch den Vertrieb bearbeitet. Es gibt zwei generelle Unterscheidungen:

- **Serienprodukte:** Dazu zählen Produkte aus eigener Fertigung und Handelsprodukte.
- **Sonderprodukte:** kundenspezifische Produkte nach Zeichnung oder Muster.

Die Arbeitsaufgabe berücksichtigt diese Auftragsarten. Die Angaben des Kunden werden geprüft. Bei Sonderprodukten sind zusätzliche Prüfungen notwendig: die Herstellungsmöglichkeit, die Genauigkeit der Zeichnung und die Materialqualität. Sollte Kundeneigentum vorhanden sein (Zeichnung, Muster oder Rohmaterial), ist es die Aufgabe der Fertigung, die Fertigungsmöglichkeit vorher abzuklären.

Die Prüfung der Fertigungsmöglichkeit berücksichtigt Mitarbeiter, Fertigungseinrichtungen, Überwachungs- und Messmittel, Vorrichtungen, Werkzeuge, Halbfertigprodukte und Rohmaterialien.

Zum Schluss erfolgen die Kalkulation und die Klärung des Liefertermins. Die Zuordnung der Verantwortung ist in kleineren Organisationen weiter gefasst.

**WECHSELWIRKUNG** — Aus dieser Arbeitsaufgabe wird eventuell auf weitere Arbeitsaufgaben und dokumentierte Verfahren verwiesen (Wechselwirkung). Eine detaillierte Beschreibung erfolgt in diesen Dokumenten.

**KORREKTUR- UND VORBEUGUNGSMASSNAHMEN** — Es sind eventuell Korrektur- oder Vorbeugungsmaßnahmen einzuleiten. Im Bedarfsfall ist das Formular *QM: Korrektur- und Vorbeugungsmaßnahmen* auszufüllen.

## VERTRIEB: Angebot erstellen / ändern (AA)

| Tätigkeit / Prozessschritte | E/D Füh-rung | D Ver-trieb | D Ein-kauf | D La-ger | D Fer-ti-gung | D WE, Ver-sand | D externe Be-ar-bei-tung | Wechselwirkung / Checkliste | Dokumentation |
|---|---|---|---|---|---|---|---|---|---|
| **Nachfolgende Tätigkeiten erfolgen bei Serienprodukten, Handelsprodukten.** | | | | | | | | | |
| Angaben des Kunden prüfen | (X) | X | | | | | | Prüfen: Serienprodukte, Handelsprodukte: Artikel-Nr., Liefertermin, Preise, Rabatte, Vereinbarungen | • Anfrage |
| Lagerbestand prüfen | (X) | X | | | | | | Prüfen: Serienprodukte, Handelsprodukte: Artikel-Nr., Lagerbestand | • Anfrage |
| Fertigungsmöglichkeit prüfen | (X) | X | | | X | | | Prüfen: Serienprodukte: Liefertermin | • Anfrage |
| Einkaufsmöglichkeit prüfen | (X) | X | X | | | | | Prüfen: Handelsprodukte: Artikel-Nr., Lagerbestand, Liefertermin, Preise, Rabatte, Vereinbarungen **Arbeitsaufgabe (AA):** EINKAUF: Disposition / Anfrage / Preisvergleich / Bestellung | • Anfrage |
| **Nachfolgende Tätigkeiten erfolgen nur bei Sonderprodukten.** | | | | | | | | | |
| Sonderprodukte auf Herstellbarkeit prüfen | (X) | X | | | X | | | Prüfen: Artikel-Nr., Liefertermin, Preise, Rabatte, Vereinbarungen, Zeichnung, Datenfile, Muster, Material | • Anfrage |
| Vom Kunden beizustellende Materialien und Unterlagen berücksichtigen | (X) | X | | | X | | | Prüfen: Vertraulichkeit der Zeichnung und des Datenfiles, Muster, Material, Lagerung, Rücksendung | • Anfrage |
| Fertigungsmöglichkeit prüfen | (X) | X | | | X | | | Prüfen: Halbfertigprodukte, Rohmaterialien: Mitarbeiter, Fertigungseinrichtung, Überwachungs- und Messmittel, Vorrichtungen, Werkzeuge, Rohmaterial, Lagerbestand, Liefertermin | • Anfrage |
| Einkaufsmöglichkeit prüfen | (X) | X | X | | | | | Prüfen: Handelsprodukte, Halbfertigprodukte, Rohmaterialien: Artikel-Nr., Lagerbestand, Liefertermin, Preise, Rabatte, Vereinbarungen **Arbeitsaufgabe (AA):** EINKAUF: Disposition / Anfrage / Preisvergleich / Bestellung | • Anfrage |
| Externe Bearbeitung erforderlich prüfen | (X) | X | X | | X | | (X) | Prüfen: Liefertermin, Preise, Rabatte, Vereinbarungen **Arbeitsaufgabe (AA):** EINKAUF: Disposition / Anfrage / Preisvergleich / Bestellung | • Anfrage |

**Dokument:** Bild 2.3 VERTRIEB_Angebot erstellen_ändern.doc
© BSBE European Business School for Business Excellence Ltd. 2014,
Freigegeben: Klaus Mustermann, Datum: 05.01.2014, Fertigungsunternehmen I
Seite 1 von 2

**BILD 2.3** VERTRIEB: Angebot erstellen/ändern (AA) (Ausschnitt)

## VERTRIEB: Angebot verfolgen (AA)

Mit dieser Arbeitsaufgabe wird die Verfolgung des Angebotes prozessorientiert beschrieben (Bild 2.4).

**Serienprodukte:** Dazu zählen Produkte aus eigener Fertigung und Handelsprodukte.

**Sonderprodukte:** kundenspezifische Produkte nach Zeichnung oder Muster.

Die Kundenangebote werden mit einem Wiedervorlagedatum versehen.

Der Vertrieb erhält in einer Übersicht alle Angebote und kann nun entscheiden, ob ein Nachfassen dieser Angebote zu diesem Zeitpunkt sinnvoll ist.

Bei den Angeboten wird von Serien- und Sonderprodukten (kundenspezifischen Produkten) nach Zeichnung oder Muster ausgegangen. Es ist nicht wahrscheinlich, dass zu diesem Zeitpunkt eine völlig veränderte Vorgabe durch den Kunden erfolgt. Daher werden deutlich weniger Tätigkeiten benötigt als bei der Angebotserstellung. Sollte das in Ihrer Organisation anders sein, dann müssen Sie die benötigten Tätigkeiten hinzufügen oder ändern.

**WECHSELWIRKUNG** Aus dieser Arbeitsaufgabe wird eventuell auf weitere Arbeitsaufgaben und dokumentierte Verfahren verwiesen (Wechselwirkung). Eine detaillierte Beschreibung erfolgt in diesen Dokumenten.

**KORREKTUR- UND VORBEUGUNGS- MASSNAHMEN** Es sind eventuell Korrektur- oder Vorbeugungsmaßnahmen einzuleiten. Im Bedarfsfall ist das Formular *QM: Korrektur- und Vorbeugungsmaßnahmen* auszufüllen.

## VERTRIEB: Angebot verfolgen (AA)

| Tätigkeit / Prozessschritte | E/D Führung | D Vertrieb | D Einkauf | D Lager | D Fertigung | D WE, Versand | D externe Bearbeitung | Wechselwirkung / Checkliste | Dokumentation |
|---|---|---|---|---|---|---|---|---|---|
| *Angebot heraussuchen* | (X) | X | | | | | | **Klären:** Termin für Rückfrage erreicht <br> **Arbeitsaufgabe (AA):** VERTRIEB: Angebot erstellen / ändern | • Anfrage <br> • Kalkulation <br> • Angebot |
| *Mit Kunden in Verbindung setzen* | (X) | X | | | | | | **Klären:** Angebot erhalten, Preise, Lieferzeit, Kunde hat sich noch nicht entschieden | • Anfrage <br> • Kalkulation <br> • Angebot |
| **Nachfolgende Tätigkeiten werden nur bei Bedarf durchgeführt.** | | | | | | | | | |
| *Angebot überarbeiten* | (X) | X | | | | | | **Arbeitsaufgabe (AA):** VERTRIEB: Angebot erstellen / ändern | • |
| *Angebot auf Wiedervorlage setzen* | | X | | | | | | **Prüfen:** Wiedervorlagetermin in EDV-System eingeben | • Anfrage <br> • Kalkulation <br> • Angebot |
| *Evtl. Korrekturen oder Verbesserungen im Unternehmen durchführen* | X | X | | | | | | **Dokumentiertes Verfahren (dV):** QM: Korrekturmaßnahmen <br> **Dokumentiertes Verfahren (dV):** QM: Vorbeugungsmaßnahmen | • |

| **Ständige Verbesserung:** | **Methode:** Rückmeldungen von Kunden <br> **Informationen:** Nicht erhaltene Angebote, Korrektur der Angebote |
|---|---|

**BILD 2.4** VERTRIEB: Angebot verfolgen (AA)

## VERTRIEB: Auftrag erstellen (AA)

Mit dieser Arbeitsaufgabe wird das Erstellen des Auftrages prozessorientiert beschrieben (Bild 2.5).

**Serienprodukte:** Dazu zählen Produkte aus eigener Fertigung und Handelsprodukte.

**Sonderprodukte:** kundenspezifische Produkte nach Zeichnung oder Muster.

Es gibt zwei Kundenauftragsarten:

- Serien- und Handelsprodukte sowie
- kundenspezifische Produkte (Sonderprodukte) nach Zeichnung oder Muster, immer in Verbindung mit einem Angebot.

Bei Sonderprodukten wird die Bestellung des Kunden mit dem Angebot verglichen, um letzte Widersprüche auszuräumen. Serien- und Handelsprodukte benötigen nicht grundsätzlich ein Angebot, da nach Katalog oder im Online-Shop bestellt wird.

Bei Serien- und Handelsprodukten wird der Bestand im Lager und in der Fertigung berücksichtigt. Dies ist für eine sinnvolle Aufteilung der Mengen notwendig, falls es Engpässe in der Fertigung oder im Einkauf gibt bzw. eine Disposition der Serienprodukte noch nicht erfolgt ist.

Der Einkauf hat bei der Terminierung

- die Fertigungszeit,
- die eventuelle Oberflächenveredelung und
- die Beschaffbarkeit

zu berücksichtigen.

Da nicht alle Kunden eine Auftragsbestätigung wünschen bzw. dies bei Lagerlieferungen keinen Sinn macht, wurde bei *Auftragsbestätigung schreiben* eine Erläuterung eingefügt.

Fertigungsaufträge (Serienprodukte, Sonderprodukte und Wiederaufarbeitung) werden vom Vertrieb erstellt und in die Fertigung gegeben. Dies ist bei kleinen Organisationen üblich, da der Vertrieb gleichzeitig die Disposition der Serienprodukte übernimmt.

Der Lieferschein für Serienprodukte wird ins Lager zur Kommissionierung weitergeleitet, um den schnellen Versand der Produkte zu gewährleisten.

**WECHSELWIRKUNG** Aus dieser Arbeitsaufgabe wird eventuell auf weitere Arbeitsaufgaben und dokumentierte Verfahren verwiesen (Wechselwirkung). Eine detaillierte Beschreibung erfolgt in diesen Dokumenten.

**KORREKTUR- UND VORBEUGUNGS-MASSNAHMEN** Es sind eventuell Korrektur- oder Vorbeugungsmaßnahmen einzuleiten. Im Bedarfsfall ist das Formular *QM: Korrektur- und Vorbeugungsmaßnahmen* auszufüllen.

## 2.3 Vertrieb (AA)

### VERTRIEB: Auftrag erstellen (AA)

| Tätigkeit / Prozessschritte | E/D Führung | D Vertrieb | D Einkauf | D Lager | D Fertigung | D WE, Versand | D externe Bearbeitung | Wechselwirkung / Checkliste | Dokumentation |
|---|---|---|---|---|---|---|---|---|---|
| *Nachfolgende Tätigkeiten erfolgen nur bei Serienprodukten, Handelsprodukten.* | | | | | | | | | |
| Angaben des Kunden prüfen | (X) | X | (X) | | | | | **Prüfen:** Serienprodukte, Handelsprodukte: Artikel-Nr., Lagerbestand, Liefertermin, Preise, Rabatte, Vereinbarungen<br>**Arbeitsaufgabe (AA):** EINKAUF: Disposition / Anfrage / Preisvergleich / Bestellung | • Angebot<br>• Kundenauftrag |
| *Nachfolgende Tätigkeiten erfolgen nur bei Sonderprodukten.* | | | | | | | | | |
| Angebot vorhanden (bei Sonderprodukten zwingend) | (X) | X | | | | | | **Prüfen:** Angebot mit Auftrag des Kunden vergleichen | • Angebot<br>• Kundenauftrag |
| Vom Kunden beigestellte Materialien und Unterlagen berücksichtigen | (X) | X | | | | | | **Prüfen:** Vertraulichkeit der Zeichnung, Datenfile, Muster, Material, Lagerung | • Angebot<br>• Kundenauftrag |
| Sonderprodukte disponieren | (X) | | X | | | | | **Arbeitsaufgabe (AA):** EINKAUF: Disposition / Anfrage / Preisvergleich / Bestellung | • |
| Auftragsbestätigung schreiben | | X | | | | | | **Prüfen:** Eine Auftragsbestätigung ist nicht in jedem Fall erforderlich. | • Angebot<br>• Kundenauftrag<br>• Auftragsbestätigung |
| *Nachfolgende Tätigkeiten erfolgen nur bei Handelsprodukten, Serienprodukten.* | | | | | | | | | |
| Vorrätige Produkte für Kundenauftrag auslagern und versenden | | | | X | | | | **Arbeitsaufgabe (AA):** LAGER: Produkte einlagern / auslagern | • Lieferschein |
| *Nachfolgende Tätigkeiten werden nur bei Bedarf durchgeführt.* | | | | | | | | | |
| Evtl. Korrekturen oder Verbesserungen im Unternehmen durchführen | X | X | X | X | X | | X | **Dokumentiertes Verfahren (dV):** QM: Korrekturmaßnahmen<br>**Dokumentiertes Verfahren (dV):** QM: Vorbeugungsmaßnahmen | • |

| Ständige Verbesserung: | **Methode:** Rückmeldungen von Kunden, Einkauf, Lager<br>**Informationen:** Angebot an den Kunden, Auftrag des Kunden, Kundeneigentum, Serienprodukte, Handelsprodukte, Sonderprodukte |
|---|---|

**BILD 2.5** VERTRIEB: Auftrag erstellen (AA)

## VERTRIEB: Auftrag ändern/stornieren (AA)

Mit dieser Arbeitsaufgabe wird das Ändern oder das Stornieren des Auftrags prozessorientiert beschrieben (Bild 2.6).

**Serienprodukte:** Dazu zählen Produkte aus eigener Fertigung und Handelsprodukte.

**Sonderprodukte:** kundenspezifische Produkte nach Zeichnung oder Muster.

Es gibt vielfältige Gründe, die zu einer Auftragsänderung oder Stornierung führen können. Hier alle Gründe aufzuführen ist jedoch nicht möglich.

Beispiele, die zu einer Auftragsänderung oder Stornierung führen können:

- Der Kunde beschwert sich über eine Terminverzögerung und verlangt eine Teillieferung zu einem anderen Termin.
- Die Menge ist zu ändern.
- Der Einkauf kann das Material nicht rechtzeitig beschaffen.
- Das Lager meldet Fehlmengen.
- Die Fertigung kann zu dem gewünschten Zeitpunkt nicht liefern.
- Der Kunde hat das falsche Produkt bestellt oder keine aktuelle Zeichnung geschickt.
- Preisänderungen werden nicht berücksichtigt, da die Produktqualität sich ändert.

Bei Serienprodukten ist eine Stornierung unproblematisch, da es sich um Lagerware handelt. Bei Sonderprodukten sind Stornierungen unwahrscheinlich, da der Kunde die Produkte benötigt. Sollte das in Ihrer Organisation anders sein, dann müssen Sie die benötigten Tätigkeiten hinzufügen oder ändern.

Die Kurzklärung zwischen Führung, Vertrieb und Fertigung berücksichtigt alle Gründe, die zu einer Auftragsänderung führen. Die Entscheidung mit dem Kunden löst dann die weiteren Tätigkeiten aus.

Je nach Umfang der Änderung werden die einzelnen Tätigkeiten mehr oder weniger stark ausgeführt. Es kommt nicht darauf an, jede einzelne Tätigkeit bis ins Detail zu beschreiben, da bei der dargestellten Organisationsgröße dazu keine Notwendigkeit besteht.

**WECHSELWIRKUNG**

Aus dieser Arbeitsaufgabe wird eventuell auf weitere Arbeitsaufgaben und dokumentierte Verfahren verwiesen (Wechselwirkung). Eine detaillierte Beschreibung erfolgt in diesen Dokumenten.

**KORREKTUR- UND VORBEUGUNGSMASSNAHMEN**

Es sind eventuell Korrektur- oder Vorbeugungsmaßnahmen einzuleiten. Im Bedarfsfall ist das Formular *QM: Korrektur- und Vorbeugungsmaßnahmen* auszufüllen.

## 2.3 Vertrieb (AA)

**VERTRIEB: Auftrag ändern / stornieren (AA)**

| Tätigkeit / Prozessschritte | E/D Führung | D Vertrieb | D Einkauf | D Lager | D Fertigung | D WE, Versand | D externe Bearbeitung | Wechselwirkung / Checkliste | Dokumentation |
|---|---|---|---|---|---|---|---|---|---|
| Kundenauftrag ändern / stornieren | (X) | X | X | X | X | | (X) | **Prüfen:** Kurzklärung des Problems, Kosten ermitteln <br> **Arbeitsaufgabe (AA):** EINKAUF: Bestellung verfolgen <br> **Arbeitsaufgabe (AA):** EINKAUF: Reklamation / Falschlieferung | • Kundenauftrag<br>• Fertigungsauftrag<br>• Bestellung<br>• Lieferschein |
| Entscheidung mit Kunden durchführen | | X | | | | | | **Prüfen:** Wenn keine Änderung oder Stornierung erfolgt, dann müssen keine weiteren Tätigkeiten durchgeführt werden. | • Kundenauftrag |
| *Nachfolgende Tätigkeiten werden nur bei Änderung oder Stornierung durchgeführt.* | | | | | | | | | |
| Handelsprodukte, Halbfertigprodukte, Rohmaterialien bestellt | | | X | | | | | **Prüfen:** Bestellung ändern oder stornieren <br> **Arbeitsaufgabe (AA):** EINKAUF: Disposition / Anfrage / Preisvergleich / Bestellung | • Bestellung |
| Vom Kunden beigestellte Materialien und Unterlagen berücksichtigen und zurücksenden | (X) | X | | X | | | | **Prüfen:** Vertraulichkeit der Zeichnung, Datenfile, Muster, Material, Lagerung, Rücksendung <br> **Arbeitsaufgabe (AA):** VERSAND: Produkte versenden | • Kundenauftrag<br>• Lieferschein |
| Fertigung benachrichtigen | | X | X | | | | | **Prüfen:** Produkte verschrotten, ausliefern oder Fertigungsauftrag weiter fertigen, ändern, stornieren, externe Bearbeitung <br> **Arbeitsaufgabe (AA):** EINKAUF: Disposition / Anfrage / Preisvergleich / Bestellung | • Fertigungsauftrag |
| Handelsprodukte, Halbfertigprodukte, Rohmaterialien Bestand prüfen | | | | X | | | | **Prüfen:** Handelsprodukt, Halbfertigprodukt, Rohmaterialien bestellen <br> **Arbeitsaufgabe (AA):** EINKAUF: Disposition / Anfrage / Preisvergleich / Bestellung | • Fertigungsauftrag |
| Kosten ermitteln / berechnen | | X | X | | X | | | **Prüfen:** Kostenübernahme durch den Kunden | • Kundenauftrag<br>• Kostenaufstellung |
| Auftragsbestätigung schreiben | | X | | | | | | **Prüfen:** Eine Auftragsbestätigung ist nicht in jedem Fall erforderlich. | • Auftragsbestätigung |
| *Nachfolgende Tätigkeiten werden nur bei Bedarf durchgeführt.* | | | | | | | | | |
| Evtl. Korrekturen oder Verbesserungen im Unternehmen durchführen | (X) | X | X | X | X | | (X) | **Dokumentiertes Verfahren (dV):** QM: Korrekturmaßnahmen <br> **Dokumentiertes Verfahren (dV):** QM: Vorbeugungsmaßnahmen | • |

Dokument: Bild 2.6 VERTRIEB_Auftrag_ändern_stornieren.doc
© BSBE European Business School for Business Excellence Ltd. 2014,
Freigegeben: Klaus Mustermann, Datum: 05.01.2014, Fertigungsunternehmen I

**BILD 2.6** VERTRIEB: Auftrag ändern/stornieren (AA) (Ausschnitt)

## VERTRIEB: Reklamation (AA)

Mit dieser Arbeitsaufgabe wird die Durchführung der Reklamationsbearbeitung prozessorientiert beschrieben (Bild 2.7).

**Serienprodukte:** Dazu zählen Produkte aus eigener Fertigung und Handelsprodukte.

**Sonderprodukte:** kundenspezifische Produkte nach Zeichnung oder Muster.

Auch bei der Reklamationsbearbeitung werden die Tätigkeiten in der Arbeitsaufgabe nur abstrakt geschildert, da es nicht möglich und sinnvoll ist, alle Tätigkeiten aufzuzeigen.

Beispiele:

- Der Kunde hat die falsche Ware bekommen.
- Der Kunde hat defekte Ware bekommen.
- Die Reklamation ist im Wareneingang/Versand eingetroffen.
- Der Vertrieb bringt Ware vom Kunden mit.

Je nach Umfang der Reklamation werden die einzelnen Tätigkeiten mehr oder weniger stark ausgeführt. Es kommt nicht darauf an, jede einzelne Tätigkeit bis ins Detail zu beschreiben. Das ist bei den unterschiedlichen Kombinationsmöglichkeiten zu aufwendig. Wichtiger ist die Analyse der Reklamationsgründe.

Die reklamierten Produkte werden bis zur Klärung mit dem Begleitschreiben des Kunden oder einem Warenbegleitschein gekennzeichnet und ins Sperrlager eingeräumt bzw. verbleiben im Wareneingang. Die Fertigung prüft die reklamierten Produkte, da dort die nötige Fachkompetenz vorhanden ist.

Unberechtigte Reklamationen werden an den Kunden zurückgesandt oder auf seine Kosten entsorgt.

**WECHSELWIRKUNG**

Aus dieser Arbeitsaufgabe wird eventuell auf weitere Arbeitsaufgaben und dokumentierte Verfahren verwiesen (Wechselwirkung). Eine detaillierte Beschreibung erfolgt in diesen Dokumenten.

**KORREKTUR- UND VORBEUGUNGSMASSNAHMEN**

Es sind eventuell Korrektur- oder Vorbeugungsmaßnahmen einzuleiten. Im Bedarfsfall ist das Formular *QM: Korrektur- und Vorbeugungsmaßnahmen* auszufüllen.

## 2.3 Vertrieb (AA)

**VERTRIEB: Reklamation (AA)**

| Tätigkeit / Prozessschritte | E/D Führung | D Vertrieb | D Einkauf | D Lager | D Fertigung | D WE, Versand | D externe Bearbeitung | Wechselwirkung / Checkliste | Dokumentation |
|---|---|---|---|---|---|---|---|---|---|
| Reklamation prüfen | (X) | X | X | X | X | X | (X) | **Prüfen:** Kurzklärung des Problems: Preis, Menge, Liefertermin, Reklamation im Wareneingang eingetroffen, Produkte im Versand sperren, Lieferant, eigene Fertigung, externe Bearbeitung **Arbeitsaufgabe (AA):** WARENEINGANG: Wareneingang extern | • Reklamationsschreiben<br>• E-Mail<br>• Anschreiben<br>• Sperrzettel<br>• Fertigungsauftrag<br>• Antwortschreiben Lieferant |
| Lieferant benachrichtigen | (X) | X | | | | | (X) | **Klären:** Produkte: (Endprodukt, Halbfertigprodukt, Rohmaterial, externe Bearbeitung) | • Bestellung<br>• Auftragsbestätigung<br>• Reklamationsschreiben |
| Fertigung benachrichtigen | (X) | X | | X | | | | **Klären:** Produkte: (Serienprodukt, Sonderprodukt) | • Bestellung<br>• Auftragsbestätigung<br>• Reklamationsschreiben<br>• Zeichnung<br>• Fertigungsauftrag |
| Reklamation ist abgelehnt | (X) | X | X | | X | X | (X) | **Prüfen:** Kunden benachrichtigen, Termin, evtl. Rückversand zum Kunden **Arbeitsaufgabe (AA):** VERSAND: Produkte versenden | • Begleitschreiben<br>• Lieferschein |
| *Nachfolgende Tätigkeiten werden nur bei berechtigter Reklamation mit Preisen, Mengen, Falschlieferung von Produkten durchgeführt.* | | | | | | | | | |
| Reklamation Preis | (X) | X | | | | | | **Prüfen:** Gutschrift erstellen | • Gutschrift |
| Falsche Produkte ins Lager einlagern | (X) | X | | X | | X | | **Prüfen:** Serienprodukte, Handelsprodukte, falscher Artikel, falsche Menge, keine Beschädigungen **Arbeitsaufgabe (AA):** LAGER: Produkte einlagern / auslagern | • Einlagerungsschein |
| Neue Produkte auslagern und versenden | | X | | X | | X | | **Prüfen:** Serienprodukte, Handelsprodukte **Arbeitsaufgabe (AA):** LAGER: Produkte einlagern / auslagern | • Lieferschein |
| Evtl. Korrekturen oder Verbesserungen im Unternehmen durchführen | (X) | X | X | | X | | | **Dokumentiertes Verfahren (dV):** QM: Korrekturmaßnahmen **Dokumentiertes Verfahren (dV):** QM: Vorbeugungsmaßnahmen | • |
| *Nachfolgende Tätigkeiten werden nur bei berechtigter Reklamation mit fehlerhaften Produkten durchgeführt.* | | | | | | | | | |

**Dokument:** Bild 2.7 VERTRIEB_Reklamation.doc
© BSBE European Business School for Business Excellence Ltd. 2014,
Freigegeben: Klaus Mustermann, Datum: 05.01.2014, Fertigungsunternehmen I
Seite 1 von 2

**BILD 2.7** VERTRIEB: Reklamation (AA) (Ausschnitt)

## ■ 2.4 EINKAUF (AA)

Der Einkauf benötigt die Arbeitsaufgaben:
1. EINKAUF: Disposition/Anfrage/Preisvergleich/Bestellung (AA)
2. EINKAUF: Bestellung verfolgen (AA)
3. EINKAUF: Reklamation/Falschlieferung (AA)
4. EINKAUF: Lieferanten Auswahl/Beurteilung/Neubeurteilung (AA)

### EINKAUF: Disposition/Anfrage/Preisvergleich/Bestellung (AA)

Mit dieser Arbeitsaufgabe werden die Disposition, die Anfrage, der Preisvergleich und die Bestellung prozessorientiert beschrieben (Bild 2.8).

Der Einkauf beschafft folgende relevante Produkte und Dienstleistungen:

- Handelsprodukte,
- Halbfertigprodukte,
- Rohmaterialien,
- externe Bearbeitung,
- Überwachungs- und Messmittel,
- Wartung der Fertigungsmaschinen und die Disposition der Standardverschleißteile.

Die Handelsprodukte, Halbfertigprodukte und Rohmaterialien für Serienprodukte liegen fest. Bei Neuentwicklungen der Serien- und Sonderprodukte ist eine schriftliche Anfrage sinnvoll. In der Praxis wird bei den Stammlieferanten angerufen, die Preise werden notiert, Lieferzeiten werden festgehalten, ein Vergleich wird durchgeführt und anschließend wird per Fax, E-Mail, Online-Shop oder telefonisch bestellt. Wenn die Lieferanten eine Auftragsbestätigung senden, dann muss ein Vergleich mit der Bestellung auf Richtigkeit erfolgen. Dies trifft auch auf die neu aufzunehmenden Handelsprodukte zu.

Da Hochleistungswerkzeuge hergestellt werden, ist die Auswahl der Rohmaterialien und Lieferanten ein entscheidender Faktor. Deshalb wurde eine vereinfachte Excel-Arbeitsmappe *EINKAUF: QFD Lieferantenbewertung* entwickelt. Mit diesem Formular können gleichzeitig eine qualifizierte Lieferantenauswahl und eine Lieferantenbeurteilung durchgeführt werden. Da jedoch nicht jedes Mal eine Lieferantenbeurteilung sinnvoll oder erforderlich ist, wurde dies vermerkt.

In den Ablauf ist eine externe Bearbeitung integriert, da ein erhöhter logistischer Aufwand erforderlich ist.

Die Anfrage/Bestellung kann in einem Vorlageordner abgelegt oder elektronisch verwaltet werden.

**WECHSELWIRKUNG** Aus dieser Arbeitsaufgabe wird eventuell auf weitere Arbeitsaufgaben und dokumentierte Verfahren verwiesen (Wechselwirkung). Eine detaillierte Beschreibung erfolgt in diesen Dokumenten.

**KORREKTUR- UND VORBEUGUNGSMASSNAHMEN** Es sind eventuell Korrektur- oder Vorbeugungsmaßnahmen einzuleiten. Im Bedarfsfall ist das Formular *QM: Korrektur- und Vorbeugungsmaßnahmen* auszufüllen.

2.4 Einkauf (AA)

| EINKAUF: Disposition / Anfrage / Preisvergleich / Bestellung (AA) |

| Tätigkeit / Prozessschritte | E/D Führung | D Vertrieb | D Einkauf | D Lager | D Fertigung | D WE, Versand | D externe Bearbeitung | Wechselwirkung / Checkliste | Dokumentation |
|---|---|---|---|---|---|---|---|---|---|
| (Disposition) Mengen festlegen, ändern, stornieren | (X) | (X) | X | | | | | **Prüfen:** Verkaufsstückzahlen, Kundenauftrag, Rahmenauftrag, Konsilager, EDV-Vorschlag (Disposition) (Serienprodukt, Sonderprodukt, Handelsprodukt, Halbfertigprodukt, Rohmaterialien, externe Bearbeitung) **Arbeitsaufgabe (AA):** VERTRIEB: Auftrag erstellen **Arbeitsaufgabe (AA):** EINKAUF: Bestellung verfolgen **Arbeitsaufgabe (AA):** EINKAUF: Reklamation / Falschlieferung **Arbeitsaufgabe (AA):** ENTWICKLUNG: Entwicklung / Änderung Serienprodukt **Arbeitsaufgabe (AA):** ENTWICKLUNG: Entwicklung Sonderprodukt | • Statistik<br>• Kundenauftrag<br>• Rahmenauftrag |
| Lieferanten auswählen | | (X) | X | | | | | **Prüfen:** Hauptlieferanten im EDV-System hinterlegt **Arbeitsaufgabe (AA):** EINKAUF: Lieferanten Auswahl / Beurteilung / Neubeurteilung | • Statistik<br>• Kundenauftrag<br>• Rahmenauftrag |
| *Nachfolgende Tätigkeiten erfolgen bei Serienprodukten, Sonderprodukten, Halbfertigprodukten.* | | | | | | | | | |
| Fertigungsauftrag erstellen, ändern, stornieren | | | X | | | | | **Arbeitsaufgabe (AA):** FERTIGUNG: Fertigungsablauf Serienprodukte / Sonderprodukte **Arbeitsaufgabe (AA):** VERTRIEB: Auftrag ändern / stornieren **Arbeitsaufgabe (AA):** VERTRIEB: Reklamation | • |
| *Nachfolgende Tätigkeiten erfolgen bei Handelsprodukten, Halbfertigprodukten, Rohmaterialien.* | | | | | | | | | |
| Produkte anfragen | | | X | | | | | Die Anfrage kann telefonisch, schriftlich, per Fax, E-Mail oder Online-Shop erfolgen. **Arbeitsaufgabe (AA):** VERTRIEB: Angebot erstellen / ändern | • Anfrage<br>• Angebot |
| Produkte bestellen, ändern oder stornieren | | | X | | | | | Die Bestellung kann telefonisch, schriftlich, per Fax, E-Mail oder Online-Shop erfolgen. **Arbeitsaufgabe (AA):** VERTRIEB: Auftrag ändern / stornieren | • Angebot<br>• Bestellung |
| *Nachfolgende Tätigkeiten erfolgen bei externer Bearbeitung.* | | | | | | | | | |
| Produkte anfragen | | | X | | | | | Die Anfrage erfolgt schriftlich. **Arbeitsaufgabe (AA):** VERTRIEB: Angebot erstellen / ändern | • Anfrage<br>• Angebot |

Dokument: Bild 2.8 EINKAUF_Disposition_Anfrage_Preisvergleich_Bestellung.doc
© BSBE European Business School for Business Excellence Ltd. 2014,
Freigegeben: Klaus Mustermann, Datum: 05.01.2014, Fertigungsunternehmen I
Seite 1 von 2

**BILD 2.8** EINKAUF: Disposition / Anfrage / Preisvergleich / Bestellung (AA) (Ausschnitt)

## EINKAUF: Bestellung verfolgen (AA)

Mit dieser Arbeitsaufgabe wird die Verfolgung der Bestellung prozessorientiert beschrieben (Bild 2.9).

In vielen kleinen Organisationen wird die Bestellverfolgung über einen Vorlageordner durchgeführt. Eine elektronische Lösung scheidet oft aus, da Aufwand und Nutzen in keinem wirtschaftlichen Verhältnis stehen. Sonst erfolgt eine elektronische Verwaltung.

Täglich werden die Bestellungen des Lieferanten durchgesehen oder das EDV-System meldet über Wiedervorlage den Termin.

Sollte das in Ihrer Organisation anders sein, dann müssen Sie die benötigten Tätigkeiten hinzufügen oder ändern.

**WECHSELWIRKUNG** Aus dieser Arbeitsaufgabe wird eventuell auf weitere Arbeitsaufgaben und dokumentierte Verfahren verwiesen (Wechselwirkung). Eine detaillierte Beschreibung erfolgt in diesen Dokumenten.

**KORREKTUR- UND VORBEUGUNGSMASSNAHMEN** Es sind eventuell Korrektur- oder Vorbeugungsmaßnahmen einzuleiten. Im Bedarfsfall ist das Formular *QM: Korrektur- und Vorbeugungsmaßnahmen* auszufüllen.

2.4 Einkauf (AA)

## EINKAUF: Bestellung verfolgen (AA)

| Tätigkeit / Prozessschritte | E/D Füh-rung | D Ver-trieb | D Ein-kauf | D La-ger | D Fer-ti-gung | D WE, Ver-sand | D externe Be-ar-bei-tung | Wechselwirkung / Checkliste | Dokumentation |
|---|---|---|---|---|---|---|---|---|---|
| *Liefertermin erreicht / überschritten* | | | X | | | | | **Prüfen:** Liefertermin im EDV-System erreicht, Liefertermin überschritten. | • Bestellung<br>• Auftragsbestätigung |
| *Nachfolgende Tätigkeiten werden nur bei Bedarf durchgeführt.* | | | | | | | | | |
| *Fertigung informieren* | (X) | | X | | X | | | **Arbeitsaufgabe (AA):** FERTIGUNG: Fertigungsablauf Serienprodukte / Sonderprodukte | • |
| *Lieferanten informieren* | (X) | | X | | | | | **Arbeitsaufgabe (AA):** EINKAUF: Disposition / Anfrage / Preisvergleich / Bestellung | • |
| *Kunden informieren* | (X) | X | X | | | | | **Arbeitsaufgabe (AA):** VERTRIEB: Auftrag ändern / stornieren | • |
| *Bestellung überarbeiten* | | | X | | | | | **Arbeitsaufgabe (AA):** EINKAUF: Disposition / Anfrage / Preisvergleich / Bestellung | • |
| *Fertigungsauftrag überarbeiten* | | | X | | X | | | **Arbeitsaufgabe (AA):** FERTIGUNG: Fertigungsablauf Serienprodukte / Sonderprodukte | • |
| *Bestellung auf Wiedervorlage legen* | | | X | | | | | **Prüfen:** Der neue Liefertermin wird ins EDV-System eingetragen. | • Bestellung<br>• Auftragsbestätigung<br>• Fertigungsauftrag |
| *Evtl. Korrekturen oder Verbesserungen im Unternehmen durchführen* | X | X | X | | X | | | **Dokumentiertes Verfahren (dV):** QM: Korrekturmaßnahmen<br>**Dokumentiertes Verfahren (dV):** QM: Vorbeugungsmaßnahmen | • |

| **Ständige Verbesserung:** | **Methode:** Rückmeldungen von Lieferanten, Kunden, Vertrieb, Fertigung, Entwicklung<br>**Informationen:** Lieferverzug, Reklamationen, entstandene Fehler, nicht erhaltene Kundenaufträge, Stornierung Kundenaufträge, Probleme in der Fertigung |
|---|---|

**Dokument:** Bild 2.9 EINKAUF_Bestellung verfolgen.doc
© BSBE European Business School for Business Excellence Ltd. 2014,
Freigegeben: Klaus Mustermann, Datum: 05.01.2014, Fertigungsunternehmen I
Seite 1 von 1

**BILD 2.9**  EINKAUF: Bestellung verfolgen (AA)

## EINKAUF: Reklamation/Falschlieferung (AA)

Mit dieser Arbeitsaufgabe wird die Bearbeitung von Reklamationen und Falschlieferungen prozessorientiert beschrieben (Bild 2.10).

Bei den Serien-, Sonder- und Handelsprodukten handelt es sich um die Kernkompetenz dieser Organisation. Reklamationen sind hier genauso vielfältig wie im Kundenbereich.

Beispiele:

- Schwankungen in der Materialqualität,
- ungenaue Rundlaufgenauigkeit,
- Überschreitung der Liefertermine,
- falsche Mengen,
- falsche Handelsprodukte,
- mangelhafte externe Bearbeitung.

Auch bei sehr guten Lieferanten kann es zu Materialschwankungen kommen. Diese Materialschwankungen können jedoch erst beim Einsatz des Endprodukts festgestellt werden. Für die Bewertung des Lieferanten ist also die gleichmäßige Materialqualität von entscheidender Bedeutung. Dies gilt auch sinngemäß für Handelsprodukte und für die externe Bearbeitung.

Ein messbares Qualitätsziel sollte hier die benötigte Transparenz bringen. Sie müssen jedoch das messbare Qualitätsziel selbst definieren.

Nach Rücksprache mit der Fertigung und dem Vertrieb wird nun mit dem Lieferanten gemeinsam nach einer Lösung gesucht, dabei ist auch die Kostenübernahme zu klären.

**WECHSELWIRKUNG** Aus dieser Arbeitsaufgabe wird eventuell auf weitere Arbeitsaufgaben und dokumentierte Verfahren verwiesen (Wechselwirkung). Eine detaillierte Beschreibung erfolgt in diesen Dokumenten.

**KORREKTUR- UND VORBEUGUNGS-MASSNAHMEN** Es sind eventuell Korrektur- oder Vorbeugungsmaßnahmen einzuleiten. Im Bedarfsfall ist das Formular *QM: Korrektur- und Vorbeugungsmaßnahmen* auszufüllen.

2.4 Einkauf (AA)

**EINKAUF: Reklamation / Falschlieferung (AA)**

| Tätigkeit / Prozessschritte | E/D Führung | D Vertrieb | D Einkauf | D Lager | D Fertigung | D WE, Versand | D externe Bearbeitung | Wechselwirkung / Checkliste | Dokumentation |
|---|---|---|---|---|---|---|---|---|---|
| Reklamation prüfen | | | X | | X | X | (X) | **Prüfen:** <u>Kurzklärung des Problems:</u> Preis, Mengendifferenz, Termin überschritten, falsche Produkte, fehlerhafte Produkte, Produkte im Versand sperren <u>Produkte:</u> (Handelsprodukt, Halbfertigprodukt, Rohmaterial, externe Bearbeitung) **Arbeitsaufgabe (AA):** WARENEINGANG: Wareneingang extern **Arbeitsaufgabe (AA):** VERTRIEB: Reklamation **Arbeitsaufgabe (AA):** VERTRIEB: Auftrag ändern / stornieren | • Bestellung • Auftragsbestätigung • Lieferschein • Fertigungsauftrag • Sperrzettel |
| Lieferant benachrichtigen | (X) | | X | | | | | **Klären:** <u>Produkte:</u> (Handelsprodukt, Halbfertigprodukt, Rohmaterial, externe Bearbeitung) | • Bestellung • Auftragsbestätigung • Lieferschein |
| **Nachfolgende Tätigkeiten werden nur bei Bedarf durchgeführt.** | | | | | | | | | |
| Reklamation Preis | (X) | | X | | | | | **Prüfen:** Gutschrift erstellen | • Gutschrift |
| Falsche oder fehlerhafte Produkte zurücksenden | | | X | | X | | (X) | **Prüfen:** Handelsprodukt, Halbfertigprodukt, Rohmaterial, externe Bearbeitung **Arbeitsaufgabe (AA):** VERSAND: Produkte versenden | • Lieferschein |
| Fertigung informieren | (X) | | X | | X | | | **Arbeitsaufgabe (AA):** FERTIGUNG: Fertigungsablauf Serienprodukte / Sonderprodukte | • |
| Kunden informieren | (X) | X | X | | | | | **Arbeitsaufgabe (AA):** VERTRIEB: Auftrag ändern / stornieren | • |
| Bestellung überarbeiten | | | X | | | | | **Arbeitsaufgabe (AA):** EINKAUF: Disposition / Anfrage / Preisvergleich / Bestellung | • |
| Fertigungsauftrag überarbeiten | | | X | | | | | **Arbeitsaufgabe (AA):** FERTIGUNG: Fertigungsablauf Serienprodukte / Sonderprodukte | • |
| Kosten ermitteln / berechnen | (X) | | X | | | | | **Prüfen:** Kostenübernahme durch den Lieferanten, Kostenübernahme externe Bearbeitung | • Lieferschein • Kostenaufstellung |
| Lieferanten bewerten | (X) | | X | | | | | **Prüfen:** Es kann eine neue Lieferantenbewertung erforderlich sein. **QFD:** EINKAUF: QFD Lieferantenbewertung | • Lieferschein • QFD Lieferantenbewertung |
| Evtl. Korrekturen oder Verbesserungen im Unternehmen durchführen | X | X | X | | X | X | X | **Dokumentiertes Verfahren (dV):** QM: Lenkung fehlerhafter Produkte | • |

**Dokument:** Bild 2.10 EINKAUF_Reklamation_Falschlieferung.doc
© BSBE European Business School for Business Excellence Ltd. 2014,
Freigegeben: Klaus Mustermann, Datum: 05.01.2014, Fertigungsunternehmen I

**BILD 2.10** EINKAUF: Reklamation/Falschlieferung (AA) (Ausschnitt)

## EINKAUF: Lieferanten Auswahl/Beurteilung/Neubeurteilung (AA)

Mit dieser Arbeitsaufgabe werden Auswahl, Beurteilung und Neubeurteilung von Lieferanten prozessorientiert beschrieben (Bild 2.11).

In Organisationen dieser Größe gibt es keine 100 Lieferanten oder es ist ein ständiger Wechsel vorhanden. Dies hat mehrere Gründe. Zu viele Lieferanten bedeuten einen erheblichen logistischen Aufwand, und zudem werden die Bestellmengen auf mehrere Lieferanten verteilt, was letztendlich wieder Auswirkung auf die Preise hat. Im *Fertigungsunternehmen 1* kommt noch erschwerend hinzu, dass die Rohmaterialien bei maximal fünf Lieferanten eingekauft werden können.

Da Hochleistungswerkzeuge hergestellt werden, ist die Auswahl der Rohmaterialien und Lieferanten ein entscheidender Faktor. Deshalb wurde eine vereinfachte Excel-Arbeitsmappe *EINKAUF: QFD Lieferantenbewertung* entwickelt. Mit diesem Formular können gleichzeitig eine qualifizierte Lieferantenauswahl und eine Lieferantenbeurteilung durchgeführt werden. Die Anforderung des Kunden wird mit den Möglichkeiten der Lieferanten verglichen, das benötigte Rohmaterial zu liefern. Da jedoch nicht für jedes Rohmaterial eine Lieferantenbeurteilung sinnvoll ist, wurde dies in der Arbeitsaufgabe vermerkt. Die Excel-Arbeitsmappe *EINKAUF: QFD Lieferantenbewertung* ermöglicht bei Produktänderungen, die damaligen Entscheidungsgründe für diesen Lieferanten zu verfolgen.

Sollten Sie keine Bewertung mit der Excel-Arbeitsmappe *EINKAUF: QFD Lieferantenbewertung* durchführen wollen, dann müssen Sie die entsprechenden Tätigkeiten in der Arbeitsaufgabe korrigieren und eine eigene Lieferantenbewertung entwickeln.

**WECHSELWIRKUNG**

Aus dieser Arbeitsaufgabe wird eventuell auf weitere Arbeitsaufgaben und dokumentierte Verfahren verwiesen (Wechselwirkung). Eine detaillierte Beschreibung erfolgt in diesen Dokumenten.

**KORREKTUR- UND VORBEUGUNGS-MASSNAHMEN**

Es sind eventuell Korrektur- oder Vorbeugungsmaßnahmen einzuleiten. Im Bedarfsfall ist das Formular *QM: Korrektur- und Vorbeugungsmaßnahmen* auszufüllen.

**ISO 9001:2008 AUSZUG AUS DER NORM**

*7.4.1 Beschaffungsprozess*

*Die Organisation muss sicherstellen, dass die beschafften Produkte die festgelegten Beschaffungsanforderungen erfüllen. Art und Umfang der auf den Lieferanten und das beschaffte Produkt angewandten Überwachung müssen vom Einfluss des beschafften Produkts auf die nachfolgende Produktrealisierung oder auf das Endprodukt abhängen.*

*Die Organisation muss Lieferanten auf Grund von deren Fähigkeit beurteilen und auswählen, Produkte entsprechend den Anforderungen der Organisation zu liefern. Es müssen Kriterien für die Auswahl, Beurteilung und Neubeurteilung aufgestellt werden. Aufzeichnungen über die Ergebnisse von Beurteilungen und über notwendige Maßnahmen müssen geführt werden (siehe 4.2.4).*

## 2.4 Einkauf (AA)

**EINKAUF:** Lieferanten Auswahl / Beurteilung / Neubeurteilung (AA)

| Tätigkeit / Prozessschritte | E/D Führung | D Vertrieb | D Einkauf | D Lager | D Fertigung | D WE, Versand | D externe Bearbeitung | Wechselwirkung / Checkliste | Dokumentation |
|---|---|---|---|---|---|---|---|---|---|
| **Lieferanten auswählen, beurteilen** | | | | | | | | | |
| Kriterien festlegen | (X) | | X | | | | | **Prüfen:** Verkaufsstückzahlen, Kundenauftrag, Rahmenauftrag, Konsilager, Preis, Liefertermin (Handelsprodukt, Halbfertigprodukt, Rohmaterial, externe Bearbeitung) **QFD:** EINKAUF: QFD Lieferantenbewertung | • Statistik<br>• Kundenauftrag<br>• Rahmenauftrag<br>• QFD Lieferantenbewertung |
| Lieferanten anfragen und beurteilen | (X) | | X | | | | | **Prüfen:** Hauptlieferanten, Mengen, Liefertermin **QFD:** EINKAUF: QFD Lieferantenbewertung | • Anfrage<br>• QFD Lieferantenbewertung |
| Lieferanten auswählen (freigeben) | (X) | | X | | | | | **Prüfen:** Die Auswahl (Angebot) kann auch durch Kataloge, Online-Shop usw. bei den schon vorhandenen Hauptlieferanten erfolgen. Ausgewählten Lieferanten im EDV-System hinterlegen. **Arbeitsaufgabe (AA):** EINKAUF: Disposition / Anfrage / Preisvergleich / Bestellung | • Anfrage<br>• QFD Lieferantenbewertung<br>• Angebot |
| **Lieferanten neu beurteilen** | | | | | | | | | |
| Kriterien festlegen und bewerten | (X) | | X | | X | | | **Prüfen:** Fehlerhäufigkeit (Lieferschein) (Handelsprodukt, Halbfertigprodukt, Rohmaterial, externe Bearbeitung). Die Bewertung erfolgt im Fehlerfall auf dem Lieferschein. **QFD:** EINKAUF: QFD Lieferantenbewertung | • QFD Lieferantenbewertung<br>• Lieferschein |
| Lieferanten anschreiben | (X) | | X | | | | | **Prüfen:** Hauptlieferanten, Fehlerhäufigkeit (Lieferschein) | • Fehlerhäufigkeit (Lieferschein) |
| Lieferanten auswählen (freigeben) | (X) | | X | | | | | **Prüfen:** Ausgewählten Lieferanten im EDV-System hinterlegen. | • Fehlerhäufigkeit (Lieferschein)<br>• Antwortschreiben<br>• QFD Lieferantenbewertung |
| **Nachfolgende Tätigkeiten werden nur bei Bedarf durchgeführt.** | | | | | | | | | |
| Evtl. Korrekturen oder Verbesserungen im Unternehmen durchführen | X | X | | | X | | | **Dokumentiertes Verfahren (dV):** QM: Korrekturmaßnahmen **Dokumentiertes Verfahren (dV):** QM: Vorbeugungsmaßnahmen | • |

| Ständige Verbesserung: | **Methode:** Rückmeldungen von Lieferanten, Kunden, Vertrieb, Fertigung, Entwicklung<br>**Informationen:** Lieferverzug, Reklamationen, entstandene Fehler, nicht erhaltene Kundenaufträge, Stornierung Kundenaufträge, Probleme in der Fertigung |
|---|---|

Dokument: Bild 2.11 EINKAUF_Lieferanten_Auswahl_Beurteilung_Neubeurteilung.doc
© BSBE European Business School for Business Excellence Ltd. 2014,
Freigegeben: Klaus Mustermann, Datum: 05.01.2014, Fertigungsunternehmen I

**BILD 2.11** EINKAUF: Lieferanten Auswahl / Beurteilung / Neubeurteilung (AA)

## Formular: EINKAUF: QFD Lieferantenbewertung

Mit diesem Formular wird die Lieferantenbewertung festgelegt (Bild 2.12).

Da Hochleistungswerkzeuge hergestellt werden, ist die Auswahl der Rohmaterialien und Lieferanten ein entscheidender Faktor. Deshalb wurde eine vereinfachte Excel-Arbeitsmappe *EINKAUF: QFD Lieferantenbewertung* entwickelt. Mit diesem Formular können gleichzeitig eine qualifizierte Lieferantenauswahl und eine Lieferantenbeurteilung durchgeführt werden. Die Excel-Arbeitsmappe *EINKAUF: QFD Lieferantenbewertung* wurde für diese Organisationsgröße stark vereinfacht. Es ist jedoch ein effektives Mittel zur Beurteilung der Lieferanten. Der Einsatz der Excel-Arbeitsmappe *EINKAUF: QFD Lieferantenbewertung* ist denkbar einfach.

**INFORMATIONEN QFD LIEFERANTENBEWERTUNG**

1. Als Erstes sind **das Endprodukt**, *Serienwerkzeug aus neuem Material*, **das Rohmaterial**, *Vollhartmetall Rundstäbe*, und **die Zielgruppe**, *Formenbau, Gesenkbau*, an die das Endprodukt verkauft werden soll, einzutragen.

2. Die Spalten der *Lieferanten* und *ausgewählten Lieferanten (AL)* sind nun zu vervollständigen. Unter *Lieferant* wird der Name des Lieferanten für das Rohmaterial eingetragen. Insgesamt können zehn Lieferanten verglichen werden. In der Zeile *ausgewählte Lieferanten (AL)* ist der Name des Lieferanten ebenfalls einzutragen. Die Spalte *eigenes Unternehmen* wurde eingeführt, falls ein Vergleich zwischen *eigener Herstellung* und *Fremdherstellung* erfolgen soll.

3. Als Nächstes sind die *Forderungen an das Produkt (FdK)* zu ermitteln und einzutragen. Es sind auch die nicht definierten Forderungen des Kunden wie z. B. Gesetze, Normen usw. zu berücksichtigen. Da jedoch nicht jede Forderung gleich wichtig ist, muss eine Gewichtung von *1 = unwichtig bis 10 = sehr wichtig* in der Spalte *Gewichtung Forderung* erfolgen.
Sollte der Service des Lieferanten eine entscheidende Rolle spielen, dann ist in der Spalte *Gewichtung Service* ebenfalls eine Bewertung von *1 bis 10* durchzuführen. (**Hinweis:** Es erfolgt keine Berechnung.)

4. Nun ist die *Beziehungsmatrix (FdK) zu (AL)* mit größter Sorgfalt auszufüllen, da sonst die Gesamtbewertung verfälscht wird. **Die komplette Beschreibung erfolgt im Kapitel 1.6 QFD-Excel-Arbeitsmappen.**

5. Der Erfüllungsgrad in Punkten und Prozenten ist das Ergebnis der Bewertung. Der Lieferant mit der größten Punkt- oder Prozentzahl ist der geeignete Lieferant für das Rohmaterial.

**Weitere Hinweise finden Sie in den Tabellenspalten mit einem „roten Dreieck" als Kommentar in der Excel-Arbeitsmappe.**

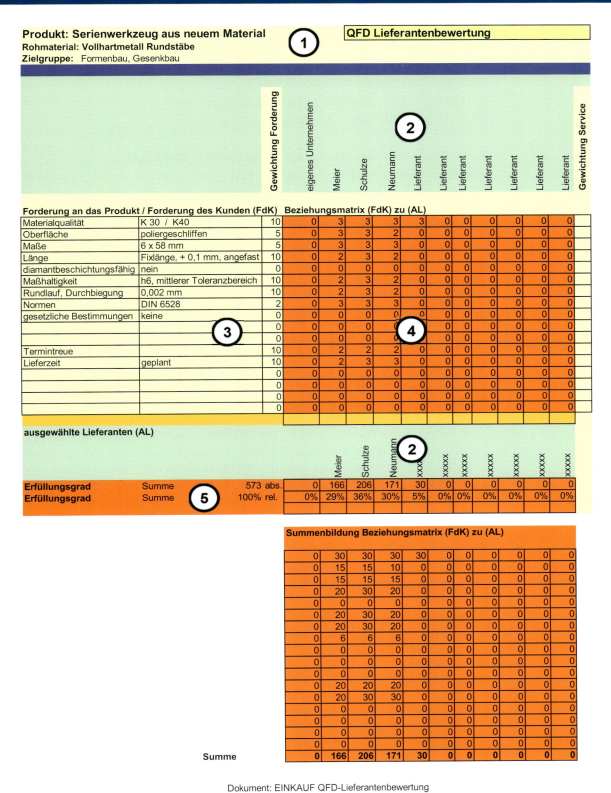

**BILD 2.12** Formular: EINKAUF: QFD Lieferantenbewertung

## 2.5 ENTWICKLUNG (AA)

Die Entwicklung benötigt die Arbeitsaufgaben:
1. ENTWICKLUNG: Entwicklung/Änderung Serienprodukt (AA)
2. ENTWICKLUNG: Entwicklung Sonderprodukt (AA)

### ENTWICKLUNG: Entwicklung/Änderung Serienprodukt (AA)

Mit dieser Arbeitsaufgabe werden die Entwicklung und Änderung von Serienprodukten prozessorientiert beschrieben (Bild 2.13).

Zunächst wird die Entwicklung der Serienprodukte beschrieben. Die kundenspezifischen Sonderprodukte sind als weitere Arbeitsaufgabe vorhanden.

Die Entwicklung von Serienprodukten kann in mehreren Schritten erfolgen:

- Prototyp (Serienprodukt),
- Musterserie (Serienprodukt),
- Endprodukt (Serienprodukt).

Zur gezielten Dokumentation der Entwicklung und der Änderung von Serienprodukten wurde eine Excel-Arbeitsmappe *ENTWICKLUNG: QFD Produkt* ausgefüllt. Dort erfolgt eine detaillierte Analyse und Bewertung der Kundenanforderungen oder der Anforderungen des Marktes. Alle zum Serienprodukt gehörenden Materialspezifikationen sowie Vergleiche mit Fremdprodukten sind übersichtlich dargestellt.

Die Arbeitsaufgabe zeigt alle zur Entwicklung oder Änderung benötigten Tätigkeiten. Die Hinweise berücksichtigen das Norm-Kapitel 7.3: *Entwicklungseingaben, Entwicklungsergebnisse, Entwicklungsbewertung, Entwicklungsverifizierung und Entwicklungsvalidierung*.

Die einzelnen Schritte der Werkzeugentwicklung werden mehrmals durchlaufen. In vielen Fällen kann nur durch Versuche ein optimales Werkzeug erstellt werden. Die Dokumentation der Ergebnisse erfolgt auf der Laufkarte und in der Excel-Arbeitsmappe *ENTWICKLUNG: QFD Produkt*. Mit dieser Vorgehensweise kann die Anforderung der Norm einfach erfüllt werden.

Die einzelnen Tätigkeiten in der Arbeitsaufgabe sind selbsterklärend und werden Ihnen mittlerweile vertraut sein.

**WECHSELWIRKUNG** Aus dieser Arbeitsaufgabe wird eventuell auf weitere Arbeitsaufgaben und dokumentierte Verfahren verwiesen (Wechselwirkung). Eine detaillierte Beschreibung erfolgt in diesen Dokumenten.

**KORREKTUR- UND VORBEUGUNGSMASSNAHMEN** Es sind eventuell Korrektur- oder Vorbeugungsmaßnahmen einzuleiten. Im Bedarfsfall ist das Formular *QM: Korrektur- und Vorbeugungsmaßnahmen* auszufüllen.

2.5 Entwicklung (AA)

## ENTWICKLUNG: Entwicklung / Änderung Serienprodukt (AA)

| Tätigkeit / Prozessschritte | E/D Füh-rung | D Ver-trieb | D Ein-kauf | D La-ger | D Fer-ti-gung | D WE, Ver-sand | D externe Be-ar-bei-tung | Wechselwirkung / Checkliste | Dokumentation |
|---|---|---|---|---|---|---|---|---|---|
| **Entwicklung planen / ändern** | X | X | | | X | | | Serienprodukte neu entwickeln oder ändern. Weiter fällt unter "Ände-rung" auch die Weiter-entwicklung an beste-henden Serienproduk-ten. Jedoch müssen nicht unbedingt alle Tätigkeiten durchgeführt werden, da schon auf bestehende Ergebnisse zurückgegriffen werden kann. | • |
| *Entwicklungseingaben* | | | | | | | | Normenabschnitt | |
| **Kriterien festlegen** | X | X | X | | X | | | **Prüfen:** Mögliche Verkaufs-stückzahlen, Kunden-forderung, Wettbewer-ber  **QFD:** ENTWICKLUNG: QFD Produkt | • Statistik<br>• Wettbewerbsanaly-se<br>• QFD Produkt<br>• Testergebnisse |
| **Verfügbarkeit von Halbfertigpro-dukten, Rohmaterialien klären** | | | X | | | | | **Arbeitsaufgabe (AA):** EINKAUF: Disposition / Anfrage / Preisvergleich / Bestellung | • |
| *Entwicklungsergebnisse* | | | | | | | | Normenabschnitt | |
| **Entwicklungsplanung / -änderung durchführen** | | X | | | X | | | **Prüfen:** Zeichnung, Fertigungs-auftrag, Halbfertigpro-dukte, Rohmaterialien, Prototyp, Musterserie  **QFD:** ENTWICKLUNG: QFD Produkt | • Zeichnung<br>• Fertigungsauftrag<br>• QFD Produkt<br>• Testergebnisse |
| *Entwicklungsbewertung* | | | | | | | | Normenabschnitt | |
| **Entwicklungsplanung / -änderung bewerten** *(Zwischenprüfung im Ferti-gungsauftrag)* | X | X | | | X | | | **Prüfen:** Zeichnung, Fertigungs-auftrag, Halbfertigpro-dukte, Rohmaterialien, Prototyp, Musterserie  **QFD:** ENTWICKLUNG: QFD Produkt | • Statistik<br>• Wettbewerbsanaly-se<br>• QFD Produkt<br>• Testergebnisse |
| *Entwicklungsverifizierung* | | | | | | | | Normenabschnitt | |
| **Entwicklungsverifizierung durch-führen** *(Endprüfung im Fertigungsauf-trag)* | X | X | | | X | | | **Prüfen:** Testergebnisse, Wett-bewerbsanalyse, Proto-typ, Musterserie, Kenn-zeichnung und Rückver-folgbarkeit, Produkter-haltung  **QFD:** ENTWICKLUNG: QFD Produkt | • QFD Produkt<br>• Testergebnisse |
| *Entwicklungsvalidierung* | | | | | | | | Normenabschnitt | |
| **Entwicklungsvalidierung durch-führen** | X | X | | | X | | | **Prüfen:** Test mit Prototyp und / oder Musterserie im Unternehmen und evtl. beim Kunden  **QFD:** ENTWICKLUNG: QFD Produkt | • QFD Produkt<br>• Testergebnisse |
| *Nachfolgende Tätigkeiten werden nur bei Bedarf durchgeführt.* | | | | | | | | | |
| **Evtl. Korrekturen oder Verbesse-rungen im Unternehmen durch-führen** | (X) | X | X | | X | | | **Dokumentiertes Verfah-ren (dV):** QM: Lenkung fehlerhafter Produkte | • |

**Dokument:** Bild 2.13 ENTWICKLUNG_Entwicklung_Änderung_Serienprodukt.doc
© BSBE European Business School for Business Excellence Ltd. 2014,
Freigegeben: Klaus Mustermann, Datum: 05.01.2014, Fertigungsunternehmen I
Seite 1 von 2

**BILD 2.13** ENTWICKLUNG: Entwicklung/Änderung Serienprodukt (AA) (Ausschnitt)

## Formular: ENTWICKLUNG: QFD Produkt

Mit diesem Formular wird die Entwicklung von Produkten festgelegt (Bild 2.14).

Da Hochleistungswerkzeuge als Serienprodukte hergestellt werden, kann mit der Excel-Arbeitsmappe *ENTWICKLUNG: QFD Produkt* eine qualifizierte Dokumentation der Entwicklung und der Änderung durchgeführt werden. Die Excel-Arbeitsmappe *ENTWICKLUNG: QFD Produkt* wurde für diese Organisationsgröße stark vereinfacht.

**GRUNDSÄTZLICHES ZU QFD PRODUKT**

1. Als Erstes sind **das Endprodukt,** *Hochleistungswerkzeug,* **der Verwendungszweck,** *für Hartmetallbearbeitung oberhalb 62 HRC,* und **die Zielgruppe,** *Formenbau, Gesenkbau,* an die das Endprodukt verkauft werden soll, einzutragen.

2. Als Nächstes sind die *Forderungen des Kunden (FdK)* oder des Marktes zu beschreiben. Es sind auch die nicht definierten Anforderungen der Kunden und Gesetze, Normen usw. zu berücksichtigen. Da jedoch nicht jede Anforderung gleich wichtig ist, muss eine Gewichtung von *1 = unwichtig bis 10 = sehr wichtig* in der Spalte *Gewichtung Forderung* erfolgen. Sollte der Service für den Kunden eine entscheidende Rolle spielen, dann ist in der Spalte *Gewichtung Service* ebenfalls eine Bewertung von *1 bis 10* durchzuführen. (**Hinweis:** Es erfolgt keine Berechnung.)

3. Die Anforderungen des Kunden oder des Marktes sind nun bekannt und gewichtet. Als Nächstes sind die *allgemeinen technischen Merkmale (atM)* und die *spezifischen technischen Merkmale (stM)* zu spezifizieren.

4. Nun ist die Beziehungsmatrix mit größter Sorgfalt auszufüllen, da sonst die Gesamtbewertung verfälscht wird (*siehe Kapitel 1.6 QFD-Excel-Arbeitsmappen*).

5. Die *technische Bedeutung* an der Gesamtentwicklung wird sofort sichtbar. Die wichtigen Kundenanforderungen können nun gezielt entwickelt werden. Die Daten werden zusätzlich in einer Tortengrafik dargestellt. Die Grafik kann jederzeit gegen eine andere Darstellungsform ausgetauscht werden.

6. Die Daten für den Vergleich zwischen den eigenen Produkten und den Wettbewerbsprodukten werden hier eingegeben und grafisch dargestellt. Die Grafik kann jederzeit gegen eine andere Darstellungsform ausgetauscht werden.

Die geforderte Dokumentation der Norm kann mit der Laufkarte und der Excel-Arbeitsmappe *ENTWICKLUNG: QFD Produkt* komplett erfüllt werden.

**Weitere Hinweise finden Sie in den Tabellenspalten mit einem „roten Dreieck" als Kommentar in der Excel-Arbeitsmappe.**

**Die komplette Beschreibung erfolgt im Kapitel 1.6 dieses Buches unter QFD-Excel-Arbeitsmappen.**

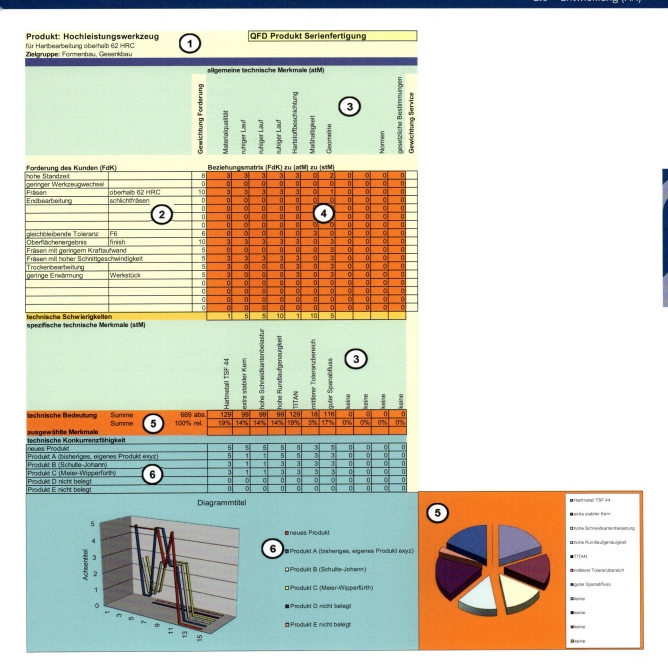

**BILD 2.14** Formular: ENTWICKLUNG: QFD Produkt

### ENTWICKLUNG: Entwicklung Sonderprodukt (AA)

Mit dieser Arbeitsaufgabe wird die Entwicklung von Sonderprodukten prozessorientiert beschrieben (Bild 2.15).

Die Arbeitsaufgabe für die Entwicklung von Sonderprodukten ist wesentlich kürzer. Da der Kunde ein Werkstück oder eine Zeichnung liefert, ist die Entwicklung auf ein vorher definiertes Ziel beschränkt.

Der Kunde übernimmt die volle Verantwortung für

- die richtige Zeichnung oder das korrekte Werkstück,
- die benötigte Materialqualität und
- den vorgesehenen Verwendungszweck (Entwicklungsvalidierung).

Ob das geforderte Werkzeug die gewünschte Leistung erbringt, ist Kundensache, da alle Daten (Entwicklungseingaben) vom Kunden bereitgestellt werden.

Eine Excel-Arbeitsmappe *ENTWICKLUNG: QFD Produkt* ist **nicht** erforderlich.

Die Dokumentation der Ergebnisse (Entwicklungsergebnisse) erfolgt im Fertigungsauftrag während der Fertigung, da dort die benötigten Zwischen- und Endprüfungen *(Entwicklungsbewertung, Entwicklungsverifizierung)* durchgeführt werden. Die Hinweise berücksichtigen das Norm-Kapitel 7.3: *Entwicklungseingaben, Entwicklungsergebnisse, Entwicklungsbewertung und Entwicklungsverifizierung.*

Es wird nur eine Verifizierung durchgeführt. Die Verifizierung entspricht der Endprüfung. **Eine Validierung entfällt, da der Kunde die Verantwortung für den beabsichtigten Gebrauch übernimmt.**

Mit dieser Vorgehensweise kann die Anforderung der Norm einfach erfüllt werden.

**WECHSELWIRKUNG** Aus dieser Arbeitsaufgabe wird eventuell auf weitere Arbeitsaufgaben und dokumentierte Verfahren verwiesen (Wechselwirkung). Eine detaillierte Beschreibung erfolgt in diesen Dokumenten.

**KORREKTUR- UND VORBEUGUNGS- MASSNAHMEN** Es sind eventuell Korrektur- oder Vorbeugungsmaßnahmen einzuleiten. Im Bedarfsfall ist das Formular *QM: Korrektur- und Vorbeugungsmaßnahmen* auszufüllen.

## 2.5 Entwicklung (AA)

**ENTWICKLUNG: Entwicklung Sonderprodukt (AA)**

| Tätigkeit / Prozessschritte | E/D Füh-rung | D Ver-trieb | D Ein-kauf | D La-ger | D Fer-ti-gung | D WE, Ver-sand | D externe Be-ar-bei-tung | Wechselwirkung / Checkliste | Dokumentation |
|---|---|---|---|---|---|---|---|---|---|
| **Entwicklung planen / ändern** | X | X | | | X | | | | • |
| *Entwicklungseingaben* | | | | | | | | Normenabschnitt | |
| **Kriterien festlegen** | X | X | X | | X | | | **Prüfen:** Werkstück, Zeichnung, Fertigungsauftrag, Anzahl, Halbfertigprodukte, Rohmaterialien | • Zeichnung<br>• Fertigungsauftrag |
| **Vom Kunden beigestellte Materialien und Unterlagen berücksichtigen** | (X) | X | | | X | | | **Prüfen:** Vertraulichkeit der Zeichnung, Datenfile, Muster, Material, Kennzeichnung, Eigentum des Kunden, Produkterhaltung, Rücksendung | • Zeichnung<br>• Datenfile |
| **Verfügbarkeit von Halbfertigprodukten, Rohmaterialien klären** | | | X | | | | | **Arbeitsaufgabe (AA):** EINKAUF: Disposition / Anfrage / Preisvergleich / Bestellung | • |
| *Entwicklungsergebnisse* | | | | | | | | Normenabschnitt | |
| **Entwicklungsplanung / -änderung durchführen** | | X | | | X | | | **Prüfen:** Zeichnung, Fertigungsauftrag, Halbfertigprodukte, Rohmaterialien, CNC-Programm, Herstellbarkeit. Das CNC-Programm stellt das Entwicklungsergebnis dar. | • Zeichnung<br>• Fertigungsauftrag<br>• CNC-Programm |
| *Entwicklungsbewertung* | | | | | | | | Normenabschnitt | |
| **Entwicklungsplanung / -änderung bewerten** *(Zwischenprüfung im Fertigungsauftrag)* | X | X | | | X | | | **Prüfen:** Zeichnung, Fertigungsauftrag, Halbfertigprodukte, Rohmaterialien, CNC-Programm, Herstellbarkeit. **Arbeitsaufgabe (AA):** FERTIGUNG: Fertigungsablauf Serienprodukte / Sonderprodukte | • Zeichnung<br>• Fertigungsauftrag<br>• CNC-Programm |
| *Entwicklungsverifizierung* | | | | | | | | Normenabschnitt | |
| **Entwicklungsverifizierung durchführen (Produkt fertigen)** *(Endprüfung im Fertigungsauftrag)* | X | X | | | X | | | **Prüfen:** Zeichnung, Fertigungsauftrag, Halbfertigprodukte, Rohmaterialien, CNC-Programm, Kennzeichnung und Rückverfolgbarkeit, Produkterhaltung. **Arbeitsaufgabe (AA):** FERTIGUNG: Fertigungsablauf Serienprodukte / Sonderprodukte | • Zeichnung<br>• Fertigungsauftrag<br>• CNC-Programm |
| *Entwicklungsvalidierung* | | | | | | | | Normenabschnitt | |
| **Entwicklungsvalidierung wird <u>nicht</u> durchgeführt** | | | | | | | | Sonderprodukte werden nach Kundenwunsch entwickelt. Der Kunde trägt die Verantwortung, und somit findet <u>keine</u> Entwicklungsvalidierung statt. Die Excel-Arbeitsmappe *ENTWICKLUNG: QFD Produkt* ist <u>nicht</u> erforderlich. | • |
| *Nachfolgende Tätigkeiten werden nur bei Bedarf durchgeführt.* | | | | | | | | | |

**Dokument:** Bild 2.15 ENTWICKLUNG_Entwicklung_Sonderprodukt.doc
© BSBE European Business School for Business Excellence Ltd. 2014,
Freigegeben: Klaus Mustermann, Datum: 05.01.2014, Fertigungsunternehmen I
Seite 1 von 2

**BILD 2.15** ENTWICKLUNG: Entwicklung Sonderprodukt (AA) (Ausschnitt)

## 2.6 FERTIGUNG (AA)

Die Fertigung benötigt die Arbeitsaufgaben:
1. FERTIGUNG: Fertigungsablauf Serienprodukte/Sonderprodukte (AA)
2. FERTIGUNG: Instandhaltung der Fertigungseinrichtungen (AA)
3. FERTIGUNG: Überwachungs- und Messmittel verwalten (AA)

**FERTIGUNG: Fertigungsablauf Serienprodukte/Sonderprodukte (AA)**

Mit dieser Arbeitsaufgabe wird der Fertigungsablauf von Serien- und Sonderprodukten prozessorientiert beschrieben (Bild 2.16).

Der Fertigungsablauf ist für Serien- und Sonderprodukte identisch.

An vorher definierten Punkten im Fertigungsablauf werden die benötigten Zwischen- und Endprüfungen durchgeführt *(Entwicklungsbewertung, Entwicklungsverifizierung)*.

Bei Serienprodukten ist ein Abgleich mit der Excel-Arbeitsmappe *ENTWICKLUNG: QFD Produkt* vorgesehen.

- Zwischenprüfung = Entwicklungsbewertung.
- Endprüfung = Entwicklungsverifizierung.

Bei Sonderprodukten kann nur eine *Verifizierung* durchgeführt werden, da der Kunde die Verantwortung für den beabsichtigten Gebrauch übernimmt. Die Excel-Arbeitsmappe *ENTWICKLUNG: QFD Produkt* **entfällt.** Die Hinweise in der Arbeitsaufgabe berücksichtigen das Norm-Kapitel 7.3: *Entwicklungsbewertung, Entwicklungsverifizierung*.

In die Arbeitsaufgabe ist eine externe Bearbeitung integriert, da ein erhöhter logistischer Aufwand erforderlich ist.

Da die Fertigung mit modernen CNC-Fertigungsmaschinen durchgeführt wird, ist durch das CNC-PGM eine sehr hohe Wiederholgenauigkeit gegeben. Die Kennzeichnung der Produkte wird durch den Fertigungsauftrag durchgeführt. Am Fertigungsauftrag ist auch der Arbeitsfortschritt zu erkennen.

Fehlerhafte Serien- und Sonderprodukte werden aus dem Fertigungsablauf ausgesondert und gesperrt.

**WECHSELWIRKUNG** Aus dieser Arbeitsaufgabe wird eventuell auf weitere Arbeitsaufgaben und dokumentierte Verfahren verwiesen (Wechselwirkung). Eine detaillierte Beschreibung erfolgt in diesen Dokumenten.

**KORREKTUR- UND VORBEUGUNGS- MASSNAHMEN** Es sind eventuell Korrektur- oder Vorbeugungsmaßnahmen einzuleiten. Im Bedarfsfall ist das Formular *QM: Korrektur- und Vorbeugungsmaßnahmen* auszufüllen.

## 2.6 Fertigung (AA)

**FERTIGUNG:** Fertigungsablauf Serienprodukte / Sonderprodukte (AA)

| Tätigkeit / Prozessschritte | E/D Füh-rung | D Ver-trieb | D Ein-kauf | D La-ger | D Fer-ti-gung | D WE, Ver-sand | D externe Be-ar-bei-tung | Wechselwirkung / Checkliste | Dokumentation |
|---|---|---|---|---|---|---|---|---|---|
| Kapazitätsplanung durchführen | X | | | | X | | | **Prüfen:** Liefertermin, Kapazitätsauslastung der Fertigung, Mitarbeiter, Fertigungseinrichtung, Überwachungs- und Messmittel, Vorrichtungen, Werkzeuge, Liefertermin, Halbfertigprodukte, Rohmaterialien, externe Bearbeitung **Arbeitsaufgabe (AA):** EINKAUF: Disposition / Anfrage / Preisvergleich / Bestellung **Arbeitsaufgabe (AA):** EINKAUF: Bestellung verfolgen **Arbeitsaufgabe (AA):** EINKAUF: Reklamation / Falschlieferung | • Zeichnung • Fertigungsauftrag |
| Vom Kunden beigestellte Materialien und Unterlagen berücksichtigen | | | | | X | X | | **Prüfen:** Vertraulichkeit der Zeichnung, Muster, Material, Lagerung, Rücksendung **Arbeitsaufgabe (AA):** WARENEINGANG: Wareneingang extern | • Zeichnung • Kundenlieferschein |
| Halbfertigprodukte, Rohmaterialien vom Lager <u>auslagern</u> | | | | X | X | | | **Prüfen:** Fertigungsauftrag, Halbfertigprodukte, Rohmaterialien, Anzahl, Beschädigung vermeiden, Transporthilfsmittel nutzen **Arbeitsaufgabe (AA):** LAGER: Produkte einlagern / auslagern | • Fertigungsauftrag |
| Fertigungsauftrag der Maschine zuordnen | | | | | X | | | **Prüfen:** Zeichnung, Fertigungsauftrag, Halbfertigprodukte, Rohmaterialien, Anzahl, Überwachungs- und Messmittel, Vorrichtung, Beschädigung vermeiden, Transporthilfsmittel nutzen, CNC-Programm erstellen, zuordnen, ändern | • Zeichnung • Fertigungsauftrag • CNC-Programm |
| Fertigungsauftrag Zwischenprüfung durchführen (die Zwischenprüfung erfolgt bei jedem Arbeitsgang als Werkerselbstprüfung) *(Entwicklungsbewertung)* | | | | | X | | | **Prüfen:** Zeichnung, Fertigungsauftrag, Maße, Anzahl, Überwachungs- und Messmittel, Vorrichtung, Oberfläche, Ansicht, Beschädigung vermeiden, Transporthilfsmittel nutzen, fehlerhafte Produkte sperren | • Zeichnung • Fertigungsauftrag • CNC-Programm • Sperrkarte |
| *Nachfolgende Tätigkeiten erfolgen bei externer Bearbeitung.* | | | | | | | | | |
| Lieferschein bei externer Bearbeitung vom Einkauf erstellen lassen | | | X | | X | | | Der Lieferschein wird erstellt. **Arbeitsaufgabe (AA):** EINKAUF: Disposition / Anfrage / Preisvergleich / Bestellung | • Fertigungsauftrag • Lieferschein |

**Dokument:** Bild 2.16 FERTIGUNG_Fertigungsablauf Serienprodukte_Sonderprodukte.doc
© BSBE European Business School for Business Excellence Ltd. 2014,
Freigegeben: Klaus Mustermann, Datum: 05.01.2014, Fertigungsunternehmen I

**BILD 2.16** FERTIGUNG: Fertigungsablauf Serienprodukte / Sonderprodukte (AA) (Ausschnitt)

## FERTIGUNG: Instandhaltung der Fertigungseinrichtungen (AA)

Mit dieser Arbeitsaufgabe wird die Instandhaltung der Fertigungseinrichtungen prozessorientiert beschrieben (Bild 2.17).

Die Instandhaltung von Fertigungseinrichtungen benötigt die Arbeitsaufgaben:

**1. Planung der Instandhaltung für Fertigungseinrichtungen, z. B. CNC-Maschinen.**

Die CNC-Maschinen sind wartungsfrei. Es ist lediglich die Anzeige im Display zu beachten. Die Zentralschmierung ermöglicht diese erweiterte Wartungsfreiheit.

Zu planen sind weiter die Ersatz- oder Verschleißteile. Hier wird wiederum die Flexibilität der Fertigungseinrichtungen nutzbar, die ein Ausweichen auf andere Maschinen zulässt. Je nach Art des Kühlmittels ist das Kühlmittel täglich mit einem Handrefraktometer zu messen. In diesem Fall wird jedoch Schleiföl genutzt.

Die Instandhaltungskriterien richten sich nach unterschiedlichen Gesichtspunkten:

- Zustand der Fertigungsmaschine,
- Genauigkeit des Endprodukts,
- Verfügbarkeit,
- Art der Verschleißteile,
- Kaufpreis der Maschine,
- Wartungsvorschriften der Hersteller.

**2. Planung der Instandhaltung für Hilfsaggregate.**

Für die Wartungsintervalle gelten die Vorschriften der Hersteller. Bei Pumpen wird z. B. keine Wartung durchgeführt, sondern nur bei Ausfall ein Austausch der Pumpe vorgenommen.

Sie müssen nun in Ihrer Organisation die Fertigungseinrichtungen nach der gewünschten Verfügbarkeit einschätzen und die Arbeitsaufgabe modifizieren.

**WECHSELWIRKUNG**  Aus dieser Arbeitsaufgabe wird eventuell auf weitere Arbeitsaufgaben und dokumentierte Verfahren verwiesen (Wechselwirkung). Eine detaillierte Beschreibung erfolgt in diesen Dokumenten.

**KORREKTUR- UND VORBEUGUNGSMASSNAHMEN**  Es sind eventuell Korrektur- oder Vorbeugungsmaßnahmen einzuleiten. Im Bedarfsfall ist das Formular *QM: Korrektur- und Vorbeugungsmaßnahmen* auszufüllen.

## 2.6 Fertigung (AA)

**FERTIGUNG: Instandhaltung der Fertigungseinrichtungen (AA)**

| Tätigkeit / Prozessschritte | E/D Führung | D Vertrieb | D Einkauf | D Lager | D Fertigung | D WE, Versand | D externe Bearbeitung | Wechselwirkung / Checkliste | Dokumentation |
|---|---|---|---|---|---|---|---|---|---|
| *Nachfolgende Tätigkeiten werden nur bei Fertigungsmaschinen durchgeführt.* | | | | | | | | | |
| Kriterien für Fertigungsmaschinen festlegen | X | | | | X | | | **Prüfen:** Garantiezeit des Herstellers, Wartungsvorschriften, Kaufpreis der Maschine, Einfluss auf den Fertigungsablauf oder das Endprodukt, Zustand der Fertigungseinrichtung, Verfügbarkeit und benötigte Mindestanzahl der Verschleißteile, eigene Wartung, Fremdwartung oder keine Wartung, evtl. Lieferanten festlegen | • Wartungsplan |
| Fertigungsmaschinen in Wartungsplan aufnehmen | | | | | X | | | **Prüfen:** Eigene Wartung, Fremdwartung oder keine Wartung | • Wartungsplan |
| *Nachfolgende Tätigkeiten werden nur bei Hilfsaggregaten durchgeführt.* | | | | | | | | | |
| Kriterien für Hilfsaggregate festlegen | X | | | | X | | | **Prüfen:** Garantiezeit des Herstellers, Wartungsvorschriften, Kaufpreis der Hilfsaggregate, Einfluss auf den Fertigungsablauf oder das Endprodukt, Zustand der Hilfsaggregate, Verfügbarkeit und benötigte Mindestanzahl der Verschleißteile, eigene Wartung, Fremdwartung oder keine Wartung, evtl. Lieferanten festlegen | • Wartungsplan |
| Hilfsaggregate in Wartungsplan aufnehmen | | | | | X | | | **Prüfen:** Eigene Wartung, Fremdwartung oder keine Wartung | • Wartungsplan |
| Wartungstermin für Fertigungsmaschinen oder Hilfsaggregate überwachen | | | X | | X | | | **Prüfen:** <u>Fremdwartung:</u> Einkauf benachrichtigen, wenn Termin erreicht **Arbeitsaufgabe (AA):** EINKAUF: Disposition / Anfrage / Preisvergleich / Bestellung <u>Eigene Wartung:</u> Fertigung benachrichtigen, wenn Termin erreicht | • Wartungsplan |

**Dokument:** Bild 2.17 FERTIGUNG_Instandhaltung der Fertigungseinrichtungen.doc
© BSBE European Business School for Business Excellence Ltd. 2014,
Freigegeben: Klaus Mustermann, Datum: 05.01.2014, Fertigungsunternehmen I
Seite 1 von 2

**BILD 2.17** FERTIGUNG: Instandhaltung der Fertigungseinrichtungen (AA)

## FERTIGUNG: Überwachungs- und Messmittel verwalten (AA)

Mit dieser Arbeitsaufgabe wird die Verwaltung von Überwachungs- und Messmitteln prozessorientiert beschrieben (Bild 2.18).

Je nach geforderter Präzision der Serien- und Sonderprodukte sind die Überwachungs- und Messmittel schon kalibriert. Zunächst werden alle Überwachungs- und Messmittel nach drei Kriterien begutachtet:

1. Wird das Überwachungs- und Messmittel für die Prüfung der Serien- und Sonderprodukte genutzt?
2. Ist die benötigte Genauigkeit vorhanden? (Im Normalfall trifft dies jetzt schon zu, sonst würden die Produkte vom Kunden nicht abgenommen.)
3. Ist das Überwachungs- und Messmittel zu kalibrieren, anderweitig noch nutzbar oder sollte es entsorgt werden?
4. Kann das Überwachungs- und Messmittel selbst verifiziert werden?

Die Kalibrierung stellt nur den Zustand des Überwachungs- oder Messmittels fest. In vielen Fällen kann das Überwachungs- und Messmittel nicht aufgearbeitet werden. Deshalb sollte man vorher überlegen, ob ein Neukauf preiswerter ist.

**EINFACHE VERWALTUNG DER ÜBERWACHUNGS- UND MESSMITTEL**

Die Arbeitsaufgabe zeigt den Ablauf der Überwachungs- und Messmittelverwaltung. Mit dem Kalibrierer kann eine erweiterte Vereinbarung getroffen werden. Der Kalibrierer übernimmt die Verwaltung der Überwachungs- und Messmittel, da er die Daten sowieso im EDV-System gespeichert hat. Dies erspart die Verwaltungsarbeit in der eigenen Organisation, wie z. B. das Erstellen der Überwachungs- und Messmittellisten und die Kontrolle des Datums. Die Organisation erhält vom Kalibrierer eine Sammelliste der Überwachungs- und Messmittel, um so jederzeit eine Übersicht über die vorhandenen Überwachungs- und Messmittel zu bekommen.

Das Kalibrierintervall wird von der Organisation mit dem Kalibrierer festgelegt. Dabei spielen Nutzungshäufigkeit und Genauigkeit der Prüfung eine weitere Rolle.

**MITARBEITER ÜBERNEHMEN DIE VERANTWORTUNG**

Wenn möglich, werden die Mitarbeiter festgelegt, die die Verantwortung für die Überwachungs- und Messmittel übernommen haben. Der Mitarbeiter bestätigt das mit seiner Unterschrift.

Nach erfolgter Kalibrierung erhält das Überwachungs- und Messmittel eine Plakette, die eine erfolgreiche Kalibrierung bestätigt.

Nach dieser Radikalkur gibt es nur noch zwei Arten von Überwachungs- und Messmitteln:

1. Überwachungs- und Messmittel, die zur Prüfung von Serien- und Sonderprodukten genutzt werden dürfen (mit Plakette).
2. Überwachungs- und Messmittel, die zu einfacheren Messungen herangezogen werden, jedoch nicht zur Prüfung von Serien- und Sonderprodukten (ohne Plakette).

Sollte bei Überwachungs- und Messmitteln unter Punkt 1 die Plakette verloren gehen, dann tritt automatisch Punkt 2 in Kraft.

**WECHSELWIRKUNG**

Aus dieser Arbeitsaufgabe wird eventuell auf weitere Arbeitsaufgaben und dokumentierte Verfahren verwiesen (Wechselwirkung). Eine detaillierte Beschreibung erfolgt in diesen Dokumenten.

**KORREKTUR- UND VORBEUGUNGSMASSNAHMEN**

Es sind eventuell Korrektur- oder Vorbeugungsmaßnahmen einzuleiten. Im Bedarfsfall ist das Formular *QM: Korrektur- und Vorbeugungsmaßnahmen* auszufüllen.

## 2.6 Fertigung (AA)

**FERTIGUNG: Überwachungs- und Messmittel verwalten (AA)**

| Tätigkeit / Prozessschritte | E/D Führung | D Vertrieb | D Einkauf | D Lager | D Fertigung | D WE, Versand | D externe Bearbeitung | Wechselwirkung / Checkliste | Dokumentation |
|---|---|---|---|---|---|---|---|---|---|
| Kriterien für Überwachungs- und Messmittel festlegen | X | | | | X | | | **Prüfen:** Garantiezeit des Herstellers, Kalibriervorschriften, Kaufpreis der Überwachungs- und Messmittel, Einfluss auf den Fertigungsablauf oder das Endprodukt, Verfügbarkeit, eigene Kalibrierung, Fremdkalibrierung, eigene Verifizierung oder grundsätzlich Neukauf, evtl. Lieferanten festlegen<br><br>**1. mit Plakette:** zur Prüfung von Serien- und Sonderprodukten mit Einfluss auf die Produktqualität<br><br>**2. ohne Plakette:** für sonstige Messungen | • Liste Überwachungsmittel, Messmittel |
| Überwachungs- und Messmittel in Überwachungs- und Messmittelliste aufnehmen | | | | | X | | | **Prüfen:** Eigene Kalibrierung, Fremdkalibrierung, eigene Verifizierung oder grundsätzlich Neukauf | • Liste Überwachungsmittel, Messmittel |
| Kalibriertermine für Überwachungs- und Messmittel überwachen | | | X | | X | | | **Prüfen:** Neukauf: Einkauf benachrichtigen, wenn Termin erreicht<br>Fremdkalibrierung: Einkauf benachrichtigen, wenn Termin erreicht<br>**Arbeitsaufgabe (AA):** EINKAUF: Disposition / Anfrage / Preisvergleich / Bestellung<br>Eigene Verifizierung: Fertigung benachrichtigen, wenn Termin erreicht | • Liste Überwachungsmittel, Messmittel |
| *Nachfolgende Tätigkeiten werden nur bei eigener Verifizierung durchgeführt.* | | | | | | | | | |
| Verifizierung von Überwachungs- und Messmitteln durchführen | | | | | X | | | **Prüfen:** Die Verifizierung erfolgt mit dem kalibrierten Endmaßkasten Nr. 34.<br><br>**1. mit Plakette:** zur Prüfung von Serien- und Sonderprodukten mit Einfluss auf die Produktqualität<br><br>**2. ohne Plakette:** für sonstige Messungen | • Liste Überwachungsmittel, Messmittel |

Dokument: Bild 2.18 FERTIGUNG_Überwachungs- und Messmittel verwalten.doc
© BSBE European Business School for Business Excellence Ltd. 2014,
Freigegeben: Klaus Mustermann, Datum: 05.01.2014, Fertigungsunternehmen I
Seite 1 von 2

**BILD 2.18** FERTIGUNG: Überwachungs- und Messmittel verwalten (AA) (Ausschnitt)

### Formular: FERTIGUNG: Überwachungs- und Messmittel verwalten

Mit diesem Formular werden die Überwachungs- und Messmittel festgelegt, die die Organisation als notwendig eingestuft hat (Bild 2.19).

Das Formular ermöglicht die einfache Verwaltung von Überwachungs- und Messmitteln, wenn dies nicht durch den Kalibrierer durchgeführt werden soll. Es wird von ca. 30 Überwachungs- und Messmitteln ausgegangen.

Das Formular ist von einem verantwortlichen Mitarbeiter auszufüllen und auf dem aktuellen Stand zu halten.

1. Die Nummer oder Seriennummer oder eine sonstige vorhandene Nummer sind hier einzutragen.
2. Das Überwachungs- und Messmittel muss eindeutig identifizierbar sein, dies ist besonders wichtig, wenn vom gleichen Typ mehrere Überwachungs- und Messmittel vorhanden sind.
3. Die Funktionseinheit und der verantwortliche Mitarbeiter, der das Überwachungs- und Messmittel nutzt, sind hier einzutragen. Der Mitarbeiter muss unterschreiben, dass er das Überwachungs- und Messmittel erhalten hat oder dafür verantwortlich ist.
4. Hier muss vermerkt werden, ob die Überwachungs- und Messmittel *kalibriert* oder *verifiziert* werden *(kalibriert = extern, verifiziert = intern)*.
5. Der nächste Termin muss festgelegt werden.
6. Das Anschaffungsjahr ist hier einzutragen.
7. Das Aussonderungsjahr ist hier einzutragen.
8. Unter *Bemerkungen* können alle zu den Überwachungs- und Messmitteln notwendigen Hinweise vermerkt werden.

**VERANTWORTUNG DER MITARBEITER**

Die Zuordnung des Mitarbeiters (Punkt 3) wirkt oft Wunder, da die Verantwortung festgelegt wird. In festgelegten Abständen, z. B. alle zwei Wochen, muss der Mitarbeiter *sein* Überwachungs- und Messmittel dem Vorgesetzten zeigen und mit Unterschrift bestätigen lassen. Diese Vorgehensweise hat sich als sehr nützlich herausgestellt, wenn angeblich keiner das Überwachungs- und Messmittel beschädigt oder verloren hat.

## 2.6 Fertigung (AA)

**FERTIGUNG: Überwachungs- und Messmittel verwalten**

| Nr. | Überwachungsmittel, Messmittel | Abteilung | Verantwortung Mitarbeiter | Kalibrieren, verifizieren | Nächster Termin | Anschaffung Jahr | Aussonderung Jahr | Bemerkungen |
|---|---|---|---|---|---|---|---|---|
| ① | ② | ③ | ③ | ④ | ⑤ | ⑥ | ⑦ | ⑧ |
| 01 | Bügelmessschr. 0–25 mm | Fräsen | Schulz | Kalibrieren | 15.03.2014 | 2011 | | • **Kalibrieren** = Fremdkalibrierung.<br>• **Verifizieren** = eigene Verifizierung durch die Fertigung.<br>• Die **Fremdkalibrierung** erfolgt bei Meier & Schulze.<br>• Neue Überwachungs- und Messmittel werden bei Meier & Schulze beschafft.<br>• Die **Verifizierung** von Überwachungs- und Messmitteln mit Plakette erfolgt mit dem kalibrierten Endmaßkasten. |
| 02 | Bügelmessschr. 25–50 mm | Fräsen | Schulz | Verifizieren | 15.03.2014 | 2011 | | • **Mit Plakette**<br>• Messprotokoll Nr. 23486, 12.03.2013<br>• **Ohne Plakette** |
| 23 | Messschieber 150 mm | Fräsen | Schulz | Verifizieren | Vor jeder Messung durch Mitarbeiter | 2013 Garantie 2 Jahre | | • **Mit Plakette**<br>• Die Verifizierung erfolgt vor jeder Messung.<br>• Neukauf, wenn nicht mehr im Toleranzbereich. |
| 34 | **Endmaßkasten Mauser Gen. 1** | Qualitätssicherung | Günther | Kalibrieren | 15.03.2014 | 2011 | | • **Mit Plakette**<br>• Messprotokoll Nr. 23487, 13.03.2013<br>• Der Endmaßkasten darf nur zur Verifizierung von Überwachungs- und Messmitteln genutzt werden. |

**BILD 2.19** Formular: FERTIGUNG: Überwachungs- und Messmittel verwalten

## 2.7 LAGER, WARENEINGANG, VERSAND (AA)

Für das Lager, den Wareneingang und den Versand werden folgende Arbeitsaufgaben benötigt:

1. WARENEINGANG: Wareneingang extern (AA)
2. WARENEINGANG: Wareneingang aus Fertigung (AA)
3. LAGER: Produkte einlagern/auslagern (AA)
4. VERSAND: Produkte versenden (AA)
5. LAGER: Inventur (AA)

**WARENEINGANG: Wareneingang extern (AA)**

Mit dieser Arbeitsaufgabe wird der externe Wareneingang prozessorientiert beschrieben (Bild 2.20).

Im Wareneingang werden unterschiedliche Produkte angeliefert und müssen gelenkt werden:

- Rohmaterial, das zur Fertigung benötigt wird,
- End-, Handels- und Halbfertigprodukte für reservierte Kundenaufträge und Lagerprodukte,
- Ersatzteile, Hilfs- und Betriebsstoffe, Verschleißteile, Überwachungs- und Messmittel,
- Kunden- und Lieferantenreklamation,
- Kundenmaterial,
- externe Bearbeitung.

Eine Kennzeichnung von Rohmaterialien, Endprodukten und Halbfertigteilen wird durch den Lieferanten durchgeführt und ist eindeutig. Eine eigene Kennzeichnung entfällt.

**WECHSELWIRKUNG** Aus dieser Arbeitsaufgabe wird eventuell auf weitere Arbeitsaufgaben und dokumentierte Verfahren verwiesen (Wechselwirkung). Eine detaillierte Beschreibung erfolgt in diesen Dokumenten.

**KORREKTUR- UND VORBEUGUNGS- MASSNAHMEN** Es sind eventuell Korrektur- oder Vorbeugungsmaßnahmen einzuleiten. Im Bedarfsfall ist das Formular *QM: Korrektur- und Vorbeugungsmaßnahmen* auszufüllen.

## 2.7 Lager, Wareneingang, Versand (AA)

**WARENEINGANG: Wareneingang extern (AA)**

| Tätigkeit / Prozessschritte | E/D Führung | D Vertrieb | D Einkauf | D Lager | D Fertigung | D WE, Versand | D externe Bearbeitung | Wechselwirkung / Checkliste | Dokumentation |
|---|---|---|---|---|---|---|---|---|---|
| Sichtprüfung der Verpackung durchführen | | | | | | X | | **Prüfen:** Beschädigung, Anzahl oder Transporteinheiten, Lieferadresse | • |
| Lieferschein und Bestellung mit gelieferten Produkten vergleichen, evtl. Maßprüfung, Oberflächenprüfung durchführen | | | | | | X | | **Prüfen:** Beschädigung, Anzahl, Artikel, evtl. Maßprüfung, Oberflächenprüfung | • Lieferschein<br>• Bestellung |
| *Nachfolgende Tätigkeiten erfolgen bei Handelsprodukten, Halbfertigprodukten, Rohmaterialien.* | | | | | | | | | |
| Lieferschein (Lieferant) Produkte als geliefert melden (Handelsprodukt, Halbfertigprodukt, Rohmaterial) | | (X) | | | | X | | **Prüfen:** Lagerort: Neuer Lagerplatz oder bestehender Lagerplatz wird lt. EDV-System zugeordnet. | • Lieferschein (Lieferant)<br>• Einlagerungsschein |
| Produkte auf reservierte Kundenaufträge verteilen (Handelsprodukt) | | (X) | | | | X | | **Prüfen:** Produkte auf reservierte Kundenaufträge verteilen, Lieferschein (Kunde), restliche Produkte einlagern | • Lieferschein (Kunde)<br>• Einlagerungsschein |
| Produkte nach Vorgabe kennzeichnen (Handelsprodukt, Halbfertigprodukt, Rohmaterial) | | | | | | X | | **Prüfen:**<br>• Nicht kennzeichnen (Hinweis im EDV-System),<br>• nach Katalog kennzeichnen (Hinweis im EDV-System),<br>• nach Kundenvorschrift kennzeichnen (Hinweis auf Lieferschein)<br>Beschädigung vermeiden, Transporthilfsmittel nutzen | • Lieferschein (Kunde) |
| Produkte nach Vorgabe konservieren oder verpacken (Handelsprodukt) | | | | | | X | | **Prüfen:**<br>• Nicht konservieren, nicht verpacken (Hinweis im EDV-System),<br>• nach eigenen Vorschriften konservieren, verpacken (Hinweis im EDV-System),<br>• nach Kundenvorschrift konservieren, verpacken (Hinweis auf Lieferschein)<br>Beschädigung vermeiden, Transporthilfsmittel nutzen | • Lieferschein (Kunde) |
| Auf Kundenaufträge verteilte Produkte versenden (Handelsprodukt) | | | | | | X | | **Arbeitsaufgabe (AA):** VERSAND: Produkte versenden | • |
| Produkte ans Lager übergeben (Handelsprodukt, Halbfertigprodukt, Rohmaterial) | | | | X | | X | | **Arbeitsaufgabe (AA):** LAGER: Produkte einlagern / auslagern | • |
| *Nachfolgende Tätigkeiten erfolgen bei externer Bearbeitung.* | | | | | | | | | |
| Auftrag heraussuchen und Fertigung benachrichtigen | | | | | X | X | X | **Arbeitsaufgabe (AA):** FERTIGUNG: Fertigungsablauf Serienprodukte / Sonderprodukte | • |

**Dokument:** Bild 2.20 WARENEINGANG_Wareneingang extern.doc
© BSBE European Business School for Business Excellence Ltd. 2014,
Freigegeben: Klaus Mustermann, Datum: 05.01.2014, Fertigungsunternehmen I
Seite 1 von 2

**BILD 2.20** WARENEINGANG: Wareneingang extern (AA) (Ausschnitt)

## WARENEINGANG: Wareneingang aus Fertigung (AA)

Mit dieser Arbeitsaufgabe wird der Wareneingang aus Fertigung prozessorientiert beschrieben (Bild 2.21).

Der Wareneingang ist auch für Serien- und Sonderprodukte zuständig.

Im Wareneingang erfolgt nur eine Sichtprüfung auf Übereinstimmung von Menge und Produkt mit dem Wareneingangsschein. Die Serien- und Sonderprodukte werden direkt einem Kundenauftrag zugeordnet, die restlichen Serienprodukte werden eingelagert.

Die Ware wird gekennzeichnet, verteilt, verpackt, konserviert, eingelagert oder dem Kunden gesandt.

Die Kennzeichnung wird nach folgenden Kriterien durchgeführt:

- nicht kennzeichnen,
- nach Kundenvorschrift kennzeichnen,
- nach Katalog kennzeichnen.

Wenn eine Kennzeichnung nicht direkt auf den Produkten durchgeführt wird, dann ist der Lagerplatz entsprechend beschriftet.

**WECHSELWIRKUNG** Aus dieser Arbeitsaufgabe wird eventuell auf weitere Arbeitsaufgaben und dokumentierte Verfahren verwiesen (Wechselwirkung). Eine detaillierte Beschreibung erfolgt in diesen Dokumenten.

**KORREKTUR- UND VORBEUGUNGS-MASSNAHMEN** Es sind eventuell Korrektur- oder Vorbeugungsmaßnahmen einzuleiten. Im Bedarfsfall ist das Formular *QM: Korrektur- und Vorbeugungsmaßnahmen* auszufüllen.

## 2.7 Lager, Wareneingang, Versand (AA)

**WARENEINGANG: Wareneingang aus Fertigung (AA)**

| Tätigkeit / Prozessschritte | E/D Führung | D Vertrieb | D Einkauf | D Lager | D Fertigung | D WE, Versand | D externe Bearbeitung | Wechselwirkung / Checkliste | Dokumentation |
|---|---|---|---|---|---|---|---|---|---|
| Wareneingangsschein mit gelieferten Produkten vergleichen (Serienprodukt, Sonderprodukt, Halbfertigprodukt) | | | | | X | X | | **Prüfen:** Beschädigung, Anzahl, Artikel, Mitteilung an Einkauf **Arbeitsaufgabe (AA):** FERTIGUNG: Fertigungsablauf Serienprodukte / Sonderprodukte | • Wareneingangsschein |
| Wareneingangsschein Produkte als geliefert melden (Serienprodukt, Sonderprodukt, Halbfertigprodukt) | | (X) | | | | X | | **Prüfen:** Lagerort: Neuer Lagerplatz oder bestehender Lagerplatz wird lt. EDV-System zugeordnet. | • Wareneingangsschein<br>• Einlagerungsschein |
| Produkte auf reservierte Kundenaufträge verteilen (Serienprodukt, Sonderprodukt) | | (X) | | | | X | | **Prüfen:** Produkte auf reservierte Kundenaufträge verteilen, Lieferschein, restliche Produkte einlagern | • Lieferschein |
| Produkte nach Vorgabe kennzeichnen (Serienprodukt, Sonderprodukt, Halbfertigprodukt) | | | | | | X | | **Prüfen:**<br>• Nicht kennzeichnen (Hinweis im EDV-System),<br>• nach Katalog kennzeichnen (Hinweis im EDV-System),<br>• nach Kundenvorschrift kennzeichnen (Hinweis auf Lieferschein)<br>Beschädigung vermeiden, Transporthilfsmittel nutzen | • Einlagerungsschein<br>• Lieferschein |
| Produkte nach Vorgabe konservieren und / oder verpacken (Serienprodukt, Sonderprodukt, Halbfertigprodukt) | | | | | | X | | **Prüfen:**<br>• Nicht konservieren, nicht verpacken (Hinweis im EDV-System),<br>• nach eigenen Vorschriften konservieren, verpacken (Hinweis im EDV-System),<br>• nach Kundenvorschrift konservieren, verpacken (Hinweis auf Lieferschein)<br>Beschädigung vermeiden, Transporthilfsmittel nutzen | • Einlagerungsschein<br>• Lieferschein |
| Auf Kundenaufträge verteilte Produkte versenden (Serienprodukt, Sonderprodukt) | | | | | | X | | **Arbeitsaufgabe (AA):** VERSAND: Produkte versenden | • |
| Produkte ans Lager übergeben (Serienprodukt, Sonderprodukt, Halbfertigprodukt) | | | | X | | X | | **Arbeitsaufgabe (AA):** LAGER: Produkte einlagern / auslagern | • |
| *Nachfolgende Tätigkeiten werden nur bei Bedarf durchgeführt.* | | | | | | | | | |
| Evtl. Korrekturen oder Verbesserungen im Unternehmen durchführen | X | X | X | X | X | | | **Dokumentiertes Verfahren (dV):** QM: Lenkung fehlerhafter Produkte | • |

| Ständige Verbesserung: | **Methode:** Rückmeldungen von Fertigung, Lager |
|---|---|
| | **Informationen:** Fertigungsauftrag, Hinweise für Kennzeichnung, Konservierung, Verpackung |

Dokument: Bild 2.21 WARENEINGANG_Wareneingang aus Fertigung.doc
© BSBE European Business School for Business Excellence Ltd. 2014,
Freigegeben: Klaus Mustermann, Datum: 05.01.2014, Fertigungsunternehmen I
Seite 1 von 1

**BILD 2.21** WARENEINGANG: Wareneingang aus Fertigung (AA)

## LAGER: Produkte einlagern/auslagern (AA)

Mit dieser Arbeitsaufgabe wird die Einlagerung oder Auslagerung der Produkte aus dem Lager prozessorientiert beschrieben (Bild 2.22).

Die Ware wird im Rohmateriallager, dem Endproduktlager oder im Sperrlager eingelagert oder ausgelagert.

Dazu zählen folgende Produkte:

- Serien-, Sonder- und Handelsprodukte,
- Halbfertigprodukte und Rohmaterialien,
- Kunden- und Lieferantenreklamation.

Die Ware wird eventuell konserviert und einem bestimmten Lagerplatz zugeordnet. Die Einlagerung erfolgt nach FIFO *(First in, First out)*, ebenso die Auslagerung. **Hinweis:** Hier wurde nur die Einlagerung abgebildet. In der Arbeitsaufgabe ist auch die Auslagerung beschrieben.

**WECHSELWIRKUNG** Aus dieser Arbeitsaufgabe wird eventuell auf weitere Arbeitsaufgaben und dokumentierte Verfahren verwiesen (Wechselwirkung). Eine detaillierte Beschreibung erfolgt in diesen Dokumenten.

**KORREKTUR- UND VORBEUGUNGS-MASSNAHMEN** Es sind eventuell Korrektur- oder Vorbeugungsmaßnahmen einzuleiten. Im Bedarfsfall ist das Formular *QM: Korrektur- und Vorbeugungsmaßnahmen* auszufüllen.

2.7 Lager, Wareneingang, Versand (AA)

## LAGER: Produkte einlagern / auslagern (AA)

| Tätigkeit / Prozessschritte | E/D Führung | D Vertrieb | D Einkauf | D Lager | D Fertigung | D WE, Versand | D externe Bearbeitung | Wechselwirkung / Checkliste | Dokumentation |
|---|---|---|---|---|---|---|---|---|---|
| *Nachfolgende Tätigkeiten erfolgen bei der Einlagerung von Handelsprodukten, Halbfertigprodukten, Rohmaterialien.* | | | | | | | | | |
| *Produkte einlagern* | | | | X | | X | | **Arbeitsaufgabe (AA):** WARENEINGANG: Wareneingang extern  **Arbeitsaufgabe (AA):** VERTRIEB: Reklamation  **Prüfen:** Lagerort Handelsprodukte, Halbfertigprodukte: neuer Lagerplatz oder bestehender Lagerplatz, Einlagerung nach FIFO, Beschädigung vermeiden, Transporthilfsmittel nutzen  Lagerort Rohmaterial: neuer Lagerplatz oder bestehender Lagerplatz, Einlagerung nach FIFO, Beschädigung vermeiden, Transporthilfsmittel nutzen | • Einlagerungsschein |
| *Nachfolgende Tätigkeiten erfolgen bei der Einlagerung von Serienprodukten, Sonderprodukten, Halbfertigprodukten.* | | | | | | | | | |
| *Produkte einlagern* | | | | X | | X | | **Arbeitsaufgabe (AA):** WARENEINGANG: Wareneingang aus Fertigung  **Arbeitsaufgabe (AA):** VERTRIEB: Reklamation  **Prüfen:** Lagerort Serienprodukte, Sonderprodukte, Halbfertigprodukte: neuer Lagerplatz oder bestehender Lagerplatz, Einlagerung nach FIFO, Beschädigung vermeiden, Transporthilfsmittel nutzen | • Einlagerungsschein |
| *Nachfolgende Tätigkeiten werden nur bei Bedarf durchgeführt.* | | | | | | | | | |
| *Evtl. Korrekturen oder Verbesserungen im Unternehmen durchführen* | | | | X | | X | | **Dokumentiertes Verfahren (dV):** QM: Lenkung fehlerhafter Produkte | • |

| Ständige Verbesserung: | **Methode:** Rückmeldung von Wareneingang, Vertrieb  **Informationen:** Produkterhaltung, Kennzeichnung und Rückverfolgbarkeit, Mengendifferenzen, falscher Lagerplatz, Einlagerung nicht nach FIFO, kein Transporthilfsmittel |
|---|---|

**Dokument:** Bild 2.22 LAGER_Produkte einlagern_auslagern.doc
© BSBE European Business School for Business Excellence Ltd. 2014,
Freigegeben: Klaus Mustermann, Datum: 05.01.2014, Fertigungsunternehmen I
Seite 1 von 2

**BILD 2.22** LAGER: Produkte einlagern/auslagern (AA) (Ausschnitt)

## 2 Fertigungsunternehmen 1 (Werkzeughersteller)

**VERSAND: Produkte versenden (AA)**

Mit dieser Arbeitsaufgabe wird der Versand der Produkte prozessorientiert beschrieben (Bild 2.23).

Der Versand verschickt unterschiedliche Produkte mit Versender, Bahn, Spediteur usw.

Dazu zählen folgende Produkte:

- Serien-, Sonder- und Handelsprodukte,
- Kunden- und Lieferantenreklamation,
- externe Bearbeitung.

Es erfolgt nur eine Sichtprüfung, um die unterschiedlichen Produkte dem jeweiligen Empfänger korrekt zuzuordnen.

Die Ware wird gekennzeichnet, verpackt und versandfertig vorbereitet.

WECHSELWIRKUNG | Aus dieser Arbeitsaufgabe wird eventuell auf weitere Arbeitsaufgaben und dokumentierte Verfahren verwiesen (Wechselwirkung). Eine detaillierte Beschreibung erfolgt in diesen Dokumenten.

KORREKTUR- UND VORBEUGUNGSMASSNAHMEN | Es sind eventuell Korrektur- oder Vorbeugungsmaßnahmen einzuleiten. Im Bedarfsfall ist das Formular *QM: Korrektur- und Vorbeugungsmaßnahmen* auszufüllen.

## 2.7 Lager, Wareneingang, Versand (AA)

**VERSAND: Produkte versenden (AA)**

| Tätigkeit / Prozessschritte | E/D Führung | D Vertrieb | D Einkauf | D Lager | D Fertigung | D WE, Versand | D externe Bearbeitung | Wechselwirkung / Checkliste | Dokumentation |
|---|---|---|---|---|---|---|---|---|---|
| *Nachfolgende Tätigkeiten erfolgen beim Versand von Serienwerkprodukten, Sonderprodukten, Handelsprodukten.* | | | | | | | | | |
| Produkte aus dem Lager zum Versand erhalten | | | | X | | X | | **Arbeitsaufgabe (AA):** LAGER: Produkte einlagern / auslagern | • |
| Produkte aus dem Wareneingang zum Versand erhalten (Handel) | | | | | | X | | **Arbeitsaufgabe (AA):** WARENEINGANG: Wareneingang extern | • |
| Produkte aus dem Wareneingang zum Versand erhalten (Fertigung) | | | | | | X | | **Arbeitsaufgabe (AA):** WARENEINGANG: Wareneingang aus Fertigung | • |
| Produkte mit Lieferschein vergleichen | | | | | | X | | **Prüfen:** Anzahl, Artikel-Nr., Lieferadresse, Beschädigung | • Lieferschein |
| Produkte versandfertig verpacken | | | | | | X | | **Prüfen:** Karton, Kiste, Kundenwunsch, Kundenverpackung, Füllmaterial, Empfindlichkeit für Beschädigungen berücksichtigen, Gefahrensymbole | • Lieferschein |
| Versender wählen | | | | | | X | | **Prüfen:** Länge, Breite, Höhe, Gewicht, Versandart, Kundenwunsch, Empfindlichkeit für Beschädigungen berücksichtigen, Gefahrensymbole | • Lieferschein |
| Versandbelege erstellen und buchen | | | | | | X | | **Prüfen:** Versender hat eigene Vordrucke, Standardvordrucke. Versand im EDV-System buchen. | • Lieferschein<br>• Versandbelege |
| Versandbelege abheften | | | | | | X | | **Prüfen:** Versandbelege archivieren | • Lieferschein<br>• Versandbelege |
| *Nachfolgende Tätigkeiten erfolgen:*<br>• *bei Rücksendung von vom Kunden beigestellten Materialien und Unterlagen,*<br>• *bei abgelehnter Kundenreklamation.* | | | | | | | | | |
| Produkte mit Lieferschein vergleichen | | X | | | | X | | **Prüfen:** Anzahl, Artikel-Nr., Lieferadresse, Beschädigung<br>**Arbeitsaufgabe (AA):** VERTRIEB: Auftrag ändern / stornieren<br>**Arbeitsaufgabe (AA):** VERTRIEB: Reklamation | • Lieferschein |
| Produkte versandfertig verpacken | | | | | | X | | **Prüfen:** Karton, Kiste, Kundenwunsch, Kundenverpackung, Füllmaterial, Empfindlichkeit für Beschädigungen berücksichtigen, Gefahrensymbole | • Lieferschein |

**Dokument:** Bild 2.23 VERSAND_Produkte versenden.doc
© BSBE European Business School for Business Excellence Ltd. 2014,
Freigegeben: Klaus Mustermann, Datum: 05.01.2014, Fertigungsunternehmen I

**BILD 2.23** VERSAND: Produkte versenden (AA) (Ausschnitt)

## LAGER: Inventur (AA)

Mit dieser Arbeitsaufgabe wird die permanente Inventur prozessorientiert beschrieben (Bild 2.24).

Die Jahresinventur dient gleichzeitig der Produktbeurteilung nach folgenden Kriterien:

- Lagerhüter,
- zu große Materialmengen,
- zu viele Materialmengen,
- zu viele Endstücke,
- Beschädigung an den Produkten,
- korrekter Lagerort/Lagerplatz.

Die Produkte werden durch Sichtprüfung beurteilt. Die Inventurlisten werden durch ein EDV-Programm erstellt und mit dem Bestand abgeglichen.

**WECHSELWIRKUNG** Aus dieser Arbeitsaufgabe wird eventuell auf weitere Arbeitsaufgaben und dokumentierte Verfahren verwiesen (Wechselwirkung). Eine detaillierte Beschreibung erfolgt in diesen Dokumenten.

**KORREKTUR- UND VORBEUGUNGS-MASSNAHMEN** Es sind eventuell Korrektur- oder Vorbeugungsmaßnahmen einzuleiten. Im Bedarfsfall ist das Formular *QM: Korrektur- und Vorbeugungsmaßnahmen* auszufüllen.

2.7  Lager, Wareneingang, Versand (AA)

## LAGER: Inventur (AA)

| Tätigkeit / Prozessschritte | E/D Führung | D Vertrieb | D Einkauf | D Lager | D Fertigung | D WE, Versand | D externe Bearbeitung | Wechselwirkung / Checkliste | Dokumentation |
|---|---|---|---|---|---|---|---|---|---|
| *Nachfolgende Tätigkeiten erfolgen bei der Inventur von Serienprodukten, Handelsprodukten, Halbfertigprodukten.* | | | | | | | | | |
| *Lagerliste ausdrucken* | (X) | | X | | | | | **Prüfen:** Nach Lagerort: Serienprodukte, Handelsprodukte, Halbfertigprodukte ausdrucken | • Inventurliste |
| *Inventur durchführen* | (X) | | X | X | | | | **Prüfen:** Es darf während der Inventur keine physische Bewegung der Produkte erfolgen. Produkterhaltung überprüfen (Sichtkontrolle). | • Inventurliste |
| *Bestandskorrekturen durchführen* | (X) | | X | | | | | **Prüfen:** Die Bestandskorrektur ist im EDV-System zu begründen. | • Inventurliste |
| *Inventur bewerten* | (X) | | X | | | | | **Prüfen:** Die Bewertung der Inventur muss kurzfristig erfolgen. Es erfolgt eine Mengen- und Preisbewertung mit dem EDV-System. | • Inventurliste |
| *Nachfolgende Tätigkeiten erfolgen bei der Inventur von Halbfertigprodukten, Rohmaterialien.* | | | | | | | | | |
| *Lagerliste ausdrucken* | (X) | | X | | X | | | **Prüfen:** Nach Lagerort: Halbfertigprodukt (in Fertigung befindlich), Rohmaterial ausdrucken | • Inventurliste |
| *Inventur durchführen* | (X) | | X | X | X | | | **Prüfen:** Es darf während der Inventur keine physische Bewegung der Produkte erfolgen. Produkterhaltung überprüfen (Sichtkontrolle). | • Inventurliste |
| *Bestandskorrekturen durchführen* | (X) | | X | | X | | | **Prüfen:** Die Bestandskorrektur ist im EDV-System zu begründen. | • Inventurliste |
| *Inventur bewerten* | (X) | | X | | X | | | **Prüfen:** Die Bewertung der Inventur muss kurzfristig erfolgen. Es erfolgt eine Mengen- und Preisbewertung mit dem EDV-System. | • Inventurliste |
| *Nachfolgende Tätigkeiten werden nur bei Bedarf durchgeführt.* | | | | | | | | | |
| *Evtl. Korrekturen oder Verbesserungen im Unternehmen durchführen* | | | | X | X | | | **Dokumentiertes Verfahren (dV):** QM: Korrekturmaßnahmen **Dokumentiertes Verfahren (dV):** QM: Vorbeugungsmaßnahmen | • |
| **Ständige Verbesserung:** | **Methode:** Rückmeldungen von Lager, Einkauf, Fertigung  **Informationen:** Produkterhaltung, Kennzeichnung und Rückverfolgbarkeit, Mengendifferenzen | | | | | | | | |

**Dokument:** Bild 2.24 LAGER_Inventur.doc
© BSBE European Business School for Business Excellence Ltd. 2014,
Freigegeben: Klaus Mustermann, Datum: 05.01.2014, Fertigungsunternehmen I
Seite 1 von 1

**BILD 2.24**  LAGER: Inventur (AA)

## 2.8 VERANTWORTUNG DER LEITUNG (AA)

Für die Verantwortung der Leitung werden folgende Arbeitsaufgaben benötigt:
1. QM: Verantwortung der Leitung (AA)
2. QM: Qualitätspolitik (AA)
3. QM: Messbare Qualitätsziele (AA)
4. QM: Managementbewertung (AA)

### QM: Verantwortung der Leitung (AA)

Mit dieser Arbeitsaufgabe wird die Verantwortung der Leitung prozessorientiert beschrieben (Bild 2.25).

Dazu gehören:
1. die Selbstverpflichtung der Leitung mit planen, festlegen und umsetzen,
2. die Qualitätspolitik,
3. die messbaren Qualitätsziele,
4. die Managementbewertung,
5. die Ressourcen,
6. die Kundenorientierung,
7. die Planung des Qualitätsmanagementsystems,
8. die Zuordnung von Verantwortung,
9. die Befugnis und die Kommunikation,
10. die personellen Ressourcen, die Infrastruktur,
11. die Arbeitsumgebung.

Mit dieser Arbeitsaufgabe werden die **Norm-Kapitel 5 Verantwortung der Leitung** und **6 Management von Ressourcen** prozessorientiert beschrieben.

**WECHSELWIRKUNG** Aus dieser Arbeitsaufgabe wird eventuell auf weitere Arbeitsaufgaben und dokumentierte Verfahren verwiesen (Wechselwirkung). Eine detaillierte Beschreibung erfolgt in diesen Dokumenten.

**KORREKTUR- UND VORBEUGUNGSMASSNAHMEN** Es sind eventuell Korrektur- oder Vorbeugungsmaßnahmen einzuleiten. Im Bedarfsfall ist das Formular *QM: Korrektur- und Vorbeugungsmaßnahmen* auszufüllen.

## QM: Verantwortung der Leitung (AA)

| Tätigkeit / Prozessschritte | E/D Führung | D Vertrieb | D Einkauf | D Lager | D Fertigung | D WE, Versand | D externe Bearbeitung | Wechselwirkung / Checkliste | Dokumentation |
|---|---|---|---|---|---|---|---|---|---|
| **Selbstverpflichtung der Leitung planen, festlegen und umsetzen** | | | | | | | | | |
| Bedeutung der Kundenanforderungen in der Organisation vermitteln | X | | | | | | | 1. Produkte / Dienstleistungen, 2. gesetzliche und behördliche Anforderungen berücksichtigen hinsichtlich Produkten und Dienstleistungen. Die Kundenanforderungen werden den zuständigen Mitarbeitern vermittelt. Dies erfolgt z. B. durch Mitarbeitergespräche, schriftliche Arbeitsanweisung, Besprechungen der Kundenaufträge. | • |
| **Qualitätspolitik** | | | | | | | | | |
| Qualitätspolitik festlegen | X | | | | | | | **Arbeitsaufgabe (AA):** QM: Qualitätspolitik | • |
| **Messbare Qualitätsziele** | | | | | | | | | |
| Sicherstellen: messbare Qualitätsziele für laufendes Jahr planen und festlegen | X | | | | | | | **Arbeitsaufgabe (AA):** QM: Messbare Qualitätsziele | • |
| **Managementbewertung** | | | | | | | | | |
| Managementbewertung durchführen | X | | | | | | | **Arbeitsaufgabe (AA):** QM: Managementbewertung | • |
| **Ressourcen** | | | | | | | | | |
| Sicherstellen: Verfügbarkeit der Ressourcen | X | | | | | | | Die Ressourcen, die für die Entwicklung des Qualitätsmanagementsystems benötigt werden, sind geplant und festgelegt. Die Ressourcen für die Verwirklichung des Qualitätsmanagementsystems und der ständigen Verbesserung der Wirksamkeit des Qualitätsmanagementsystems werden festgestellt und festgelegt. | • |
| **Kundenorientierung** | | | | | | | | | |
| Sicherstellen: Kundenanforderungen ermitteln und mit dem Ziel der Erhöhung der Kundenzufriedenheit erfüllen | X | | | | | | | **Arbeitsaufgabe (AA):** VERTRIEB: Angebot erstellen / ändern **Arbeitsaufgabe (AA):** VERTRIEB: Auftrag erstellen **Arbeitsaufgabe (AA):** VERTRIEB: Auftrag ändern / stornieren **Arbeitsaufgabe (AA):** ENTWICKLUNG: Entwicklung / Änderung Serienprodukt **Arbeitsaufgabe (AA):** ENTWICKLUNG: Entwicklung Sonderprodukt **Arbeitsaufgabe (AA):** VERTRIEB: Reklamation Weitere Informationen werden aus Telefongesprächen, Messebesuchen, Umsatzanalysen, Gutschriften ermittelt. | • |
| **Planung des Qualitätsmanagementsystems** | | | | | | | | | |

**Dokument:** Bild 2.25 QM_Verantwortung der Leitung.doc
© BSBE European Business School for Business Excellence Ltd. 2014,
Freigegeben: Klaus Mustermann, Datum: 05.01.2014, Fertigungsunternehmen I

**BILD 2.25** QM: Verantwortung der Leitung (AA) (Ausschnitt)

### Formular: QM: Organigramm/Verantwortung

Mit diesem Formular wird die Verantwortung festgelegt (Bild 2.26). Ein Qualitätsmanagementsystem benötigt eine Führungskraft oder mehrere Führungskräfte, die sich um die Einhaltung und vor allem um die Integration des Qualitätsmanagementsystems in die Alltagspraxis kümmern. In dieser Organisationsgröße ist das normalerweise kein Problem, da Geschäftsführung und Beauftragter der obersten Leitung meist identisch sind.

Die Führungskräfte übernehmen eine Patenschaft für die Umsetzung des Qualitätsmanagementsystems in das Tagesgeschäft.

Auf ein Organigramm wurde verzichtet und nur eine Einteilung in Geschäftsführung, Funktionsbereiche und Qualitätsmanagement durchgeführt. Bei dieser Organisationsgröße ist das Qualitätsmanagement **kein** eigener Funktionsbereich.

Die Norm verlangt nur, dass die Verantwortungen und Befugnisse innerhalb der Organisation festgelegt und bekannt gemacht werden. Sie können auch eine bestehende Telefonliste erweitern und gegen dieses Formular austauschen.

2.8 Verantwortung der Leitung (AA)

## QM: Organigramm / Verantwortung

| (Organisationseinheit) Funktionsbereiche und Ebenen | Name |
|---|---|
| **Geschäftsführung:** | • Dieter Führer (OL) |
| | • Werner Müller (OL) |
| | • |
| **Vertrieb:** | • Dieter Führer |
| | • |
| **Einkauf:** | • Werner Müller |
| | • |
| **Lager:** | • Werner Müller |
| | • |
| **Fertigung:** | • Werner Müller |
| | • Peter Baumann |
| | • |
| **Wareneingang / Versand:** | • Sonay Güngör |
| | • |
| **Qualitätsmanagement:** | • Werner Müller (BOL) |
| | • Werner Müller (QMB) |
| | • Der BOL hat in Zusammenarbeit mit dem QMB sicherzustellen, dass die für das Qualitätsmanagementsystem erforderlichen Prozesse (= Arbeitsaufgaben und dokumentierte Verfahren) eingeführt, verwirklicht und aufrechterhalten werden.<br>• Der BOL berichtet der obersten Leitung (OL) über die Leistung des Qualitätsmanagementsystems sowie jegliche Notwendigkeit für Verbesserungen und fördert das Bewusstsein über die Kundenanforderungen in der gesamten Organisation. |
| | • |
| | • |
| | • |

**Dokument:** Bild 2.26 QM_Organigramm_Verantwortung.doc
© BSBE European Business School for Business Excellence Ltd. 2014,
Freigegeben: Klaus Mustermann, Datum: 05.01.2014, Fertigungsunternehmen I
Seite 1 von 1

**BILD 2.26** Formular: QM: Organigramm/Verantwortung

## QM: Qualitätspolitik (AA)

Mit dieser Arbeitsaufgabe wird die Qualitätspolitik prozessorientiert beschrieben (Bild 2.27).

Die Qualitätspolitik muss für den Zweck der Organisation angemessen sein. Sie muss einen Rahmen zum Festlegen und Bewerten von messbaren Qualitätszielen ermöglichen.

Was ist nun die Qualitätspolitik?

Eine Qualitätspolitik ist nichts Zusätzliches oder Unbekanntes in Ihrer Organisation, sondern nutzt die Organisationsziele, die Organisationsstrategie, die Ausrichtung der Organisation auf die Anforderungen der Kunden und warum der Kunde bei Ihnen die Produkte oder Dienstleistungen kaufen soll.

Die Qualitätspolitik und die messbaren Qualitätsziele enthalten Schwerpunkte für das Leiten und Lenken Ihrer Organisation und haben eine positive Wirkung auf die Qualität der Produkte und die Wirksamkeit der Betriebsabläufe. Es werden gewünschte Ergebnisse und tatsächliche Ergebnisse festgelegt und miteinander verglichen. Es sollte ein Trend bei den messbaren Qualitätszielen erkennbar sein, inwieweit Sie die messbaren Qualitätsziele erreicht oder nicht erreicht haben.

Dies ist in der DIN EN ISO 9000:2005 erläutert:

**ISO 9000:2005 AUSZUG AUS DER NORM**

*3.2.4 Qualitätspolitik*

*ANMERKUNG 1 Generell steht die Qualitätspolitik mit der übergeordneten Politik der Organisation in Einklang und bildet den Rahmen für die Festlegung von Qualitätszielen.*

**WECHSELWIRKUNG**

Aus dieser Arbeitsaufgabe wird eventuell auf weitere Arbeitsaufgaben und dokumentierte Verfahren verwiesen (Wechselwirkung). Eine detaillierte Beschreibung erfolgt in diesen Dokumenten.

**KORREKTUR- UND VORBEUGUNGS-MASSNAHMEN**

Es sind eventuell Korrektur- oder Vorbeugungsmaßnahmen einzuleiten. Im Bedarfsfall ist das Formular *QM: Korrektur- und Vorbeugungsmaßnahmen* auszufüllen.

2.8 Verantwortung der Leitung (AA)

## QM: Qualitätspolitik (AA)

| Tätigkeit / Prozessschritte | E/D Führung | D Vertrieb | D Einkauf | D Lager | D Fertigung | D WE, Versand | D externe Bearbeitung | Wechselwirkung / Checkliste | Dokumentation |
|---|---|---|---|---|---|---|---|---|---|
| **Qualitätspolitik planen, festlegen und umsetzen** | | | | | | | | | |
| Qualitätspolitik planen und erstellen | X | (X) | (X) | (X) | (X) | (X) | | **Prüfen:** Qualitätspolitik für den Zweck der Organisation angemessen: 1. Kunden 2. Produkte / Dienstleistungen 3. Unternehmen 4. Mitarbeiter 5. messbare Qualitätsziele | • Qualitätspolitik |
| Kundenerwartung ermitteln | X | X | | | | | | **Prüfen:** Kundenerwartung hinsichtlich Produkten und Dienstleistungen ermitteln, um die Erwartungen mit der Qualitätspolitik abzugleichen | • Qualitätspolitik |
| Prozesse analysieren | X | X | X | X | X | X | | **Prüfen:** Prozesse mit den erforderlichen Arbeitsaufgaben abgedeckt und die Wechselwirkungen berücksichtigt hinsichtlich Funktionsbereichen und Ebenen | • Qualitätspolitik |
| Organisation festlegen | X | (X) | (X) | (X) | (X) | (X) | | **Prüfen:** Organisation mit der Qualitätspolitik im Einklang und die Wechselwirkungen berücksichtigt hinsichtlich Funktionsbereichen und Ebenen **Arbeitsaufgabe (AA):** QM: Verantwortung der Leitung | • Qualitätspolitik • Organigrammverantwortung |
| Schulung der Mitarbeiter planen | X | (X) | (X) | (X) | (X) | (X) | | **Prüfen:** Schulung mit der Qualitätspolitik im Einklang **Arbeitsaufgabe (AA):** QM: Mitarbeiter Ausbildung / Schulung / Fertigkeiten / Erfahrung | • Qualitätspolitik |
| Messbare Qualitätsziele für laufendes Jahr festlegen | X | (X) | (X) | (X) | (X) | (X) | | **Prüfen:** Messbare Qualitätsziele mit der Qualitätspolitik der Organisation und mit den Produkten im Einklang, sowie die Berücksichtigung der Funktionsbereiche und Ebenen **Arbeitsaufgabe (AA):** QM: Messbare Qualitätsziele | • Qualitätspolitik • Messbare Qualitätsziele |
| Mitarbeiter Qualitätspolitik vermitteln | X | X | X | X | X | X | | Mitarbeiter zur Erfüllung von Anforderungen und zur ständigen Verbesserung der Wirksamkeit des Qualitätsmanagementsystems verpflichten **Arbeitsaufgabe (AA):** QM: Mitarbeiter Ausbildung / Schulung / Fertigkeiten / Erfahrung | • Qualitätspolitik |

**Dokument:** Bild 2.27 QM_Qualitätspolitik.doc
© BSBE European Business School for Business Excellence Ltd. 2014,
Freigegeben: Klaus Mustermann, Datum: 05.01.2014, Fertigungsunternehmen I
Seite 1 von 2

**BILD 2.27** QM: Qualitätspolitik (AA) (Ausschnitt)

### Formular: QM: Qualitätspolitik

Mit diesem Formular wird die Qualitätspolitik Ihrer Organisation beschrieben (Bild 2.28).

Eine Qualitätspolitik ist nichts Zusätzliches oder Unbekanntes in Ihrer Organisation, sondern nutzt die Organisationsziele, die Organisationsstrategie, die Ausrichtung der Organisation auf die Anforderungen der Kunden und warum der Kunde bei Ihnen die Produkte oder Dienstleistungen kaufen soll.

Wenn Sie die Qualitätspolitik in **fünf Punkte** einteilen, erhalten Sie eine Struktur der Qualitätspolitik für Ihre Organisation. Nun erkennen Sie auch den „Rahmen" für die Festlegung von messbaren Qualitätszielen mit den Schwerpunkten auf Basis der Qualitätspolitik. **Die fünf Punkte verbinden die „übergeordnete Politik der Organisation" und die „Qualitätspolitik" der Organisation.**

#### 1. Kunden:

Hier treffen Sie Aussagen zu den Kunden, die Sie beliefern. Diese Aussagen zu treffen ist problemlos, da Sie Ihre Kunden kennen, die Ihre Produkte kaufen.

#### 2. Produkte:

Hier treffen Sie die Aussagen zu den Produkten und den Vorteilen für die Kunden, wenn sie Ihre Produkte nutzen. Dazu gehören auch die Einsatzgebiete des Kunden, für die Ihre Produkte genutzt werden können. Diese Aussagen zu treffen ist problemlos, da Sie die Einsatzgebiete und die Vorteile Ihrer Produkte kennen.

#### 3. Unternehmen:

Hier treffen Sie die Aussagen zu Ihrer Organisation. Dazu gehören die Besonderheiten, wie Sie auf die Kundenanforderungen eingehen. Dies ist nicht ganz so problemlos, da manche Organisationen ihre eigenen Besonderheiten nicht kennen und für viele Organisationen dies eigentlich „Selbstverständlichkeiten" sind.

#### 4. Mitarbeiter:

Hier treffen Sie Ihre Aussage, wie Sie die Mitarbeiter zur Qualitätspolitik verpflichtet haben.

#### 5. Messbare Qualitätsziele:

Hier treffen Sie Ihre Aussage, wie Sie die „ständige Verbesserung" durch „messbare Qualitätsziele" bewerten. Sie können auch zusätzlich die **Funktionsbereiche** und **Ebenen** aufführen, wo Sie messbare Qualitätsziele definiert haben.

## QM: Qualitätspolitik

Hier müssen Sie die eigene Qualitätspolitik definieren. Was ist nun die Qualitätspolitik?

Eine Qualitätspolitik ist nichts Zusätzliches oder Unbekanntes in Ihrem Unternehmen, sondern nutzt die Unternehmensziele, die Unternehmensstrategie und die Ausrichtung des Unternehmens auf die Anforderungen der Kunden, warum der Kunde bei Ihnen die Produkte oder Dienstleistungen kaufen soll.
Dies ist in der DIN EN ISO 9000:2005 erläutert: 3.2.4 Qualitätspolitik **ANMERKUNG 1 Generell steht die Qualitätspolitik mit der übergeordneten Politik der Organisation in Einklang und bildet den Rahmen für die Festlegung von Qualitätszielen.**

Die Qualitätspolitik und die messbaren Qualitätsziele enthalten **Schwerpunkte** für das Leiten und Lenken Ihres Unternehmens und haben eine positive Wirkung auf die Qualität der Produkte und die Wirksamkeit der Betriebsabläufe. Es werden gewünschte Ergebnisse und tatsächliche Ergebnisse festgelegt und miteinander verglichen. Es sollte ein Trend bei den messbaren Qualitätszielen erkennbar sein, inwieweit Sie die messbaren Qualitätsziele erreicht oder nicht erreicht haben.
In der Managementbewertung erläutern Sie, warum Sie die messbaren Qualitätsziele erreicht oder nicht erreicht haben. Dies ermöglicht Ihnen einen optimalen Einsatz Ihrer Ressourcen wie z. B. Auftragseingang, Umsatz, Mitarbeiter, Fertigungseinrichtungen, Materialverbrauch, Ausschuss und Reklamationen beim Lieferanten und durch den Kunden.
Diesen "Rahmen" für die Festlegung von messbaren Qualitätszielen müssen Sie nun bei der Qualitätspolitik berücksichtigen. Mit der Qualitätspolitik beschreiben Sie die Kunden, die Produkte und/oder die Dienstleistungen. Oft finden sich in Unternehmensbeschreibungen, Prospekten, Leistungskatalogen oder Produktionsmöglichkeiten schon die entsprechenden Texte. Diese Texte können Sie als Basis für die Qualitätspolitik nutzen.

Wenn Sie die Qualitätspolitik in **fünf Punkte** einteilen, erhalten Sie eine Struktur der Qualitätspolitik für Ihr Unternehmen. Nun erkennen Sie auch den "Rahmen" für die Festlegung von messbaren Qualitätszielen mit den Schwerpunkten auf Basis der Qualitätspolitik. **Die fünf Punkte verbinden die "übergeordnete Politik der Organisation" und die "Qualitätspolitik der Organisation".**

**1. Kunden:**
Hier treffen Sie Aussagen zu den Kunden, die Sie beliefern. Diese Aussagen zu treffen ist problemlos, da Sie Ihre Kunden kennen, die Ihre Produkte kaufen, z. B.: *"Wir beliefern Kunden aus den Bereichen Werkzeugbau, Formenbau, Automobilindustrie und Handel."*

**2. Produkte:**
Hier treffen Sie die Aussagen zu den Produkten und Vorteilen für die Kunden, wenn sie Ihre Produkte nutzen. Dazu gehören auch die Einsatzgebiete des Kunden, für die Ihre Produkte genutzt werden können. Diese Aussagen zu treffen ist problemlos, da Sie die Einsatzgebiete und die Vorteile Ihrer Produkte kennen, z. B.: *"Ca. 90 % aller Zerspanungsaufgaben im Werkzeug- und Formenbau lassen sich nach unseren Erfahrungen mit unserem umfangreichen Standardsortiment lösen. Darüber hinaus fertigen wir für Ihre besonderen Anwendungsfälle Sonderwerkzeuge und Sonderaufnahmen nach Ihren Vorgaben. Unser technischer Außendienst berät Sie beim Einsatz unserer Produkte und ermöglicht Ihnen optimale Lösungen bei Ihren Produkten und Prozessoptimierungen im Fertigungsablauf."*

**3. Unternehmen:**
Hier treffen Sie die Aussagen zu Ihrem Unternehmen. Dazu gehören die Besonderheiten, wie Sie auf die Kundenanforderungen eingehen. Dies ist nicht ganz so problemlos, da manche Unternehmen ihre eigenen Besonderheiten nicht kennen und für viele Unternehmen dies eigentlich "Selbstverständlichkeiten" sind, z. B.: *"Unser Unternehmen zeichnet sich dadurch aus, dass wir flexibel auf die Anforderungen unserer Kunden reagieren. Die ausgewählten Materialien, die hoch spezialisierten Mitarbeiter, die in den Fertigungsablauf integrierten Lieferanten und die modernen Fertigungseinrichtungen ermöglichen eine hohe Genauigkeit im Fertigungsablauf und in den Produkten. Deshalb wurde das Handbuch prozessorientiert dargestellt und wurden Wechselwirkungen zwischen den Funktionsbereichen und Ebenen in den Betriebsabläufen berücksichtigt. Die Einhaltung der Kundentermine findet im Unternehmen eine, dem heutigen dynamischen Markt angepasste, besondere Beachtung. Als Dienstleistung bieten wir Schulungen mit unseren Produkten im Hause oder beim Kunden vor Ort an. Unser technischer Außendienst bespricht mit den Kunden das Problem und ermöglicht die optimale Lösung des Problems."*

**4. Mitarbeiter:**
Hier treffen Sie Ihre Aussage, wie Sie die Mitarbeiter zur Qualitätspolitik verpflichtet haben, z. B.: *"In allen Funktionsbereichen und Ebenen sind Fehler vermeidbar, wenn ihre Ursachen konsequent beseitigt werden. Damit wird nicht nur die Kundenzufriedenheit gefördert, sondern auch die ständige Verbesserung innerhalb des Unternehmens umgesetzt. Die Sicherung und gezielte Verbesserung der Qualität ist eine Aufgabe für unser gesamtes Unternehmen. Unser Unternehmen fühlt sich verpflichtet, die Qualität der Abläufe, Produkte und Dienstleistungen zu sichern und ständig zu verbessern, um unserem Unternehmen eine sichere Zukunft zu verschaffen. Jeder Mitarbeiter ist verpflichtet, die Anforderungen zu erfüllen und zur ständigen Verbesserung der Wirksamkeit des Qualitätsmanagementsystems beizutragen."*

**5. Messbare Qualitätsziele:**
Hier treffen Sie Ihre Aussage, wie Sie die "ständige Verbesserung" durch "messbare Qualitätsziele" bewerten, z. B.: *"Die Betriebsabläufe und die Anforderungen an das Produkt und an die Dienstleistung werden mithilfe von messbaren Qualitätszielen für die entsprechenden Funktionsbereiche und Ebenen, Korrektur- und Vorbeugungsmaßnahmen auf eine fortdauernde Angemessenheit bewertet."*
Sie können auch zusätzlich die Funktionsbereiche und Ebenen aufführen, wo Sie messbare Qualitätsziele definiert haben, z. B.: *"Das prozessorientierte Handbuch mit der Darstellung der Wechselwirkungen zwischen den Funktionsbereichen und Ebenen ermöglicht ein wirksames Leiten und Lenken der Betriebsabläufe zur Erreichung der messbaren Qualitätsziele. In folgenden Funktionsbereichen und Ebenen in den Betriebsabläufen wurden messbare Qualitätsziele definiert: Führung, Vertrieb, Einkauf, Fertigung."*

Diese Qualitätspolitik wurde am TT.MM.JJJJ von der Geschäftsführung in Kraft gesetzt.

**HINWEIS:**

**Den Text vor den Punkten 1. bis 5. müssen Sie löschen.**

**Den Text unter den Punkten 1. bis 5. müssen Sie gegen Ihren eigenen Text austauschen oder anpassen.**

**Dokument:** Bild 2.28 QM_Qualitätspolitik.doc
© BSBE European Business School for Business Excellence Ltd. 2014,
Freigegeben: Klaus Mustermann, Datum: 05.01.2014, Fertigungsunternehmen I

**BILD 2.28** Formular: QM: Qualitätspolitik

## QM: Messbare Qualitätsziele (AA)

Mit dieser Arbeitsaufgabe werden die messbaren Qualitätsziele prozessorientiert beschrieben (Bild 2.29).

Die Norm erwartet, dass messbare Qualitätsziele für **zutreffende Funktionsbereiche** und **Ebenen** festgelegt werden. Die Organisation legt somit fest, für welchen Funktionsbereich und welche Ebene dies zutrifft.

1. Die **zutreffenden Funktionsbereiche** und **Ebenen** müssen festgelegt werden.
2. Für alle zutreffenden **Funktionsbereiche,** die mit einem „X" gekennzeichnet sind, werden messbare Qualitätsziele erstellt.
3. Für die **Führungsebene müssen** messbare Qualitätsziele vorhanden sein.
4. Für die **Mitarbeiterebene können** messbare Qualitätsziele vorhanden sein.

Sie müssen nicht jedes Jahr neue messbare Qualitätsziele definieren, da viele messbare Qualitätsziele immer benötigt werden. Ebenfalls sollte ein Trend erkennbar sein, um z.B. Monat, Quartal oder Jahr vergleichen zu können.

Wenn Sie neue messbare Qualitätsziele erstellen, dann müssen diese mit der Qualitätspolitik im Einklang stehen, d.h., sie müssen auf die Organisation zugeschnitten sein und einen Sinn ergeben.

**WECHSELWIRKUNG**  Aus dieser Arbeitsaufgabe wird eventuell auf weitere Arbeitsaufgaben und dokumentierte Verfahren verwiesen (Wechselwirkung). Eine detaillierte Beschreibung erfolgt in diesen Dokumenten.

**KORREKTUR- UND VORBEUGUNGS-MASSNAHMEN**  Es sind eventuell Korrektur- oder Vorbeugungsmaßnahmen einzuleiten. Im Bedarfsfall ist das Formular *QM: Korrektur- und Vorbeugungsmaßnahmen* auszufüllen.

## 2.8 Verantwortung der Leitung (AA)

### QM: Messbare Qualitätsziele (AA)

| Tätigkeit / Prozessschritte | E/D Führung | D Vertrieb | D Einkauf | D Lager | D Fertigung | D WE, Versand | D externe Bearbeitung | Wechselwirkung / Checkliste | Dokumentation |
|---|---|---|---|---|---|---|---|---|---|
| **Messbare Qualitätsziele planen, festlegen und umsetzen** | | | | | | | | | |
| Messbare Qualitätsziele für laufendes Jahr festlegen | X | X | X | X | X | X | (X) | **Prüfen:** Messbare Qualitätsziele für zutreffende **Funktionsbereiche** und **Ebenen**: alle Funktionsbereiche, die mit "X" gekennzeichnet sind **Anforderung an Produkte**, messbare Qualitätsziele mit der Qualitätspolitik und der Organisation im Einklang, Trend berücksichtigen **Ebene:** Führungsebene, Mitarbeiterebene **Messbare Qualitätsziele:** Die messbaren Qualitätsziele können jedes Jahr die gleichen sein. **Dokumentiertes Verfahren (dV):** QM: Korrekturmaßnahmen **Dokumentiertes Verfahren (dV):** QM: Vorbeugungsmaßnahmen | • Messbare Qualitätsziele |
| Messbare Qualitätsziele aus den Ergebnissen von internen Audits überprüfen | X | | | | | | | **Prüfen:** Messbare Qualitätsziele mit der Qualitätspolitik, der Organisation und mit den Produkten im Einklang, Messbarkeit **Dokumentiertes Verfahren (dV):** QM: Internes Audit | • Internes Audit Planbericht<br>• Internes Audit Fragenkatalog |
| Messbare Qualitätsziele im laufenden Jahr überprüfen und aktualisieren | X | | | | | | | **Prüfen:** Messbare Qualitätsziele mit der Qualitätspolitik, der Organisation und mit den Produkten im Einklang, Messbarkeit | • Messbare Qualitätsziele |
| **Nachfolgende Tätigkeiten werden nur bei Bedarf durchgeführt.** | | | | | | | | | |
| Evtl. Korrekturen oder Verbesserungen im Unternehmen durchführen | | | | | X | X | | **Dokumentiertes Verfahren (dV):** QM: Korrekturmaßnahmen **Dokumentiertes Verfahren (dV):** QM: Vorbeugungsmaßnahmen | • |

| Ständige Verbesserung: | **Methode:** Messbare Qualitätsziele bewerten mithilfe von Statistikdaten<br>**Informationen:** Die Informationen sind in den messbaren Qualitätszielen festgelegt. |
|---|---|

**Auszug aus der Norm:**
DIN EN ISO 9001:2008
5.4 Planung
5.4.1 Qualitätsziele
Die oberste Leitung muss sicherstellen, dass für **zutreffende Funktionsbereiche** und **Ebenen** innerhalb der Organisation Qualitätsziele, einschließlich derer, **die für die Erfüllung der Anforderungen an Produkte [siehe 7.1 a)] erforderlich sind**, festgelegt sind. Die Qualitätsziele müssen messbar sein und mit der Qualitätspolitik im Einklang stehen.

**Dokument:** Bild 2.29 QM_Messbare Qualitätsziele.doc
© BSBE European Business School for Business Excellence Ltd. 2014,
Freigegeben: Klaus Mustermann, Datum: 05.01.2014, Fertigungsunternehmen I

**BILD 2.29** QM: Messbare Qualitätsziele (AA)

### Formular: QM: Messbare Qualitätsziele_1

Mit diesem Formular werden die messbaren Qualitätsziele festgelegt (Bild 2.30). Es sind **zwei Formulare** vorhanden (Bild 2.30 und Bild 2.31). Sie müssen entscheiden, welches Formular Sie nutzen wollen.

Die Norm erwartet, dass messbare Qualitätsziele für **zutreffende Funktionsbereiche** und **Ebenen** festgelegt werden. Die **Organisation** legt somit fest, für welchen Funktionsbereich und welche Ebene dies zutrifft.

In diesem Formular werden die messbaren Qualitätsziele **festgelegt**, jedoch werden hier **keine Zahlen** usw. eingetragen. Die Nachweise werden durch die BWA (Betriebswirtschaftliche Auswertung), Statistik usw. erbracht.

In der **Managementbewertung** treffen Sie die Aussagen, warum Sie die messbaren Qualitätsziele erreicht oder nicht erreicht haben.

Das **Norm-Kapitel 8.4 Datenanalyse** wird mit diesem Formular ebenfalls berücksichtigt.

1. Die **zutreffenden Funktionsbereiche** (blau) und **Ebenen** (rot) müssen festgelegt werden.
2. Für alle zutreffenden **Funktionsbereiche** (blau) werden messbare Qualitätsziele erstellt.
3. Für die **Führungsebene** (rot) **müssen** messbare Qualitätsziele vorhanden sein.
4. Für die **Mitarbeiterebene** (blau) wurden keine messbaren Ziele definiert, da dies für die Organisationsgröße nicht unbedingt erforderlich ist.

Sie müssen nicht jedes Jahr neue messbare Qualitätsziele definieren, da viele messbare Qualitätsziele immer benötigt werden. Ebenfalls sollte ein **Trend** erkennbar sein, um z.B. Monat, Quartal oder Jahr vergleichen zu können.

Sollten Sie jedes Jahr bestimmte messbare Qualitätsziele ändern wollen, dann sollten Sie die messbaren Qualitätsziele mindestens **zweimal** im Jahr bewerten, um einen Trend ermitteln zu können.

Wenn Sie neue messbare Qualitätsziele erstellen, dann müssen diese mit der Qualitätspolitik im Einklang stehen, d.h., sie müssen auf die Organisation zugeschnitten sein und einen Sinn ergeben.

## 2.8 Verantwortung der Leitung (AA)

**QM: Messbare Qualitätsziele**

### MESSBARE QUALITÄTSZIELE FÜR DAS JAHR XXXX

**DIN EN ISO 9001:2008**

**5.4.1 Qualitätsziele**
Die oberste Leitung muss sicherstellen, dass für **zutreffende Funktionsbereiche und Ebenen** innerhalb der Organisation Qualitätsziele, einschließlich derer, **die für die Erfüllung der Anforderungen an Produkte [siehe 7.1 a)] erforderlich sind**, festgelegt sind. Die Qualitätsziele müssen messbar sein und mit der Qualitätspolitik im Einklang stehen.

**8.4 Datenanalyse**
Die Organisation muss geeignete Daten ermitteln, erfassen und analysieren, um die Eignung und Wirksamkeit des Qualitätsmanagementsystems darzulegen und zu beurteilen, wo ständige Verbesserungen der Wirksamkeit des Qualitätsmanagementsystems vorgenommen werden können. Dies muss Daten einschließen, die durch Überwachung und Messung und aus anderen relevanten Quellen gewonnen wurden. Die Datenanalyse muss Angaben liefern über a) Kundenzufriedenheit (siehe 8.2.1), b) Erfüllung der Produktanforderungen (siehe 8.2.4), c) Prozess- und Produktmerkmale und deren Trends, einschließlich Möglichkeiten für Vorbeugungsmaßnahmen (siehe 8.2.3 und 8.2.4), und d) Lieferanten (siehe 7.4).

| Organisationseinheit (5.4.1) (Funktionsbereiche und Ebenen) | Messbare Qualitätsziele (5.4.1) | Bewertungszeitraum und Trend (8.4) | Nachweise (5.4.1, 8.4) |
|---|---|---|---|
| **Oberste Leitung** | Betriebsergebnis gesamtes Unternehmen | Vergleich Monat, Quartal, Jahr, laufendes Jahr zum Vorjahr | • BWA |
| **Vertrieb** | Auftragseingang, Umsatz, Kundenreklamationen, Kosten aus Garantieleistungen, Kosten aus Ersatzlieferungen, Kosten Falschlieferungen | Vergleich Monat, Quartal, Jahr, laufendes Jahr zum Vorjahr | • Statistik |
| **Einkauf** | Lieferantenreklamationen (Anzahl Falschlieferungen, Liefertermin nicht eingehalten), Kosten aus Garantieleistungen, Kosten aus Ersatzlieferungen, Kosten Reklamation externe Bearbeitung | | • Statistik |
| **Lager** | Keine messbaren Ziele definiert | | • |
| **Fertigung** | Betriebsergebnis, Ausschuss, Gemeinkosten | Vergleich Monat, Quartal, Jahr, laufendes Jahr zum Vorjahr | • Statistik |
| **Wareneingang** | Keine messbaren Ziele definiert | | • |
| **Versand** | Keine messbaren Ziele definiert | | • |
| **Externe Bearbeitung** | Kosten Reklamation externe Bearbeitung | Die Statistik wird im Einkauf geführt. | • |
| **Nachfolgende Tätigkeiten werden nur bei Bedarf durchgeführt.** | | | |
| Messbare Ziele aus den Ergebnissen von internen Audits überprüfen | Messbare Ziele bei Korrekturen, Vorbeugung oder Verbesserungen überprüfen und korrigieren | Nach Durchführung des internen Audits | • Internes Audit Planbericht |

Hier werden die messbaren Qualitätsziele für die Funktionsbereiche und Ebenen festgelegt. Es werden keine Zahlen usw. hier eingetragen. Die Nachweise werden durch die BWA, Statistik usw. erbracht. In der **Managementbewertung** unter den Punkten **Rückmeldungen von Kunden, Prozessleistung, Produktkonformität, Status von Vorbeugungs- und Korrekturmaßnahmen** werden die Aussagen getroffen, warum die messbaren Ziele erreicht oder nicht erreicht wurden.

**Dokument:** Bild 2.30 QM Messbare Qualitätsziele_1.doc
© BSBE European Business School for Business Excellence Ltd. 2014,
Freigegeben: Klaus Mustermann, Datum: 05.01.2014, Fertigungsunternehmen I
Seite 1 von 1

**BILD 2.30** Formular: QM: Messbare Qualitätsziele_1

### Formular: QM: Messbare Qualitätsziele_2

Mit diesem Formular werden die messbaren Qualitätsziele festgelegt (Bild 2.31). Es sind **zwei Formulare** vorhanden (Bild 2.30 und Bild 2.31). Sie müssen entscheiden, welches Formular Sie nutzen wollen.

Die Norm erwartet, dass messbare Qualitätsziele für **zutreffende Funktionsbereiche** und **Ebenen** festgelegt werden. Die **Organisation** legt somit fest, für welchen Funktionsbereich und welche Ebene dies zutrifft.

In diesem Formular werden die messbaren Qualitätsziele **festgelegt**, jedoch werden hier **keine Zahlen** usw. eingetragen. Die Nachweise werden durch die BWA, Statistik usw. erbracht. **Abweichend** von dieser Aussage werden für die *Korrekturmaßnahmen* und die *Vorbeugungsmaßnahmen* sowie für die *Verbesserungen* die Gesamtzahlen hier erfasst.

In der **Managementbewertung** treffen Sie die Aussagen, warum Sie die messbaren Qualitätsziele erreicht oder nicht erreicht haben.

Das **Norm-Kapitel 8.4 Datenanalyse** wird mit diesem Formular ebenfalls berücksichtigt.

1. Die **zutreffenden Funktionsbereiche** (blau) und **Ebenen** (rot) müssen festgelegt werden.
2. Für alle zutreffenden **Funktionsbereiche** (blau) werden messbare Qualitätsziele erstellt.
3. Für die **Führungsebene** (rot) **müssen** messbare Qualitätsziele vorhanden sein.
4. Für die **Mitarbeiterebene** (blau) wurden keine messbaren Ziele definiert, da dies für die Organisationsgröße nicht unbedingt erforderlich ist.
5. Die Korrekturmaßnahmen, die Vorbeugungsmaßnahmen und die Verbesserungen werden hier mit Zahlen dokumentiert.

Sie müssen nicht jedes Jahr neue messbare Qualitätsziele definieren, da viele messbare Qualitätsziele immer benötigt werden. Ebenfalls sollte ein **Trend** erkennbar sein, um z. B. Monat, Quartal oder Jahr vergleichen zu können.

Sollten Sie jedes Jahr bestimmte messbare Qualitätsziele ändern wollen, dann sollten Sie die messbaren Qualitätsziele mindestens **zweimal** im Jahr bewerten, um einen Trend ermitteln zu können.

Wenn Sie neue messbare Qualitätsziele erstellen, dann müssen diese mit der Qualitätspolitik im Einklang stehen, d. h., sie müssen auf die Organisation zugeschnitten sein und einen Sinn ergeben.

## 2.8 Verantwortung der Leitung (AA)

## QM: Messbare Qualitätsziele

### MESSBARE QUALITÄTSZIELE FÜR DAS JAHR XXXX

**DIN EN ISO 9001:2008**
**5.4.1 Qualitätsziele**
Die oberste Leitung muss sicherstellen, dass für **zutreffende Funktionsbereiche und Ebenen** innerhalb der Organisation Qualitätsziele, einschließlich derer, **die für die Erfüllung der Anforderungen an Produkte [siehe 7.1 a)] erforderlich sind**, festgelegt sind. Die Qualitätsziele müssen messbar sein und mit der Qualitätspolitik im Einklang stehen.

**8.4 Datenanalyse**
Die Organisation muss geeignete Daten ermitteln, erfassen und analysieren, um die Eignung und Wirksamkeit des Qualitätsmanagementsystems darzulegen und zu beurteilen, wo ständige Verbesserungen der Wirksamkeit des Qualitätsmanagementsystems vorgenommen werden können. Dies muss Daten einschließen, die durch Überwachung und Messung und aus anderen relevanten Quellen gewonnen wurden. Die Datenanalyse muss Angaben liefern über a) Kundenzufriedenheit (siehe 8.2.1), b) Erfüllung der Produktanforderungen (siehe 8.2.4), c) Prozess- und Produktmerkmale und deren Trends, einschließlich Möglichkeiten für Vorbeugungsmaßnahmen (siehe 8.2.3 und 8.2.4), und d) Lieferanten (siehe 7.4).

| Organisationseinheit (5.4.1) (Funktionsbereiche und Ebenen) | Messbare Qualitätsziele (5.4.1) | Bewertungszeitraum und Trend (8.4) | Nachweise (5.4.1, 8.4) | Korrekturmaßnahmen | Vorbeugungsmaßnahmen (8.4) Verbesserungen |
|---|---|---|---|---|---|
| **Oberste Leitung** | Betriebsergebnis gesamtes Unternehmen | Vergleich Monat, Quartal, Jahr, laufendes Jahr zum Vorjahr | • BWA | Gesamtanzahl: Erledigt: Offen: | Gesamtanzahl: Erledigt: Offen: |
| **Vertrieb** | Auftragseingang, Umsatz, Kundenreklamationen, Kosten aus Garantieleistungen, Kosten aus Ersatzlieferungen, Kosten Falschlieferungen | Vergleich Monat, Quartal, Jahr, laufendes Jahr zum Vorjahr | • Statistik | Gesamtanzahl: Erledigt: Offen: | Gesamtanzahl: Erledigt: Offen: |
| **Einkauf** | Lieferantenreklamationen (Anzahl Falschlieferungen, Liefertermin nicht eingehalten), Kosten aus Garantieleistungen, Kosten aus Ersatzlieferungen, Kosten Reklamation externe Bearbeitung | Vergleich Monat, Quartal, Jahr, laufendes Jahr zum Vorjahr | • Statistik | Gesamtanzahl: Erledigt: Offen: | Gesamtanzahl: Erledigt: Offen: |
| **Lager** | Keine messbaren Ziele definiert | | | | |
| **Fertigung** | Betriebsergebnis, Ausschuss, Gemeinkosten | Vergleich Monat, Quartal, Jahr, laufendes Jahr zum Vorjahr | • Statistik | Gesamtanzahl: Erledigt: Offen: | Gesamtanzahl: Erledigt: Offen: |
| **Wareneingang** | Keine messbaren Ziele definiert | | • | | |
| **Versand** | Keine messbaren Ziele definiert | | • | | |
| **Externe Bearbeitung** | Kosten Reklamation externe Bearbeitung | Die Statistik wird im Einkauf geführt. | | | |
| **Nachfolgende Tätigkeiten werden nur bei Bedarf durchgeführt.** | | | | | |
| Messbare Ziele aus den Ergebnissen von internen Audits überprüfen | Messbare Ziele bei Korrekturen, Vorbeugung oder Verbesserungen überprüfen und korrigieren | Nach Durchführung des internen Audits | • Internes Audit Planbericht | | |

Hier werden die messbaren Qualitätsziele für die Funktionsbereiche und Ebenen festgelegt. Es werden keine Zahlen usw. hier eingetragen. Die Nachweise werden durch die BWA, Statistik usw. erbracht. Abweichend von dieser Aussage werden für die Korrekturmaßnahmen und Vorbeugungsmaßnahmen sowie für Verbesserungen die Gesamtzahlen hier erfasst. In der **Managementbewertung** unter den Punkten **Rückmeldungen von Kunden, Prozessleistung, Produktkonformität, Status von Vorbeugungs- und Korrekturmaßnahmen** werden die Aussagen getroffen, warum die messbaren Qualitätsziele erreicht oder nicht erreicht wurden.

**Dokument:** Bild 2.31 QM_Messbare Qualitätsziele_2.doc
© BSBE European Business School for Business Excellence Ltd. 2014,
Freigegeben: Klaus Mustermann, Datum: 05.01.2014, Fertigungsunternehmen I
Seite 1 von 1

**BILD 2.31** Formular: QM: Messbare Qualitätsziele_2

## QM: Managementbewertung (AA)

Mit dieser Arbeitsaufgabe wird die Managementbewertung prozessorientiert beschrieben (Bild 2.32).

Die Anforderung im **Norm-Kapitel 5.6.1 Allgemeines** legt fest, dass die oberste Leitung der Organisation das Qualitätsmanagementsystem in **geplanten Abständen** bewerten muss. Die Norm legt somit **nicht** fest, **wie oft** die Managementbewertung durchgeführt werden muss, da dies die Organisation tut. Als Empfehlung sollte die Managementbewertung einmal pro Jahr durchgeführt werden.

Die in den **Norm-Kapiteln 5.6.2 Eingaben für die Bewertung** und **5.6.3 Ergebnisse der Bewertung** festgelegten Anforderungen werden hier berücksichtigt.

**Zu den Eingaben gehören:** die Ergebnisse von Audits; Rückmeldungen von Kunden; die Prozessleistung; die Produktkonformität; der Status von Korrektur- und Vorbeugungsmaßnahmen; die Folgemaßnahmen vorangegangener Managementbewertungen; Änderungen, die sich auf das Qualitätsmanagementsystem auswirken können; Empfehlungen für Verbesserungen.

**Zu den Ergebnissen gehören:** Verbesserungen der Wirksamkeit des Qualitätsmanagementsystems und seiner Prozesse; Produktverbesserung in Bezug auf Kundenanforderungen; Bedarf an Ressourcen.

Was passiert, wenn Sie als Ergebnisse **keine** Verbesserungen der Wirksamkeit des Qualitätsmanagementsystems und seiner Prozesse, **keine** Produktverbesserung in Bezug auf Kundenanforderungen oder **keinen** Bedarf an Ressourcen in diesem Jahr haben? Dann protokollieren Sie als Ergebnis, dass kein Bedarf besteht.

Sie sollten trotzdem die *messbaren Qualitätsziele* und die *Qualitätspolitik* überprüfen, ob Änderungen oder keine Änderungen durchzuführen sind, und dies protokollieren.

**WECHSELWIRKUNG** Aus dieser Arbeitsaufgabe wird eventuell auf weitere Arbeitsaufgaben und dokumentierte Verfahren verwiesen (Wechselwirkung). Eine detaillierte Beschreibung erfolgt in diesen Dokumenten.

**KORREKTUR- UND VORBEUGUNGS-MASSNAHMEN** Es sind eventuell Korrektur- oder Vorbeugungsmaßnahmen einzuleiten. Im Bedarfsfall ist das Formular *QM: Korrektur- und Vorbeugungsmaßnahmen* auszufüllen.

## 2.8 Verantwortung der Leitung (AA)

**QM: Managementbewertung (AA)**

| Tätigkeit / Prozessschritte | E/D Führung | D Vertrieb | D Einkauf | D Lager | D Fertigung | D WE, Versand | D externe Bearbeitung | Wechselwirkung / Checkliste | Dokumentation |
|---|---|---|---|---|---|---|---|---|---|
| **Managementbewertung planen, festlegen und umsetzen** | | | | | | | | | |
| Managementbewertung durchführen | X | | | | | | | | • Managementbewertung |
| **Eingaben für die Managementbewertung** | | | | | | | | | |
| Ergebnisse von Audits überprüfen | X | | | | | | | **Prüfen:** Anzahl der Audits ausreichend, Korrekturen, Verbesserungen | • Internes Audit Planbericht<br>• Managementbewertung |
| Rückmeldung von Kunden | X | | | | | | | **Prüfen:** Auftragseingang, Umsatz, Trend | • Statistiken<br>• Managementbewertung |
| Prozessleistung | X | | | | | | | **Prüfen:** Betriebsergebnis (Ausschuss, Gemeinkosten), Korrekturen, Verbesserungen | • Betriebsergebnis<br>• Managementbewertung |
| Produktkonformität | X | | | | | | | **Prüfen:** Kundenreklamationen, Lieferantenreklamationen, Kosten, Korrekturen, Verbesserungen | • Kundenreklamationen<br>• Lieferantenreklamationen<br>• Managementbewertung |
| Status von Korrektur- und Vorbeugungsmaßnahmen | X | | | | | | | **Prüfen:** Messbare Ziele, Status der Umsetzung, Korrekturmaßnahmen, Vorbeugungsmaßnahmen, Verbesserungen, Trend (Organisationseinheit, Gesamtanzahl, erledigte Maßnahmen, offene Maßnahmen) | • Messbare Qualitätsziele<br>• Managementbewertung |
| Folgemaßnahmen vorangegangener Managementbewertungen | X | | | | | | | **Prüfen:** Maßnahmen aus vorheriger Managementbewertung, offene Probleme, erledigte Probleme, Umsetzungen | • Vorangegangene Managementbewertungen<br>• Managementbewertung |
| Änderungen, die sich auf das Qualitätsmanagementsystem auswirken könnten | X | | | | | | | **Prüfen:** Änderungen in den Arbeitsaufgaben, Produkten, Herstellungsverfahren, Gesetzen, Vorgehensweisen und Arbeitsabläufen, messbare Ziele, Status der Umsetzung | • Messbare Qualitätsziele<br>• Managementbewertung |
| Empfehlungen für Verbesserungen | X | | | | | | | **Prüfen:** Messbare Qualitätsziele, Audits, Status der Umsetzung aus den Korrekturmaßnahmen, Vorbeugungsmaßnahmen, Verbesserungen | • Messbare Qualitätsziele<br>• Internes Audit Planbericht<br>• Managementbewertung |
| **Ergebnisse der Managementbewertung** | | | | | | | | | |

**BILD 2.32** QM: Managementbewertung (AA) (Ausschnitt)

### Formular: QM: Managementbewertung

Mit diesem Formular wird die Managementbewertung durchgeführt (Bild 2.33).

Die Anforderung im **Norm-Kapitel 5.6.1 Allgemeines** legt fest, dass die oberste Leitung der Organisation das Qualitätsmanagementsystem in **geplanten Abständen** bewerten muss. Die Norm legt somit **nicht** fest, **wie oft** die Managementbewertung durchgeführt werden muss, da dies die Organisation tut. Als Empfehlung sollte die Managementbewertung einmal pro Jahr durchgeführt werden.

Die in den **Norm-Kapiteln 5.6.2 Eingaben für die Bewertung** und **5.6.3 Ergebnisse der Bewertung** festgelegten Anforderungen werden hier berücksichtigt.

**Zu den Eingaben gehören:** die Ergebnisse von Audits; Rückmeldungen von Kunden; die Prozessleistung; die Produktkonformität; der Status von Korrektur- und Vorbeugungsmaßnahmen; die Folgemaßnahmen vorangegangener Managementbewertungen; Änderungen, die sich auf das Qualitätsmanagementsystem auswirken können; Empfehlungen für Verbesserungen. Welche Daten diesen Norm-Unterpunkten zugeordnet werden, ist in der Arbeitsaufgabe *QM: Managementbewertung (AA)* unter der Spalte „Wechselwirkung/Checkliste" festgelegt.

**Zu den Ergebnissen gehören:** Verbesserungen der Wirksamkeit des Qualitätsmanagementsystems und seiner Prozesse; Produktverbesserung in Bezug auf Kundenanforderungen; Bedarf an Ressourcen. Welche Daten diesen Norm-Unterpunkten zugeordnet werden, ist in der Arbeitsaufgabe *QM: Managementbewertung (AA)* unter der Spalte „Wechselwirkung/Checkliste" festgelegt.

Was passiert, wenn Sie als Ergebnisse **keine** Verbesserungen der Wirksamkeit des Qualitätsmanagementsystems und seiner Prozesse, **keine** Produktverbesserung in Bezug auf Kundenanforderungen oder **keinen** Bedarf an Ressourcen in diesem Jahr haben? Dann protokollieren Sie als Ergebnis, dass kein Bedarf besteht.

Sie sollten trotzdem die *messbaren Qualitätsziele* und die *Qualitätspolitik* überprüfen, ob Änderungen oder keine Änderungen durchzuführen sind, und dies protokollieren.

## 2.8 Verantwortung der Leitung (AA)

### QM: Managementbewertung

**MANAGEMENTBEWERTUNG FÜR DAS JAHR XXXX**

| Eingaben für die Managementbewertung | |
|---|---|
| Ergebnisse von Audits | Hier wird eingetragen, wann das Audit durchgeführt wurde, ob Korrekturen oder Verbesserungen erforderlich waren und welche Organisationseinheiten davon betroffen sind. Im Formular *QM: Internes Audit Planbericht* wurden die entsprechenden Ergebnisse dargestellt. Diese Ergebnisse sind hier zu bewerten. Wenn keine Korrekturmaßnahmen, Verbesserungen oder Vorbeugungsmaßnahmen erforderlich waren, dann muss dies hier vermerkt werden. |
| Rückmeldungen von Kunden | Hier werden Aussagen zum Auftragseingang, zum Umsatz und über den Trend (gleich, höher, niedriger) beschrieben. Weiter sind Aussagen von Kunden über Produkte, Dienstleistungen und Reklamationen möglich. Hier erläutern Sie, warum Sie die messbaren Qualitätsziele erreicht oder nicht erreicht haben. |
| Prozessleistung | Hier werden Aussagen zu Betriebsergebnis, Ausschuss, Gemeinkosten, Korrekturen, Verbesserungen in den Prozessen, **Arbeitsaufgaben** und über den Trend (gleich, höher, niedriger) beschrieben. Hier erläutern Sie, warum Sie die messbaren Qualitätsziele erreicht oder nicht erreicht haben. Weiter müssen Sie die Korrekturmaßnahmen, Verbesserungen und Vorbeugungsmaßnahmen erläutern. |
| Produktkonformität | Hier werden Aussagen zu Kundenreklamationen, Lieferantenreklamationen, Kosten, Korrekturen, Verbesserungen und über den Trend (gleich, höher, niedriger) beschrieben. Weiter sind Aussagen von Kunden über Produkte, Dienstleistungen und Reklamationen möglich. Hier erläutern Sie, warum Sie die messbaren Qualitätsziele erreicht oder nicht erreicht haben. Weiter müssen Sie die Korrekturmaßnahmen, Verbesserungen und Vorbeugungsmaßnahmen erläutern. |
| Status von Vorbeugungs- und Korrekturmaßnahmen | Hier treffen Sie die Aussagen aus den messbaren Qualitätszielen zum Status der Korrekturmaßnahmen, Vorbeugungsmaßnahmen, Verbesserungen und über den Trend (gleich, höher, niedriger). Weiter müssen Organisationseinheit, Gesamtanzahl, erledigte und offene Maßnahmen hier aufgeführt werden. |
| Folgemaßnahmen vorangegangener Managementbewertungen | Hier werden Aussagen über noch offene Probleme, erledigte Probleme und die Umsetzungen beschrieben. Wenn keine Folgemaßnahmen vorangegangener Managementbewertungen vorhanden waren, dann muss dies hier vermerkt werden. |
| Änderungen, die sich auf das Qualitätsmanagementsystem auswirken können | Hier werden Aussagen über Änderungen in den Prozessen, Arbeitsaufgaben, Produkten, Herstellungsverfahren, Gesetzen, Vorgehensweisen, Arbeitsabläufen, messbaren Qualitätszielen und im Status der Umsetzung getroffen. Wenn keine Änderungen, die sich auf das Qualitätsmanagementsystem auswirken können, vorhanden waren, dann muss dies hier vermerkt werden. |
| Wurden Empfehlungen für Verbesserungen berücksichtigt? | Hier werden Aussagen, welche Empfehlungen umgesetzt wurden, die sich aus den Korrekturmaßnahmen, Vorbeugungsmaßnahmen, Verbesserungen und internen Audits ergeben haben, getroffen. Wenn keine Empfehlungen für Verbesserungen zu berücksichtigen sind, dann muss dies hier vermerkt werden. |

| Ergebnisse der Managementbewertung | |
|---|---|
| Verbesserung der Wirksamkeit des Qualitätsmanagementsystems und seiner Prozesse | Hier werden Aussagen über Änderungen durch interne Audits, in den Prozessen, Produkten, Dienstleistungen, Herstellungsverfahren, Gesetzen, Vorgehensweisen, Arbeitsaufgaben, Korrekturmaßnahmen, Vorbeugungsmaßnahmen, Verbesserungen und messbaren Zielen getroffen. Wenn keine Verbesserungen der Wirksamkeit des Qualitätsmanagementsystems und seiner Prozesse vorhanden sind, dann muss dies hier vermerkt werden. |

**Dokument:** Bild 2.33 QM_Managementbewertung.doc
© BSBE European Business School for Business Excellence Ltd. 2014,
Freigegeben: Klaus Mustermann, Datum: 05.01.2014, Fertigungsunternehmen I
Seite 1 von 2

**BILD 2.33** Formular: QM: Managementbewertung (Ausschnitt)

## 2.9 MITARBEITER (AA)

**QM: Mitarbeiter Ausbildung/Schulung/Fertigkeiten/Erfahrung (AA)**

Mit dieser Arbeitsaufgabe werden Ausbildung, Schulung, Fertigkeiten und Erfahrung prozessorientiert beschrieben (Bild 2.34).

Die Mitarbeiter werden in den entsprechenden **Funktionsbereichen** und **Ebenen** eingesetzt. Daher ist es notwendig, Ausbildung, Schulungen, Fertigkeiten und Erfahrungen zu ermitteln. Bei einer Neueinstellung wird ein Anforderungsprofil erstellt, dies kann auch eine Anzeige in einer Zeitung sein, und wird mit den Bewerbungsunterlagen verglichen. Damit ist die grundsätzliche Analyse erfüllt.

Bei den bestehenden Mitarbeitern sollte auch in geplanten Abständen oder bei Bedarf eine Analyse durchgeführt werden.

**Dazu gehören:** die Tätigkeiten, die bei einer Einstellung neuer Mitarbeiter erforderlich sind; die Tätigkeiten, die bei einer Beschäftigung von Zeitarbeitskräften, die vom Personaldienstleister zur Verfügung gestellt werden, notwendig sind; die Analyse der Mitarbeiter, deren Tätigkeiten die Erfüllung der Produktanforderungen beeinflussen.

**WECHSELWIRKUNG** Aus dieser Arbeitsaufgabe wird eventuell auf weitere Arbeitsaufgaben und dokumentierte Verfahren verwiesen (Wechselwirkung). Eine detaillierte Beschreibung erfolgt in diesen Dokumenten.

**KORREKTUR- UND VORBEUGUNGSMASSNAHMEN** Es sind eventuell Korrektur- oder Vorbeugungsmaßnahmen einzuleiten. Im Bedarfsfall ist das Formular *QM: Korrektur- und Vorbeugungsmaßnahmen* auszufüllen.

## 2.9 Mitarbeiter (AA)

**QM: Mitarbeiter Ausbildung / Schulung / Fertigkeiten / Erfahrung (AA)**

| Tätigkeit / Prozessschritte | E/D Führung | D Vertrieb | D Einkauf | D Lager | D Fertigung | D WE, Versand | D externe Bearbeitung | Wechselwirkung / Checkliste | Dokumentation |
|---|---|---|---|---|---|---|---|---|---|
| **Ausbildung, Schulung, Fertigkeiten, Erfahrung planen, festlegen und umsetzen** <br> Nachfolgende Tätigkeiten erfolgen bei der Einstellung neuer Mitarbeiter. | | | | | | | | | |
| Einstellung neuer Mitarbeiter planen und Anforderungsprofil festlegen | X | (X) | (X) | (X) | (X) | (X) | | **Berücksichtigen:** Ausbildung, Schulung, Fertigkeiten, Erfahrungen in den Funktionsbereichen und Ebenen, Beeinflussung des Mitarbeiters auf die Produktanforderungen | • Anforderungsprofil |
| Anforderungsprofil veröffentlichen | X | | | | | | | Anzeigen in Fachzeitungen, Homepage, Ausschreibung in der eigenen Organisation | • Anforderungsprofil |
| Vorstellungsgespräch vorbereiten und durchführen | X | (X) | (X) | (X) | (X) | (X) | | Vorstellungsgespräch durchführen, Auswahl treffen | • Anforderungsprofil <br> • Bewerbungsunterlagen |
| Einstellung durchführen und Arbeitsvertrag abschließen | X | | | | | | | Unterlagen für Mitarbeiter erstellen, Verantwortung und die Wechselwirkungen berücksichtigen hinsichtlich Funktionsbereichen und Ebenen und Beeinflussung des Mitarbeiters auf die Produktanforderungen | • Einstellungsunterlagen |
| Organisation festlegen mit Organigrammverantwortung | X | | | | | | | Verantwortung und Wechselwirkungen berücksichtigen hinsichtlich Funktionsbereichen und Ebenen | • Organigrammverantwortung |
| Einarbeitungsplan erstellen | X | (X) | (X) | (X) | (X) | (X) | | Einarbeitungsplan erstellen, Beeinflussung des Mitarbeiters auf die Produktanforderungen berücksichtigen | • Schulungsablauf |
| Einarbeitung durchführen | (X) | X | X | X | X | X | | Organisation vorstellen in den Funktionsbereichen und Ebenen, eigene Tätigkeit und die Beeinflussung des Mitarbeiters auf die Produktanforderungen | • Handbuch <br> • Arbeitsaufgaben <br> • Dokumentierte Verfahren <br> • Formulare <br> • Dokumente externer Herkunft <br> • Organigrammverantwortung <br> • Dokumentationsmatrix |
| Ermittlung des weiteren Maßnahmenbedarfs | (X) | X | X | X | X | X | | Mitarbeitergespräche | • Mitarbeiter Maßnahme |

**Dokument:** Bild 2.34 QM_Mitarbeiter_Ausbildung_Schulung_Fertigkeiten_Erfahrung.doc
© BSBE European Business School for Business Excellence Ltd. 2014,
Freigegeben: Klaus Mustermann, Datum: 05.01.2014, Fertigungsunternehmen I
Seite 1 von 4

**BILD 2.34** QM: Mitarbeiter Ausbildung/Schulung/Fertigkeiten/Erfahrung (AA) (Ausschnitt)

### Formular: QM: Mitarbeiter Maßnahme

Mit diesem Formular wird die Maßnahme protokolliert (Bild 2.35).

Das Formular ist ein Universalformular, das für unterschiedliche Tätigkeiten eingesetzt werden kann. Für die Größe der hier dargestellten Organisation ist dies ausreichend.

Die Maßnahme berücksichtigt

1. die interne Schulung, die externe Schulung, die Unterweisung, die Betriebsversammlung, die Mitarbeiterbesprechung, die Informationen, die zur Kenntnis abgezeichnet werden müssen,
2. die *Funktionsbereiche*,
3. den Inhalt/das Thema der Maßnahme,
4. die Beurteilung der Wirksamkeit der Maßnahme,
5. die Mitarbeiter, die vom Personaldienstleister zur Verfügung gestellt werden.

Sie müssen dieses Formular nicht mit dem EDV-System ausfüllen, es ist auch möglich, dies von Hand zu tun. Der Aufwand ist überschaubar und sollte unbedingt genutzt werden. Die Norm erwartet jedoch, dass die Eintragungen lesbar sind. Sie sollten aber die Mitarbeiter vorher eintragen, damit Sie das Formular optimal nutzen können.

Weiter erwartet die Norm, dass die Wirksamkeit der Maßnahme kontrolliert wird, und dies sollten Sie unbedingt durchführen.

2.9 Mitarbeiter (AA)

**QM: Mitarbeiter Maßnahme**

| | | |
|---|---|---|
| **1** | Art der Maßnahme: | • Interne Schulung, externe Schulung, Unterweisung, Betriebsversammlung, Mitarbeiterbesprechung; Information zur Kenntnis<br>**Nichtzutreffendes streichen** |
| **2** | **Funktionsbereiche:** | • Vertrieb, Einkauf, Lager, Wareneingang, Versand, externe Bearbeitung<br>**Nichtzutreffendes streichen** |
| | Ort, Datum, Uhrzeit von / bis: | • |
| | Nächste geplante Maßnahme: | • |
| **3** | Inhalt / Thema der Maßnahme:<br><br>Information zur Kenntnis:<br>**Nichtzutreffendes streichen** | • |
| **4** | **Wirksamkeit der Maßnahme beurteilt durch / am:** | • |

| | Name des Mitarbeiters, eigene Organisation / vom Personaldienstleister: | Unterschrift des Mitarbeiters, eigene Organisation / des Personaldienstleisters: | Eigene Organisation | Personaldienstleister |
|---|---|---|---|---|
| **5** | | | | |
| | | | | |
| | | | | |
| | | | | |
| | | | | |
| | | | | |
| | | | | |
| | | | | |
| | | | | |
| | | | | |
| | | | | |
| | | | | |
| | | | | |
| | | | | |
| | | | | |

**Inhalt / Thema:** Mit der Unterschrift bestätigt der Mitarbeiter / die Zeitarbeitskraft, dass er / sie teilgenommen hat und den Inhalt / das Thema der Maßnahme verstanden hat. Sollte der Inhalt / das Thema der Maßnahme nicht oder nur teilweise verstanden worden sein, dann ist unverzüglich der Vorgesetzte zu benachrichtigen.
**Information zur Kenntnis:** Mit der Unterschrift bestätigt der Mitarbeiter / die Zeitarbeitskraft, dass er / sie die Information gelesen und verstanden hat.

**Dokument:** Bild 2.35 QM_Mitarbeiter Maßnahme.doc
© BSBE European Business School for Business Excellence Ltd. 2014,
Freigegeben: Klaus Mustermann, Datum: 05.01.2014, Fertigungsunternehmen I
Seite 1 von 1

**BILD 2.35** Formular: QM: Mitarbeiter Maßnahme

## 2.10 STÄNDIGE VERBESSERUNG DES QM-SYSTEMS (DV)

Für die ständige Verbesserung des Qualitätsmanagementsystems werden folgende dokumentierte Verfahren prozessorientiert beschrieben:

1. QM: Internes Audit (dV)
2. QM: Lenkung fehlerhafter Produkte (dV)
3. QM: Korrekturmaßnahmen (dV)
4. QM: Vorbeugungsmaßnahmen (dV)

### QM: Internes Audit (dV)

Mit diesem dokumentierten Verfahren wird die Durchführung von internen Audits prozessorientiert beschrieben (Bild 2.36).

Es werden **zwei Arten** von internen Audits dargestellt.

**Auditprogramm als Systemaudit:**

**Auditziele:** Ermittlung des Erfüllungsgrades der DIN EN ISO 9001:2008 und der Anforderungen der Organisation. Das Audit wird als **Systemaudit** durchgeführt, um die Organisationsabläufe auf Wirksamkeit zur Erfüllung der Kundenanforderungen zu überprüfen. **Auditkriterien:** Als Bezugsgrundlage (Referenz) dient die DIN EN ISO 9001:2008. Der Auditplanbericht und der Auditfragenkatalog werden als Vorgehensweise genutzt, um einen Vergleich mit den Nachweisen zu erhalten. **Auditumfang:** Erfüllung der Anforderungen der DIN EN ISO 9001:2008 und der Anforderungen der Organisation. **Audithäufigkeit:** einmal pro Jahr. **Auditmethoden:** Auditplanbericht, Auditfragenkatalog und Dokumentationsmatrix als Basis für das interne Audit (Systemaudit) nutzen. Es werden Mitarbeiter befragt, Tätigkeiten beobachtet und Dokumente und Aufzeichnungen überprüft. Die Norm erwartet eine Planung des Auditprogramms. Die Norm legt jedoch nicht fest, wie oft ein internes Audit durchgeführt werden muss. Es wird jedoch empfohlen, das interne Audit einmal pro Jahr durchzuführen.

**Auditprogramm als Prozessaudit:**

**Prozessaudit:** Das interne Audit kann auch als **Prozessaudit** zur Behebung von Problemen genutzt werden. **Auditkriterien:** Als Bezugsgrundlage (Referenz) dient das Formular *QM: Korrektur- und Vorbeugungsmaßnahmen*.

**WECHSELWIRKUNG** — Aus diesem dokumentierten Verfahren wird eventuell auf weitere Arbeitsaufgaben und dokumentierte Verfahren verwiesen (Wechselwirkung). Eine detaillierte Beschreibung erfolgt in diesen Dokumenten.

**KORREKTUR- UND VORBEUGUNGSMASSNAHMEN** — Es sind eventuell Korrektur- oder Vorbeugungsmaßnahmen einzuleiten. Im Bedarfsfall ist das Formular *QM: Korrektur- und Vorbeugungsmaßnahmen* auszufüllen.

2.10 Ständige Verbesserung des QM-Systems (dV)

| QM: Internes Audit (dV) | | | | | | | | | | |
|---|---|---|---|---|---|---|---|---|---|---|
| Tätigkeit / Prozessschritte | E/D Führung | D Vertrieb | D Einkauf | D Lager | D Fertigung | D WE, Versand | D externe Bearbeitung | Wechselwirkung / Checkliste | Dokumentation |
| *Interne Audits planen, festlegen und umsetzen* | | | | | | | | 1. Das interne Audit kann als **Systemaudit** zur Überprüfung der Organisationsabläufe und der Erfüllung der Wirksamkeit der Kundenanforderungen genutzt werden.<br><br>2. Das interne Audit kann als **Prozessaudit** zur Behebung von Problemen genutzt werden. | |
| **SYSTEMAUDIT** | | | | | | | | | |
| <u>SYSTEMAUDIT</u>: *Auditprogramm planen, festlegen und als Vorgehensweise für das interne Audit nutzen* | X | | | | | | | **Auditziele:** Ermittlung des Erfüllungsgrades der DIN EN ISO 9001:2008 und der Anforderungen der Organisation. Das Audit wird als **Systemaudit** durchgeführt, um die Organisationsabläufe auf Wirksamkeit zur Erfüllung der Kundenanforderungen zu überprüfen.<br>**Auditkriterien:** Als Bezugsgrundlage (Referenz) dient die DIN EN ISO 9001:2008. Der Auditplanbericht und der Auditfragenkatalog werden als Vorgehensweise genutzt, um einen Vergleich mit den Nachweisen zu erhalten.<br>**Auditumfang:** Erfüllung der Anforderungen der DIN EN ISO 9001:2008 und der Anforderungen der Organisation<br>**Audithäufigkeit:** Einmal pro Jahr<br>**Auditmethoden:** Auditplanbericht, Auditfragenkatalog und Dokumentationsmatrix als Basis für das interne Audit **(Systemaudit)** nutzen. Es werden Mitarbeiter befragt, Tätigkeiten beobachtet und Dokumente und Aufzeichnungen überprüft. | • Internes Audit Planbericht<br>• Internes Audit Fragenkatalog<br>• Dokumentationsmatrix |
| *Ergebnisse von früheren Audits überprüfen und berücksichtigen* | X | | | | | | | <u>Prüfen:</u><br>Anzahl der Audits ausreichend, Korrekturen, Verbesserungen | • Internes Audit Planbericht<br>• Korrektur- und Vorbeugungsmaßnahmen |

**Dokument:** Bild 2.36 QM_Internes Audit.doc
© BSBE European Business School for Business Excellence Ltd. 2014,
Freigegeben: Klaus Mustermann, Datum: 05.01.2014, Fertigungsunternehmen I
Seite 1 von 4

**BILD 2.36** QM: Internes Audit (dV) (Ausschnitt)

### Formular: QM: Internes Audit Planbericht

Mit diesem Formular wird das interne Audit (Systemaudit) protokolliert (Bild 2.37).

Das Formular ist in **drei Teilbereiche** aufgeteilt. Im ersten Teil wird mit dem *Auditplan* das interne Audit geplant. Im zweiten Teil wird die *Vorgehensweise* festgelegt. Im dritten Teil wird der *Auditbericht* ausgefüllt, um ein abschließendes Urteil über die positiven und die negativen Aspekte darzulegen.

**AUDITPLAN**
1. Legen Sie das Datum und die Dauer (Uhrzeit) des internen Audits fest.
2. Legen Sie den oder die Auditoren fest. Der Auditor darf seine eigene Tätigkeit nicht auditieren.
3. Legen Sie die Auditziele, die Auditkriterien, den Auditumfang, die Audithäufigkeit und die Auditmethoden fest.
4. Benachrichtigen Sie die Mitarbeiter rechtzeitig.

**VORGEHENSWEISE**
5. Nutzen Sie das Formular *QM: Internes Audit Fragenkatalog* als Basis für das interne Audit. Sie können das interne Audit für die Norm-Kapitel 4, 5, 6, 7 und 8 auf das Jahr verteilt durchführen. Sie müssen dann nur die nicht benötigten Norm-Kapitel aus dem Formular *QM: Internes Audit Fragenkatalog* löschen. Sie müssen dann die Formulare *QM: Internes Audit Planbericht* und *QM: Internes Audit Fragenkatalog* mehrfach ausfüllen. Wenn Sie das interne Audit auf das Jahr verteilt durchführen, dann müssen Sie das unter der *Vorgehensweise* vermerken.
6. Führen Sie das interne Audit durch und notieren Sie die Abweichungen im Formular *QM: Korrektur- und Vorbeugungsmaßnahmen*.

**AUDITBERICHT**
Zum Schluss fällen Sie unter dem Punkt *Auditbericht* ein abschließendes Urteil über das interne Audit und unterschreiben Sie auf dieser Seite den Auditbericht. Die für den Funktionsbereich verantwortliche Leitung unterschreibt ebenfalls.

Das interne Audit ist mit einfachen Mitteln durchgeführt.

Die Abweichungen müssen analysiert werden. Die für den auditierten **Funktionsbereich** verantwortliche Leitung muss sicherstellen, dass Maßnahmen ohne ungerechtfertige Verzögerung zur Beseitigung erkannter Fehler und ihrer Ursachen ergriffen werden.

Aus diesen Daten können neue messbare Qualitätsziele und Kennzahlen entstehen.

2.10 Ständige Verbesserung des QM-Systems (dV)

## QM: Internes Audit Planbericht

### Auditplan

| Datum: | • |
|---|---|
| Uhrzeit von / bis: | • |
| Auditor 1: | • |
| Auditor 2: | • |
| | • Es wurde darauf geachtet, dass der Auditor seine eigene Tätigkeit nicht auditiert. |

| Auditziele: | • Ermittlung des Erfüllungsgrades der DIN EN ISO 9001:2008 und der Anforderungen der Organisation. Das Audit wird als **Systemaudit** durchgeführt, um die Organisationsabläufe auf Wirksamkeit zur Erfüllung der Kundenanforderungen zu überprüfen. |
|---|---|
| Auditkriterien: | • Als Bezugsgrundlage (Referenz) dient die DIN EN ISO 9001:2008. Die Formulare *QM: Internes Audit Planbericht* und *QM: Internes Audit Fragenkatalog* werden als Vorgehensweise genutzt, um einen Vergleich mit den Nachweisen zu erhalten. |
| Auditumfang: | • Erfüllung der Anforderungen der DIN EN ISO 9001:2008 und der Anforderungen der Organisation. Die zu auditierenden Normenabschnitte sind im Formular *QM: Internes Audit Fragenkatalog* aufgeführt. |
| Audithäufigkeit: | • Einmal pro Jahr. |
| Auditmethoden: | • Die Formulare *QM: Internes Audit Planbericht, QM: Internes Audit Fragenkatalog* und *QM: Dokumentationsmatrix* als Basis für das interne Audit (**Systemaudit**) nutzen. Es werden Mitarbeiter befragt, Tätigkeiten beobachtet und Dokumente und Aufzeichnungen überprüft. |
| Abweichungen im Audit: | • Die Formulare *QM: Internes Audit Planbericht* und *QM: Korrektur- und Vorbeugungsmaßnahmen* für die Dokumentation nutzen. |

### Vorgehensweise:

1. Den oder die Auditoren festlegen. Dabei ist darauf zu achten, dass der Auditor seine eigene Tätigkeit nicht auditiert.
2. Das Formular *QM: Internes Audit Fragenkatalog* erstellen/überarbeiten und als Checkliste für das interne Audit nutzen.
3. Wenn Abweichungen oder Verbesserungen aus dem **vorherigen** Audit vorhanden sind, dann müssen diese berücksichtigt werden.
4. Die zu auditierenden Normenabschnitte sind im Formular *QM: Internes Audit Fragenkatalog* aufgeführt.
5. Die im Handbuch festgelegten Arbeitsaufgaben und dokumentierten Verfahren können zusätzlich als Checkliste genutzt werden, um die Tätigkeiten hinterfragen zu können.
6. Wenn im Audit Abweichungen oder Verbesserungen vorhanden sind, dann ist das Formular *QM: Korrektur- und Vorbeugungsmaßnahmen* zur Dokumentation der Abweichungen oder Verbesserungen zu nutzen. Die für den auditierten **Funktionsbereich** verantwortliche Leitung muss sicherstellen, dass Maßnahmen ohne ungerechtfertigte Verzögerung zur Beseitigung erkannter Fehler und ihrer Ursachen ergriffen werden.
7. Weiter muss überprüft werden, ob Daten in die messbaren Ziele übernommen werden müssen.

### Auditbericht:

| Festgestellte Abweichungen: | • Es wurden keine Abweichungen festgestellt.<br>• Die ausgefüllten Formulare *QM: Korrektur- und Vorbeugungsmaßnahmen* zur Dokumentation der Abweichungen oder Verbesserungen sind an diesen Bericht geheftet.<br>• **Nichtzutreffendes streichen** |
|---|---|
| Abschließendes Urteil über die Erfüllung der Norm: | |

**Dokument:** Bild 2.37 QM_Internes Audit_Plan_Bericht.doc
© BSBE European Business School for Business Excellence Ltd. 2014,
Freigegeben: Klaus Mustermann, Datum: 05.01.2014, Fertigungsunternehmen I
Seite 1 von 1

**BILD 2.37** Formular: QM Internes Audit Planbericht

## 2 Fertigungsunternehmen 1 (Werkzeughersteller)

**Formular: QM: Internes Audit Fragenkatalog**

Mit diesem Formular werden die Fragen festgelegt und die Antworten dokumentiert (Bild 2.38).

Das Formular ist in **zwei Spalten** aufgeteilt. In der ersten Tabellenspalte werden die *Normenabschnitte* und die *Fragen* festgelegt. In der zweiten Tabellenspalte werden die *Antworten* notiert. Die Fragen und die Antworten sind als Muster eingetragen und müssen an Ihre Organisation angepasst werden. Dies betrifft grundsätzlich die Antworten, wenn Sie die Fragen belassen wollen.

Dabei können Sie wie folgt vorgehen:

1. **Variante 1:** Notieren Sie die Abweichung als Text direkt in der zweiten Tabellenspalte unter dem Abschnitt **Abweichung.**
2. **Variante 2:** Notieren Sie eine fortlaufende Nummer in der zweiten Tabellenspalte unter dem Abschnitt **Abweichung.** Anschließend füllen Sie für jede Abweichung das Formular *QM: Korrektur- und Vorbeugungsmaßnahmen* aus und ordnen diesem die fortlaufende Nummer zu.
3. Sie können das interne Audit für die Norm-Kapitel 4, 5, 6, 7 und 8 auf das Jahr verteilt durchführen. Sie müssen dann nur die nicht benötigten Norm-Kapitel aus dem Formular *QM: Internes Audit Fragenkatalog* löschen. Sie müssen dann die Formulare *QM: Internes Audit Planbericht* und *QM: Internes Audit Fragenkatalog* mehrfach ausfüllen.

Im Beispiel sind nur die Abweichungen aufgeführt. Es können hier auch **Empfehlungen** notiert und im Formular *QM: Korrektur- und Vorbeugungsmaßnahmen* protokolliert werden. Für die Vorgehensweise bei Empfehlungen sind die *Nummern 1 und 2* sinngemäß anzuwenden.

## 2.10 Ständige Verbesserung des QM-Systems (dV)

**QM: Internes Audit Fragenkatalog**

### INTERNES AUDIT FÜR DAS JAHR XXXX

| NORMENABSCHNITTE ISO 9001:2008 | ANTWORTEN |
|---|---|
| 4.2.2 Qualitätsmanagementhandbuch<br><br>**Frage:** Wie werden im Handbuch die relevanten Arbeitsabläufe (Prozesse) berücksichtigt? | Hier kann eingetragen werden, wie die relevanten Abläufe im Qualitätsmanagementhandbuch berücksichtigt werden, z. B.:<br><br>Qualitätsmanagementhandbuch: **A_START-Handbuch-Prozessorientierter Ansatz**<br><br>Das Qualitätsmanagementhandbuch berücksichtigt alle relevanten Arbeitsabläufe. Es wurden keine Änderungen im Qualitätsmanagementhandbuch und in den Arbeitsabläufen durchgeführt.<br>Es wurden keine Kopien des Qualitätsmanagementhandbuches erstellt, daher gab es nur ein aktuelles Qualitätsmanagementhandbuch.<br>Das Qualitätsmanagementhandbuch usw. werden die Dokumente auf Aktualität überprüft.<br><br>Das Qualitätsmanagementhandbuch besteht aus einer Seite. Aus dieser Seite wird auf die Arbeitsaufgaben und die dokumentierten Verfahren verwiesen. Die Beschreibung der Wechselwirkungen der Prozesse wird in den Arbeitsaufgaben und den dokumentierten Verfahren dargestellt.<br><br>**Abweichung:** Es waren keine Abweichungen vorhanden. |
| 4.2.3 Lenkung von Dokumenten<br><br>**Frage:** Wie werden die Dokumente gelenkt? | Hier kann eingetragen werden, wie die Dokumente gelenkt werden, z. B.:<br><br>Die Dokumente wurden auf folgende Punkte überprüft:<br>1. Vollständigkeit (interne und externe Dokumente),<br>2. Aktualität der Dokumente,<br>3. Aufbewahrungszeit,<br>4. wo die Dokumente aufbewahrt werden,<br>5. wer die Dokumente nutzen muss.<br><br>**Abweichung:** Es waren keine Abweichungen vorhanden. |
| 4.2.4 Lenkung von Aufzeichnungen<br><br>**Frage:** Wie werden die Aufzeichnungen gelenkt? | Hier kann eingetragen werden, wie die Aufzeichnungen gelenkt werden, z. B.:<br><br>Die Aufzeichnungen wurden auf folgende Punkte überprüft:<br>1. Vollständigkeit,<br>2. Aufbewahrungszeit,<br>3. wo die Aufzeichnungen aufbewahrt werden.<br><br>**Abweichung:** Es waren keine Abweichungen vorhanden. |
| 5.1 Selbstverpflichtung der Leitung<br><br>**Frage:** Wie werden die Kundenanforderungen, die Qualitätspolitik und die Qualitätsziele den Mitarbeitern vermittelt? | Hier kann eingetragen werden, wie die Qualitätspolitik und die Qualitätsziele den Mitarbeitern vermittelt werden, z. B.:<br><br>Die Kundenanforderungen wurden in Gesprächen mit den Mitarbeitern vermittelt. Dies erfolgt auftragsbezogen. Die Qualitätspolitik ist als Leitbild vorhanden und noch aktuell. Die Qualitätsziele als Statistik sind festgelegt und wurden regelmäßig überprüft. Die Managementbewertung wurde durchgeführt. Die Arbeitsabläufe in unserem Unternehmen wurden überprüft, und die benötigten Ressourcen für die Durchführung der Tätigkeiten sind vorhanden.<br><br>**Abweichung:** Es waren keine Abweichungen vorhanden. |
| 5.2 Kundenorientierung<br><br>**Frage:** Wie wird die Kundenorientierung umgesetzt? | Hier kann eingetragen werden, wie die Kundenorientierung umgesetzt wird, z. B.:<br><br>Die Kundenanforderungen wurden in Gesprächen mit den Mitarbeitern vermittelt. Die Qualitätspolitik ist als Leitbild vorhanden und noch aktuell.<br><br>**Abweichung:** Es waren keine Abweichungen vorhanden. |
| 5.3 Qualitätspolitik<br><br>**Frage:** Wie wird die Qualitätspolitik den Mitarbeitern vermittelt? | Hier kann eingetragen werden, wie die Qualitätspolitik den Mitarbeitern vermittelt wird, z. B.:<br><br>Die Qualitätspolitik ist als Leitbild vorhanden, wurde von den Mitarbeitern verstanden und ist auf das Unternehmen, die Kunden und die Produkte abgestimmt. Die Mitarbeiter wurden durch Mitarbeitergespräche vermittelt. Die Qualitätsziele (Statistiken) wurden regelmäßig überprüft. |

**Dokument:** Bild 2.38 QM_Internes Audit_Fragenkatalog.doc
© BSBE European Business School for Business Excellence Ltd. 2014,
Freigegeben: Klaus Mustermann, Datum: 05.01.2014, Fertigungsunternehmen I
Seite 1 von 5

**BILD 2.38** Formular: QM: Internes Audit Fragenkatalog

## QM: Lenkung fehlerhafter Produkte (dV)

Mit diesem dokumentierten Verfahren wird die Durchführung der Lenkung von fehlerhaften Produkten prozessorientiert beschrieben (Bild 2.39).

Die Tätigkeiten sind als Arbeitsaufgaben definiert und somit prozessorientiert dargestellt. Wenn es erforderlich wird, dass fehlerhafte Produkte gelenkt werden müssen, **dann muss dies direkt in der betroffenen Arbeitsaufgabe erfolgen.**

In diesem dokumentierten Verfahren erfolgt daher die Darstellung der *Wechselwirkung* mit den weiteren Arbeitsaufgaben.

**WECHSELWIRKUNG**    Aus diesem dokumentierten Verfahren wird eventuell auf weitere Arbeitsaufgaben und dokumentierte Verfahren verwiesen (Wechselwirkung). Eine detaillierte Beschreibung erfolgt in diesen Dokumenten.

**KORREKTUR- UND VORBEUGUNGSMASSNAHMEN**    Es sind eventuell Korrektur- oder Vorbeugungsmaßnahmen einzuleiten. Im Bedarfsfall ist das Formular *QM: Korrektur- und Vorbeugungsmaßnahmen* auszufüllen.

2.10 Ständige Verbesserung des QM-Systems (dV)

**QM: Lenkung fehlerhafter Produkte (dV)**

| Tätigkeit / Prozessschritte | E/D Führung | D Vertrieb | D Einkauf | D Lager | D Fertigung | D WE, Versand | D externe Bearbeitung | Wechselwirkung / Checkliste | Dokumentation |
|---|---|---|---|---|---|---|---|---|---|
| *Lenkung fehlerhafter Produkte planen, festlegen und umsetzen* | | | | | | | | | |
| Abweichungen durch Prozessaudit prüfen | X | X | X | X | X | X | | **Prüfen:** Es muss geprüft werden, ob ein **Prozessaudit** geplant und durchgeführt wird. **Dokumentiertes Verfahren (dV):** QM: Internes Audit | • |
| Arbeitsaufgaben auf Lenkung von fehlerhaften Produkten analysieren | X | X | X | X | X | X | (X) | Die Lenkung von fehlerhaften Produkten wird direkt in der Arbeitsaufgabe dargestellt. **Arbeitsaufgabe (AA):** EINKAUF: Reklamation / Falschlieferung **Arbeitsaufgabe (AA):** VERTRIEB: Reklamation **Arbeitsaufgabe (AA):** ENTWICKLUNG: Entwicklung / Änderung Serienprodukt **Arbeitsaufgabe (AA):** ENTWICKLUNG: Entwicklung Sonderprodukt **Arbeitsaufgabe (AA):** FERTIGUNG: Fertigungsablauf Serienprodukte / Sonderprodukte **Arbeitsaufgabe (AA):** WARENEINGANG: Wareneingang extern **Arbeitsaufgabe (AA):** WARENEINGANG: Wareneingang aus Fertigung **Arbeitsaufgabe (AA):** LAGER: Produkte einlagern / auslagern **Arbeitsaufgabe (AA):** VERSAND: Produkte versenden | • |
| *Nachfolgende Tätigkeiten werden nur bei Bedarf durchgeführt.* | | | | | | | | | |
| Evtl. Korrekturen oder Verbesserungen im Unternehmen durchführen | X | | X | | X | | | **Dokumentiertes Verfahren (dV):** QM: Korrekturmaßnahmen **Dokumentiertes Verfahren (dV):** QM: Vorbeugungsmaßnahmen | • |

| Ständige Verbesserung: | **Methode:** Internes Audit<br>**Informationen:** Internes Audit Planbericht, Korrektur- und Vorbeugungsmaßnahmen, Managementbewertung, messbare Qualitätsziele |
|---|---|

**BILD 2.39** QM: Lenkung fehlerhafter Produkte (dV) (Ausschnitt)

### QM: Korrekturmaßnahmen (dV)

Mit diesem dokumentierten Verfahren wird die Durchführung der Korrekturmaßnahmen prozessorientiert beschrieben (Bild 2.40).

In der zweiten Tabellenzeile unter *Tätigkeit/Prozessschritte* wird erläutert, dass die Korrekturmaßnahmen durch die Arbeitsaufgaben oder durch die dokumentierten Verfahren ausgelöst werden. Es muss eine Analyse der Daten aus dem Formular *QM: Korrektur- und Vorbeugungsmaßnahmen* durchgeführt und dann die weitere Vorgehensweise in diesem Formular protokolliert werden.

Die Abweichung muss analysiert werden. Die für den betroffenen **Funktionsbereich** verantwortliche Leitung muss sicherstellen, dass Maßnahmen ohne ungerechtfertigte Verzögerung zur Beseitigung erkannter Fehler und ihrer Ursachen ergriffen werden.

Weiter muss festgelegt werden, wer die durchgeführten Korrekturmaßnahmen kontrolliert.

Aus diesen Daten können neue messbare Qualitätsziele und Kennzahlen entstehen.

**WECHSELWIRKUNG** Aus diesem dokumentierten Verfahren wird eventuell auf weitere Arbeitsaufgaben und dokumentierte Verfahren verwiesen (Wechselwirkung). Eine detaillierte Beschreibung erfolgt in diesen Dokumenten.

## 2.10 Ständige Verbesserung des QM-Systems (dV)

**QM: Korrekturmaßnahmen (dV)**

| Tätigkeit / Prozessschritte | E/D Führung | D Vertrieb | D Einkauf | D Lager | D Fertigung | D WE, Versand | D externe Bearbeitung | Wechselwirkung / Checkliste | Dokumentation |
|---|---|---|---|---|---|---|---|---|---|
| *Korrekturmaßnahmen planen, festlegen und umsetzen* | | | | | | | | | |
| Korrekturmaßnahmen durch Arbeitsaufgaben oder dokumentierte Verfahren auslösen | X | X | X | X | X | X | (X) | | • |
| Ursachenanalyse durchführen | X | X | X | X | X | X | (X) | **Prüfen:** In welchem **Funktionsbereich** ist das Problem aufgetreten? Wann ist das Problem aufgetreten? Was für ein Problem ist aufgetreten? Warum ist das Problem aufgetreten? | • Korrektur- und Vorbeugungsmaßnahmen |
| Fehlerbewertung durchführen | X | | | | | | | **Prüfen:** Um welche Art der Maßnahme handelt es sich (Korrekturmaßnahme, Reklamation Kunde, Reklamation Lieferant)? Wie ist das Problem in Zukunft zu vermeiden? Welche Verbesserung ist möglich? | • Korrektur- und Vorbeugungsmaßnahmen |
| Beurteilung des Handlungsbedarfs, um das erneute Auftreten von Fehlern zu verhindern | X | | | | | | | **Prüfen:** Wie viel Zeit ist erforderlich? Wie hoch sind die Kosten? Ist eine Korrektur erforderlich? Steht der Aufwand, das Problem zu lösen, in einem sinnvollen Kosten-Nutzen-Verhältnis? | • Korrektur- und Vorbeugungsmaßnahmen |
| Ermittlung und Verwirklichung der erforderlichen Maßnahmen | X | | | | | | | **Prüfen:** Wer führt die Umsetzung durch? | • Korrektur- und Vorbeugungsmaßnahmen |
| Aufzeichnung der Ergebnisse der ergriffenen Maßnahmen | (X) | X | X | X | X | X | (X) | **Prüfen:** Die Ergebnisse werden im Formular *QM: Korrektur- und Vorbeugungsmaßnahmen* aufgezeichnet. | • Korrektur- und Vorbeugungsmaßnahmen |
| Ergriffene Korrekturmaßnahmen überprüfen (Verifizierung) | (X) | X | X | X | X | X | (X) | **Prüfen:** Wer prüft die Umsetzung? | • Korrektur- und Vorbeugungsmaßnahmen<br>• Interne Audits |
| *Nachfolgende Tätigkeiten werden nur bei Bedarf durchgeführt.* | | | | | | | | | |
| Übernahme der Daten in messbare Qualitätsziele prüfen | X | | | | | | | **Prüfen:** Daten in die messbaren Qualitätsziele übernehmen bzw. neue messbare Qualitätsziele erstellen<br>**Arbeitsaufgabe (AA):** QM: Messbare Qualitätsziele | • Messbare Qualitätsziele |

**Ständige Verbesserung:** **Methode:** Korrekturen durchführen
**Informationen:** Korrektur- und Vorbeugungsmaßnahmen, messbare Qualitätsziele

**Dokument:** Bild 2.40 QM_Korrekturmaßnahmen.doc
© BSBE European Business School for Business Excellence Ltd. 2014,
Freigegeben: Klaus Mustermann, Datum: 05.01.2014, Fertigungsunternehmen I
Seite 1 von 2

**BILD 2.40** QM: Korrekturmaßnahmen (dV) (Ausschnitt)

### Formular: QM: Korrektur- und Vorbeugungsmaßnahmen

Mit diesem Formular werden die Korrektur- und Vorbeugungsmaßnahmen analysiert, festgelegt und protokolliert (Bild 2.41).

Das Formular ist in **acht Teilbereiche** aufgeteilt. Es ist ein Universalformular, das für unterschiedliche Maßnahmen in den einzelnen Funktionsbereichen genutzt werden kann.

1. **Art der Maßnahme:** Hier ist die Maßnahme auszuwählen und Nichtzutreffendes zu streichen (Pflichtfeld).
2. **Funktionsbereich:** Hier ist der Funktionsbereich auszuwählen und Nichtzutreffendes zu streichen (Pflichtfeld).
3. **Wann ist das Problem aufgetreten?** Hier ist das Datum einzutragen, wann das Problem aufgetreten ist (Pflichtfeld).
4. **Was für ein Problem ist aufgetreten?** Hier ist das Problem einzutragen. Alle Angaben können stichpunktartig eingetragen werden. Ausformulierte Sätze sind nicht erforderlich (Pflichtfeld).
5. **Was ist die Ursache des Problems?** Hier ist die Ursache des Problems einzutragen. Alle Angaben können stichpunktartig eingetragen werden. Ausformulierte Sätze sind nicht erforderlich (Pflichtfeld).
6. **Welche Maßnahme ist erforderlich?** Hier ist die Maßnahme einzutragen. Alle Angaben können stichpunktartig eingetragen werden. Ausformulierte Sätze sind nicht erforderlich (Pflichtfeld).
7. **Maßnahme zu erledigen bis:** Es muss ein Termin festgelegt werden, bis wann die Maßnahme erledigt wird. **Durch Mitarbeiter:** Es muss ein Mitarbeiter festgelegt werden, der die Umsetzung der Maßnahme durchführt oder die Durchführung veranlasst. **Wirksamkeit der Maßnahme überprüft durch/am:** Die für den betroffenen Funktionsbereich verantwortliche Leitung muss sicherstellen, dass Maßnahmen ohne ungerechtfertigte Verzögerung zur Beseitigung erkannter Fehler und ihrer Ursachen ergriffen werden und die Umsetzung kontrolliert wird (Pflichtfelder).
8. **Übernahme in die messbaren Qualitätsziele:** Es kann überprüft werden, ob eine Übernahme in die messbaren Qualitätsziele erfolgen muss. **Geschätzte Kosten/Einsparungen:** Hier können die Kosten oder die Einsparungen dokumentiert werden. **Benötigte Zeit:** Hier kann die benötigte Zeit dokumentiert werden (**keine** Pflichtfelder).

Bei dem Punkt 8 handelt es sich nicht um Pflichtfelder, da die Norm nur eine ständige Verbesserung der Effektivität erwartet und nicht die ständige Verbesserung der Effizienz.

2.10 Ständige Verbesserung des QM-Systems (dV)

**QM:** Korrektur- und Vorbeugungsmaßnahmen

**(1) Art der Maßnahme:** Korrekturmaßname, Vorbeugungsmaßnahme, Verbesserungsmaßnahme, Reklamation (Kunde / Lieferant) Nichtzutreffendes streichen

**(2) Funktionsbereich:** Vertrieb, Einkauf, Lager, Wareneingang, Versand, externe Bearbeitung Nichtzutreffendes streichen

**(3) Wann ist das Problem aufgetreten?**
Datum:

**(4) Was für ein Problem ist aufgetreten?**

**(5) Was ist die Ursache des Problems?**

**(6) Welche Maßnahme ist erforderlich?**

**(7)** | Maßnahme zu erledigen bis: | Durch Mitarbeiter: | Wirksamkeit der Maßnahme überprüft durch / am: |

**(8)** | Übernahme in die messbaren Qualitätsziele: **Ja / Nein** | Geschätzte Kosten / Einsparung: | Benötigte Zeit: |

Alle Angaben können stichpunktartig eingetragen werden. Ausformulierte Sätze sind nicht erforderlich. Die für den auditierten **Funktionsbereich** verantwortliche Leitung muss sicherstellen, dass Maßnahmen ohne ungerechtfertigte Verzögerung zur Beseitigung erkannter Fehler und ihrer Ursachen ergriffen werden.

**Dokument:** Bild 2.41 QM_Korrektur-und Vorbeugungsmaßnahmen.doc
© BSBE European Business School for Business Excellence Ltd. 2014,
Freigegeben: Klaus Mustermann, Datum: 05.01.2014, Fertigungsunternehmen I
Seite 1 von 1

**BILD 2.41** Formular: QM: Korrektur- und Vorbeugungsmaßnahmen

### QM: Vorbeugungsmaßnahmen (dV)

Mit diesem dokumentierten Verfahren wird die Durchführung der Vorbeugungsmaßnahmen prozessorientiert beschrieben (Bild 2.42).

In der zweiten Tabellenzeile wird erläutert, dass die Vorbeugungsmaßnahmen durch die Arbeitsaufgaben oder durch die dokumentierten Verfahren ausgelöst werden. Es muss eine Analyse der Daten aus dem Formular *QM: Korrektur- und Vorbeugungsmaßnahmen* durchgeführt und dann die weitere Vorgehensweise in diesem Formular protokolliert werden.

Die Vorbeugungs- oder Verbesserungsmaßnahmen müssen analysiert werden. Die für den betroffenen **Funktionsbereich** verantwortliche Leitung muss sicherstellen, dass Maßnahmen ohne ungerechtfertigte Verzögerung zur Beseitigung erkannter Fehler und ihrer Ursachen ergriffen werden.

Weiter muss festgelegt werden, wer die durchgeführten Vorbeugungs- oder Verbesserungsmaßnahmen kontrolliert.

Aus diesen Daten können neue messbare Qualitätsziele und Kennzahlen entstehen.

WECHSELWIRKUNG  Aus diesem dokumentierten Verfahren wird eventuell auf weitere Arbeitsaufgaben und dokumentierte Verfahren verwiesen (Wechselwirkung). Eine detaillierte Beschreibung erfolgt in diesen Dokumenten.

## 2.10 Ständige Verbesserung des QM-Systems (dV)

### QM: Vorbeugungsmaßnahmen (dV)

| Tätigkeit / Prozessschritte | E/D Führung | D Vertrieb | D Einkauf | D Lager | D Fertigung | D WE, Versand | D externe Bearbeitung | Wechselwirkung / Checkliste | Dokumentation |
|---|---|---|---|---|---|---|---|---|---|
| **Vorbeugungsmaßnahmen planen, festlegen und umsetzen** | | | | | | | | | |
| *Vorbeugungsmaßnahmen durch Arbeitsaufgaben oder dokumentierte Verfahren auslösen* | X | X | X | X | X | X | (X) | | • |
| *Ursachenanalyse durchführen* | X | X | X | X | X | X | (X) | **Prüfen:** In welchem **Funktionsbereich** ist das Problem aufgetreten? Wann ist das Problem aufgetreten? Was für ein Problem ist aufgetreten? Warum ist das Problem aufgetreten? | • Korrektur- und Vorbeugungsmaßnahmen |
| *Ermittlung potenzieller Fehler und ihrer Ursachen* | X | | | | | | | **Prüfen:** Um welche Art der Maßnahme handelt es sich (Vorbeugungsmaßnahme, Verbesserung)? Welche Verbesserung ist möglich? | • Korrektur- und Vorbeugungsmaßnahmen |
| *Beurteilung des Handlungsbedarfs, um das Auftreten von Fehlern zu verhindern* | X | | | | | | | **Prüfen:** Wie viel Zeit ist erforderlich? Wie hoch sind die Kosten? Ist eine Vorbeugung erforderlich? Steht der Aufwand, das Problem zu lösen, in einem sinnvollen Kosten-Nutzen-Verhältnis? | • Korrektur- und Vorbeugungsmaßnahmen |
| *Ermittlung und Verwirklichung der erforderlichen Maßnahmen* | X | | | | | | | **Prüfen:** Wer führt die Umsetzung durch? | • Korrektur- und Vorbeugungsmaßnahmen |
| *Aufzeichnung der Ergebnisse der ergriffenen Maßnahmen* | (X) | X | X | X | X | X | (X) | **Prüfen:** Ist die Übernahme der Daten in die messbaren Ziele erforderlich? | • Korrektur- und Vorbeugungsmaßnahmen<br>• Messbare Ziele |
| *Bewertung der ergriffenen Vorbeugungsmaßnahmen* | (X) | X | X | X | X | X | (X) | **Prüfen:** Wer prüft die Umsetzung? | • Korrektur- und Vorbeugungsmaßnahmen<br>• Interne Audits |
| **Nachfolgende Tätigkeiten werden nur bei Bedarf durchgeführt.** | | | | | | | | | |
| *Daten in messbare Qualitätsziele übernehmen* | X | | | | | | | **Prüfen:** Daten in die messbaren Qualitätsziele übernommen **Arbeitsaufgabe (AA):** QM: Messbare Qualitätsziele | • Messbare Qualitätsziele |

| Ständige Verbesserung: | **Methode:** Vorbeugungsmaßnahmen durchführen<br>**Informationen:** Korrektur- und Vorbeugungsmaßnahmen, messbare Qualitätsziele |
|---|---|

**Dokument:** Bild 2.42 QM_Vorbeugungsmaßnahmen.doc
© BSBE European Business School for Business Excellence Ltd. 2014,
Freigegeben: Klaus Mustermann, Datum: 05.01.2014, Fertigungsunternehmen I
Seite 1 von 2

**BILD 2.42** QM: Vorbeugungsmaßnahmen (dV) (Ausschnitt)

## 2.11 DOKUMENTATION DES QM-SYSTEMS (DV)

Für die Dokumentation des QM-Systems werden folgende dokumentierte Verfahren prozessorientiert beschrieben:

1. QM: Lenkung von Dokumenten (dV)
2. QM: Lenkung von Aufzeichnungen (dV)
3. QM: Norm-Kapitel: Arbeitsaufgaben (AA)/dokumentierte Verfahren (dV)

### QM: Lenkung von Dokumenten (dV)

Mit diesem dokumentierten Verfahren wird die Lenkung der Dokumente prozessorientiert beschrieben (Bild 2.43).

**Dokumente sind veränderlich, entweder durch die Organisation selbst oder durch den Ersteller.**

Die Dokumente sind aufgeteilt in:

1. **Dokumente, die von der Organisation als notwendig eingestuft werden:** Dazu zählen Arbeitsaufgaben, dokumentierte Verfahren und Formulare. Dokumente können von der Organisation geändert werden.

In der Dokumentationsmatrix sind die von der Organisation zu der Sicherstellung der wirksamen Planung, Durchführung und Lenkung der Prozesse als notwendig eingestuften Dokumente eingetragen.

**Änderungen** werden durch „Freigegeben" mit Name und Datum in der Fußzeile gekennzeichnet. In der Dokumentationsmatrix ist das aktuelle Freigabedatum eingetragen.

2. **Dokumente externer Herkunft:** Dazu zählen Normen, Sicherheitsdatenblätter usw. **Dokumente externer Herkunft können nur durch den Ersteller geändert werden.**

In der Dokumentationsmatrix sind die von der Organisation zu der Sicherstellung der wirksamen Planung, Durchführung und Lenkung der Prozesse als notwendig eingestuften Dokumente externer Herkunft eingetragen.

Die Dokumente dürfen grundsätzlich keine handschriftlichen Änderungen enthalten. Entweder sind die Dokumente ausgedruckt, ohne handschriftliche Änderungen, oder stehen elektronisch zur Verfügung. Mit einer Mitteilung werden die neuen gültigen Dokumente verteilt.

Weiter muss festgelegt werden, was mit den Dokumenten passieren muss, wenn sie nicht mehr gültig sind. Dies muss durch die Organisation festgelegt werden. Die Norm ermöglicht auch, dass die Dokumente vernichtet werden, wenn sie nicht mehr gültig sind. Ansonsten sind die ungültigen Dokumente zu kennzeichnen, damit keine Verwechselung mit den aktuellen Dokumenten erfolgt. Deshalb sollten die Mitarbeiter darüber informiert werden, dass sie selbst keine eigenen Kopien erstellen dürfen, damit nicht aus Versehen die ungültigen Dokumente genutzt werden. Dies gilt für die Papierform und die elektronische Form.

WECHSELWIRKUNG   Aus diesem dokumentierten Verfahren wird eventuell auf weitere Arbeitsaufgaben und dokumentierte Verfahren verwiesen (Wechselwirkung). Eine detaillierte Beschreibung erfolgt in diesen Dokumenten.

## 2.11 Dokumentation des QM-Systems (dV)

**QM: Lenkung von Dokumenten (dV)**

| Tätigkeit / Prozessschritte | E/D Führung | D Vertrieb | D Einkauf | D Lager | D Fertigung | D WE, Versand | D externe Bearbeitung | Wechselwirkung / Checkliste | Dokumentation |
|---|---|---|---|---|---|---|---|---|---|
| **Lenkung von Dokumenten planen, festlegen und umsetzen** | | | | | | | | | |
| Die vom Qualitätsmanagementsystem geforderten Dokumente festlegen | X | X | X | X | X | X | | In der Dokumentationsmatrix sind die vom Qualitätsmanagementsystem geforderten Dokumente eingetragen. | • Dokumentationsmatrix |
| Die von der Organisation zur Sicherstellung der wirksamen Planung, Durchführung und Lenkung der Prozesse als notwendig eingestuften Dokumente festlegen | X | X | X | X | X | X | | In der Dokumentationsmatrix sind die von der Organisation zu der Sicherstellung der wirksamen Planung, Durchführung und Lenkung der Prozesse als notwendig eingestuften Dokumente eingetragen. | • Dokumentationsmatrix |
| Die von der Organisation zur Sicherstellung der wirksamen Planung, Durchführung und Lenkung der Prozesse als notwendig eingestuften <u>Dokumente externer Herkunft</u> festlegen | X | X | X | X | X | X | | In der Dokumentationsmatrix sind die von der Organisation zu der Sicherstellung der wirksamen Planung, Durchführung und Lenkung der Prozesse als notwendig eingestuften <u>Dokumente externer Herkunft</u> eingetragen. | • Dokumentationsmatrix |
| Dokumente externer Herkunft kennzeichnen und Verteilung lenken | (X) | X | X | X | X | X | | Durch den Ersteller der Dokumente externer Herkunft wird der aktuelle Status gekennzeichnet. Ungültige Dokumente externer Herkunft werden gekennzeichnet (durchgestrichen und im Ordner abgeheftet oder in einem gesonderten Bereich im EDV-System abgespeichert). Dadurch kann es keine Verwechslung mit den aktuellen Dokumenten externer Herkunft geben. | • Dokument (externer Herkunft)<br>• Dokumentationsmatrix |
| Dokumente lesbar und leicht erkennbar erhalten | (X) | X | X | X | X | X | | Die Dokumente dürfen grundsätzlich keine handschriftlichen Änderungen enthalten. Entweder sind die Dokumente ausgedruckt, ohne handschriftliche Änderungen, oder stehen elektronisch zur Verfügung. | • Dokument (Handbuch)<br>• Dokument (AA)<br>• Dokument (dV)<br>• Dokument (Formular)<br>• Dokument (externer Herkunft)<br>• Dokumentationsmatrix |
| Dokumente bewerten, aktualisieren und genehmigen | (X) | X | X | X | X | X | | Beim internen Audit oder bei Bedarf werden die Dokumente bewertet, ob eine Aktualisierung erforderlich ist.<br><u>Dokumentiertes Verfahren (dV):</u><br>QM: Internes Audit | • Dokument (Handbuch)<br>• Dokument (AA)<br>• Dokument (dV)<br>• Dokument (Formular)<br>• Dokument (externer Herkunft)<br>• Dokumentationsmatrix |

**Dokument:** Bild 2.43 QM_Lenkung von Dokumenten.doc
© BSBE European Business School for Business Excellence Ltd. 2014,
Freigegeben: Klaus Mustermann, Datum: 05.01.2014, Fertigungsunternehmen I
Seite 1 von 3

**BILD 2.43** QM: Lenkung von Dokumenten (dV) (Ausschnitt)

## Formular: Dokumentationsmatrix – Teil 1 Dokumente QM

Mit diesem Formular werden die internen Dokumente und die Dokumente externer Herkunft festgelegt, die die Organisation als notwendig eingestuft hat (Bild 2.44).

Das Formular ist in **unterschiedliche Teilbereiche** aufgeteilt.

In der Dokumentationsmatrix werden die von der Organisation zu der Sicherstellung der wirksamen Planung, Durchführung und Lenkung der Prozesse als **notwendig eingestuften Dokumente** eingetragen.

In der Dokumentationsmatrix werden die von der Organisation zu der Sicherstellung der wirksamen Planung, Durchführung und Lenkung der Prozesse als **notwendig eingestuften Dokumente externer Herkunft** eingetragen.

Die Aufteilung erfolgt in

1. das Handbuch (das Handbuch besteht nur aus einer Seite),
2. die Arbeitsaufgaben mit der Unterteilung in die *Funktionsbereiche* (blau),
3. das Qualitätsmanagement,
4. die dokumentierten Verfahren,
5. die Formulare,
6. die Dokumente externer Herkunft und
7. „Freigegeben/Datum", diese Daten dokumentieren die Aktualität des entsprechenden Dokumentes und durch wen es freigegeben werden muss.

Bei dieser Organisationsgröße ist das Qualitätsmanagement **keine** eigene Organisationseinheit.

Die Dokumente dürfen grundsätzlich keine handschriftlichen Änderungen enthalten. Entweder sind die Dokumente ausgedruckt, ohne handschriftliche Änderungen, oder stehen elektronisch zur Verfügung. Mit einer Mitteilung werden die neuen gültigen Dokumente verteilt.

Weiter muss festgelegt werden, was mit den Dokumenten passieren muss, wenn sie nicht mehr gültig sind. Dies muss durch die Organisation festgelegt werden. Die Norm ermöglicht auch, dass die Dokumente vernichtet werden, wenn sie nicht mehr gültig sind. Ansonsten sind die ungültigen Dokumente zu kennzeichnen, damit keine Verwechselung mit den aktuellen Dokumenten erfolgt. Deshalb sollten die Mitarbeiter darüber informiert werden, dass sie selbst keine eigenen Kopien erstellen dürfen, damit nicht aus Versehen die ungültigen Dokumente genutzt werden. Dies gilt für die Papierform und die elektronische Form.

Die Dokumentationsmatrix muss an die eigene Organisation angepasst werden, wenn Sie eigene Dokumente in die Dokumentationsmatrix hinzufügen.

2.11 Dokumentation des QM-Systems (dV)

## QM: Dokumentationsmatrix

## DOKUMENTE QUALITÄTSMANAGEMENT:

| Dokumente: (Handbuch) | Freigegeben | Datum |
|---|---|---|
| A_START-Handbuch-Prozessorientierter Ansatz | Klaus Mustermann | 05.01.2014 |

| Dokumente: Arbeitsaufgaben (AA) | Freigegeben | Datum |
|---|---|---|
| **Vertrieb (AA)** | | |
| VERTRIEB: Angebot erstellen / ändern | Klaus Mustermann | 05.01.2014 |
| VERTRIEB: Angebot verfolgen | Klaus Mustermann | 05.01.2014 |
| VERTRIEB: Auftrag erstellen | Klaus Mustermann | 05.01.2014 |
| VERTRIEB: Auftrag ändern / stornieren | Klaus Mustermann | 05.01.2014 |
| VERTRIEB: Reklamation | Klaus Mustermann | 05.01.2014 |
| **Einkauf (AA)** | | |
| EINKAUF: Disposition / Anfrage / Preisvergleich / Bestellung | Klaus Mustermann | 05.01.2014 |
| EINKAUF: Bestellung verfolgen | Klaus Mustermann | 05.01.2014 |
| EINKAUF: Lieferanten Auswahl / Beurteilung / Neubeurteilung | Klaus Mustermann | 05.01.2014 |
| EINKAUF: Reklamation / Falschlieferung | Klaus Mustermann | 05.01.2014 |
| **Entwicklung (AA)** | | |
| ENTWICKLUNG: Entwicklung / Änderung Serienprodukt | Klaus Mustermann | 05.01.2014 |
| ENTWICKLUNG: Entwicklung Sonderprodukt | Klaus Mustermann | 05.01.2014 |
| **Fertigung (AA)** | | |
| FERTIGUNG: Fertigungsablauf Serienprodukte / Sonderprodukte | Klaus Mustermann | 05.01.2014 |
| FERTIGUNG: Instandhaltung der Fertigungseinrichtungen | Klaus Mustermann | 05.01.2014 |
| FERTIGUNG: Überwachungs- und Messmittel verwalten | Klaus Mustermann | 05.01.2014 |
| **Wareneingang / Lager / Versand (AA)** | | |
| WARENEINGANG: Wareneingang aus Fertigung | Klaus Mustermann | 05.01.2014 |
| WARENEINGANG: Wareneingang extern | Klaus Mustermann | 05.01.2014 |
| LAGER: Produkte einlagern / auslagern | Klaus Mustermann | 05.01.2014 |
| LAGER: Inventur | Klaus Mustermann | 05.01.2014 |
| VERSAND: Produkte versenden | Klaus Mustermann | 05.01.2014 |
| **Qualitätsmanagement (AA)** | | |
| QM: Qualitätspolitik | Klaus Mustermann | 05.01.2014 |
| QM: Managementbewertung | Klaus Mustermann | 05.01.2014 |
| QM: Messbare Qualitätsziele | Klaus Mustermann | 05.01.2014 |
| QM: Mitarbeiter Ausbildung / Schulung / Fertigkeiten / Erfahrung | Klaus Mustermann | 05.01.2014 |
| QM: Verantwortung der Leitung | Klaus Mustermann | 05.01.2014 |

| Dokumente: dokumentierte Verfahren (dV) | Freigegeben | Datum |
|---|---|---|
| QM: Norm-Kapitel: Arbeitsaufgaben (AA) / dokumentierte Verfahren (dV) | Klaus Mustermann | 05.01.2014 |
| QM: Internes Audit | Klaus Mustermann | 05.01.2014 |
| QM: Korrekturmaßnahmen | Klaus Mustermann | 05.01.2014 |
| QM: Lenkung fehlerhafter Produkte | Klaus Mustermann | 05.01.2014 |
| QM: Lenkung von Aufzeichnungen | Klaus Mustermann | 05.01.2014 |
| QM: Lenkung von Dokumenten | Klaus Mustermann | 05.01.2014 |
| QM: Vorbeugungsmaßnahmen | Klaus Mustermann | 05.01.2014 |

| Dokumente: (Formular) | Freigegeben | Datum |
|---|---|---|
| EINKAUF: QFD Lieferantenbewertung | Klaus Mustermann | 05.01.2014 |
| ENTWICKLUNG: QFD Produkt | Klaus Mustermann | 05.01.2014 |
| FERTIGUNG: Liste Überwachungsmittel / Messmittel | Klaus Mustermann | 05.01.2014 |
| QM: Internes Audit Planbericht | Klaus Mustermann | 05.01.2014 |
| QM: Internes Audit Fragenkatalog | Klaus Mustermann | 05.01.2014 |
| QM: Dokumentationsmatrix | Klaus Mustermann | 05.01.2014 |
| QM: Korrektur- und Vorbeugungsmaßnahmen_1 | Klaus Mustermann | 05.01.2014 |
| QM: Korrektur- und Vorbeugungsmaßnahmen_2 | Klaus Mustermann | 05.01.2014 |
| QM: Managementbewertung | Klaus Mustermann | 05.01.2014 |
| QM: Messbare Qualitätsziele_1 | Klaus Mustermann | 05.01.2014 |
| QM: Messbare Qualitätsziele_2 | Klaus Mustermann | 05.01.2014 |

**Dokument:** Bild 2.44 QM_Dokumentationsmatrix.doc
© BSBE European Business School for Business Excellence Ltd. 2014,
Freigegeben: Klaus Mustermann, Datum: 05.01.2014, Fertigungsunternehmen I
Seite 2 von 6

**BILD 2.44** Formular: Dokumentationsmatrix (Ausschnitt)

### QM: Lenkung von Aufzeichnungen (dV)

Mit diesem dokumentierten Verfahren wird die Lenkung der Aufzeichnungen prozessorientiert beschrieben (Bild 2.45).

**Die Aufzeichnungen können nach der Erledigung der erforderlichen Tätigkeiten von der Organisation nicht mehr verändert werden.**

In der Dokumentationsmatrix sind die von der Organisation zu der Sicherstellung der wirksamen Planung, Durchführung und Lenkung der Prozesse als **notwendig eingestuften Aufzeichnungen** eingetragen.

Die Aufzeichnungen können handschriftlich ausgefüllt werden und handschriftliche Vermerke enthalten. Sie können auch ausgedruckt und mit handschriftlichen Vermerken versehen werden oder stehen elektronisch zur Verfügung. Alle handschriftlichen Vermerke müssen leicht lesbar sein.

Die Organisation muss weiter Folgendes festlegen:

1. die Kennzeichnung,
2. die Aufbewahrung,
3. den Schutz,
4. die Wiederauffindbarkeit,
5. die Aufbewahrungsfrist,
6. die Verfügung über Aufzeichnungen.

Die Aufzeichnungen müssen lesbar, leicht erkennbar und wiederauffindbar bleiben.

WECHSELWIRKUNG  Aus diesem dokumentierten Verfahren wird eventuell auf weitere Arbeitsaufgaben und dokumentierte Verfahren verwiesen (Wechselwirkung). Eine detaillierte Beschreibung erfolgt in diesen Dokumenten.

## 2.11 Dokumentation des QM-Systems (dV)

### QM: Lenkung von Aufzeichnungen (dV)

| Tätigkeit / Prozessschritte | E/D Füh-rung | D Ver-trieb | D Ein-kauf | D La-ger | D Fer-ti-gung | D WE, Ver-sand | D externe Be-ar-bei-tung | Wechselwirkung / Checkliste | Dokumentation |
|---|---|---|---|---|---|---|---|---|---|
| **Lenkung von Aufzeichnungen planen, festlegen und umsetzen** | | | | | | | | | |
| *Die vom Qualitätsmanagementsystem geforderten Aufzeichnungen festlegen* | X | (X) | (X) | (X) | (X) | (X) | | In der Dokumentationsmatrix sind die vom Qualitätsmanagementsystem geforderten Aufzeichnungen eingetragen. | • Aufzeichnungen<br>• Dokumentationsmatrix |
| *Die von der Organisation zur Sicherstellung der wirksamen Planung, Durchführung und Lenkung der Prozesse als notwendig eingestuften Aufzeichnungen festlegen* | X | (X) | (X) | (X) | (X) | (X) | | In der Dokumentationsmatrix sind die von der Organisation zu der Sicherstellung der wirksamen Planung, Durchführung und Lenkung der Prozesse als notwendig eingestuften Aufzeichnungen eingetragen. | • Aufzeichnungen<br>• Dokumentationsmatrix |
| *Aufzeichnungen lesbar und leicht erkennbar erhalten* | X | X | X | X | X | X | | Die Aufzeichnungen können handschriftlich ausgefüllt werden. Die Aufzeichnungen können handschriftliche Vermerke enthalten. Die Aufzeichnungen können ausgedruckt und mit handschriftlichen Vermerken versehen werden oder stehen elektronisch zur Verfügung. Alle handschriftlichen Vermerke müssen leicht lesbar sein. | • Aufzeichnungen<br>• Dokumentationsmatrix |
| *Kennzeichnung festlegen* | X | (X) | (X) | (X) | (X) | (X) | | Die Kennzeichnung ist von der Art der Aufzeichnung abhängig. <u>Kennzeichnungen sind der Name der Aufzeichnung:</u> z. B. Zeichnung, Lieferschein, Rechnung, Fertigungsauftrag, Prüfungsprotokoll usw. <u>Kennzeichnungen für die Zuordnung sind</u> z. B. Auftrags-Nr., Kunden-Nr., Artikel-Nr., Chargen-Nr., Zeichnungs-Nr., Rechnungs-Nr., Lieferschein-Nr. usw. Die Aufzählungen sind nicht vollständig. In der Dokumentationsmatrix sind die entsprechenden Aufzeichnungen aufgeführt. | • Aufzeichnungen<br>• Dokumentationsmatrix |
| *Aufbewahrung festlegen* | X | (X) | (X) | (X) | (X) | (X) | | Die Aufbewahrung erfolgt in Ordnern in der Fachabteilung oder elektronisch im EDV-System. | • Aufzeichnungen<br>• Dokumentationsmatrix |

**Dokument:** Bild 2.45 QM_Lenkung von Aufzeichnungen.doc
© BSBE European Business School for Business Excellence Ltd. 2014,
Freigegeben: Klaus Mustermann, Datum: 05.01.2014, Fertigungsunternehmen I
Seite 1 von 3

**BILD 2.45** QM: Lenkung von Aufzeichnungen (dV) (Ausschnitt)

### Formular: Dokumentationsmatrix – Teil 2 Aufzeichnungen

Mit diesem Formular werden die Aufzeichnungen festgelegt, die die Organisation als notwendig eingestuft hat (Bild 2.46).

Das Formular ist in **unterschiedliche Teilbereiche** aufgeteilt.

In der Dokumentationsmatrix werden die von der Organisation zu der Sicherstellung der wirksamen Planung, Durchführung und Lenkung der Prozesse als **notwendig eingestuften Aufzeichnungen** eingetragen.

Die Aufteilung erfolgt in

1. die Funktionsbereiche (blau),
2. das Qualitätsmanagement und
3. die Aufzeichnungen über Mitarbeiter.

Die Aufzeichnungen können handschriftlich ausgefüllt werden und handschriftliche Vermerke enthalten. Sie können auch ausgedruckt und mit handschriftlichen Vermerken versehen werden oder stehen elektronisch zur Verfügung. Alle handschriftlichen Vermerke müssen leicht lesbar sein.

Die Organisation muss weiter Folgendes festlegen:

1. **Die Kennzeichnung:** der Name der Aufzeichnung; die Zuordnung durch die individuelle Bezeichnung.
2. **Die Aufbewahrung:** in Papierform oder in elektronischer Form.
3. **Den Schutz:** im Schrank, im Regal oder in elektronischer Form mit Kennwort.
4. **Die Wiederauffindbarkeit:** in den Funktionsbereichen in Papierform oder im Ordner in elektronischer Form.
5. **Die Aufbewahrungsfrist:** durch die gesetzliche Aufbewahrungsfrist oder von der Organisation festgelegt.
6. **Die Verfügung:** durch die Funktionsbereiche oder die Mitarbeiter.

Die **Kennzeichnung** ist von der Art der Aufzeichnung abhängig. Die Kennzeichnungen sind der Name der Aufzeichnung: z. B. Zeichnung, Lieferschein, Rechnung, Fertigungsauftrag, Prüfungsprotokoll.

Die **Kennzeichnungen für die Zuordnung** sind z. B. Auftrags-, Kunden-, Artikel-, Chargen-, Zeichnungs-, Rechnungs-, Lieferscheinnummer.

Die Aufzeichnungen müssen lesbar, leicht erkennbar und wiederauffindbar bleiben.

Bei dieser Organisationsgröße ist das Qualitätsmanagement **keine** eigene Organisationseinheit.

Die Dokumentationsmatrix muss an die eigene Organisation angepasst werden, wenn Sie eigene Aufzeichnungen in die Dokumentationsmatrix hinzufügen oder bei Ihnen die Aufzeichnungen anders benannt sind. Dies gilt für alle Punkte.

## 2.11 Dokumentation des QM-Systems (dV)

### QM: Dokumentationsmatrix

## AUFZEICHNUNGEN:

**Von der Organisation als notwendig eingestuft**

| Kennzeichnung | Aufbewahrung | Schutz | Wiederauffindbarkeit | Aufbewahrungsfrist | Verfügung |
|---|---|---|---|---|---|
| Die Kennzeichnung ist von der Art der Aufzeichnung abhängig. Kennzeichnungen sind der Name der Aufzeichnung: z. B. Zeichnung, Lieferschein, Rechnung, Fertigungsauftrag, Prüfungsprotokoll usw. Kennzeichnungen für die Zuordnung sind z. B. Auftrags-Nr., Kunden-Nr., Artikel-Nr., Chargen-Nr., Zeichnungs-Nr., Rechnungs-Nr., Lieferschein-Nr. usw. | In Ordnern in Papierform in den **Funktionsbereichen** oder in der zentralen Ablage<br><br>Elektronischer Ordner im EDV-System | Im Schrank, Regal (abschließbar – nicht abschließbar)<br><br>EDV-System mit Kennwort | In Ordnern in Papierform in den **Funktionsbereichen** oder in der zentralen Ablage<br><br>Im EDV-System in elektronischen Ordnern | Gesetzliche Aufbewahrungsfrist<br><br>Von der Organisation festgelegte Aufbewahrungsfrist | **Funktionsbereiche**<br><br>Mitarbeiter |
| **Vertrieb** | | | | | |
| Anfrage | Papier/EDV | Papier/EDV | Vertrieb/EDV | 5 Jahre | Vertrieb |
| Kalkulation | Papier/EDV | Papier/EDV | Vertrieb/EDV | 10 Jahre | Vertrieb |
| Angebot | Papier/EDV | Papier/EDV | Vertrieb/EDV | 10 Jahre | Vertrieb |
| Zeichnung des Kunden | Papier/EDV | Papier/EDV | Vertrieb/EDV | 10 Jahre | Vertrieb |
| Auftrag | Papier/EDV | Papier/EDV | Vertrieb/EDV | 10 Jahre | Vertrieb |
| Auftragsbestätigung (bei Bedarf) | Papier/EDV | Papier/EDV | Vertrieb/EDV | 10 Jahre | Vertrieb |
| Faxe | Papier/EDV | Papier/EDV | Vertrieb/EDV | 10 Jahre | Vertrieb |
| E-Mail | Papier/EDV | Papier/EDV | Vertrieb/EDV | 10 Jahre | Vertrieb |
| Lieferschein | Papier/EDV | Papier/EDV | Vertrieb/EDV | 10 Jahre | Vertrieb |
| Rechnung | Papier/EDV | Papier/EDV | Vertrieb/EDV | 10 Jahre | Vertrieb |
| Gutschrift | Papier/EDV | Papier/EDV | Vertrieb/EDV | 10 Jahre | Vertrieb |
| Reklamation | Papier/EDV | Papier/EDV | Vertrieb/EDV | 10 Jahre | Vertrieb |
| Kostenaufstellung | Papier/EDV | Papier/EDV | Vertrieb/EDV | 10 Jahre | Vertrieb |
| **Einkauf** | | | | | |
| EINKAUF: QFD Lieferantenbewertung | EDV | EDV | Einkauf/EDV | Bis zur Neuerstellung | Einkauf |
| Anschreiben Fehlerhäufigkeit | Papier/EDV | Papier/EDV | Einkauf/EDV | 10 Jahre | Einkauf |
| Antwortschreiben Fehlerhäufigkeit | Papier/EDV | Papier/EDV | Einkauf/EDV | 10 Jahre | Einkauf |
| Anfrage | Papier/EDV | Papier/EDV | Einkauf/EDV | 10 Jahre | Einkauf |
| Angebot | Papier/EDV | Papier/EDV | Einkauf/EDV | 10 Jahre | Einkauf |
| Bestellung / Rahmenauftrag | Papier/EDV | Papier/EDV | Einkauf/EDV | 10 Jahre | Einkauf |
| Auftragsbestätigung | Papier/EDV | Papier/EDV | Einkauf/EDV | 10 Jahre | Einkauf |
| Disposition / Statistik | EDV | EDV | EDV | Bis zur Aktualisierung | Einkauf |
| Faxe | Papier/EDV | Papier/EDV | Einkauf/EDV | 10 Jahre | Einkauf |
| E-Mail | Papier/EDV | Papier/EDV | Einkauf/EDV | 10 Jahre | Einkauf |
| Lieferschein | Papier/EDV | Papier/EDV | Einkauf/EDV | 10 Jahre | Einkauf |
| Lieferschein (Kundeneigentum) | Papier/EDV | Papier/EDV | Einkauf/EDV | 10 Jahre | Einkauf |
| Lieferschein (Lieferant externe Bearbeitung) | Papier/EDV | Papier/EDV | Einkauf/EDV | 10 Jahre | Einkauf |
| Materialprüfzertifikate | Papier/EDV | Papier/EDV | Bis zur Neuanforderung | 10 Jahre | Einkauf |
| Reklamation | Papier/EDV | Papier/EDV | Einkauf/EDV | 10 Jahre | Einkauf |
| Kostenaufstellung | Papier/EDV | Papier/EDV | Einkauf/EDV | 10 Jahre | Einkauf |
| Rechnung | Papier/EDV | Papier/EDV | Einkauf/EDV | 10 Jahre | Einkauf |
| Gutschrift | Papier/EDV | Papier/EDV | Einkauf/EDV | 10 Jahre | Einkauf |
| Unterlagen des Maschinenherstellers (Fertigung) | Papier/EDV | Papier/EDV | Einkauf/EDV | Bis zum Verkauf der Maschine | Einkauf |
| Inventurliste | Papier/EDV | Papier/EDV | Einkauf/EDV | 10 Jahre | Einkauf |
| **Entwicklung** | | | | | |
| ENTWICKLUNG: QFD Produkt | EDV | EDV | Vertrieb/EDV | Bis zur Neuentwicklung | Vertrieb |
| Zeichnung / Skizze / Stückliste / Datenfile | Papier/EDV | Papier/EDV | Vertrieb/EDV | Bis zur Neuentwicklung | Vertrieb |
| Prototyp (Analyse) | Papier/EDV | Papier/EDV | Vertrieb/EDV | Bis zur Neuentwicklung | Vertrieb |
| Wettbewerbsmuster (Analyse) | Papier/EDV | Papier/EDV | Vertrieb/EDV | Bis zur Neuentwicklung | Vertrieb |

**Dokument:** Bild 2.46 QM_Dokumentationsmatrix.doc
© BSBE European Business School for Business Excellence Ltd. 2014,
Freigegeben: Klaus Mustermann, Datum: 05.01.2014, Fertigungsunternehmen I
Seite 4 von 6

**BILD 2.46** Formular: Dokumentationsmatrix (Ausschnitt)

### QM: Norm-Kapitel: Arbeitsaufgaben (AA)/dokumentierte Verfahren (dV)

Das dokumentierte Verfahren ordnet das Handbuch, die Arbeitsaufgaben und die dokumentierten Verfahren der DIN EN ISO 9001:2008 zu (Bild 2.47).

**Prozessorientierung bedeutet:** *Nicht die Organisation ist der Norm anzupassen, sondern die Norm ist als „Checkliste" zu nutzen, um das Tagesgeschäft störungsfreier bewältigen und die Kundenanforderungen erfüllen zu können.*

Daher wurde auch **keine Nummerierung** der Arbeitsaufgaben oder der dokumentierten Verfahren durchgeführt, um einen Bezug zur Norm herzustellen.

Der Bezug zur Norm wird durch dieses dokumentierte Verfahren hergestellt. Die Tabelle ist dazu in **zwei Spalten** aufgeteilt:

1. **Norm-Kapitel:** Hier sind die Norm-Kapitel der DIN EN ISO 9001:2008 aufgeführt. Bei den (gelb) markierten Norm-Kapiteln fordert die Norm dokumentierte Verfahren.
2. **Umsetzung:** mit den Arbeitsaufgaben und den dokumentierten Verfahren. Zusätzlich wurden erklärende Texte eingefügt.

Wenn Sie Änderungen in der Bezeichnung der Arbeitsaufgaben oder in der Bezeichnung der dokumentierten Verfahren durchführen, dann muss **dieses** dokumentierte Verfahren ebenfalls geändert werden. Dies gilt auch, wenn Sie eigene Dokumente in das Qualitätsmanagement einfügen.

Damit ist die Umsetzung der Norm in der Organisation festgelegt und umgesetzt.

WECHSELWIRKUNG — Aus diesem dokumentierten Verfahren wird eventuell auf weitere Arbeitsaufgaben und dokumentierte Verfahren verwiesen (Wechselwirkung). Eine detaillierte Beschreibung erfolgt in diesen Dokumenten.

## 2.11 Dokumentation des QM-Systems (dV)

**QM: Norm-Kapitel: Arbeitsaufgaben (AA) / dokumentierte Verfahren (dV)**

| Norm-Kapitel | Arbeitsaufgaben (AA) / Dokumentierte Verfahren (dV) |
|---|---|
| **4 Qualitätsmanagementsystem** | |
| 4.1 Allgemeine Anforderungen | • A_START-Handbuch-Prozessorientierter Ansatz<br>• Die erforderlichen Prozesse wurden in **obigem** Handbuch mit dem prozessorientierten Ansatz festgelegt.<br>• Die Abfolge und Wechselwirkungen wurden in den Arbeitsaufgaben und in den dokumentierten Verfahren festgelegt.<br>• Die erforderlichen Kriterien und Methoden wurden in den Arbeitsaufgaben und in den dokumentierten Verfahren festgelegt.<br>• Die Verfügbarkeit von Ressourcen und Informationen wurde in den Arbeitsaufgaben und in den dokumentierten Verfahren festgelegt.<br>• Die erforderliche Überwachung, Analyse und Messung der Prozesse wurden in den Arbeitsaufgaben und in den dokumentierten Verfahren festgelegt.<br>• Die erforderlichen Maßnahmen, um die geplanten Ergebnisse sowie eine ständige Verbesserung der Prozesse wurden in den Arbeitsaufgaben und in den dokumentierten Verfahren festgelegt.<br>• Die Ausgliederung von Prozessen ist in den betreffenden Arbeitsaufgaben festgelegt. |
| 4.2 Dokumentationsanforderungen | • |
| 4.2.1 Allgemeines | • QM: Qualitätspolitik (AA)<br>• QM: Messbare Qualitätsziele (AA)<br><br>• A_START-Handbuch-Prozessorientierter Ansatz<br><br>• QM: Internes Audit (dV)<br>• QM: Korrekturmaßnahmen (dV)<br>• QM: Lenkung fehlerhafter Produkte (dV)<br>• QM: Lenkung von Aufzeichnungen (dV)<br>• QM: Lenkung von Dokumenten (dV)<br>• QM: Vorbeugungsmaßnahmen (dV)<br>•<br>• QM: Dokumentationsmatrix (Formular) |
| 4.2.2 Qualitätsmanagementhandbuch | A_START-Handbuch-Prozessorientierter Ansatz<br>Der Anwendungsbereich des Qualitätsmanagementsystems und die Ausschlüsse wurden in dem **oben** aufgeführten Dokument dargestellt. **Das Qualitätsmanagementhandbuch besteht aus einer Seite.** Aus dieser Seite wird auf die Arbeitsaufgaben und die dokumentierten Verfahren verwiesen. Die Beschreibung der Wechselwirkungen der Prozesse wird in den Arbeitsaufgaben und in den dokumentierten Verfahren dargestellt. |
| ==4.2.3 Lenkung von Dokumenten== | • QM: Lenkung von Dokumenten (dV) |
| ==4.2.4 Lenkung von Aufzeichnungen== | • QM: Lenkung von Aufzeichnungen (dV) |
| **5 Verantwortung der Leitung** | |
| 5.1 Selbstverpflichtung der Leitung | • QM: Verantwortung der Leitung (AA) |
| 5.2 Kundenorientierung | • QM: Verantwortung der Leitung (AA)<br>Weitere Informationen werden aus Telefongesprächen, Messebesuchen, Umsatzanalysen, Gutschriften ermittelt. |
| 5.3 Qualitätspolitik | • QM: Verantwortung der Leitung (AA)<br>• QM: Qualitätspolitik (AA) |
| 5.4 Planung | |
| 5.4.1 Qualitätsziele | • QM: Verantwortung der Leitung (AA)<br>• QM: Messbare Qualitätsziele (AA) |
| 5.4.2 Planung des Qualitätsmanagementsystems | • QM: Verantwortung der Leitung (AA) |
| 5.5 Verantwortung, Befugnis und Kommunikation | |
| 5.5.1 Verantwortung und Befugnis | • QM: Verantwortung der Leitung (AA) |
| 5.5.2 Beauftragter der obersten Leitung | • QM: Verantwortung der Leitung (AA) |
| 5.5.3 Interne Kommunikation | • QM: Verantwortung der Leitung (AA) |
| 5.6 Managementbewertung | |
| 5.6.1 Allgemeines | • QM: Verantwortung der Leitung (AA)<br>• QM: Managementbewertung (AA) |
| 5.6.2 Eingaben für die Bewertung | • QM: Verantwortung der Leitung (AA)<br>• QM: Managementbewertung (AA) |
| 5.6.3 Ergebnisse der Bewertung | • QM: Verantwortung der Leitung (AA)<br>• QM: Managementbewertung (AA) |
| **6 Management von Ressourcen** | |
| 6.1 Bereitstellung von Ressourcen | • QM: Verantwortung der Leitung (AA) |
| 6.2 Personelle Ressourcen | • |
| 6.2.1 Allgemeines | • QM: Verantwortung der Leitung (AA) |
| 6.2.2 Kompetenz, Schulung und Bewusstsein | • QM: Verantwortung der Leitung (AA)<br>• QM: Mitarbeiter Ausbildung / Schulung / Fertigkeiten / Erfahrung (AA) |
| 6.3 Infrastruktur | Die erforderliche Infrastruktur wurde ermittelt und ist vorhanden.<br>• QM: Verantwortung der Leitung (AA) |
| 6.4 Arbeitsumgebung | Die erforderliche Arbeitsumgebung wurde ermittelt und ist vorhanden.<br>• QM: Verantwortung der Leitung (AA) |
| **7 Produktrealisierung** | • |

**Dokument:** Bild 2.47 QM_Norm_Arbeitsaufgaben_dokumentierte Verfahren.doc
© BSBE European Business School for Business Excellence Ltd. 2014,
Freigegeben: Klaus Mustermann, Datum: 05.01.2014, Fertigungsunternehmen I
Seite 1 von 3

**BILD 2.47** QM: Norm-Kapitel: Arbeitsaufgaben (AA)/dokumentierte Verfahren (dV) (Ausschnitt)

# 3 FERTIGUNGSUNTERNEHMEN 2 (MECHANISCHE BEARBEITUNG)

## ■ 3.1 GRUNDSÄTZLICHES ZUM FERTIGUNGSUNTERNEHMEN 2

Das *Fertigungsunternehmen 2* produziert Präzisionsteile nach Zeichnung im Kundenauftrag (Wiederhol- und Einmalteile) für weltweit tätige Hightech-Unternehmen. Zusätzlich erfolgt eine externe Bearbeitung der Produkte. Es findet **keine** Entwicklung statt, daher ist das *Norm-Kapitel 7 Produktrealisierung* ausgeschlossen. Insgesamt sind 21 Mitarbeiter in Verwaltung und Fertigung beschäftigt. **Eine vorhandene EDV-Unterstützung wird den Abläufen zugrunde gelegt.**

ANGABEN ZUM „FERTIGUNGSUNTERNEHMEN 2"

Die ISO 9001:2008 ist eine Erfüllungsnorm. Das bedeutet, die Norm-Kapitel 4, 5, 6, 7 und 8 sind zu erfüllen. Die Fragen, die sich aus dem Text der Norm ergeben, können nur mit *erfüllt, nicht erfüllt, ausgeschlossen* oder *trifft nicht zu* beantwortet werden. Nur das *Norm-Kapitel 7 Produktrealisierung* lässt *Ausschlüsse mit Begründung* zu. Der Originaltext der Norm wird nur auszugsweise zitiert.

ISO 9001:2008

Im Ordner **E_9001_Beispiel_2_Hanser/Dokumente Arbeitsaufgaben_AA** finden Sie die *Arbeitsaufgaben*, im Ordner **E_9001_Beispiel_2_Hanser/Dokumente dokumentierte Verfahren_dV** die *dokumentierten Verfahren (dV)* und im Ordner **E_9001_Beispiel_2_Hanser/Dokumente Formulare** die *Formulare*.

ORDNER FÜR DAS „FERTIGUNGSUNTERNEHMEN 2"

Die Erreichung der Kundenzufriedenheit, die Vermeidung von Fehlern und die ständige Verbesserung der Organisation sind oberstes Ziel der Norm. Um diese Ziele und Anforderungen zu erreichen, wird das *Fertigungsunternehmen 2* in **Arbeitsaufgaben** aufgeteilt. Durch diese pragmatische Vorgehensweise wird die Norm für die Mitarbeiter transparent und leicht umsetzbar.

UMSETZUNG DER ISO 9001:2008 ALS ARBEITSAUFGABEN

**Die Organisation ist das QM-System!**

**Prozessorientierung bedeutet:** *Nicht die Organisation ist der Norm anzupassen, sondern die Norm ist als „Checkliste" zu nutzen, um das Tagesgeschäft störungsfreier bewältigen und die Kundenanforderungen erfüllen zu können.* Hier liegt der große Nutzen der Norm, da die organisatorischen Schwachstellen gezielt analysiert werden können. Wichtig sind die Integration und die direkte Auswirkung, die die Norm auf die Organisation und die Mitarbeiter ausübt. Die Integration von Norm und Organisation wird schnell erreicht, indem die Normenabschnitte als Arbeitsaufgaben definiert werden. So entsteht eine Übersicht über die eigene Organisation, die eigene Unternehmenslandkarte, zur gezielten Verbesserung der Organisation. Die Zuordnung der Arbeitsaufgaben und dokumentierten Verfahren zu den einzelnen Norm-Kapiteln der DIN EN ISO 9001:2008 wird mit dem dokumentierten Verfahren *QM: Norm-Kapitel: Arbeitsaufgaben (AA)/dokumentierte Verfahren (dV)* erreicht.

ELIMINIEREN DER ORGANISATORISCHEN SCHWACHSTELLEN

Die einzelnen Tätigkeiten, die zur Erfüllung der Arbeitsaufgabe benötigt werden, müssen von oben nach unten definiert werden. Die betroffenen Funktionsbereiche, die diese Tätigkeiten ausüben, werden mit einem „X" markiert. Dadurch entsteht eine Matrix, in der die

DIE ARBEITSAUFGABEN

Anteile jeder Ebene und jedes Funktionsbereiches zur Erfüllung der Arbeitsaufgabe leicht erkennbar sind. Ebenfalls werden die Schnittstellen und Wechselwirkungen zwischen den Funktionsbereichen und Ebenen deutlich. **Die Führungsebene ist rot markiert, die Funktionsbereiche/Mitarbeiterebenen sind blau markiert.**

Mit dieser Arbeitsaufgabe wird das Erstellen oder das Ändern des Angebotes prozessorientiert beschrieben (Bild 3.1):

**BEDEUTUNG DER ZUORDNUNG IN DEN ARBEITSAUFGABEN**

1. **VERTRIEB:** grundsätzliche Zuordnung der Arbeitsaufgabe in der Organisation zum Funktionsbereich.
2. **Angebot erstellen/ändern:** Definition der Arbeitsaufgabe im Sprachgebrauch der Organisation.
3. **Führungsebene (rot):** Wie z. B. Inhaber, Geschäftsführer, Vertriebsleiter, Einkaufsleiter, Fertigungsleiter usw., alle Führungsentscheidungen im Arbeitsablauf werden unter dieser Ebene zusammengefasst (E/D, E = entscheiden, D = durchführen).
4. **Funktionsbereich/Mitarbeiterebene (blau):** Vertrieb, Einkauf usw. (D = durchführen).
5. **Externe Bearbeitung:** Zum Beispiel Bearbeitung von Produkten, diese Tätigkeit wird einzeln betrachtet, da ein erhöhter logistischer Aufwand erforderlich ist.
6. **Wechselwirkung/Checkliste:** Hier werden die Wechselwirkungen mit anderen Arbeitsaufgaben oder die zu beachtenden Einzelheiten aufgeführt.
7. **Dokumentation:** Alle benötigten Unterlagen zur Durchführung der Tätigkeit werden hier aufgeführt.
8. **Tätigkeit/Prozessschritte:** Die durchzuführenden Tätigkeiten (Prozessschritte) werden immer in der erforderlichen Reihenfolge nacheinander durchgeführt.
9. **Farbliche Erläuterung zu Tätigkeiten:** Tätigkeiten, die nicht immer ausgeführt werden oder nur für bestimmte Tätigkeiten Gültigkeit haben, sind farblich markiert und müssen erläutert werden. Die *farbliche Kennzeichnung der Tabellenzeile* zeigt den Beginn und das Ende an.
10. **Ständige Verbesserung:** Hier *können* Methoden und Informationen aufgeführt werden, die zur ständigen Verbesserung der Arbeitsaufgabe genutzt werden.
11. **Dokument:** der Name der Arbeitsaufgabe.
12. **Freigegeben, Datum:** Diese Daten dokumentieren die Person, die für den Prozess verantwortlich ist, und die Aktualität der Arbeitsaufgabe.
13. **Fertigungsunternehmen 2:** Hier ist der Name der Organisation einzutragen oder das Logo einzufügen.

3.1 Grundsätzliches zum Fertigungsunternehmen 2

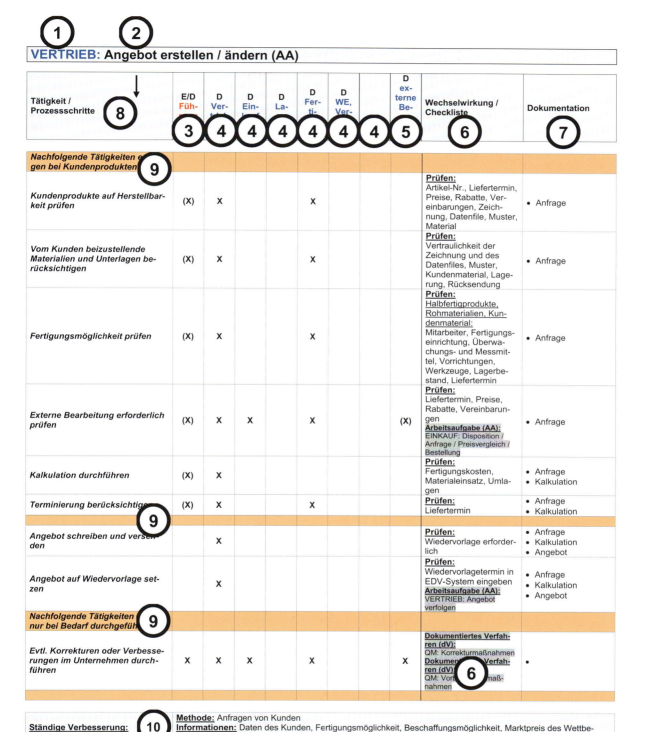

**BILD 3.1** Grundsätzliche Darstellung der Arbeitsaufgabe (Ausschnitt)

## 3.2 HANDBUCH/UNTERNEHMENS-LANDKARTE (AA UND DV)

**Das Handbuch besteht aus einer Seite** *(A_START-Handbuch-Prozessorientierter Ansatz)* und berücksichtigt die Prozessorientierung und den Anwendungsbereich des Qualitätsmanagementsystems der Organisation. Aus dieser Seite wird auf die Arbeitsaufgaben und dokumentierten Verfahren verwiesen. Die Integration von Norm und Organisation wird schnell erreicht, indem die Arbeitsaufgaben definiert werden. So entsteht eine Übersicht über die eigene Organisation, die eigene Unternehmenslandkarte, zur gezielten Verbesserung (ständige Verbesserung) der Organisation. Die Unternehmenslandkarte enthält alle benötigten Arbeitsaufgaben und dokumentierten Verfahren zur Umsetzung der Norm (Bild 3.2).

**ISO 9001:2008 AUSZUG AUS DER NORM**

*0.1 Allgemeines*

*… Es ist nicht die Absicht dieser Internationalen Norm zu unterstellen, dass Qualitätsmanagementsysteme einheitlich strukturiert oder einheitlich dokumentiert sein müssen …*

**STRUKTUR „FERTIGUNGS- UNTERNEHMEN 2"**

Die Umsetzung der ISO 9001:2008 erfolgt *prozessorientiert* mit den Arbeitsaufgaben und den dokumentierten Verfahren.

Die Organisation wird in folgende Funktionsbereiche aufgeteilt:

1. Vertrieb (AA),
2. Einkauf (AA),
3. Entwicklung (AA) **(ausgeschlossen),**
4. Fertigung (AA),
5. Wareneingang/Lager/Versand (AA),
6. Verantwortung der Leitung (AA),
7. ständige Verbesserung des QM-Systems (dV),
8. Dokumentation des QM-Systems (dV),
9. Mitarbeiter (AA),
10. Zuordnung der Arbeitsaufgaben und dokumentierten Verfahren zu den Norm-Kapiteln,
11. Norm-Kapitel, die ausgeschlossen werden mit der Begründung, warum ein Ausschluss erfolgt.

Diese Aufteilung können Sie jederzeit ändern, wenn Ihre Organisation anders strukturiert ist. Die blauen Texte z. B. *Angebot erstellen, ändern* sind mit einem Hyperlink versehen. Sie verzweigen direkt aus der Unternehmenslandkarte in die Arbeitsaufgaben oder in die dokumentierten Verfahren.

**Bitte beachten Sie Folgendes:** Wenn Sie Word-Dokumente umbenennen oder neue Word-Dokumente in die Unternehmenslandkarte aufnehmen, dann müssen Sie auch den Hyperlink ändern.

## Prozessorientiertes Handbuch nach DIN EN ISO 9001:2008

### Übersicht der Arbeitsaufgaben (AA) und der dokumentierten Verfahren (dV)

| **1 VERTRIEB (AA)** | **2 EINKAUF (AA)** | **3 ENTWICKLUNG (AA)** |
|---|---|---|
| • Angebot erstellen, ändern | • Disposition, Anfrage, Preisvergleich, Bestellung | • |
| • Angebot verfolgen | • Bestellung verfolgen | • |
| • Auftrag erstellen | • Reklamationen, Falschlieferung | • |
| • Auftrag ändern, stornieren | • Lieferanten Auswahl, Beurteilung, Neubeurteilung | • |
| • Reklamationen | • | • |

| **4 FERTIGUNG (AA)** | **5 WARENEINGANG / LAGER / VERSAND (AA)** | |
|---|---|---|
| • Fertigungsablauf | • Wareneingang extern | • |
| • Instandhaltung der Fertigungseinrichtungen | • Wareneingang aus Fertigung | • |
| • Überwachungs- und Messmittel | • Produkte ein- und auslagern | • |
| • | • Produkte versenden | • |
| • | • Inventur | • |

| **6 Verantwortung der Leitung (AA)** | **7 Ständige Verbesserung des QM-Systems (dV)** | **8 Dokumentation des QM-Systems (dV)** |
|---|---|---|
| • Verantwortung der Leitung | • Internes Audit | • Lenkung von Dokumenten |
| • Qualitätspolitik | • Lenkung fehlerhafter Produkte | • Lenkung von Aufzeichnungen |
| • Messbare Qualitätsziele | • Korrekturmaßnahmen | **10** Zuordnung Norm-Kapitel: Arbeitsaufgaben (AA) / dokumentierte Verfahren (dV) |
| • Managementbewertung | • Vorbeugungsmaßnahmen | |

| **9 Mitarbeiter (AA)** | |
|---|---|
| • Mitarbeiter Ausbildung, Schulung, Fertigkeiten, Erfahrung | • |

| **Folgende Ausschlüsse wurden vorgenommen: 11** | **Begründung:** |
|---|---|
| • 7.3 Entwicklung | • Es findet keine Entwicklung im Sinne der Norm statt. Es werden Produkte im Kundenauftrag gefertigt oder weiterbearbeitet. |
| • 7.5.2 Validierung der Prozesse zur Produktion und zur Dienstleistungserbringung | • Die Produkte oder Dienstleistungen können durch Überwachung oder Messung verifiziert werden. |

**Dokument:** Bild 3.2 A_START-Handbuch-Prozessorientierter Ansatz.doc
© BSBE European Business School for Business Excellence Ltd. 2014,
Freigegeben: Klaus Mustermann, Datum: 05.01.2014, Fertigungsunternehmen 2
Seite 1 von 1

**BILD 3.2** Prozessorientiertes Handbuch/Unternehmenslandkarte

# 3.3 VERTRIEB (AA)

Der Vertrieb benötigt die Arbeitsaufgaben:

1. VERTRIEB: Angebot erstellen/ändern (AA)
2. VERTRIEB: Angebot verfolgen (AA)
3. VERTRIEB: Auftrag erstellen (AA)
4. VERTRIEB: Auftrag ändern/stornieren (AA)
5. VERTRIEB: Reklamation (AA)

### VERTRIEB: Angebot erstellen/ändern (AA)

Mit dieser Arbeitsaufgabe wird das Erstellen oder das Ändern des Angebotes prozessorientiert beschrieben (Bild 3.3).

Die Anfragen der Kunden werden durch den Vertrieb bearbeitet. Es gibt zwei generelle Unterscheidungen:

**Kundenprodukte (Wiederholteile):** Präzisionsprodukte nach Zeichnung im Kundenauftrag, die in regelmäßigen Abständen gefertigt werden.

**Kundenprodukte (Einmalteile):** Kundenspezifische Produkte nach Zeichnung oder Muster, die einmalig gefertigt werden.

Die Arbeitsaufgabe berücksichtigt diese Auftragsarten. Die Angaben des Kunden werden geprüft. Bei Kundenprodukten sind folgende Prüfungen notwendig: die Herstellungsmöglichkeit, die Genauigkeit der Zeichnung und die Materialqualität. Sollte Kundeneigentum vorhanden sein (Zeichnung, Muster oder Rohmaterial), ist es die Aufgabe der Fertigung, die Fertigungsmöglichkeit vorher abzuklären.

Die Prüfung der Fertigungsmöglichkeit berücksichtigt Mitarbeiter, Fertigungseinrichtungen, Überwachungs- und Messmittel, Vorrichtungen, Werkzeuge, Halbfertigprodukte, Rohmaterialien, Kundenmaterial und Musterteile.

Zum Schluss erfolgen die Kalkulation und die Klärung des Liefertermins.

Die Zuordnung der Verantwortung ist in kleineren Organisationen weiter gefasst. Ein Blick in das Formular *QM: Organigramm/Verantwortung* (Bild 3.23) zeigt dies deutlich.

**WECHSELWIRKUNG** Aus dieser Arbeitsaufgabe wird eventuell auf weitere Arbeitsaufgaben und dokumentierte Verfahren verwiesen (Wechselwirkung). Eine detaillierte Beschreibung erfolgt in diesen Dokumenten.

**KORREKTUR- UND VORBEUGUNGS-MASSNAHMEN** Es sind eventuell Korrektur- oder Vorbeugungsmaßnahmen einzuleiten. Im Bedarfsfall ist das Formular *QM: Korrektur- und Vorbeugungsmaßnahmen* auszufüllen.

## VERTRIEB: Angebot erstellen / ändern (AA)

| Tätigkeit / Prozessschritte | E/D Führung | D Vertrieb | D Einkauf | D Lager | D Fertigung | D WE, Versand | D externe Bearbeitung | Wechselwirkung / Checkliste | Dokumentation |
|---|---|---|---|---|---|---|---|---|---|
| *Nachfolgende Tätigkeiten erfolgen bei Kundenprodukten.* | | | | | | | | | |
| Kundenprodukte auf Herstellbarkeit prüfen | (X) | X | | | X | | | **Prüfen:** Artikel-Nr., Liefertermin, Preise, Rabatte, Vereinbarungen, Zeichnung, Datenfile, Muster, Material | • Anfrage |
| Vom Kunden beizustellende Materialien und Unterlagen berücksichtigen | (X) | X | | | X | | | **Prüfen:** Vertraulichkeit der Zeichnung und des Datenfiles, Muster, Kundenmaterial, Lagerung, Rücksendung | • Anfrage |
| Fertigungsmöglichkeit prüfen | (X) | X | | | X | | | **Prüfen:** Halbfertigprodukte, Rohmaterialien, Kundenmaterial: Mitarbeiter, Fertigungseinrichtung, Überwachungs- und Messmittel, Vorrichtungen, Werkzeuge, Lagerbestand, Liefertermin | • Anfrage |
| Einkaufsmöglichkeit prüfen | (X) | X | X | | | | | **Prüfen:** Halbfertigprodukte, Rohmaterialien: Artikel-Nr., Lagerbestand, Liefertermin, Preise, Rabatte, Vereinbarungen **Arbeitsaufgabe (AA):** EINKAUF: Disposition / Anfrage / Preisvergleich / Bestellung | • Anfrage |
| Externe Bearbeitung erforderlich prüfen | (X) | X | X | | X | | (X) | **Prüfen:** Liefertermin, Preise, Rabatte, Vereinbarungen **Arbeitsaufgabe (AA):** EINKAUF: Disposition / Anfrage / Preisvergleich / Bestellung | • Anfrage |
| Kalkulation durchführen | (X) | X | | | | | | **Prüfen:** Fertigungskosten, Materialeinsatz, Umlagen | • Anfrage • Kalkulation |
| Terminierung berücksichtigen | (X) | X | | | X | | | **Prüfen:** Liefertermin | • Anfrage • Kalkulation |
| Angebot schreiben und versenden | | X | | | | | | **Prüfen:** Wiedervorlage erforderlich | • Anfrage • Kalkulation • Angebot |
| Angebot auf Wiedervorlage setzen | | X | | | | | | **Prüfen:** Wiedervorlagetermin in EDV-System eingeben **Arbeitsaufgabe (AA):** VERTRIEB: Angebot verfolgen | • Anfrage • Kalkulation • Angebot |
| *Nachfolgende Tätigkeiten werden nur bei Bedarf durchgeführt.* | | | | | | | | | |
| Evtl. Korrekturen oder Verbesserungen im Unternehmen durchführen | X | X | X | | X | | X | **Dokumentiertes Verfahren (dV):** QM: Korrekturmaßnahmen **Dokumentiertes Verfahren (dV):** QM: Vorbeugungsmaßnahmen | • |

**Dokument:** Bild 3.3 VERTRIEB_Angebot erstellen_ändern.doc
© BSBE European Business School for Business Excellence Ltd. 2014,
Freigegeben: Klaus Mustermann, Datum: 05.01.2014, Fertigungsunternehmen 2
Seite 1 von 2

**BILD 3.3** VERTRIEB: Angebot erstellen / ändern (AA) (Ausschnitt)

## VERTRIEB: Angebot verfolgen (AA)

Mit dieser Arbeitsaufgabe wird die Verfolgung des Angebotes prozessorientiert beschrieben (Bild 3.4).

Die Kundenangebote werden mit einem Wiedervorlagedatum versehen.

Der Vertrieb erhält in einer Übersicht alle Angebote und kann nun entscheiden, ob ein Nachfassen dieser Angebote zu diesem Zeitpunkt sinnvoll ist.

**Kundenprodukte (Wiederholteile):** Präzisionsprodukte nach Zeichnung im Kundenauftrag, die in regelmäßigen Abständen gefertigt werden.

**Kundenprodukte (Einmalteile):** Kundenspezifische Produkte nach Zeichnung oder Muster, die einmalig gefertigt werden.

Es ist nicht wahrscheinlich, dass zu diesem Zeitpunkt eine völlig veränderte Vorgabe durch den Kunden erfolgt. Daher werden deutlich weniger Tätigkeiten benötigt als bei der Angebotserstellung. Sollte das in Ihrer Organisation anders sein, dann müssen Sie die benötigten Tätigkeiten hinzufügen oder ändern.

**WECHSELWIRKUNG** Aus dieser Arbeitsaufgabe wird eventuell auf weitere Arbeitsaufgaben und dokumentierte Verfahren verwiesen (Wechselwirkung). Eine detaillierte Beschreibung erfolgt in diesen Dokumenten.

**KORREKTUR- UND VORBEUGUNGS- MASSNAHMEN** Es sind eventuell Korrektur- oder Vorbeugungsmaßnahmen einzuleiten. Im Bedarfsfall ist das Formular *QM: Korrektur- und Vorbeugungsmaßnahmen* auszufüllen.

## VERTRIEB: Angebot verfolgen (AA)

| Tätigkeit / Prozessschritte | E/D Führung | D Vertrieb | D Einkauf | D Lager | D Fertigung | D WE, Versand | D externe Bearbeitung | Wechselwirkung / Checkliste | Dokumentation |
|---|---|---|---|---|---|---|---|---|---|
| Angebot heraussuchen | (X) | X | | | | | | **Klären:** Termin für Rückfrage erreicht <br> **Arbeitsaufgabe (AA):** VERTRIEB: Angebot erstellen / ändern | • Anfrage <br> • Kalkulation <br> • Angebot |
| Mit Kunden in Verbindung setzen | (X) | X | | | | | | **Klären:** Angebot erhalten, Preise, Lieferzeit, Kunde hat sich noch nicht entschieden | • Anfrage <br> • Kalkulation <br> • Angebot |
| *Nachfolgende Tätigkeiten werden nur bei Bedarf durchgeführt.* | | | | | | | | | |
| Angebot überarbeiten | (X) | X | | | | | | **Arbeitsaufgabe (AA):** VERTRIEB: Angebot erstellen / ändern | • |
| Angebot auf Wiedervorlage setzen | | X | | | | | | **Prüfen:** Wiedervorlagetermin in EDV-System eingeben | • Anfrage <br> • Kalkulation <br> • Angebot |
| Evtl. Korrekturen oder Verbesserungen im Unternehmen durchführen | X | X | | | | | | **Dokumentiertes Verfahren (dV):** QM: Korrekturmaßnahmen <br> **Dokumentiertes Verfahren (dV):** QM: Vorbeugungsmaßnahmen | • |

| Ständige Verbesserung: | **Methode:** Rückmeldungen von Kunden <br> **Informationen:** Nicht erhaltene Angebote, Korrektur der Angebote |
|---|---|

**Dokument:** Bild 3.4 VERTRIEB_Angebot verfolgen.doc
© BSBE European Business School for Business Excellence Ltd. 2014,
Freigegeben: Klaus Mustermann, Datum: 05.01.2014, Fertigungsunternehmen 2

**BILD 3.4** VERTRIEB: Angebot verfolgen (AA)

### VERTRIEB: Auftrag erstellen (AA)

Mit dieser Arbeitsaufgabe wird das Erstellen des Auftrages prozessorientiert beschrieben (Bild 3.5).

Es gibt zwei Kundenauftragsarten:

**Kundenprodukte (Wiederholteile):** Präzisionsprodukte nach Zeichnung im Kundenauftrag, die in regelmäßigen Abständen gefertigt werden.

**Kundenprodukte (Einmalteile):** Kundenspezifische Produkte nach Zeichnung oder Muster, die einmalig gefertigt werden.

Bei den Kundenprodukten (Wiederhol- und Einmalteile) wird die Bestellung des Kunden mit dem Angebot verglichen, um letzte Widersprüche auszuräumen. Für Wiederholteile ist zusätzlich der Zeichnungsindex des Kunden zu prüfen.

Bei Kundenprodukten (Wiederhol- und Einmalteile) wird der Bestand im Lager und in der Fertigung berücksichtigt. Ein Lager ist nur zum Teil vorhanden, da das Material zum Fertigungszeitpunkt (Just in Time) angeliefert wird. Nur für Wiederholteile ist ein Minimalbestand vorhanden.

Der Einkauf hat bei der Terminierung

- die Fertigungszeit.
- die eventuelle Oberflächenveredelung und
- die Beschaffbarkeit

zu berücksichtigen.

Da nicht alle Kunden eine Auftragsbestätigung wünschen, wurde bei *Auftragsbestätigung schreiben* eine Erläuterung eingefügt.

Die Fertigungsaufträge für Kundenprodukte (Wiederhol- und Einmalteile) werden vom Vertrieb erstellt und in die Fertigung gegeben. Dies ist bei kleinen Organisationen üblich, da der Vertrieb den Anstoß für die Fertigungsaufträge übernimmt.

Die Fertigungspapiere wie Laufkarten, Stücklisten, Arbeitspläne usw. sind **nicht** vorhanden. Entscheidend ist die Zeichnung des Kunden, da dort alle benötigten Daten vorhanden sind:

- Menge, Material, Maße und Toleranzen.

Die Zeichnung des Kunden ist als Fertigungsauftrag oder Stückliste anzusehen, das CNC-PGM als Arbeitsplan mit Arbeitsgangreihenfolge. Die Zeichnung kennzeichnet die Präzisionsteile während der Fertigung.

Der Lieferschein für Kundenprodukte (Wiederholteile) wird ins Lager zur Kommissionierung weitergeleitet, um den schnellen Versand der Produkte zu gewährleisten.

**WECHSELWIRKUNG**  Aus dieser Arbeitsaufgabe wird eventuell auf weitere Arbeitsaufgaben und dokumentierte Verfahren verwiesen (Wechselwirkung). Eine detaillierte Beschreibung erfolgt in diesen Dokumenten.

**KORREKTUR- UND VORBEUGUNGS-MASSNAHMEN**  Es sind eventuell Korrektur- oder Vorbeugungsmaßnahmen einzuleiten. Im Bedarfsfall ist das Formular *QM: Korrektur- und Vorbeugungsmaßnahmen* auszufüllen.

3.3 Vertrieb (AA)

## VERTRIEB: Auftrag erstellen (AA)

| Tätigkeit / Prozessschritte | E/D Füh-rung | D Ver-trieb | D Ein-kauf | D La-ger | D Fer-ti-gung | D WE, Ver-sand | D externe Be-ar-bei-tung | Wechselwirkung / Checkliste | Dokumentation |
|---|---|---|---|---|---|---|---|---|---|
| *Nachfolgende Tätigkeiten erfolgen nur bei Kundenprodukten, die bereits gefertigt und am Lager liegen.* | | | | | | | | **Kundenprodukt:** Wiederholteile, die ins Lager gelegt werden können | |
| *Angaben des Kunden prüfen* | (X) | X | (X) | | | | | **Prüfen:** Kundenprodukt: Artikel-Nr., Lagerbestand, Liefertermin, Preise, Rabatte, Vereinbarungen | • Angebot<br>• Kundenauftrag |
| *Nachfolgende Tätigkeiten erfolgen bei Kundenprodukten, die neu gefertigt werden.* | | | | | | | | | |
| *Angebot vorhanden (bei Kundenprodukten zwingend)* | (X) | X | | | | | | **Prüfen:** Angebot mit Auftrag des Kunden vergleichen | • Angebot<br>• Kundenauftrag |
| *Vom Kunden beigestellte Materialien und Unterlagen berücksichtigen* | (X) | X | | | | | | **Prüfen:** Vertraulichkeit der Zeichnung, Datenfile, Muster, Kundenmaterial, Lagerung | • Angebot<br>• Kundenauftrag |
| *Sonderprodukte disponieren* | (X) | | X | | | | | **Arbeitsaufgabe (AA):** EINKAUF: Disposition / Anfrage / Preisvergleich / Bestellung | • |
| *Auftragsbestätigung schreiben* | | X | | | | | | **Prüfen:** Eine Auftragsbestätigung ist nicht in jedem Fall erforderlich. | • Angebot<br>• Kundenauftrag<br>• Auftragsbestätigung |
| *Nachfolgende Tätigkeiten erfolgen nur bei Kundenprodukten, die bereits gefertigt und am Lager liegen.* | | | | | | | | **Kundenprodukt:** Wiederholteile, die ins Lager gelegt werden können | |
| *Vorrätige Produkte für Kundenauftrag auslagern und versenden* | | | | X | | | | **Arbeitsaufgabe (AA):** LAGER: Produkte einlagern / auslagern | • Lieferschein |
| *Nachfolgende Tätigkeiten werden nur bei Bedarf durchgeführt.* | | | | | | | | | |
| *Evtl. Korrekturen oder Verbesserungen im Unternehmen durchführen* | X | X | X | X | X | | X | **Dokumentiertes Verfahren (dV):** QM: Korrekturmaßnahmen<br>**Dokumentiertes Verfahren (dV):** QM: Vorbeugungsmaßnahmen | • |

| Ständige Verbesserung: | **Methode:** Rückmeldungen von Kunden, Einkauf, Lager<br>**Informationen:** Angebot an den Kunden, Auftrag des Kunden, Kundeneigentum, Kundenprodukte |
|---|---|

**BILD 3.5** VERTRIEB: Auftrag erstellen (AA)

## VERTRIEB: Auftrag ändern/stornieren (AA)

Mit dieser Arbeitsaufgabe wird das Ändern oder das Stornieren des Auftrags prozessorientiert beschrieben (Bild 3.6).

Es gibt vielfältige Gründe, die zu einer Auftragsänderung oder Stornierung führen können. Hier alle Gründe aufzuführen ist jedoch nicht möglich.

Beispiele, die zu einer Auftragsänderung oder Stornierung führen können:

- Der Kunde beschwert sich über eine Terminverzögerung und verlangt eine Teillieferung zu einem anderen Termin.
- Die Menge ist zu ändern.
- Der Einkauf kann das Material nicht rechtzeitig beschaffen.
- Das Lager meldet Fehlmengen.
- Die Fertigung kann zu dem gewünschten Zeitpunkt nicht liefern.
- Der Kunde hat das falsche Produkt bestellt oder keine aktuelle Zeichnung geschickt.
- Preisänderungen werden nicht berücksichtigt, da die Produktqualität sich ändert.

Bei Kundenprodukten (Wiederhol- und Einmalteile) sind Stornierungen unwahrscheinlich, da der Kunde die Produkte benötigt. Sollte das in Ihrer Organisation anders sein, dann müssen Sie die benötigten Tätigkeiten hinzufügen oder ändern.

Die Kurzklärung zwischen Führung, Vertrieb und Fertigung berücksichtigt alle Gründe, die zu einer Auftragsänderung führen. Die Entscheidung mit dem Kunden löst dann die weiteren Tätigkeiten aus.

Je nach Umfang der Änderung werden die einzelnen Tätigkeiten mehr oder weniger stark ausgeführt. Es kommt nicht darauf an, jede einzelne Tätigkeit bis ins Detail zu beschreiben, da bei der dargestellten Organisationsgröße dazu keine Notwendigkeit besteht.

**WECHSELWIRKUNG** Aus dieser Arbeitsaufgabe wird eventuell auf weitere Arbeitsaufgaben und dokumentierte Verfahren verwiesen (Wechselwirkung). Eine detaillierte Beschreibung erfolgt in diesen Dokumenten.

**KORREKTUR- UND VORBEUGUNGS-MASSNAHMEN** Es sind eventuell Korrektur- oder Vorbeugungsmaßnahmen einzuleiten. Im Bedarfsfall ist das Formular *QM: Korrektur- und Vorbeugungsmaßnahmen* auszufüllen.

3.3 Vertrieb (AA)

**VERTRIEB: Auftrag ändern / stornieren (AA)**

| Tätigkeit / Prozessschritte | E/D Führung | D Vertrieb | D Einkauf | D Lager | D Fertigung | D WE, Versand | D externe Bearbeitung | Wechselwirkung / Checkliste | Dokumentation |
|---|---|---|---|---|---|---|---|---|---|
| Kundenauftrag ändern / stornieren | (X) | X | X | X | X | | (X) | **Prüfen:** Kurzklärung des Problems, Kosten ermitteln **Arbeitsaufgabe (AA):** EINKAUF: Bestellung verfolgen **Arbeitsaufgabe (AA):** EINKAUF: Reklamation / Falschlieferung | • Kundenauftrag<br>• Fertigungsauftrag<br>• Bestellung<br>• Lieferschein |
| Entscheidung mit Kunden durchführen | | X | | | | | | **Prüfen:** Wenn keine Änderung oder Stornierung erfolgt, dann müssen keine weiteren Tätigkeiten durchgeführt werden. | • Kundenauftrag |
| *Nachfolgende Tätigkeiten werden nur bei Änderung oder Stornierung durchgeführt.* | | | | | | | | | |
| Halbfertigprodukte, Rohmaterialien bestellt | | | X | | | | | **Prüfen:** Bestellung ändern oder stornieren **Arbeitsaufgabe (AA):** EINKAUF: Disposition / Anfrage / Preisvergleich / Bestellung | • Bestellung |
| Vom Kunden beigestellte Materialien und Unterlagen berücksichtigen und zurücksenden | (X) | X | | X | | | | **Prüfen:** Vertraulichkeit der Zeichnung, Datenfile, Muster, Kundenmaterial, Lagerung, Rücksendung **Arbeitsaufgabe (AA):** VERSAND: Produkte versenden | • Kundenauftrag<br>• Lieferschein |
| Fertigung benachrichtigen | | X | X | | | | | **Prüfen:** Produkte verschrotten, ausliefern oder Fertigungsauftrag weiter fertigen, ändern, stornieren, externe Bearbeitung **Arbeitsaufgabe (AA):** EINKAUF: Disposition / Anfrage / Preisvergleich / Bestellung | • Fertigungsauftrag |
| Halbfertigprodukte, Rohmaterialien, Kundenmaterial Bestand prüfen | | | X | | | | | **Prüfen:** Halbfertigprodukt, Rohmaterialien, Kundenmaterial bestellen **Arbeitsaufgabe (AA):** EINKAUF: Disposition / Anfrage / Preisvergleich / Bestellung | • Fertigungsauftrag |
| Kosten ermitteln / berechnen | | X | X | | X | | | **Prüfen:** Kostenübernahme durch den Kunden | • Kundenauftrag<br>• Kostenaufstellung |
| Auftragsbestätigung schreiben | | X | | | | | | **Prüfen:** Eine Auftragsbestätigung ist nicht in jedem Fall erforderlich. | • Auftragsbestätigung |
| *Nachfolgende Tätigkeiten werden nur bei Bedarf durchgeführt.* | | | | | | | | | |
| Evtl. Korrekturen oder Verbesserungen im Unternehmen durchführen | (X) | X | X | X | X | | (X) | **Dokumentiertes Verfahren (dV):** QM: Korrekturmaßnahmen **Dokumentiertes Verfahren (dV):** QM: Vorbeugungsmaßnahmen | • |

**Dokument:** Bild 3.6 VERTRIEB_Auftrag_ändern_stornieren.doc
© BSBE European Business School for Business Excellence Ltd. 2014,
Freigegeben: Klaus Mustermann, Datum: 05.01.2014, Fertigungsunternehmen 2
Seite 1 von 2

**BILD 3.6** VERTRIEB: Auftrag ändern/stornieren (AA) (Ausschnitt)

## VERTRIEB: Reklamation (AA)

Mit dieser Arbeitsaufgabe wird die Durchführung der Reklamationsbearbeitung prozessorientiert beschrieben (Bild 3.7).

Auch bei der Reklamationsbearbeitung werden die Tätigkeiten in der Arbeitsaufgabe nur abstrakt geschildert, da es nicht möglich und sinnvoll ist, alle Tätigkeiten aufzuzeigen.

Beispiele:

- Der Kunde hat die falsche Ware bekommen.
- Der Kunde hat defekte Ware bekommen.
- Die Reklamation ist im Wareneingang/Versand eingetroffen.
- Der Vertrieb bringt Ware vom Kunden mit.

Je nach Umfang der Reklamation werden die einzelnen Tätigkeiten mehr oder weniger stark ausgeführt. Es kommt nicht darauf an, jede einzelne Tätigkeit bis ins Detail zu beschreiben. Das ist bei den unterschiedlichen Kombinationsmöglichkeiten zu aufwendig. Wichtiger ist die Analyse der Reklamationsgründe.

Die reklamierten Produkte werden bis zur Klärung mit dem Begleitschreiben des Kunden oder einem Warenbegleitschein gekennzeichnet und ins Sperrlager eingeräumt bzw. verbleiben im Wareneingang. Die Fertigung prüft die reklamierten Produkte, da dort die nötige Fachkompetenz vorhanden ist.

Unberechtigte Reklamationen werden an den Kunden zurückgesandt oder auf seine Kosten entsorgt.

**WECHSELWIRKUNG**

Aus dieser Arbeitsaufgabe wird eventuell auf weitere Arbeitsaufgaben und dokumentierte Verfahren verwiesen (Wechselwirkung). Eine detaillierte Beschreibung erfolgt in diesen Dokumenten.

**KORREKTUR- UND VORBEUGUNGSMASSNAHMEN**

Es sind eventuell Korrektur- oder Vorbeugungsmaßnahmen einzuleiten. Im Bedarfsfall ist das Formular *QM: Korrektur- und Vorbeugungsmaßnahmen* auszufüllen.

## 3.3 Vertrieb (AA)

**VERTRIEB: Reklamation (AA)**

| Tätigkeit / Prozessschritte | E/D Füh-rung | D Ver-trieb | D Ein-kauf | D La-ger | D Fer-ti-gung | D WE, Ver-sand | D externe Be-ar-bei-tung | Wechselwirkung / Checkliste | Dokumentation |
|---|---|---|---|---|---|---|---|---|---|
| *Reklamation prüfen* | (X) | X | X | X | X | X | (X) | **Prüfen:**<br>Kurzklärung des Problems: Preis, Menge, Liefertermin, Reklamation im Wareneingang eingetroffen, Produkte im Versand sperren, Lieferant, eigene Fertigung, externe Bearbeitung<br>**Arbeitsaufgabe (AA):**<br>WARENEINGANG: Wareneingang extern | • Reklamations-schreiben<br>• E-Mail<br>• Anschreiben<br>• Sperrzettel<br>• Fertigungsauftrag<br>• Antwortschreiben Lieferant |
| *Lieferant benachrichtigen* | (X) |  | X |  |  |  | (X) | **Klären:**<br>Produkte: (Halbfertigprodukt, Rohmaterial, externe Bearbeitung) | • Bestellung<br>• Auftragsbestäti-gung<br>• Reklamations-schreiben |
| *Fertigung benachrichtigen* | (X) |  | X |  | X |  |  | **Klären:**<br>Produkte: (Kundenprodukt) | • Bestellung<br>• Auftragsbestäti-gung<br>• Reklamations-schreiben<br>• Zeichnung<br>• Fertigungsauftrag |
| *Reklamation ist abgelehnt* | (X) | X | X |  | X | X | (X) | **Prüfen:**<br>Kunden benachrichtigen, Termin, evtl. Rückversand zum Kunden<br>**Arbeitsaufgabe (AA):**<br>VERSAND: Produkte versenden | • Begleitschreiben<br>• Lieferschein |
| **Nachfolgende Tätigkeiten werden nur bei berechtigter Reklamation mit Preisen, Mengen, Falschlieferung von Produkten durchgeführt.** |  |  |  |  |  |  |  | **Kundenprodukt:** Wiederholteile, die ins Lager gelegt werden können |  |
| *Reklamation Preis* | (X) | X |  |  |  |  |  | **Prüfen:**<br>Gutschrift erstellen | • Gutschrift |
| *Falsche Produkte ins Lager ein-lagern* | (X) | X |  | X |  | X |  | **Prüfen:**<br>Kundenprodukte, falscher Artikel, falsche Menge, keine Beschädigungen<br>**Arbeitsaufgabe (AA):**<br>LAGER: Produkte einlagern / auslagern | • Einlagerungsschein |
| *Neue Produkte auslagern und versenden* |  | X |  | X |  | X |  | **Prüfen:**<br>Kundenprodukte<br>**Arbeitsaufgabe (AA):**<br>LAGER: Produkte einlagern / auslagern | • Lieferschein |
| *Evtl. Korrekturen oder Verbesserungen im Unternehmen durchführen* | (X) | X |  | X |  | X |  | **Dokumentiertes Verfahren (dV):**<br>QM: Korrekturmaßnahmen<br>**Dokumentiertes Verfahren (dV):**<br>QM: Vorbeugungsmaßnahmen | • |
| **Nachfolgende Tätigkeiten werden nur bei berechtigter Reklamation mit fehlerhaften Produkten durchgeführt.** |  |  |  |  |  |  |  |  |  |

**Dokument:** Bild 3.7 VERTRIEB_Reklamation.doc
© BSBE European Business School for Business Excellence Ltd. 2014,
Freigegeben: Klaus Mustermann, Datum: 05.01.2014, Fertigungsunternehmen 2

**BILD 3.7** VERTRIEB: Reklamation (AA) (Ausschnitt)

## 3.4 EINKAUF (AA)

Der Einkauf benötigt die Arbeitsaufgaben:
1. EINKAUF: Disposition/Anfrage/Preisvergleich/Bestellung (AA)
2. EINKAUF: Bestellung verfolgen (AA)
3. EINKAUF: Reklamation/Falschlieferung (AA)
4. EINKAUF: Lieferanten Auswahl/Beurteilung/Neubeurteilung (AA)

### EINKAUF: Disposition/Anfrage/Preisvergleich/Bestellung (AA)

Mit dieser Arbeitsaufgabe werden die Disposition, die Anfrage, der Preisvergleich und die Bestellung prozessorientiert beschrieben (Bild 3.8).

Der Einkauf beschafft folgende relevante Produkte und Dienstleistungen:
- Halbfertigprodukte,
- Rohmaterialien,
- externe Bearbeitung,
- Überwachungs- und Messmittel,
- Wartung der Fertigungsmaschinen und die Disposition der Standardverschleißteile.

Die Materialien für Halbfertigprodukte und Rohmaterialien werden durch den Kunden bestimmt. In der Praxis wird bei den Stammlieferanten angerufen, die Preise werden notiert, Lieferzeiten werden festgehalten, ein Vergleich wird durchgeführt und anschließend wird per Fax, E-Mail, Online-Shop oder telefonisch bestellt. Wenn die Lieferanten eine Auftragsbestätigung senden, dann muss ein Vergleich mit der Bestellung auf Richtigkeit erfolgen.

Die Auswahl der externen Bearbeitung wird durch die Organisation mit Rücksprache des Kunden bestimmt. Die Auswahl der Lieferanten ist ein entscheidender Faktor. Deshalb wurde eine vereinfachte Excel-Arbeitsmappe *EINKAUF: QFD Lieferantenbewertung* entwickelt. Mit diesem Formular können gleichzeitig eine qualifizierte Lieferantenauswahl und eine Lieferantenbeurteilung durchgeführt werden. Da jedoch nicht jedes Mal eine Lieferantenbeurteilung sinnvoll oder erforderlich ist, wurde dies vermerkt.

In den Ablauf ist eine externe Bearbeitung integriert, da ein erhöhter logistischer Aufwand erforderlich ist.

Die Anfrage/Bestellung kann in einem Vorlageordner abgelegt oder elektronisch verwaltet werden.

**WECHSELWIRKUNG** Aus dieser Arbeitsaufgabe wird eventuell auf weitere Arbeitsaufgaben und dokumentierte Verfahren verwiesen (Wechselwirkung). Eine detaillierte Beschreibung erfolgt in diesen Dokumenten.

**KORREKTUR- UND VORBEUGUNGS- MASSNAHMEN** Es sind eventuell Korrektur- oder Vorbeugungsmaßnahmen einzuleiten. Im Bedarfsfall ist das Formular *QM: Korrektur- und Vorbeugungsmaßnahmen* auszufüllen.

3.4 Einkauf (AA)

**EINKAUF: Disposition / Anfrage / Preisvergleich / Bestellung (AA)**

| Tätigkeit / Prozessschritte | E/D Füh-rung | D Ver-trieb | D Ein-kauf | D La-ger | D Fer-ti-gung | D WE, Ver-sand | D externe Be-ar-bei-tung | Wechselwirkung / Checkliste | Dokumentation |
|---|---|---|---|---|---|---|---|---|---|
| (Disposition) Mengen festlegen, ändern, stornieren | (X) | (X) | X | | | | | **Prüfen:** Verkaufsstückzahlen, Kundenauftrag, Rahmenauftrag, Konsilager, EDV-Vorschlag (Disposition) (Halbfertigprodukt, Rohmaterialien, externe Bearbeitung). **Arbeitsaufgabe (AA):** VERTRIEB: Auftrag erstellen **Arbeitsaufgabe (AA):** EINKAUF: Bestellung verfolgen **Arbeitsaufgabe (AA):** EINKAUF: Reklamation / Falschlieferung | • Statistik<br>• Kundenauftrag<br>• Rahmenauftrag |
| Lieferanten auswählen | (X) | | X | | | | | **Prüfen:** Hauptlieferanten im EDV-System hinterlegt **Arbeitsaufgabe (AA):** EINKAUF: Lieferanten Auswahl / Beurteilung / Neubeurteilung | • Statistik<br>• Kundenauftrag<br>• Rahmenauftrag |
| *Nachfolgende Tätigkeiten erfolgen bei Kundenprodukten.* | | | | | | | | | |
| Fertigungsauftrag erstellen, ändern, stornieren | | | X | | | | | **Arbeitsaufgabe (AA):** FERTIGUNG: Fertigungsablauf **Arbeitsaufgabe (AA):** VERTRIEB: Auftrag ändern / stornieren **Arbeitsaufgabe (AA):** VERTRIEB: Reklamation | • |
| *Nachfolgende Tätigkeiten erfolgen bei Halbfertigprodukten, Rohmaterialien.* | | | | | | | | | |
| Produkte anfragen | | | X | | | | | Die Anfrage kann telefonisch, schriftlich, per Fax, E-Mail oder Online-Shop erfolgen. **Arbeitsaufgabe (AA):** VERTRIEB: Angebot erstellen / ändern | • Anfrage<br>• Angebot |
| Produkte bestellen, ändern oder stornieren | | | X | | | | | Die Bestellung kann telefonisch, schriftlich, per Fax, E-Mail oder Online-Shop erfolgen. **Arbeitsaufgabe (AA):** VERTRIEB: Auftrag ändern / stornieren | • Angebot<br>• Bestellung |
| *Nachfolgende Tätigkeiten erfolgen bei externer Bearbeitung.* | | | | | | | | | |
| Produkte anfragen | | | X | | | | | Die Anfrage erfolgt schriftlich. **Arbeitsaufgabe (AA):** VERTRIEB: Angebot erstellen / ändern | • Anfrage<br>• Angebot |
| Produkte bestellen, ändern oder stornieren | | | X | | | | | Die Bestellung erfolgt schriftlich. **Arbeitsaufgabe (AA):** VERTRIEB: Auftrag ändern / stornieren | • Angebot<br>• Bestellung |
| Lieferschein bei externer Bearbeitung erstellen | | | X | | | | | Die Fertigung meldet dem Einkauf, dass eine externe Bearbeitung erfolgt. **Arbeitsaufgabe (AA):** FERTIGUNG: Fertigungsablauf | • Fertigungsauftrag<br>• Lieferschein |

**Dokument:** Bild 3.8 EINKAUF_Disposition_Anfrage_Preisvergleich_Bestellung.doc
© BSBE European Business School for Business Excellence Ltd. 2014,
Freigegeben: Klaus Mustermann, Datum: 05.01.2014, Fertigungsunternehmen 2
Seite 1 von 2

**BILD 3.8** EINKAUF: Disposition/Anfrage/Preisvergleich/Bestellung (AA) (Ausschnitt)

## EINKAUF: Bestellung verfolgen (AA)

Mit dieser Arbeitsaufgabe wird die Verfolgung der Bestellung prozessorientiert beschrieben (Bild 3.9).

In vielen kleinen Organisationen wird die Bestellverfolgung über einen Vorlageordner durchgeführt. Eine elektronische Lösung scheidet oft aus, da Aufwand und Nutzen in keinem wirtschaftlichen Verhältnis stehen. Sonst erfolgt eine elektronische Verwaltung.

Täglich werden die Bestellungen des Lieferanten durchgesehen oder das EDV-System meldet über Wiedervorlage den Termin.

Sollte das in Ihrer Organisation anders sein, dann müssen Sie die benötigten Tätigkeiten hinzufügen oder ändern.

**WECHSELWIRKUNG** Aus dieser Arbeitsaufgabe wird eventuell auf weitere Arbeitsaufgaben und dokumentierte Verfahren verwiesen (Wechselwirkung). Eine detaillierte Beschreibung erfolgt in diesen Dokumenten.

**KORREKTUR- UND VORBEUGUNGS- MASSNAHMEN** Es sind eventuell Korrektur- oder Vorbeugungsmaßnahmen einzuleiten. Im Bedarfsfall ist das Formular *QM: Korrektur- und Vorbeugungsmaßnahmen* auszufüllen.

3.4  Einkauf (AA)

## EINKAUF: Bestellung verfolgen (AA)

| Tätigkeit / Prozessschritte | E/D Führung | D Vertrieb | D Einkauf | D Lager | D Fertigung | D WE, Versand | D externe Bearbeitung | Wechselwirkung / Checkliste | Dokumentation |
|---|---|---|---|---|---|---|---|---|---|
| *Liefertermin erreicht / überschritten* | | | X | | | | | **Prüfen:** Liefertermin im EDV-System erreicht, Liefertermin überschritten. | • Bestellung<br>• Auftragsbestätigung |
| *Nachfolgende Tätigkeiten werden nur bei Bedarf durchgeführt.* | | | | | | | | | |
| *Fertigung informieren* | (X) | | X | | X | | | **Arbeitsaufgabe (AA):** FERTIGUNG: Fertigungsablauf | • |
| *Lieferanten informieren* | (X) | | X | | | | | **Arbeitsaufgabe (AA):** EINKAUF: Disposition / Anfrage / Preisvergleich / Bestellung | • |
| *Kunden informieren* | (X) | X | X | | | | | **Arbeitsaufgabe (AA):** VERTRIEB: Auftrag ändern / stornieren | • |
| *Bestellung überarbeiten* | | | X | | | | | **Arbeitsaufgabe (AA):** EINKAUF: Disposition / Anfrage / Preisvergleich / Bestellung | • |
| *Fertigungsauftrag überarbeiten* | | | X | | X | | | **Arbeitsaufgabe (AA):** FERTIGUNG: Fertigungsablauf | • |
| *Bestellung auf Wiedervorlage legen* | | | X | | | | | **Prüfen:** Der neue Liefertermin wird ins EDV-System eingetragen. | • Bestellung<br>• Auftragsbestätigung<br>• Fertigungsauftrag |
| *Evtl. Korrekturen oder Verbesserungen im Unternehmen durchführen* | X | X | X | | X | | | **Dokumentiertes Verfahren (dV):** QM: Korrekturmaßnahmen<br>**Dokumentiertes Verfahren (dV):** QM: Vorbeugungsmaßnahmen | • |

| Ständige Verbesserung: | **Methode:** Rückmeldungen von Lieferanten, Kunden, Vertrieb, Fertigung<br>**Informationen:** Lieferverzug, Reklamationen, entstandene Fehler, nicht erhaltene Kundenaufträge, Stornierung Kundenaufträge, Probleme in der Fertigung |
|---|---|

**Dokument:** Bild 3.9 EINKAUF_Bestellung verfolgen.doc
© BSBE European Business School for Business Excellence Ltd. 2014,
Freigegeben: Klaus Mustermann, Datum: 05.01.2014, Fertigungsunternehmen 2
Seite 1 von 1

**BILD 3.9**  EINKAUF: Bestellung verfolgen (AA)

## EINKAUF: Reklamation/Falschlieferung (AA)

Mit dieser Arbeitsaufgabe wird die Bearbeitung von Reklamationen und Falschlieferungen prozessorientiert beschrieben (Bild 3.10).

Bei den Kundenprodukten (Wiederhol- und Einmalteile) handelt es sich um die Kernkompetenz dieser Organisation. Reklamationen in der Beschaffung von Halbfertigprodukten, Rohmaterialien und externer Bearbeitung sind hier genauso vielfältig wie im Kundenbereich.

Beispiele:

- Schwankungen in der Materialqualität,
- ungenaue Rundlaufgenauigkeit,
- Überschreitung der Liefertermine,
- falsche Mengen,
- mangelhafte externe Bearbeitung.

Auch bei sehr guten Lieferanten kann es zu Materialschwankungen kommen. Diese Materialschwankungen können jedoch erst beim Einsatz des Endprodukts festgestellt werden. Für die Bewertung des Lieferanten ist also die gleichmäßige Materialqualität von entscheidender Bedeutung. Dies gilt auch sinngemäß für die externe Bearbeitung.

Ein messbares Qualitätsziel sollte hier die benötigte Transparenz bringen. Sie müssen jedoch das messbare Qualitätsziel selbst definieren.

Nach Rücksprache mit der Fertigung und dem Vertrieb wird nun mit dem Lieferanten gemeinsam nach einer Lösung gesucht, dabei ist auch die Kostenübernahme zu klären.

**WECHSELWIRKUNG** — Aus dieser Arbeitsaufgabe wird eventuell auf weitere Arbeitsaufgaben und dokumentierte Verfahren verwiesen (Wechselwirkung). Eine detaillierte Beschreibung erfolgt in diesen Dokumenten.

**KORREKTUR- UND VORBEUGUNGSMASSNAHMEN** — Es sind eventuell Korrektur- oder Vorbeugungsmaßnahmen einzuleiten. Im Bedarfsfall ist das Formular *QM: Korrektur- und Vorbeugungsmaßnahmen* auszufüllen.

3.4 Einkauf (AA)

## EINKAUF: Reklamation / Falschlieferung (AA)

| Tätigkeit / Prozessschritte | E/D Führung | D Vertrieb | D Einkauf | D Lager | D Fertigung | D WE, Versand | D externe Bearbeitung | Wechselwirkung / Checkliste | Dokumentation |
|---|---|---|---|---|---|---|---|---|---|
| Reklamation prüfen | | | X | | X | X | (X) | **Prüfen:** <u>Kurzklärung des Problems:</u> Preis, Mengendifferenz, Termin überschritten, falsche Produkte, fehlerhafte Produkte, Produkte im Versand sperren <u>Produkte:</u> Halbfertigprodukt, Rohmaterial, externe Bearbeitung **Arbeitsaufgabe (AA):** WARENEINGANG: Wareneingang extern **Arbeitsaufgabe (AA):** VERTRIEB: Reklamation **Arbeitsaufgabe (AA):** VERTRIEB: Auftrag ändern / stornieren | • Bestellung<br>• Auftragsbestätigung<br>• Lieferschein<br>• Fertigungsauftrag<br>• Sperrzettel |
| Lieferant benachrichtigen | (X) | | X | | | | | **Klären:** <u>Produkte:</u> Halbfertigprodukt, Rohmaterial, externe Bearbeitung | • Bestellung<br>• Auftragsbestätigung<br>• Lieferschein |
| *Nachfolgende Tätigkeiten werden nur bei Bedarf durchgeführt.* | | | | | | | | | |
| Reklamation Preis | (X) | | X | | | | | **Prüfen:** Gutschrift erstellen | • Gutschrift |
| Falsche oder fehlerhafte Produkte zurücksenden | | | X | | | X | (X) | **Prüfen:** Halbfertigprodukt, Rohmaterial, externe Bearbeitung **Arbeitsaufgabe (AA):** VERSAND: Produkte versenden | • Lieferschein |
| Fertigung informieren | (X) | | X | | X | | | **Arbeitsaufgabe (AA):** FERTIGUNG: Fertigungsablauf | • |
| Kunden informieren | (X) | X | X | | | | | **Arbeitsaufgabe (AA):** VERTRIEB: Auftrag ändern / stornieren | • |
| Bestellung überarbeiten | | | X | | | | | **Arbeitsaufgabe (AA):** EINKAUF: Disposition / Anfrage / Preisvergleich / Bestellung | • |
| Fertigungsauftrag überarbeiten | | | X | | | | | **Arbeitsaufgabe (AA):** FERTIGUNG: Fertigungsablauf | • |
| Kosten ermitteln / berechnen | (X) | | X | | | | | **Prüfen:** Kostenübernahme durch den Lieferanten, Kostenübernahme externe Bearbeitung | • Lieferschein<br>• Kostenaufstellung |
| Lieferanten bewerten | (X) | | X | | | | | **Prüfen:** Es kann eine neue Lieferantenbewertung erforderlich sein. **QFD:** EINKAUF: QFD Lieferantenbewertung | • Lieferschein<br>• QFD Lieferantenbewertung |
| Evtl. Korrekturen oder Verbesserungen im Unternehmen durchführen | X | X | X | | X | X | X | **Dokumentiertes Verfahren (dV)** QM: Lenkung fehlerhafter Produkte | • |

| Ständige Verbesserung: | **Methode:** Rückmeldungen von Kunden, Wareneingang, Vertrieb<br>**Informationen:** Termin überschritten, falscher Artikel, falsche Mengen, fehlerhafte Produkte |
|---|---|

**Dokument:** Bild 3.10 EINKAUF_Reklamation_Falschlieferung.doc
© BSBE European Business School for Business Excellence Ltd. 2014,
Freigegeben: Klaus Mustermann, Datum: 05.01.2014, Fertigungsunternehmen 2

**BILD 3.10** EINKAUF: Reklamation/Falschlieferung (AA) (Ausschnitt)

## EINKAUF: Lieferanten Auswahl/Beurteilung/Neubeurteilung (AA)

Mit dieser Arbeitsaufgabe werden Auswahl, Beurteilung und Neubeurteilung von Lieferanten prozessorientiert beschrieben (Bild 3.11).

In Organisationen dieser Größe gibt es keine 100 Lieferanten oder es ist ein ständiger Wechsel vorhanden. Dies hat mehrere Gründe. Zu viele Lieferanten bedeuten einen erheblichen logistischen Aufwand, und zudem werden die Bestellmengen auf mehrere Lieferanten verteilt, was letztendlich wieder Auswirkung auf die Preise hat. Im *Fertigungsunternehmen 2* kommt noch erschwerend hinzu, dass die Rohmaterialien bei maximal zehn Lieferanten eingekauft werden können.

Da Kundenprodukte (Wiederhol- und Einmalteile) hergestellt werden, ist die Auswahl der Halbfertigprodukte, Rohmaterialien, externen Bearbeitung und Lieferanten ein entscheidender Faktor. Deshalb wurde eine vereinfachte Excel-Arbeitsmappe *EINKAUF: QFD Lieferantenbewertung* entwickelt. Mit diesem Formular können gleichzeitig eine qualifizierte Lieferantenauswahl und eine Lieferantenbeurteilung durchgeführt werden. Die Anforderung des Kunden wird mit den Möglichkeiten der Lieferanten verglichen, das benötigte Rohmaterial zu liefern. Da jedoch nicht für jedes Rohmaterial eine Lieferantenbeurteilung sinnvoll ist, wurde dies in der Arbeitsaufgabe vermerkt. Die Excel-Arbeitsmappe *EINKAUF: QFD Lieferantenbewertung* ermöglicht bei Produktänderungen, die damaligen Entscheidungsgründe für diesen Lieferanten zu verfolgen.

Sollten Sie keine Bewertung mit der Excel-Arbeitsmappe *EINKAUF: QFD Lieferantenbewertung* durchführen wollen, dann müssen Sie die entsprechenden Tätigkeiten in der Arbeitsaufgabe korrigieren und eine eigene Lieferantenbewertung entwickeln.

**WECHSELWIRKUNG**

Aus dieser Arbeitsaufgabe wird eventuell auf weitere Arbeitsaufgaben und dokumentierte Verfahren verwiesen (Wechselwirkung). Eine detaillierte Beschreibung erfolgt in diesen Dokumenten.

**KORREKTUR- UND VORBEUGUNGSMASSNAHMEN**

Es sind eventuell Korrektur- oder Vorbeugungsmaßnahmen einzuleiten. Im Bedarfsfall ist das Formular *QM: Korrektur- und Vorbeugungsmaßnahmen* auszufüllen.

**ISO 9001:2008 AUSZUG AUS DER NORM**

*7.4.1 Beschaffungsprozess*

*Die Organisation muss sicherstellen, dass die beschafften Produkte die festgelegten Beschaffungsanforderungen erfüllen. Art und Umfang der auf den Lieferanten und das beschaffte Produkt angewandten Überwachung müssen vom Einfluss des beschafften Produkts auf die nachfolgende Produktrealisierung oder auf das Endprodukt abhängen.*

*Die Organisation muss Lieferanten auf Grund von deren Fähigkeit beurteilen und auswählen, Produkte entsprechend den Anforderungen der Organisation zu liefern. Es müssen Kriterien für die Auswahl, Beurteilung und Neubeurteilung aufgestellt werden. Aufzeichnungen über die Ergebnisse von Beurteilungen und über notwendige Maßnahmen müssen geführt werden (siehe 4.2.4).*

3.4 Einkauf (AA)

## EINKAUF: Lieferanten Auswahl / Beurteilung / Neubeurteilung (AA)

| Tätigkeit / Prozessschritte | E/D Führung | D Vertrieb | D Einkauf | D Lager | D Fertigung | D WE, Versand | D externe Bearbeitung | Wechselwirkung / Checkliste | Dokumentation |
|---|---|---|---|---|---|---|---|---|---|
| *Lieferanten auswählen, beurteilen* | | | | | | | | | |
| Kriterien festlegen | (X) | | X | | | | | **Prüfen:** Verkaufsstückzahlen, Kundenauftrag, Rahmenauftrag, Konsilager, Preis, Liefertermin (Halbfertigprodukt, Rohmaterial, externe Bearbeitung) **QFD:** EINKAUF: QFD Lieferantenbewertung | • Statistik<br>• Kundenauftrag<br>• Rahmenauftrag<br>• QFD Lieferantenbewertung |
| Lieferanten anfragen und beurteilen | (X) | | X | | | | | **Prüfen:** Hauptlieferanten, Mengen, Liefertermin **QFD:** EINKAUF: QFD Lieferantenbewertung | • Anfrage<br>• QFD Lieferantenbewertung |
| Lieferanten auswählen (freigeben) | (X) | | X | | | | | **Prüfen:** Die Auswahl (Angebot) kann auch durch Kataloge, Online-Shop usw. bei den schon vorhandenen Hauptlieferanten erfolgen. Ausgewählten Lieferanten im EDV-System hinterlegen. **Arbeitsaufgabe (AA):** EINKAUF: Disposition / Anfrage / Preisvergleich / Bestellung | • Anfrage<br>• QFD Lieferantenbewertung<br>• Angebot |
| *Lieferanten neu beurteilen* | | | | | | | | | |
| Kriterien festlegen und bewerten | (X) | | X | | | X | | **Prüfen:** Fehlerhäufigkeit (Lieferschein) (Halbfertigprodukt, Rohmaterial, externe Bearbeitung). Die Bewertung erfolgt im Fehlerfall auf dem Lieferschein. **QFD:** EINKAUF: QFD Lieferantenbewertung | • QFD Lieferantenbewertung<br>• Lieferschein |
| Lieferanten anschreiben | (X) | | X | | | | | **Prüfen:** Hauptlieferanten, Fehlerhäufigkeit (Lieferschein) | • Fehlerhäufigkeit (Lieferschein) |
| Lieferanten auswählen (freigeben) | (X) | | X | | | | | **Prüfen:** Ausgewählten Lieferanten im EDV-System hinterlegen. | • Fehlerhäufigkeit (Lieferschein)<br>• Antwortschreiben<br>• QFD Lieferantenbewertung |
| *Nachfolgende Tätigkeiten werden nur bei Bedarf durchgeführt.* | | | | | | | | | |
| Evtl. Korrekturen oder Verbesserungen im Unternehmen durchführen | X | X | | | X | | | **Dokumentiertes Verfahren (dV):** QM: Korrekturmaßnahmen **Dokumentiertes Verfahren (dV):** QM: Vorbeugungsmaßnahmen | • |

| Ständige Verbesserung: | **Methode:** Rückmeldungen von Lieferanten, Kunden, Vertrieb, Fertigung<br>**Informationen:** Lieferverzug, Reklamationen, entstandene Fehler, nicht erhaltene Kundenaufträge, Stornierung Kundenaufträge, Probleme in der Fertigung |
|---|---|

**Dokument:** Bild 3.11 EINKAUF_Lieferanten_Auswahl_Beurteilung_Neubeurteilung.doc
© BSBE European Business School for Business Excellence Ltd. 2014,
Freigegeben: Klaus Mustermann, Datum: 05.01.2014, Fertigungsunternehmen 2
Seite 1 von 1

**BILD 3.11** EINKAUF: Lieferanten Auswahl / Beurteilung / Neubeurteilung (AA)

## Formular: EINKAUF: QFD Lieferantenbewertung

Mit diesem Formular wird die Lieferantenbewertung festgelegt (Bild 3.12).

Da Kundenprodukte (Wiederhol- und Einmalteile) hergestellt werden, ist die Auswahl der Halbfertigprodukte, Rohmaterialien, externen Bearbeitung und Lieferanten ein entscheidender Faktor. Deshalb wurde eine vereinfachte Excel-Arbeitsmappe *EINKAUF: QFD Lieferantenbewertung* entwickelt. Mit diesem Formular können gleichzeitig eine qualifizierte Lieferantenauswahl und eine Lieferantenbeurteilung durchgeführt werden. Die Excel-Arbeitsmappe *EINKAUF: QFD Lieferantenbewertung* wurde für diese Organisationsgröße stark vereinfacht. Es ist jedoch ein effektives Mittel zur Beurteilung der Lieferanten. Der Einsatz der Excel-Arbeitsmappe *EINKAUF: QFD Lieferantenbewertung* ist denkbar einfach.

An dieser Stelle wird nur auf die generelle Definition eingegangen:

**INFORMATIONEN QFD LIEFERANTENBEWERTUNG**

1. Als Erstes sind **das Endprodukt,** *XYZ,* **das Rohmaterial,** *Aluminium Stangenprofil,* und **die Zielgruppe,** *optische Industrie,* an die das Endprodukt verkauft werden soll, einzutragen.

2. Die Spalten der *Lieferanten* und *ausgewählten Lieferanten (AL) sind* nun zu vervollständigen. Unter *Lieferant* wird der Name des Lieferanten für das Rohmaterial eingetragen. Insgesamt können zehn Lieferanten verglichen werden. In der Zeile *ausgewählte Lieferanten (AL)* ist der Name des Lieferanten ebenfalls einzutragen. Die Spalte *eigenes Unternehmen* wurde eingeführt, falls ein Vergleich zwischen *eigener Herstellung und Fremdherstellung* erfolgen soll.

3. Als Nächstes sind die *Forderungen an das Rohmaterial (FdK)* zu ermitteln und einzutragen. Es sind auch die nicht definierten Forderungen des Kunden wie z. B. Gesetze, Normen usw. zu berücksichtigen. Da jedoch nicht jede Forderung gleich wichtig ist, muss eine Gewichtung von *1 = unwichtig bis 10 = sehr wichtig* in der Spalte *Gewichtung Forderung* erfolgen.
Sollte der Service des Lieferanten eine entscheidende Rolle spielen, dann ist in der Spalte *Gewichtung Service* ebenfalls eine Bewertung von *1 bis 10* durchzuführen. (**Hinweis:** Es erfolgt keine Berechnung.)

4. Nun ist die *Beziehungsmatrix (FdK) zu (AL)* mit größter Sorgfalt auszufüllen, da sonst die Gesamtbewertung verfälscht wird. **Die komplette Beschreibung erfolgt im Kapitel 1.6 QFD-Excel-Arbeitsmappen.**

5. Der Erfüllungsgrad in Punkten und Prozenten ist das Ergebnis der Bewertung. Der Lieferant mit der größten Punkt- oder Prozentzahl ist der geeignete Lieferant für das Rohmaterial.

**Weitere Hinweise finden Sie in den Tabellenspalten mit einem „roten Dreieck" als Kommentar in der Excel-Arbeitsmappe.**

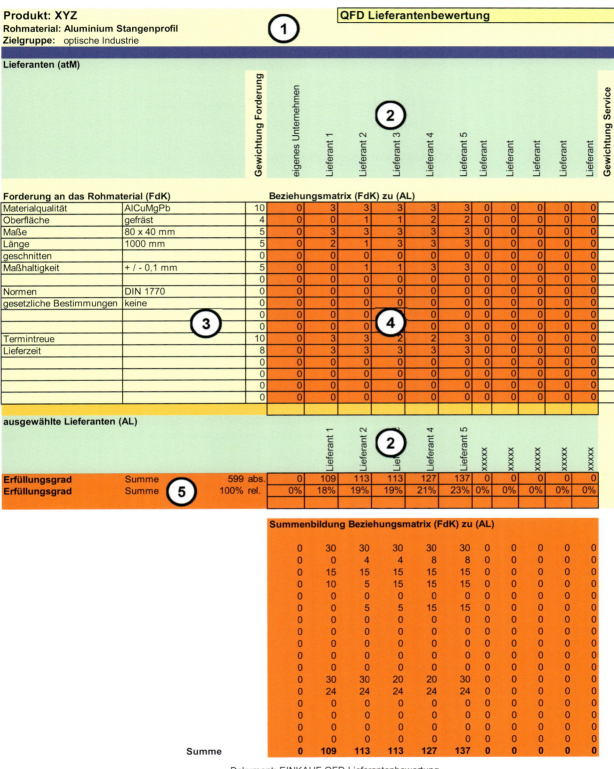

**BILD 3.12** Formular: EINKAUF: QFD Lieferantenbewertung

## 3.5 FERTIGUNG (AA)

Die Fertigung benötigt die Arbeitsaufgaben:
1. FERTIGUNG: Fertigungsablauf (AA)
2. FERTIGUNG: Instandhaltung der Fertigungseinrichtungen (AA)
3. FERTIGUNG: Überwachungs- und Messmittel verwalten (AA)

### FERTIGUNG: Fertigungsablauf (AA)

Mit dieser Arbeitsaufgabe wird der Fertigungsablauf von Kundenprodukten (Wiederhol- und Einmalteile) prozessorientiert beschrieben (Bild 3.13).

Der Fertigungsablauf ist für alle Kundenprodukte (Wiederhol- und Einmalteile) identisch.

An vorher definierten Punkten im Fertigungsablauf werden die benötigten Zwischen- und Endprüfungen durchgeführt.

Die Fertigungspapiere, wie Laufkarten, Stücklisten, Arbeitspläne usw., sind **nicht** vorhanden. Entscheidend ist die Zeichnung des Kunden, da dort alle benötigten Daten vorhanden sind:

- Menge, Material, Maße und Toleranzen.

Die Zeichnung des Kunden ist als Fertigungsauftrag oder Stückliste anzusehen, das CNC-PGM als Arbeitsplan mit Arbeitsgangreihenfolge.

In die Arbeitsaufgabe ist eine externe Bearbeitung integriert, da ein erhöhter logistischer Aufwand erforderlich ist.

Da die Fertigung mit modernen CNC-Fertigungsmaschinen durchgeführt wird, ist durch das CNC-PGM eine sehr hohe Wiederholgenauigkeit gegeben. Die Zeichnung kennzeichnet die Präzisionsteile während der Fertigung. Auf der Zeichnung werden die Ergebnisse eingetragen. Bei Kundenprodukten (Wiederhol- und Einmalteile) ist ein Abgleich mit der Zeichnung während der Fertigung zwingend.

Fehlerhafte Kundenprodukte (Wiederhol- und Einmalteile) werden aus dem Fertigungsablauf ausgesondert und gesperrt.

**WECHSELWIRKUNG** Aus dieser Arbeitsaufgabe wird eventuell auf weitere Arbeitsaufgaben und dokumentierte Verfahren verwiesen (Wechselwirkung). Eine detaillierte Beschreibung erfolgt in diesen Dokumenten.

**KORREKTUR- UND VORBEUGUNGSMASSNAHMEN** Es sind eventuell Korrektur- oder Vorbeugungsmaßnahmen einzuleiten. Im Bedarfsfall ist das Formular *QM: Korrektur- und Vorbeugungsmaßnahmen* auszufüllen.

3.5 Fertigung (AA)

**FERTIGUNG: Fertigungsablauf (AA)**

| Tätigkeit / Prozessschritte | E/D Führung | D Vertrieb | D Einkauf | D Lager | D Fertigung | D WE, Versand | D externe Bearbeitung | Wechselwirkung / Checkliste | Dokumentation |
|---|---|---|---|---|---|---|---|---|---|
| Kapazitätsplanung durchführen | X | | | | X | | | **Prüfen:** Liefertermin, Kapazitätsauslastung der Fertigung, Mitarbeiter, Fertigungseinrichtung, Überwachungs- und Messmittel, Vorrichtungen, Werkzeuge, Liefertermin, Halbfertigprodukte, Rohmaterialien, externe Bearbeitung **Arbeitsaufgabe (AA):** EINKAUF: Disposition / Anfrage / Preisvergleich / Bestellung **Arbeitsaufgabe (AA):** EINKAUF: Bestellung verfolgen **Arbeitsaufgabe (AA):** EINKAUF: Reklamation / Falschlieferung | • Zeichnung<br>• Fertigungsauftrag |
| Vom Kunden beigestellte Materialien und Unterlagen berücksichtigen | | | | X | X | | | **Prüfen:** Vertraulichkeit der Zeichnung, Muster, Kundenmaterial, Lagerung, Rücksendung **Arbeitsaufgabe (AA):** WARENEINGANG: Wareneingang extern | • Zeichnung<br>• Kundenlieferschein |
| Halbfertigprodukte, Rohmaterialien, Kundenmaterial vom Lager _auslagern_ | | | | X | X | | | **Prüfen:** Fertigungsauftrag, Halbfertigprodukte, Rohmaterialien, Kundenmaterial, Anzahl, Beschädigung vermeiden, Transporthilfsmittel nutzen **Arbeitsaufgabe (AA):** LAGER: Produkte einlagern / auslagern | • Fertigungsauftrag |
| Fertigungsauftrag der Maschine zuordnen | | | | | X | | | **Prüfen:** Zeichnung, Fertigungsauftrag, Halbfertigprodukte, Rohmaterialien, Kundenmaterial, Anzahl, Überwachungs- und Messmittel, Vorrichtung, Beschädigung vermeiden, Transporthilfsmittel nutzen, CNC-Programm erstellen, zuordnen, ändern | • Zeichnung<br>• Fertigungsauftrag<br>• CNC-Programm |
| Fertigungsauftrag Zwischenprüfung durchführen (die Zwischenprüfung erfolgt bei jedem Arbeitsgang als Werkerselbstprüfung) | | | | | X | | | **Prüfen:** Zeichnung, Fertigungsauftrag, Maße, Anzahl, Überwachungs- und Messmittel, Vorrichtung, Oberfläche, Ansicht, Beschädigung vermeiden, Transporthilfsmittel nutzen, fehlerhafte Produkte sperren | • Zeichnung<br>• Fertigungsauftrag<br>• CNC-Programm<br>• Sperrkarte |
| _Nachfolgende Tätigkeiten erfolgen bei externer Bearbeitung._ | | | | | | | | | |
| Lieferschein bei externer Bearbeitung vom Einkauf erstellen lassen | | | X | | X | | | Der Lieferschein wird erstellt. **Arbeitsaufgabe (AA):** EINKAUF: Disposition / Anfrage / Preisvergleich / Bestellung | • Fertigungsauftrag<br>• Lieferschein |

**Dokument:** Bild 3.13 FERTIGUNG_Fertigungsablauf.doc
© BSBE European Business School for Business Excellence Ltd. 2014,
Freigegeben: Klaus Mustermann, Datum: 05.01.2014, Fertigungsunternehmen 2
Seite 1 von 2

**BILD 3.13** FERTIGUNG: Fertigungsablauf (AA) (Ausschnitt)

## FERTIGUNG: Instandhaltung der Fertigungseinrichtungen (AA)

Mit dieser Arbeitsaufgabe wird die Instandhaltung der Fertigungseinrichtungen prozessorientiert beschrieben (Bild 3.14).

Die Instandhaltung von Fertigungseinrichtungen benötigt die Arbeitsaufgaben:

**1. Planung der Instandhaltung für Fertigungseinrichtungen, z. B. CNC-Maschinen.**

Die CNC-Maschinen sind wartungsfrei. Es ist lediglich die Anzeige im Display zu beachten. Die Zentralschmierung ermöglicht diese erweiterte Wartungsfreiheit.

Zu planen sind weiter die Ersatz- oder Verschleißteile. Hier wird wiederum die Flexibilität der Fertigungseinrichtungen nutzbar, die ein Ausweichen auf andere Maschinen zulässt. Je nach Art des Kühlmittels ist das Kühlmittel täglich mit einem Handrefraktometer zu messen. In diesem Fall wird jedoch Schleiföl genutzt.

Die Instandhaltungskriterien richten sich nach unterschiedlichen Gesichtspunkten:

- Zustand der Fertigungsmaschine,
- Genauigkeit des Endprodukts,
- Verfügbarkeit,
- Art der Verschleißteile,
- Kaufpreis der Maschine,
- Wartungsvorschriften der Hersteller.

**2. Planung der Instandhaltung für Hilfsaggregate.**

Für die Wartungsintervalle gelten die Vorschriften der Hersteller. Bei Pumpen wird z. B. keine Wartung durchgeführt, sondern nur bei Ausfall ein Austausch der Pumpe vorgenommen.

Sie müssen nun in Ihrer Organisation die Fertigungseinrichtungen nach der gewünschten Verfügbarkeit einschätzen und die Arbeitsaufgabe modifizieren.

**WECHSELWIRKUNG**  Aus dieser Arbeitsaufgabe wird eventuell auf weitere Arbeitsaufgaben und dokumentierte Verfahren verwiesen (Wechselwirkung). Eine detaillierte Beschreibung erfolgt in diesen Dokumenten.

**KORREKTUR- UND VORBEUGUNGSMASSNAHMEN**  Es sind eventuell Korrektur- oder Vorbeugungsmaßnahmen einzuleiten. Im Bedarfsfall ist das Formular *QM: Korrektur- und Vorbeugungsmaßnahmen* auszufüllen.

## 3.5 Fertigung (AA)

**FERTIGUNG: Instandhaltung der Fertigungseinrichtungen (AA)**

| Tätigkeit / Prozessschritte | E/D Führung | D Vertrieb | D Einkauf | D Lager | D Fertigung | D WE, Versand | D externe Bearbeitung | Wechselwirkung / Checkliste | Dokumentation |
|---|---|---|---|---|---|---|---|---|---|
| *Nachfolgende Tätigkeiten werden nur bei Fertigungsmaschinen durchgeführt.* | | | | | | | | | |
| *Kriterien für Fertigungsmaschinen festlegen* | X | | | | X | | | **Prüfen:** Garantiezeit des Herstellers, Wartungsvorschriften, Kaufpreis der Maschine, Einfluss auf den Fertigungsablauf oder das Endprodukt, Zustand der Fertigungseinrichtung, Verfügbarkeit und benötigte Mindestanzahl der Verschleißteile, eigene Wartung, Fremdwartung oder keine Wartung, evtl. Lieferanten festlegen | • Wartungsplan |
| *Fertigungsmaschinen in Wartungsplan aufnehmen* | | | | | X | | | **Prüfen:** Eigene Wartung, Fremdwartung oder keine Wartung | • Wartungsplan |
| *Nachfolgende Tätigkeiten werden nur bei Hilfsaggregaten durchgeführt.* | | | | | | | | | |
| *Kriterien für Hilfsaggregate festlegen* | X | | | | X | | | **Prüfen:** Garantiezeit des Herstellers, Wartungsvorschriften, Kaufpreis der Hilfsaggregate, Einfluss auf den Fertigungsablauf oder das Endprodukt, Zustand der Hilfsaggregate, Verfügbarkeit und benötigte Mindestanzahl der Verschleißteile, eigene Wartung, Fremdwartung oder keine Wartung, evtl. Lieferanten festlegen | • Wartungsplan |
| *Hilfsaggregate in Wartungsplan aufnehmen* | | | | | X | | | **Prüfen:** eigene Wartung, Fremdwartung oder keine Wartung | • Wartungsplan |
| *Wartungstermin für Fertigungsmaschinen oder Hilfsaggregate überwachen* | | | X | | X | | | **Prüfen:** Fremdwartung: Einkauf benachrichtigen, wenn Termin erreicht **Arbeitsaufgabe (AA):** EINKAUF: Disposition / Anfrage / Preisvergleich / Bestellung Eigene Wartung: Fertigung benachrichtigen, wenn Termin erreicht | • Wartungsplan |

**Dokument:** Bild 3.14 FERTIGUNG_Instandhaltung der Fertigungseinrichtungen.doc
© BSBE European Business School for Business Excellence Ltd. 2014,
Freigegeben: Klaus Mustermann, Datum: 05.01.2014, Fertigungsunternehmen 2
Seite 1 von 2

**BILD 3.14** FERTIGUNG: Instandhaltung der Fertigungseinrichtungen (AA)

## FERTIGUNG: Überwachungs- und Messmittel verwalten (AA)

Mit dieser Arbeitsaufgabe wird die Verwaltung von Überwachungs- und Messmitteln prozessorientiert beschrieben (Bild 3.15).

Je nach geforderter Präzision der Serien- und Sonderprodukte sind die Überwachungs- und Messmittel schon kalibriert. Zunächst werden alle Überwachungs- und Messmittel nach drei Kriterien begutachtet:

1. Wird das Überwachungs- und Messmittel für die Prüfung der Serien- und Sonderprodukte genutzt?
2. Ist die benötigte Genauigkeit vorhanden? (Im Normalfall trifft dies jetzt schon zu, sonst würden die Produkte vom Kunden nicht abgenommen.)
3. Ist das Überwachungs- und Messmittel zu kalibrieren, anderweitig noch nutzbar oder sollte es entsorgt werden?
4. Kann das Überwachungs- und Messmittel selbst verifiziert werden?

Die Kalibrierung stellt nur den Zustand des Überwachungs- und Messmittels fest. In vielen Fällen kann das Überwachungs- und Messmittel nicht aufgearbeitet werden. Deshalb sollte man vorher überlegen, ob ein Neukauf preiswerter ist.

**EINFACHE VERWALTUNG DER ÜBERWACHUNGS- UND MESSMITTEL**

Die Arbeitsaufgabe zeigt den Ablauf der Überwachungs- und Messmittelverwaltung. Mit dem Kalibrierer kann eine erweiterte Vereinbarung getroffen werden. Der Kalibrierer übernimmt die Verwaltung der Überwachungs- und Messmittel, da er die Daten sowieso im EDV-System gespeichert hat. Dies erspart die Verwaltungsarbeit in der eigenen Organisation, wie z. B. das Erstellen der Überwachungs- und Messmittellisten und die Kontrolle des Datums. Die Organisation erhält vom Kalibrierer eine Sammelliste der Überwachungs- und Messmittel, um so jederzeit eine Übersicht über die vorhandenen Überwachungs- und Messmittel zu bekommen.

Das Kalibierintervall wird von der Organisation mit dem Kalibrierer festgelegt. Dabei spielen Nutzungshäufigkeit und Genauigkeit der Prüfung eine weitere Rolle.

**MITARBEITER ÜBERNEHMEN DIE VERANTWORTUNG**

Wenn möglich, werden die Mitarbeiter festgelegt, die die Verantwortung für die Überwachungs- und Messmittel übernommen haben. Der Mitarbeiter bestätigt das mit seiner Unterschrift.

Nach erfolgter Kalibrierung erhält das Überwachungs- und Messmittel eine Plakette, die eine erfolgreiche Kalibrierung bestätigt.

Nach dieser Radikalkur gibt es nur noch zwei Arten von Überwachungs- und Messmitteln:

1. Überwachungs- und Messmittel, die zur Prüfung von Serien- und Sonderprodukten genutzt werden dürfen (mit Plakette).
2. Überwachungs- und Messmittel, die zu einfacheren Messungen herangezogen werden, jedoch nicht zu Prüfung von Serien- und Sonderprodukten (ohne Plakette).

Sollte bei Überwachungs- und Messmitteln unter Punkt 1 die Plakette verloren gehen, dann tritt automatisch Punkt 2 in Kraft.

**WECHSELWIRKUNG**

Aus dieser Arbeitsaufgabe wird eventuell auf weitere Arbeitsaufgaben und dokumentierte Verfahren verwiesen (Wechselwirkung). Eine detaillierte Beschreibung erfolgt in diesen Dokumenten.

**KORREKTUR- UND VORBEUGUNGSMASSNAHMEN**

Es sind eventuell Korrektur- oder Vorbeugungsmaßnahmen einzuleiten. Im Bedarfsfall ist das Formular *QM: Korrektur- und Vorbeugungsmaßnahmen* auszufüllen.

3.5 Fertigung (AA)

## FERTIGUNG: Überwachungs- und Messmittel verwalten (AA)

| Tätigkeit / Prozessschritte | E/D Führung | D Vertrieb | D Einkauf | D Lager | D Fertigung | D WE, Versand | D externe Bearbeitung | Wechselwirkung / Checkliste | Dokumentation |
|---|---|---|---|---|---|---|---|---|---|
| Kriterien für Überwachungs- und Messmittel festlegen | X | | | | X | | | **Prüfen:** Garantiezeit des Herstellers, Kalibriervorschriften, Kaufpreis der Überwachungs- und Messmittel, Einfluss auf den Fertigungsablauf oder das Endprodukt, Verfügbarkeit, eigene Kalibrierung, Fremdkalibrierung, eigene Verifizierung oder grundsätzlich Neukauf, evtl. Lieferanten festlegen<br><br>**1. mit Plakette:** zur Prüfung von Kundenprodukten mit Einfluss auf die Produktqualität<br><br>**2. ohne Plakette:** für sonstige Messungen | • Liste Überwachungsmittel, Messmittel |
| Überwachungs- und Messmittel in Überwachungs- und Messmittelliste aufnehmen | | | | | X | | | **Prüfen:** Eigene Kalibrierung, Fremdkalibrierung, eigene Verifizierung oder grundsätzlich Neukauf | • Liste Überwachungsmittel, Messmittel |
| Kalibriertermine für Überwachungs- und Messmittel überwachen | | | | X | X | | | **Prüfen:** *Neukauf:* Einkauf benachrichtigen, wenn Termin erreicht<br>*Fremdkalibrierung:* Einkauf benachrichtigen, wenn Termin erreicht<br>**Arbeitsaufgabe (AA):** EINKAUF: Disposition / Anfrage / Preisvergleich / Bestellung<br>*Eigene Verifizierung:* Fertigung benachrichtigen, wenn Termin erreicht | • Liste Überwachungsmittel, Messmittel |
| *Nachfolgende Tätigkeiten werden nur bei eigener Verifizierung durchgeführt.* | | | | | | | | | |
| Verifizierung von Überwachungs- und Messmitteln durchführen | | | | | X | | | **Prüfen:** Die Verifizierung erfolgt mit dem kalibrierten Endmaßkasten Nr. 34.<br><br>**1. mit Plakette:** zur Prüfung von Kundenprodukten mit Einfluss auf die Produktqualität<br><br>**2. ohne Plakette:** für sonstige Messungen | • Liste Überwachungsmittel, Messmittel |

**Dokument:** Bild 3.15 FERTIGUNG_Überwachungs- und Messmittel verwalten.doc
© BSBE European Business School for Business Excellence Ltd. 2014,
Freigegeben: Klaus Mustermann, Datum: 05.01.2014, Fertigungsunternehmen 2
Seite 1 von 2

**BILD 3.15** FERTIGUNG: Überwachungs- und Messmittel verwalten (AA) (Ausschnitt)

### Formular: FERTIGUNG: Überwachungs- und Messmittel verwalten

Mit diesem Formular werden die Überwachungs- und Messmittel festgelegt, die die Organisation als notwendig eingestuft hat (Bild 3.16).

Das Formular ermöglicht die einfache Verwaltung von Überwachungs- und Messmitteln, wenn dies nicht durch den Kalibrierer durchgeführt werden soll. Es wird von ca. 30 Überwachungs- und Messmitteln ausgegangen.

Das Formular ist von einem verantwortlichen Mitarbeiter auszufüllen und auf dem aktuellen Stand zu halten.

1. Die Nummer oder Seriennummer oder eine sonstige vorhandene Nummer sind hier einzutragen.
2. Das Überwachungs- und Messmittel muss eindeutig identifizierbar sein, dies ist besonders wichtig, wenn vom gleichen Typ mehrere Überwachungs- und Messmittel vorhanden sind.
3. Die Funktionseinheit und der verantwortliche Mitarbeiter, der das Überwachungs- und Messmittel nutzt, sind hier einzutragen. Der Mitarbeiter muss unterschreiben, dass er das Überwachungs- und Messmittel erhalten hat oder dafür verantwortlich ist.
4. Hier muss vermerkt werden, ob die Überwachungs- und Messmittel *kalibriert* oder *verifiziert* werden *(kalibriert = extern, verifiziert = intern)*.
5. Der nächste Termin muss festgelegt werden.
6. Das Anschaffungsjahr ist hier einzutragen.
7. Das Aussonderungsjahr ist hier einzutragen.
8. Unter *Bemerkungen* können alle zu den Überwachungs- und Messmitteln notwendigen Hinweise vermerkt werden.

**VERANTWORTUNG DER MITARBEITER**

Die Zuordnung des Mitarbeiters (Punkt 3) wirkt oft Wunder, da die Verantwortung festgelegt wird. In festgelegten Abständen, z.B. alle zwei Wochen, muss der Mitarbeiter *sein* Überwachungs- und Messmittel dem Vorgesetzten zeigen und mit Unterschrift bestätigen lassen. Diese Vorgehensweise hat sich als sehr nützlich herausgestellt, wenn angeblich keiner das Überwachungs- und Messmittel beschädigt oder verloren hat.

## 3.5 Fertigung (AA)

**FERTIGUNG: Überwachungs- und Messmittel verwalten**

| Nr. | Überwachungsmittel, Messmittel | Abteilung | Verantwortung Mitarbeiter | Kalibrieren, verifizieren | Nächster Termin | Anschaffung Jahr | Aussonderung Jahr | Bemerkungen |
|---|---|---|---|---|---|---|---|---|
| ① | ② | ③ | ③ | ④ | ⑤ | ⑥ | ⑦ | ⑧ |
| 01 | Bügelmessschr. 0–25 mm | Fräsen | Schulz | Kalibrieren | 15.03.2014 | 2011 | | • **Kalibrieren** = Fremdkalibrierung.<br>• **Verifizieren** = eigene Verifizierung durch die Fertigung.<br>• Die **Fremdkalibrierung** erfolgt bei Meier & Schulze.<br>• Neue Überwachungs- und Messmittel werden bei Meier & Schulze beschafft.<br>• Die **Verifizierung** von Überwachungs- und Messmitteln <u>mit</u> Plakette erfolgt mit dem kalibrierten Endmaßkasten.<br>• **Mit Plakette**<br>• Messprotokoll Nr. 23486, 12.03.2013<br>• **Ohne Plakette**<br>• **Mit Plakette**<br>• Die Verifizierung erfolgt vor jeder Messung.<br>• Neukauf, wenn nicht mehr im Toleranzbereich.<br>• **Mit Plakette**<br>• Messprotokoll Nr. 23487, 13.03.2013<br>• Der Endmaßkasten darf nur zur Verifizierung von Überwachungs- und Messmitteln genutzt werden. |
| 02 | Bügelmessschr. 25–50 mm | Fräsen | Schulz | Verifizieren | 15.03.2014 | 2011 | | |
| 23 | Messschieber 150 mm | Fräsen | Schulz | Verifizieren | Vor jeder Messung durch Mitarbeiter | 2013 Garantie 2 Jahre | | |
| 34 | **Endmaßkasten Mauser Gen. 1** | Qualitätssicherung | Günther | Kalibrieren | 15.03.2014 | 2011 | | |

**BILD 3.16** Formular: FERTIGUNG: Überwachungs- und Messmittel verwalten

**Dokument:** Bild 3.16 FERTIGUNG_Liste_Überwachungsmittel_Messmittel.doc
© BSBE European Business School for Business Excellence Ltd. 2014,
Freigegeben: Klaus Mustermann, Datum: 05.01.2014, Fertigungsunternehmen 2
Seite 1 von 1

## 3.6 LAGER, WARENEINGANG, VERSAND (AA)

Für das Lager, den Wareneingang und den Versand werden folgende Arbeitsaufgaben benötigt:

1. WARENEINGANG: Wareneingang extern (AA)
2. WARENEINGANG: Wareneingang aus Fertigung (AA)
3. LAGER: Produkte einlagern/auslagern (AA)
4. VERSAND: Produkte versenden (AA)
5. LAGER: Inventur (AA)

### WARENEINGANG: Wareneingang extern (AA)

Mit dieser Arbeitsaufgabe wird der externe Wareneingang prozessorientiert beschrieben (Bild 3.17).

Im Wareneingang werden unterschiedliche Produkte angeliefert und müssen gelenkt werden:

- Halbfertigprodukte, Rohmaterial, das zur Fertigung benötigt wird,
- Ersatzteile, Hilfs- und Betriebsstoffe, Verschleißteile, Überwachungs- und Messmittel,
- Kunden- und Lieferantenreklamation,
- Kundenmaterial,
- externe Bearbeitung.

Eine Kennzeichnung von Halbfertigprodukten und Rohmaterialien wird durch den Lieferanten durchgeführt und ist eindeutig. Eine eigene Kennzeichnung entfällt.

**WECHSELWIRKUNG**  Aus dieser Arbeitsaufgabe wird eventuell auf weitere Arbeitsaufgaben und dokumentierte Verfahren verwiesen (Wechselwirkung). Eine detaillierte Beschreibung erfolgt in diesen Dokumenten.

**KORREKTUR- UND VORBEUGUNGSMASSNAHMEN**  Es sind eventuell Korrektur- oder Vorbeugungsmaßnahmen einzuleiten. Im Bedarfsfall ist das Formular *QM: Korrektur- und Vorbeugungsmaßnahmen* auszufüllen.

3.6 Lager, Wareneingang, Versand (AA)

## WARENEINGANG: Wareneingang extern (AA)

| Tätigkeit / Prozessschritte | E/D Führung | D Vertrieb | D Einkauf | D Lager | D Fertigung | D WE, Versand | D externe Bearbeitung | Wechselwirkung / Checkliste | Dokumentation |
|---|---|---|---|---|---|---|---|---|---|
| Sichtprüfung der Verpackung durchführen | | | | | | X | | **Prüfen:** Beschädigung, Anzahl oder Transporteinheiten, Lieferadresse | • |
| Lieferschein und Bestellung mit gelieferten Produkten vergleichen, evtl. Maßprüfung, Oberflächenprüfung durchführen | | | | | | X | | **Prüfen:** Beschädigung, Anzahl, Artikel, evtl. Maßprüfung, Oberflächenprüfung | • Lieferschein • Bestellung |
| *Nachfolgende Tätigkeiten erfolgen bei Halbfertigprodukten, Rohmaterialien.* | | | | | | | | | |
| Lieferschein (Lieferant) Produkte als geliefert melden (Halbfertigprodukt, Rohmaterial) | | (X) | | | | X | | **Prüfen:** Lagerort: Neuer Lagerplatz oder bestehender Lagerplatz wird lt. EDV-System zugeordnet. | • Lieferschein (Lieferant) • Einlagerungsschein |
| Produkte nach Vorgabe kennzeichnen (Halbfertigprodukt, Rohmaterial) | | | | | | X | | **Prüfen:** • Nicht kennzeichnen (Hinweis im EDV-System), • nach Katalog kennzeichnen (Hinweis im EDV-System), • nach Kundenvorschrift kennzeichnen (Hinweis auf Lieferschein) Beschädigung vermeiden, Transporthilfsmittel nutzen | • Lieferschein (Kunde) |
| Produkte nach Vorgabe konservieren oder verpacken (Halbfertigprodukt, Rohmaterial) | | | | | | X | | **Prüfen:** • Nicht konservieren, nicht verpacken (Hinweis im EDV-System), • nach eigenen Vorschriften konservieren, verpacken (Hinweis im EDV-System), • nach Kundenvorschrift konservieren, verpacken (Hinweis auf Lieferschein) Beschädigung vermeiden, Transporthilfsmittel nutzen | • Lieferschein (Kunde) |
| Produkte ans Lager übergeben (Halbfertigprodukt, Rohmaterial) | | | | X | | X | | **Arbeitsaufgabe (AA):** LAGER: Produkte einlagern / auslagern | • |
| *Nachfolgende Tätigkeiten erfolgen bei externer Bearbeitung.* | | | | | | | | | |
| Auftrag heraussuchen und Fertigung benachrichtigen | | | | | X | X | X | **Arbeitsaufgabe (AA):** FERTIGUNG: Fertigungsablauf | • |
| *Nachfolgende Tätigkeiten erfolgen bei vom Kunden beigestellten Materialien.* | | | | | | | | | |
| Produkte nach Vorgabe kennzeichnen (Kundenmaterial) | | | | | | X | | **Prüfen:** Die Kennzeichnung erfolgt durch den Lieferschein des Kunden. Beschädigung vermeiden, Transporthilfsmittel nutzen | • Lieferschein (Kunde) |

**Dokument:** Bild 3.17 WARENEINGANG_Wareneingang extern.doc
© BSBE European Business School for Business Excellence Ltd. 2014,
Freigegeben: Klaus Mustermann, Datum: 05.01.2014, Fertigungsunternehmen 2
Seite 1 von 2

**BILD 3.17** WARENEINGANG: Wareneingang extern (AA) (Ausschnitt)

### WARENEINGANG: Wareneingang aus Fertigung (AA)

Mit dieser Arbeitsaufgabe wird der Wareneingang aus Fertigung prozessorientiert beschrieben (Bild 3.18).

Der Wareneingang ist auch für Kundenprodukte (Wiederhol- und Einmalteile) zuständig.

Im Wareneingang erfolgt nur eine Sichtprüfung auf Übereinstimmung von Menge und Produkt mit dem Wareneingangsschein. Die Kundenprodukte (Wiederhol- und Einmalteile) werden direkt einem Kundenauftrag zugeordnet, die restlichen Kundenprodukte (Wiederholteile) werden eingelagert.

Die Ware wird gekennzeichnet, verteilt, verpackt, konserviert, eingelagert oder dem Kunden gesandt.

Die Kennzeichnung wird nach folgenden Kriterien durchgeführt:

- nicht kennzeichnen,
- nach Kundenvorschrift kennzeichnen,
- nach Katalog kennzeichnen.

Wenn eine Kennzeichnung nicht direkt auf den Produkten durchgeführt wird, dann ist der Lagerplatz entsprechend beschriftet.

**WECHSELWIRKUNG** Aus dieser Arbeitsaufgabe wird eventuell auf weitere Arbeitsaufgaben und dokumentierte Verfahren verwiesen (Wechselwirkung). Eine detaillierte Beschreibung erfolgt in diesen Dokumenten.

**KORREKTUR- UND VORBEUGUNGSMASSNAHMEN** Es sind eventuell Korrektur- oder Vorbeugungsmaßnahmen einzuleiten. Im Bedarfsfall ist das Formular *QM: Korrektur- und Vorbeugungsmaßnahmen* auszufüllen.

## 3.6 Lager, Wareneingang, Versand (AA)

**WARENEINGANG: Wareneingang aus Fertigung (AA)**

| Tätigkeit / Prozessschritte | E/D Führung | D Vertrieb | D Einkauf | D Lager | D Fertigung | D WE, Versand | D externe Bearbeitung | Wechselwirkung / Checkliste | Dokumentation |
|---|---|---|---|---|---|---|---|---|---|
| Wareneingangsschein mit gelieferten Produkten vergleichen (Kundenprodukte) | | | | | X | X | | **Prüfen:** Beschädigung, Anzahl, Artikel, Mitteilung an Einkauf<br>**Arbeitsaufgabe (AA):** FERTIGUNG: Fertigungsablauf | • Wareneingangsschein |
| Produkte auf Kundenaufträge verteilen (Kundenprodukte) | | (X) | | | | X | | **Prüfen:** Kundenprodukte auf Kundenaufträge verteilen, Lieferschein, restliche Kundenprodukte einlagern | • Lieferschein |
| Produkte nach Vorgabe kennzeichnen (Kundenprodukte) | | | | | | X | | **Prüfen:** <br>• Nicht kennzeichnen (Hinweis im EDV-System),<br>• nach Katalog kennzeichnen (Hinweis im EDV-System),<br>• nach Kundenvorschrift kennzeichnen (Hinweis auf Lieferschein)<br>Beschädigung vermeiden, Transporthilfsmittel nutzen | • Einlagerungsschein<br>• Lieferschein |
| Produkte nach Vorgabe konservieren und / oder verpacken (Kundenprodukte) | | | | | | X | | **Prüfen:**<br>• Nicht konservieren, nicht verpacken (Hinweis im EDV-System),<br>• nach eigenen Vorschriften konservieren, verpacken (Hinweis im EDV-System),<br>• nach Kundenvorschrift konservieren, verpacken (Hinweis auf Lieferschein)<br>Beschädigung vermeiden, Transporthilfsmittel nutzen | • Einlagerungsschein<br>• Lieferschein |
| Auf Kundenaufträge verteilte Produkte versenden (Kundenprodukte) | | | | | | X | | **Arbeitsaufgabe (AA):** VERSAND: Produkte versenden | • |
| | | | | | | | | **Kundenprodukt:** Wiederholteile, die ins Lager gelegt werden können | |
| Produkte ans Lager übergeben (Kundenprodukte) | | | | X | | X | | **Arbeitsaufgabe (AA):** LAGER: Produkte einlagern oder auslagern | • |
| *Nachfolgende Tätigkeiten werden nur bei Bedarf durchgeführt.* | | | | | | | | | |
| Evtl. Korrekturen oder Verbesserungen im Unternehmen durchführen | X | X | X | X | X | | | **Dokumentiertes Verfahren (dV):** QM: Lenkung fehlerhafter Produkte | • |

| Ständige Verbesserung: | **Methode:** Rückmeldungen von Fertigung, Lager<br>**Informationen:** Fertigungsauftrag, Hinweise für Kennzeichnung, Konservierung, Verpackung |
|---|---|

**Dokument:** Bild 3.18 WARENEINGANG_Wareneingang aus Fertigung.doc
© BSBE European Business School for Business Excellence Ltd. 2014,
Freigegeben: Klaus Mustermann, Datum: 05.01.2014, Fertigungsunternehmen 2
Seite 1 von 1

**BILD 3.18** WARENEINGANG: Wareneingang aus Fertigung (AA)

### LAGER: Produkte einlagern/auslagern (AA)

Mit dieser Arbeitsaufgabe wird die Einlagerung oder Auslagerung der Produkte aus dem Lager prozessorientiert beschrieben (Bild 3.19).

Die Ware wird im Rohmateriallager, dem Endproduktlager oder im Sperrlager eingelagert oder ausgelagert.

Dazu zählen folgende Produkte:

- Halbfertigprodukte, Rohmaterial,
- Kundenprodukte (Wiederholteile),
- Kunden- und Lieferantenreklamation.

Die Ware wird eventuell konserviert und einem bestimmten Lagerplatz zugeordnet. Die Einlagerung erfolgt nach FIFO *(First in, First out)*, ebenso die Auslagerung. **Hinweis:** Hier wurde nur die Einlagerung abgebildet. In der Arbeitsaufgabe ist auch die Auslagerung beschrieben.

**WECHSELWIRKUNG** Aus dieser Arbeitsaufgabe wird eventuell auf weitere Arbeitsaufgaben und dokumentierte Verfahren verwiesen (Wechselwirkung). Eine detaillierte Beschreibung erfolgt in diesen Dokumenten.

**KORREKTUR- UND VORBEUGUNGSMASSNAHMEN** Es sind eventuell Korrektur- oder Vorbeugungsmaßnahmen einzuleiten. Im Bedarfsfall ist das Formular *QM: Korrektur- und Vorbeugungsmaßnahmen* auszufüllen.

3.6 Lager, Wareneingang, Versand (AA)

## LAGER: Produkte einlagern / auslagern (AA)

| Tätigkeit / Prozessschritte | E/D Führung | D Vertrieb | D Einkauf | D Lager | D Fertigung | D WE, Versand | D externe Bearbeitung | Wechselwirkung / Checkliste | Dokumentation |
|---|---|---|---|---|---|---|---|---|---|
| *Nachfolgende Tätigkeiten erfolgen bei der Einlagerung von Halbfertigprodukten, Rohmaterialien, Kundeneigentum.* | | | | | | | | | |
| *Produkte einlagern* | | | | X | X | | | **Arbeitsaufgabe (AA):** WARENEINGANG: Wareneingang extern **Arbeitsaufgabe (AA):** VERTRIEB: Reklamation **Prüfen:** Lagerort Halbfertigprodukte: neuer Lagerplatz oder bestehender Lagerplatz, Einlagerung nach FIFO, Beschädigung vermeiden, Transporthilfsmittel nutzen  Lagerort Rohmaterial: neuer Lagerplatz oder bestehender Lagerplatz, Einlagerung nach FIFO, Beschädigung vermeiden, Transporthilfsmittel nutzen  Lagerort Kundenmaterial: Kundeneigentum neuer Lagerplatz oder bestehender Lagerplatz, Einlagerung nach FIFO, Beschädigung vermeiden, Transporthilfsmittel nutzen | • Einlagerungsschein |
| *Nachfolgende Tätigkeiten erfolgen bei der Einlagerung von Kundenprodukten aus der Fertigung.* | | | | | | | | **Kundenprodukt:** Wiederholteile, die ins Lager gelegt werden können | |
| *Produkte einlagern* | | | | X | X | | | **Arbeitsaufgabe (AA):** WARENEINGANG: Wareneingang aus Fertigung **Arbeitsaufgabe (AA):** VERTRIEB: Reklamation **Prüfen:** Lagerort Kundenprodukte: neuer Lagerplatz oder bestehender Lagerplatz, Einlagerung nach FIFO, Beschädigung vermeiden, Transporthilfsmittel nutzen | • Einlagerungsschein |
| *Nachfolgende Tätigkeiten werden nur bei Bedarf durchgeführt.* | | | | | | | | | |
| *Evtl. Korrekturen oder Verbesserungen im Unternehmen durchführen* | | | | X | X | | | **Dokumentiertes Verfahren (dV):** QM: Lenkung fehlerhafter Produkte | • |

| Ständige Verbesserung: | **Methode:** Rückmeldung von Wareneingang, Vertrieb<br>**Informationen:** Produkterhaltung, Kennzeichnung und Rückverfolgbarkeit, Mengendifferenzen, falscher Lagerplatz, Einlagerung nicht nach FIFO, kein Transporthilfsmittel |
|---|---|

**Dokument:** Bild 3.19 LAGER_Produkte einlagern_auslagern.doc
© BSBE European Business School for Business Excellence Ltd. 2014,
Freigegeben: Klaus Mustermann, Datum: 05.01.2014, Fertigungsunternehmen 2
Seite 1 von 3

**BILD 3.19** LAGER: Produkte einlagern/auslagern (AA) (Ausschnitt)

### VERSAND: Produkte versenden (AA)

Mit dieser Arbeitsaufgabe wird der Versand der Produkte prozessorientiert beschrieben (Bild 3.20).

Der Versand verschickt unterschiedliche Produkte mit Versendern, Bahn, Spediteur usw.

Dazu zählen folgende Produkte:

- Kundenprodukte (Wiederhol- und Einmalteile),
- Kunden- und Lieferantenreklamation,
- externe Bearbeitung.

Es erfolgt nur eine Sichtprüfung, um die unterschiedlichen Produkte dem jeweiligen Empfänger korrekt zuzuordnen.

Die Ware wird gekennzeichnet, verpackt und versandfertig vorbereitet.

**WECHSELWIRKUNG** Aus dieser Arbeitsaufgabe wird eventuell auf weitere Arbeitsaufgaben und dokumentierte Verfahren verwiesen (Wechselwirkung). Eine detaillierte Beschreibung erfolgt in diesen Dokumenten.

**KORREKTUR- UND VORBEUGUNGS- MASSNAHMEN** Es sind eventuell Korrektur- oder Vorbeugungsmaßnahmen einzuleiten. Im Bedarfsfall ist das Formular *QM: Korrektur- und Vorbeugungsmaßnahmen* auszufüllen.

## 3.6 Lager, Wareneingang, Versand (AA)

**VERSAND: Produkte versenden (AA)**

| Tätigkeit / Prozessschritte | E/D Führung | D Vertrieb | D Einkauf | D Lager | D Fertigung | D WE, Versand | D externe Bearbeitung | Wechselwirkung / Checkliste | Dokumentation |
|---|---|---|---|---|---|---|---|---|---|
| *Nachfolgende Tätigkeiten erfolgen beim Versand von <u>Kundenprodukten</u>.* | | | | | | | | **Kundenprodukt:** Wiederholteile, die ins Lager gelegt werden können | |
| Produkte aus dem Lager zum Versand erhalten | | | | X | | X | | **Arbeitsaufgabe (AA):** LAGER: Produkte einlagern / auslagern | • |
| Produkte aus dem Wareneingang zum Versand erhalten (Fertigung) | | | | | | X | | **Arbeitsaufgabe (AA):** WARENEINGANG: Wareneingang aus Fertigung | • |
| Produkte mit Lieferschein vergleichen | | | | | | X | | **Prüfen:** Anzahl, Artikel-Nr., Lieferadresse, Beschädigung | • Lieferschein |
| Produkte versandfertig verpacken | | | | | | X | | **Prüfen:** Karton, Kiste, Kundenwunsch, Kundenverpackung, Füllmaterial, Empfindlichkeit für Beschädigungen berücksichtigen, Gefahrensymbole | • Lieferschein |
| Versender wählen | | | | | | X | | **Prüfen:** Länge, Breite, Höhe, Gewicht, Versandart, Kundenwunsch, Empfindlichkeit für Beschädigungen berücksichtigen, Gefahrensymbole | • Lieferschein |
| Versandbelege erstellen und buchen | | | | | | X | | **Prüfen:** Versender hat eigene Vordrucke, Standardvordrucke. Versand im EDV-System buchen. | • Lieferschein<br>• Versandbelege |
| Versandbelege abheften | | | | | | X | | **Prüfen:** Versandbelege archivieren | • Lieferschein<br>• Versandbelege |
| *Nachfolgende Tätigkeiten erfolgen:*<br>• *bei Rücksendung von vom Kunden beigestellten Materialien und Unterlagen,*<br>• *bei abgelehnter Kundenreklamation.* | | | | | | | | | |
| Produkte mit Lieferschein vergleichen | | X | | | | X | | **Prüfen:** Anzahl, Artikel-Nr., Lieferadresse, Beschädigung<br>**Arbeitsaufgabe (AA):** VERTRIEB: Auftrag ändern / stornieren<br>**Arbeitsaufgabe (AA):** VERTRIEB: Reklamation | • Lieferschein |
| Produkte versandfertig verpacken | | | | | | X | | **Prüfen:** Karton, Kiste, Kundenwunsch, Kundenverpackung, Füllmaterial, Empfindlichkeit für Beschädigungen berücksichtigen, Gefahrensymbole | • Lieferschein |
| Versender wählen | | | | | | X | | **Prüfen:** Länge, Breite, Höhe, Gewicht, Versandart, Kundenwunsch, Empfindlichkeit für Beschädigungen berücksichtigen | • Lieferschein |

**Dokument:** Bild 3.20 VERSAND_Produkte versenden.doc
© BSBE European Business School for Business Excellence Ltd. 2014,
Freigegeben: Klaus Mustermann, Datum: 05.01.2014, Fertigungsunternehmen 2
Seite 1 von 3

**BILD 3.20** VERSAND: Produkte versenden (AA) (Ausschnitt)

### LAGER: Inventur (AA)

Mit dieser Arbeitsaufgabe wird die permanente Inventur prozessorientiert beschrieben (Bild 3.21).

Die Jahresinventur dient gleichzeitig der Produktbeurteilung nach folgenden Kriterien:

- Lagerhüter,
- zu große Materialmengen,
- zu viele Materialmengen,
- zu viele Endstücke,
- Beschädigung an den Produkten,
- korrekter Lagerort/Lagerplatz.

Die Produkte werden durch Sichtprüfung beurteilt. Die Inventurlisten werden durch ein EDV-Programm erstellt und mit dem Bestand abgeglichen.

**WECHSELWIRKUNG** Aus dieser Arbeitsaufgabe wird eventuell auf weitere Arbeitsaufgaben und dokumentierte Verfahren verwiesen (Wechselwirkung). Eine detaillierte Beschreibung erfolgt in diesen Dokumenten.

**KORREKTUR- UND VORBEUGUNGS-MASSNAHMEN** Es sind eventuell Korrektur- oder Vorbeugungsmaßnahmen einzuleiten. Im Bedarfsfall ist das Formular *QM: Korrektur- und Vorbeugungsmaßnahmen* auszufüllen.

## 3.6 Lager, Wareneingang, Versand (AA)

### LAGER: Inventur (AA)

| Tätigkeit / Prozessschritte | E/D Führung | D Vertrieb | D Einkauf | D Lager | D Fertigung | D WE, Versand | D externe Bearbeitung | Wechselwirkung / Checkliste | Dokumentation |
|---|---|---|---|---|---|---|---|---|---|
| *Nachfolgende Tätigkeiten erfolgen bei der Inventur von Kundenprodukten, Kundeneigentum.* | | | | | | | | **Kundenprodukt:** Wiederholteile, die ins Lager gelegt werden können | |
| Lagerliste ausdrucken | (X) | | X | | | | | **Prüfen:** Nach Lagerort: Kundenprodukte, Kundeneigentum ausdrucken | • Inventurliste |
| Inventur durchführen | (X) | | X | X | | | | **Prüfen:** Es darf während der Inventur keine physische Bewegung der Produkte erfolgen. Produkterhaltung überprüfen (Sichtkontrolle). | • Inventurliste |
| Bestandskorrekturen durchführen | (X) | | X | | | | | **Prüfen:** Die Bestandskorrektur ist im EDV-System zu begründen. | • Inventurliste |
| Inventur bewerten | (X) | | X | | | | | **Prüfen:** Die Bewertung der Inventur muss kurzfristig erfolgen. Es erfolgt eine Mengen- und Preisbewertung mit dem EDV-System. | • Inventurliste |
| *Nachfolgende Tätigkeiten erfolgen bei der Inventur von Halbfertigprodukten, Rohmaterialien.* | | | | | | | | | |
| Lagerliste ausdrucken | (X) | | X | | X | | | **Prüfen:** Nach Lagerort: Halbfertigprodukt (in Fertigung befindlich), Rohmaterial ausdrucken | • Inventurliste |
| Inventur durchführen | (X) | | X | X | X | | | **Prüfen:** Es darf während der Inventur keine physische Bewegung der Produkte erfolgen. Produkterhaltung überprüfen (Sichtkontrolle). | • Inventurliste |
| Bestandskorrekturen durchführen | (X) | | X | | X | | | **Prüfen:** Die Bestandskorrektur ist im EDV-System zu begründen. | • Inventurliste |
| Inventur bewerten | (X) | | X | | X | | | **Prüfen:** Die Bewertung der Inventur muss kurzfristig erfolgen. Es erfolgt eine Mengen- und Preisbewertung mit dem EDV-System. | • Inventurliste |
| *Nachfolgende Tätigkeiten werden nur bei Bedarf durchgeführt.* | | | | | | | | | |
| Evtl. Korrekturen oder Verbesserungen im Unternehmen durchführen | | | | X | X | | | **Dokumentiertes Verfahren (dV):** QM: Korrekturmaßnahmen **Dokumentiertes Verfahren (dV):** QM: Vorbeugungsmaßnahmen | • |

| Ständige Verbesserung: | **Methode:** Rückmeldungen von Lager, Einkauf, Fertigung |
|---|---|
| | **Informationen:** Produkterhaltung, Kennzeichnung und Rückverfolgbarkeit, Mengendifferenzen |

**Dokument:** Bild 3.21 LAGER_Inventur.doc
© BSBE European Business School for Business Excellence Ltd. 2014,
Freigegeben: Klaus Mustermann, Datum: 05.01.2014, Fertigungsunternehmen 2

**BILD 3.21** LAGER: Inventur (AA)

## 3.7 VERANTWORTUNG DER LEITUNG (AA)

Für die Verantwortung der Leitung werden folgende Arbeitsaufgaben benötigt:
1. QM: Verantwortung der Leitung (AA)
2. QM: Qualitätspolitik (AA)
3. QM: Messbare Qualitätsziele (AA)
4. QM: Managementbewertung (AA)

### QM: Verantwortung der Leitung (AA)

Mit dieser Arbeitsaufgabe wird die Verantwortung der Leitung prozessorientiert beschrieben (Bild 3.22).

Dazu gehören:
1. die Selbstverpflichtung der Leitung mit planen, festlegen und umsetzen,
2. die Qualitätspolitik,
3. die messbaren Qualitätsziele,
4. die Managementbewertung,
5. die Ressourcen,
6. die Kundenorientierung,
7. die Planung des Qualitätsmanagementsystems,
8. die Zuordnung von Verantwortung,
9. die Befugnis und die Kommunikation,
10. die personellen Ressourcen, die Infrastruktur,
11. die Arbeitsumgebung.

Mit dieser Arbeitsaufgabe werden die **Norm-Kapitel 5 Verantwortung der Leitung** und **6 Management von Ressourcen** prozessorientiert beschrieben.

**WECHSELWIRKUNG** Aus dieser Arbeitsaufgabe wird eventuell auf weitere Arbeitsaufgaben und dokumentierte Verfahren verwiesen (Wechselwirkung). Eine detaillierte Beschreibung erfolgt in diesen Dokumenten.

**KORREKTUR- UND VORBEUGUNGSMASSNAHMEN** Es sind eventuell Korrektur- oder Vorbeugungsmaßnahmen einzuleiten. Im Bedarfsfall ist das Formular *QM: Korrektur- und Vorbeugungsmaßnahmen* auszufüllen.

## QM: Verantwortung der Leitung (AA)

| Tätigkeit / Prozessschritte | E/D Führung | D Vertrieb | D Einkauf | D Lager | D Fertigung | D WE, Versand | D externe Bearbeitung | Wechselwirkung / Checkliste | Dokumentation |
|---|---|---|---|---|---|---|---|---|---|
| **Selbstverpflichtung der Leitung planen, festlegen und umsetzen** | | | | | | | | | |
| Bedeutung der Kundenanforderungen in der Organisation vermitteln | X | | | | | | | 1. Produkte / Dienstleistungen, 2. gesetzliche und behördliche Anforderungen berücksichtigen hinsichtlich Produkten und Dienstleistungen. Die Kundenanforderungen werden den zuständigen Mitarbeitern vermittelt. Dies erfolgt z. B. durch Mitarbeitergespräche, schriftliche Arbeitsanweisung, Besprechungen der Kundenaufträge. | • |
| **Qualitätspolitik** | | | | | | | | | |
| Qualitätspolitik festlegen | X | | | | | | | **Arbeitsaufgabe (AA):** QM: Qualitätspolitik | • |
| **Messbare Qualitätsziele** | | | | | | | | | |
| Sicherstellen: messbare Qualitätsziele für laufendes Jahr planen und festlegen | X | | | | | | | **Arbeitsaufgabe (AA):** QM: Messbare Qualitätsziele | • |
| **Managementbewertung** | | | | | | | | | |
| Managementbewertung durchführen | X | | | | | | | **Arbeitsaufgabe (AA):** QM: Managementbewertung | • |
| **Ressourcen** | | | | | | | | | |
| Sicherstellen: Verfügbarkeit der Ressourcen | X | | | | | | | Die Ressourcen, die für die Entwicklung des Qualitätsmanagementsystems benötigt werden, sind geplant und festgelegt. Die Ressourcen für die Verwirklichung des Qualitätsmanagementsystems und der ständigen Verbesserung der Wirksamkeit des Qualitätsmanagementsystems werden festgestellt und festgelegt. | • |
| **Kundenorientierung** | | | | | | | | | |
| Sicherstellen: Kundenanforderungen ermitteln und mit dem Ziel der Erhöhung der Kundenzufriedenheit erfüllen | X | | | | | | | **Arbeitsaufgabe (AA):** VERTRIEB: Angebot erstellen / ändern **Arbeitsaufgabe (AA):** VERTRIEB: Auftrag erstellen **Arbeitsaufgabe (AA):** VERTRIEB: Auftrag ändern / stornieren **Arbeitsaufgabe (AA):** VERTRIEB: Reklamation Weitere Informationen werden aus Telefongesprächen, Messebesuchen, Umsatzanalysen, Gutschriften ermittelt. | • |
| **Planung des Qualitätsmanagementsystems** | | | | | | | | | |

**Dokument:** Bild 3.22 QM_Verantwortung der Leitung.doc
© BSBE European Business School for Business Excellence Ltd. 2014,
Freigegeben: Klaus Mustermann, Datum: 05.01.2014, Fertigungsunternehmen 2

**BILD 3.22** QM: Verantwortung der Leitung (AA) (Ausschnitt)

### Formular: QM: Organigramm/Verantwortung

Mit diesem Formular wird die Verantwortung festgelegt (Bild 3.23). Ein Qualitätsmanagementsystem benötigt eine Führungskraft oder mehrere Führungskräfte, die sich um die Einhaltung und vor allem um die Integration des Qualitätsmanagementsystems in die Alltagspraxis kümmern. In dieser Organisationsgröße ist das normalerweise kein Problem, da Geschäftsführung und Beauftragter der obersten Leitung meist identisch sind.

Die Führungskräfte übernehmen eine Patenschaft für die Umsetzung des Qualitätsmanagementsystems in das Tagesgeschäft.

Auf ein Organigramm wurde verzichtet und nur eine Einteilung in Geschäftsführung, Funktionsbereiche und Qualitätsmanagement durchgeführt. Bei dieser Organisationsgröße ist das Qualitätsmanagement **kein** eigener Funktionsbereich.

Die Norm verlangt nur, dass die Verantwortungen und Befugnisse innerhalb der Organisation festgelegt und bekannt gemacht werden. Sie können auch eine bestehende Telefonliste erweitern und gegen dieses Formular austauschen.

3.7 Verantwortung der Leitung (AA)

## QM: Organigramm / Verantwortung

| (Organisationseinheit) Funktionsbereiche und Ebenen | Name |
|---|---|
| **Geschäftsführung:** | • Dieter Führer (OL) |
|  | • Werner Müller (OL) |
|  | • |
| **Vertrieb:** | • Dieter Führer |
|  | • |
| **Einkauf:** | • Werner Müller |
|  | • |
| **Lager:** | • Werner Müller |
|  | • |
| **Fertigung:** | • Werner Müller |
|  | • Peter Baumann |
|  | • |
| **Wareneingang / Versand:** | • Sonay Güngör |
|  | • |
| **Qualitätsmanagement:** | • Werner Müller (BOL) |
|  | • Werner Müller (QMB) |
|  | • Der BOL hat in Zusammenarbeit mit dem QMB sicherzustellen, dass die für das Qualitätsmanagementsystem erforderlichen Prozesse (= Arbeitsaufgaben und dokumentierte Verfahren) eingeführt, verwirklicht und aufrechterhalten werden.<br>• Der BOL berichtet der obersten Leitung (OL) über die Leistung des Qualitätsmanagementsystems sowie jegliche Notwendigkeit für Verbesserungen und fördert das Bewusstsein über die Kundenanforderungen in der gesamten Organisation. |
|  | • |
|  | • |
|  | • |

**Dokument:** Bild 3.23 QM_Organigramm_Verantwortung.doc
© BSBE European Business School for Business Excellence Ltd. 2014,
Freigegeben: Klaus Mustermann, Datum: 05.01.2014, Fertigungsunternehmen 2
Seite 1 von 1

**BILD 3.23** Formular: QM: Organigramm/Verantwortung

## QM: Qualitätspolitik (AA)

Mit dieser Arbeitsaufgabe wird die Qualitätspolitik prozessorientiert beschrieben (Bild 3.24).

Die Qualitätspolitik muss für den Zweck der Organisation angemessen sein. Sie muss einen Rahmen zum Festlegen und Bewerten von messbaren Qualitätszielen ermöglichen.

Was ist nun die Qualitätspolitik?

Eine Qualitätspolitik ist nichts Zusätzliches oder Unbekanntes in Ihrer Organisation, sondern nutzt die Organisationsziele, die Organisationsstrategie, die Ausrichtung der Organisation auf die Anforderungen der Kunden und warum der Kunde bei Ihnen die Produkte oder Dienstleistungen kaufen soll.

Die Qualitätspolitik und die messbaren Qualitätsziele enthalten Schwerpunkte für das Leiten und Lenken Ihrer Organisation und haben eine positive Wirkung auf die Qualität der Produkte und die Wirksamkeit der Betriebsabläufe. Es werden gewünschte Ergebnisse und tatsächliche Ergebnisse festgelegt und miteinander verglichen. Es sollte ein Trend bei den messbaren Qualitätszielen erkennbar sein, inwieweit Sie die messbaren Qualitätsziele erreicht oder nicht erreicht haben.

Dies ist in der DIN EN ISO 9000:2005 erläutert:

**ISO 9000:2005**
**AUSZUG AUS DER NORM**

*3.2.4 Qualitätspolitik*

*ANMERKUNG 1 Generell steht die Qualitätspolitik mit der übergeordneten Politik der Organisation in Einklang und bildet den Rahmen für die Festlegung von Qualitätszielen.*

**WECHSELWIRKUNG**

Aus dieser Arbeitsaufgabe wird eventuell auf weitere Arbeitsaufgaben und dokumentierte Verfahren verwiesen (Wechselwirkung). Eine detaillierte Beschreibung erfolgt in diesen Dokumenten.

**KORREKTUR- UND VORBEUGUNGSMASSNAHMEN**

Es sind eventuell Korrektur- oder Vorbeugungsmaßnahmen einzuleiten. Im Bedarfsfall ist das Formular *QM: Korrektur- und Vorbeugungsmaßnahmen* auszufüllen.

3.7 Verantwortung der Leitung (AA)

## QM: Qualitätspolitik (AA)

| Tätigkeit / Prozessschritte | E/D Füh-rung | D Ver-trieb | D Ein-kauf | D La-ger | D Fer-ti-gung | D WE, Ver-sand | D ex-terne Be-ar-bei-tung | Wechselwirkung / Checkliste | Dokumentation |
|---|---|---|---|---|---|---|---|---|---|
| **Qualitätspolitik planen, festlegen und umsetzen** | | | | | | | | | |
| Qualitätspolitik planen und erstellen | X | (X) | (X) | (X) | (X) | (X) | | **Prüfen:** Qualitätspolitik für den Zweck der Organisation angemessen: 1. Kunden 2. Produkte / Dienstleistungen 3. Unternehmen 4. Mitarbeiter 5. messbare Qualitätsziele | • Qualitätspolitik |
| Kundenerwartung ermitteln | X | X | | | | | | **Prüfen:** Kundenerwartung hinsichtlich Produkten und Dienstleistungen ermitteln, um die Erwartungen mit der Qualitätspolitik abzugleichen | • Qualitätspolitik |
| Prozesse analysieren | X | X | X | X | X | X | | **Prüfen:** Prozesse mit den erforderlichen Arbeitsaufgaben abgedeckt und die Wechselwirkungen berücksichtigt hinsichtlich Funktionsbereichen und Ebenen | • Qualitätspolitik |
| Organisation festlegen | X | (X) | (X) | (X) | (X) | (X) | | **Prüfen:** Organisation mit der Qualitätspolitik im Einklang und die Wechselwirkungen berücksichtigt hinsichtlich Funktionsbereichen und Ebenen **Arbeitsaufgabe (AA):** QM: Verantwortung der Leitung | • Qualitätspolitik • Organigrammverantwortung |
| Schulung der Mitarbeiter planen | X | (X) | (X) | (X) | (X) | (X) | | **Prüfen:** Schulung mit der Qualitätspolitik im Einklang **Arbeitsaufgabe (AA):** QM: Mitarbeiter Ausbildung / Schulung / Fertigkeiten / Erfahrung | • Qualitätspolitik |
| Messbare Qualitätsziele für laufendes Jahr festlegen | X | (X) | (X) | (X) | (X) | (X) | | **Prüfen:** Messbare Qualitätsziele mit der Qualitätspolitik der Organisation und mit den Produkten im Einklang, sowie die Berücksichtigung der Funktionsbereiche und Ebenen **Arbeitsaufgabe (AA):** QM: Messbare Qualitätsziele | • Qualitätspolitik • Messbare Qualitätsziele |
| Mitarbeiter Qualitätspolitik vermitteln | X | X | X | X | X | X | | Mitarbeiter zur Erfüllung von Anforderungen und zur ständigen Verbesserung der Wirksamkeit des Qualitätsmanagementsystems verpflichten **Arbeitsaufgabe (AA):** QM: Mitarbeiter Ausbildung / Schulung / Fertigkeiten / Erfahrung | • Qualitätspolitik |

**Dokument:** Bild 3.24 QM_Qualitätspolitik.doc
© BSBE European Business School for Business Excellence Ltd. 2014,
Freigegeben: Klaus Mustermann, Datum: 05.01.2014, Fertigungsunternehmen 2
Seite 1 von 2

**BILD 3.24** QM: Qualitätspolitik (AA) (Ausschnitt)

### Formular: QM: Qualitätspolitik

Mit diesem Formular wird die Qualitätspolitik Ihrer Organisation beschrieben (Bild 3.25).

Eine Qualitätspolitik ist nichts Zusätzliches oder Unbekanntes in Ihrer Organisation, sondern nutzt die Organisationsziele, die Organisationsstrategie, die Ausrichtung der Organisation auf die Anforderungen der Kunden und warum der Kunde bei Ihnen die Produkte oder Dienstleistungen kaufen soll.

Wenn Sie die Qualitätspolitik in **fünf Punkte** einteilen, erhalten Sie eine Struktur der Qualitätspolitik für Ihre Organisation. Nun erkennen Sie auch den „Rahmen" für die Festlegung von messbaren Qualitätszielen mit den Schwerpunkten auf Basis der Qualitätspolitik. **Die fünf Punkte verbinden die „übergeordnete Politik der Organisation" und die „Qualitätspolitik" der Organisation.**

#### 1. Kunden:

Hier treffen Sie Aussagen zu den Kunden, die Sie beliefern. Diese Aussagen zu treffen ist problemlos, da Sie Ihre Kunden kennen, die Ihre Produkte kaufen.

#### 2. Produkte:

Hier treffen Sie die Aussagen zu den Produkten und den Vorteilen für die Kunden, wenn sie Ihre Produkte nutzen. Dazu gehören auch die Einsatzgebiete des Kunden, für die Ihre Produkte genutzt werden können. Diese Aussagen zu treffen ist problemlos, da Sie die Einsatzgebiete und die Vorteile Ihrer Produkte kennen.

#### 3. Organisation:

Hier treffen Sie die Aussagen zu Ihrer Organisation. Dazu gehören die Besonderheiten, wie Sie auf die Kundenanforderungen eingehen. Dies ist nicht ganz so problemlos, da manche Organisationen ihre eigenen Besonderheiten nicht kennen und für viele Organisationen dies eigentlich „Selbstverständlichkeiten" sind.

#### 4. Mitarbeiter:

Hier treffen Sie Ihre Aussage, wie Sie die Mitarbeiter zur Qualitätspolitik verpflichtet haben.

#### 5. Messbare Qualitätsziele:

Hier treffen Sie Ihre Aussage, wie Sie die „ständige Verbesserung" durch „messbare Qualitätsziele" bewerten. Sie können auch zusätzlich die **Funktionsbereiche** und **Ebenen** aufführen, wo Sie messbare Qualitätsziele definiert haben.

3.7 Verantwortung der Leitung (AA)

## QM: Qualitätspolitik

Hier müssen Sie die eigene Qualitätspolitik definieren. Was ist nun die Qualitätspolitik?

Eine Qualitätspolitik ist nichts Zusätzliches oder Unbekanntes in Ihrer Organisation, sondern nutzt die Organisationsziele, die Organisationsstrategie und die Ausrichtung der Organisation auf die Anforderungen der Kunden, warum der Kunde bei Ihnen die Produkte oder Dienstleistungen kaufen soll.
Dies ist in der DIN EN ISO 9000:2005 erläutert: 3.2.4 Qualitätspolitik **ANMERKUNG 1 Generell steht die Qualitätspolitik mit der übergeordneten Politik der Organisation in Einklang und bildet den Rahmen für die Festlegung von Qualitätszielen**.

Die Qualitätspolitik und die messbaren Qualitätsziele enthalten **Schwerpunkte** für das Leiten und Lenken Ihrer Organisation und haben eine positive Wirkung auf die Qualität der Produkte und die Wirksamkeit der Betriebsabläufe. Es werden gewünschte Ergebnisse und tatsächliche Ergebnisse festgelegt und miteinander verglichen. Es sollte ein Trend bei den messbaren Qualitätszielen erkennbar sein, inwieweit Sie die messbaren Qualitätsziele erreicht oder nicht erreicht haben.
In der Managementbewertung erläutern Sie, warum Sie die messbaren Qualitätsziele erreicht oder nicht erreicht haben. Dies ermöglicht Ihnen einen optimalen Einsatz Ihrer Ressourcen wie z. B. Auftragseingang, Umsatz, Mitarbeiter, Fertigungseinrichtungen, Materialverbrauch, Ausschuss und Reklamationen beim Lieferanten und durch den Kunden.
Diesen "Rahmen" für die Festlegung von messbaren Qualitätszielen müssen Sie nun bei der Qualitätspolitik berücksichtigen. Mit der Qualitätspolitik beschreiben Sie die Kunden, die Produkte und/oder die Dienstleistungen. Oft finden sich in Organisationsbeschreibungen, Prospekten, Leistungskatalogen oder Fertigungsmöglichkeiten schon die entsprechenden Texte. Diese Texte können Sie als Basis für die Qualitätspolitik nutzen.

Wenn Sie die Qualitätspolitik in **fünf Punkte** einteilen, erhalten Sie eine Struktur der Qualitätspolitik für Ihre Organisation. Nun erkennen Sie auch den "Rahmen" für die Festlegung von messbaren Qualitszielen mit den Schwerpunkten auf Basis der Qualitätspolitik. **Die fünf Punkte verbinden die "übergeordnete Politik der Organisation" und die "Qualitätspolitik der Organisation"**.

### 1. Kunden:
Hier treffen Sie Aussagen zu den Kunden, die Sie beliefern. Diese Aussagen zu treffen ist problemlos, da Sie Ihre Kunden kennen, die Ihre Produkte kaufen, z. B.: *"Wir beliefern Kunden aus den Bereichen Industrie und Handwerk, wie Fassaden-, Apparate-, Fahrzeug- und Maschinenbau."*

### 2. Produkte:
Hier treffen Sie die Aussagen zu der Dienstleistung und den Vorteilen für die Kunden, wenn sie Ihre Dienstleistung nutzen. Diese Aussagen zu treffen ist problemlos, da Sie die Möglichkeiten Ihrer Fertigungseinrichtungen und die Vorteile Ihrer Dienstleistung kennen, z. B.: *"Mit unseren modernen CNC-gesteuerten Dreh-, Schleif- und Fräsmaschinen sowie einer Vielzahl von manuellen Bearbeitungsmaschinen sind wir in der Lage, die unterschiedlichsten Produkte in hoher Qualität und Präzision zu fertigen. Unser Leistungsspektrum umfasst: Drehtechnik CNC und konventionell; Frästechnik CNC und konventionell; Bohren und Gewindeschneiden; Flachschleifen; Gleitschleifen. Auf Wunsch können wir Ihre Teile durch Pulverbeschichtung oder galvanisches Verzinken mit anschließender Chromatierung eloxieren, polieren, härten und weiterveredeln. Wir verarbeiten Kunststoffe, NE-Metalle und Stähle jeglicher Art."*

### 3. Organisation:
Hier treffen Sie die Aussagen zu Ihrer Organisation. Dazu gehören die Besonderheiten, wie Sie auf die Kundenanforderungen eingehen. Dies ist nicht ganz so problemlos, da manche Organisationen ihre eigenen Besonderheiten nicht kennen und für viele Organisationen dies eigentlich "Selbstverständlichkeiten" sind, z. B.: *"Unser Unternehmen zeichnet sich dadurch aus, dass wir flexibel auf die Anforderungen unserer Kunden reagieren. Die ausgewählten Materialien, die hoch spezialisierten Mitarbeiter, die modernen Fertigungseinrichtungen und Präzisionsmessmittel ermöglichen eine hohe Genauigkeit im Fertigungsablauf und in den Produkten. Deshalb wurde das Handbuch prozessorientiert dargestellt und wurden Wechselwirkungen zwischen den Funktionsbereichen und Ebenen in den Betriebsabläufen berücksichtigt. Die Einhaltung der Kundentermine findet im Unternehmen eine, dem heutigen dynamischen Markt angepasste, besondere Beachtung. Unser QM-System ist zertifiziert nach DIN EN 9001:2008."*

### 4. Mitarbeiter:
Hier treffen Sie Ihre Aussage, wie Sie die Mitarbeiter zur Qualitätspolitik verpflichtet haben, z. B.. *"In allen Funktionsbereichen und Ebenen sind Fehler vermeidbar, wenn ihre Ursachen konsequent beseitigt werden. Damit wird nicht nur die Kundenzufriedenheit gefördert, sondern auch die ständige Verbesserung innerhalb des Unternehmens umgesetzt. Die Sicherung und gezielte Verbesserung der Qualität ist eine Aufgabe für unser gesamtes Unternehmen. Unser Unternehmen fühlt sich verpflichtet, die Qualität der Abläufe, Produkte und Dienstleistungen zu sichern und ständig zu verbessern, um unserem Unternehmen eine sichere Zukunft zu verschaffen. Jeder Mitarbeiter ist verpflichtet, die Anforderungen zu erfüllen und zur ständigen Verbesserung der Wirksamkeit des Qualitätsmanagementsystems beizutragen."*

### 5. Messbare Qualitätsziele:
Hier treffen Sie Ihre Aussage, wie Sie die "ständige Verbesserung" durch "messbare Qualitätsziele" bewerten, z. B.: *"Die Betriebsabläufe und die Anforderungen an das Produkt und an die Dienstleistung werden mithilfe von messbaren Qualitätszielen für die entsprechenden Funktionsbereiche und Ebenen, Korrektur- und Vorbeugungsmaßnahmen auf eine fortdauernde Angemessenheit bewertet."*
Sie können auch zusätzlich die Funktionsbereiche und Ebenen aufführen, wo Sie messbare Qualitätsziele definiert haben, z. B.: *"Das prozessorientierte Handbuch mit der Darstellung der Wechselwirkungen zwischen den Funktionsbereichen und Ebenen ermöglicht ein wirksames Leiten und Lenken der Betriebsabläufe zur Erreichung der messbaren Qualitätsziele. In folgenden Funktionsbereichen und Ebenen in den Betriebsabläufen wurden messbare Qualitätsziele definiert: Führung, Vertrieb, Einkauf, Fertigung."*

Diese Qualitätspolitik wurde am TT.MM.JJJJ von der Geschäftsführung in Kraft gesetzt.

**HINWEIS:**

**Den Text vor den Punkten 1. bis 5. müssen Sie löschen.**

**Den Text unter den Punkten 1. bis 5. müssen Sie gegen Ihren eigenen Text austauschen oder anpassen.**

**Dokument:** Bild 3.25 QM_Qualitätspolitik.doc
© BSBE European Business School for Business Excellence Ltd. 2014,
Freigegeben: Klaus Mustermann, Datum: 05.01.2014, Fertigungsunternehmen 2

**BILD 3.25** Formular: QM: Qualitätspolitik

### QM: Messbare Qualitätsziele (AA)

Mit dieser Arbeitsaufgabe werden die messbaren Qualitätsziele prozessorientiert beschrieben (Bild 3.26).

Die Norm erwartet, dass messbare Qualitätsziele für **zutreffende Funktionsbereiche** und **Ebenen** festgelegt werden. Die Organisation legt somit fest, für welchen Funktionsbereich und welche Ebene dies zutrifft.

1. Die **zutreffenden Funktionsbereiche** und **Ebenen** müssen festgelegt werden.
2. Für alle zutreffenden **Funktionsbereiche,** die mit einem „X" gekennzeichnet sind, werden messbare Qualitätsziele erstellt.
3. Für die **Führungsebene müssen** messbare Qualitätsziele vorhanden sein.
4. Für die **Mitarbeiterebene können** messbare Qualitätsziele vorhanden sein.

Sie müssen nicht jedes Jahr neue messbare Qualitätsziele definieren, da viele messbare Qualitätsziele immer benötigt werden. Ebenfalls sollte ein Trend erkennbar sein, um z. B. Monat, Quartal oder Jahr vergleichen zu können.

Wenn Sie neue messbare Qualitätsziele erstellen, dann müssen diese mit der Qualitätspolitik im Einklang stehen, d. h., sie müssen auf die Organisation zugeschnitten sein und einen Sinn ergeben.

**WECHSELWIRKUNG** Aus dieser Arbeitsaufgabe wird eventuell auf weitere Arbeitsaufgaben und dokumentierte Verfahren verwiesen (Wechselwirkung). Eine detaillierte Beschreibung erfolgt in diesen Dokumenten.

**KORREKTUR- UND VORBEUGUNGSMASSNAHMEN** Es sind eventuell Korrektur- oder Vorbeugungsmaßnahmen einzuleiten. Im Bedarfsfall ist das Formular *QM: Korrektur- und Vorbeugungsmaßnahmen* auszufüllen.

3.7 Verantwortung der Leitung (AA)

## QM: Messbare Qualitätsziele (AA)

| Tätigkeit / Prozessschritte | E/D Führung | D Vertrieb | D Einkauf | D Lager | D Fertigung | D WE, Versand | D externe Bearbeitung | Wechselwirkung / Checkliste | Dokumentation |
|---|---|---|---|---|---|---|---|---|---|
| **Messbare Qualitätsziele planen, festlegen und umsetzen** | | | | | | | | | |
| Messbare Qualitätsziele für laufendes Jahr festlegen | X | X | X | X | X | X | (X) | **Prüfen:** Messbare Qualitätsziele für **zutreffende Funktionsbereiche** und **Ebenen**: alle Funktionsbereiche, die mit "X" gekennzeichnet sind **Anforderung an Produkte**, messbare Qualitätsziele mit der Qualitätspolitik und der Organisation im Einklang, Trend berücksichtigen **Ebene:** Führungsebene, Mitarbeiterebene **Messbare Qualitätsziele:** Die messbaren Qualitätsziele können jedes Jahr die gleichen sein. **Dokumentiertes Verfahren (dV):** QM: Korrekturmaßnahmen **Dokumentiertes Verfahren (dV):** QM: Vorbeugungsmaßnahmen | • Messbare Qualitätsziele |
| Messbare Qualitätsziele aus den Ergebnissen von internen Audits überprüfen | X | | | | | | | **Prüfen:** Messbare Qualitätsziele mit der Qualitätspolitik, der Organisation und mit den Produkten im Einklang, Messbarkeit **Dokumentiertes Verfahren (dV):** QM: Internes Audit | • Internes Audit Planbericht<br>• Internes Audit Fragenkatalog |
| Messbare Qualitätsziele im laufenden Jahr überprüfen und aktualisieren | X | | | | | | | **Prüfen:** Messbare Qualitätsziele mit der Qualitätspolitik, der Organisation und mit den Produkten im Einklang, Messbarkeit | • Messbare Qualitätsziele |
| **Nachfolgende Tätigkeiten werden nur bei Bedarf durchgeführt.** | | | | | | | | | |
| Evtl. Korrekturen oder Verbesserungen im Unternehmen durchführen | | | | | X | X | | **Dokumentiertes Verfahren (dV):** QM: Korrekturmaßnahmen **Dokumentiertes Verfahren (dV):** QM: Vorbeugungsmaßnahmen | • |

| Ständige Verbesserung: | **Methode:** Messbare Qualitätsziele bewerten mithilfe von Statistikdaten<br>**Informationen:** Die Informationen sind in den messbaren Qualitätszielen festgelegt. |
|---|---|

**Auszug aus der Norm:**
DIN EN ISO 9001:2008
5.4 Planung
5.4.1 Qualitätsziele
Die oberste Leitung muss sicherstellen, dass für **zutreffende Funktionsbereiche** und **Ebenen** innerhalb der Organisation Qualitätsziele, einschließlich derer, **die für die Erfüllung der Anforderungen an Produkte [siehe 7.1 a)] erforderlich sind**, festgelegt sind. Die Qualitätsziele müssen messbar sein und mit der Qualitätspolitik im Einklang stehen.

**Dokument:** Bild 3.26 QM_Messbare Qualitätsziele.doc
© BSBE European Business School for Business Excellence Ltd. 2014,
Freigegeben: Klaus Mustermann, Datum: 05.01.2014, Fertigungsunternehmen 2

**BILD 3.26** QM: Messbare Qualitätsziele (AA)

### Formular: QM: Messbare Qualitätsziele_1 (Bild 3.27)

Mit diesem Formular werden die messbaren Qualitätsziele festgelegt. Es sind **zwei Formulare** vorhanden (Bild 3.27 und Bild 3.28). Sie müssen entscheiden, welches Formular Sie nutzen wollen.

Die Norm erwartet, dass messbare Qualitätsziele für **zutreffende Funktionsbereiche** und **Ebenen** festgelegt werden. Die **Organisation** legt somit fest, für welchen Funktionsbereich und welche Ebene dies zutrifft.

In diesem Formular werden die messbaren Qualitätsziele **festgelegt**, jedoch werden hier **keine Zahlen** usw. eingetragen. Die Nachweise werden durch die BWA, Statistik usw. erbracht.

In der **Managementbewertung** treffen Sie die Aussagen, warum Sie die messbaren Qualitätsziele erreicht oder nicht erreicht haben.

Das **Norm-Kapitel 8.4 Datenanalyse** wird mit diesem Formular ebenfalls berücksichtigt.

1. Die **zutreffenden Funktionsbereiche** (blau) und **Ebenen** (rot) müssen festgelegt werden.
2. Für alle zutreffenden **Funktionsbereiche** (blau) werden messbare Qualitätsziele erstellt.
3. Für die **Führungsebene** (rot) **müssen** messbare Qualitätsziele vorhanden sein.
4. Für die **Mitarbeiterebene** (blau) wurden keine messbaren Ziele definiert, da dies für die Organisationsgröße nicht unbedingt erforderlich ist.

Sie müssen nicht jedes Jahr neue messbare Qualitätsziele definieren, da viele messbare Qualitätsziele immer benötigt werden. Ebenfalls sollte ein **Trend** erkennbar sein, um z. B. Monat, Quartal oder Jahr vergleichen zu können.

Sollten Sie jedes Jahr bestimmte messbare Qualitätsziele ändern wollen, dann sollten Sie die messbaren Qualitätsziele mindestens **zweimal** im Jahr bewerten, um einen Trend ermitteln zu können.

Wenn Sie neue messbare Qualitätsziele erstellen, dann müssen diese mit der Qualitätspolitik im Einklang stehen, d. h., sie müssen auf die Organisation zugeschnitten sein und einen Sinn ergeben.

## QM: Messbare Qualitätsziele

### MESSBARE QUALITÄTSZIELE FÜR DAS JAHR XXXX

**DIN EN ISO 9001:2008**

**5.4.1 Qualitätsziele**
Die oberste Leitung muss sicherstellen, dass für **zutreffende Funktionsbereiche und Ebenen** innerhalb der Organisation Qualitätsziele, einschließlich derer, **die für die Erfüllung der Anforderungen an Produkte [siehe 7.1 a)] erforderlich sind**, festgelegt sind. Die Qualitätsziele müssen messbar sein und mit der Qualitätspolitik im Einklang stehen.

**8.4 Datenanalyse**
Die Organisation muss geeignete Daten ermitteln, erfassen und analysieren, um die Eignung und Wirksamkeit des Qualitätsmanagementsystems darzulegen und zu beurteilen, wo ständige Verbesserungen der Wirksamkeit des Qualitätsmanagementsystems vorgenommen werden können. Dies muss Daten einschließen, die durch Überwachung und Messung und aus anderen relevanten Quellen gewonnen wurden. Die Datenanalyse muss Angaben liefern über a) Kundenzufriedenheit (siehe 8.2.1), b) Erfüllung der Produktanforderungen (siehe 8.2.4), c) Prozess- und Produktmerkmale und deren Trends, einschließlich Möglichkeiten für Vorbeugungsmaßnahmen (siehe 8.2.3 und 8.2.4), und d) Lieferanten (siehe 7.4).

| Organisationseinheit (5.4.1)<br>(Funktionsbereiche und Ebenen) | Messbare Qualitätsziele (5.4.1) | Bewertungszeitraum und Trend (8.4) | Nachweise (5.4.1, 8.4) |
|---|---|---|---|
| **Oberste Leitung** | Betriebsergebnis gesamtes Unternehmen | Vergleich Monat, Quartal, Jahr, laufendes Jahr zum Vorjahr | • BWA |
| **Vertrieb** | Auftragseingang, Umsatz, Kundenreklamationen, Kosten Falschlieferungen | Vergleich Monat, Quartal, Jahr, laufendes Jahr zum Vorjahr | • Statistik |
| **Einkauf** | Lieferantenreklamationen (Anzahl Falschlieferungen, Liefertermin nicht eingehalten), Kosten aus Garantieleistungen, Kosten aus Ersatzlieferungen, Kosten Reklamation externe Bearbeitung | Vergleich Monat, Quartal, Jahr, laufendes Jahr zum Vorjahr | • Statistik |
| **Lager** | Keine messbaren Ziele definiert | | • |
| **Fertigung** | Betriebsergebnis, Ausschuss, Gemeinkosten | Vergleich Monat, Quartal, Jahr, laufendes Jahr zum Vorjahr | • Statistik |
| **Wareneingang** | Keine messbaren Ziele definiert | | • |
| **Versand** | Keine messbaren Ziele definiert | | • |
| **Externe Bearbeitung** | Kosten Reklamation externe Bearbeitung | Die Statistik wird im Einkauf geführt. | |
| **Nachfolgende Tätigkeiten werden nur bei Bedarf durchgeführt.** | | | |
| Messbare Ziele aus den Ergebnissen von internen Audits überprüfen | Messbare Ziele bei Korrekturen, Vorbeugung oder Verbesserungen überprüfen und korrigieren | Nach Durchführung des internen Audits | • Internes Audit Planbericht |

Hier werden die messbaren Qualitätsziele für die Funktionsbereiche und Ebenen festgelegt. Es werden keine Zahlen usw. hier eingetragen. Die Nachweise werden durch die BWA, Statistik usw. erbracht. In der **Managementbewertung** unter den Punkten **Rückmeldungen von Kunden, Prozessleistung, Produktkonformität, Status von Vorbeugungs- und Korrekturmaßnahmen** werden die Aussagen getroffen, warum die messbaren Qualitätsziele erreicht oder nicht erreicht wurden.

**Dokument:** Bild 3.27 QM_Messbare Qualitätsziele_1.doc
© BSBE European Business School for Business Excellence Ltd. 2014,
Freigegeben: Klaus Mustermann, Datum: 05.01.2014, Fertigungsunternehmen 2

**BILD 3.27** Formular: QM: Messbare Qualitätsziele_1

### Formular: QM: Messbare Qualitätsziele_2 (Bild 3.28)

Mit diesem Formular werden die messbaren Qualitätsziele festgelegt. Es sind **zwei Formulare** vorhanden (Bild 3.27 und Bild 3.28). Sie müssen entscheiden, welches Formular Sie nutzen wollen.

Die Norm erwartet, dass messbare Qualitätsziele für **zutreffende Funktionsbereiche** und **Ebenen** festgelegt werden. Die **Organisation** legt somit fest, für welchen Funktionsbereich und welche Ebene dies zutrifft.

In diesem Formular werden die messbaren Qualitätsziele **festgelegt**, jedoch werden hier **keine Zahlen** usw. eingetragen. Die Nachweise werden durch die BWA, Statistik usw. erbracht. **Abweichend** von dieser Aussage werden für die *Korrekturmaßnahmen* und die *Vorbeugungsmaßnahmen* sowie für die *Verbesserungen* die Gesamtzahlen hier erfasst.

In der **Managementbewertung** treffen Sie die Aussagen, warum Sie die messbaren Qualitätsziele erreicht oder nicht erreicht haben.

Das **Norm-Kapitel 8.4 Datenanalyse** wird mit diesem Formular ebenfalls berücksichtigt.

1. Die **zutreffenden Funktionsbereiche** (blau) und **Ebenen** (rot) müssen festgelegt werden.
2. Für alle zutreffenden **Funktionsbereiche** (blau) werden messbare Qualitätsziele erstellt.
3. Für die **Führungsebene** (rot) **müssen** messbare Qualitätsziele vorhanden sein.
4. Für die **Mitarbeiterebene** (blau) wurden keine messbaren Ziele definiert, da dies für die Organisationsgröße nicht unbedingt erforderlich ist.
5. Die Korrekturmaßnahmen, die Vorbeugungsmaßnahmen und die Verbesserungen werden hier mit Zahlen dokumentiert.

Sie müssen nicht jedes Jahr neue messbare Qualitätsziele definieren, da viele messbare Qualitätsziele immer benötigt werden. Ebenfalls sollte ein **Trend** erkennbar sein, um z. B. Monat, Quartal oder Jahr vergleichen zu können.

Sollten Sie jedes Jahr bestimmte messbare Qualitätsziele ändern wollen, dann sollten Sie die messbaren Qualitätsziele mindestens **zweimal** im Jahr bewerten, um einen Trend ermitteln zu können.

Wenn Sie neue messbare Qualitätsziele erstellen, dann müssen diese mit der Qualitätspolitik im Einklang stehen, d. h., sie müssen auf die Organisation zugeschnitten sein und einen Sinn ergeben.

3.7 Verantwortung der Leitung (AA)

## QM: Messbare Qualitätsziele

### MESSBARE QUALITÄTSZIELE FÜR DAS JAHR XXXX

**DIN EN ISO 9001:2008**
**5.4.1 Qualitätsziele**
Die oberste Leitung muss sicherstellen, dass für **zutreffende Funktionsbereiche und Ebenen** innerhalb der Organisation Qualitätsziele, einschließlich derer, **die für die Erfüllung der Anforderungen an Produkte [siehe 7.1 a)] erforderlich sind**, festgelegt sind. Die Qualitätsziele müssen messbar sein und mit der Qualitätspolitik im Einklang stehen.

**8.4 Datenanalyse**
Die Organisation muss geeignete Daten ermitteln, erfassen und analysieren, um die Eignung und Wirksamkeit des Qualitätsmanagementsystems darzulegen und zu beurteilen, wo ständige Verbesserungen der Wirksamkeit des Qualitätsmanagementsystems vorgenommen werden können. Dies muss Daten einschließen, die durch Überwachung und Messung und aus anderen relevanten Quellen gewonnen wurden. Die Datenanalyse muss Angaben liefern über a) Kundenzufriedenheit (siehe 8.2.1), b) Erfüllung der Produktanforderungen (siehe 8.2.4), c) Prozess- und Produktmerkmale und deren Trends, einschließlich Möglichkeiten für Vorbeugungsmaßnahmen (siehe 8.2.3 und 8.2.4), und d) Lieferanten (siehe 7.4).

| Organisationseinheit (5.4.1) (Funktionsbereiche und Ebenen) | Messbare Qualitätsziele (5.4.1) | Bewertungszeitraum und Trend (8.4) | Nachweise (5.4.1, 8.4) | Korrekturmaßnahmen | Vorbeugungsmaßnahmen (8.4) Verbesserungen |
|---|---|---|---|---|---|
| **Oberste Leitung** | Betriebsergebnis gesamtes Unternehmen | Vergleich Monat, Quartal, Jahr, laufendes Jahr zum Vorjahr | • BWA | Gesamtanzahl: Erledigt: Offen: | Gesamtanzahl: Erledigt: Offen: |
| **Vertrieb** | Auftragseingang, Umsatz, Kundenreklamationen, Kosten Falschlieferungen | Vergleich Monat, Quartal, Jahr, laufendes Jahr zum Vorjahr | • Statistik | Gesamtanzahl: Erledigt: Offen: | Gesamtanzahl: Erledigt: Offen: |
| **Einkauf** | Lieferantenreklamationen (Anzahl Falschlieferung, Liefertermin nicht eingehalten), Kosten aus Garantieleistungen, Kosten aus Ersatzlieferungen, Kosten Reklamation externe Bearbeitung | Vergleich Monat, Quartal, Jahr, laufendes Jahr zum Vorjahr | • Statistik | Gesamtanzahl: Erledigt: Offen: | Gesamtanzahl: Erledigt: Offen: |
| **Lager** | Keine messbaren Ziele definiert | | • | | |
| **Fertigung** | Betriebsergebnis, Ausschuss, Gemeinkosten | Vergleich Monat, Quartal, Jahr, laufendes Jahr zum Vorjahr | • Statistik | Gesamtanzahl: Erledigt: Offen: | |
| **Wareneingang** | Keine messbaren Ziele definiert | | • | | |
| **Versand** | Keine messbaren Ziele definiert | | • | | |
| **Externe Bearbeitung** | Kosten Reklamation externe Bearbeitung | Die Statistik wird im Einkauf geführt. | | | |
| **Nachfolgende Tätigkeiten werden nur bei Bedarf durchgeführt.** | | | | | |
| Messbare Ziele aus den Ergebnissen von internen Audits überprüfen | Messbare Ziele bei Korrekturen, Vorbeugung oder Verbesserungen überprüfen und korrigieren | Nach Durchführung des internen Audits | • Internes Audit Planbericht | | |

Hier werden die messbaren Qualitätsziele für die Funktionsbereiche und Ebenen festgelegt. Es werden keine Zahlen usw. hier eingetragen. Die Nachweise werden durch die BWA, Statistik usw. erbracht. Abweichend von dieser Aussage werden für die Korrekturmaßnahmen und Vorbeugungsmaßnahmen sowie für Verbesserungen die Gesamtzahlen hier erfasst. In der **Managementbewertung** unter den Punkten **Rückmeldungen von Kunden, Prozessleistung, Produktkonformität, Status von Vorbeugungs- und Korrekturmaßnahmen** werden die Aussagen getroffen, warum die messbaren Qualitätsziele erreicht oder nicht erreicht wurden.

**Dokument:** Bild 3.28 QM_Messbare Qualitätsziele_2.doc
© BSBE European Business School for Business Excellence Ltd. 2014,
Freigegeben: Klaus Mustermann, Datum: 05.01.2014, Fertigungsunternehmen 2
Seite 1 von 1

**BILD 3.28** Formular: QM: Messbare Qualitätsziele_2

### QM: Managementbewertung (AA)

Mit dieser Arbeitsaufgabe wird die Managementbewertung prozessorientiert beschrieben (Bild 3.29).

Die Anforderung im **Norm-Kapitel 5.6.1 Allgemeines** legt fest, dass die oberste Leitung der Organisation das Qualitätsmanagementsystem in **geplanten Abständen** bewerten muss. Die Norm legt somit **nicht** fest, **wie oft** die Managementbewertung durchgeführt werden muss, da dies die Organisation tut. Als Empfehlung sollte die Managementbewertung einmal pro Jahr durchgeführt werden.

Die in den **Norm-Kapiteln 5.6.2 Eingaben für die Bewertung** und **5.6.3 Ergebnisse der Bewertung** festgelegten Anforderungen werden hier berücksichtigt.

**Zu den Eingaben gehören:** die Ergebnisse von Audits; Rückmeldungen von Kunden; die Prozessleistung; die Produktkonformität; der Status von Korrektur- und Vorbeugungsmaßnahmen; die Folgemaßnahmen vorangegangener Managementbewertungen; Änderungen, die sich auf das Qualitätsmanagementsystem auswirken können; Empfehlungen für Verbesserungen.

**Zu den Ergebnissen gehören:** Verbesserungen der Wirksamkeit des Qualitätsmanagementsystems und seiner Prozesse; Produktverbesserung in Bezug auf Kundenanforderungen; Bedarf an Ressourcen.

Was passiert, wenn Sie als Ergebnisse **keine** Verbesserungen der Wirksamkeit des Qualitätsmanagementsystems und seiner Prozesse, **keine** Produktverbesserung in Bezug auf Kundenanforderungen oder **keinen** Bedarf an Ressourcen in diesem Jahr haben? Dann protokollieren Sie als Ergebnis, dass kein Bedarf besteht.

Sie sollten trotzdem die *messbaren Qualitätsziele* und die *Qualitätspolitik* überprüfen, ob Änderungen oder keine Änderungen durchzuführen sind, und dies protokollieren.

**WECHSELWIRKUNG**  Aus dieser Arbeitsaufgabe wird eventuell auf weitere Arbeitsaufgaben und dokumentierte Verfahren verwiesen (Wechselwirkung). Eine detaillierte Beschreibung erfolgt in diesen Dokumenten.

**KORREKTUR- UND VORBEUGUNGSMASSNAHMEN**  Es sind eventuell Korrektur- oder Vorbeugungsmaßnahmen einzuleiten. Im Bedarfsfall ist das Formular *QM: Korrektur- und Vorbeugungsmaßnahmen* auszufüllen.

3.7 Verantwortung der Leitung (AA)

## QM: Managementbewertung (AA)

| Tätigkeit / Prozessschritte | E/D Füh-rung | D Ver-trieb | D Ein-kauf | D La-ger | D Fer-ti-gung | D WE, Ver-sand | D externe Be-ar-bei-tung | Wechselwirkung / Checkliste | Dokumentation |
|---|---|---|---|---|---|---|---|---|---|
| **Managementbewertung planen, festlegen und umsetzen** | | | | | | | | | |
| Managementbewertung durchführen | X | | | | | | | | • Managementbewertung |
| **Eingaben für die Managementbewertung** | | | | | | | | | |
| Ergebnisse von Audits überprüfen | X | | | | | | | **Prüfen:** Anzahl der Audits ausreichend, Korrekturen, Verbesserungen | • Internes Audit Planbericht<br>• Managementbewertung |
| Rückmeldung von Kunden | X | | | | | | | **Prüfen:** Auftragseingang, Umsatz, Trend | • Statistiken<br>• Managementbewertung |
| Prozessleistung | X | | | | | | | **Prüfen:** Betriebsergebnis (Ausschuss, Gemeinkosten), Korrekturen, Verbesserungen | • Betriebsergebnis<br>• Managementbewertung |
| Produktkonformität | X | | | | | | | **Prüfen:** Kundenreklamationen, Lieferantenreklamationen, Kosten, Korrekturen, Verbesserungen | • Kundenreklamationen<br>• Lieferantenreklamationen<br>• Managementbewertung |
| Status von Korrektur- und Vorbeugungsmaßnahmen | X | | | | | | | **Prüfen:** Messbare Ziele, Status der Umsetzung, Korrekturmaßnahmen, Vorbeugungsmaßnahmen, Verbesserungen, Trend (Organisationseinheit, Gesamtanzahl, erledigte Maßnahmen, offene Maßnahmen) | • Messbare Qualitätsziele<br>• Managementbewertung |
| Folgemaßnahmen vorangegangener Managementbewertungen | X | | | | | | | **Prüfen:** Maßnahmen aus vorheriger Managementbewertung, offene Probleme, erledigte Probleme, Umsetzungen | • Vorangegangene Managementbewertungen<br>• Managementbewertung |
| Änderungen, die sich auf das Qualitätsmanagementsystem auswirken könnten | X | | | | | | | **Prüfen:** Änderungen in den Arbeitsaufgaben, Produkten, Herstellungsverfahren, Gesetzen, Vorgehensweisen und Arbeitsabläufen, messbare Ziele, Status der Umsetzung | • Messbare Qualitätsziele<br>• Managementbewertung |
| Empfehlungen für Verbesserungen | X | | | | | | | **Prüfen:** Messbare Qualitätsziele, Audits, Status der Umsetzung aus den Korrekturmaßnahmen, Vorbeugungsmaßnahmen, Verbesserungen | • Messbare Qualitätsziele<br>• Internes Audit Planbericht<br>• Managementbewertung |
| **Ergebnisse der Managementbewertung** | | | | | | | | | |

**BILD 3.29** QM: Managementbewertung (AA) (Ausschnitt)

### Formular: QM: Managementbewertung

Mit diesem Formular wird die Managementbewertung durchgeführt (Bild 3.30).

Die Anforderung im **Norm-Kapitel 5.6.1 Allgemeines** legt fest, dass die oberste Leitung der Organisation das Qualitätsmanagementsystem in **geplanten Abständen** bewerten muss. Die Norm legt somit **nicht** fest, **wie oft** die Managementbewertung durchgeführt werden muss, da dies die Organisation tut. Als Empfehlung sollte die Managementbewertung einmal pro Jahr durchgeführt werden.

Die in den **Norm-Kapiteln 5.6.2 Eingaben für die Bewertung** und **5.6.3 Ergebnisse der Bewertung** festgelegten Anforderungen werden hier berücksichtigt.

**Zu den Eingaben gehören:** die Ergebnisse von Audits; Rückmeldungen von Kunden; die Prozessleistung; die Produktkonformität; der Status von Korrektur- und Vorbeugungsmaßnahmen; die Folgemaßnahmen vorangegangener Managementbewertungen; Änderungen, die sich auf das Qualitätsmanagementsystem auswirken können; Empfehlungen für Verbesserungen. Welche Daten diesen Norm-Unterpunkten zugeordnet werden, ist in der Arbeitsaufgabe *QM: Managementbewertung (AA)* unter der Spalte „Wechselwirkung/Checkliste" festgelegt.

**Zu den Ergebnissen gehören:** Verbesserungen der Wirksamkeit des Qualitätsmanagementsystems und seiner Prozesse; Produktverbesserung in Bezug auf Kundenanforderungen; Bedarf an Ressourcen. Welche Daten diesen Norm-Unterpunkten zugeordnet werden, ist in der Arbeitsaufgabe *QM: Managementbewertung (AA)* unter der Spalte „Wechselwirkung/Checkliste" festgelegt.

Was passiert, wenn Sie als Ergebnisse **keine** Verbesserungen der Wirksamkeit des Qualitätsmanagementsystems und seiner Prozesse, **keine** Produktverbesserung in Bezug auf Kundenanforderungen oder **keinen** Bedarf an Ressourcen in diesem Jahr haben? Dann protokollieren Sie als Ergebnis, dass kein Bedarf besteht.

Sie sollten trotzdem die *messbaren Qualitätsziele* und die *Qualitätspolitik* überprüfen, ob Änderungen oder keine Änderungen durchzuführen sind, und dies protokollieren.

3.7 Verantwortung der Leitung (AA)

## QM: Managementbewertung

### MANAGEMENTBEWERTUNG FÜR DAS JAHR XXXX

| Eingaben für die Managementbewertung | |
|---|---|
| Ergebnisse von Audits | Hier wird eingetragen, wann das Audit durchgeführt wurde, ob Korrekturen oder Verbesserungen erforderlich waren und welche Organisationseinheiten davon betroffen sind. Im Formular *QM: Internes Audit Planbericht* wurden die entsprechenden Ergebnisse dargestellt. Diese Ergebnisse sind hier zu bewerten. Wenn keine Korrekturmaßnahmen, Verbesserungen oder Vorbeugungsmaßnahmen erforderlich waren, dann muss dies hier vermerkt werden. |
| Rückmeldungen von Kunden | Hier werden Aussagen zum Auftragseingang, zum Umsatz und über den Trend (gleich, höher, niedriger) beschrieben. Weiter sind Aussagen von Kunden über Produkte, Dienstleistungen und Reklamationen möglich. Hier erläutern Sie, warum Sie die messbaren Qualitätsziele erreicht oder nicht erreicht haben. |
| Prozessleistung | Hier werden Aussagen zu Betriebsergebnis, Ausschuss, Gemeinkosten, Korrekturen, Verbesserungen in den Prozessen, **Arbeitsaufgaben** und über den Trend (gleich, höher, niedriger) beschrieben. Hier erläutern Sie, warum Sie die messbaren Qualitätsziele erreicht oder nicht erreicht haben. Weiter müssen Sie die Korrekturmaßnahmen, Verbesserungen und Vorbeugungsmaßnahmen erläutern. |
| Produktkonformität | Hier werden Aussagen zu Kundenreklamationen, Lieferantenreklamationen, Kosten, Korrekturen, Verbesserungen und über den Trend (gleich, höher, niedriger) beschrieben. Weiter sind Aussagen von Kunden über Produkte, Dienstleistungen und Reklamationen möglich. Hier erläutern Sie, warum Sie die messbaren Qualitätsziele erreicht oder nicht erreicht haben. Weiter müssen Sie die Korrekturmaßnahmen, Verbesserungen und Vorbeugungsmaßnahmen erläutern. |
| Status von Vorbeugungs- und Korrekturmaßnahmen | Hier treffen Sie die Aussagen aus den messbaren Qualitätszielen zum Status der Korrekturmaßnahmen, Vorbeugungsmaßnahmen, Verbesserungen und über den Trend (gleich, höher, niedriger). Weiter müssen Organisationseinheit, Gesamtanzahl, erledigte und offene Maßnahmen hier aufgeführt werden. |
| Folgemaßnahmen vorangegangener Managementbewertungen | Hier werden Aussagen über noch offene Probleme, erledigte Probleme und die Umsetzungen beschrieben. Wenn keine Folgemaßnahmen vorangegangener Managementbewertungen vorhanden waren, dann muss dies hier vermerkt werden. |
| Änderungen, die sich auf das Qualitätsmanagementsystem auswirken können | Hier werden Aussagen über Änderungen in den Prozessen, Arbeitsaufgaben, Produkten, Herstellungsverfahren, Gesetzen, Vorgehensweisen, Arbeitsabläufen, messbaren Qualitätszielen und im Status der Umsetzung getroffen. Wenn keine Änderungen, die sich auf das Qualitätsmanagementsystem auswirken können, vorhanden waren, dann muss dies hier vermerkt werden. |
| Wurden Empfehlungen für Verbesserungen berücksichtigt? | Hier werden Aussagen, welche Empfehlungen umgesetzt wurden, die sich aus den Korrekturmaßnahmen, Vorbeugungsmaßnahmen, Verbesserungen und internen Audits ergeben haben, getroffen. Wenn keine Empfehlungen für Verbesserungen zu berücksichtigen sind, dann muss dies hier vermerkt werden. |

| Ergebnisse der Managementbewertung | |
|---|---|
| Verbesserung der Wirksamkeit des Qualitätsmanagementsystems und seiner Prozesse | Hier werden Aussagen über Änderungen durch interne Audits, in den Prozessen, Produkten, Dienstleistungen, Herstellungsverfahren, Gesetzen, Vorgehensweisen, Arbeitsaufgaben, Korrekturmaßnahmen, Vorbeugungsmaßnahmen, Verbesserungen und messbaren Zielen getroffen. Wenn keine Verbesserungen der Wirksamkeit des Qualitätsmanagementsystems und seiner Prozesse vorhanden sind, dann muss dies hier vermerkt werden. |

**Dokument:** Bild 3.30 QM_Managementbewertung.doc
© BSBE European Business School for Business Excellence Ltd. 2014,
Freigegeben: Klaus Mustermann, Datum: 05.01.2014, Fertigungsunternehmen 2
Seite 1 von 2

**BILD 3.30** Formular: QM: Managementbewertung (Ausschnitt)

## ■ 3.8 MITARBEITER (AA)

**QM: Mitarbeiter Ausbildung/Schulung/Fertigkeiten/Erfahrung (AA)**

Mit dieser Arbeitsaufgabe werden Ausbildung, Schulung, Fertigkeiten und Erfahrung prozessorientiert beschrieben (Bild 3.31).

Die Mitarbeiter werden in den entsprechenden **Funktionsbereichen** und **Ebenen** eingesetzt. Daher ist es notwendig, Ausbildung, Schulungen, Fertigkeiten und Erfahrungen zu ermitteln. Bei einer Neueinstellung wird ein Anforderungsprofil erstellt, dies kann auch eine Anzeige in einer Zeitung sein, und wird mit den Bewerbungsunterlagen verglichen. Damit ist die grundsätzliche Analyse erfüllt.

Bei den bestehenden Mitarbeitern sollte auch in geplanten Abständen oder bei Bedarf eine Analyse durchgeführt werden.

**Dazu gehören:** die Tätigkeiten, die bei einer Einstellung neuer Mitarbeiter und bei der Beschäftigung von Zeitarbeitskräften, die vom Personaldienstleister zur Verfügung gestellt werden, erforderlich sind; die Analyse der Mitarbeiter, deren Tätigkeiten die Erfüllung der Produktanforderungen beeinflussen.

**WECHSELWIRKUNG**

Aus dieser Arbeitsaufgabe wird eventuell auf weitere Arbeitsaufgaben und dokumentierte Verfahren verwiesen (Wechselwirkung). Eine detaillierte Beschreibung erfolgt in diesen Dokumenten.

**KORREKTUR- UND VORBEUGUNGS-MASSNAHMEN**

Es sind eventuell Korrektur- oder Vorbeugungsmaßnahmen einzuleiten. Im Bedarfsfall ist das Formular *QM: Korrektur- und Vorbeugungsmaßnahmen* auszufüllen.

3.8 Mitarbeiter (AA)

**QM: Mitarbeiter Ausbildung / Schulung / Fertigkeiten / Erfahrung (AA)**

| Tätigkeit / Prozessschritte | E/D Führung | D Vertrieb | D Einkauf | D Lager | D Fertigung | D WE, Versand | D externe Bearbeitung | Wechselwirkung / Checkliste | Dokumentation |
|---|---|---|---|---|---|---|---|---|---|
| **Ausbildung, Schulung, Fertigkeiten, Erfahrung planen, festlegen und umsetzen** | | | | | | | | | |
| **Nachfolgende Tätigkeiten erfolgen bei der Einstellung neuer Mitarbeiter.** | | | | | | | | | |
| Einstellung neuer Mitarbeiter planen und Anforderungsprofil festlegen | X | (X) | (X) | (X) | (X) | (X) | | **Berücksichtigen:** Ausbildung, Schulung, Fertigkeiten, Erfahrungen in den Funktionsbereichen und Ebenen, Beeinflussung des Mitarbeiters auf die Produktanforderungen | • Anforderungsprofil |
| Anforderungsprofil veröffentlichen | X | | | | | | | Anzeigen in Fachzeitungen, Homepage, Ausschreibung in der eigenen Organisation | • Anforderungsprofil |
| Vorstellungsgespräch vorbereiten und durchführen | X | (X) | (X) | (X) | (X) | (X) | | Vorstellungsgespräch durchführen, Auswahl treffen | • Anforderungsprofil<br>• Bewerbungsunterlagen |
| Einstellung durchführen und Arbeitsvertrag abschließen | X | | | | | | | Unterlagen für Mitarbeiter erstellen, Verantwortung und die Wechselwirkungen berücksichtigen hinsichtlich Funktionsbereichen und Ebenen und Beeinflussung des Mitarbeiters auf die Produktanforderungen | • Einstellungsunterlagen |
| Organisation festlegen mit Organigrammverantwortung | X | | | | | | | Verantwortung und Wechselwirkungen berücksichtigen hinsichtlich Funktionsbereichen und Ebenen | • Organigrammverantwortung |
| Einarbeitungsplan erstellen | X | (X) | (X) | (X) | (X) | (X) | | Einarbeitungsplan erstellen, Beeinflussung des Mitarbeiters auf die Produktanforderungen berücksichtigen | • Schulungsablauf |
| Einarbeitung durchführen | (X) | X | X | X | X | X | | Organisation vorstellen in den Funktionsbereichen und Ebenen, eigene Tätigkeit und die Beeinflussung des Mitarbeiters auf die Produktanforderungen | • Handbuch<br>• Arbeitsaufgaben<br>• Dokumentierte Verfahren<br>• Formulare<br>• Dokumente externer Herkunft<br>• Organigrammverantwortung<br>• Dokumentationsmatrix |
| Ermittlung des weiteren Maßnahmenbedarfs | (X) | X | X | X | X | X | | Mitarbeitergespräche | • Mitarbeiter Maßnahme |

**Dokument:** Bild 3.31 QM_Mitarbeiter_Ausbildung_Schulung_Fertigkeiten_Erfahrung.doc
© BSBE European Business School for Business Excellence Ltd. 2014,
Freigegeben: Klaus Mustermann, Datum: 05.01.2014, Fertigungsunternehmen 2
Seite 1 von 4

**BILD 3.31** QM: Mitarbeiter Ausbildung/Schulung/Fertigkeiten/Erfahrung (AA) (Ausschnitt)

**Formular: QM: Mitarbeiter Maßnahme**

Mit diesem Formular wird die Maßnahme protokolliert (Bild 3.32).

Das Formular ist ein Universalformular, das für unterschiedliche Tätigkeiten eingesetzt werden kann. Für die Größe der hier dargestellten Organisation ist dies ausreichend.

Die Maßnahme berücksichtigt:

1. die interne Schulung, die externe Schulung, die Unterweisung, die Betriebsversammlung, die Mitarbeiterbesprechung, die Informationen, die zur Kenntnis abgezeichnet werden müssen,
2. die *Funktionsbereiche*,
3. den Inhalt/das Thema der Maßnahme,
4. die Beurteilung der Wirksamkeit der Maßnahme,
5. die Mitarbeiter, die vom Personaldienstleister zur Verfügung gestellt werden.

Sie müssen dieses Formular nicht mit dem EDV-System ausfüllen, es ist auch möglich, dies von Hand zu tun. Der Aufwand ist überschaubar und sollte unbedingt genutzt werden. Die Norm erwartet jedoch, dass die Eintragungen lesbar sind. Sie sollten aber die Mitarbeiter vorher eintragen, damit Sie das Formular optimal nutzen können.

Weiter erwartet die Norm, dass die Wirksamkeit der Maßnahme kontrolliert wird, und dies sollten Sie unbedingt durchführen.

3.8 Mitarbeiter (AA)

### QM: Mitarbeiter Maßnahme

**① Art der Maßnahme:**
- Interne Schulung, externe Schulung, Unterweisung, Betriebsversammlung, Mitarbeiterbesprechung; Information zur Kenntnis
  **Nichtzutreffendes streichen**

**② Funktionsbereiche:**
- Vertrieb, Einkauf, Lager, Wareneingang, Versand, externe Bearbeitung
  **Nichtzutreffendes streichen**

**Ort, Datum, Uhrzeit von / bis:**
- 

**Nächste geplante Maßnahme:**
- 

**③ Inhalt / Thema der Maßnahme:**

**Information zur Kenntnis:**
**Nichtzutreffendes streichen**
- 

**④ Wirksamkeit der Maßnahme beurteilt durch / am:**
- 

| Name des Mitarbeiters, eigene Organisation / vom Personaldienstleister: | Unterschrift des Mitarbeiters, eigene Organisation / des Personaldienstleisters: | Eigene Organisation | Personaldienstleister |
|---|---|---|---|
| | | | |
| | | | |
| | | | |
| | | | |
| | | | |
| | | | |
| | | | |
| | | | |
| | | | |
| | | | |
| | | | |
| | | | |
| | | | |
| | | | |
| | | | |

⑤

**Inhalt / Thema:** Mit der Unterschrift bestätigt der Mitarbeiter / die Zeitarbeitskraft, dass er / sie teilgenommen und den Inhalt / das Thema der Maßnahme verstanden hat. Sollte der Inhalt / das Thema der Maßnahme nicht oder nur teilweise verstanden worden sein, dann ist unverzüglich der Vorgesetzte zu benachrichtigen.

**Information zur Kenntnis:** Mit der Unterschrift bestätigt der Mitarbeiter / die Zeitarbeitskraft, dass er / sie die Information gelesen und verstanden hat.

**Dokument:** Bild 3.32 QM_Mitarbeiter Maßnahme.doc
© BSBE European Business School for Business Excellence Ltd. 2014,
Freigegeben: Klaus Mustermann, Datum: 05.01.2014, Fertigungsunternehmen 2
Seite 1 von 1

**BILD 3.32** Formular: QM: Mitarbeiter Maßnahme

## 3.9 STÄNDIGE VERBESSERUNG DES QM-SYSTEMS (DV)

Für die ständige Verbesserung des Qualitätsmanagementsystems werden folgende dokumentierte Verfahren prozessorientiert beschrieben:

1. QM: Internes Audit (dV)
2. QM: Lenkung fehlerhafter Produkte (dV)
3. QM: Korrekturmaßnahmen (dV)
4. QM: Vorbeugungsmaßnahmen (dV)

### QM: Internes Audit (dV)

Mit diesem dokumentierten Verfahren wird die Durchführung von internen Audits prozessorientiert beschrieben (Bild 3.33).

Es werden **zwei Arten** von internen Audits dargestellt.

**Auditprogramm als Systemaudit:**

**Auditziele:** Ermittlung des Erfüllungsgrades der DIN EN ISO 9001:2008 und der Anforderungen der Organisation. Das Audit wird als **Systemaudit** durchgeführt, um die Organisationsabläufe auf Wirksamkeit zur Erfüllung der Kundenanforderungen zu überprüfen. **Auditkriterien:** Als Bezugsgrundlage (Referenz) dient die DIN EN ISO 9001:2008. Der Auditplanbericht und der Auditfragenkatalog werden als Vorgehensweise genutzt, um einen Vergleich mit den Nachweisen zu erhalten. **Auditumfang:** Erfüllung der Anforderungen der DIN EN ISO 9001:2008 und der Anforderungen der Organisation. **Audithäufigkeit:** einmal pro Jahr. **Auditmethoden:** Auditplanbericht, Auditfragenkatalog und Dokumentationsmatrix als Basis für das interne Audit (Systemaudit) nutzen. Es werden Mitarbeiter befragt, Tätigkeiten beobachtet und Dokumente und Aufzeichnungen überprüft. Die Norm erwartet eine Planung des Auditprogramms. Die Norm legt jedoch nicht fest, wie oft ein internes Audit durchgeführt werden muss. Es wird jedoch empfohlen, das interne Audit einmal pro Jahr durchzuführen.

**Auditprogramm als Prozessaudit:**

**Prozessaudit:** Das interne Audit kann auch als **Prozessaudit** zur Behebung von Problemen genutzt werden. **Auditkriterien:** Als Bezugsgrundlage (Referenz) dient das Formular *QM: Korrektur- und Vorbeugungsmaßnahmen*.

**WECHSELWIRKUNG** Aus diesem dokumentierten Verfahren wird eventuell auf weitere Arbeitsaufgaben und dokumentierte Verfahren verwiesen (Wechselwirkung). Eine detaillierte Beschreibung erfolgt in diesen Dokumenten.

**KORREKTUR- UND VORBEUGUNGSMASSNAHMEN** Es sind eventuell Korrektur- oder Vorbeugungsmaßnahmen einzuleiten. Im Bedarfsfall ist das Formular *QM: Korrektur- und Vorbeugungsmaßnahmen* auszufüllen.

## 3.9 Ständige Verbesserung des QM-Systems (dV)

### QM: Internes Audit (dV)

| Tätigkeit / Prozessschritte | E/D Führung | D Vertrieb | D Einkauf | D Lager | D Fertigung | D WE, Versand | D externe Bearbeitung | Wechselwirkung / Checkliste | Dokumentation |
|---|---|---|---|---|---|---|---|---|---|
| *Interne Audits planen, festlegen und umsetzen* | | | | | | | | 1. Das interne Audit kann als **Systemaudit** zur Überprüfung der Organisationsabläufe und die Erfüllung der Wirksamkeit der Kundenanforderungen genutzt werden.<br><br>2. Das interne Audit kann als **Prozessaudit** zur Behebung von Problemen genutzt werden. | |
| **SYSTEMAUDIT** | | | | | | | | | |
| <u>SYSTEMAUDIT:</u> *Auditprogramm planen, festlegen und als Vorgehensweise für das interne Audit nutzen* | X | | | | | | | **Auditziele:** Ermittlung des Erfüllungsgrades der DIN EN ISO 9001:2008 und der Anforderungen der Organisation. Das Audit wird als **Systemaudit** durchgeführt, um die Organisationsabläufe auf Wirksamkeit zur Erfüllung der Kundenanforderungen zu überprüfen.<br>**Auditkriterien:** Als Bezugsgrundlage (Referenz) dient die DIN EN ISO 9001:2008. Der Auditplanbericht und der Auditfragenkatalog werden als Vorgehensweise genutzt, um einen Vergleich mit den Nachweisen zu erhalten.<br>**Auditumfang:** Erfüllung der Anforderungen der DIN EN ISO 9001:2008 und der Anforderungen der Organisation<br>**Audithäufigkeit:** Einmal pro Jahr<br>**Auditmethoden:** Auditplanbericht, Auditfragenkatalog und Dokumentationsmatrix als Basis für das interne Audit **(Systemaudit)** nutzen. Es werden Mitarbeiter befragt, Tätigkeiten beobachtet und Dokumente und Aufzeichnungen überprüft. | • Internes Audit Planbericht<br>• Internes Audit Fragenkatalog<br>• Dokumentationsmatrix |
| *Ergebnisse von früheren Audits überprüfen und berücksichtigen* | X | | | | | | | **Prüfen:**<br>Anzahl der Audits ausreichend, Korrekturen, Verbesserungen | • Internes Audit Planbericht<br>• Korrektur- und Vorbeugungsmaßnahmen |

**Dokument:** Bild 3.33 QM_Internes Audit.doc
© BSBE European Business School for Business Excellence Ltd. 2014,
Freigegeben: Klaus Mustermann, Datum: 05.01.2014, Fertigungsunternehmen 2
Seite 1 von 4

**BILD 3.33**  QM: Internes Audit (dV) (Ausschnitt)

## Formular: QM: Internes Audit Planbericht

Mit diesem Formular wird das interne Audit (Systemaudit) protokolliert (Bild 3.34).

Das Formular ist in **drei Teilbereiche** aufgeteilt. Im ersten Teil wird mit dem *Auditplan* das interne Audit geplant. Im zweiten Teil wird die *Vorgehensweise* festgelegt. Im dritten Teil wird der *Auditbericht* ausgefüllt, um ein abschließendes Urteil über die positiven und die negativen Aspekte darzulegen.

**AUDITPLAN**
1. Legen Sie das Datum und die Dauer (Uhrzeit) des internen Audits fest.
2. Legen Sie den oder die Auditoren fest. Der Auditor darf seine eigene Tätigkeit nicht auditieren.
3. Legen Sie die Auditziele, die Auditkriterien, den Auditumfang, die Audithäufigkeit und die Auditmethoden fest.
4. Benachrichtigen Sie die Mitarbeiter rechtzeitig.

**VORGEHENSWEISE**
5. Nutzen Sie das Formular *QM: Internes Audit Fragenkatalog* als Basis für das interne Audit. Sie können das interne Audit für die Norm-Kapitel 4, 5, 6, 7 und 8 auf das Jahr verteilt durchführen. Sie müssen dann nur die nicht benötigten Norm-Kapitel aus dem Formular *QM: Internes Audit Fragenkatalog* löschen. Sie müssen dann die Formulare *QM: Internes Audit Planbericht* und *QM: Internes Audit Fragenkatalog* mehrfach ausfüllen. Wenn Sie das interne Audit auf das Jahr verteilt durchführen, dann müssen Sie das unter der *Vorgehensweise* vermerken.
6. Führen Sie das interne Audit durch und notieren Sie die Abweichungen im Formular *QM: Korrektur- und Vorbeugungsmaßnahmen*.

**AUDITBERICHT**
Zum Schluss fällen Sie unter dem Punkt *Auditbericht* ein abschließendes Urteil über das interne Audit und unterschreiben Sie auf dieser Seite den Auditbericht. Die für den Funktionsbereich verantwortliche Leitung unterschreibt ebenfalls.

Das interne Audit ist mit einfachen Mitteln durchgeführt.

Die Abweichungen müssen analysiert werden. Die für den auditierten **Funktionsbereich** verantwortliche Leitung muss sicherstellen, dass Maßnahmen ohne ungerechtfertigte Verzögerung zur Beseitigung erkannter Fehler und ihrer Ursachen ergriffen werden.

Aus diesen Daten können neue messbare Qualitätsziele und Kennzahlen entstehen.

3.9 Ständige Verbesserung des QM-Systems (dV)

## QM: Internes Audit Planbericht

### Auditplan

| Datum: | • |
|---|---|
| Uhrzeit von / bis: | • |
| Auditor 1: | • |
| Auditor 2: | • |
| | • Es wurde darauf geachtet, dass der Auditor seine eigene Tätigkeit nicht auditiert. |

| | |
|---|---|
| Auditziele: | • Ermittlung des Erfüllungsgrades der DIN EN ISO 9001:2008 und der Anforderungen der Organisation. Das Audit wird als **Systemaudit** durchgeführt, um die Organisationsabläufe auf Wirksamkeit zur Erfüllung der Kundenanforderungen zu überprüfen. |
| Auditkriterien: | • Als Bezugsgrundlage (Referenz) dient die DIN EN ISO 9001:2008. Die Formulare *QM: Internes Audit Planbericht und QM: Internes Audit Fragenkatalog* werden als Vorgehensweise genutzt, um einen Vergleich mit den Nachweisen zu erhalten. |
| Auditumfang: | • Erfüllung der Anforderungen der DIN EN ISO 9001:2008 und der Anforderungen der Organisation. Die zu auditierenden Normenabschnitte sind im Formular *QM: Internes Audit Fragenkatalog* aufgeführt. |
| Audithäufigkeit: | • Einmal pro Jahr. |
| Auditmethoden: | • Die Formulare *QM: Internes Audit Planbericht, QM: Internes Audit Fragenkatalog* und *QM: Dokumentationsmatrix* als Basis für das interne Audit (**Systemaudit**) nutzen. Es werden Mitarbeiter befragt, Tätigkeiten beobachtet und Dokumente und Aufzeichnungen überprüft. |
| Abweichungen im Audit: | • Die Formulare *QM: Internes Audit Planbericht* und *QM: Korrektur- und Vorbeugungsmaßnahmen* für die Dokumentation nutzen. |

### Vorgehensweise:

1. Den oder die Auditoren festlegen. Dabei ist darauf zu achten, dass der Auditor seine eigene Tätigkeit nicht auditiert.
2. Das Formular *QM: Internes Audit Fragenkatalog* erstellen/überarbeiten und als Checkliste für das interne Audit nutzen.
3. Wenn Abweichungen oder Verbesserungen aus dem **vorherigen** Audit vorhanden sind, dann müssen diese berücksichtigt werden.
4. Die zu auditierenden Normenabschnitte sind im Formular *QM: Internes Audit Fragenkatalog* aufgeführt.
5. Die im Handbuch festgelegten Arbeitsaufgaben und dokumentierten Verfahren können zusätzlich als Checkliste genutzt werden, um die Tätigkeiten hinterfragen zu können.
6. Wenn im Audit Abweichungen oder Verbesserungen vorhanden sind, dann ist das Formular *QM: Korrektur- und Vorbeugungsmaßnahmen* zur Dokumentation der Abweichungen oder Verbesserungen zu nutzen. Die für den auditierten **Funktionsbereich** verantwortliche Leitung muss sicherstellen, dass Maßnahmen ohne ungerechtfertigte Verzögerung zur Beseitigung erkannter Fehler und ihrer Ursachen ergriffen werden.
7. Weiter muss überprüft werden, ob Daten in die messbaren Ziele übernommen werden müssen.

### Auditbericht:

| Festgestellte Abweichungen: | • Es wurden keine Abweichungen festgestellt.<br>• Die ausgefüllten Formulare *QM: Korrektur- und Vorbeugungsmaßnahmen* zur Dokumentation der Abweichungen oder Verbesserungen sind an diesen Bericht geheftet.<br>• **Nichtzutreffendes streichen** |
|---|---|
| Abschließendes Urteil über die Erfüllung der Norm: | |

**Dokument:** Bild 3.34 QM_Internes Audit_Plan_Bericht.doc
© BSBE European Business School for Business Excellence Ltd. 2014,
Freigegeben: Klaus Mustermann, Datum: 05.01.2014, Fertigungsunternehmen 2
Seite 1 von 1

**BILD 3.34** Formular: QM Internes Audit Planbericht

### Formular: QM: Internes Audit Fragenkatalog

Mit diesem Formular werden die Fragen festgelegt und die Antworten dokumentiert (Bild 3.35).

Das Formular ist in **zwei Spalten** aufgeteilt. In der ersten Tabellenspalte werden die *Normenabschnitte* und die *Fragen* festgelegt. In der zweiten Tabellenspalte werden die *Antworten* notiert. Die Fragen und die Antworten sind als Muster eingetragen und müssen an Ihre Organisation angepasst werden. Dies betrifft grundsätzlich die Antworten, wenn Sie die Fragen belassen wollen.

Dabei können Sie wie folgt vorgehen:

1. **Variante 1:** Notieren Sie die Abweichung als Text direkt in der zweiten Tabellenspalte unter dem Abschnitt **Abweichung.**
2. **Variante 2:** Notieren Sie eine fortlaufende Nummer in der zweiten Tabellenspalte unter dem Abschnitt **Abweichung.** Anschließend füllen Sie für jede Abweichung das Formular *QM: Korrektur- und Vorbeugungsmaßnahmen* aus und ordnen diesem die fortlaufende Nummer zu.
3. Sie können das interne Audit für die Norm-Kapitel 4, 5, 6, 7 und 8 auf das Jahr verteilt durchführen. Sie müssen dann nur die nicht benötigten Norm-Kapitel aus dem Formular *QM: Internes Audit Fragenkatalog* löschen. Sie müssen dann die Formulare *QM: Internes Audit Planbericht* und *QM: Internes Audit Fragenkatalog* mehrfach ausfüllen.

Im Beispiel sind nur die Abweichungen aufgeführt. Es können hier auch **Empfehlungen** notiert und im Formular *QM: Korrektur- und Vorbeugungsmaßnahmen* protokolliert werden. Für die Vorgehensweise bei Empfehlungen sind die *Nummern 1 und 2* sinngemäß anzuwenden.

## 3.9 Ständige Verbesserung des QM-Systems (dV)

### QM: Internes Audit Fragenkatalog

**INTERNES AUDIT FÜR DAS JAHR XXXX**

| NORMENABSCHNITTE ISO 9001:2008 | ANTWORTEN |
|---|---|
| 4.2.2 Qualitätsmanagementhandbuch<br><br>**Frage:** Wie werden im Handbuch die relevanten Arbeitsabläufe (Prozesse) berücksichtigt? | Hier kann eingetragen werden, wie die relevanten Abläufe im Qualitätsmanagementhandbuch berücksichtigt werden, z. B.:<br><br>Qualitätsmanagementhandbuch: **A_START-Handbuch-Prozessorientierter Ansatz**<br><br>Das Qualitätsmanagementhandbuch berücksichtigt alle relevanten Arbeitsabläufe. Es wurden keine Änderungen im Qualitätsmanagementhandbuch und in den Arbeitsabläufen durchgeführt.<br>Es wurden keine Kopien des Qualitätsmanagementhandbuches erstellt, daher gab es nur ein aktuelles Qualitätsmanagementhandbuch.<br>Alle Dokumente werden hinsichtlich Aktualität überprüft.<br><br>Das Qualitätsmanagementhandbuch besteht aus einer Seite. Aus dieser Seite wird auf die Arbeitsaufgaben und die dokumentierten Verfahren verwiesen. Die Beschreibung der Wechselwirkungen der Prozesse wird in den Arbeitsaufgaben und den dokumentierten Verfahren dargestellt.<br><br>**Abweichung:** Es waren keine Abweichungen vorhanden. |
| 4.2.3 Lenkung von Dokumenten<br><br>**Frage:** Wie werden die Dokumente gelenkt? | Hier kann eingetragen werden, wie die Dokumente gelenkt werden, z. B.:<br><br>Die Dokumente wurden auf folgende Punkte überprüft:<br>1. Vollständigkeit (interne und externe Dokumente),<br>2. Aktualität der Dokumente,<br>3. Aufbewahrungszeit,<br>4. wo die Dokumente aufbewahrt werden,<br>5. wer die Dokumente nutzen muss.<br><br>**Abweichung:** Es waren keine Abweichungen vorhanden. |
| 4.2.4 Lenkung von Aufzeichnungen<br><br>**Frage:** Wie werden die Aufzeichnungen gelenkt? | Hier kann eingetragen werden, wie die Aufzeichnungen gelenkt werden, z. B.:<br><br>Die Aufzeichnungen wurden auf folgende Punkte überprüft:<br>1. Vollständigkeit,<br>2. Aufbewahrungszeit,<br>3. wo die Aufzeichnungen aufbewahrt werden.<br><br>**Abweichung:** Es waren keine Abweichungen vorhanden. |
| 5.1 Selbstverpflichtung der Leitung<br><br>**Frage:** Wie werden die Kundenanforderungen, die Qualitätspolitik und die Qualitätsziele den Mitarbeitern vermittelt? | Hier kann eingetragen werden, wie die Qualitätspolitik und die Qualitätsziele den Mitarbeitern vermittelt werden, z. B.:<br><br>Die Kundenanforderungen wurden in Gesprächen mit den Mitarbeitern vermittelt. Dies erfolgt auftragsbezogen. Die Qualitätspolitik ist als Leitbild vorhanden und noch aktuell. Die Qualitätsziele als Statistik sind festgelegt und wurden regelmäßig überprüft. Die Managementbewertung wurde durchgeführt. Die Arbeitsabläufe in unserem Unternehmen wurden überprüft, und die benötigten Ressourcen für die Durchführung der Tätigkeiten sind vorhanden.<br><br>**Abweichung:** Es waren keine Abweichungen vorhanden. |
| 5.2 Kundenorientierung<br><br>**Frage:** Wie wird die Kundenorientierung umgesetzt? | Hier kann eingetragen werden, wie die Kundenorientierung umgesetzt wird, z. B.:<br><br>Die Kundenanforderungen wurden in Gesprächen mit den Mitarbeitern vermittelt. Die Qualitätspolitik ist als Leitbild vorhanden und noch aktuell.<br><br>**Abweichung:** Es waren keine Abweichungen vorhanden. |
| 5.3 Qualitätspolitik<br><br>**Frage:** Wie wird die Qualitätspolitik den Mitarbeitern vermittelt? | Hier kann eingetragen werden, wie die Qualitätspolitik den Mitarbeitern vermittelt wird, z. B.:<br><br>Die Qualitätspolitik ist als Leitbild vorhanden, wurde von den Mitarbeitern verstanden und ist auf das Unternehmen, die Kunden und die Produkte abgestimmt. Den Mitarbeitern wurde es durch Mitarbeitergespräche vermittelt. Die Qualitätsziele (Statistiken) wurden regelmäßig überprüft. |

**BILD 3.35** Formular: QM: Internes Audit Fragenkatalog

### QM: Lenkung fehlerhafter Produkte (dV)

Mit diesem dokumentierten Verfahren wird die Durchführung der Lenkung von fehlerhaften Produkten prozessorientiert beschrieben (Bild 3.36).

Die Tätigkeiten sind als Arbeitsaufgaben definiert und somit prozessorientiert dargestellt. Wenn es erforderlich wird, dass fehlerhafte Produkte gelenkt werden müssen, **dann muss dies direkt in der betroffenen Arbeitsaufgabe erfolgen**.

In diesem dokumentierten Verfahren erfolgt daher die Darstellung der *Wechselwirkung* mit den weiteren Arbeitsaufgaben.

WECHSELWIRKUNG  Aus diesem dokumentierten Verfahren wird eventuell auf weitere Arbeitsaufgaben und dokumentierte Verfahren verwiesen (Wechselwirkung). Eine detaillierte Beschreibung erfolgt in diesen Dokumenten.

KORREKTUR- UND VORBEUGUNGS-MASSNAHMEN  Es sind eventuell Korrektur- oder Vorbeugungsmaßnahmen einzuleiten. Im Bedarfsfall ist das Formular *QM: Korrektur- und Vorbeugungsmaßnahmen* auszufüllen.

3.9 Ständige Verbesserung des QM-Systems (dV)

## QM: Lenkung fehlerhafter Produkte (dV)

| Tätigkeit / Prozessschritte | E/D Führung | D Vertrieb | D Einkauf | D Lager | D Fertigung | D WE, Versand | D externe Bearbeitung | Wechselwirkung / Checkliste | Dokumentation |
|---|---|---|---|---|---|---|---|---|---|
| **Lenkung fehlerhafter Produkte planen, festlegen und umsetzen** | | | | | | | | | |
| *Abweichungen durch Prozessaudit prüfen* | X | X | X | X | X | X | | **Prüfen:** Es muss geprüft werden, ob ein **Prozessaudit** geplant und durchgeführt wird. **Dokumentiertes Verfahren (dV):** QM: Internes Audit | • |
| *Arbeitsaufgaben auf Lenkung von fehlerhaften Produkten analysieren* | X | X | X | X | X | X | (X) | Die Lenkung von fehlerhaften Produkten wird direkt in der Arbeitsaufgabe (AA) dargestellt. **Arbeitsaufgabe (AA):** EINKAUF: Reklamation / Falschlieferung **Arbeitsaufgabe (AA):** VERTRIEB: Reklamation **Arbeitsaufgabe (AA):** FERTIGUNG: Fertigungsablauf **Arbeitsaufgabe (AA):** WARENEINGANG: Wareneingang extern **Arbeitsaufgabe (AA):** WARENEINGANG: Wareneingang aus Fertigung **Arbeitsaufgabe (AA):** LAGER: Produkte einlagern / auslagern **Arbeitsaufgabe (AA):** VERSAND: Produkte versenden | • |
| **Nachfolgende Tätigkeiten werden nur bei Bedarf durchgeführt.** | | | | | | | | | |
| *Evtl. Korrekturen oder Verbesserungen im Unternehmen durchführen* | X | | X | | | X | | **Dokumentiertes Verfahren (dV):** QM: Korrekturmaßnahmen **Dokumentiertes Verfahren (dV):** QM: Vorbeugungsmaßnahmen | • |

| Ständige Verbesserung: | **Methode:** Internes Audit<br>**Informationen:** Internes Audit Planbericht, Korrektur- und Vorbeugungsmaßnahmen, Managementbewertung, messbare Qualitätsziele |
|---|---|

**Dokument:** Bild 3.36 QM_Lenkung fehlerhafter Produkte.doc
© BSBE European Business School for Business Excellence Ltd. 2014,
Freigegeben: Klaus Mustermann, Datum: 05.01.2014, Fertigungsunternehmen 2

**BILD 3.36** QM: Lenkung fehlerhafter Produkte (dV) (Ausschnitt)

### QM: Korrekturmaßnahmen (dV)

Mit diesem dokumentierten Verfahren wird die Durchführung der Korrekturmaßnahmen prozessorientiert beschrieben (Bild 3.37).

In der zweiten Tabellenzeile unter *Tätigkeit/Prozessschritte* wird erläutert, dass die Korrekturmaßnahmen durch die Arbeitsaufgaben oder durch die dokumentierten Verfahren ausgelöst werden. Es muss eine Analyse der Daten aus dem Formular *QM: Korrektur- und Vorbeugungsmaßnahmen* durchgeführt und dann die weitere Vorgehensweise in diesem Formular protokolliert werden.

Die Abweichung muss analysiert werden. Die für den betroffenen **Funktionsbereich** verantwortliche Leitung muss sicherstellen, dass Maßnahmen ohne ungerechtfertigte Verzögerung zur Beseitigung erkannter Fehler und ihrer Ursachen ergriffen werden.

Weiter muss festgelegt werden, wer die durchgeführten Korrekturmaßnahmen kontrolliert.

Aus diesen Daten können neue messbare Qualitätsziele und Kennzahlen entstehen.

**WECHSELWIRKUNG** Aus diesem dokumentierten Verfahren wird eventuell auf weitere Arbeitsaufgaben und dokumentierte Verfahren verwiesen (Wechselwirkung). Eine detaillierte Beschreibung erfolgt in diesen Dokumenten.

3.9 Ständige Verbesserung des QM-Systems (dV)

## QM: Korrekturmaßnahmen (dV)

| Tätigkeit / Prozessschritte | E/D Führung | D Vertrieb | D Einkauf | D Lager | D Fertigung | D WE, Versand | D externe Bearbeitung | Wechselwirkung / Checkliste | Dokumentation |
|---|---|---|---|---|---|---|---|---|---|
| **Korrekturmaßnahmen planen, festlegen und umsetzen** | | | | | | | | | |
| Korrekturmaßnahmen durch Arbeitsaufgaben oder dokumentierte Verfahren auslösen | X | X | X | X | X | X | (X) | | • |
| Ursachenanalyse durchführen | X | X | X | X | X | X | (X) | **Prüfen:** In welchem **Funktionsbereich** ist das Problem aufgetreten? Wann ist das Problem aufgetreten? Was für ein Problem ist aufgetreten? Warum ist das Problem aufgetreten? | • Korrektur- und Vorbeugungsmaßnahmen |
| Fehlerbewertung durchführen | X | | | | | | | **Prüfen:** Um welche Art der Maßnahme handelt es sich (Korrekturmaßnahme, Reklamation Kunde, Reklamation Lieferant)? Wie ist das Problem in Zukunft zu vermeiden? Welche Verbesserung ist möglich? | • Korrektur- und Vorbeugungsmaßnahmen |
| Beurteilung des Handlungsbedarfs, um das erneute Auftreten von Fehlern zu verhindern | X | | | | | | | **Prüfen:** Wie viel Zeit ist erforderlich? Wie hoch sind die Kosten? Ist eine Korrektur erforderlich? Steht der Aufwand, das Problem zu lösen, in einem sinnvollen Kosten-Nutzen-Verhältnis? | • Korrektur- und Vorbeugungsmaßnahmen |
| Ermittlung und Verwirklichung der erforderlichen Maßnahmen | X | | | | | | | **Prüfen:** Wer führt die Umsetzung durch? | • Korrektur- und Vorbeugungsmaßnahmen |
| Aufzeichnung der Ergebnisse der ergriffenen Maßnahmen | (X) | X | X | X | X | X | (X) | **Prüfen:** Die Ergebnisse werden im Formular Korrektur- und Vorbeugungsmaßnahmen aufgezeichnet. | • Korrektur- und Vorbeugungsmaßnahmen |
| Ergriffene Korrekturmaßnahmen überprüfen (Verifizierung) | (X) | X | X | X | X | X | (X) | **Prüfen:** Wer prüft die Umsetzung? | • Korrektur- und Vorbeugungsmaßnahmen<br>• Interne Audits |
| **Nachfolgende Tätigkeiten werden nur bei Bedarf durchgeführt.** | | | | | | | | | |
| Übernahme der Daten in messbare Qualitätsziele prüfen | X | | | | | | | **Prüfen:** Daten in die messbaren Qualitätsziele übernehmen bzw. neue messbare Qualitätsziele erstellen<br>**Arbeitsaufgabe (AA):** QM: Messbare Qualitätsziele | • Messbare Qualitätsziele |

| Ständige Verbesserung: | **Methode:** Korrekturen durchführen<br>**Informationen:** Korrektur- und Vorbeugungsmaßnahmen, messbare Qualitätsziele |
|---|---|

**Dokument:** Bild 3.37 QM_Korrekturmaßnahmen.doc
© BSBE European Business School for Business Excellence Ltd. 2014,
Freigegeben: Klaus Mustermann, Datum: 05.01.2014, Fertigungsunternehmen 2

**BILD 3.37** QM: Korrekturmaßnahmen (dV) (Ausschnitt)

### Formular: QM: Korrektur- und Vorbeugungsmaßnahmen

Mit diesem Formular werden die Korrektur- und Vorbeugemaßnahmen analysiert, festgelegt und protokolliert (Bild 3.38).

Das Formular ist in **acht Teilbereiche** aufgeteilt. Es ist ein Universalformular, das für unterschiedliche Maßnahmen in den einzelnen Funktionsbereichen genutzt werden kann.

1. **Art der Maßnahme:** Hier ist die Maßnahme auszuwählen und Nichtzutreffendes zu streichen (Pflichtfeld).
2. **Funktionsbereich:** Hier ist der Funktionsbereich auszuwählen und Nichtzutreffendes zu streichen (Pflichtfeld).
3. **Wann ist das Problem aufgetreten?** Hier ist das Datum einzutragen, wann das Problem aufgetreten ist (Pflichtfeld).
4. **Was für ein Problem ist aufgetreten?** Hier ist das Problem einzutragen. Alle Angaben können stichpunktartig eingetragen werden. Ausformulierte Sätze sind nicht erforderlich (Pflichtfeld).
5. **Was ist die Ursache des Problems?** Hier ist die Ursache des Problems einzutragen. Alle Angaben können stichpunktartig eingetragen werden. Ausformulierte Sätze sind nicht erforderlich (Pflichtfeld).
6. **Welche Maßnahme ist erforderlich?** Hier ist die Maßnahme einzutragen. Alle Angaben können stichpunktartig eingetragen werden. Ausformulierte Sätze sind nicht erforderlich (Pflichtfeld).
7. **Maßnahme zu erledigen bis:** Es muss ein Termin festgelegt werden, bis wann die Maßnahme erledigt wird. **Durch Mitarbeiter:** Es muss ein Mitarbeiter festgelegt werden, der die Umsetzung der Maßnahme durchführt oder die Durchführung veranlasst. **Wirksamkeit der Maßnahme überprüft durch/am:** Die für den betroffenen Funktionsbereich verantwortliche Leitung muss sicherstellen, dass Maßnahmen ohne ungerechtfertigte Verzögerung zur Beseitigung erkannter Fehler und ihrer Ursachen ergriffen werden und die Umsetzung kontrolliert wird (Pflichtfelder).
8. **Übernahme in die messbaren Qualitätsziele:** Es kann überprüft werden, ob eine Übernahme in die messbaren Qualitätsziele erfolgen muss. **Geschätzte Kosten/Einsparungen:** Hier können die Kosten oder die Einsparungen dokumentiert werden. **Benötigte Zeit:** Hier kann die benötigte Zeit dokumentiert werden (**keine** Pflichtfelder).

Bei dem Punkt 8 handelt es sich nicht um Pflichtfelder, da die Norm nur eine ständige Verbesserung der Effektivität erwartet und nicht die ständige Verbesserung der Effizienz.

3.9 Ständige Verbesserung des QM-Systems (dV)

**QM:** Korrektur- und Vorbeugungsmaßnahmen

**①** **Art der Maßnahme:** Korrekturmaßname, Vorbeugungsmaßnahme, Verbesserungsmaßnahme, Reklamation (Kunde / Lieferant) Nichtzutreffendes streichen

**②** **Funktionsbereich:** Vertrieb, Einkauf, Lager, Wareneingang, Versand, externe Bearbeitung Nichtzutreffendes streichen

**③** **Wann ist das Problem aufgetreten?**
Datum:

**④** **Was für ein Problem ist aufgetreten?**

**⑤** **Was ist die Ursache des Problems?**

**⑥** **Welche Maßnahme ist erforderlich?**

**⑦**
| Maßnahme zu erledigen bis: | Durch Mitarbeiter: | Wirksamkeit der Maßnahme überprüft durch / am: |
|---|---|---|

**⑧**
| Übernahme in die messbaren Qualitätsziele: **Ja / Nein** | Geschätzte Kosten / Einsparung: | Benötigte Zeit: |
|---|---|---|

Alle Angaben können stichpunktartig eingetragen werden. Ausformulierte Sätze sind nicht erforderlich. Die für den auditierten **Funktionsbereich** verantwortliche Leitung muss sicherstellen, dass Maßnahmen ohne ungerechtfertigte Verzögerung zur Beseitigung erkannter Fehler und ihrer Ursachen ergriffen werden.

**Dokument:** Bild 3.38 QM_Korrektur-und Vorbeugungsmaßnahmen.doc
© BSBE European Business School for Business Excellence Ltd. 2014,
Freigegeben: Klaus Mustermann, Datum: 05.01.2014, Fertigungsunternehmen 2
Seite 1 von 1

**BILD 3.38** Formular: QM: Korrektur- und Vorbeugungsmaßnahmen

### QM: Vorbeugungsmaßnahmen (dV)

Mit diesem dokumentierten Verfahren wird die Durchführung der Vorbeugungsmaßnahmen prozessorientiert beschrieben (Bild 3.39).

In der zweiten Tabellenzeile wird erläutert, dass die Vorbeugungsmaßnahmen durch die Arbeitsaufgaben oder durch die dokumentierten Verfahren ausgelöst werden. Es muss eine Analyse der Daten aus dem Formular *QM: Korrektur- und Vorbeugungsmaßnahmen* durchgeführt und dann die weitere Vorgehensweise in diesem Formular protokolliert werden.

Die Vorbeugungs- oder Verbesserungsmaßnahmen müssen analysiert werden. Die für den betroffenen **Funktionsbereich** verantwortliche Leitung muss sicherstellen, dass Maßnahmen ohne ungerechtfertigte Verzögerung zur Beseitigung erkannter Fehler und ihrer Ursachen ergriffen werden.

Weiter muss festgelegt werden, wer die durchgeführten Vorbeugungs- oder Verbesserungsmaßnahmen kontrolliert.

Aus diesen Daten können neue messbare Qualitätsziele und Kennzahlen entstehen.

WECHSELWIRKUNG   Aus diesem dokumentierten Verfahren wird eventuell auf weitere Arbeitsaufgaben und dokumentierte Verfahren verwiesen (Wechselwirkung). Eine detaillierte Beschreibung erfolgt in diesen Dokumenten.

## 3.9 Ständige Verbesserung des QM-Systems (dV)

**QM: Vorbeugungsmaßnahmen (dV)**

| Tätigkeit / Prozessschritte | E/D Führung | D Vertrieb | D Einkauf | D Lager | D Fertigung | D WE, Versand | D externe Bearbeitung | Wechselwirkung / Checkliste | Dokumentation |
|---|---|---|---|---|---|---|---|---|---|
| **Vorbeugungsmaßnahmen planen, festlegen und umsetzen** | | | | | | | | | |
| Vorbeugungsmaßnahmen durch Arbeitsaufgaben oder dokumentierte Verfahren auslösen | X | X | X | X | X | X | (X) | | • |
| Ursachenanalyse durchführen | X | X | X | X | X | X | (X) | **Prüfen:** In welchem **Funktionsbereich** ist das Problem aufgetreten? Wann ist das Problem aufgetreten? Was für ein Problem ist aufgetreten? Warum ist das Problem aufgetreten? | • Korrektur- und Vorbeugungsmaßnahmen |
| Ermittlung potenzieller Fehler und ihrer Ursachen | X | | | | | | | **Prüfen:** Um welche Art der Maßnahme handelt es sich (Vorbeugungsmaßnahme, Verbesserung)? Welche Verbesserung ist möglich? | • Korrektur- und Vorbeugungsmaßnahmen |
| Beurteilung des Handlungsbedarfs, um das Auftreten von Fehlern zu verhindern | X | | | | | | | **Prüfen:** Wie viel Zeit ist erforderlich? Wie hoch sind die Kosten? Ist eine Vorbeugung erforderlich? Steht der Aufwand, das Problem zu lösen, in einem sinnvollen Kosten-Nutzen-Verhältnis? | • Korrektur- und Vorbeugungsmaßnahmen |
| Ermittlung und Verwirklichung der erforderlichen Maßnahmen | X | | | | | | | **Prüfen:** Wer führt die Umsetzung durch? | • Korrektur- und Vorbeugungsmaßnahmen |
| Aufzeichnung der Ergebnisse der ergriffenen Maßnahmen | (X) | X | X | X | X | X | (X) | **Prüfen:** Ist die Übernahme der Daten in die messbaren Ziele erforderlich? | • Korrektur- und Vorbeugungsmaßnahmen • Messbare Ziele |
| Bewertung der ergriffenen Vorbeugungsmaßnahmen | (X) | X | X | X | X | X | (X) | **Prüfen:** Wer prüft die Umsetzung? | • Korrektur- und Vorbeugungsmaßnahmen • Interne Audits |
| **Nachfolgende Tätigkeiten werden nur bei Bedarf durchgeführt.** | | | | | | | | | |
| Daten in messbare Qualitätsziele übernehmen | X | | | | | | | **Prüfen:** Daten in die messbaren Qualitätsziele übernommen **Arbeitsaufgabe (AA):** QM: Messbare Qualitätsziele | • Messbare Qualitätsziele |

| **Ständige Verbesserung:** | **Methode:** Vorbeugungsmaßnahmen durchführen<br>**Informationen:** Korrektur- und Vorbeugungsmaßnahmen, messbare Qualitätsziele |
|---|---|

**Dokument:** Bild 3.39 QM_Vorbeugungsmaßnahmen.doc
© BSBE European Business School for Business Excellence Ltd. 2014,
Freigegeben: Klaus Mustermann, Datum: 05.01.2014, Fertigungsunternehmen 2

**BILD 3.39** QM: Vorbeugungsmaßnahmen (dV) (Ausschnitt)

## ■ 3.10 DOKUMENTATION DES QM-SYSTEMS (DV)

Für die Dokumentation des QM-Systems werden folgende dokumentierte Verfahren prozessorientiert beschrieben:

1. QM: Lenkung von Dokumenten (dV)
2. QM: Lenkung von Aufzeichnungen (dV)
3. QM: Norm-Kapitel: Arbeitsaufgaben (AA)/dokumentierte Verfahren (dV)

### QM: Lenkung von Dokumenten (dV)

Mit diesem dokumentierten Verfahren wird die Lenkung der Dokumente prozessorientiert beschrieben (Bild 3.40).

**Dokumente sind veränderlich, entweder durch die Organisation selbst oder durch den Ersteller.**

Die Dokumente sind aufgeteilt in:

1. **Dokumente, die von der Organisation als notwendig eingestuft werden:** Dazu zählen Arbeitsaufgaben, dokumentierte Verfahren und Formulare.
   Dokumente können von der Organisation geändert werden.

In der Dokumentationsmatrix sind die von der Organisation zu der Sicherstellung der wirksamen Planung, Durchführung und Lenkung der Prozesse als notwendig eingestuften Dokumente eingetragen.

**Änderungen** werden durch „Freigegeben" mit Name und Datum in der Fußzeile gekennzeichnet. In der Dokumentationsmatrix ist das aktuelle Freigabedatum eingetragen.

2. **Dokumente externer Herkunft:** Dazu zählen Normen, Sicherheitsdatenblätter usw.
   **Dokumente externer Herkunft können nur durch den Ersteller geändert werden.**

In der Dokumentationsmatrix sind die von der Organisation zu der Sicherstellung der wirksamen Planung, Durchführung und Lenkung der Prozesse als notwendig eingestuften Dokumente externer Herkunft eingetragen.

Die Dokumente dürfen grundsätzlich keine handschriftlichen Änderungen enthalten. Entweder sind die Dokumente ausgedruckt, ohne handschriftliche Änderungen, oder stehen elektronisch zur Verfügung. Mit einer Mitteilung werden die neuen gültigen Dokumente verteilt.

Weiter muss festgelegt werden, was mit den Dokumenten passieren muss, wenn sie nicht mehr gültig sind. Dies muss durch die Organisation festgelegt werden. Die Norm ermöglicht auch, dass die Dokumente vernichtet werden, wenn sie nicht mehr gültig sind. Ansonsten sind die ungültigen Dokumente zu kennzeichnen, damit keine Verwechselung mit den aktuellen Dokumenten erfolgt. Deshalb sollten die Mitarbeiter darüber informiert werden, dass sie selbst keine eigenen Kopien erstellen dürfen, damit nicht aus Versehen die ungültigen Dokumente genutzt werden. Dies gilt für die Papierform und die elektronische Form.

**WECHSELWIRKUNG**    Aus diesem dokumentierten Verfahren wird eventuell auf weitere Arbeitsaufgaben und dokumentierte Verfahren verwiesen (Wechselwirkung). Eine detaillierte Beschreibung erfolgt in diesen Dokumenten.

## 3.10 Dokumentation des QM-Systems (dV)

**QM: Lenkung von Dokumenten (dV)**

| Tätigkeit / Prozessschritte | E/D Führung | D Vertrieb | D Einkauf | D Lager | D Fertigung | D WE, Versand | D externe Bearbeitung | Wechselwirkung / Checkliste | Dokumentation |
|---|---|---|---|---|---|---|---|---|---|
| *Lenkung von Dokumenten planen, festlegen und umsetzen* | | | | | | | | | |
| Die vom Qualitätsmanagementsystem geforderten Dokumente festlegen | X | X | X | X | X | X | | In der Dokumentationsmatrix sind die vom Qualitätsmanagementsystem geforderten Dokumente eingetragen. | • Dokumentationsmatrix |
| Die von der Organisation zur Sicherstellung der wirksamen Planung, Durchführung und Lenkung der Prozesse als notwendig eingestuften Dokumente festlegen | X | X | X | X | X | X | | In der Dokumentationsmatrix sind die von der Organisation zu der Sicherstellung der wirksamen Planung, Durchführung und Lenkung der Prozesse als notwendig eingestuften Dokumente eingetragen. | • Dokumentationsmatrix |
| Die von der Organisation zur Sicherstellung der wirksamen Planung, Durchführung und Lenkung der Prozesse als notwendig eingestuften <u>Dokumente externer Herkunft</u> festlegen | X | X | X | X | X | X | | In der Dokumentationsmatrix sind die von der Organisation zu der Sicherstellung der wirksamen Planung, Durchführung und Lenkung der Prozesse als notwendig eingestuften <u>Dokumente externer Herkunft</u> eingetragen. | • Dokumentationsmatrix |
| Dokumente externer Herkunft kennzeichnen und Verteilung lenken | (X) | X | X | X | X | X | | Durch den Ersteller der Dokumente externer Herkunft wird der aktuelle Status gekennzeichnet. Ungültige Dokumente externer Herkunft werden gekennzeichnet (durchgestrichen und im Ordner abgeheftet oder in einem gesonderten Bereich im EDV-System abgespeichert). Dadurch kann es keine Verwechslung mit den aktuellen Dokumenten externer Herkunft geben. | • Dokument (externer Herkunft) <br> • Dokumentationsmatrix |
| Dokumente lesbar und leicht erkennbar erhalten | (X) | X | X | X | X | X | | Die Dokumente dürfen grundsätzlich keine handschriftlichen Änderungen enthalten. Entweder sind die Dokumente ausgedruckt, ohne handschriftliche Änderungen, oder stehen elektronisch zur Verfügung. | • Dokument (Handbuch) <br> • Dokument (AA) <br> • Dokument (dV) <br> • Dokument (Formular) <br> • Dokument (externer Herkunft) <br> • Dokumentationsmatrix |
| Dokumente bewerten, aktualisieren und genehmigen | (X) | X | X | X | X | X | | Beim internen Audit oder bei Bedarf werden die Dokumente bewertet, ob eine Aktualisierung erforderlich ist. **Dokumentiertes Verfahren (dV):** QM: Internes Audit | • Dokument (Handbuch) <br> • Dokument (AA) <br> • Dokument (dV) <br> • Dokument (Formular) <br> • Dokument (externer Herkunft) <br> • Dokumentationsmatrix |

**Dokument:** Bild 3.40 QM_Lenkung von Dokumenten.doc
© BSBE European Business School for Business Excellence Ltd. 2014,
Freigegeben: Klaus Mustermann, Datum: 05.01.2014, Fertigungsunternehmen 2
Seite 1 von 3

**BILD 3.40** QM: Lenkung von Dokumenten (dV) (Ausschnitt)

### Formular: Dokumentationsmatrix

Mit diesem Formular werden die internen Dokumente, die Dokumente externer Herkunft und die Aufzeichnungen festgelegt, die die Organisation als notwendig eingestuft hat (Bild 3.41).

Das Formular ist in **unterschiedliche Teilbereiche** aufgeteilt.

In der Dokumentationsmatrix werden die von der Organisation zu der Sicherstellung der wirksamen Planung, Durchführung und Lenkung der Prozesse als **notwendig eingestuften Dokumente** eingetragen.

In der Dokumentationsmatrix werden die von der Organisation zu der Sicherstellung der wirksamen Planung, Durchführung und Lenkung der Prozesse als **notwendig eingestuften Dokumente externer Herkunft** eingetragen.

Die Aufteilung erfolgt in

1. das Handbuch (das Handbuch besteht nur aus einer Seite),
2. die Arbeitsaufgaben mit der Unterteilung in die *Funktionsbereiche* (blau),
3. das Qualitätsmanagement,
4. die dokumentierten Verfahren,
5. die Formulare,
6. die Dokumente externer Herkunft und
7. „Freigegeben/Datum", diese Daten dokumentieren die Aktualität des entsprechenden Dokumentes und durch wen es freigegeben werden muss.

Bei dieser Organisationsgröße ist das Qualitätsmanagement **keine** eigene Organisationseinheit.

Die Dokumente dürfen grundsätzlich keine handschriftlichen Änderungen enthalten. Entweder sind die Dokumente ausgedruckt, ohne handschriftliche Änderungen, oder stehen elektronisch zur Verfügung. Mit einer Mitteilung werden die neuen gültigen Dokumente verteilt.

Weiter muss festgelegt werden, was mit den Dokumenten passieren muss, wenn sie nicht mehr gültig sind. Dies muss durch die Organisation festgelegt werden. Die Norm ermöglicht auch, dass die Dokumente vernichtet werden, wenn sie nicht mehr gültig sind. Ansonsten sind die ungültigen Dokumente zu kennzeichnen, damit keine Verwechselung mit den aktuellen Dokumenten erfolgt. Deshalb sollten die Mitarbeiter darüber informiert werden, dass sie selbst keine eigenen Kopien erstellen dürfen, damit nicht aus Versehen die ungültigen Dokumente genutzt werden. Dies gilt für die Papierform und die elektronische Form.

Die Dokumentationsmatrix muss an die eigene Organisation angepasst werden, wenn Sie eigene Dokumente in die Dokumentationsmatrix hinzufügen.

3.10 Dokumentation des QM-Systems (dV)

## QM: Dokumentationsmatrix

## DOKUMENTE QUALITÄTSMANAGEMENT:

| Dokumente: (Handbuch) | Freigegeben | Datum |
|---|---|---|
| A_START-Handbuch-Prozessorientierter Ansatz | Klaus Mustermann | 05.01.2014 |

| Dokumente: Arbeitsaufgaben (AA) | Freigegeben | Datum |
|---|---|---|
| **Vertrieb (AA)** | | |
| VERTRIEB: Angebot erstellen / ändern | Klaus Mustermann | 05.01.2014 |
| VERTRIEB: Angebot verfolgen | Klaus Mustermann | 05.01.2014 |
| VERTRIEB: Auftrag erstellen | Klaus Mustermann | 05.01.2014 |
| VERTRIEB: Auftrag ändern / stornieren | Klaus Mustermann | 05.01.2014 |
| VERTRIEB: Reklamation | Klaus Mustermann | 05.01.2014 |
| **Einkauf (AA)** | | |
| EINKAUF: Disposition / Anfrage / Preisvergleich / Bestellung | Klaus Mustermann | 05.01.2014 |
| EINKAUF: Bestellung verfolgen | Klaus Mustermann | 05.01.2014 |
| EINKAUF: Lieferanten Auswahl / Beurteilung / Neubeurteilung | Klaus Mustermann | 05.01.2014 |
| EINKAUF: Reklamation / Falschlieferung | Klaus Mustermann | 05.01.2014 |
| **Fertigung (AA)** | | |
| FERTIGUNG: Fertigungsablauf | Klaus Mustermann | 05.01.2014 |
| FERTIGUNG: Instandhaltung der Fertigungseinrichtungen | Klaus Mustermann | 05.01.2014 |
| FERTIGUNG: Überwachungs- und Messmittel verwalten | Klaus Mustermann | 05.01.2014 |
| **Wareneingang / Lager / Versand (AA)** | | |
| WARENEINGANG: Wareneingang aus Fertigung | Klaus Mustermann | 05.01.2014 |
| WARENEINGANG: Wareneingang extern | Klaus Mustermann | 05.01.2014 |
| LAGER: Produkte einlagern / auslagern | Klaus Mustermann | 05.01.2014 |
| LAGER: Inventur | Klaus Mustermann | 05.01.2014 |
| VERSAND: Produkte versenden | Klaus Mustermann | 05.01.2014 |
| **Qualitätsmanagement (AA)** | | |
| QM: Qualitätspolitik | Klaus Mustermann | 05.01.2014 |
| QM: Managementbewertung | Klaus Mustermann | 05.01.2014 |
| QM: Messbare Qualitätsziele | Klaus Mustermann | 05.01.2014 |
| QM: Mitarbeiter Ausbildung / Schulung / Fertigkeiten / Erfahrung | Klaus Mustermann | 05.01.2014 |
| QM: Verantwortung der Leitung | Klaus Mustermann | 05.01.2014 |

| Dokumente: dokumentierte Verfahren (dV) | Freigegeben | Datum |
|---|---|---|
| QM: Norm-Kapitel: Arbeitsaufgaben (AA) / dokumentierte Verfahren (dV) | Klaus Mustermann | 05.01.2014 |
| QM: Internes Audit | Klaus Mustermann | 05.01.2014 |
| QM: Korrekturmaßnahmen | Klaus Mustermann | 05.01.2014 |
| QM: Lenkung fehlerhafter Produkte | Klaus Mustermann | 05.01.2014 |
| QM: Lenkung von Aufzeichnungen | Klaus Mustermann | 05.01.2014 |
| QM: Lenkung von Dokumenten | Klaus Mustermann | 05.01.2014 |
| QM: Vorbeugungsmaßnahmen | Klaus Mustermann | 05.01.2014 |

| Dokumente: (Formular) | Freigegeben | Datum |
|---|---|---|
| EINKAUF: QFD Lieferantenbewertung | Klaus Mustermann | 05.01.2014 |
| FERTIGUNG: Liste Überwachungsmittel / Messmittel | Klaus Mustermann | 05.01.2014 |
| QM: Internes Audit Planbericht | Klaus Mustermann | 05.01.2014 |
| QM: Internes Audit Fragenkatalog | Klaus Mustermann | 05.01.2014 |
| QM: Dokumentationsmatrix | Klaus Mustermann | 05.01.2014 |
| QM: Korrektur- und Vorbeugungsmaßnahmen_1 | Klaus Mustermann | 05.01.2014 |
| QM: Korrektur- und Vorbeugungsmaßnahmen_2 | Klaus Mustermann | 05.01.2014 |
| QM: Managementbewertung | Klaus Mustermann | 05.01.2014 |
| QM: Messbare Qualitätsziele_1 | Klaus Mustermann | 05.01.2014 |
| QM: Messbare Qualitätsziele_2 | Klaus Mustermann | 05.01.2014 |
| QM: Mitarbeiter Maßnahme | Klaus Mustermann | 05.01.2014 |
| QM: Organigramm / Verantwortung | Klaus Mustermann | 05.01.2014 |
| QM: Qualitätspolitik | Klaus Mustermann | 05.01.2014 |

**Dokument:** Bild 3.41 QM_Dokumentationsmatrix.doc
© BSBE European Business School for Business Excellence Ltd. 2014,
Freigegeben: Klaus Mustermann, Datum: 05.01.2014, Fertigungsunternehmen 2
Seite 2 von 5

**BILD 3.41** Formular: Dokumentationsmatrix (Ausschnitt)

### QM: Lenkung von Aufzeichnungen (dV)

Mit diesem dokumentierten Verfahren wird die Lenkung der Aufzeichnungen prozessorientiert beschrieben (Bild 3.42).

**Die Aufzeichnungen können nach der Erledigung der erforderlichen Tätigkeiten von der Organisation nicht mehr verändert werden.**

In der Dokumentationsmatrix sind die von der Organisation zu der Sicherstellung der wirksamen Planung, Durchführung und Lenkung der Prozesse als **notwendig eingestuften Aufzeichnungen** eingetragen.

Die Aufzeichnungen können handschriftlich ausgefüllt werden und handschriftliche Vermerke enthalten. Sie können auch ausgedruckt und mit handschriftlichen Vermerken versehen werden oder stehen elektronisch zur Verfügung. Alle handschriftlichen Vermerke müssen leicht lesbar sein.

Die Organisation muss weiter Folgendes festlegen:

1. die Kennzeichnung,
2. die Aufbewahrung,
3. den Schutz,
4. die Wiederauffindbarkeit,
5. die Aufbewahrungsfrist,
6. die Verfügung über Aufzeichnungen.

Die Aufzeichnungen müssen lesbar, leicht erkennbar und wiederauffindbar bleiben.

**WECHSELWIRKUNG** Aus diesem dokumentierten Verfahren wird eventuell auf weitere Arbeitsaufgaben und dokumentierte Verfahren verwiesen (Wechselwirkung). Eine detaillierte Beschreibung erfolgt in diesen Dokumenten.

## 3.10 Dokumentation des QM-Systems (dV)

### QM: Lenkung von Aufzeichnungen (dV)

| Tätigkeit / Prozessschritte | E/D Füh-rung | D Ver-trieb | D Ein-kauf | D La-ger | D Fer-ti-gung | D WE, Ver-sand | D externe Be-ar-bei-tung | Wechselwirkung / Checkliste | Dokumentation |
|---|---|---|---|---|---|---|---|---|---|
| **Lenkung von Aufzeichnungen planen, festlegen und umsetzen** | | | | | | | | | |
| *Die vom Qualitätsmanagementsystem geforderten Aufzeichnungen festlegen* | X | (X) | (X) | (X) | (X) | (X) | | In der Dokumentationsmatrix sind die vom Qualitätsmanagementsystem geforderten Aufzeichnungen eingetragen. | • Aufzeichnungen<br>• Dokumentationsmatrix |
| *Die von der Organisation zur Sicherstellung der wirksamen Planung, Durchführung und Lenkung der Prozesse als notwendig eingestuften Aufzeichnungen festlegen* | X | (X) | (X) | (X) | (X) | (X) | | In der Dokumentationsmatrix sind die von der Organisation zu der Sicherstellung der wirksamen Planung, Durchführung und Lenkung der Prozesse als notwendig eingestuften Aufzeichnungen eingetragen. | • Aufzeichnungen<br>• Dokumentationsmatrix |
| *Aufzeichnungen lesbar und leicht erkennbar erhalten* | X | X | X | X | X | X | | Die Aufzeichnungen können handschriftlich ausgefüllt werden. Die Aufzeichnungen können handschriftliche Vermerke enthalten. Die Aufzeichnungen können ausgedruckt und mit handschriftlichen Vermerken versehen werden oder stehen elektronisch zur Verfügung. Alle handschriftlichen Vermerke müssen leicht lesbar sein. | • Aufzeichnungen<br>• Dokumentationsmatrix |
| *Kennzeichnung festlegen* | X | (X) | (X) | (X) | (X) | (X) | | Die Kennzeichnung ist von der Art der Aufzeichnung abhängig. <u>Kennzeichnungen sind der Name der Aufzeichnung:</u> z. B. Zeichnung, Lieferschein, Rechnung, Fertigungsauftrag, Prüfungsprotokoll usw. <u>Kennzeichnungen für die Zuordnung sind</u> z. B. Auftrags-Nr., Kunden-Nr., Artikel-Nr., Chargen-Nr., Zeichnungs-Nr., Rechnungs-Nr., Lieferschein-Nr. usw. Die Aufzählungen sind nicht vollständig. In der Dokumentationsmatrix sind die entsprechenden Aufzeichnungen aufgeführt. | • Aufzeichnungen<br>• Dokumentationsmatrix |
| *Aufbewahrung festlegen* | X | (X) | (X) | (X) | (X) | (X) | | Die Aufbewahrung erfolgt in Ordnern in der Fachabteilung oder elektronisch im EDV-System. | • Aufzeichnungen<br>• Dokumentationsmatrix |

**Dokument:** Bild 3.42 QM_Lenkung von Aufzeichnungen.doc
© BSBE European Business School for Business Excellence Ltd. 2014,
Freigegeben: Klaus Mustermann, Datum: 05.01.2014, Fertigungsunternehmen 2
Seite 1 von 3

**BILD 3.42** QM: Lenkung von Aufzeichnungen (dV) (Ausschnitt)

## 3 Fertigungsunternehmen 2 (mechanische Bearbeitung)

**Formular: Dokumentationsmatrix**

Mit diesem Formular werden die internen Dokumente, die Dokumente externer Herkunft und die Aufzeichnungen festgelegt, die die Organisation als notwendig eingestuft hat (Bild 3.43).

Das Formular ist in **unterschiedliche Teilbereiche** aufgeteilt.

In der Dokumentationsmatrix werden die von der Organisation zu der Sicherstellung der wirksamen Planung, Durchführung und Lenkung der Prozesse als **notwendig eingestuften Aufzeichnungen** eingetragen.

Die Aufteilung erfolgt in

1. die Funktionsbereiche (blau),
2. das Qualitätsmanagement und
3. die Aufzeichnungen über Mitarbeiter.

Die Aufzeichnungen können handschriftlich ausgefüllt werden und handschriftliche Vermerke enthalten. Sie können auch ausgedruckt und mit handschriftlichen Vermerken versehen werden oder stehen elektronisch zur Verfügung. Alle handschriftlichen Vermerke müssen leicht lesbar sein.

Die Organisation muss weiter Folgendes festlegen:

1. **Die Kennzeichnung:** der Name der Aufzeichnung; die Zuordnung durch die individuelle Bezeichnung.
2. **Die Aufbewahrung:** in Papierform oder in elektronischer Form.
3. **Den Schutz:** im Schrank, im Regal oder in elektronischer Form mit Kennwort.
4. **Die Wiederauffindbarkeit:** in den Funktionsbereichen in Papierform oder im Ordner in elektronischer Form.
5. **Die Aufbewahrungsfrist:** durch die gesetzliche Aufbewahrungsfrist oder von der Organisation festgelegt.
6. **Die Verfügung:** durch die Funktionsbereiche oder die Mitarbeiter.

Die **Kennzeichnung** ist von der Art der Aufzeichnung abhängig. Die Kennzeichnungen sind der Name der Aufzeichnung: z. B. Zeichnung, Lieferschein, Rechnung, Fertigungsauftrag, Prüfungsprotokoll.

Die **Kennzeichnungen für die Zuordnung** sind z. B. Auftrags-, Kunden-, Artikel-, Chargen-, Zeichnungs-, Rechnungs-, Lieferscheinnummer.

Die Aufzeichnungen müssen lesbar, leicht erkennbar und wiederauffindbar bleiben.

Bei dieser Organisationsgröße ist das Qualitätsmanagement **keine** eigene Organisationseinheit.

Die Dokumentationsmatrix muss an die eigene Organisation angepasst werden, wenn Sie eigene Aufzeichnungen in die Dokumentationsmatrix hinzufügen oder bei Ihnen die Aufzeichnungen anders benannt sind.

## 3.10 Dokumentation des QM-Systems (dV)

### QM: Dokumentationsmatrix

## AUFZEICHNUNGEN:

**Von der Organisation als notwendig eingestuft**

| Kennzeichnung | Aufbewahrung | Schutz | Wiederauffindbarkeit | Aufbewahrungsfrist | Verfügung |
|---|---|---|---|---|---|
| Die Kennzeichnung ist von der Art der Aufzeichnung abhängig. Kennzeichnungen sind der Name der Aufzeichnung: z. B. Zeichnung, Lieferschein, Rechnung, Fertigungsauftrag, Prüfungsprotokoll usw. Kennzeichnungen für die Zuordnung sind z. B. Auftrags-Nr., Kunden-Nr., Artikel-Nr., Chargen-Nr., Zeichnungs-Nr., Rechnungs-Nr., Lieferschein-Nr. usw. | In Ordnern in Papierform in den **Funktionsbereichen** oder in der zentralen Ablage<br><br>Elektronischer Ordner im EDV-System | Im Schrank, Regal (abschließbar - nicht abschließbar)<br><br>EDV-System mit Kennwort | In Ordnern in Papierform in den **Funktionsbereichen** oder in der zentralen Ablage<br><br>Im EDV-System in elektronischen Ordnern | Gesetzliche Aufbewahrungsfrist<br><br>Von der Organisation festgelegte Aufbewahrungsfrist | **Funktionsbereiche**<br><br>Mitarbeiter |
| **Vertrieb** | | | | | |
| Anfrage | Papier/EDV | Papier/EDV | Vertrieb/EDV | 5 Jahre | Vertrieb |
| Kalkulation | Papier/EDV | Papier/EDV | Vertrieb/EDV | 10 Jahre | Vertrieb |
| Angebot | Papier/EDV | Papier/EDV | Vertrieb/EDV | 10 Jahre | Vertrieb |
| Zeichnung des Kunden | Papier/EDV | Papier/EDV | Vertrieb/EDV | 10 Jahre | Vertrieb |
| Auftrag | Papier/EDV | Papier/EDV | Vertrieb/EDV | 10 Jahre | Vertrieb |
| Auftragsbestätigung (bei Bedarf) | Papier/EDV | Papier/EDV | Vertrieb/EDV | 10 Jahre | Vertrieb |
| Faxe | Papier/EDV | Papier/EDV | Vertrieb/EDV | 10 Jahre | Vertrieb |
| E-Mail | Papier/EDV | Papier/EDV | Vertrieb/EDV | 10 Jahre | Vertrieb |
| Lieferschein | Papier/EDV | Papier/EDV | Vertrieb/EDV | 10 Jahre | Vertrieb |
| Rechnung | Papier/EDV | Papier/EDV | Vertrieb/EDV | 10 Jahre | Vertrieb |
| Gutschrift | Papier/EDV | Papier/EDV | Vertrieb/EDV | 10 Jahre | Vertrieb |
| Reklamation | Papier/EDV | Papier/EDV | Vertrieb/EDV | 10 Jahre | Vertrieb |
| Kostenaufstellung | Papier/EDV | Papier/EDV | Vertrieb/EDV | 10 Jahre | Vertrieb |
| **Einkauf** | | | | | |
| EINKAUF: QFD Lieferantenbewertung | EDV | EDV | Einkauf/EDV | Bis zur Neuerstellung | Einkauf |
| Anschreiben Fehlerhäufigkeit | Papier/EDV | Papier/EDV | Einkauf/EDV | 10 Jahre | Einkauf |
| Antwortschreiben Fehlerhäufigkeit | Papier/EDV | Papier/EDV | Einkauf/EDV | 10 Jahre | Einkauf |
| Anfrage | Papier/EDV | Papier/EDV | Einkauf/EDV | 10 Jahre | Einkauf |
| Angebot | Papier/EDV | Papier/EDV | Einkauf/EDV | 10 Jahre | Einkauf |
| Bestellung / Rahmenauftrag | Papier/EDV | Papier/EDV | Einkauf/EDV | 10 Jahre | Einkauf |
| Auftragsbestätigung | Papier/EDV | Papier/EDV | Einkauf/EDV | 10 Jahre | Einkauf |
| Disposition / Statistik | EDV | EDV | EDV | Bis zur Aktualisierung | Einkauf |
| Faxe | Papier/EDV | Papier/EDV | Einkauf/EDV | 10 Jahre | Einkauf |
| E-Mail | Papier/EDV | Papier/EDV | Einkauf/EDV | 10 Jahre | Einkauf |
| Lieferschein | Papier/EDV | Papier/EDV | Einkauf/EDV | 10 Jahre | Einkauf |
| Lieferschein (Kundeneigentum) | Papier/EDV | Papier/EDV | Einkauf/EDV | 10 Jahre | Einkauf |
| Lieferschein (Lieferant externe Bearbeitung) | Papier/EDV | Papier/EDV | Einkauf/EDV | 10 Jahre | Einkauf |
| Materialprüfzertifikate | Papier/EDV | Papier/EDV | Einkauf/EDV | Bis zur Neuanforderung | Einkauf |
| Reklamation | Papier/EDV | Papier/EDV | Einkauf/EDV | 10 Jahre | Einkauf |
| Kostenaufstellung | Papier/EDV | Papier/EDV | Einkauf/EDV | 10 Jahre | Einkauf |
| Rechnung | Papier/EDV | Papier/EDV | Einkauf/EDV | 10 Jahre | Einkauf |
| Gutschrift | Papier/EDV | Papier/EDV | Einkauf/EDV | 10 Jahre | Einkauf |
| Unterlagen des Maschinenherstellers (Fertigung) | Papier/EDV | Papier/EDV | Einkauf/EDV | Bis zum Verkauf der Maschine | Einkauf |
| Inventurliste | Papier/EDV | Papier/EDV | Einkauf/EDV | 10 Jahre | Einkauf |
| **Fertigung** | | | | | |
| FERTIGUNG: Liste Überwachungsmittel / Messmittel | EDV | EDV | Fertigung /EDV | Bis zur Aktualisierung | Fertigung |
| Kalibriernachweis | Papier/EDV | Papier/EDV | Fertigung /EDV | Bis zur Aktualisierung | Fertigung |
| Fertigungsauftrag | EDV | EDV | Fertigung /EDV | 10 Jahre | Fertigung |

**Dokument:** Bild 3.43 QM_Dokumentationsmatrix.doc
© BSBE European Business School for Business Excellence Ltd. 2014.
Freigegeben: Klaus Mustermann, Datum: 05.01.2014, Fertigungsunternehmen 2
Seite 4 von 5

**BILD 3.43** Formular: Dokumentationsmatrix (Ausschnitt)

### QM: Norm-Kapitel: Arbeitsaufgaben (AA)/dokumentierte Verfahren (dV)

Das dokumentierte Verfahren ordnet das Handbuch, die Arbeitsaufgaben und die dokumentierten Verfahren der DIN EN ISO 9001:2008 zu (Bild 3.44).

**Prozessorientierung bedeutet:** *Nicht die Organisation ist der Norm anzupassen, sondern die Norm ist als „Checkliste" zu nutzen, um das Tagesgeschäft störungsfreier bewältigen und die Kundenanforderungen erfüllen zu können.*

Daher wurde auch **keine Nummerierung** der Arbeitsaufgaben oder der dokumentierten Verfahren durchgeführt, um einen Bezug zur Norm herzustellen.

Der Bezug zur Norm wird durch dieses dokumentierte Verfahren hergestellt. Die Tabelle ist dazu in **zwei Spalten** aufgeteilt:

1. **Norm-Kapitel:** Hier sind die Norm-Kapitel der DIN EN ISO 9001:2008 aufgeführt. Bei den (gelb) markierten Norm-Kapiteln fordert die Norm dokumentierte Verfahren.
2. **Umsetzung:** mit den Arbeitsaufgaben und den dokumentierten Verfahren. Zusätzlich wurden erklärende Texte eingefügt.

Wenn Sie Änderungen in der Bezeichnung der Arbeitsaufgaben oder in der Bezeichnung der dokumentierten Verfahren durchführen, dann muss **dieses** dokumentierte Verfahren ebenfalls geändert werden. Dies gilt auch, wenn Sie eigene Dokumente in das Qualitätsmanagement einfügen.

Damit ist die Umsetzung der Norm in der Organisation festgelegt und umgesetzt.

**WECHSELWIRKUNG** — Aus diesem dokumentierten Verfahren wird eventuell auf weitere Arbeitsaufgaben und dokumentierte Verfahren verwiesen (Wechselwirkung). Eine detaillierte Beschreibung erfolgt in diesen Dokumenten.

## 3.10 Dokumentation des QM-Systems (dV)

**QM: Norm-Kapitel: Arbeitsaufgaben (AA) / dokumentierte Verfahren (dV)**

| Norm-Kapitel | Arbeitsaufgaben (AA) / Dokumentierte Verfahren (dV) |
|---|---|
| **4 Qualitätsmanagementsystem** | |
| 4.1 Allgemeine Anforderungen | • A_START-Handbuch-Prozessorientierter Ansatz<br>• Die erforderlichen Prozesse wurden in **obigem** Handbuch mit dem prozessorientierten Ansatz festgelegt.<br>• Die Abfolge und Wechselwirkungen wurden in den Arbeitsaufgaben und in den dokumentierten Verfahren festgelegt.<br>• Die erforderlichen Kriterien und Methoden wurden in den Arbeitsaufgaben und in den dokumentierten Verfahren festgelegt.<br>• Die Verfügbarkeit von Ressourcen und Informationen wurde in den Arbeitsaufgaben und in den dokumentierten Verfahren festgelegt.<br>• Die erforderliche Überwachung, Analyse und Messung der Prozesse wurden in den Arbeitsaufgaben und in den dokumentierten Verfahren festgelegt.<br>• Die erforderlichen Maßnahmen, um die geplanten Ergebnisse sowie eine ständige Verbesserung der Prozesse zu erreichen, wurden in den Arbeitsaufgaben und in den dokumentierten Verfahren festgelegt.<br>• Die Ausgliederung von Prozessen ist in den betreffenden Arbeitsaufgaben festgelegt. |
| **4.2 Dokumentationsanforderungen** | |
| 4.2.1 Allgemeines | • QM: Qualitätspolitik (AA)<br>• QM: Messbare Qualitätsziele (AA)<br>• A_START-Handbuch-Prozessorientierter Ansatz<br>• QM: Internes Audit (dV)<br>• QM: Korrekturmaßnahmen (dV)<br>• QM: Lenkung fehlerhafter Produkte (dV)<br>• QM: Lenkung von Aufzeichnungen (dV)<br>• QM: Lenkung von Dokumenten (dV)<br>• QM: Vorbeugungsmaßnahmen (dV)<br>• QM: Dokumentationsmatrix (Formular) |
| 4.2.2 Qualitätsmanagementhandbuch | A_START-Handbuch-Prozessorientierter Ansatz<br>Der Anwendungsbereich des Qualitätsmanagementsystems und die Ausschlüsse wurden in dem **oben** aufgeführten Dokument dargestellt. **Das Qualitätsmanagementhandbuch besteht aus einer Seite.** Aus dieser Seite wird auf die Arbeitsaufgaben und die dokumentierten Verfahren verwiesen. Die Beschreibung der Wechselwirkungen der Prozesse wird in den Arbeitsaufgaben und in den dokumentierten Verfahren dargestellt. |
| ==4.2.3 Lenkung von Dokumenten== | • QM: Lenkung von Dokumenten (dV) |
| ==4.2.4 Lenkung von Aufzeichnungen== | • QM: Lenkung von Aufzeichnungen (dV) |
| **5 Verantwortung der Leitung** | |
| 5.1 Selbstverpflichtung der Leitung | • QM: Verantwortung der Leitung (AA) |
| 5.2 Kundenorientierung | • QM: Verantwortung der Leitung (AA)<br>Weitere Informationen werden aus Telefongesprächen, Messebesuchen, Umsatzanalysen, Gutschriften ermittelt. |
| 5.3 Qualitätspolitik | • QM: Verantwortung der Leitung (AA)<br>• QM: Qualitätspolitik (AA) |
| **5.4 Planung** | |
| 5.4.1 Qualitätsziele | • QM: Verantwortung der Leitung (AA)<br>• QM: Messbare Qualitätsziele (AA) |
| 5.4.2 Planung des Qualitätsmanagementsystems | • QM: Verantwortung der Leitung (AA) |
| **5.5 Verantwortung, Befugnis und Kommunikation** | |
| 5.5.1 Verantwortung und Befugnis | • QM: Verantwortung der Leitung (AA) |
| 5.5.2 Beauftragter der obersten Leitung | • QM: Verantwortung der Leitung (AA) |
| 5.5.3 Interne Kommunikation | • QM: Verantwortung der Leitung (AA) |
| **5.6 Managementbewertung** | |
| 5.6.1 Allgemeines | • QM: Verantwortung der Leitung (AA)<br>• QM: Managementbewertung (AA) |
| 5.6.2 Eingaben für die Bewertung | • QM: Verantwortung der Leitung (AA)<br>• QM: Managementbewertung (AA) |
| 5.6.3 Ergebnisse der Bewertung | • QM: Verantwortung der Leitung (AA)<br>• QM: Managementbewertung (AA) |
| **6 Management von Ressourcen** | |
| 6.1 Bereitstellung von Ressourcen | • QM: Verantwortung der Leitung (AA) |
| **6.2 Personelle Ressourcen** | |
| 6.2.1 Allgemeines | • QM: Verantwortung der Leitung (AA) |
| 6.2.2 Kompetenz, Schulung und Bewusstsein | • QM: Verantwortung der Leitung (AA)<br>• QM: Mitarbeiter Ausbildung / Schulung / Fertigkeiten / Erfahrung (AA) |
| 6.3 Infrastruktur | Die erforderliche Infrastruktur wurde ermittelt und ist vorhanden.<br>• QM: Verantwortung der Leitung (AA) |
| 6.4 Arbeitsumgebung | Die erforderliche Arbeitsumgebung wurde ermittelt und ist vorhanden.<br>• QM: Verantwortung der Leitung (AA) |
| **7 Produktrealisierung** | |
| 7.1 Planung der Produktrealisierung | • A_START-Handbuch-Prozessorientierter Ansatz<br>Die Planung der Produktrealisierung wurde mit den im **obigen** Handbuch beschriebenen Arbeitsaufgaben und den dokumentierten Verfah- |

**Dokument:** Bild 3.44 QM_Norm_Arbeitsaufgaben_dokumentierte Verfahren.doc
© BSBE European Business School for Business Excellence Ltd. 2014,
Freigegeben: Klaus Mustermann, Datum: 05.01.2014, Fertigungsunternehmen 2
Seite 1 von 3

**BILD 3.44** QM: Norm-Kapitel: Arbeitsaufgaben (AA)/dokumentierte Verfahren (dV) (Ausschnitt)

# 4 DIENSTLEISTUNGSUNTERNEHMEN (SOFTWAREHAUS/ BERATUNGSUNTERNEHMEN)

## ■ 4.1 GRUNDSÄTZLICHES ZUM DIENSTLEISTUNGSUNTERNEHMEN

Das *Dienstleistungsunternehmen* unterstützt die Unternehmen bei der Einführung von betriebswirtschaftlicher Standardsoftware, übernimmt das Projektmanagement, modifiziert die Standardsoftware nach Kundenwunsch und führt Beratungen durch. Es findet **keine** Entwicklung statt, daher ist das *Norm-Kapitel 7 Produktrealisierung* ausgeschlossen. Insgesamt sind 18 Mitarbeiter in der Organisation beschäftigt. **Eine vorhandene EDV-Unterstützung wird den Abläufen zugrunde gelegt.**

ANGABEN ZUM „DIENSTLEISTUNGSUNTERNEHMEN"

Die ISO 9001:2008 ist eine Erfüllungsnorm. Das bedeutet, die Norm-Kapitel 4, 5, 6, 7 und 8 sind zu erfüllen. Die Fragen, die sich aus dem Text der Norm ergeben, können nur mit *erfüllt, nicht erfüllt, ausgeschlossen* oder *trifft nicht zu* beantwortet werden. Nur das *Norm-Kapitel 7 Produktrealisierung* lässt *Ausschlüsse mit Begründung* zu. Der Originaltext der Norm wird nur auszugsweise zitiert.

ISO 9001:2008

Im Ordner **E_9001_Beispiel_3_Hanser/Dokumente Arbeitsaufgaben_AA** finden Sie die *Arbeitsaufgaben (AA)*, im Ordner **E_9001_Beispiel_3_Hanser/Dokumente dokumentierte Verfahren_dV** die *dokumentierten Verfahren (dV)* und im Ordner **E_9001_Beispiel_3_Hanser/Dokumente Formulare** die *Formulare*.

ORDNER FÜR DAS „DIENSTLEISTUNGSUNTERNEHMEN"

Die Erreichung der Kundenzufriedenheit, die Vermeidung von Fehlern und die ständige Verbesserung der Organisation sind oberstes Ziel der Norm. Um diese Ziele und Anforderungen zu erreichen, wird das *Dienstleistungsunternehmen* in **Arbeitsaufgaben** aufgeteilt. Durch diese pragmatische Vorgehensweise wird die Norm für die Mitarbeiter transparent und leicht umsetzbar.

UMSETZUNG DER ISO 9001:2008 ALS ARBEITSAUFGABEN

**Die Organisation ist das QM-System!**

**Prozessorientierung bedeutet:** *Nicht die Organisation ist der Norm anzupassen, sondern die Norm ist als „Checkliste" zu nutzen, um das Tagesgeschäft störungsfreier bewältigen und die Kundenanforderungen erfüllen zu können.* Hier liegt der große Nutzen der Norm, da die organisatorischen Schwachstellen gezielt analysiert werden können. Wichtig sind die Integration und die direkte Auswirkung, die die Norm auf die Organisation und die Mitarbeiter ausübt. Die Integration von Norm und Organisation wird schnell erreicht, indem die Normenabschnitte als Arbeitsaufgaben definiert werden. So entsteht eine Übersicht über die eigene Organisation, die eigene Unternehmenslandkarte, zur gezielten Verbesserung der Organisation. Die Zuordnung der Arbeitsaufgaben und dokumentierten Verfahren zu den einzelnen Norm-Kapiteln der DIN EN ISO 9001:2008 wird mit dem dokumentierten Verfahren *QM: Norm-Kapitel: Arbeitsaufgaben (AA)/dokumentierte Verfahren (dV)* erreicht.

ELIMINIEREN DER ORGANISATORISCHEN SCHWACHSTELLEN

Die einzelnen Tätigkeiten, die zur Erfüllung der Arbeitsaufgabe benötigt werden, müssen von oben nach unten definiert werden. Die betroffenen Funktionsbereiche, die diese Tätigkeiten ausüben, werden mit einem „X" markiert. Dadurch entsteht eine Matrix, in der die

DIE ARBEITSAUFGABEN

## 4 Dienstleistungsunternehmen (Softwarehaus/Beratungsunternehmen)

Anteile jeder Ebene und jedes Funktionsbereiches zur Erfüllung der Arbeitsaufgabe leicht erkennbar sind. Ebenfalls werden die Schnittstellen und Wechselwirkungen zwischen den Funktionsbereichen und Ebenen deutlich. **Die Führungsebene ist rot markiert, die Funktionsbereiche/Mitarbeiterebenen sind blau markiert.**

Mit dieser Arbeitsaufgabe wird das Erstellen oder das Ändern des Angebotes prozessorientiert beschrieben (Bild 4.1):

**BEDEUTUNG DER ZUORDNUNG IN DEN ARBEITSAUFGABEN**

1. **VERTRIEB-BERATUNG:** grundsätzliche Zuordnung der Arbeitsaufgabe in der Organisation zum Funktionsbereich.
2. **Angebot erstellen/ändern:** Definition der Arbeitsaufgabe im Sprachgebrauch der Organisation.
3. **Führungsebene (rot):** Wie z. B. Inhaber, Geschäftsführer, Vertriebsleiter, Einkaufsleiter, Serviceleiter usw., alle Führungsentscheidungen im Arbeitsablauf werden unter dieser Ebene zusammengefasst (E/D, E = entscheiden, D = durchführen).
4. **Funktionsbereich/Mitarbeiterebene (blau):** Vertrieb, Einkauf usw. (D = durchführen).
5. **Extern:** Zum Beispiel Subunternehmer, diese Tätigkeit wird einzeln betrachtet, da ein erhöhter logistischer Aufwand erforderlich ist.
6. **Wechselwirkung/Checkliste:** Hier werden die Wechselwirkungen mit anderen Arbeitsaufgaben oder die zu beachtenden Einzelheiten aufgeführt.
7. **Dokumentation:** Alle benötigten Unterlagen zur Durchführung der Tätigkeit werden hier aufgeführt.
8. **Tätigkeit/Prozessschritte:** Die durchzuführenden Tätigkeiten (Prozessschritte) werden immer in der erforderlichen Reihenfolge nacheinander durchgeführt.
9. **Farbliche Erläuterung zu Tätigkeiten:** Tätigkeiten, die nicht immer ausgeführt werden oder nur für bestimmte Tätigkeiten Gültigkeit haben, sind farblich markiert und müssen erläutert werden. Die *farbliche Kennzeichnung der Tabellenzeile* zeigt den Beginn und das Ende an.
10. **Ständige Verbesserung:** Hier *können* Methoden und Informationen aufgeführt werden, die zur ständigen Verbesserung der Arbeitsaufgabe genutzt werden.
11. **Dokument:** der Name der Arbeitsaufgabe.
12. **Freigegeben, Datum:** Diese Daten dokumentieren die Person, die für den Prozess verantwortlich ist, und die Aktualität der Arbeitsaufgabe.
13. **Dienstleistungsunternehmen:** Hier ist der Name der Organisation einzutragen oder das Logo einzufügen.

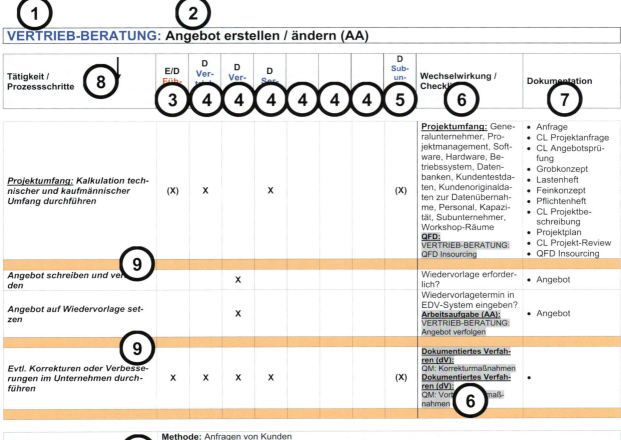

**BILD 4.1** Grundsätzliche Darstellung der Arbeitsaufgabe (Ausschnitt)

## 4.2 HANDBUCH/UNTERNEHMENS-LANDKARTE (AA UND DV)

**Das Handbuch besteht aus einer Seite** *(A_START-Handbuch-Prozessorientierter Ansatz)* und berücksichtigt die Prozessorientierung und den Anwendungsbereich des Qualitätsmanagementsystems der Organisation. Aus dieser Seite wird auf die Arbeitsaufgaben und dokumentierten Verfahren verwiesen. Die Integration von Norm und Organisation wird schnell erreicht, indem die Arbeitsaufgaben definiert werden. So entsteht eine Übersicht über die eigene Organisation, die eigene Unternehmenslandkarte, zur gezielten Verbesserung (ständige Verbesserung) der Organisation. Die Unternehmenslandkarte enthält alle benötigten Arbeitsaufgaben und dokumentierten Verfahren zur Umsetzung der Norm.

**ISO 9001:2008 AUSZUG AUS DER NORM**

*0.1 Allgemeines*

*… Es ist nicht die Absicht dieser Internationalen Norm zu unterstellen, dass Qualitätsmanagementsysteme einheitlich strukturiert oder einheitlich dokumentiert sein müssen …*

**STRUKTUR „DIENSTLEISTUNGSUNTERNEHMEN"**

Die Umsetzung der ISO 9001:2008 erfolgt *prozessorientiert* mit den Arbeitsaufgaben und den dokumentierten Verfahren (Bild 4.2).

Die Organisation wird in folgende Funktionsbereiche aufgeteilt:

1. Vertrieb – Beratung (AA),
2. Vertrieb – Innendienst (AA),
3. Entwicklung (AA) **(ausgeschlossen),**
4. Service (AA),
5. Verantwortung der Leitung (AA),
6. ständige Verbesserung des QM-Systems (dV),
7. Dokumentation des QM-Systems (dV),
8. Mitarbeiter (AA),
9. Zuordnung der Arbeitsaufgaben und dokumentierten Verfahren zu den Norm-Kapiteln,
10. Norm-Kapitel, die ausgeschlossen werden mit der Begründung, warum ein Ausschluss erfolgt.

Diese Aufteilung können Sie jederzeit ändern, wenn Ihre Organisation anders strukturiert ist. Die blauen Texte, z. B. *Angebot erstellen, ändern*, sind mit einem Hyperlink versehen. Sie verzweigen direkt aus der Unternehmenslandkarte in die Arbeitsaufgaben oder in die dokumentierten Verfahren.

**Bitte beachten Sie Folgendes:** Wenn Sie Word-Dokumente umbenennen oder neue Word-Dokumente in die Unternehmenslandkarte aufnehmen, dann müssen Sie auch den Hyperlink ändern.

## Prozessorientiertes Handbuch nach DIN EN ISO 9001:2008

### Übersicht der Arbeitsaufgaben (AA) und der dokumentierten Verfahren (dV)

**(1) VERTRIEB – BERATUNG (AA)**
- Angebotsmarketing
- Angebot erstellen, ändern
- Angebot verfolgen
- Vertrag erstellen
- Vertrag ändern, stornieren
- Reklamationen

**(2) VERTRIEB – INNENDIENST (AA)**
- Disposition, Anfrage, Preisvergleich, Bestellung
- Bestellung verfolgen
- Lieferanten Auswahl, Beurteilung, Neubeurteilung

**(3) ENTWICKLUNG (AA)**

**(4) SERVICE (AA)**
- DV-Projekte
- Mitarbeit in Kunden-, DV-Projekten
- Individuelle Programmierung
- Betriebsanalyse
- Projektplan
- Projektmanagement

**(5) Verantwortung der Leitung (AA)**
- Verantwortung der Leitung
- Qualitätspolitik
- Messbare Qualitätsziele
- Managementbewertung

**(6) Ständige Verbesserung des QM-Systems (dV)**
- Internes Audit
- Lenkung fehlerhafter Produkte
- Korrekturmaßnahmen
- Vorbeugungsmaßnahmen

**(7) Dokumentation des QM-Systems (dV)**
- Lenkung von Dokumenten
- Lenkung von Aufzeichnungen
- **(9)** Zuordnung Norm-Kapitel: Arbeitsaufgaben (AA) / dokumentierte Verfahren (dV)

**(8) Mitarbeiter (AA)**
- Mitarbeiter Ausbildung, Schulung, Fertigkeiten, Erfahrung

**(10)**

| Folgende Ausschlüsse wurden vorgenommen: | Begründung: |
|---|---|
| 7.3 Entwicklung | Es findet keine Entwicklung im Sinne der Norm statt. |
| 7.5.2 Validierung der Prozesse zur Produktion und zur Dienstleistungserbringung | Die Produkte oder Dienstleistungen können durch Überwachung oder Messung verifiziert werden. |
| 7.6 Lenkung von Überwachungs- und Messmitteln | Überwachungs- und Messmittel im Sinne der Norm, die kalibriert oder verifiziert werden müssen, sind nicht erforderlich. Es sind Kundendaten, Testdaten des Kunden vorhanden, um die Prüfung auf Erfüllung der Forderungen zu verifizieren. |

**Dokument:** Bild 4.2 A_START-Handbuch-Prozessorientierter Ansatz.doc
© BSBE European Business School for Business Excellence Ltd. 2014,
Freigegeben: Klaus Mustermann, Datum: 05.01.2014, Dienstleistungsunternehmen 1

**BILD 4.2** Prozessorientiertes Handbuch/Unternehmenslandkarte

# 4.3 VERTRIEB – BERATUNG (AA)

Der Vertrieb – Beratung benötigt die Arbeitsaufgaben:
1. VERTRIEB – BERATUNG: Angebotsmarketing (AA)
2. VERTRIEB – BERATUNG: Angebot erstellen/ändern (AA)
3. VERTRIEB – BERATUNG: Angebot verfolgen (AA)
4. VERTRIEB – BERATUNG: Vertrag erstellen (AA)
5. VERTRIEB – BERATUNG: Vertrag ändern/stornieren (AA)
6. VERTRIEB – BERATUNG: Reklamation (AA)

### VERTRIEB-BERATUNG: Angebotsmarketing (AA)

Mit dieser Arbeitsaufgabe wird das Angebotsmarketing prozessorientiert beschrieben (Bild 4.3).

**Produkte:** Einführung, Optimierung, Upgrade und Redesign von Softwarelösungen; Integration von Sprache und Nachrichten; individuelle Programmierung.

**Service:** Generalunternehmer; Mitarbeit in Kundenprojekten; Insourcing; Workshops; Prozess- und Organisationsberatung; IT-Service-Systemtechnik.

Die Kunden werden durch den Vertrieb – Beratung bearbeitet. Ziel ist es, das Potenzial des Kunden zu ermitteln. Es gibt zwei generelle Unterscheidungen in den Kundenbeziehungen:

**Stammkunde/sporadischer Kunde:** Diese Kunden besitzen bereits einen Vertrag oder einen Servicevertrag. Hier sollen durch gezielte Informationen und einen Abgleich mit den Produkten und den Serviceangeboten dem Kunden die weiteren Möglichkeiten der Organisation aufgezeigt werden. Durch eine Informationsveranstaltung können diese Kunden ebenfalls informiert werden.

**Neukunde:** Diese Kunden kennen die Organisation noch nicht. Die Organisation erhält Neukunden zumeist durch Empfehlungen.

**WECHSELWIRKUNG**  Aus dieser Arbeitsaufgabe wird eventuell auf weitere Arbeitsaufgaben und dokumentierte Verfahren verwiesen (Wechselwirkung). Eine detaillierte Beschreibung erfolgt in diesen Dokumenten.

**KORREKTUR- UND VORBEUGUNGSMASSNAHMEN**  Es sind eventuell Korrektur- oder Vorbeugungsmaßnahmen einzuleiten. Im Bedarfsfall ist das Formular *QM: Korrektur- und Vorbeugungsmaßnahmen* auszufüllen.

4.3 Vertrieb – Beratung (AA)

## VERTRIEB-BERATUNG: Angebotsmarketing (AA)

| Tätigkeit / Prozessschritte | E/D Führung | D Vertrieb Beratung | D Vertrieb Innend. | D Service | | | | D Subunternehmer | Wechselwirkung / Checkliste | Dokumentation |
|---|---|---|---|---|---|---|---|---|---|---|
| **STAMMKUNDE / SPORADISCHER KUNDE** | | | | | | | | | | |
| *Potenzialermittlung durchführen* | (X) | X | | (X) | | | | | **Produkte:** Einführung, Optimierung, Upgrade und Redesign von Softwarelösungen, Integration von Sprache und Nachrichten, individuelle Programmierung **Service:** Generalunternehmer, Mitarbeit in Kundenprojekten, Insourcing, Workshops, Prozess- und Organisationsberatung, IT-Service-Systemtechnik | • Vertrag<br>• Servicevertrag<br>• Subunternehmervertrag |
| *Gespräch führen* | (X) | X | | (X) | | | | | **Produkte:** Einführung, Optimierung, Upgrade und Redesign von Softwarelösungen, Integration von Sprache und Nachrichten, individuelle Programmierung **Service:** Generalunternehmer, Mitarbeit in Kundenprojekten, Insourcing, Workshops, Prozess- und Organisationsberatung, IT-Service-Systemtechnik | • Vertrag<br>• Servicevertrag<br>• Subunternehmervertrag<br>• CL Projektanfrage |
| *Fachlichen Kontakt halten* | (X) | X | | (X) | | | | | **Produkte:** Einführung, Optimierung, Upgrade und Redesign von Softwarelösungen, Integration von Sprache und Nachrichten, individuelle Programmierung **Service:** Generalunternehmer, Mitarbeit in Kundenprojekten, Insourcing, Workshops, Prozess- und Organisationsberatung, IT-Service-Systemtechnik | • Vertrag<br>• Servicevertrag<br>• Subunternehmervertrag<br>• CL Projektanfrage |
| **NEUKUNDE** | | | | | | | | | | |
| *Potenzialermittlung durchführen* | (X) | X | | (X) | | | | | **Produkte:** Einführung, Optimierung, Upgrade und Redesign von Softwarelösungen, Integration von Sprache und Nachrichten, individuelle Programmierung **Service:** Generalunternehmer, Mitarbeit in Kundenprojekten, Insourcing, Workshops, Prozess- und Organisationsberatung, IT-Service-Systemtechnik | • Flyer<br>• Adressdatenbank<br>• Empfehlungen von Kunden<br>• Empfehlungen von Partnern<br>• Anzeigenauswertung<br>• Informationsmappe<br>• Internet<br>• Messeveranstaltung<br>• Anzeigenschaltung<br>• Mailing |

Dokument: Bild 4.3 VERTRIEB_BERATUNG_Angebotsmarketing.doc
© BSBE European Business School for Business Excellence Ltd. 2014,
Freigegeben: Klaus Mustermann, Datum: 05.01.2014, Dienstleistungsunternehmen 1

**BILD 4.3** VERTRIEB – BERATUNG: Angebotsmarketing (AA) (Ausschnitt)

### VERTRIEB – BERATUNG: Angebot erstellen/ändern (AA)

Mit dieser Arbeitsaufgabe wird das Erstellen oder das Ändern des Angebotes prozessorientiert beschrieben (Bild 4.4).

Die Anfragen der Kunden werden durch den Vertrieb – Beratung bearbeitet.

**Produkte:** Einführung, Optimierung, Upgrade und Redesign von Softwarelösungen; Integration von Sprache und Nachrichten; individuelle Programmierung.

**Service:** Generalunternehmer; Mitarbeit in Kundenprojekten; Insourcing; Workshops; Prozess- und Organisationsberatung; IT-Service-Systemtechnik.

Die Angaben des Kunden werden geprüft. Der *Prüfungsumfang* richtet sich nach dem *Projektumfang*. In dieser Arbeitsaufgabe werden alle Produkte und der Service berücksichtigt. Es sind daher bei den Dokumenten die maximalen Notwendigkeiten dargestellt. Die Norm erwartet in der prozessorientierten Darstellung ein „Leiten" und „Lenken". Das „Regeln" erfolgt daher mit der einzelnen individuellen Anfrage des Kunden. Der individuellen Anfrage werden die benötigten Dokumente zugeordnet. Sollte Kundeneigentum vorhanden sein (Softwareprodukte, Kundentestdaten, Kundenoriginaldaten zur Datenübernahme), ist es die Aufgabe des Service, die Nutzung vorher abzuklären.

Das *Grobkonzept* oder *Lastenheft* ist Kundeneigentum. Im *Feinkonzept* oder *Pflichtenheft* beschreibt die Organisation, wie sie die Umsetzung der Anforderungen realisieren will. Das *Feinkonzept* oder *Pflichtenheft* ist Eigentum der Organisation.

Da *Insourcing* als Service angeboten wird, ist die Auswahl der Software, der Hardware und der Mitarbeiter ein entscheidender Faktor. Deshalb wurde eine vereinfachte Excel-Arbeitsmappe *VERTRIEB – BERATUNG: QFD Insourcing* entwickelt. Mit diesem Formular können gleichzeitig eine qualifizierte Auswahl und eine Beurteilung durchgeführt werden.

Zum Schluss erfolgen die Kalkulation und die Klärung der Liefertermine für die Hard- und Software sowie ein möglicher Starttermin und Endtermin des Projektes für den Service.

In den Ablauf ist ein Subunternehmereinsatz integriert, da ein erhöhter logistischer Aufwand erforderlich ist.

Die Zuordnung der Verantwortung ist in kleineren Organisationen weiter gefasst. Ein Blick in das Formular *QM: Organigramm/Verantwortung* zeigt dies deutlich.

**WECHSELWIRKUNG** Aus dieser Arbeitsaufgabe wird eventuell auf weitere Arbeitsaufgaben und dokumentierte Verfahren verwiesen (Wechselwirkung). Eine detaillierte Beschreibung erfolgt in diesen Dokumenten.

**KORREKTUR- UND VORBEUGUNGSMASSNAHMEN** Es sind eventuell Korrektur- oder Vorbeugungsmaßnahmen einzuleiten. Im Bedarfsfall ist das Formular *QM: Korrektur- und Vorbeugungsmaßnahmen* auszufüllen.

4.3 Vertrieb – Beratung (AA)

## VERTRIEB-BERATUNG: Angebot erstellen / ändern (AA)

| Tätigkeit / Prozessschritte | E/D Führung | D Vertrieb Beratung | D Vertrieb Innend. | D Service | | | D Subunternehmer | Wechselwirkung / Checkliste | Dokumentation |
|---|---|---|---|---|---|---|---|---|---|
| Angaben des Kunden prüfen | (X) | X | X | | | | | Anfrage vom Kunden prüfen, ob Angaben ausreichend sind oder weitere Informationen erforderlich sind | • Anfrage<br>• CL Projektanfrage |
| Vorgespräch führen | (X) | X | | (X) | | | | **Produkte:** Einführung, Optimierung, Upgrade und Redesign von Softwarelösungen, Integration von Sprache und Nachrichten, individuelle Programmierung<br>**Service:** Generalunternehmer, Mitarbeit in Kundenprojekten, Insourcing, Workshops, Prozess- und Organisationsberatung, IT-Service-Systemtechnik | • Anfrage<br>• CL Projektanfrage |
| Anfrage prüfen | (X) | X | | X | | | | **Produkte:** Einführung, Optimierung, Upgrade und Redesign von Softwarelösungen, Integration von Sprache und Nachrichten, individuelle Programmierung<br>**Service:** Generalunternehmer, Mitarbeit in Kundenprojekten, Insourcing, Workshops, Prozess- und Organisationsberatung, IT-Service-Systemtechnik | • Anfrage<br>• CL Projektanfrage<br>• CL Angebotsprüfung<br>• Grobkonzept<br>• Lastenheft |
| *Nachfolgende Tätigkeiten werden nur bei Bedarf durchgeführt.* | | | | | | | | | |
| Kundeneigentum berücksichtigen | (X) | X | | X | | | | Softwareprodukte, Kundentestdaten, Kundenoriginaldaten zur Datenübernahme | • |
| Projektumfang: Produkte und Service technische Umsetzung prüfen | (X) | X | | X | | | (X) | **Projektumfang:** Generalunternehmer, Projektmanagement, Software, Hardware, Betriebssystem, Datenbanken, Kundentestdaten, Kundenoriginaldaten zur Datenübernahme, Personal, Kapazität, Subunternehmer, Workshop-Räume<br>**QFD:** VERTRIEB-BERATUNG: QFD Insourcing | • Anfrage<br>• CL Projektanfrage<br>• CL Angebotsprüfung<br>• Grobkonzept<br>• Lastenheft<br>• Feinkonzept<br>• Pflichtenheft<br>• CL Projektbeschreibung<br>• Projektplan<br>• CL Projekt-Review<br>• QFD Insourcing |
| Projektumfang: Produkte und Service kaufmännische Umsetzung prüfen | (X) | X | | X | | | (X) | **Projektumfang:** Generalunternehmer, Projektmanagement, Software, Hardware, Betriebssystem, Datenbanken, Kundentestdaten, Kundenoriginaldaten zur Datenübernahme, Personal, Kapazität, Subunternehmer, Workshop-Räume<br>**QFD:** VERTRIEB-BERATUNG: QFD Insourcing | • Anfrage<br>• CL Projektanfrage<br>• CL Angebotsprüfung<br>• Grobkonzept<br>• Lastenheft<br>• Feinkonzept<br>• Pflichtenheft<br>• CL Projektbeschreibung<br>• Projektplan<br>• CL Projekt-Review<br>• QFD Insourcing |

**Dokument:** Bild 4.4 VERTRIEB_BERATUNG_Angebot erstellen_ändern.doc
© BSBE European Business School for Business Excellence Ltd. 2014,
Freigegeben: Klaus Mustermann, Datum: 05.01.2014, Dienstleistungsunternehmen 1
Seite 1 von 2

**BILD 4.4** VERTRIEB – BERATUNG: Angebot erstellen/ändern (AA) (Ausschnitt)

### Formular: VERTRIEB – BERATUNG: QFD Insourcing

Mit diesem Formular wird der Umfang des Insourcings festgelegt (Bild 4.5).

Da *Insourcing* als Service angeboten wird, ist die Auswahl der Software, der Hardware und der Mitarbeiter ein entscheidender Faktor. Deshalb wurde eine vereinfachte Excel-Arbeitsmappe *VERTRIEB – BERATUNG: QFD Insourcing* entwickelt. Mit diesem Formular können gleichzeitig eine qualifizierte Auswahl und eine Beurteilung durchgeführt werden. Die Excel-Arbeitsmappe *VERTRIEB – BERATUNG: QFD Insourcing* wurde für diese Organisationsgröße stark vereinfacht. Es ist jedoch ein effektives Mittel zur Beurteilung des Umfangs des Insourcings. Der Einsatz der Excel-Arbeitsmappe *VERTRIEB – BERATUNG: QFD Insourcing* ist denkbar einfach.

An dieser Stelle wird nur auf die generelle Definition eingegangen:

**INFORMATIONEN QFD INSOURCING**

1. Als Erstes sind **das Endprodukt,** *Insourcing von EDV-Dienstleistung,* **das Ziel,** *Kosteneinsparung und höhere Verfügbarkeit,* und **die Zielgruppe,** *Automobilzulieferer,* für die das Insourcing einen Nutzen darstellt, einzutragen.

2. Als Nächstes sind die *Forderungen des Kunden (FdK)* zu beschreiben. Es sind auch die nicht definierten Anforderungen der Kunden und Gesetze, Normen usw. zu berücksichtigen. Da jedoch nicht jede Anforderung gleich wichtig ist, muss eine Gewichtung von *1 = unwichtig bis 10 = sehr wichtig* in der Spalte *Gewichtung Forderung* erfolgen. Sollte der Service für den Kunden eine entscheidende Rolle spielen, dann ist in der Spalte *Gewichtung Service* ebenfalls eine Bewertung von *1 bis 10* durchzuführen. (**Hinweis:** Es erfolgt keine Berechnung.)

3. Die Anforderungen des Kunden oder des Marktes sind nun bekannt und gewichtet. Als Nächstes sind die *allgemeinen technischen Merkmale (atM)* und die *spezifischen technischen Merkmale (stM)* zu spezifizieren.

4. Nun ist die Beziehungsmatrix mit größter Sorgfalt auszufüllen, da sonst die Gesamtbewertung verfälscht wird (*siehe Kapitel 1.6 QFD-Excel-Arbeitsmappen*).

5. Die *Marketingbedeutung* am Insourcing wird sofort sichtbar. Die wichtigen Kundenanforderungen können nun gezielt aufgezeigt werden. Die Daten werden zusätzlich in einer Tortengrafik dargestellt. Die Grafik kann jederzeit gegen eine andere Darstellungsform ausgetauscht werden.

6. Die Daten für den Vergleich werden hier eingegeben und grafisch dargestellt. Die Grafik kann jederzeit gegen eine andere Darstellungsform ausgetauscht werden.

**Weitere Hinweise finden Sie in den Tabellenspalten mit einem „roten Dreieck" als Kommentar in der Excel-Arbeitsmappe.**

4.3 Vertrieb – Beratung (AA)

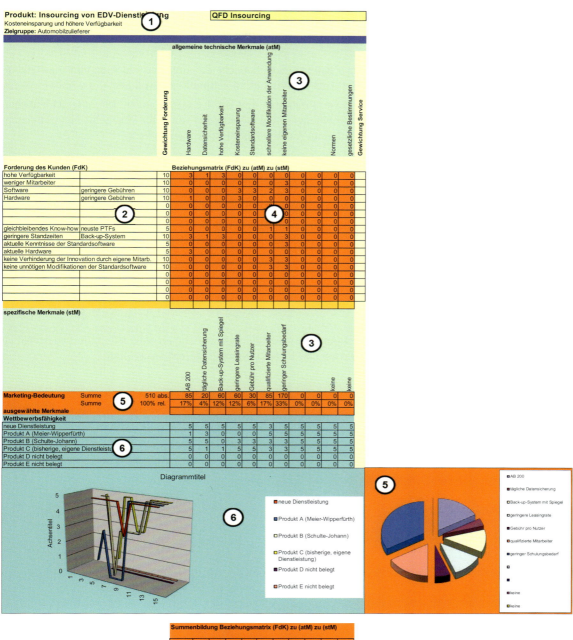

**BILD 4.5** Formular: VERTRIEB – BERATUNG: QFD Insourcing

## VERTRIEB – BERATUNG: Angebot verfolgen (AA)

Mit dieser Arbeitsaufgabe wird die Verfolgung des Angebotes prozessorientiert beschrieben (Bild 4.6).

Der Vertrieb – Beratung erhält in einer Übersicht alle Angebote und kann nun entscheiden, ob ein Nachfassen dieser Angebote zu diesem Zeitpunkt sinnvoll ist.

Bei den Angeboten wird von Produkten und Service ausgegangen. Die unterschiedlichen Produkte bedingen Entscheidungszeiten des Kunden von einer Woche bis neun Monaten. Deshalb wird eine Selektion im Ausdruck der Liste vorgenommen.

**Produkte:** Einführung, Optimierung, Upgrade und Redesign von Softwarelösungen; Integration von Sprache und Nachrichten; individuelle Programmierung.

**Service:** Generalunternehmer; Mitarbeit in Kundenprojekten; Insourcing; Workshops; Prozess- und Organisationsberatung; IT-Service-Systemtechnik.

Es ist nicht wahrscheinlich, dass zu diesem Zeitpunkt eine völlig veränderte Vorgabe durch den Kunden erfolgt. Daher werden deutlich weniger Tätigkeiten benötigt als bei der Angebotserstellung. Sollte das in Ihrer Organisation anders sein, dann müssen Sie die benötigten Tätigkeiten hinzufügen oder ändern.

**WECHSELWIRKUNG**  Aus dieser Arbeitsaufgabe wird eventuell auf weitere Arbeitsaufgaben und dokumentierte Verfahren verwiesen (Wechselwirkung). Eine detaillierte Beschreibung erfolgt in diesen Dokumenten.

**KORREKTUR- UND VORBEUGUNGSMASSNAHMEN**  Es sind eventuell Korrektur- oder Vorbeugungsmaßnahmen einzuleiten. Im Bedarfsfall ist das Formular *QM: Korrektur- und Vorbeugungsmaßnahmen* auszufüllen.

## 4.3 Vertrieb – Beratung (AA)

**VERTRIEB-BERATUNG: Angebot verfolgen (AA)**

| Tätigkeit / Prozessschritte | E/D Führung | D Vertrieb Beratung | D Vertrieb Innend. | D Service | | | D Subunternehmer | Wechselwirkung / Checkliste | Dokumentation |
|---|---|---|---|---|---|---|---|---|---|
| Angebot heraussuchen | (X) | X | X | | | | | **Klären:** Termin für Rückfrage erreicht **Arbeitsaufgabe (AA):** VERTRIEB-BERATUNG: Angebot erstellen / ändern | • Angebot |
| Mit Kunden in Verbindung setzen | (X) | X | | (X) | | | | **Klären:** Angebot erhalten, Preise, Lieferzeit, Kunde hat sich noch nicht entschieden | • Angebot |
| *Nachfolgende Tätigkeiten werden nur bei Bedarf durchgeführt.* | | | | | | | | | |
| Angebot überarbeiten | (X) | X | | | | | | **Arbeitsaufgabe (AA):** VERTRIEB-BERATUNG: Angebot erstellen / ändern | • |
| Angebot auf Wiedervorlage setzen | | X | | | | | | Wiedervorlagetermin in EDV-System eingeben | • Angebot |
| Evtl. Korrekturen oder Verbesserungen im Unternehmen durchführen | X | X | X | X | | | | **Dokumentiertes Verfahren (dV):** QM: Korrekturmaßnahmen **Dokumentiertes Verfahren (dV):** QM: Vorbeugungsmaßnahmen | • |

| Ständige Verbesserung: | **Methode:** Rückmeldungen von Kunden<br>**Informationen:** Nicht erhaltene Angebote, Korrektur der Angebote |
|---|---|

**BILD 4.6** VERTRIEB – BERATUNG: Angebot verfolgen (AA)

### VERTRIEB – BERATUNG: Vertrag erstellen (AA)

Mit dieser Arbeitsaufgabe wird das Erstellen des Vertrages prozessorientiert beschrieben (Bild 4.7).

**Produkte:** Einführung, Optimierung, Upgrade und Redesign von Softwarelösungen; Integration von Sprache und Nachrichten; individuelle Programmierung.

**Service:** Generalunternehmer; Mitarbeit in Kundenprojekten; Insourcing; Workshops; Prozess- und Organisationsberatung; IT-Service-Systemtechnik.

Die Angaben des Kunden werden geprüft. Der *Prüfungsumfang* richtet sich nach dem *Projektumfang*. In dieser Arbeitsaufgabe werden alle Produkte und der Service berücksichtigt. Es sind daher bei den Dokumenten die maximalen Notwendigkeiten dargestellt. Die Norm erwartet in der prozessorientierten Darstellung ein „Leiten" und „Lenken". Das „Regeln" erfolgt daher mit der einzelnen individuellen Anfrage des Kunden. Der individuellen Anfrage werden die benötigten Dokumente zugeordnet. Sollte Kundeneigentum vorhanden sein (Softwareprodukte, Kundentestdaten, Kundenoriginaldaten zur Datenübernahme), ist es die Aufgabe des Service, die Nutzung vorher abzuklären.

Da *Insourcing* als Service angeboten wird, ist die Auswahl der Software, der Hardware und der Mitarbeiter ein entscheidender Faktor. Deshalb wurde eine vereinfachte Excel-Arbeitsmappe *VERTRIEB – BERATUNG: QFD Insourcing* entwickelt. Mit diesem Formular können gleichzeitig eine qualifizierte Auswahl und eine Beurteilung durchgeführt werden.

Die Hard- und Software werden vom *Vertrieb – Innendienst* bestellt und in den Service gegeben. In der Checkliste *CL Projektbeschreibung* sind die Anforderungen beschrieben. Die Lieferung erfolgt sofort an den Kunden.

Die Subunternehmer werden ebenfalls durch den *Vertrieb – Innendienst* vertraglich verpflichtet.

**WECHSELWIRKUNG** Aus dieser Arbeitsaufgabe wird eventuell auf weitere Arbeitsaufgaben und dokumentierte Verfahren verwiesen (Wechselwirkung). Eine detaillierte Beschreibung erfolgt in diesen Dokumenten.

**KORREKTUR- UND VORBEUGUNGS-MASSNAHMEN** Es sind eventuell Korrektur- oder Vorbeugungsmaßnahmen einzuleiten. Im Bedarfsfall ist das Formular *QM: Korrektur- und Vorbeugungsmaßnahmen* auszufüllen.

4.3 Vertrieb – Beratung (AA)

## VERTRIEB-BERATUNG: Vertrag erstellen (AA)

| Tätigkeit / Prozessschritte | E/D Führung | D Vertrieb Beratung | D Vertrieb Innend. | D Service | | | D Subunternehmer | Wechselwirkung / Checkliste | Dokumentation |
|---|---|---|---|---|---|---|---|---|---|
| Angebot vorhanden und vergleichen | (X) | X | X | X | | | | **Produkte:** Einführung, Optimierung, Upgrade und Redesign von Softwarelösungen, Integration von Sprache und Nachrichten, individuelle Programmierung **Service:** Generalunternehmer, Mitarbeit in Kundenprojekten, Insourcing, Workshops, Prozess- und Organisationsberatung, IT-Service-Systemtechnik  Angebot mit Auftrag des Kunden vergleichen  **Projektumfang:** Generalunternehmer, Projektmanagement, Software, Hardware, Betriebssystem, Datenbanken, Kundentestdaten, Kundenoriginaldaten zur Datenübernahme, Personal, Kapazität, Subunternehmer, Workshop-Räume **QFD:** VERTRIEB-BERATUNG: QFD Insourcing | • Angebot<br>• Kundenauftrag<br>• CL Projektanfrage<br>• CL Angebotsprüfung<br>• Grobkonzept<br>• Lastenheft<br>• Feinkonzept<br>• Pflichtenheft<br>• CL Projektbeschreibung<br>• Projektplan<br>• CL Projekt-Review<br>• QFD Insourcing |
| Software, Hardware, Subunternehmer disponieren | (X) | | X | X | | | | **Arbeitsaufgabe (AA):** VERTRIEB-INNENDIENST: Disposition / Anfrage / Preisvergleich / Bestellung | • |
| Vertrag / Servicevertrag / Subunternehmervertrag erstellen | (X) | X | X | X | | | | Verträge erstellen  **Projektumfang:** Generalunternehmer, Projektmanagement, Software, Hardware, Betriebssystem, Datenbanken, Kundentestdaten, Kundenoriginaldaten zur Datenübernahme, Personal, Kapazität, Subunternehmer, Workshop-Räume **Arbeitsaufgabe (AA):** VERTRIEB-INNENDIENST: Disposition / Anfrage / Preisvergleich / Bestellung | • Angebot<br>• Kundenauftrag<br>• CL Projektanfrage<br>• CL Angebotsprüfung<br>• Grobkonzept<br>• Lastenheft<br>• Feinkonzept<br>• Pflichtenheft<br>• CL Projektbeschreibung<br>• Projektplan<br>• CL Projekt-Review<br>• QFD Insourcing<br>• Vertrag<br>• Servicevertrag<br>• Subunternehmervertrag |
| *Nachfolgende Tätigkeiten werden nur bei Bedarf durchgeführt.* | | | | | | | | | |
| Evtl. Korrekturen oder Verbesserungen im Unternehmen durchführen | X | X | X | X | | | | **Dokumentiertes Verfahren (dV)** QM: Korrekturmaßnahmen **Dokumentiertes Verfahren (dV)** QM: Vorbeugungsmaßnahmen | • |

| Ständige Verbesserung: | **Methode:** Rückmeldungen von Kunden, Service, Lieferanten, Subunternehmern<br>**Informationen:** Angebot an den Kunden, Terminänderungen, Vertrag des Kunden, Kundeneigentum, Projektumfang |
|---|---|

**Dokument:** Bild 4.7 VERTRIEB_BERATUNG_Vertrag_erstellen.doc
© BSBE European Business School for Business Excellence Ltd. 2014,
Freigegeben: Klaus Mustermann, Datum: 05.01.2014, Dienstleistungsunternehmen 1
Seite 1 von 2

**BILD 4.7** VERTRIEB – BERATUNG: Vertrag erstellen (AA)

## VERTRIEB – BERATUNG: Vertrag ändern/stornieren (AA)

Mit dieser Arbeitsaufgabe wird das Ändern oder das Stornieren des Vertrags prozessorientiert beschrieben (Bild 4.8).

Es gibt vielfältige Gründe, die zu einer Vertragsänderung oder Stornierung führen können. Hier alle Gründe aufzuführen ist jedoch nicht möglich.

Beispiele, die zu einer Vertragsänderung oder Stornierung führen können:

- Es haben sich im Umfeld des Kunden neue Anforderungen ergeben.
- Im Lastenheft wurden nicht alle Anforderungen beschrieben.
- Der Kunde benötigt ein größeres EDV-System.
- Der Vertrieb – Innendienst kann die Produkte nicht rechtzeitig beschaffen.
- Der Service kann den gewünschten Start-Zeitpunkt oder End-Zeitpunkt nicht einhalten.
- Preisänderungen von Software- oder Hardwareherstellern wurden nicht berücksichtigt.
- Der Subunternehmer hat keinen Mitarbeiter verfügbar.

Die Kurzklärung zwischen Führung, Vertrieb – Beratung, Service und Subunternehmer berücksichtigt alle Gründe, die zu einer Auftragsänderung führen. Die Entscheidung mit dem Kunden löst dann die weiteren Tätigkeiten aus.

Je nach Umfang der Änderung werden die einzelnen Tätigkeiten mehr oder weniger stark ausgeführt. Es kommt nicht darauf an, jede einzelne Tätigkeit bis ins Detail zu beschreiben, da bei der dargestellten Organisationsgröße dazu keine Notwendigkeit besteht.

**WECHSELWIRKUNG** Aus dieser Arbeitsaufgabe wird eventuell auf weitere Arbeitsaufgaben und dokumentierte Verfahren verwiesen (Wechselwirkung). Eine detaillierte Beschreibung erfolgt in diesen Dokumenten.

**KORREKTUR- UND VORBEUGUNGS-MASSNAHMEN** Es sind eventuell Korrektur- oder Vorbeugungsmaßnahmen einzuleiten. Im Bedarfsfall ist das Formular *QM: Korrektur- und Vorbeugungsmaßnahmen* auszufüllen.

## 4.3 Vertrieb – Beratung (AA)

**VERTRIEB-BERATUNG: Vertrag ändern / stornieren (AA)**

| Tätigkeit / Prozessschritte ↓ | E/D Führung | D Vertrieb Beratung | D Vertrieb Innend. | D Service | | | | D Subunternehmer | Wechselwirkung / Checkliste | Dokumentation |
|---|---|---|---|---|---|---|---|---|---|---|
| | | | | | | | | | | |
| Vertrag / Servicevertrag / Subunternehmervertrag ändern / stornieren | (X) | X | X | X | | | | (X) | Kurzklärung des Problems, Kosten ermitteln<br><br>**Projektumfang:** Generalunternehmer, Projektmanagement, Software, Hardware, Betriebssystem, Datenbanken, Kundentestdaten, Kundenoriginaldaten zur Datenübernahme, Personal, Kapazität, Subunternehmer, Workshop-Räume<br>**Arbeitsaufgabe (AA):**<br>VERTRIEB-INNENDIENST: Bestellung verfolgen<br>**QFD:**<br>VERTRIEB-BERATUNG: QFD Insourcing | • Angebot<br>• Kundenauftrag<br>• CL Projektanfrage<br>• CL Angebotsprüfung<br>• Grobkonzept<br>• Lastenheft<br>• Feinkonzept<br>• Pflichtenheft<br>• CL Projektbeschreibung<br>• Projektplan<br>• CL Projekt-Review<br>• QFD Insourcing<br>• Vertrag<br>• Servicevertrag<br>• Subunternehmervertrag |
| Entscheidung mit Kunden durchführen | (X) | X | | (X) | | | | | Wenn keine Änderung oder Stornierung erfolgt, dann müssen keine weiteren Tätigkeiten durchgeführt werden. | • Angebot<br>• Kundenauftrag<br>• CL Projektanfrage<br>• CL Angebotsprüfung<br>• Grobkonzept<br>• Lastenheft<br>• Feinkonzept<br>• Pflichtenheft<br>• CL Projektbeschreibung<br>• Projektplan<br>• CL Projekt-Review<br>• QFD Insourcing<br>• Vertrag<br>• Servicevertrag<br>• Subunternehmervertrag |
| *Nachfolgende Tätigkeiten werden nur bei Änderung oder Stornierung durchgeführt.* | | | | | | | | | | |
| Vertrag / Servicevertrag / Subunternehmervertrag ändern / stornieren | (X) | X | | (X) | | | | | Verträge ändern / stornieren<br><br>**Projektumfang:** Generalunternehmer, Projektmanagement, Software, Hardware, Betriebssystem, Datenbanken, Kundentestdaten, Kundenoriginaldaten zur Datenübernahme, Personal, Kapazität, Subunternehmer, Workshop-Räume | • Angebot<br>• Kundenauftrag<br>• CL Projektanfrage<br>• CL Angebotsprüfung<br>• Grobkonzept<br>• Lastenheft<br>• Feinkonzept<br>• Pflichtenheft<br>• CL Projektbeschreibung<br>• Projektplan<br>• CL Projekt-Review<br>• QFD Insourcing<br>• Vertrag<br>• Servicevertrag<br>• Subunternehmervertrag |
| Software, Hardware, Subunternehmer ändern / stornieren | (X) | | X | X | | | | | **Arbeitsaufgabe (AA):**<br>VERTRIEB-INNENDIENST: Disposition / Anfrage / Preisvergleich / Bestellung | • |
| *Nachfolgende Tätigkeiten werden nur bei Bedarf durchgeführt.* | | | | | | | | | | |

**Dokument:** Bild 4.8 VERTRIEB_BERATUNG_Vertrag_ändern_stornieren.doc
© BSBE European Business School for Business Excellence Ltd. 2014,
Freigegeben: Klaus Mustermann, Datum: 05.01.2014, Dienstleistungsunternehmen 1
Seite 1 von 2

**BILD 4.8** VERTRIEB – BERATUNG: Vertrag ändern / stornieren (AA) (Ausschnitt)

## VERTRIEB – BERATUNG: Reklamation (AA)

Mit dieser Arbeitsaufgabe wird die Durchführung der Reklamationsbearbeitung prozessorientiert beschrieben (Bild 4.9).

Während und nach der Projektdurchführung kann es zu unterschiedlichen Störungen kommen. Auch bei der Reklamationsbearbeitung werden die Tätigkeiten in der Arbeitsaufgabe nur abstrakt geschildert, da es nicht möglich und sinnvoll ist, alle Tätigkeiten aufzuzeigen.

Beispiele:

- fehlende Updates für die Programme,
- fehlende Informationen,
- unkorrektes Arbeiten des Subunternehmers,
- schlecht abgestimmte Termine,
- fehlende Testdaten,
- fehlerhafte Hardware,
- fehlerhafte Software.

Je nach Umfang der Reklamation werden die einzelnen Tätigkeiten mehr oder weniger stark ausgeführt. Es kommt nicht darauf an, jede einzelne Tätigkeit bis ins Detail zu beschreiben. Das ist bei den unterschiedlichen Kombinationsmöglichkeiten zu aufwendig. Wichtiger ist die Analyse der Reklamationsgründe. Es wird weiter unterschieden, ob ein Servicevertrag vorhanden ist. Ansonsten ist die Kostenübernahme vorher mit dem Kunden abzuklären.

Der Service prüft die Reklamation oder Fehlermeldung, da dort die nötige Fachkompetenz vorhanden ist. Es wird versucht, den zuständigen Mitarbeiter zu erreichen, damit er innerhalb von zehn Minuten den Kunden zurückrufen kann.

**WECHSELWIRKUNG** Aus dieser Arbeitsaufgabe wird eventuell auf weitere Arbeitsaufgaben und dokumentierte Verfahren verwiesen (Wechselwirkung). Eine detaillierte Beschreibung erfolgt in diesen Dokumenten.

**KORREKTUR- UND VORBEUGUNGS- MASSNAHMEN** Es sind eventuell Korrektur- oder Vorbeugungsmaßnahmen einzuleiten. Im Bedarfsfall ist das Formular *QM: Korrektur- und Vorbeugungsmaßnahmen* auszufüllen.

## VERTRIEB-BERATUNG: Reklamation (AA)

| Tätigkeit / Prozessschritte | E/D Führung | D Vertrieb Beratung | D Vertrieb Innend. | D Service | | | D Subunternehmer | Wechselwirkung / Checkliste | Dokumentation |
|---|---|---|---|---|---|---|---|---|---|
| Problem annehmen | | | X | | | | | Kurzklärung des Problems: Servicevertrag vorhanden, Problemschilderung | • Servicevertrag<br>• CL Problem |
| Zuständigen Mitarbeiter benachrichtigen | | (X) | X | X | | | | Servicevertrag vorhanden, Problemschilderung<br>Ziel: Kunde wird innerhalb von zehn Minuten vom zuständigen Mitarbeiter zurückgerufen. | • Servicevertrag<br>• CL Problem |
| Problembehandlung festlegen | | (X) | | X | | | (X) | Problem / Fehler: Wählleitung zum Kunden, PTF vorhanden, Änderungsstand, Version, Release | • Servicevertrag<br>• CL Problem |
| Lösung mit Kunden erarbeiten | (X) | (X) | | X | | | (X) | Problem / Fehler: Wählleitung zum Kunden, PTF vorhanden, Änderungsstand, Version, Release, Kostenübernahme klären | • Servicevertrag<br>• CL Problem<br>• Kundenauftrag |
| *Nachfolgende Tätigkeiten werden nur bei Bedarf durchgeführt.* | | | | | | | | | |
| Hersteller der Software benachrichtigen | | | | X | | | | Problem / Fehler: Rücksprache mit Softwarehersteller, ob Problem bekannt, Problem schildern und dokumentieren, Kostenübernahme klären | • Servicevertrag<br>• CL Problem<br>• Kundenauftrag<br>• Projektplan<br>• CL Projekt-Review |
| Subunternehmer benachrichtigen | | | | X | | | | Problem / Fehler: Problem schildern und dokumentieren, Kostenübernahme klären | • Servicevertrag<br>• Subunternehmervertrag<br>• CL Problem<br>• Kundenauftrag<br>• Projektplan<br>• CL Projekt-Review |
| Problemlösung mit eigenen Mitarbeitern durchführen | | | | X | | | | Problem / Fehler: Beheben, Aufwand protokollieren, Kulanz, Servicevertrag, Kosten berechnen | • Servicevertrag<br>• CL Problem<br>• Kundenauftrag<br>• Projektplan<br>• CL Projekt-Review |
| Evtl. Korrekturen oder Verbesserungen im Unternehmen durchführen | (X) | X | X | X | | | (X) | Dokumentiertes Verfahren (dV):<br>QM: Lenkung fehlerhafter Produkte | • |

| | |
|---|---|
| **Ständige Verbesserung:** | **Methode:** Rückmeldungen von Kunden, Service, Lieferanten, Subunternehmern<br>**Informationen:** Reklamationen, entstandene Fehler, Kulanzen, Garantieleistungen, Beratereinsatz Stunden berechnet – Stunden geleistet, Programmierereinsatz Stunden berechnet – Stunden geleistet, Kosten Reklamation externe Dienstleistung durch Subunternehmer |

**Dokument:** Bild 4.9 VERTRIEB_BERATUNG_Reklamation.doc
© BSBE European Business School for Business Excellence Ltd. 2014,
Freigegeben: Klaus Mustermann, Datum: 05.01.2014, Dienstleistungsunternehmen 1

**BILD 4.9** VERTRIEB – BERATUNG: Reklamation (AA)

# 4.4 VERTRIEB – INNENDIENST

Der Vertrieb – Innendienst benötigt die Arbeitsaufgaben:

1. VERTRIEB – INNENDIENST: Disposition/Anfrage/Preisvergleich/Bestellung (AA)
2. VERTRIEB – INNENDIENST: Bestellung verfolgen (AA)
3. VERTRIEB – INNENDIENST: Lieferanten Auswahl/Beurteilung/Neubeurteilung (AA)

### VERTRIEB-INNENDIENST: Disposition/Anfrage/Preisvergleich/Bestellung (AA)

Mit dieser Arbeitsaufgabe werden die Disposition, die Anfrage, der Preisvergleich und die Bestellung prozessorientiert beschrieben (Bild 4.10).

Der Vertrieb – Innendienst beschafft folgende relevante Produkte und Dienstleistungen:

- Standardsoftware,
- Hardware,
- Subunternehmer.

Die Produkte wurden mit dem Kunden abgestimmt und vertraglich geregelt. In der Praxis wird bei den Stammlieferanten angerufen, die Preise werden notiert, Lieferzeiten werden festgehalten, ein Vergleich wird durchgeführt und anschließend wird per Fax, E-Mail, Online-Shop oder telefonisch bestellt. Wenn die Lieferanten eine Auftragsbestätigung senden, dann muss ein Vergleich mit der Bestellung auf Richtigkeit erfolgen.

Die Bestellung erfolgt immer projektbezogen.

In den Ablauf ist ein Subunternehmereinsatz integriert, da ein erhöhter logistischer Aufwand erforderlich ist.

Da Subunternehmer beauftragt werden, ist die Auswahl der Subunternehmer ein entscheidender Faktor. Deshalb wurde eine vereinfachte Excel-Arbeitsmappe *VERTRIEB – INNENDIENST: QFD Lieferantenbewertung* entwickelt. Mit diesem Formular können gleichzeitig eine qualifizierte Subunternehmerauswahl und eine Beurteilung durchgeführt werden.

Die Anfrage/Bestellung kann in einem Vorlageordner abgelegt oder elektronisch verwaltet werden.

**WECHSELWIRKUNG** Aus dieser Arbeitsaufgabe wird eventuell auf weitere Arbeitsaufgaben und dokumentierte Verfahren verwiesen (Wechselwirkung). Eine detaillierte Beschreibung erfolgt in diesen Dokumenten.

**KORREKTUR- UND VORBEUGUNGS-MASSNAHMEN** Es sind eventuell Korrektur- oder Vorbeugungsmaßnahmen einzuleiten. Im Bedarfsfall ist das Formular *QM: Korrektur- und Vorbeugungsmaßnahmen* auszufüllen.

4.4 Vertrieb – Innendienst

## VERTRIEB-INNENDIENST: Disposition / Anfrage / Preisvergleich / Bestellung (AA)

| Tätigkeit / Prozessschritte | E/D Führung | D Vertrieb Beratung | D Vertrieb Innend. | D Service | | | D Subunternehmer | Wechselwirkung / Checkliste | Dokumentation |
|---|---|---|---|---|---|---|---|---|---|
| *(Disposition) Mengen festlegen, ändern, stornieren* | (X) | | (X) | X | | | | **Projekt:** **Arbeitsaufgabe (AA):** VERTRIEB-BERATUNG: Auftrag erstellen **Arbeitsaufgabe (AA):** VERTRIEB-INNENDIENST: Bestellung verfolgen | • CL Projektbeschreibung • Projektplan • CL Projekt-Review • Vertrag |
| *Lieferanten auswählen* | (X) | | (X) | X | | | | Hauptlieferanten im EDV-System hinterlegt | • CL Projektbeschreibung • Projektplan • CL Projekt-Review • Vertrag |
| *Subunternehmer auswählen* | (X) | | (X) | X | | | (X) | Hauptlieferanten im EDV-System hinterlegt **Arbeitsaufgabe (AA):** VERTRIEB-INNENDIENST: Lieferanten Auswahl / Beurteilung / Neubeurteilung | • CL Projektbeschreibung • Projektplan • CL Projekt-Review • Subunternehmervertrag |
| *Nachfolgende Tätigkeiten erfolgen bei Subunternehmern.* | | | | | | | | | |
| *Dienstleistung bestellen, ändern oder stornieren* | (X) | | X | | | | | Die Bestellung erfolgt schriftlich. **Arbeitsaufgabe (AA):** VERTRIEB-BERATUNG: Auftrag erstellen **Arbeitsaufgabe (AA):** VERTRIEB-BERATUNG: Auftrag ändern / stornieren | • Angebot • Subunternehmervertrag |
| *Nachfolgende Tätigkeiten erfolgen bei Software, Hardware.* | | | | | | | | | |
| *Produkte bestellen, ändern oder stornieren* | (X) | | X | | | | | Die Bestellung kann telefonisch, schriftlich, per Fax, E-Mail oder Online-Shop erfolgen. **Arbeitsaufgabe (AA):** VERTRIEB-BERATUNG: Auftrag erstellen **Arbeitsaufgabe (AA):** VERTRIEB-BERATUNG: Auftrag ändern / stornieren | • Angebot • Bestellung |
| *Auftragsbestätigung des Lieferanten mit Bestellung vergleichen* | | | X | | | | | Auftragsbestätigung mit der Bestellung vergleichen | • Bestellung • Auftragsbestätigung |
| *Bestellung auf Wiedervorlage legen* | | | X | | | | | Der Termin wird ins EDV-System eingetragen. | • Bestellung • Auftragsbestätigung |
| *Nachfolgende Tätigkeiten werden nur bei Bedarf durchgeführt.* | | | | | | | | | |
| *Evtl. Korrekturen oder Verbesserungen im Unternehmen durchführen* | X | | X | X | | | (X) | **Dokumentiertes Verfahren (dV):** QM: Korrekturmaßnahmen **Dokumentiertes Verfahren (dV):** QM: Vorbeugungsmaßnahmen | • |
| **Ständige Verbesserung:** | | | | | | | | **Methode:** Rückmeldungen von Kunden, Service, Lieferanten, Subunternehmern **Informationen:** Lieferverzug, Reklamationen, entstandene Fehler, nicht erhaltene Kundenaufträge, Stornierung Kundenaufträge, Probleme mit den Subunternehmern | |

**Dokument:** Bild 4.10 VERTRIEB_INNENDIENST_Disposition_Anfrage_Preisvergleich_Bestellung.doc
© BSBE European Business School for Business Excellence Ltd. 2014,
Freigegeben: Klaus Mustermann, Datum: 05.01.2014, Dienstleistungsunternehmen 1

**BILD 4.10** VERTRIEB – INNENDIENST: Disposition / Anfrage / Preisvergleich / Bestellung (AA)

## 4 Dienstleistungsunternehmen (Softwarehaus/Beratungsunternehmen)

### VERTRIEB – INNENDIENST: Bestellung verfolgen (AA)

Mit dieser Arbeitsaufgabe wird die Verfolgung der Bestellung prozessorientiert beschrieben. Dies betrifft auch die Subunternehmer (Bild 4.11).

In vielen kleinen Organisationen wird die Bestellverfolgung über einen Vorlageordner durchgeführt. Eine elektronische Lösung scheidet oft aus, da Aufwand und Nutzen in keinem wirtschaftlichen Verhältnis stehen. Sonst erfolgt eine elektronische Verwaltung. **Die Bestellung erfolgt immer projektbezogen.**

Die Bestellungen des Lieferanten werden durchgesehen oder das EDV-System meldet über Wiedervorlage den Termin. Es muss mit dem Service die Problematik durchgesprochen werden, ob Probleme mit dem Projektplan entstehen können.

Bei Bedarf wird der Kunde informiert.

Sollte das in Ihrer Organisation anders sein, dann müssen Sie die benötigten Tätigkeiten hinzufügen oder ändern.

| | |
|---|---|
| **WECHSELWIRKUNG** | Aus dieser Arbeitsaufgabe wird eventuell auf weitere Arbeitsaufgaben und dokumentierte Verfahren verwiesen (Wechselwirkung). Eine detaillierte Beschreibung erfolgt in diesen Dokumenten. |
| **KORREKTUR- UND VORBEUGUNGS-MASSNAHMEN** | Es sind eventuell Korrektur- oder Vorbeugungsmaßnahmen einzuleiten. Im Bedarfsfall ist das Formular *QM: Korrektur- und Vorbeugungsmaßnahmen* auszufüllen. |

4.4 Vertrieb – Innendienst

## VERTRIEB-INNENDIENST: Bestellung verfolgen (AA)

| Tätigkeit / Prozessschritte | E/D Führung | D Vertrieb Beratung | D Vertrieb Innend. | D Service | | | D Subunternehmer | Wechselwirkung / Checkliste | Dokumentation |
|---|---|---|---|---|---|---|---|---|---|
| Termin erreicht / überschritten | | | X | | | | | **Prüfen:** Termin im EDV-System erreicht, Termin überschritten | • Bestellung<br>• Auftragsbestätigung |
| *Nachfolgende Tätigkeiten werden nur bei Bedarf durchgeführt.* | | | | | | | | | |
| Service informieren | (X) | | X | X | | | | **Arbeitsaufgabe (AA):** SERVICE: DV-Projekte<br>**Arbeitsaufgabe (AA):** SERVICE: Individuelle Programmierung | • |
| Lieferanten informieren | (X) | | X | | | | | **Arbeitsaufgabe (AA):** VERTRIEB-INNENDIENST: Disposition / Anfrage / Preisvergleich / Bestellung | • |
| Kunden informieren | (X) | X | X | X | | | | **Arbeitsaufgabe (AA):** VERTRIEB-BERATUNG: Auftrag ändern / stornieren | • |
| Bestellung überarbeiten | | | X | | | | | **Arbeitsaufgabe (AA):** VERTRIEB-INNENDIENST: Disposition / Anfrage / Preisvergleich / Bestellung | • |
| Service überarbeiten | | | | X | | | | **Arbeitsaufgabe (AA):** SERVICE: DV-Projekte<br>**Arbeitsaufgabe (AA):** SERVICE: Individuelle Programmierung | • |
| Bestellung auf Wiedervorlage legen | | | X | | | | | **Prüfen:** Der neue Termin wird ins EDV-System eingetragen. | • Bestellung<br>• Auftragsbestätigung |
| Evtl. Korrekturen oder Verbesserungen im Unternehmen durchführen | X | X | X | X | | | | **Dokumentiertes Verfahren (dV):** QM: Korrekturmaßnahmen<br>**Dokumentiertes Verfahren (dV):** QM: Vorbeugungsmaßnahmen | • |

| Ständige Verbesserung: | **Methode:** Rückmeldungen von Kunden, Service, Lieferanten, Subunternehmern<br>**Informationen:** Lieferverzug, Reklamationen, entstandene Fehler, nicht erhaltene Kundenaufträge, Stornierung Kundenaufträge, Probleme mit den Subunternehmern |
|---|---|

**Dokument:** Bild 4.11 VERTRIEB_INNENDIENST_Bestellung verfolgen.doc
© BSBE European Business School for Business Excellence Ltd. 2014,
Freigegeben: Klaus Mustermann, Datum: 05.01.2014, Dienstleistungsunternehmen 1

**BILD 4.11** VERTRIEB – INNENDIENST: Bestellung verfolgen (AA)

## VERTRIEB – INNENDIENST: Lieferanten Auswahl/Beurteilung/Neubeurteilung (AA)

Mit dieser Arbeitsaufgabe werden Auswahl, Beurteilung und Neubeurteilung von Lieferanten prozessorientiert beschrieben (Bild 4.12).

In Organisationen dieser Größe gibt es keine 100 Lieferanten oder es ist ein ständiger Wechsel vorhanden. Im *Dienstleistungsunternehmen* kommt noch erschwerend hinzu, dass die Hard- und Software bei maximal acht Lieferanten eingekauft werden können.

Die Auswahl der Lieferanten ist ein entscheidender Faktor. Deshalb wurde eine vereinfachte Excel-Arbeitsmappe *VERTRIEB – INNENDIENST: QFD Lieferantenbewertung* entwickelt. Mit diesem Formular können gleichzeitig eine qualifizierte Lieferantenauswahl und eine Lieferantenbeurteilung durchgeführt werden. Die Anforderung des Kunden wird mit den Möglichkeiten der Lieferanten verglichen, die benötigten Produkte zu liefern. Da jedoch nicht für jedes Produkt eine Lieferantenbeurteilung sinnvoll ist, wurde dies in der Arbeitsaufgabe vermerkt. Die Excel-Arbeitsmappe *VERTRIEB – INNENDIENST: QFD Subunternehmerbewertung* ermöglicht bei Änderungen, die damaligen Entscheidungsgründe für diesen Lieferanten zu verfolgen. Da Subunternehmer beauftragt werden, ist ihre Auswahl ein entscheidender Faktor.

Sollten Sie keine Bewertung mit der Excel-Arbeitsmappe *VERTRIEB – INNENDIENST: QFD Subunternehmerbewertung* durchführen wollen, dann müssen Sie die entsprechenden Tätigkeiten in der Arbeitsaufgabe korrigieren und eine eigene Lieferantenbewertung entwickeln.

**WECHSELWIRKUNG**

Aus dieser Arbeitsaufgabe wird eventuell auf weitere Arbeitsaufgaben und dokumentierte Verfahren verwiesen (Wechselwirkung). Eine detaillierte Beschreibung erfolgt in diesen Dokumenten.

**KORREKTUR- UND VORBEUGUNGSMASSNAHMEN**

Es sind eventuell Korrektur- oder Vorbeugungsmaßnahmen einzuleiten. Im Bedarfsfall ist das Formular *QM: Korrektur- und Vorbeugungsmaßnahmen* auszufüllen.

**ISO 9001:2008 AUSZUG AUS DER NORM**

*7.4.1 Beschaffungsprozess*

*Die Organisation muss sicherstellen, dass die beschafften Produkte die festgelegten Beschaffungsanforderungen erfüllen. Art und Umfang der auf den Lieferanten und das beschaffte Produkt angewandten Überwachung müssen vom Einfluss des beschafften Produkts auf die nachfolgende Produktrealisierung oder auf das Endprodukt abhängen.*

*Die Organisation muss Lieferanten auf Grund von deren Fähigkeit beurteilen und auswählen, Produkte entsprechend den Anforderungen der Organisation zu liefern. Es müssen Kriterien für die Auswahl, Beurteilung und Neubeurteilung aufgestellt werden. Aufzeichnungen über die Ergebnisse von Beurteilungen und über notwendige Maßnahmen müssen geführt werden (siehe 4.2.4).*

## 4.4 Vertrieb – Innendienst

**VERTRIEB-INNENDIENST: Lieferanten Auswahl / Beurteilung / Neubeurteilung (AA)**

| Tätigkeit / Prozessschritte | E/D Führung | D Vertrieb Beratung | D Vertrieb Innend. | D Service | | | D Subunternehmer | Wechselwirkung / Checkliste | Dokumentation |
|---|---|---|---|---|---|---|---|---|---|
| *Lieferanten auswählen, beurteilen* | | | | | | | | | |
| *Kriterien festlegen* | (X) | | X | | | | | **Prüfen:** Termin, Preis, technische Beratung, Service | • Statistik<br>• CL Projektbeschreibung<br>• Projektplan |
| *Lieferanten anfragen und beurteilen* | (X) | | X | | | | | **Prüfen:** Hauptlieferanten, Mengen, Liefertermin | • Anfrage<br>• CL Projektbeschreibung<br>• Projektplan |
| *Lieferanten auswählen (freigeben)* | (X) | | X | | | | | **Prüfen:** Die Auswahl der Software und Hardware erfolgt bei anerkannten Herstellern. Ausgewählten Lieferanten im EDV-System hinterlegen. **Arbeitsaufgabe (AA):** VERTRIEB-INNENDIENST: Disposition / Anfrage / Preisvergleich / Bestellung | • Anfrage<br>• CL Projektbeschreibung<br>• Projektplan<br>• Angebot |
| *Subunternehmer auswählen, beurteilen* | | | | | | | | | |
| *Kriterien festlegen* | (X) | | X | | | | | **Prüfen:** Termin, Preis, Projekterfahrung, Branchenerfahrung, bereits für uns gearbeitet | • CL Projektbeschreibung<br>• Projektplan<br>• QFD Subunternehmerbewertung |
| *Subunternehmer anfragen und beurteilen* | (X) | | X | | | | | **Prüfen:** Subunternehmervertrag vorhanden **QFD:** VERTRIEB-INNENDIENST: QFD Subunternehmerbewertung | • Anfrage<br>• Subunternehmervertrag<br>• CL Projektbeschreibung<br>• Projektplan<br>• QFD Subunternehmerbewertung |
| *Subunternehmer auswählen (freigeben)* | (X) | | X | | | | | **Prüfen:** Termin, Preis, Projekterfahrung, Branchenerfahrung, bereits für uns gearbeitet, ausgewählten Lieferanten im EDV-System hinterlegen **Arbeitsaufgabe (AA):** VERTRIEB-INNENDIENST: Disposition / Anfrage / Preisvergleich / Bestellung | • Anfrage<br>• QFD Subunternehmerbewertung<br>• CL Projektbeschreibung<br>• Projektplan<br>• Subunternehmervertrag |
| *Lieferanten / Subunternehmer neu beurteilen* | | | | | | | | | |
| *Kriterien festlegen und bewerten* | (X) | | X | | | | | **Prüfen:** Fehlerhäufigkeit (Lieferschein) bei Lieferanten. Abnahmeprotoll bei Subunternehmern **Bei Subunternehmern: QFD:** VERTRIEB-INNENDIENST: QFD Subunternehmerbewertung | • Fehlerhäufigkeit (Lieferschein)<br>• Abnahmeprotokoll |
| *Lieferanten / Subunternehmer anschreiben* | (X) | | X | | | | | **Lieferanten:** Anschreiben **Subunternehmer:** Meeting, Abnahmeprotokoll | • Fehlerhäufigkeit (Lieferschein)<br>• Abnahmeprotokoll |

**Dokument:** Bild 4.12 VERTRIEB_INNENDIENST_Lieferanten_Auswahl_Beurteilung_Neubeurteilung.doc
© BSBE European Business School for Business Excellence Ltd. 2014,
Freigegeben: Klaus Mustermann, Datum: 05.01.2014, Dienstleistungsunternehmen 1

**BILD 4.12** VERTRIEB – INNENDIENST: Lieferanten Auswahl/Beurteilung/Neubeurteilung (AA) (Ausschnitt)

## Formular: VERTRIEB – INNENDIENST: QFD Subunternehmerbewertung

Mit diesem Formular wird die Subunternehmerbewertung festgelegt (Bild 4.13).

Da Subunternehmer beauftragt werden, ist die Auswahl der Subunternehmer ein entscheidender Faktor. Es ist ein Vergleich zwischen den Anforderungen an die eigenen Mitarbeiter und Subunternehmer möglich. Die Anforderung des Projektes wird mit den Möglichkeiten des Subunternehmers verglichen, das benötigte Know-how bereitzustellen. Die QFD Subunternehmerbewertung ermöglicht bei Projektproblemen, die damaligen Entscheidungsgründe für diesen Subunternehmer zu verfolgen. Deshalb wurde eine vereinfachte Excel-Arbeitsmappe *VERTRIEB – INNENDIENST: QFD Lieferantenbewertung* entwickelt. Mit diesem Formular können gleichzeitig eine qualifizierte Subunternehmerauswahl und eine Beurteilung durchgeführt werden. Die Excel-Arbeitsmappe *VERTRIEB – INNENDIENST: QFD Subunternehmerbewertung* wurde für diese Organisationsgröße stark vereinfacht. Es ist jedoch ein effektives Mittel zur Beurteilung der Subunternehmer. Der Einsatz der Excel-Arbeitsmappe *VERTRIEB – INNENDIENST: QFD Subunternehmerbewertung* ist denkbar einfach.

An dieser Stelle wird nur auf die generelle Definition eingegangen:

**INFORMATIONEN QFD SUBUNTERNEHMERBEWERTUNG**

1. Als Erstes sind **die Dienstleistung,** *Anpassung von Druckbildern,* **die Standardsoftware,** *PAS,* und **die Zielgruppe,** *Automobilzulieferer,* an die das Endprodukt verkauft werden soll, einzutragen.

2. Die Spalten der *Subunternehmer* und *ausgewählten Subunternehmer (aS) sind* nun zu vervollständigen. Unter *Subunternehmer* wird der Name des Subunternehmers für die Dienstleistung eingetragen. Insgesamt können zehn Subunternehmer verglichen werden. In der Zeile *ausgewählte Subunternehmer (aS)* ist der Name des Subunternehmers ebenfalls einzutragen. Die Spalte *eigenes Unternehmen* wurde eingeführt, falls ein Vergleich zwischen *eigener Durchführung oder Fremddurchführung* erfolgen soll.

3. Als Nächstes sind die *Forderungen an die Dienstleistung (FdK)* zu ermitteln und einzutragen. Es sind auch die nicht definierten Forderungen des Kunden wie z. B. Gesetze, Normen usw. zu berücksichtigen. Da jedoch nicht jede Forderung gleich wichtig ist, muss eine Gewichtung von *1 = unwichtig bis 10 = sehr wichtig* in der Spalte *Gewichtung Forderung* erfolgen.
Sollte der Service des Subunternehmers eine entscheidende Rolle spielen, dann ist in der Spalte *Gewichtung Service* ebenfalls eine Bewertung von *1 bis 10* durchzuführen. (**Hinweis:** Es erfolgt keine Berechnung.)

4. Nun ist die *Beziehungsmatrix (FdK) zu (aS)* mit größter Sorgfalt auszufüllen, da sonst die Gesamtbewertung verfälscht wird. **Die komplette Beschreibung erfolgt im Kapitel 1.6 QFD-Excel-Arbeitsmappen.**

5. Der Erfüllungsgrad in Punkten und Prozenten ist das Ergebnis der Bewertung. Der Subunternehmer mit der größten Punkt- oder Prozentzahl ist der geeignete Subunternehmer für die Dienstleistung.

**Weitere Hinweise finden Sie in den Tabellenspalten mit einem „roten Dreieck" als Kommentar in der Excel-Arbeitsmappe.**

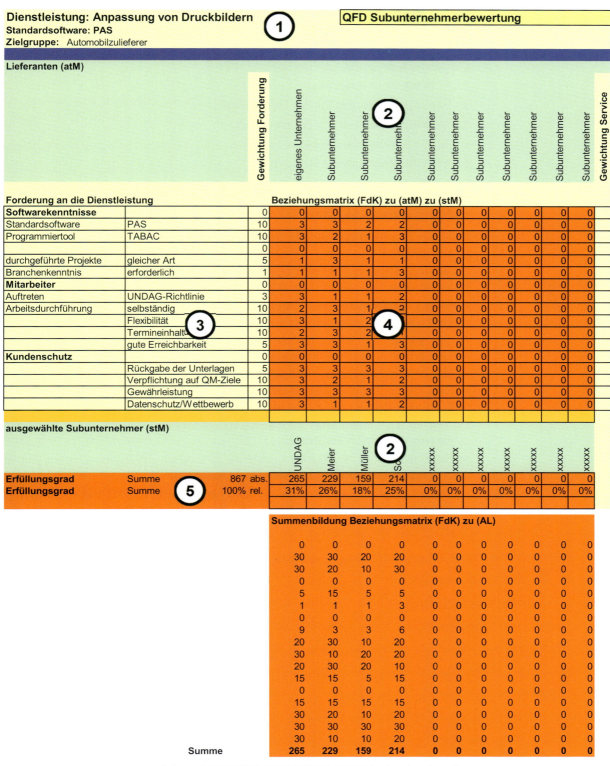

**BILD 4.13** Formular: VERTRIEB – INNENDIENST: QFD Subunternehmerbewertung

# 4.5 SERVICE (AA)

Der Service benötigt die Arbeitsaufgaben:

1. SERVICE: DV-Projekte (AA)
2. SERVICE: Mitarbeit in Kunden-DV-Projekten (AA)
3. SERVICE: Individuelle Programmierung (AA)
4. SERVICE: Betriebsanalyse (AA)
5. SERVICE: Projektplan (AA)
6. SERVICE: Projektmanagement (AA)

### SERVICE: DV-Projekte (AA)

Mit dieser Arbeitsaufgabe wird die Durchführung von DV-Projekten prozessorientiert beschrieben (Bild 4.14).

**Produkte:** Einführung, Optimierung, Upgrade und Redesign von Softwarelösungen; Integration von Sprache und Nachrichten; individuelle Programmierung.

**Service:** Generalunternehmer; Mitarbeit in Kundenprojekten; Insourcing; Workshops; Prozess- und Organisationsberatung; IT-Service-Systemtechnik.

DV-Projekte werden mit einer Laufzeit von bis zu 1,5 Jahren geplant. Die einzelnen Schritte werden sicherlich mehrmals mit unterschiedlichem Aufwand durchlaufen.

Die Arbeitsaufgabe ist für unterschiedliche Laufzeiten und Größen eines DV-Projektes als schnelle Übersicht des Projektverlaufes einsetzbar. Die Wiederholungen wurden bewusst nicht eingezeichnet, da nur der generelle Ablauf festgehalten wird.

Die Erstellung des *Projektplans* und das *Projektmanagement* werden in weiteren Arbeitsaufgaben prozessorientiert beschrieben.

Mit der Checkliste *CL Projekt-Review* erfolgt die Kalkulation und Kostenverfolgung Soll/Ist des Projekts. (Hinweis: Die Checkliste ist nicht beigefügt.)

**WECHSELWIRKUNG** — Aus dieser Arbeitsaufgabe wird eventuell auf weitere Arbeitsaufgaben und dokumentierte Verfahren verwiesen (Wechselwirkung). Eine detaillierte Beschreibung erfolgt in diesen Dokumenten.

**KORREKTUR- UND VORBEUGUNGSMASSNAHMEN** — Es sind eventuell Korrektur- oder Vorbeugungsmaßnahmen einzuleiten. Im Bedarfsfall ist das Formular *QM: Korrektur- und Vorbeugungsmaßnahmen* auszufüllen.

4.5 Service (AA)

## SERVICE: DV-Projekte (AA)

| Tätigkeit / Prozessschritte | E/D Führung | D Vertrieb Beratung | D Vertrieb Innend. | D Service | D Subunternehmer | Wechselwirkung / Checkliste | Dokumentation |
|---|---|---|---|---|---|---|---|
| Projektplan erstellen | (X) | | X | | (X) | **Arbeitsaufgabe (AA):** SERVICE: Projektplan | • |
| Projektmanagement festlegen | (X) | | X | | | **Arbeitsaufgabe (AA):** SERVICE: Projektmanagement | • |
| Projekt durchführen | (X) | | X | | (X) | Projekt mit dem Kunden durchführen<br><br>Kontrolle Projektfortschritt, Projektziele, Subunternehmer<br><br>**Arbeitsaufgabe (AA):** VERTRIEB-INNENDIENST: Bestellung verfolgen | • Projektplan<br>• CL Projektbeschreibung<br>• CL Projekt-Review |
| **DV-Projekt** | | | | | | | |
| Realisierung, Codierung, Customizing durchführen | (X) | | X | | (X) | Kontrolle Projektfortschritt, Projektziele, Subunternehmer<br><br>Programmierung, Implementierung, Richtlinien, kunden-/geschäftspartnerspezifische Vereinbarungen | • Projektplan<br>• CL Projektbeschreibung<br>• CL Projekt-Review<br>• CL Planung – Durchführung – Tests |
| Programmtest durchführen | (X) | | X | | (X) | Kontrolle Projektfortschritt, Projektziele, Subunternehmer<br><br>Prüfungen, Personal, Testdaten, Hardware und Software, Testdokumentation im Programm, Test mit **Kunden** durchführen, Änderungswünsche protokollieren | • Projektplan<br>• CL Projektbeschreibung<br>• CL Projekt-Review<br>• CL Planung – Durchführung – Tests |
| Projektplan bei Projektfortschritt aktualisieren | | | X | | | Projektfortschritt dokumentieren | • CL Projektbeschreibung<br>• CL Planung – Durchführung – Tests<br>• CL Projekt-Review<br>• Projektplan |
| Projektmeetings durchführen | (X) | (X) | X | | (X) | Projektmeeting für das Projekt wird mit dem Kunden abgestimmt.<br><br>Kontrolle Projektfortschritt, Projektziele, Subunternehmer | • Projektplan<br>• CL Projektbeschreibung<br>• CL Projekt-Review<br>• CL Planung – Durchführung – Tests |
| Systemtest Integration durchführen | (X) | | X | | (X) | Kontrolle Projektfortschritt, Projektziele, Subunternehmer<br><br>Prüfungen, Personal, Testdaten, Hardware und Software, Testdokumentation im Programm<br><br>Einbindung der Programme in die Echtumgebung, Test mit **Kunden** durchführen, Änderungswünsche protokollieren | • Projektplan<br>• CL Projektbeschreibung<br>• CL Projekt-Review<br>• CL Planung – Durchführung – Tests |

**Dokument:** Bild 4.14 SERVICE_DV_Projekte.doc
© BSBE European Business School for Business Excellence Ltd. 2014,
Freigegeben: Klaus Mustermann, Datum: 05.01.2014, Dienstleistungsunternehmen 1

**BILD 4.14** SERVICE: DV-Projekte (AA) (Ausschnitt)

### SERVICE: Mitarbeit in Kunden-DV-Projekten (AA)

Mit dieser Arbeitsaufgabe wird die Durchführung der Mitarbeit in Kunden-DV-Projekten prozessorientiert beschrieben (Bild 4.15).

**Produkte:** Einführung, Optimierung, Upgrade und Redesign von Softwarelösungen; Integration von Sprache und Nachrichten; individuelle Programmierung.

**Service:** Generalunternehmer; Mitarbeit in Kundenprojekten; Insourcing; Workshops; Prozess- und Organisationsberatung; IT-Service-Systemtechnik.

Mitarbeit in Kundenprojekten wird mit einer Laufzeit von maximal sechs Monaten geplant. Die einzelnen Schritte werden sicherlich mehrmals mit unterschiedlichem Aufwand durchlaufen.

Die Arbeitsaufgabe ist für unterschiedliche Laufzeiten und Größen eines DV-Projektes als schnelle Übersicht des Projektverlaufes einsetzbar. Die Wiederholungen wurden bewusst nicht eingezeichnet, da nur der generelle Ablauf festgehalten wird.

Die Erstellung des *Projektplans* und das *Projektmanagement* werden durch den **Kunden** durchgeführt.

Mit der Checkliste *CL Projekt-Review* erfolgt die Kalkulation und Kostenverfolgung Soll/Ist des Projekts. (Hinweis: Die Checkliste ist nicht auf der CD-ROM.)

WECHSELWIRKUNG    Aus dieser Arbeitsaufgabe wird eventuell auf weitere Arbeitsaufgaben und dokumentierte Verfahren verwiesen (Wechselwirkung). Eine detaillierte Beschreibung erfolgt in diesen Dokumenten.

KORREKTUR- UND VORBEUGUNGSMASSNAHMEN    Es sind eventuell Korrektur- oder Vorbeugungsmaßnahmen einzuleiten. Im Bedarfsfall ist das Formular *QM: Korrektur- und Vorbeugungsmaßnahmen* auszufüllen.

4.5 Service (AA)

## SERVICE: Mitarbeit in Kunden-DV-Projekten (AA)

| Tätigkeit / Prozessschritte | E/D Führung | D Vertrieb Beratung | D Vertrieb Innend. | D Service | | | D Subunternehmer | Wechselwirkung / Checkliste | Dokumentation |
|---|---|---|---|---|---|---|---|---|---|
| Projektplan erstellen | (X) | | | X | | | | Der **Projektplan** wird durch den **Kunden** erstellt. | • Kundenfeinkonzept<br>• Kundenprojektplan |
| Projektmanagement festlegen | (X) | | | X | | | | Das **Projektmanagement** wird durch den **Kunden** durchgeführt. | • Kundenfeinkonzept<br>• Kundenprojektplan |
| Projekt durchführen | (X) | | | X | | | | Projekt mit dem Kunden durchführen<br><br>Kontrolle Projektfortschritt, Projektziele | • Servicevertrag<br>• Kundenfeinkonzept<br>• Kundenprojektplan<br>• CL Projekt-Review |
| **DV-Projekt** | | | | | | | | | |
| Realisierung, Codierung, Customizing durchführen | (X) | | | X | | | | Programmierung, Implementierung, Richtlinien, kunden-/geschäftspartnerspezifische Vereinbarungen | • Kundenfeinkonzept<br>• Kundenprojektplan<br>• CL Projekt-Review<br>• CL Planung – Durchführung – Tests |
| Programmtest durchführen | (X) | | | X | | | | Prüfungen, Personal, Testdaten, Hardware und Software, Testdokumentation im Programm, Test mit **Kunden** durchführen, Änderungswünsche protokollieren | • Kundenfeinkonzept<br>• Kundenprojektplan<br>• CL Projekt-Review<br>• CL Planung – Durchführung – Tests |
| Projektplan bei Projektfortschritt aktualisieren | | | | X | | | | Der **Projektfortschritt** wird durch den **Kunden** dokumentiert. | • Kundenprojektplan |
| Systemtest Integration durchführen | (X) | | | X | | | | Prüfungen, Personal, Testdaten, Hardware und Software, Testdokumentation im Programm<br><br>Einbindung der Programme in die Echtumgebung, Test mit **Kunden** durchführen, Änderungswünsche protokollieren | • Kundenfeinkonzept<br>• Kundenprojektplan<br>CL Projekt-Review<br>• CL Planung – Durchführung – Tests |
| Projektabnahme durchführen | (X) | (X) | | X | | | | Abnahmeprotokoll durch den Kunden abzeichnen | • Kundenfeinkonzept<br>• Kundenprojektplan<br>• CL Projekt-Review<br>• Abnahmeprotokoll |
| **Nachfolgende Tätigkeiten werden nur bei Bedarf durchgeführt.** | | | | | | | | | |
| Evtl. Korrekturen oder Verbesserungen im Unternehmen durchführen | (X) | (X) | | X | | | | **Dokumentiertes Verfahren (dV):**<br>QM: Lenkung fehlerhafter Produkte | • |

| Ständige Verbesserung: | **Methode:** Rückmeldungen von Kunden, Service<br>**Informationen:** Reklamationen, entstandene Fehler, Kulanzen, Garantieleistungen, Programmierereinsatz Stunden berechnet – Stunden geleistet |
|---|---|

**BILD 4.15** SERVICE: Mitarbeit in Kunden-DV-Projekten (AA)

## SERVICE: Individuelle Programmierung (AA)

Mit dieser Arbeitsaufgabe wird die Durchführung der individuellen Programmierung prozessorientiert beschrieben (Bild 4.16).

**Produkte:** Einführung, Optimierung, Upgrade und Redesign von Softwarelösungen; Integration von Sprache und Nachrichten; individuelle Programmierung.

**Service:** Generalunternehmer; Mitarbeit in Kundenprojekten; Insourcing; Workshops; Prozess- und Organisationsberatung; IT-Service-Systemtechnik.

Nach Abschluss eines größeren DV-Projektes sind immer kleinere Projekte durch die weiteren Wünsche des Kunden notwendig. Der Kunde wünscht diese Dienstleistung zu einem Festpreis, um die Kosten kalkulieren zu können.

Die Arbeitsaufgabe ist für unterschiedliche Laufzeiten und Größen einer individuellen Programmierung als schnelle Übersicht des Projektverlaufes einsetzbar. Die Wiederholungen wurden bewusst nicht eingezeichnet, da nur der generelle Ablauf festgehalten wird.

Die Erstellung des *Projektplans* und das *Projektmanagement* werden in weiteren Arbeitsaufgaben prozessorientiert beschrieben.

Mit der Checkliste *CL Projekt-Review* erfolgt die Kalkulation und Kostenverfolgung Soll/Ist des Projekts. (Hinweis: Die Checkliste ist nicht auf der CD-ROM.)

**EINFACHE VERWALTUNG DES PROJEKTES**

Bei **kleineren Projekten** können Sie die Arbeitsaufgabe zur Dokumentation und Verfolgung des Projektes einsetzen.

Um dies zu erreichen, gehen Sie folgendermaßen vor:

1. Kopieren Sie die Arbeitsaufgabe und fügen Sie die Projektbezeichnung hinzu.
2. Tragen Sie in der von Ihnen bestimmten Tabellenzeile unter *Wechselwirkung/Checkliste* das **Startdatum** und *Projektabnahme* das **Enddatum** ein.
3. Sie können die dazwischenliegenden Tätigkeiten jeweils mit einem Datum versehen und erhalten eine grobe Übersicht des Projektverlaufes. Unter *Wechselwirkung/Checkliste* können Sie mit entsprechenden Kommentaren die aufgetretenen Probleme festhalten.

Sollten Sie eine Tätigkeit **mehrmals** durchlaufen, dann:

1. Kopieren Sie die Tätigkeiten, die mehrmals durchlaufen werden, indem Sie die Tabellenzeile kopieren und darunter einfügen.
2. Kommentieren Sie unter *Wechselwirkung/Checkliste* den Grund, warum dies notwendig wurde. Vergessen Sie nicht, das Datum einzutragen.

Der Kunde und der Projektleiter erhalten eine Übersicht und eine einfache Kontrolle des Projektverlaufes. Unstimmigkeiten können am aktuellen Projektverlauf diskutiert werden.

**WECHSELWIRKUNG**

Aus dieser Arbeitsaufgabe wird eventuell auf weitere Arbeitsaufgaben und dokumentierte Verfahren verwiesen (Wechselwirkung). Eine detaillierte Beschreibung erfolgt in diesen Dokumenten.

**KORREKTUR- UND VORBEUGUNGS-MASSNAHMEN**

Es sind eventuell Korrektur- oder Vorbeugungsmaßnahmen einzuleiten. Im Bedarfsfall ist das Formular *QM: Korrektur- und Vorbeugungsmaßnahmen* auszufüllen.

## 4.5 Service (AA)

**SERVICE: Individuelle Programmierung (AA)**

| Tätigkeit / Prozessschritte | E/D Führung | D Vertrieb Beratung | D Vertrieb Innend. | D Service | | | D Subunternehmer | Wechselwirkung / Checkliste | Dokumentation |
|---|---|---|---|---|---|---|---|---|---|
| Projektplan erstellen | (X) | | | X | | | (X) | **Arbeitsaufgabe (AA):** SERVICE: Projektplan | • |
| Projektmanagement festlegen | (X) | | | X | | | | **Arbeitsaufgabe (AA):** SERVICE: Projektmanagement | • |
| Projekt durchführen | (X) | | | X | | | (X) | Projekt mit dem Kunden durchführen<br><br>Kontrolle Projektfortschritt, Projektziele, Subunternehmer<br>**Arbeitsaufgabe (AA):** VERTRIEB-INNENDIENST: Bestellung verfolgen | • Projektplan<br>• CL Projektbeschreibung<br>• CL Projekt-Review |
| **DV-Projekt** | | | | | | | | | |
| Realisierung, Codierung, Customizing durchführen | (X) | | | X | | | (X) | Kontrolle Projektfortschritt, Projektziele, Subunternehmer<br><br>Programmierung, Implementierung, Richtlinien, kunden-/geschäftspartnerspezifische Vereinbarungen | • Projektplan<br>• CL Projektbeschreibung<br>• CL Projekt-Review<br>• CL Planung – Durchführung – Tests |
| Programmtest durchführen | (X) | | | X | | | (X) | Kontrolle Projektfortschritt, Projektziele, Subunternehmer<br><br>Prüfungen, Personal, Testdaten, Hardware und Software, Testdokumentation im Programm, Test mit **Kunden** durchführen, Änderungswünsche protokollieren | • Projektplan<br>• CL Projektbeschreibung<br>• CL Projekt-Review<br>• CL Planung – Durchführung – Tests |
| Projektplan bei Projektfortschritt aktualisieren | | | | X | | | | Projektfortschritt dokumentieren | • CL Projektbeschreibung<br>• CL Planung – Durchführung – Tests<br>• CL Projekt-Review<br>• Projektplan |
| Systemtest Integration durchführen | (X) | | | X | | | (X) | Kontrolle Projektfortschritt, Projektziele, Subunternehmer<br><br>Prüfungen, Personal, Testdaten, Hardware und Software, Testdokumentation im Programm<br><br>Einbindung der Programme in die Echtumgebung, Test mit **Kunden** durchführen, Änderungswünsche protokollieren | • Projektplan<br>• CL Projektbeschreibung<br>• CL Projekt-Review<br>• CL Planung – Durchführung – Tests |
| Projektabnahme durchführen | (X) | (X) | | X | | | (X) | Abnahmeprotokoll durch den Kunden abzeichnen | • Projektplan<br>• CL Projekt-Review<br>• Abnahmeprotokoll |
| **Nachfolgende Tätigkeiten werden nur bei Bedarf durchgeführt.** | | | | | | | | | |
| Evtl. Korrekturen oder Verbesserungen im Unternehmen durchführen | (X) | (X) | | X | | | (X) | **Dokumentiertes Verfahren (dV):** QM: Lenkung fehlerhafter Produkte | • |

Dokument: Bild 4.16 SERVICE_Individuelle Programmierung.doc
© BSBE European Business School for Business Excellence Ltd. 2014,
Freigegeben: Klaus Mustermann, Datum: 05.01.2014, Dienstleistungsunternehmen 1
Seite 1 von 2

**BILD 4.16** SERVICE: Individuelle Programmierung (AA) (Ausschnitt)

### SERVICE: Betriebsanalyse (AA)

Mit dieser Arbeitsaufgabe wird die Durchführung der Betriebsanalyse prozessorientiert beschrieben (Bild 4.17).

**Service:** Generalunternehmer; Mitarbeit in Kundenprojekten; Insourcing; Workshops; Prozess- und Organisationsberatung; IT-Service-Systemtechnik.

Vor einem Start eines größeren DV-Projektes kann es sinnvoll sein, eine Betriebsanalyse durchzuführen. Dies ermöglicht einen Soll-Ist-Vergleich, ob eine Kostensenkung durch den Einsatz der Software erfolgt ist.

Es sind oft die unproduktiven Tätigkeiten in Fertigung und Verwaltung, die es zu finden gibt. Hier bietet die Verwaltung sicherlich noch Einsparpotenziale.

Die Arbeitsaufgabe ist für unterschiedliche Laufzeiten und Größen einer Betriebsanalyse als schnelle Übersicht des Projektverlaufes einsetzbar. Die Wiederholungen wurden bewusst nicht eingezeichnet, da nur der generelle Ablauf festgehalten wird.

Die Erstellung des *Projektplans* und das *Projektmanagement* werden in weiteren Arbeitsaufgaben prozessorientiert beschrieben.

Mit der Checkliste *CL Projekt-Review* erfolgt die Kalkulation und Kostenverfolgung Soll/Ist des Projekts. (Hinweis: Die Checkliste ist nicht auf der CD-ROM.)

**WECHSELWIRKUNG** Aus dieser Arbeitsaufgabe wird eventuell auf weitere Arbeitsaufgaben und dokumentierte Verfahren verwiesen (Wechselwirkung). Eine detaillierte Beschreibung erfolgt in diesen Dokumenten.

**KORREKTUR- UND VORBEUGUNGSMASSNAHMEN** Es sind eventuell Korrektur- oder Vorbeugungsmaßnahmen einzuleiten. Im Bedarfsfall ist das Formular *QM: Korrektur- und Vorbeugungsmaßnahmen* auszufüllen.

4.5 Service (AA)

| SERVICE: Betriebsanalyse (AA) |
|---|

| Tätigkeit / Prozessschritte | E/D Führung | D Vertrieb Beratung | D Vertrieb Innend. | D Service | | | D Subunternehmer | Wechselwirkung / Checkliste | Dokumentation |
|---|---|---|---|---|---|---|---|---|---|
| *Projektplan erstellen* | (X) | | | X | | | | **Arbeitsaufgabe (AA):** SERVICE: Projektplan | • |
| *Projektmanagement festlegen* | (X) | | | X | | | | **Arbeitsaufgabe (AA):** SERVICE: Projektmanagement | • |
| *Projekt durchführen* | (X) | | | X | | | | Projekt mit dem Kunden durchführen<br><br>Kontrolle Projektfortschritt, Projektziele | • Projektplan<br>• CL Projektbeschreibung<br>• CL Projekt-Review |
| *Betriebsanalyse* | | | | | | | | | |
| *Unternehmerinterview durchführen* | (X) | | | X | | | | Aufnahme Zahlen, Daten, Fakten | • Projektplan<br>• CL Projektbeschreibung<br>• CL Fragebogen Betriebsdaten |
| *Ist-Zahlen in Analysetool einstellen* | (X) | | | X | | | | Analyse Zahlen, Daten, Fakten | • CL Fragebogen Betriebsdaten<br>• Analysetool |
| *Unternehmensdaten auswerten* | (X) | | | X | | | | Auswertung aus Zahlen, Daten, Fakten erstellen | • CL Fragebogen Betriebsdaten<br>• Analysetool |
| *Projektplan bei Projektfortschritt aktualisieren* | | | | X | | | | Projektfortschritt dokumentieren | • CL Projekt-Review<br>• Projektplan |
| *Bericht erstellen* | (X) | | (X) | X | | | | Bericht aus Zahlen, Daten, Fakten erstellen | • CL Projekt-Review<br>• Analysetool<br>• Bericht |
| *Maßnahmenplan erstellen* | (X) | | (X) | X | | | | Maßnahmenplan erstellen | • CL Maßnahmenplan |
| *Bericht mit Kunde besprechen* | (X) | (X) | | X | | | | Bericht aus Zahlen, Daten, Fakten erstellen. Maßnahmenplan erstellen | • Projektplan<br>• CL Projektbeschreibung<br>• Bericht<br>• CL Maßnahmenplan |
| *Nachfolgende Tätigkeiten werden nur bei Bedarf durchgeführt.* | | | | | | | | | |
| *Evtl. Korrekturen oder Verbesserungen im Unternehmen durchführen* | (X) | (X) | (X) | X | | | | **Dokumentiertes Verfahren (dV):** QM: Lenkung fehlerhafter Produkte | • |

| Ständige Verbesserung: | **Methode:** Rückmeldungen von Kunden, Service<br>**Informationen:** Reklamationen, entstandene Fehler, Kulanzen, Garantieleistungen, Beratereinsatz Stunden berechnet – Stunden geleistet |
|---|---|

**Dokument:** Bild 4.17 SERVICE_Betriebsanalyse.doc
© BSBE European Business School for Business Excellence Ltd. 2014,
Freigegeben: Klaus Mustermann, Datum: 05.01.2014, Dienstleistungsunternehmen 1
Seite 1 von 1

**BILD 4.17** SERVICE: Betriebsanalyse (AA)

## SERVICE: Projektplan (AA)

Mit dieser Arbeitsaufgabe wird die Erstellung eines Projektplans prozessorientiert beschrieben (Bild 4.18).

**Produkte:** Einführung, Optimierung, Upgrade und Redesign von Softwarelösungen; Integration von Sprache und Nachrichten; individuelle Programmierung.

**Service:** Generalunternehmer; Mitarbeit in Kundenprojekten; Insourcing; Workshops; Prozess- und Organisationsberatung; IT-Service-Systemtechnik.

In dieser Arbeitsaufgabe werden der *Projektumfang*, der *Umfang* und die benötigten *Daten* beschrieben. Es sind daher bei den Dokumenten die maximalen Notwendigkeiten dargestellt. Die Norm erwartet in der prozessorientierten Darstellung ein „Leiten" und „Lenken". Das „Regeln" erfolgt daher im einzelnen Projekt. Sollte Kundeneigentum vorhanden sein (Softwareprodukte, Kundentestdaten, Kundenoriginaldaten zur Datenübernahme), ist es die Aufgabe des Service, die Nutzung vorher abzuklären.

Das *Grobkonzept* oder *Lastenheft* ist Kundeneigentum. Im *Feinkonzept* oder *Pflichtenheft* beschreibt die Organisation, wie sie die Umsetzung der Anforderungen realisieren will. Das *Feinkonzept* oder *Pflichtenheft* ist Eigentum der Organisation.

Da *Insourcing* als Service angeboten wird, ist die Auswahl der Software, der Hardware und der Mitarbeiter ein entscheidender Faktor. Deshalb wurde eine vereinfachte Excel-Arbeitsmappe *VERTRIEB-BERATUNG: QFD Insourcing* entwickelt. Mit diesem Formular können gleichzeitig eine qualifizierte Auswahl und eine Beurteilung durchgeführt werden.

In den Ablauf ist ein Subunternehmereinsatz integriert, da ein erhöhter logistischer Aufwand erforderlich ist.

**WECHSELWIRKUNG**   Aus dieser Arbeitsaufgabe wird eventuell auf weitere Arbeitsaufgaben und dokumentierte Verfahren verwiesen (Wechselwirkung). Eine detaillierte Beschreibung erfolgt in diesen Dokumenten.

**KORREKTUR- UND VORBEUGUNGSMASSNAHMEN**   Es sind eventuell Korrektur- oder Vorbeugungsmaßnahmen einzuleiten. Im Bedarfsfall ist das Formular *QM: Korrektur- und Vorbeugungsmaßnahmen* auszufüllen.

4.5 Service (AA)

## SERVICE: Projektplan (AA)

| Tätigkeit / Prozessschritte | E/D Führung | D Vertrieb Beratung | D Vertrieb Innend. | D Service | | | D Subunternehmer | Wechselwirkung / Checkliste | Dokumentation |
|---|---|---|---|---|---|---|---|---|---|
| *Projektplan zusammenstellen* | (X) | | | X | | | (X) | **Produkte:** Einführung, Optimierung, Upgrade und Redesign von Softwarelösungen, Integration von Sprache und Nachrichten, individuelle Programmierung **Service:** Generalunternehmer, Mitarbeit in Kundenprojekten, Insourcing, Workshops, Prozess- und Organisationsberatung, IT-Service-Systemtechnik **Projektumfang:** Generalunternehmer, Projektmanagement, Software, Hardware, Betriebssystem, Datenbanken, Kundentestdaten, Kundenoriginaldaten zur Datenübernahme, Personal, Kapazität, Subunternehmer, Workshop-Räume **Umfang:** Beschreibung, Ziel, Struktur bzw. Phasen, Tätigkeiten und Ergebnisse, Verantwortlichkeiten, Projektorganisationsmanagement, Meeting, Prüfungen, Tests, Zeitplan, Kosten, Aufwand, Personalplan, Abnahmekriterien **Daten:** Testbibliotheken, Testfälle und Szenarien, Nachbildungen von realen Umgebungen, Testfirma, Testsystem **Arbeitsaufgabe (AA):** SERVICE: Betriebsanalyse **Arbeitsaufgabe (AA):** SERVICE: DV-Projekte **Arbeitsaufgabe (AA):** SERVICE: Individuelle Programmierung | • Grobkonzept<br>• Feinkonzept<br>• Pflichtenheft<br>• CL Projektbeschreibung<br>• CL Projekt-Review<br>• QFD Insourcing<br>• Vertrag<br>• Servicevertrag<br>• Subunternehmervertrag<br>• Projektplan |
| *Kundeneigentum berücksichtigen* | (X) | | | X | | | | Softwareprodukte, Kundentestdaten, Kundenoriginaldaten zur Datenübernahme | • Grobkonzept<br>• Feinkonzept<br>• Pflichtenheft<br>• CL Projektbeschreibung<br>• CL Projekt-Review<br>• QFD Insourcing<br>• Vertrag<br>• Servicevertrag<br>• Subunternehmervertrag<br>• Projektplan |

**Dokument:** Bild 4.18 SERVICE_Projektplan.doc
© BSBE European Business School for Business Excellence Ltd. 2014,
Freigegeben: Klaus Mustermann, Datum: 05.01.2014, Dienstleistungsunternehmen 1
Seite 1 von 2

**BILD 4.18** SERVICE: Projektplan (AA) (Ausschnitt)

## SERVICE: Projektmanagement (AA)

Mit dieser Arbeitsaufgabe wird die Durchführung des Projektmanagements prozessorientiert beschrieben (Bild 4.19).

**Produkte:** Einführung, Optimierung, Upgrade und Redesign von Softwarelösungen; Integration von Sprache und Nachrichten; individuelle Programmierung.

**Service:** Generalunternehmer; Mitarbeit in Kundenprojekten; Insourcing; Workshops; Prozess- und Organisationsberatung; IT-Service-Systemtechnik.

In dieser Arbeitsaufgabe werden der *Projektumfang*, der *Umfang* und die benötigten *Daten* beschrieben. Es sind daher bei den Dokumenten die maximalen Notwendigkeiten dargestellt. Die Norm erwartet in der prozessorientierten Darstellung ein „Leiten" und „Lenken". Das „Regeln" erfolgt daher im einzelnen Projekt. Sollte Kundeneigentum vorhanden sein (Softwareprodukte, Kundentestdaten, Kundenoriginaldaten zur Datenübernahme), ist es die Aufgabe des Service, die Nutzung vorher abzuklären.

Das *Grobkonzept* oder *Lastenheft* ist Kundeneigentum. Im *Feinkonzept* oder *Pflichtenheft* beschreibt die Organisation, wie sie die Umsetzung der Anforderungen realisieren will. Das *Feinkonzept* oder *Pflichtenheft* ist Eigentum der Organisation.

Da *Insourcing* als Service angeboten wird, ist die Auswahl der Software, der Hardware und der Mitarbeiter ein entscheidender Faktor. Deshalb wurde eine vereinfachte Excel-Arbeitsmappe *VERTRIEB – BERATUNG: QFD Insourcing* entwickelt. Mit diesem Formular können gleichzeitig eine qualifizierte Auswahl und eine Beurteilung durchgeführt werden.

In den Ablauf ist ein Subunternehmereinsatz integriert, da ein erhöhter logistischer Aufwand erforderlich ist.

**WECHSELWIRKUNG** Aus dieser Arbeitsaufgabe wird eventuell auf weitere Arbeitsaufgaben und dokumentierte Verfahren verwiesen (Wechselwirkung). Eine detaillierte Beschreibung erfolgt in diesen Dokumenten.

**KORREKTUR- UND VORBEUGUNGS- MASSNAHMEN** Es sind eventuell Korrektur- oder Vorbeugungsmaßnahmen einzuleiten. Im Bedarfsfall ist das Formular *QM: Korrektur- und Vorbeugungsmaßnahmen* auszufüllen.

## SERVICE: Projektmanagement (AA)

| Tätigkeit / Prozessschritte | E/D Führung | D Vertrieb Beratung | D Vertrieb Innend. | D Service | | | D Subunternehmer | Wechselwirkung / Checkliste | Dokumentation |
|---|---|---|---|---|---|---|---|---|---|
| *Projektmanagement planen* | (X) | | | X | | | (X) | **Produkte:** Einführung, Optimierung, Upgrade und Redesign von Softwarelösungen, Integration von Sprache und Nachrichten, individuelle Programmierung<br>**Service:** Generalunternehmer, Mitarbeit in Kundenprojekten, Insourcing, Workshops, Prozess- und Organisationsberatung, IT-Service-Systemtechnik<br>**Projektumfang:** Generalunternehmer, Projektmanagement, Software, Hardware, Betriebssystem, Datenbanken, Kundentestdaten, Kundenoriginaldaten zur Datenübernahme, Personal, Kapazität, Subunternehmer, Workshop-Räume<br>**Umfang:** Beschreibung, Ziel, Struktur bzw. Phasen, Tätigkeiten und Ergebnisse, Verantwortlichkeiten, Projektorganisationsmanagement, Meeting, Prüfungen, Tests, Zeitplan, Kosten, Aufwand, Personalplan, Abnahmekriterien<br>**Daten:** Testbibliotheken, Testfälle und Szenarien, Nachbildungen von realen Umgebungen, Testfirma, Testsystem<br>**Arbeitsaufgabe (AA):** SERVICE: Betriebsanalyse<br>**Arbeitsaufgabe (AA):** SERVICE: DV-Projekte<br>**Arbeitsaufgabe (AA):** SERVICE: Individuelle Programmierung | • Grobkonzept<br>• Feinkonzept<br>• Pflichtenheft<br>• CL Projektbeschreibung<br>• CL Projekt-Review<br>• QFD Insourcing<br>• Vertrag<br>• Servicevertrag<br>• Subunternehmervertrag<br>• Projektplan |
| *Kundeneigentum berücksichtigen* | (X) | | | X | | | | Softwareprodukte, Kundentestdaten, Kundenoriginaldaten zur Datenübernahme | • Grobkonzept<br>• Feinkonzept<br>• Pflichtenheft<br>• CL Projektbeschreibung<br>• CL Projekt-Review<br>• QFD Insourcing<br>• Vertrag<br>• Servicevertrag<br>• Subunternehmervertrag<br>• Projektplan |

**Dokument:** Bild 4.19 SERVICE_Projektmanagement.doc
© BSBE European Business School for Business Excellence Ltd. 2014,
Freigegeben: Klaus Mustermann, Datum: 05.01.2014, Dienstleistungsunternehmen 1

**BILD 4.19** SERVICE: Projektmanagement (AA) (Ausschnitt)

## 4.6 VERANTWORTUNG DER LEITUNG (AA)

Für die Verantwortung der Leitung werden folgende Arbeitsaufgaben benötigt:
1. QM: Verantwortung der Leitung (AA)
2. QM: Qualitätspolitik (AA)
3. QM: Messbare Qualitätsziele (AA)
4. QM: Managementbewertung (AA)

**QM: Verantwortung der Leitung (AA)**

Mit dieser Arbeitsaufgabe wird die Verantwortung der Leitung prozessorientiert beschrieben (Bild 4.20).

Dazu gehören:
1. die Selbstverpflichtung der Leitung mit planen, festlegen und umsetzen,
2. die Qualitätspolitik,
3. die messbaren Qualitätsziele,
4. die Managementbewertung,
5. die Ressourcen,
6. die Kundenorientierung,
7. die Planung des Qualitätsmanagementsystems,
8. die Zuordnung von Verantwortung,
9. die Befugnis und die Kommunikation,
10. die personellen Ressourcen, die Infrastruktur,
11. die Arbeitsumgebung.

Mit dieser Arbeitsaufgabe werden die **Norm-Kapitel 5 Verantwortung der Leitung** und **6 Management von Ressourcen** prozessorientiert beschrieben.

**WECHSELWIRKUNG** Aus dieser Arbeitsaufgabe wird eventuell auf weitere Arbeitsaufgaben und dokumentierte Verfahren verwiesen (Wechselwirkung). Eine detaillierte Beschreibung erfolgt in diesen Dokumenten.

**KORREKTUR- UND VORBEUGUNGSMASSNAHMEN** Es sind eventuell Korrektur- oder Vorbeugungsmaßnahmen einzuleiten. Im Bedarfsfall ist das Formular *QM: Korrektur- und Vorbeugungsmaßnahmen* auszufüllen.

## 4.6 Verantwortung der Leitung (AA)

**QM: Verantwortung der Leitung (AA)**

| Tätigkeit / Prozessschritte | E/D Führung | D Vertrieb Beratung | D Vertrieb Innend. | D Service | | | | D Subunternehmer | Wechselwirkung / Checkliste | Dokumentation |
|---|---|---|---|---|---|---|---|---|---|---|
| **Selbstverpflichtung der Leitung planen, festlegen und umsetzen** | | | | | | | | | | |
| Bedeutung der Kundenanforderungen in der Organisation vermitteln | X | | | | | | | | 1. Produkte / Dienstleistungen, 2. gesetzliche und behördliche Anforderungen berücksichtigen hinsichtlich Produkten und Dienstleistungen. Die Kundenanforderungen werden den zuständigen Mitarbeitern vermittelt. Dies erfolgt z. B. durch Mitarbeitergespräche, schriftliche Arbeitsanweisung, Besprechungen der Kundenaufträge. | • |
| **Qualitätspolitik** | | | | | | | | | | |
| Qualitätspolitik festlegen | X | | | | | | | | **Arbeitsaufgabe (AA):** QM: Qualitätspolitik | • |
| **Messbare Qualitätsziele** | | | | | | | | | | |
| Sicherstellen: messbare Qualitätsziele für laufendes Jahr planen und festlegen | X | | | | | | | | **Arbeitsaufgabe (AA):** QM: Messbare Qualitätsziele | • |
| **Managementbewertung** | | | | | | | | | | |
| Managementbewertung durchführen | X | | | | | | | | **Arbeitsaufgabe (AA):** QM: Managementbewertung | • |
| **Ressourcen** | | | | | | | | | | |
| Sicherstellen: Verfügbarkeit der Ressourcen | X | | | | | | | | Die Ressourcen, die für die Entwicklung des Qualitätsmanagementsystems benötigt werden, sind geplant und festgelegt. Die Ressourcen für die Verwirklichung des Qualitätsmanagementsystems und der ständigen Verbesserung der Wirksamkeit des Qualitätsmanagementsystems werden festgestellt und festgelegt. | • |
| **Kundenorientierung** | | | | | | | | | | |
| Sicherstellen: Kundenanforderungen ermitteln und mit dem Ziel der Erhöhung der Kundenzufriedenheit erfüllen | X | | | | | | | | **Arbeitsaufgabe (AA):** VERTRIEB: Angebot erstellen / ändern **Arbeitsaufgabe (AA):** VERTRIEB: Auftrag erstellen **Arbeitsaufgabe (AA):** VERTRIEB: Auftrag ändern / stornieren **Arbeitsaufgabe (AA):** VERTRIEB: Reklamation Weitere Informationen werden aus Telefongesprächen, Messebesuchen, Umsatzanalysen, Gutschriften ermittelt. | • |
| **Planung des Qualitätsmanagementsystems** | | | | | | | | | | |

**Dokument:** Bild 4.20 QM_Verantwortung der Leitung.doc
© BSBE European Business School for Business Excellence Ltd. 2014,
Freigegeben: Klaus Mustermann, Datum: 05.01.2014, Dienstleistungsunternehmen 1
Seite 1 von 4

**BILD 4.20** QM: Verantwortung der Leitung (AA) (Ausschnitt)

**Formular: QM: Organigramm/Verantwortung**

Mit diesem Formular wird die Verantwortung festgelegt (Bild 4.21). Ein Qualitätsmanagementsystem benötigt eine Führungskraft oder mehrere Führungskräfte, die sich um die Einhaltung und vor allem um die Integration des Qualitätsmanagementsystems in die Alltagspraxis kümmern. In dieser Organisationsgröße ist das normalerweise kein Problem, da Geschäftsführung und Beauftragter der obersten Leitung meist identisch sind.

Die Führungskräfte übernehmen eine Patenschaft für die Umsetzung des Qualitätsmanagementsystems in das Tagesgeschäft.

Auf ein Organigramm wurde verzichtet und nur eine Einteilung in Geschäftsführung, Funktionsbereiche und Qualitätsmanagement durchgeführt. Bei dieser Organisationsgröße ist das Qualitätsmanagement **kein** eigener Funktionsbereich.

Die Norm verlangt nur, dass die Verantwortungen und Befugnisse innerhalb der Organisation festgelegt und bekannt gemacht werden. Sie können auch eine bestehende Telefonliste erweitern und gegen dieses Formular austauschen.

4.6   Verantwortung der Leitung (AA)

## QM: Organigramm / Verantwortung

| (Organisationseinheit) Funktionsbereiche und Ebenen | Name |
|---|---|
| **Geschäftsführung:** | • Dieter Führer (OL) |
| | • Werner Müller (OL) |
| | • |
| **Vertrieb (Beratung):** | • Dieter Führer |
| | • |
| **Vertrieb (Innendienst):** | • Werner Müller |
| | • |
| **Service:** | • Werner Müller |
| | • Peter Baumann |
| | • |
| **Qualitätsmanagement:** | • Werner Müller (BOL) |
| | • Werner Müller (QMB) |
| | • Der BOL hat in Zusammenarbeit mit dem QMB sicherzustellen, dass die für das Qualitätsmanagementsystem erforderlichen Prozesse (= Arbeitsaufgaben und dokumentierte Verfahren) eingeführt, verwirklicht und aufrechterhalten werden.<br>• Der BOL berichtet der obersten Leitung (OL) über die Leistung des Qualitätsmanagementsystems sowie jegliche Notwendigkeit für Verbesserungen und fördert das Bewusstsein über die Kundenanforderungen in der gesamten Organisation. |
| | • |
| | • |
| | • |

**Dokument:** Bild 4.21 QM_Organigramm_Verantwortung.doc
© BSBE European Business School for Business Excellence Ltd. 2014,
Freigegeben: Klaus Mustermann, Datum: 05.01.2014, Dienstleistungsunternehmen 1

**BILD 4.21**   Formular: QM: Organigramm / Verantwortung

## 4 Dienstleistungsunternehmen (Softwarehaus/Beratungsunternehmen)

### QM: Qualitätspolitik (AA)

Mit dieser Arbeitsaufgabe wird die Qualitätspolitik prozessorientiert beschrieben (Bild 4.22).

Die Qualitätspolitik muss für den Zweck der Organisation angemessen sein. Sie muss einen Rahmen zum Festlegen und Bewerten von messbaren Qualitätszielen ermöglichen.

Was ist nun die Qualitätspolitik?

Eine Qualitätspolitik ist nichts Zusätzliches oder Unbekanntes in Ihrer Organisation, sondern nutzt die Organisationsziele, die Organisationsstrategie, die Ausrichtung der Organisation auf die Anforderungen der Kunden und warum der Kunde bei Ihnen die Produkte oder Dienstleistungen kaufen soll.

Die Qualitätspolitik und die messbaren Qualitätsziele enthalten Schwerpunkte für das Leiten und Lenken Ihrer Organisation und haben eine positive Wirkung auf die Qualität der Produkte und die Wirksamkeit der Betriebsabläufe. Es werden gewünschte Ergebnisse und tatsächliche Ergebnisse festgelegt und miteinander verglichen. Es sollte ein Trend bei den messbaren Qualitätszielen erkennbar sein, inwieweit Sie die messbaren Qualitätsziele erreicht oder nicht erreicht haben.

Dies ist in der DIN EN ISO 9000:2005 erläutert:

**ISO 9000:2005 AUSZUG AUS DER NORM**

*3.2.4 Qualitätspolitik*

*ANMERKUNG 1 Generell steht die Qualitätspolitik mit der übergeordneten Politik der Organisation in Einklang und bildet den Rahmen für die Festlegung von Qualitätszielen.*

**WECHSELWIRKUNG**

Aus dieser Arbeitsaufgabe wird eventuell auf weitere Arbeitsaufgaben und dokumentierte Verfahren verwiesen (Wechselwirkung). Eine detaillierte Beschreibung erfolgt in diesen Dokumenten.

**KORREKTUR- UND VORBEUGUNGSMASSNAHMEN**

Es sind eventuell Korrektur- oder Vorbeugungsmaßnahmen einzuleiten. Im Bedarfsfall ist das Formular *QM: Korrektur- und Vorbeugungsmaßnahmen* auszufüllen.

4.6 Verantwortung der Leitung (AA)

## QM: Qualitätspolitik (AA)

| Tätigkeit / Prozessschritte | E/D Führung | D Vertrieb Beratung | D Vertrieb Innend. | D Service | | | | D Subunternehmer | Wechselwirkung / Checkliste | Dokumentation |
|---|---|---|---|---|---|---|---|---|---|---|
| **Qualitätspolitik planen, festlegen und umsetzen** | | | | | | | | | | |
| Qualitätspolitik planen und erstellen | X | (X) | (X) | (X) | | | | | **Prüfen:** Qualitätspolitik für den Zweck der Organisation angemessen: 1. Kunden 2. Produkte / Dienstleistungen 3. Unternehmen 4. Mitarbeiter 5. messbare Qualitätsziele | • Qualitätspolitik |
| Kundenerwartung ermitteln | X | X | X | X | | | | | **Prüfen:** Kundenerwartung hinsichtlich Produkten und Dienstleistungen ermitteln, um die Erwartungen mit der Qualitätspolitik abzugleichen | • Qualitätspolitik |
| Prozesse analysieren | X | X | X | X | | | | | **Prüfen:** Prozesse mit den erforderlichen Arbeitsaufgaben abgedeckt und die Wechselwirkungen berücksichtigt hinsichtlich Funktionsbereichen und Ebenen | • Qualitätspolitik |
| Organisation festlegen | X | (X) | (X) | (X) | | | | | **Prüfen:** Organisation mit der Qualitätspolitik im Einklang und die Wechselwirkungen berücksichtigt hinsichtlich Funktionsbereichen und Ebenen **Arbeitsaufgabe (AA):** QM: Verantwortung der Leitung | • Qualitätspolitik • Organigrammverantwortung |
| Schulung der Mitarbeiter planen | X | (X) | (X) | (X) | | | | | **Prüfen:** Schulung mit der Qualitätspolitik im Einklang **Arbeitsaufgabe (AA):** QM: Mitarbeiter Ausbildung / Schulung / Fertigkeiten / Erfahrung | • Qualitätspolitik |
| Messbare Qualitätsziele für laufendes Jahr festlegen | X | (X) | (X) | (X) | | | | | **Prüfen:** Messbare Qualitätsziele mit der Qualitätspolitik der Organisation und mit den Produkten im Einklang, sowie die Berücksichtigung der Funktionsbereiche und Ebenen **Arbeitsaufgabe (AA):** QM: Messbare Qualitätsziele | • Qualitätspolitik • Messbare Qualitätsziele |
| Mitarbeiter Qualitätspolitik vermitteln | X | X | X | X | | | | | Mitarbeiter zur Erfüllung von Anforderungen und zur ständigen Verbesserung der Wirksamkeit des Qualitätsmanagementsystems verpflichten **Arbeitsaufgabe (AA):** QM: Mitarbeiter Ausbildung / Schulung / Fertigkeiten / Erfahrung | • Qualitätspolitik |

**Dokument:** Bild 4.22 QM_Qualitätspolitik.doc
© BSBE European Business School for Business Excellence Ltd. 2014,
Freigegeben: Klaus Mustermann, Datum: 05.01.2014, Dienstleistungsunternehmen 1
Seite 1 von 2

**BILD 4.22** QM: Qualitätspolitik (AA) (Ausschnitt)

### Formular: QM: Qualitätspolitik

Mit diesem Formular wird die Qualitätspolitik Ihrer Organisation beschrieben (Bild 4.23).

Eine Qualitätspolitik ist nichts Zusätzliches oder Unbekanntes in Ihrer Organisation, sondern nutzt die Organisationsziele, die Organisationsstrategie, die Ausrichtung der Organisation auf die Anforderungen der Kunden und warum der Kunde bei Ihnen die Produkte oder Dienstleistungen kaufen soll.

Wenn Sie die Qualitätspolitik in **fünf Punkte** einteilen, erhalten Sie eine Struktur der Qualitätspolitik für Ihre Organisation. Nun erkennen Sie auch den „Rahmen" für die Festlegung von messbaren Qualitätszielen mit den Schwerpunkten auf Basis der Qualitätspolitik. **Die fünf Punkte verbinden die „übergeordnete Politik der Organisation" und die „Qualitätspolitik" der Organisation.**

#### 1. Kunden:

Hier treffen Sie Aussagen zu den Kunden, die Sie beliefern. Diese Aussagen zu treffen ist problemlos, da Sie Ihre Kunden kennen, die Ihre Produkte kaufen.

#### 2. Produkte:

Hier treffen Sie die Aussagen zu den Produkten und den Vorteilen für die Kunden, wenn sie Ihre Produkte nutzen. Dazu gehören auch die Einsatzgebiete des Kunden, für die Ihre Produkte genutzt werden können. Diese Aussagen zu treffen ist problemlos, da Sie die Einsatzgebiete und die Vorteile Ihrer Produkte kennen.

#### 3. Organisation:

Hier treffen Sie die Aussagen zu Ihrer Organisation. Dazu gehören die Besonderheiten, wie Sie auf die Kundenanforderungen eingehen. Dies ist nicht ganz so problemlos, da manche Organisationen ihre eigenen Besonderheiten nicht kennen und für viele Organisationen dies eigentlich „Selbstverständlichkeiten" sind.

#### 4. Mitarbeiter:

Hier treffen Sie Ihre Aussage, wie Sie die Mitarbeiter zur Qualitätspolitik verpflichtet haben.

#### 5. Messbare Qualitätsziele:

Hier treffen Sie Ihre Aussage, wie Sie die „ständige Verbesserung" durch „messbare Qualitätsziele" bewerten. Sie können auch zusätzlich die **Funktionsbereiche** und **Ebenen** aufführen, wo Sie messbare Qualitätsziele definiert haben.

4.6 Verantwortung der Leitung (AA)

## QM: Qualitätspolitik

Hier müssen Sie die eigene Qualitätspolitik definieren. Was ist nun die Qualitätspolitik?

Eine Qualitätspolitik ist nichts Zusätzliches oder Unbekanntes in Ihrer Organisation, sondern nutzt die Organisationsziele, die Organisationsstrategie und die Ausrichtung der Organisation auf die Anforderungen der Kunden, warum der Kunde bei Ihnen die Produkte oder Dienstleistungen kaufen soll.
Dies ist in der DIN EN ISO 9000:2005 erläutert: 3.2.4 Qualitätspolitik **ANMERKUNG 1 Generell steht die Qualitätspolitik mit der übergeordneten Politik der Organisation in Einklang und bildet den Rahmen für die Festlegung von Qualitätszielen**.

Die Qualitätspolitik und die messbaren Qualitätsziele enthalten **Schwerpunkte** für das Leiten und Lenken Ihrer Organisation und haben eine positive Wirkung auf die Qualität der Produkte und die Wirksamkeit der Betriebsabläufe. Es werden gewünschte Ergebnisse und tatsächliche Ergebnisse festgelegt und miteinander verglichen. Es sollte ein Trend bei den messbaren Qualitätszielen erkennbar sein, inwieweit Sie die messbaren Qualitätsziele erreicht oder nicht erreicht haben.
In der Managementbewertung erläutern Sie, warum Sie die messbaren Qualitätsziele erreicht oder nicht erreicht haben. Dies ermöglicht Ihnen einen optimalen Einsatz Ihrer Ressourcen wie z. B. Auftragseingang, Umsatz, Mitarbeiter, Serviceleistungen, Materialverbrauch, Ausschuss und Reklamationen beim Lieferanten und durch den Kunden.
Diesen "Rahmen" für die Festlegung von messbaren Qualitätszielen müssen Sie nun bei der Qualitätspolitik berücksichtigen. Mit der Qualitätspolitik beschreiben Sie die Kunden, die Produkte und/oder die Dienstleistungen. Oft finden sich in Organisationsbeschreibungen, Prospekten, Leistungskatalogen oder Serviceleistungen schon die entsprechenden Texte. Diese Texte können Sie als Basis für die Qualitätspolitik nutzen.
Wenn Sie die Qualitätspolitik in **fünf Punkte** einteilen, erhalten Sie eine Struktur der Qualitätspolitik für Ihre Organisation. Nun erkennen Sie auch den "Rahmen" für die Festlegung von messbaren Qualitätszielen mit den Schwerpunkten auf Basis der Qualitätspolitik. **Die fünf Punkte verbinden die "übergeordnete Politik der Organisation" und die "Qualitätspolitik der Organisation".**

### 1. Kunden:
Hier treffen Sie Aussagen zu den Kunden, die Sie beliefern. Diese Aussagen zu treffen ist problemlos, da Sie Ihre Kunden kennen, die Ihre Produkte kaufen, z. B.: *" Wir optimieren Geschäftsprozesse Ihrer Organisation aus den Bereichen Handel, Maschinen- und Anlagenbaubranche, Metallverarbeitung und Kunststoffverarbeitung."*

### 2. Produkte:
Hier treffen Sie die Aussagen zu den Produkten, Dienstleistungen und Vorteilen für die Kunden, wenn sie Ihre Produkte und Dienstleistungen nutzen. Diese Aussagen zu treffen ist problemlos, da Sie die Möglichkeiten Ihrer Produkte und Dienstleistungen kennen, z. B.: *"Zu den Produkten zählen: Einführung, Optimierung, Upgrade und Redesign von Softwarelösungen; Integration von Sprache und Nachrichten; individuelle Programmierung. Als Service ermöglichen wir: Generalunternehmer; Mitarbeit in Kundenprojekten; Insourcing; Workshops; Prozess- und Organisationsberatung; IT-Service-Systemtechnik."*

### 3. Organisation:
Hier treffen Sie die Aussagen zu Ihrer Organisation. Dazu gehören die Besonderheiten, wie Sie auf die Kundenanforderungen eingehen. Dies ist nicht ganz so problemlos, da manche Organisationen ihre eigenen Besonderheiten nicht kennen und für viele Organisationen dies eigentlich "Selbstverständlichkeiten" sind, z. B.: *"Wir optimieren Geschäftsprozesse Ihrer Organisation. Aufgrund unserer Spezialisierung reichen unsere Fähigkeiten über die Einführung einer Branchenlösung hinaus. Wir sind insbesondere in der Lage, unternehmerische Prozesse mit unseren Kunden zu konzipieren und diese auch zu integrieren. Als Generalunternehmer bieten wir für die jeweiligen Bedürfnisse unserer Kunden exakt zugeschnittene Lösungen an. Auf Wunsch auch inklusive IT-Service, Insourcing und Systemtechnik. Unsere Lösungen und Kundennähe sichern unseren Kunden auch künftig die nötige Produktivität, transparente Prozesse und entscheidende Wettbewerbsvorteile. Dadurch stellen wir sicher, dass Ihre Organisation jederzeit Ihre Geschäftsstrategien anpassen und umsetzen kann. Es sind unsere Berater, die durch ihre fachlich exzellente Ausbildung, das umfassende Branchenwissen sowie die fundierte technische und betriebswirtschaftliche Praxiserfahrung die Basis für zielgerichtete, kompakte und wirtschaftliche Lösungen bilden. Unsere Mitarbeiter haben ihr Know-how bereits bei vielen durchgeführten Beratungen und Implementierungsprojekten erfolgreich unter Beweis gestellt. Unser QM-System ist zertifiziert nach DIN EN ISO 9001:2008."*

### 4. Mitarbeiter:
Hier treffen Sie Ihre Aussage, wie Sie die Mitarbeiter zur Qualitätspolitik verpflichtet haben, z. B.: *"In allen Funktionsbereichen und Ebenen sind Fehler vermeidbar, wenn ihre Ursachen konsequent beseitigt werden. Damit wird nicht nur die Kundenzufriedenheit gefördert, sondern auch die ständige Verbesserung innerhalb des Unternehmens umgesetzt. Die Sicherung und gezielte Verbesserung der Qualität ist eine Aufgabe für unser gesamtes Unternehmen. Unser Unternehmen fühlt sich verpflichtet, die Qualität der Abläufe, Produkte und Dienstleistungen zu sichern und ständig zu verbessern, um unserem Unternehmen eine sichere Zukunft zu verschaffen. Jeder Mitarbeiter ist verpflichtet, die Anforderungen zu erfüllen und zur ständigen Verbesserung der Wirksamkeit des Qualitätsmanagementsystems beizutragen."*

### 5. Messbare Qualitätsziele:
Hier treffen Sie Ihre Aussage, wie Sie die "ständige Verbesserung" durch "messbare Qualitätsziele" bewerten, z. B.: *"Die Organisationsabläufe und die Anforderungen an das Produkt und an die Dienstleistung werden mithilfe von messbaren Qualitätszielen für die entsprechenden Funktionsbereiche und Ebenen, Korrektur- und Vorbeugungsmaßnahmen auf eine fortdauernde Angemessenheit bewertet."*
Sie können auch zusätzlich die Funktionsbereiche und Ebenen aufführen, wo Sie messbare Qualitätsziele definiert haben, z. B.: *"Das prozessorientierte Handbuch mit der Darstellung der Wechselwirkungen zwischen den Funktionsbereichen und Ebenen ermöglicht ein wirksames Leiten und Lenken der Betriebsabläufe zur Erreichung der messbaren Qualitätsziele. In folgenden Funktionsbereichen und Ebenen in den Betriebsabläufen wurden messbare Qualitätsziele definiert: Führung, Vertrieb (Beratung), Vertrieb (Innendienst), Service."*

Diese Qualitätspolitik wurde am TT.MM.JJJJ von der Geschäftsführung in Kraft gesetzt.

**HINWEIS:**

**Den Text vor den Punkten 1. bis 5. müssen Sie löschen.**

**Den Text unter den Punkten 1. bis 5. müssen Sie gegen Ihren eigenen Text austauschen oder anpassen.**

Dokument: Bild 4.23 QM_Qualitätspolitik.doc
© BSBE European Business School for Business Excellence Ltd. 2014,
Freigegeben: Klaus Mustermann, Datum: 05.01.2014, Dienstleistungsunternehmen 1

**BILD 4.23** Formular: QM: Qualitätspolitik

### QM: Messbare Qualitätsziele (AA)

Mit dieser Arbeitsaufgabe werden die messbaren Qualitätsziele prozessorientiert beschrieben (Bild 4.24).

Die Norm erwartet, dass messbare Qualitätsziele für **zutreffende Funktionsbereiche** und **Ebenen** festgelegt werden. Die Organisation legt somit fest, für welchen Funktionsbereich und welche Ebene dies zutrifft.

1. Die **zutreffenden Funktionsbereiche** und **Ebenen** müssen festgelegt werden.
2. Für alle zutreffenden **Funktionsbereiche**, die mit einem „X" gekennzeichnet sind, werden messbare Qualitätsziele erstellt.
3. Für die **Führungsebene müssen** messbare Qualitätsziele vorhanden sein.
4. Für die **Mitarbeiterebene können** messbare Qualitätsziele vorhanden sein.

Sie müssen nicht jedes Jahr neue messbare Qualitätsziele definieren, da viele messbare Qualitätsziele immer benötigt werden. Ebenfalls sollte ein Trend erkennbar sein, um z. B. Monat, Quartal oder Jahr vergleichen zu können.

Wenn Sie neue messbare Qualitätsziele erstellen, dann müssen diese mit der Qualitätspolitik im Einklang stehen, d. h., sie müssen auf die Organisation zugeschnitten sein und einen Sinn ergeben.

**WECHSELWIRKUNG** Aus dieser Arbeitsaufgabe wird eventuell auf weitere Arbeitsaufgaben und dokumentierte Verfahren verwiesen (Wechselwirkung). Eine detaillierte Beschreibung erfolgt in diesen Dokumenten.

**KORREKTUR- UND VORBEUGUNGS- MASSNAHMEN** Es sind eventuell Korrektur- oder Vorbeugungsmaßnahmen einzuleiten. Im Bedarfsfall ist das Formular *QM: Korrektur- und Vorbeugungsmaßnahmen* auszufüllen.

4.6 Verantwortung der Leitung (AA)

## QM: Messbare Qualitätsziele (AA)

| Tätigkeit / Prozessschritte | E/D Führung | D Vertrieb Beratung | D Vertrieb Innend. | D Service | | | | D Subunternehmer | Wechselwirkung / Checkliste | Dokumentation |
|---|---|---|---|---|---|---|---|---|---|---|
| **Messbare Qualitätsziele planen, festlegen und umsetzen** | | | | | | | | | | |
| Messbare Qualitätsziele für laufendes Jahr festlegen | X | X | X | X | | | | (X) | **Prüfen:** Messbare Qualitätsziele für **zutreffende Funktionsbereiche** und **Ebenen**: alle Funktionsbereiche, die mit "X" gekennzeichnet sind **Anforderung an Produkte**, messbare Qualitätsziele mit der Qualitätspolitik und der Organisation im Einklang, Trend berücksichtigen **Ebene:** Führungsebene, Mitarbeiterebene **Messbare Qualitätsziele:** Die messbaren Qualitätsziele können jedes Jahr die gleichen sein. **Dokumentiertes Verfahren (dV):** QM: Korrekturmaßnahmen **Dokumentiertes Verfahren (dV):** QM: Vorbeugungsmaßnahmen | • Messbare Qualitätsziele |
| Messbare Qualitätsziele aus den Ergebnissen von internen Audits überprüfen | X | | | | | | | | **Prüfen:** Messbare Qualitätsziele mit der Qualitätspolitik, der Organisation und mit den Produkten im Einklang, Messbarkeit **Dokumentiertes Verfahren (dV):** QM: Internes Audit | • Internes Audit Planbericht<br>• Internes Audit Fragenkatalog |
| Messbare Qualitätsziele im laufenden Jahr überprüfen und aktualisieren | X | | | | | | | | **Prüfen:** Messbare Qualitätsziele mit der Qualitätspolitik, der Organisation und mit den Produkten im Einklang, Messbarkeit | • Messbare Qualitätsziele |
| **Nachfolgende Tätigkeiten werden nur bei Bedarf durchgeführt.** | | | | | | | | | | |
| Evtl. Korrekturen oder Verbesserungen im Unternehmen durchführen | X | X | X | X | | | | (X) | **Dokumentiertes Verfahren (dV):** QM: Korrekturmaßnahmen **Dokumentiertes Verfahren (dV):** QM: Vorbeugungsmaßnahmen | • |

| Ständige Verbesserung: | **Methode:** Messbare Qualitätsziele bewerten mithilfe von Statistikdaten<br>**Informationen:** Die Informationen sind in den messbaren Qualitätszielen festgelegt. |
|---|---|

**Auszug aus der Norm:**
DIN EN ISO 9001:2008
5.4 Planung
5.4.1 Qualitätsziele
Die oberste Leitung muss sicherstellen, dass für **zutreffende Funktionsbereiche** und **Ebenen** innerhalb der Organisation Qualitätsziele, einschließlich derer, **die für die Erfüllung der Anforderungen an Produkte [siehe 7.1 a)] erforderlich sind**, festgelegt sind. Die Qualitätsziele müssen messbar sein und mit der Qualitätspolitik im Einklang stehen.

**Dokument:** Bild 4.24 QM_Messbare Qualitätsziele.doc
© BSBE European Business School for Business Excellence Ltd. 2014,
Freigegeben: Klaus Mustermann, Datum: 05.01.2014, Dienstleistungsunternehmen 1
Seite 1 von 1

**BILD 4.24** QM: Messbare Qualitätsziele (AA)

### Formular: QM: Messbare Qualitätsziele_1 (Bild 4.25)

Mit diesem Formular werden die messbaren Qualitätsziele festgelegt. Es sind **zwei Formulare** vorhanden (Bild 4.25 und Bild 4.26). Sie müssen entscheiden, welches Formular Sie nutzen wollen.

Die Norm erwartet, dass messbare Qualitätsziele für **zutreffende Funktionsbereiche** und **Ebenen** festgelegt werden. Die **Organisation** legt somit fest, für welchen Funktionsbereich und welche Ebene dies zutrifft.

In diesem Formular werden die messbaren Qualitätsziele **festgelegt,** jedoch werden hier **keine Zahlen** usw. eingetragen. Die Nachweise werden durch die BWA, Statistik usw. erbracht.

In der **Managementbewertung** treffen Sie die Aussagen, warum Sie die messbaren Qualitätsziele erreicht oder nicht erreicht haben.

Das **Norm-Kapitel 8.4 Datenanalyse** wird mit diesem Formular ebenfalls berücksichtigt.

1. Die **zutreffenden Funktionsbereiche** (blau) und **Ebenen** (rot) müssen festgelegt werden.
2. Für alle zutreffenden **Funktionsbereiche** (blau) werden messbare Qualitätsziele erstellt.
3. Für die **Führungsebene** (rot) **müssen** messbare Qualitätsziele vorhanden sein.
4. Für die **Mitarbeiterebene** (blau) wurden keine messbaren Ziele definiert, da dies für die Organisationsgröße nicht unbedingt erforderlich ist.

Sie müssen nicht jedes Jahr neue messbare Qualitätsziele definieren, da viele messbare Qualitätsziele immer benötigt werden. Ebenfalls sollte ein **Trend** erkennbar sein, um z. B. Monat, Quartal oder Jahr vergleichen zu können.

Sollten Sie jedes Jahr bestimmte messbare Qualitätsziele ändern wollen, dann sollten Sie die messbaren Qualitätsziele mindestens **zweimal** im Jahr bewerten, um einen Trend ermitteln zu können.

Wenn Sie neue messbare Qualitätsziele erstellen, dann müssen diese mit der Qualitätspolitik im Einklang stehen, d. h., sie müssen auf die Organisation zugeschnitten sein und einen Sinn ergeben.

## QM: Messbare Qualitätsziele

### MESSBARE QUALITÄTSZIELE FÜR DAS JAHR XXXX

**DIN EN ISO 9001:2008**

**5.4.1 Qualitätsziele**
Die oberste Leitung muss sicherstellen, dass für **zutreffende Funktionsbereiche und Ebenen** innerhalb der Organisation Qualitätsziele, einschließlich derer, **die für die Erfüllung der Anforderungen an Produkte [siehe 7.1 a)] erforderlich sind**, festgelegt sind. Die Qualitätsziele müssen messbar sein und mit der Qualitätspolitik im Einklang stehen.

**8.4 Datenanalyse**
Die Organisation muss geeignete Daten ermitteln, erfassen und analysieren, um die Eignung und Wirksamkeit des Qualitätsmanagementsystems darzulegen und zu beurteilen, wo ständige Verbesserungen der Wirksamkeit des Qualitätsmanagementsystems vorgenommen werden können. Dies muss Daten einschließen, die durch Überwachung und Messung und aus anderen relevanten Quellen gewonnen wurden. Die Datenanalyse muss Angaben liefern über a) Kundenzufriedenheit (siehe 8.2.1), b) Erfüllung der Produktanforderungen (siehe 8.2.4), c) Prozess- und Produktmerkmale und deren Trends, einschließlich Möglichkeiten für Vorbeugungsmaßnahmen (siehe 8.2.3 und 8.2.4), und d) Lieferanten (siehe 7.4).

| Organisationseinheit (5.4.1) (Funktionsbereiche und Ebenen) | Messbare Qualitätsziele (5.4.1) | Bewertungszeitraum und Trend (8.4) | Nachweise (5.4.1, 8.4) |
|---|---|---|---|
| **Oberste Leitung** | Betriebsergebnis gesamtes Unternehmen | Vergleich Monat, Quartal, Jahr, laufendes Jahr zum Vorjahr | • BWA |
| **Vertrieb (Beratung)** | Vertriebsergebnis Auftragseingang, Umsatz, erstellte Angebote zu realisierten Angeboten | Vergleich Monat, Quartal, Jahr, laufendes Jahr zum Vorjahr | • Statistik |
| **Vertrieb (Innendienst)** | Es wurden keine messbaren Ziele definiert. | | • |
| **Service** | Serviceergebnis, Reklamationen, Garantien, Kulanz, Gutschriften, Beratereinsatz Stunden berechnet – Stunden geleistet, Programmierereinsatz Stunden berechnet – Stunden geleistet, Kosten Reklamation externe Dienstleistung durch Subunternehmer, Kostenübernahme durch Subunternehmer | Vergleich Monat, Quartal, Jahr, laufendes Jahr zum Vorjahr | • Statistik |
| **Extern (Subunternehmer)** | Kosten Reklamation externe Dienstleistung durch Subunternehmer, Kostenübernahme durch Subunternehmer | Die Statistik wird im Service geführt. | • |
| **Nachfolgende Tätigkeiten werden nur bei Bedarf durchgeführt.** | | | |
| **Messbare Ziele aus den Ergebnissen von internen Audits überprüfen** | Messbare Ziele bei Korrekturen, Vorbeugung oder Verbesserungen überprüfen und korrigieren | Nach Durchführung des internen Audits | • Internes Audit Planbericht |

Hier werden die messbaren Qualitätsziele für die Funktionsbereiche und Ebenen festgelegt. Es werden keine Zahlen usw. hier eingetragen. Die Nachweise werden durch die BWA, Statistik usw. erbracht. In der **Managementbewertung** unter den Punkten **Rückmeldungen von Kunden, Prozessleistung, Produktkonformität, Status von Vorbeugungs- und Korrekturmaßnahmen** werden die Aussagen getroffen, warum die messbaren Qualitätsziele erreicht oder nicht erreicht wurden.

**Dokument:** Bild 4.25 QM_Messbare Qualitätsziele_1.doc
© BSBE European Business School for Business Excellence Ltd. 2014,
Freigegeben: Klaus Mustermann, Datum: 05.01.2014, Dienstleistungsunternehmen 1
Seite 1 von 1

**BILD 4.25** Formular: QM: Messbare Qualitätsziele_1

### Formular: QM: Messbare Qualitätsziele_2 (Bild 4.26)

Mit diesem Formular werden die messbaren Qualitätsziele festgelegt. Es sind **zwei Formulare** vorhanden (Bild 4.25 und Bild 4.26). Sie müssen entscheiden, welches Formular Sie nutzen wollen.

Die Norm erwartet, dass messbare Qualitätsziele für **zutreffende Funktionsbereiche** und **Ebenen** festgelegt werden. Die **Organisation** legt somit fest, für welchen Funktionsbereich und welche Ebene dies zutrifft.

In diesem Formular werden die messbaren Qualitätsziele **festgelegt,** jedoch werden hier **keine Zahlen** usw. eingetragen. Die Nachweise werden durch die BWA, Statistik usw. erbracht. **Abweichend** von dieser Aussage werden für die *Korrekturmaßnahmen* und die *Vorbeugungsmaßnahmen* sowie für die *Verbesserungen* die Gesamtzahlen hier erfasst.

In der **Managementbewertung** treffen Sie die Aussagen, warum Sie die messbaren Qualitätsziele erreicht oder nicht erreicht haben.

Das **Norm-Kapitel 8.4 Datenanalyse** wird mit diesem Formular ebenfalls berücksichtigt.

1. Die **zutreffenden Funktionsbereiche** (blau) und **Ebenen** (rot) müssen festgelegt werden.
2. Für alle zutreffenden **Funktionsbereiche** (blau) werden messbare Qualitätsziele erstellt.
3. Für die **Führungsebene** (rot) **müssen** messbare Qualitätsziele vorhanden sein.
4. Für die **Mitarbeiterebene** (blau) wurden keine messbaren Ziele definiert, da dies für die Organisationsgröße nicht unbedingt erforderlich ist.
5. Die Korrekturmaßnahmen, die Vorbeugungsmaßnahmen und die Verbesserungen werden hier mit Zahlen dokumentiert.

Sie müssen nicht jedes Jahr neue messbare Qualitätsziele definieren, da viele messbare Qualitätsziele immer benötigt werden. Ebenfalls sollte ein **Trend** erkennbar sein, um z. B. Monat, Quartal oder Jahr vergleichen zu können.

Sollten Sie jedes Jahr bestimmte messbare Qualitätsziele ändern wollen, dann sollten Sie die messbaren Qualitätsziele mindestens **zweimal** im Jahr bewerten, um einen Trend ermitteln zu können.

Wenn Sie neue messbare Qualitätsziele erstellen, dann müssen diese mit der Qualitätspolitik im Einklang stehen, d. h., sie müssen auf die Organisation zugeschnitten sein und einen Sinn ergeben.

## QM: Messbare Qualitätsziele

### MESSBARE QUALITÄTSZIELE FÜR DAS JAHR XXXX

**DIN EN ISO 9001:2008**

**5.4.1 Qualitätsziele**
Die oberste Leitung muss sicherstellen, dass für **zutreffende Funktionsbereiche** und **Ebenen** innerhalb der Organisation Qualitätsziele, einschließlich derer, **die für die Erfüllung der Anforderungen an Produkte [siehe 7.1 a)] erforderlich sind**, festgelegt sind. Die Qualitätsziele müssen messbar sein und mit der Qualitätspolitik im Einklang stehen.

**8.4 Datenanalyse**
Die Organisation muss geeignete Daten ermitteln, erfassen und analysieren, um die Eignung und Wirksamkeit des Qualitätsmanagementsystems darzulegen und zu beurteilen, wo ständige Verbesserungen der Wirksamkeit des Qualitätsmanagementsystems vorgenommen werden können. Dies muss Daten einschließen, die durch Überwachung und Messung und aus anderen relevanten Quellen gewonnen wurden. Die Datenanalyse muss Angaben liefern über a) Kundenzufriedenheit (siehe 8.2.1), b) Erfüllung der Produktanforderungen (siehe 8.2.4), c) Prozess- und Produktmerkmale und deren Trends, einschließlich Möglichkeiten für Vorbeugungsmaßnahmen (siehe 8.2.3 und 8.2.4), und d) Lieferanten (siehe 7.4).

| Organisationseinheit (5.4.1) (Funktionsbereiche und Ebenen) | Messbare Qualitätsziele (5.4.1) | Bewertungszeitraum und Trend (8.4) | Nachweise (5.4.1, 8.4) | Korrekturmaßnahmen | Vorbeugungsmaßnahmen (8.4) Verbesserungen |
|---|---|---|---|---|---|
| **Oberste Leitung** | Betriebsergebnis gesamtes Unternehmen | Vergleich Monat, Quartal, Jahr, laufendes Jahr zum Vorjahr | • BWA | Gesamtanzahl: Erledigt: Offen: | Gesamtanzahl: Erledigt: Offen: |
| **Vertrieb (Beratung)** | Vertriebsergebnis Auftragseingang, Umsatz, erstellte Angebote zu realisierten Angeboten | Vergleich Monat, Quartal, Jahr, laufendes Jahr zum Vorjahr | • Statistik | Gesamtanzahl: Erledigt: Offen: | Gesamtanzahl: Erledigt: Offen: |
| **Vertrieb (Innendienst)** | Es wurden keine messbaren Ziele definiert. | | • | Gesamtanzahl: Erledigt: Offen: | Gesamtanzahl: Erledigt: Offen: |
| **Service** | Serviceergebnis, Reklamationen, Garantien, Kulanz, Gutschriften, Beratereinsatz Stunden berechnet – Stunden geleistet, Programmierereinsatz Stunden berechnet – Stunden geleistet, Kosten Reklamation externe Dienstleistung durch Subunternehmer, Kostenübernahme durch Subunternehmer | Vergleich Monat, Quartal, Jahr, laufendes Jahr zum Vorjahr | • Statistik | | |
| **Extern (Subunternehmer)** | Kosten Reklamation externe Dienstleistung durch Subunternehmer, Kostenübernahme durch Subunternehmer | Die Statistik wird im Service geführt. | | Gesamtanzahl: Erledigt: Offen: | |
| **Nachfolgende Tätigkeiten werden nur bei Bedarf durchgeführt.** | | | | | |
| **Messbare Ziele aus den Ergebnissen von internen Audits überprüfen** | Messbare Ziele bei Korrekturen, Vorbeugung oder Verbesserungen überprüfen und korrigieren | Nach Durchführung des internen Audits | • Internes Audit Planbericht | | |

Hier werden die messbaren Qualitätsziele für die Funktionsbereiche und Ebenen festgelegt. Es werden keine Zahlen usw. hier eingetragen. Die Nachweise werden durch die BWA, Statistik usw. erbracht. Abweichend von dieser Aussage werden für die Korrekturmaßnahmen und Vorbeugungsmaßnahmen sowie für Verbesserungen die Gesamtzahlen hier erfasst. In der **Managementbewertung** unter den Punkten **Rückmeldungen von Kunden, Prozessleistung, Produktkonformität, Status von Vorbeugungs- und Korrekturmaßnahmen** werden die Aussagen getroffen, warum die messbaren Qualitätsziele erreicht oder nicht erreicht wurden.

**BILD 4.26** Formular: QM: Messbare Qualitätsziele_2

## QM: Managementbewertung (AA)

Mit dieser Arbeitsaufgabe wird die Managementbewertung prozessorientiert beschrieben (Bild 4.27).

Die Anforderung im **Norm-Kapitel 5.6.1 Allgemeines** legt fest, dass die oberste Leitung der Organisation das Qualitätsmanagementsystem in **geplanten Abständen** bewerten muss. Die Norm legt somit **nicht** fest, **wie oft** die Managementbewertung durchgeführt werden muss, da dies die Organisation tut. Als Empfehlung sollte die Managementbewertung einmal pro Jahr durchgeführt werden.

Die in den **Norm-Kapiteln 5.6.2 Eingaben für die Bewertung** und **5.6.3 Ergebnisse der Bewertung** festgelegten Anforderungen werden hier berücksichtigt.

**Zu den Eingaben gehören:** die Ergebnisse von Audits; Rückmeldungen von Kunden; die Prozessleistung; die Produktkonformität; der Status von Korrektur- und Vorbeugungsmaßnahmen; die Folgemaßnahmen vorangegangener Managementbewertungen; Änderungen, die sich auf das Qualitätsmanagementsystem auswirken können; Empfehlungen für Verbesserungen.

**Zu den Ergebnissen gehören:** Verbesserungen der Wirksamkeit des Qualitätsmanagementsystems und seiner Prozesse; Produktverbesserung in Bezug auf Kundenanforderungen; Bedarf an Ressourcen.

Was passiert, wenn Sie als Ergebnisse **keine** Verbesserungen der Wirksamkeit des Qualitätsmanagementsystems und seiner Prozesse, **keine** Produktverbesserung in Bezug auf Kundenanforderungen oder **keinen** Bedarf an Ressourcen in diesem Jahr haben? Dann protokollieren Sie als Ergebnis, dass kein Bedarf besteht.

Sie sollten trotzdem die *messbaren Qualitätsziele* und die *Qualitätspolitik* überprüfen, ob Änderungen oder keine Änderungen durchzuführen sind, und dies protokollieren.

**WECHSELWIRKUNG** Aus dieser Arbeitsaufgabe wird eventuell auf weitere Arbeitsaufgaben und dokumentierte Verfahren verwiesen (Wechselwirkung). Eine detaillierte Beschreibung erfolgt in diesen Dokumenten.

**KORREKTUR- UND VORBEUGUNGS-MASSNAHMEN** Es sind eventuell Korrektur- oder Vorbeugungsmaßnahmen einzuleiten. Im Bedarfsfall ist das Formular *QM: Korrektur- und Vorbeugungsmaßnahmen* auszufüllen.

4.6 Verantwortung der Leitung (AA)

## QM: Managementbewertung (AA)

| Tätigkeit / Prozessschritte | E/D Führung | D Vertrieb Beratung | D Vertrieb Innend. | D Service | | | | D Subunternehmer | Wechselwirkung / Checkliste | Dokumentation |
|---|---|---|---|---|---|---|---|---|---|---|
| **Managementbewertung planen, festlegen und umsetzen** | | | | | | | | | | |
| Managementbewertung durchführen | X | | | | | | | | | • Managementbewertung |
| **Eingaben für die Managementbewertung** | | | | | | | | | | |
| Ergebnisse von Audits überprüfen | X | | | | | | | | Prüfen: Anzahl der Audits ausreichend, Korrekturen, Verbesserungen | • Internes Audit Planbericht<br>• Managementbewertung |
| Rückmeldung von Kunden | X | | | | | | | | Prüfen: Auftragseingang, Umsatz, Trend | • Statistiken<br>• Managementbewertung |
| Prozessleistung | X | | | | | | | | Prüfen: Betriebsergebnis (Ausschuss, Gemeinkosten), Korrekturen, Verbesserungen | • Betriebsergebnis<br>• Managementbewertung |
| Produktkonformität | X | | | | | | | | Prüfen: Kundenreklamationen, Lieferantenreklamationen, Kosten, Korrekturen, Verbesserungen | • Kundenreklamationen<br>• Lieferantenreklamationen<br>• Managementbewertung |
| Status von Korrektur- und Vorbeugungsmaßnahmen | X | | | | | | | | Prüfen: Messbare Ziele, Status der Umsetzung, Korrekturmaßnahmen, Vorbeugungsmaßnahmen, Verbesserungen, Trend (Organisationseinheit, Gesamtanzahl, erledigte Maßnahmen, offene Maßnahmen) | • Messbare Qualitätsziele<br>• Managementbewertung |
| Folgemaßnahmen vorangegangener Managementbewertungen | X | | | | | | | | Prüfen: Maßnahmen aus vorheriger Managementbewertung, offene Probleme, erledigte Probleme, Umsetzungen | • Vorangegangene Managementbewertungen<br>• Managementbewertung |
| Änderungen, die sich auf das Qualitätsmanagementsystem auswirken könnten | X | | | | | | | | Prüfen: Änderungen in den Arbeitsaufgaben, Produkten, Gesetzen, Vorgehensweisen und Arbeitsabläufen, messbare Ziele, Status der Umsetzung | • Messbare Qualitätsziele<br>• Managementbewertung |
| Empfehlungen für Verbesserungen | X | | | | | | | | Prüfen: Messbare Qualitätsziele, Audits, Status der Umsetzung aus den Korrekturmaßnahmen, Vorbeugungsmaßnahmen, Verbesserungen | • Messbare Qualitätsziele<br>• Internes Audit Planbericht<br>• Managementbewertung |
| **Ergebnisse der Managementbewertung** | | | | | | | | | | |
| Verbesserung der Wirksamkeit des Qualitätsmanagementsystems und seiner Prozesse | X | | | | | | | | Prüfen: Messbare Ziele, Audits, Prozesse, Produkte, Gesetze, Vorgehensweisen und Arbeitsabläufe, Korrekturmaßnahmen, Vorbeugungsmaßnahmen, Verbesserungen, Status der Umsetzung | • Managementbewertung |

**Dokument:** Bild 4.27 QM_Managementbewertung.doc
© BSBE European Business School for Business Excellence Ltd. 2014,
Freigegeben: Klaus Mustermann, Datum: 05.01.2014, Dienstleistungsunternehmen 1
Seite 1 von 3

**BILD 4.27** QM: Managementbewertung (AA) (Ausschnitt)

### Formular: QM: Managementbewertung

Mit diesem Formular wird die Managementbewertung durchgeführt (Bild 4.28).

Die Anforderung im **Norm-Kapitel 5.6.1 Allgemeines** legt fest, dass die oberste Leitung der Organisation das Qualitätsmanagementsystem in **geplanten Abständen** bewerten muss. Die Norm legt somit **nicht** fest, **wie oft** die Managementbewertung durchgeführt werden muss, da dies die Organisation tut. Als Empfehlung sollte die Managementbewertung einmal pro Jahr durchgeführt werden.

Die in den **Norm-Kapiteln 5.6.2 Eingaben für die Bewertung** und **5.6.3 Ergebnisse der Bewertung** festgelegten Anforderungen werden hier berücksichtigt.

**Zu den Eingaben gehören:** die Ergebnisse von Audits; Rückmeldungen von Kunden; die Prozessleistung; die Produktkonformität; der Status von Korrektur- und Vorbeugungsmaßnahmen; die Folgemaßnahmen vorangegangener Managementbewertungen; Änderungen, die sich auf das Qualitätsmanagementsystem auswirken können; Empfehlungen für Verbesserungen. Welche Daten diesen Norm-Unterpunkten zugeordnet werden, ist in der Arbeitsaufgabe *QM: Managementbewertung (AA)* unter der Spalte „Wechselwirkung/Checkliste" festgelegt.

**Zu den Ergebnissen gehören:** Verbesserungen der Wirksamkeit des Qualitätsmanagementsystems und seiner Prozesse; Produktverbesserung in Bezug auf Kundenanforderungen; Bedarf an Ressourcen. Welche Daten diesen Norm-Unterpunkten zugeordnet werden, ist in der Arbeitsaufgabe *QM: Managementbewertung (AA)* unter der Spalte „Wechselwirkung/ Checkliste" festgelegt.

Was passiert, wenn Sie als Ergebnisse **keine** Verbesserungen der Wirksamkeit des Qualitätsmanagementsystems und seiner Prozesse, **keine** Produktverbesserung in Bezug auf Kundenanforderungen oder **keinen** Bedarf an Ressourcen in diesem Jahr haben? Dann protokollieren Sie als Ergebnis, dass kein Bedarf besteht.

Sie sollten trotzdem die *messbaren Qualitätsziele* und die *Qualitätspolitik* überprüfen, ob Änderungen oder keine Änderungen durchzuführen sind, und dies protokollieren.

## 4.6 Verantwortung der Leitung (AA)

| QM: Managementbewertung |
|---|

### MANAGEMENTBEWERTUNG FÜR DAS JAHR XXXX

| Eingaben für die Managementbewertung | |
|---|---|
| Ergebnisse von Audits | Hier wird eingetragen, wann das Audit durchgeführt wurde, ob Korrekturen oder Verbesserungen erforderlich waren und welche Organisationseinheiten davon betroffen sind. Im Formular *QM: Internes Audit Planbericht* wurden die entsprechenden Ergebnisse dargestellt. Diese Ergebnisse sind hier zu bewerten. Wenn keine Korrekturmaßnahmen, Verbesserungen oder Vorbeugungsmaßnahmen erforderlich waren, dann muss dies hier vermerkt werden. |
| Rückmeldungen von Kunden | Hier werden Aussagen zum Auftragseingang, zum Umsatz und über den Trend (gleich, höher, niedriger) beschrieben. Weiter sind Aussagen von Kunden über Produkte, Dienstleistungen und Reklamationen möglich. Hier erläutern Sie, warum Sie die messbaren Qualitätsziele erreicht oder nicht erreicht haben. |
| Prozessleistung | Hier werden Aussagen zu Betriebsergebnis, Ausschuss, Gemeinkosten, Korrekturen, Verbesserungen in den Prozessen, **Arbeitsaufgaben** und über den Trend (gleich, höher, niedriger) beschrieben. Hier erläutern Sie, warum Sie die messbaren Qualitätsziele erreicht oder nicht erreicht haben. Weiter müssen Sie die Korrekturmaßnahmen, Verbesserungen und Vorbeugungsmaßnahmen erläutern. |
| Produktkonformität | Hier werden Aussagen zu Kundenreklamationen, Lieferantenreklamationen, Kosten, Korrekturen, Verbesserungen und über den Trend (gleich, höher, niedriger) beschrieben. Weiter sind Aussagen von Kunden über Produkte, Dienstleistungen und Reklamationen möglich. Hier erläutern Sie, warum Sie die messbaren Qualitätsziele erreicht oder nicht erreicht haben. Weiter müssen Sie die Korrekturmaßnahmen, Verbesserungen und Vorbeugungsmaßnahmen erläutern. |
| Status von Vorbeugungs- und Korrekturmaßnahmen | Hier treffen Sie die Aussagen aus den messbaren Qualitätszielen zum Status der Korrekturmaßnahmen, Vorbeugungsmaßnahmen, Verbesserungen und über den Trend (gleich, höher, niedriger). Weiter müssen Organisationseinheit, Gesamtanzahl, erledigte und offene Maßnahmen hier aufgeführt werden. |
| Folgemaßnahmen vorangegangener Managementbewertungen | Hier werden Aussagen über noch offene Probleme, erledigte Probleme und die Umsetzungen beschrieben. Wenn keine Folgemaßnahmen vorangegangener Managementbewertungen vorhanden waren, dann muss dies hier vermerkt werden. |
| Änderungen, die sich auf das Qualitätsmanagementsystem auswirken können | Hier werden Aussagen über Änderungen in den Prozessen, Arbeitsaufgaben, Produkten, Gesetzen, Vorgehensweisen, Arbeitsabläufen, messbaren Qualitätszielen und im Status der Umsetzung getroffen. Wenn keine Änderungen, die sich auf das Qualitätsmanagementsystem auswirken können, vorhanden waren, dann muss dies hier vermerkt werden. |
| Wurden Empfehlungen für Verbesserungen berücksichtigt? | Hier werden Aussagen, welche Empfehlungen umgesetzt wurden, die sich aus den Korrekturmaßnahmen, Vorbeugungsmaßnahmen, Verbesserungen und internen Audits ergeben haben, getroffen. Wenn keine Empfehlungen für Verbesserungen zu berücksichtigen sind, dann muss dies hier vermerkt werden. |

| Ergebnisse der Managementbewertung | |
|---|---|
| Verbesserung der Wirksamkeit des Qualitätsmanagementsystems und seiner Prozesse | Hier werden Aussagen über Änderungen durch interne Audits, in den Prozessen, Produkten, Dienstleistungen, Gesetzen, Vorgehensweisen, Arbeitsaufgaben, Korrekturmaßnahmen, Vorbeugungsmaßnahmen, Verbesserungen und messbaren Zielen getroffen. Wenn keine Verbesserungen der Wirksamkeit des Qualitätsmanagementsystems und seiner Prozesse vorhanden sind, dann muss dies hier vermerkt werden. |

**Dokument:** Bild 4.28 QM_Managementbewertung.doc
© BSBE European Business School for Business Excellence Ltd. 2014,
Freigegeben: Klaus Mustermann, Datum: 05.01.2014, Dienstleistungsunternehmen 1
Seite 1 von 2

**BILD 4.28** Formular: QM: Managementbewertung (Ausschnitt)

## 4.7 MITARBEITER (AA)

**QM: Mitarbeiter Ausbildung/Schulung/Fertigkeiten/Erfahrung (AA)**

Mit dieser Arbeitsaufgabe werden Ausbildung, Schulung, Fertigkeiten und Erfahrung prozessorientiert beschrieben (Bild 4.29).

Die Mitarbeiter werden in den entsprechenden **Funktionsbereichen** und **Ebenen** eingesetzt. Daher ist es notwendig, Ausbildung, Schulungen, Fertigkeiten und Erfahrungen zu ermitteln. Bei einer Neueinstellung wird ein Anforderungsprofil erstellt, dies kann auch eine Anzeige in einer Zeitung sein, und wird mit den Bewerbungsunterlagen verglichen. Damit ist die grundsätzliche Analyse erfüllt.

Bei den bestehenden Mitarbeitern sollte auch in geplanten Abständen oder bei Bedarf eine Analyse durchgeführt werden.

**Dazu gehören:** die Tätigkeiten, die bei einer Einstellung neuer Mitarbeiter erforderlich sind; die Tätigkeiten, die bei einer Beschäftigung von Zeitarbeitskräften, die vom Personaldienstleister zur Verfügung gestellt werden, notwendig sind; die Analyse der Mitarbeiter, deren Tätigkeiten die Erfüllung der Produktanforderungen beeinflussen.

**WECHSELWIRKUNG**  Aus dieser Arbeitsaufgabe wird eventuell auf weitere Arbeitsaufgaben und dokumentierte Verfahren verwiesen (Wechselwirkung). Eine detaillierte Beschreibung erfolgt in diesen Dokumenten.

**KORREKTUR- UND VORBEUGUNGS- MASSNAHMEN**  Es sind eventuell Korrektur- oder Vorbeugungsmaßnahmen einzuleiten. Im Bedarfsfall ist das Formular *QM: Korrektur- und Vorbeugungsmaßnahmen* auszufüllen.

4.7 Mitarbeiter (AA)

## QM: Mitarbeiter Ausbildung / Schulung / Fertigkeiten / Erfahrung (AA)

| Tätigkeit / Prozessschritte | E/D Führung | D Vertrieb Beratung | D Vertrieb Innend. | D Service | | | | D Subunternehmer | Wechselwirkung / Checkliste | Dokumentation |
|---|---|---|---|---|---|---|---|---|---|---|
| **Ausbildung, Schulung, Fertigkeiten, Erfahrung planen, festlegen und umsetzen** | | | | | | | | | | |
| **Nachfolgende Tätigkeiten erfolgen bei der Einstellung neuer Mitarbeiter.** | | | | | | | | | | |
| Einstellung neuer Mitarbeiter planen und Anforderungsprofil festlegen | X | (X) | (X) | (X) | | | | | **Berücksichtigen:** Ausbildung, Schulung, Fertigkeiten, Erfahrungen in den Funktionsbereichen und Ebenen, Beeinflussung des Mitarbeiters auf die Produktanforderungen | • Anforderungsprofil |
| Anforderungsprofil veröffentlichen | X | | | | | | | | Anzeigen in Fachzeitungen, Homepage, Ausschreibung in der eigenen Organisation | • Anforderungsprofil |
| Vorstellungsgespräch vorbereiten und durchführen | X | (X) | (X) | (X) | | | | | Vorstellungsgespräch durchführen, Auswahl treffen | • Anforderungsprofil<br>• Bewerbungsunterlagen |
| Einstellung durchführen und Arbeitsvertrag abschließen | X | | | | | | | | Unterlagen für Mitarbeiter erstellen, Verantwortung und die Wechselwirkungen berücksichtigen hinsichtlich Funktionsbereichen und Ebenen und Beeinflussung des Mitarbeiters auf die Produktanforderungen | • Einstellungsunterlagen |
| Organisation festlegen mit Organigrammverantwortung | X | | | | | | | | Verantwortung und Wechselwirkungen berücksichtigen hinsichtlich Funktionsbereichen und Ebenen | • Organigrammverantwortung |
| Einarbeitungsplan erstellen | X | (X) | (X) | (X) | | | | | Einarbeitungsplan erstellen, Beeinflussung des Mitarbeiters auf die Produktanforderungen berücksichtigen | • Schulungsablauf |
| Einarbeitung durchführen | (X) | X | X | X | | | | | Organisation vorstellen in den Funktionsbereichen und Ebenen, eigene Tätigkeit und die Beeinflussung des Mitarbeiters auf die Produktanforderungen | • Handbuch<br>• Arbeitsaufgaben<br>• Dokumentierte Verfahren<br>• Formulare<br>• Dokumente externer Herkunft<br>• Organigrammverantwortung<br>• Dokumentationsmatrix |
| Ermittlung des weiteren Maßnahmenbedarfs | (X) | X | X | X | | | | | Mitarbeitergespräche | • Mitarbeiter Maßnahme |

**Dokument:** Bild 4.29 QM_Mitarbeiter_Ausbildung_Schulung_Fertigkeiten_Erfahrung.doc
© BSBE European Business School for Business Excellence Ltd. 2014,
Freigegeben: Klaus Mustermann, Datum: 05.01.2014, Dienstleistungsunternehmen 1
Seite 1 von 4

**BILD 4.29** QM: Mitarbeiter Ausbildung/Schulung/Fertigkeiten/Erfahrung (AA) (Ausschnitt)

### Formular: QM: Mitarbeiter Maßnahme

Mit diesem Formular wird die Maßnahme protokolliert (Bild 4.30).

Das Formular ist ein Universalformular, das für unterschiedliche Tätigkeiten eingesetzt werden kann. Für die Größe der hier dargestellten Organisation ist dies ausreichend.

Die Maßnahme berücksichtigt:

1. die interne Schulung, die externe Schulung, die Unterweisung, die Betriebsversammlung, die Mitarbeiterbesprechung, die Informationen, die zur Kenntnis abgezeichnet werden müssen,
2. die *Funktionsbereiche*,
3. den Inhalt/das Thema der Maßnahme,
4. die Beurteilung der Wirksamkeit der Maßnahme,
5. die Mitarbeiter, die vom Personaldienstleister zur Verfügung gestellt werden.

Sie müssen dieses Formular nicht mit dem EDV-System ausfüllen, es ist auch möglich, dies von Hand zu tun. Der Aufwand ist überschaubar und sollte unbedingt genutzt werden. Die Norm erwartet jedoch, dass die Eintragungen lesbar sind. Sie sollten aber die Mitarbeiter vorher eintragen, damit Sie das Formular optimal nutzen können.

Weiter erwartet die Norm, dass die Wirksamkeit der Maßnahme kontrolliert wird, und dies sollten Sie unbedingt durchführen.

4.7 Mitarbeiter (AA)

## QM: Mitarbeiter Maßnahme

| | |
|---|---|
| Art der Maßnahme: | • Interne Schulung, externe Schulung, Unterweisung, Betriebsversammlung, Mitarbeiterbesprechung; Information zur Kenntnis<br>**Nichtzutreffendes streichen** |
| **Funktionsbereiche:** | • **Vertrieb (Beratung), Vertrieb (Innendienst), Service, Subunternehmer**<br>**Nichtzutreffendes streichen** |
| Ort, Datum, Uhrzeit von / bis: | • |
| Nächste geplante Maßnahme: | • |
| Inhalt / Thema der Maßnahme:<br><br>Information zur Kenntnis:<br>**Nichtzutreffendes streichen** | • |
| **Wirksamkeit der Maßnahme beurteilt durch / am:** | • |

| Name des Mitarbeiters, eigene Organisation / vom Personaldienstleister: | Unterschrift des Mitarbeiters, eigene Organisation / des Personaldienstleisters: | Eigene Organisation | Personaldienstleister |
|---|---|---|---|
| | | | |
| | | | |
| | | | |
| | | | |
| | | | |
| | | | |
| | | | |
| | | | |
| | | | |
| | | | |
| | | | |
| | | | |
| | | | |
| | | | |
| | | | |

**Inhalt / Thema:** Mit der Unterschrift bestätigt der Mitarbeiter / die Zeitarbeitskraft, dass er / sie teilgenommen und den Inhalt / das Thema der Maßnahme verstanden hat. Sollte der Inhalt / das Thema der Maßnahme nicht oder nur teilweise verstanden worden sein, dann ist unverzüglich der Vorgesetzte zu benachrichtigen.
**Information zur Kenntnis:** Mit der Unterschrift bestätigt der Mitarbeiter / die Zeitarbeitskraft, dass er / sie die Information gelesen und verstanden hat.

**Dokument:** Bild 4.30 QM_Mitarbeiter Maßnahme.doc
© BSBE European Business School for Business Excellence Ltd. 2014,
Freigegeben: Klaus Mustermann, Datum: 05.01.2014, Dienstleistungsunternehmen 1
Seite 1 von 1

**BILD 4.30** Formular: QM: Mitarbeiter Maßnahme

# ■ 4.8 STÄNDIGE VERBESSERUNG DES QM-SYSTEMS (DV)

Für die ständige Verbesserung des Qualitätsmanagementsystems werden folgende dokumentierte Verfahren prozessorientiert beschrieben:

1. QM: Internes Audit (dV)
2. QM: Lenkung fehlerhafter Produkte (dV)
3. QM: Korrekturmaßnahmen (dV)
4. QM: Vorbeugungsmaßnahmen (dV)

### QM: Internes Audit (dV)

Mit diesem dokumentierten Verfahren wird die Durchführung von internen Audits prozessorientiert beschrieben (Bild 4.31).

Es werden **zwei Arten** von internen Audits dargestellt.

**Auditprogramm als Systemaudit:**

**Auditziele:** Ermittlung des Erfüllungsgrades der DIN EN ISO 9001:2008 und der Anforderungen der Organisation. Das Audit wird als **Systemaudit** durchgeführt, um die Organisationsabläufe auf Wirksamkeit zur Erfüllung der Kundenanforderungen zu überprüfen. **Auditkriterien:** Als Bezugsgrundlage (Referenz) dient die DIN EN ISO 9001:2008. Der Auditplanbericht und der Auditfragenkatalog werden als Vorgehensweise genutzt, um einen Vergleich mit den Nachweisen zu erhalten. **Auditumfang:** Erfüllung der Anforderungen der DIN EN ISO 9001:2008 und der Anforderungen der Organisation. **Audithäufigkeit:** einmal pro Jahr. **Auditmethoden:** Auditplanbericht, Auditfragenkatalog und Dokumentationsmatrix als Basis für das interne Audit (Systemaudit) nutzen. Es werden Mitarbeiter befragt, Tätigkeiten beobachtet und Dokumente und Aufzeichnungen überprüft. Die Norm erwartet eine Planung des Auditprogramms. Die Norm legt jedoch nicht fest, wie oft ein internes Audit durchgeführt werden muss. Es wird jedoch empfohlen, das interne Audit einmal pro Jahr durchzuführen.

**Auditprogramm als Prozessaudit:**

**Prozessaudit:** Das interne Audit kann auch als **Prozessaudit** zur Behebung von Problemen genutzt werden. **Auditkriterien:** Als Bezugsgrundlage (Referenz) dient das Formular *QM: Korrektur- und Vorbeugungsmaßnahmen*.

**WECHSELWIRKUNG**

Aus diesem dokumentierten Verfahren wird eventuell auf weitere Arbeitsaufgaben und dokumentierte Verfahren verwiesen (Wechselwirkung). Eine detaillierte Beschreibung erfolgt in diesen Dokumenten.

**KORREKTUR- UND VORBEUGUNGS- MASSNAHMEN**

Es sind eventuell Korrektur- oder Vorbeugungsmaßnahmen einzuleiten. Im Bedarfsfall ist das Formular *QM: Korrektur- und Vorbeugungsmaßnahmen* auszufüllen.

## QM: Internes Audit (dV)

| Tätigkeit / Prozessschritte | E/D Führung | D Vertrieb Beratung | D Vertrieb Innend. | D Service | | | D Subunternehmer | Wechselwirkung / Checkliste | Dokumentation |
|---|---|---|---|---|---|---|---|---|---|
| *Interne Audits planen, festlegen und umsetzen* **SYSTEMAUDIT** | | | | | | | | 1. Das interne Audit kann als **Systemaudit** zur Überprüfung der Organisationsabläufe und der Erfüllung der Wirksamkeit der Kundenanforderungen genutzt werden. 2. Das interne Audit kann als **Prozessaudit** zur Behebung von Problemen genutzt werden. | |
| <u>SYSTEMAUDIT:</u> *Auditprogramm planen, festlegen und als Vorgehensweise für das interne Audit nutzen* | X | | | | | | | **Auditziele:** Ermittlung des Erfüllungsgrades der DIN EN ISO 9001:2008 und der Anforderungen der Organisation. Das Audit wird als **Systemaudit** durchgeführt, um die Organisationsabläufe auf Wirksamkeit zur Erfüllung der Kundenanforderungen zu überprüfen. **Auditkriterien:** Als Bezugsgrundlage (Referenz) dient die DIN EN ISO 9001:2008. Der Auditplanbericht und der Auditfragenkatalog werden als Vorgehensweise genutzt, um einen Vergleich mit den Nachweisen zu erhalten. **Auditumfang:** Erfüllung der Anforderungen der DIN EN ISO 9001:2008 und der Anforderungen der Organisation **Audithäufigkeit:** Einmal pro Jahr **Auditmethoden:** Auditplanbericht, Auditfragenkatalog und Dokumentationsmatrix als Basis für das interne Audit **(Systemaudit)** nutzen. Es werden Mitarbeiter befragt, Tätigkeiten beobachtet und Dokumente und Aufzeichnungen überprüft. | • Internes Audit Planbericht • Internes Audit Fragenkatalog • Dokumentationsmatrix |
| *Ergebnisse von früheren Audits überprüfen und berücksichtigen* | X | | | | | | | **Prüfen:** Anzahl der Audits ausreichend, Korrekturen, Verbesserungen | • Internes Audit Planbericht • Korrektur- und Vorbeugungsmaßnahmen |

<u>Dokument:</u> Bild 4.31 QM_Internes Audit.doc
© BSBE European Business School for Business Excellence Ltd. 2014,
Freigegeben: Klaus Mustermann, Datum: 05.01.2014, Dienstleistungsunternehmen 1
Seite 1 von 4

**BILD 4.31** QM: Internes Audit (dV) (Ausschnitt)

## Formular: QM: Internes Audit Planbericht

Mit diesem Formular wird das interne Audit (Systemaudit) protokolliert (Bild 4.32).

Das Formular ist in **drei Teilbereiche** aufgeteilt. Im ersten Teil wird mit dem *Auditplan* das interne Audit geplant. Im zweiten Teil wird die *Vorgehensweise* festgelegt. Im dritten Teil wird der *Auditbericht* ausgefüllt, um ein abschließendes Urteil über die positiven und die negativen Aspekte darzulegen.

**AUDITPLAN**
1. Legen Sie das Datum und die Dauer (Uhrzeit) des internen Audits fest.
2. Legen Sie den oder die Auditoren fest. Der Auditor darf seine eigene Tätigkeit nicht auditieren.
3. Legen Sie die Auditziele, die Auditkriterien, den Auditumfang, die Audithäufigkeit und die Auditmethoden fest.
4. Benachrichtigen Sie die Mitarbeiter rechtzeitig.

**VORGEHENSWEISE**
5. Nutzen Sie das Formular *QM: Internes Audit Fragenkatalog* als Basis für das interne Audit. Sie können das interne Audit für die Norm-Kapitel 4, 5, 6, 7 und 8 auf das Jahr verteilt durchführen. Sie müssen dann nur die nicht benötigten Norm-Kapitel aus dem Formular *QM: Internes Audit Fragenkatalog* löschen. Sie müssen dann die Formulare *QM: Internes Audit Planbericht* und *QM: Internes Audit Fragenkatalog* mehrfach ausfüllen. Wenn Sie das interne Audit auf das Jahr verteilt durchführen, dann müssen Sie das unter der *Vorgehensweise* vermerken.
6. Führen Sie das interne Audit durch und notieren Sie die Abweichungen im Formular *QM: Korrektur- und Vorbeugungsmaßnahmen*.

**AUDITBERICHT**
Zum Schluss fällen Sie unter dem Punkt *Auditbericht* ein abschließendes Urteil über das interne Audit und unterschreiben Sie auf dieser Seite den Auditbericht. Die für den Funktionsbereich verantwortliche Leitung unterschreibt ebenfalls.

Das interne Audit ist mit einfachen Mitteln durchgeführt.

Die Abweichungen müssen analysiert werden. Die für den auditierten **Funktionsbereich** verantwortliche Leitung muss sicherstellen, dass Maßnahmen ohne ungerechtfertigte Verzögerung zur Beseitigung erkannter Fehler und ihrer Ursachen ergriffen werden.

Aus diesen Daten können neue messbare Qualitätsziele und Kennzahlen entstehen.

## QM: Internes Audit Planbericht

### Auditplan

| Datum: | • |
|---|---|
| Uhrzeit von / bis: | • |
| Auditor 1: | • |
| Auditor 2: | • |
| | • Es wurde darauf geachtet, dass der Auditor seine eigene Tätigkeit nicht auditiert. |

| Auditziele: | • Ermittlung des Erfüllungsgrades der DIN EN ISO 9001:2008 und der Anforderungen der Organisation. Das Audit wird als **Systemaudit** durchgeführt, um die Organisationsabläufe auf Wirksamkeit zur Erfüllung der Kundenanforderungen zu überprüfen. |
|---|---|
| Auditkriterien: | • Als Bezugsgrundlage (Referenz) dient die DIN EN ISO 9001:2008. Die Formulare *QM: Internes Audit Planbericht* und *QM: Internes Audit Fragenkatalog* werden als Vorgehensweise genutzt, um einen Vergleich mit den Nachweisen zu erhalten. |
| Auditumfang: | • Erfüllung der Anforderungen der DIN EN ISO 9001:2008 und der Anforderungen der Organisation. Die zu auditierenden Normenabschnitte sind im Formular *QM: Internes Audit Fragenkatalog* aufgeführt. |
| Audithäufigkeit: | • Einmal pro Jahr. |
| Auditmethoden: | • Die Formulare *QM: Internes Audit Planbericht, QM: Internes Audit Fragenkatalog"* und *QM: Dokumentationsmatrix* als Basis für das interne Audit (**Systemaudit**) nutzen. Es werden Mitarbeiter befragt, Tätigkeiten beobachtet und Dokumente und Aufzeichnungen überprüft. |
| Abweichungen im Audit: | • Die Formulare *QM: Internes Audit Planbericht* und *QM: Korrektur- und Vorbeugungsmaßnahmen* für die Dokumentation nutzen. |

### Vorgehensweise:

1. Den oder die Auditoren festlegen. Dabei ist darauf zu achten, dass der Auditor seine eigene Tätigkeit nicht auditiert.
2. Das Formular *QM: Internes Audit Fragenkatalog* erstellen/überarbeiten und als Checkliste für das interne Audit nutzen.
3. Wenn Abweichungen oder Verbesserungen aus dem **vorherigen** Audit vorhanden sind, dann müssen diese berücksichtigt werden.
4. Die zu auditierenden Normenabschnitte sind im Formular *QM: Internes Audit Fragenkatalog* aufgeführt.
5. Die im Handbuch festgelegten Arbeitsaufgaben und dokumentierten Verfahren können zusätzlich als Checkliste genutzt werden, um die Tätigkeiten hinterfragen zu können.
6. Wenn im Audit Abweichungen oder Verbesserungen vorhanden sind, dann ist das Formular *QM: Korrektur- und Vorbeugungsmaßnahmen* zur Dokumentation der Abweichungen oder Verbesserungen zu nutzen. Die für den auditierten **Funktionsbereich** verantwortliche Leitung muss sicherstellen, dass Maßnahmen ohne ungerechtfertigte Verzögerung zur Beseitigung erkannter Fehler und ihrer Ursachen ergriffen werden.
7. Weiter muss überprüft werden, ob Daten in die messbaren Ziele übernommen werden müssen.

### Auditbericht:

| Festgestellte Abweichungen: | • Es wurden keine Abweichungen festgestellt.<br>• Die ausgefüllten Formulare *QM: Korrektur- und Vorbeugungsmaßnahmen* zur Dokumentation der Abweichungen oder Verbesserungen sind an diesen Bericht geheftet.<br>• **Nichtzutreffendes streichen** |
|---|---|
| Abschließendes Urteil über die Erfüllung der Norm: | |

**Dokument:** Bild 4.32 QM_Internes Audit_Plan_Bericht.doc
© BSBE European Business School for Business Excellence Ltd. 2014,
Freigegeben: Klaus Mustermann, Datum: 05.01.2014, Dienstleistungsunternehmen 1

**BILD 4.32** Formular: QM Internes Audit Planbericht

### Formular: QM: Internes Audit Fragenkatalog

Mit diesem Formular werden die Fragen festgelegt und die Antworten dokumentiert (Bild 4.33).

Das Formular ist in **zwei Spalten** aufgeteilt. In der ersten Tabellenspalte werden die *Normenabschnitte* und die *Fragen* festgelegt. In der zweiten Tabellenspalte werden die *Antworten* notiert. Die Fragen und die Antworten sind als Muster eingetragen und müssen an Ihre Organisation angepasst werden. Dies betrifft grundsätzlich die Antworten, wenn Sie die Fragen belassen wollen.

Dabei können Sie wie folgt vorgehen:

1. **Variante 1:** Notieren Sie die Abweichung als Text direkt in der zweiten Tabellenspalte unter dem Abschnitt **Abweichung**.
2. **Variante 2:** Notieren Sie eine fortlaufende Nummer in der zweiten Tabellenspalte unter dem Abschnitt **Abweichung**. Anschließend füllen Sie für jede Abweichung das Formular *QM: Korrektur- und Vorbeugungsmaßnahmen* aus und ordnen diesem die fortlaufende Nummer zu.
3. Sie können das interne Audit für die Norm-Kapitel 4, 5, 6, 7 und 8 auf das Jahr verteilt durchführen. Sie müssen dann nur die nicht benötigten Norm-Kapitel aus dem Formular *QM: Internes Audit Fragenkatalog* löschen. Sie müssen dann die Formulare *QM: Internes Audit Planbericht* und *QM: Internes Audit Fragenkatalog* mehrfach ausfüllen.

Im Beispiel sind nur die Abweichungen aufgeführt. Es können hier auch **Empfehlungen** notiert und im Formular *QM: Korrektur- und Vorbeugungsmaßnahmen* protokolliert werden. Für die Vorgehensweise bei Empfehlungen sind die *Nummern 1 und 2* sinngemäß anzuwenden.

## 4.8 Ständige Verbesserung des QM-Systems (dV)

**QM: Internes Audit Fragenkatalog**

### INTERNES AUDIT FÜR DAS JAHR XXXX

| NORMENABSCHNITTE ISO 9001:2008 | ANTWORTEN |
|---|---|
| 4.2.2 Qualitätsmanagementhandbuch<br><br>**Frage:** Wie werden im Handbuch die relevanten Arbeitsabläufe (Prozesse) berücksichtigt? | Hier kann eingetragen werden, wie die relevanten Abläufe im Qualitätsmanagementhandbuch berücksichtigt werden, z. B.:<br><br>Qualitätsmanagementhandbuch: **A_START-Handbuch-Prozessorientierter Ansatz**<br><br>Das Qualitätsmanagementhandbuch berücksichtigt alle relevanten Arbeitsabläufe. Es wurden keine Änderungen im Qualitätsmanagementhandbuch und in den Arbeitsabläufen durchgeführt.<br>Es wurden keine Kopien des Qualitätsmanagementhandbuches erstellt, daher gab es nur ein aktuelles Qualitätsmanagementhandbuch.<br>Die Dokumente werden hinsichtlich Aktualität überprüft.<br><br>Das Qualitätsmanagementhandbuch besteht aus einer Seite. Aus dieser Seite wird auf die Arbeitsaufgaben und die dokumentierten Verfahren verwiesen. Die Beschreibung der Wechselwirkungen der Prozesse wird in den Arbeitsaufgaben und den dokumentierten Verfahren dargestellt.<br><br>**Abweichung:** Es waren keine Abweichungen vorhanden. |
| 4.2.3 Lenkung von Dokumenten<br><br>**Frage:** Wie werden die Dokumente gelenkt? | Hier kann eingetragen werden, wie die Dokumente gelenkt werden, z. B.:<br><br>Die Dokumente wurden auf folgende Punkte überprüft:<br>1. Vollständigkeit (interne und externe Dokumente),<br>2. Aktualität der Dokumente,<br>3. Aufbewahrungszeit,<br>4. wo die Dokumente aufbewahrt werden,<br>5. wer die Dokumente nutzen muss.<br><br>**Abweichung:** Es waren keine Abweichungen vorhanden. |
| 4.2.4 Lenkung von Aufzeichnungen<br><br>**Frage:** Wie werden die Aufzeichnungen gelenkt? | Hier kann eingetragen werden, wie die Aufzeichnungen gelenkt werden, z. B.:<br><br>Die Aufzeichnungen wurden auf folgende Punkte überprüft:<br>1. Vollständigkeit,<br>2. Aufbewahrungszeit,<br>3. wo die Aufzeichnungen aufbewahrt werden.<br><br>**Abweichung:** Es waren keine Abweichungen vorhanden. |
| 5.1 Selbstverpflichtung der Leitung<br><br>**Frage:** Wie werden die Kundenanforderungen, die Qualitätspolitik und die Qualitätsziele den Mitarbeitern vermittelt? | Hier kann eingetragen werden, wie die Qualitätspolitik und die Qualitätsziele den Mitarbeitern vermittelt werden, z. B.:<br><br>Die Kundenanforderungen wurden in Gesprächen mit den Mitarbeitern vermittelt. Dies erfolgt auftragsbezogen. Die Qualitätspolitik ist als Leitbild vorhanden und noch aktuell. Die Qualitätsziele als Statistik sind festgelegt und wurden regelmäßig überprüft. Die Managementbewertung wurde durchgeführt. Die Arbeitsabläufe in unserem Unternehmen wurden überprüft, und die benötigten Ressourcen für die Durchführung der Tätigkeiten sind vorhanden.<br><br>**Abweichung:** Es waren keine Abweichungen vorhanden. |
| 5.2 Kundenorientierung<br><br>**Frage:** Wie wird die Kundenorientierung umgesetzt? | Hier kann eingetragen werden, wie die Kundenorientierung umgesetzt wird, z. B.:<br><br>Die Kundenanforderungen wurden in Gesprächen mit den Mitarbeitern vermittelt. Die Qualitätspolitik ist als Leitbild vorhanden und noch aktuell.<br><br>**Abweichung:** Es waren keine Abweichungen vorhanden. |
| 5.3 Qualitätspolitik<br><br>**Frage:** Wie wird die Qualitätspolitik den Mitarbeitern vermittelt? | Hier kann eingetragen werden, wie die Qualitätspolitik den Mitarbeitern vermittelt wird, z. B.:<br><br>Die Qualitätspolitik ist als Leitbild vorhanden, wurde von den Mitarbeitern verstanden und ist auf das Unternehmen, die Kunden und die Produkte abgestimmt. Den Mitarbeiter wurde es durch Mitarbeitergespräche vermittelt. Die Qualitätsziele (Statistiken) wurden regelmäßig überprüft. |

**Dokument:** Bild 4.33 QM_Internes Audit_Fragenkatalog.doc
© BSBE European Business School for Business Excellence Ltd. 2014,
Freigegeben: Klaus Mustermann, Datum: 05.01.2014, Dienstleistungsunternehmen 1

**BILD 4.33** Formular: QM: Internes Audit Fragenkatalog

### QM: Lenkung fehlerhafter Produkte (dV)

Mit diesem dokumentierten Verfahren wird die Durchführung der Lenkung von fehlerhaften Produkten prozessorientiert beschrieben (Bild 4.34).

Die Tätigkeiten sind als Arbeitsaufgaben definiert und somit prozessorientiert dargestellt. Wenn es erforderlich wird, dass fehlerhafte Produkte gelenkt werden müssen, **dann muss dies direkt in der betroffenen Arbeitsaufgabe erfolgen.**

In diesem dokumentierten Verfahren erfolgt daher die Darstellung der *Wechselwirkung* mit den weiteren Arbeitsaufgaben.

**WECHSELWIRKUNG** Aus diesem dokumentierten Verfahren wird eventuell auf weitere Arbeitsaufgaben und dokumentierte Verfahren verwiesen (Wechselwirkung). Eine detaillierte Beschreibung erfolgt in diesen Dokumenten.

**KORREKTUR- UND VORBEUGUNGSMASSNAHMEN** Es sind eventuell Korrektur- oder Vorbeugungsmaßnahmen einzuleiten. Im Bedarfsfall ist das Formular *QM: Korrektur- und Vorbeugungsmaßnahmen* auszufüllen.

4.8 Ständige Verbesserung des QM-Systems (dV)

## QM: Lenkung fehlerhafter Produkte (dV)

| Tätigkeit / Prozessschritte | E/D Führung | D Vertrieb Beratung | D Vertrieb Innend. | D Service | | | D Subunternehmer | Wechselwirkung / Checkliste | Dokumentation |
|---|---|---|---|---|---|---|---|---|---|
| **Lenkung fehlerhafter Produkte planen, festlegen und umsetzen** | | | | | | | | | |
| Abweichungen durch Prozessaudit prüfen | X | X | X | X | X | X | X | **Prüfen:** Es muss geprüft werden, ob ein **Prozessaudit** geplant und durchgeführt wird. **Dokumentiertes Verfahren (dV):** QM: Internes Audit | • |
| Arbeitsaufgaben auf Lenkung von fehlerhaften Produkten analysieren | X | X | X | X | X | X | (X) | Die Lenkung von fehlerhaften Produkten wird direkt in der Arbeitsaufgabe dargestellt. **Arbeitsaufgabe (AA):** VERTRIEB-BERATUNG: Reklamation **Arbeitsaufgabe (AA):** SERVICE: Betriebsanalyse **Arbeitsaufgabe (AA):** SERVICE: DV-Projekte **Arbeitsaufgabe (AA):** SERVICE: Individuelle Programmierung **Arbeitsaufgabe (AA):** SERVICE: Mitarbeit in Kunden-DV-Projekten **Arbeitsaufgabe (AA):** SERVICE: Projektmanagement **Arbeitsaufgabe (AA):** SERVICE: Projektplan | • |
| **Nachfolgende Tätigkeiten werden nur bei Bedarf durchgeführt.** | | | | | | | | | |
| Evtl. Korrekturen oder Verbesserungen im Unternehmen durchführen | X | X | X | X | X | X | X | **Dokumentiertes Verfahren (dV):** QM: Korrekturmaßnahmen **Dokumentiertes Verfahren (dV):** QM: Vorbeugungsmaßnahmen | • |

| Ständige Verbesserung: | **Methode:** Internes Audit **Informationen:** Internes Audit Planbericht, Korrektur- und Vorbeugungsmaßnahmen, Managementbewertung, messbare Qualitätsziele |
|---|---|

**Dokument:** Bild 4.34 QM_Lenkung fehlerhafter Produkte.doc
© BSBE European Business School for Business Excellence Ltd. 2014,
Freigegeben: Klaus Mustermann, Datum: 05.01.2014, Dienstleistungsunternehmen 1

**BILD 4.34** QM: Lenkung fehlerhafter Produkte (dV) (Ausschnitt)

### QM: Korrekturmaßnahmen (dV)

Mit diesem dokumentierten Verfahren wird die Durchführung der Korrekturmaßnahmen prozessorientiert beschrieben (Bild 4.35).

In der zweiten Tabellenzeile unter *Tätigkeit/Prozessschritte* wird erläutert, dass die Korrekturmaßnahmen durch die Arbeitsaufgaben oder durch die dokumentierten Verfahren ausgelöst werden. Es muss eine Analyse der Daten aus dem Formular *QM: Korrektur- und Vorbeugungsmaßnahmen* durchgeführt und dann die weitere Vorgehensweise in diesem Formular protokolliert werden.

Die Abweichung muss analysiert werden. Die für den betroffenen **Funktionsbereich** verantwortliche Leitung muss sicherstellen, dass Maßnahmen ohne ungerechtfertigte Verzögerung zur Beseitigung erkannter Fehler und ihrer Ursachen ergriffen werden.

Weiter muss festgelegt werden, wer die durchgeführten Korrekturmaßnahmen kontrolliert.

Aus diesen Daten können neue messbare Qualitätsziele und Kennzahlen entstehen.

**WECHSELWIRKUNG** Aus diesem dokumentierten Verfahren wird eventuell auf weitere Arbeitsaufgaben und dokumentierte Verfahren verwiesen (Wechselwirkung). Eine detaillierte Beschreibung erfolgt in diesen Dokumenten.

## 4.8 Ständige Verbesserung des QM-Systems (dV)

### QM: Korrekturmaßnahmen (dV)

| Tätigkeit / Prozessschritte | E/D Führung | D Vertrieb Beratung | D Vertrieb Innend. | D Service | | | D Subunternehmer | Wechselwirkung / Checkliste | Dokumentation |
|---|---|---|---|---|---|---|---|---|---|
| **Korrekturmaßnahmen planen, festlegen und umsetzen** | | | | | | | | | |
| Korrekturmaßnahmen durch Arbeitsaufgaben oder dokumentierte Verfahren auslösen | X | X | X | X | X | X | (X) | | • |
| Ursachenanalyse durchführen | X | X | X | X | X | X | (X) | **Prüfen:** In welchem **Funktionsbereich** ist das Problem aufgetreten? Wann ist das Problem aufgetreten? Was für ein Problem ist aufgetreten? Warum ist das Problem aufgetreten? | • Korrektur- und Vorbeugungsmaßnahmen |
| Fehlerbewertung durchführen | X | | | | | | | **Prüfen:** Um welche Art der Maßnahme handelt es sich (Korrekturmaßnahme, Reklamation Kunde, Reklamation Lieferant)? Wie ist das Problem in Zukunft zu vermeiden? Welche Verbesserung ist möglich? | • Korrektur- und Vorbeugungsmaßnahmen |
| Beurteilung des Handlungsbedarfs, um das erneute Auftreten von Fehlern zu verhindern | X | | | | | | | **Prüfen:** Wie viel Zeit ist erforderlich? Wie hoch sind die Kosten? Ist eine Korrektur erforderlich? Steht der Aufwand, das Problem zu lösen, in einem sinnvollen Kosten-Nutzen-Verhältnis? | • Korrektur- und Vorbeugungsmaßnahmen |
| Ermittlung und Verwirklichung der erforderlichen Maßnahmen | X | | | | | | | **Prüfen:** Wer führt die Umsetzung durch? | • Korrektur- und Vorbeugungsmaßnahmen |
| Aufzeichnung der Ergebnisse der ergriffenen Maßnahmen | (X) | X | X | X | X | X | (X) | **Prüfen:** Die Ergebnisse werden im Formular *Korrektur- und Vorbeugungsmaßnahmen* aufgezeichnet. | • Korrektur- und Vorbeugungsmaßnahmen |
| Ergriffene Korrekturmaßnahmen überprüfen (Verifizierung) | (X) | X | X | X | X | X | (X) | **Prüfen:** Wer prüft die Umsetzung? | • Korrektur- und Vorbeugungsmaßnahmen<br>• Interne Audits |
| **Nachfolgende Tätigkeiten werden nur bei Bedarf durchgeführt.** | | | | | | | | | |
| Übernahme der Daten in messbare Qualitätsziele prüfen | X | | | | | | | **Prüfen:** Daten in die messbaren Qualitätsziele übernehmen bzw. neue messbare Qualitätsziele erstellen. **Arbeitsaufgabe (AA):** QM: Messbare Qualitätsziele | • Messbare Qualitätsziele |

| Ständige Verbesserung: | **Methode:** Korrekturen durchführen<br>**Informationen:** Korrektur- und Vorbeugungsmaßnahmen, messbare Qualitätsziele |
|---|---|

**Dokument:** Bild 4.35 QM_Korrekturmaßnahmen.doc
© BSBE European Business School for Business Excellence Ltd. 2014,
Freigegeben: Klaus Mustermann, Datum: 05.01.2014, Dienstleistungsunternehmen 1
Seite 1 von 2

**BILD 4.35** QM: Korrekturmaßnahmen (dV) (Ausschnitt)

## Formular: QM: Korrektur- und Vorbeugungsmaßnahmen

Mit diesem Formular werden die Korrekturmaßnahmen analysiert, festgelegt und protokolliert (Bild 4.36).

Das Formular ist in **acht Teilbereiche** aufgeteilt. Es ist ein Universalformular, das für unterschiedliche Maßnahmen in den einzelnen Funktionsbereichen genutzt werden kann.

1. **Art der Maßnahme:** Hier ist die Maßnahme auszuwählen und Nichtzutreffendes zu streichen (Pflichtfeld).
2. **Funktionsbereich:** Hier ist der Funktionsbereich auszuwählen und Nichtzutreffendes zu streichen (Pflichtfeld).
3. **Wann ist das Problem aufgetreten?** Hier ist das Datum einzutragen, wann das Problem aufgetreten ist (Pflichtfeld).
4. **Was für ein Problem ist aufgetreten?** Hier ist das Problem einzutragen. Alle Angaben können stichpunktartig eingetragen werden. Ausformulierte Sätze sind nicht erforderlich (Pflichtfeld).
5. **Was ist die Ursache des Problems?** Hier ist die Ursache des Problems einzutragen. Alle Angaben können stichpunktartig eingetragen werden. Ausformulierte Sätze sind nicht erforderlich (Pflichtfeld)
6. **Welche Maßnahme ist erforderlich?** Hier ist die Maßnahme einzutragen. Alle Angaben können stichpunktartig eingetragen werden. Ausformulierte Sätze sind nicht erforderlich (Pflichtfeld).
7. **Maßnahme zu erledigen bis:** Es muss ein Termin festgelegt werden, bis wann die Maßnahme erledigt wird. **Durch Mitarbeiter:** Es muss ein Mitarbeiter festgelegt werden, der die Umsetzung der Maßnahme durchführt oder die Durchführung veranlasst. **Wirksamkeit der Maßnahme überprüft durch/am:** Die für den betroffenen Funktionsbereich verantwortliche Leitung muss sicherstellen, dass Maßnahmen ohne ungerechtfertigte Verzögerung zur Beseitigung erkannter Fehler und ihrer Ursachen ergriffen werden und die Umsetzung kontrolliert wird (Pflichtfelder).
8. **Übernahme in die messbaren Qualitätsziele:** Es kann überprüft werden, ob eine Übernahme in die messbaren Qualitätsziele erfolgen muss. **Geschätzte Kosten/Einsparungen:** Hier können die Kosten oder die Einsparungen dokumentiert werden. **Benötigte Zeit:** Hier kann die benötigte Zeit dokumentiert werden (**keine** Pflichtfelder).

Bei dem Punkt 8 handelt es sich nicht um Pflichtfelder, da die Norm nur eine ständige Verbesserung der Effektivität erwartet und nicht die ständige Verbesserung der Effizienz.

4.8 Ständige Verbesserung des QM-Systems (dV)

| QM: Korrektur- und Vorbeugungsmaßnahmen |
|---|

**① Art der Maßnahme:** Korrekturmaßname, Vorbeugungsmaßnahme, Verbesserungsmaßnahme, Reklamation (Kunde / Lieferant) Nichtzutreffendes streichen

**② Funktionsbereich:** Vertrieb (Beratung), Vertrieb (Innendienst), Service, Subunternehmer Nichtzutreffendes streichen

**③ Wann ist das Problem aufgetreten?**
Datum:

**④ Was für ein Problem ist aufgetreten?**

**⑤ Was ist die Ursache des Problems?**

**⑥ Welche Maßnahme ist erforderlich?**

| ⑦ Maßnahme zu erledigen bis: | Durch Mitarbeiter: | Wirksamkeit der Maßnahme überprüft durch / am: |
|---|---|---|
| ⑧ Übernahme in die messbaren Qualitätsziele: **Ja / Nein** | Geschätzte Kosten / Einsparung: | Benötigte Zeit: |

Alle Angaben können stichpunktartig eingetragen werden. Ausformulierte Sätze sind nicht erforderlich. Die für den auditierten **Funktionsbereich** verantwortliche Leitung muss sicherstellen, dass Maßnahmen ohne ungerechtfertigte Verzögerung zur Beseitigung erkannter Fehler und ihrer Ursachen ergriffen werden.

**Dokument:** Bild 4.36 QM_Korrektur-und Vorbeugungsmaßnahmen_1.doc
© BSBE European Business School for Business Excellence Ltd. 2014,
Freigegeben: Klaus Mustermann, Datum: 05.01.2014, Dienstleistungsunternehmen 1
Seite 1 von 1

**BILD 4.36** Formular: QM: Korrektur- und Vorbeugungsmaßnahmen

### QM: Vorbeugungsmaßnahmen (dV)

Mit diesem dokumentierten Verfahren wird die Durchführung der Vorbeugungsmaßnahmen prozessorientiert beschrieben (Bild 4.37).

In der zweiten Tabellenzeile wird erläutert, dass die Vorbeugungsmaßnahmen durch die Arbeitsaufgaben oder durch die dokumentierten Verfahren ausgelöst werden. Es muss eine Analyse der Daten aus dem Formular *QM: Korrektur- und Vorbeugungsmaßnahmen* durchgeführt und dann die weitere Vorgehensweise in diesem Formular protokolliert werden.

Die Vorbeugungs- oder Verbesserungsmaßnahmen müssen analysiert werden. Die für den betroffenen **Funktionsbereich** verantwortliche Leitung muss sicherstellen, dass Maßnahmen ohne ungerechtfertigte Verzögerung zur Beseitigung erkannter Fehler und ihrer Ursachen ergriffen werden.

Weiter muss festgelegt werden, wer die durchgeführten Vorbeugungs- oder Verbesserungsmaßnahmen kontrolliert.

Aus diesen Daten können neue messbare Qualitätsziele und Kennzahlen entstehen.

WECHSELWIRKUNG   Aus diesem dokumentierten Verfahren wird eventuell auf weitere Arbeitsaufgaben und dokumentierte Verfahren verwiesen (Wechselwirkung). Eine detaillierte Beschreibung erfolgt in diesen Dokumenten.

4.8 Ständige Verbesserung des QM-Systems (dV)

## QM: Vorbeugungsmaßnahmen (dV)

| Tätigkeit / Prozessschritte | E/D Führung | D Vertrieb Beratung | D Vertrieb Innend. | D Service | | | | D Subunternehmer | Wechselwirkung / Checkliste | Dokumentation |
|---|---|---|---|---|---|---|---|---|---|---|
| **Vorbeugungsmaßnahmen planen, festlegen und umsetzen** | | | | | | | | | | |
| Vorbeugungsmaßnahmen durch Arbeitsaufgaben oder dokumentierte Verfahren auslösen | X | X | X | X | | | | (X) | | • |
| Ursachenanalyse durchführen | X | X | X | X | | | | (X) | **Prüfen:** In welchem **Funktionsbereich** ist das Problem aufgetreten? Wann ist das Problem aufgetreten? Was für ein Problem ist aufgetreten? Warum ist das Problem aufgetreten? | • Korrektur- und Vorbeugungsmaßnahmen |
| Ermittlung potenzieller Fehler und ihrer Ursachen | X | | | | | | | | **Prüfen:** Um welche Art der Maßnahme handelt es sich (Vorbeugungsmaßnahme, Verbesserung)? Welche Verbesserung ist möglich? | • Korrektur- und Vorbeugungsmaßnahmen |
| Beurteilung des Handlungsbedarfs, um das Auftreten von Fehlern zu verhindern | X | | | | | | | | **Prüfen:** Wie viel Zeit ist erforderlich? Wie hoch sind die Kosten? Ist eine Vorbeugung erforderlich? Steht der Aufwand, das Problem zu lösen, in einem sinnvollen Kosten-Nutzen-Verhältnis? | • Korrektur- und Vorbeugungsmaßnahmen |
| Ermittlung und Verwirklichung der erforderlichen Maßnahmen | X | | | | | | | | **Prüfen:** Wer führt die Umsetzung durch? | • Korrektur- und Vorbeugungsmaßnahmen |
| Aufzeichnung der Ergebnisse der ergriffenen Maßnahmen | (X) | X | X | X | | | | (X) | **Prüfen:** Ist die Übernahme der Daten in die messbaren Ziele erforderlich? | • Korrektur- und Vorbeugungsmaßnahmen<br>• Messbare Ziele |
| Bewertung der ergriffenen Vorbeugungsmaßnahmen | (X) | X | X | X | | | | (X) | **Prüfen:** Wer prüft die Umsetzung? | • Korrektur- und Vorbeugungsmaßnahmen<br>• Interne Audits |
| **Nachfolgende Tätigkeiten werden nur bei Bedarf durchgeführt.** | | | | | | | | | | |
| Daten in messbare Qualitätsziele übernehmen | X | | | | | | | | **Prüfen:** Daten in die messbaren Qualitätsziele übernommen **Arbeitsaufgabe (AA):** QM: Messbare Qualitätsziele | • Messbare Qualitätsziele |

| Ständige Verbesserung: | **Methode:** Vorbeugungsmaßnahmen durchführen<br>**Informationen:** Korrektur- und Vorbeugungsmaßnahmen, messbare Qualitätsziele |
|---|---|

Dokument: Bild 4.37 QM_Vorbeugungsmaßnahmen.doc
© BSBE European Business School for Business Excellence Ltd. 2014,
Freigegeben: Klaus Mustermann, Datum: 05.01.2014, Dienstleistungsunternehmen 1

**BILD 4.37** QM: Vorbeugungsmaßnahmen (dV) (Ausschnitt)

## 4.9 DOKUMENTATION DES QM-SYSTEMS (DV)

Für die Dokumentation des QM-Systems werden folgende dokumentierte Verfahren prozessorientiert beschrieben:

1. QM: Lenkung von Dokumenten (dV)
2. QM: Lenkung von Aufzeichnungen (dV)
3. QM: Norm-Kapitel: Arbeitsaufgaben (AA)/dokumentierte Verfahren (dV)

### QM: Lenkung von Dokumenten (dV)

Mit diesem dokumentierten Verfahren wird die Lenkung der Dokumente prozessorientiert beschrieben (Bild 4.38).

**Dokumente sind veränderlich, entweder durch die Organisation selbst oder durch den Ersteller.**

Die Dokumente sind aufgeteilt in:

1. **Dokumente, die von der Organisation als notwendig eingestuft werden:** Dazu zählen Arbeitsaufgaben, dokumentierte Verfahren und Formulare.
   Dokumente können von der Organisation geändert werden.

In der Dokumentationsmatrix sind die von der Organisation zu der Sicherstellung der wirksamen Planung, Durchführung und Lenkung der Prozesse als notwendig eingestuften Dokumente eingetragen.

**Änderungen** werden durch „Freigegeben" mit Name und Datum in der Fußzeile gekennzeichnet. In der Dokumentationsmatrix ist das aktuelle Freigabedatum eingetragen.

2. **Dokumente externer Herkunft:** Dazu zählen Normen, Sicherheitsdatenblätter usw.
   **Dokumente externer Herkunft können nur durch den Ersteller geändert werden.**

In der Dokumentationsmatrix sind die von der Organisation zu der Sicherstellung der wirksamen Planung, Durchführung und Lenkung der Prozesse als notwendig eingestuften Dokumente externer Herkunft eingetragen.

Die Dokumente dürfen grundsätzlich keine handschriftlichen Änderungen enthalten. Entweder sind die Dokumente ausgedruckt, ohne handschriftliche Änderungen, oder stehen elektronisch zur Verfügung. Mit einer Mitteilung werden die neuen gültigen Dokumente verteilt.

Weiter muss festgelegt werden, was mit den Dokumenten passieren muss, wenn sie nicht mehr gültig sind. Dies muss durch die Organisation festgelegt werden. Die Norm ermöglicht auch, dass die Dokumente vernichtet werden, wenn sie nicht mehr gültig sind. Ansonsten sind die ungültigen Dokumente zu kennzeichnen, damit keine Verwechselung mit den aktuellen Dokumenten erfolgt. Deshalb sollten die Mitarbeiter darüber informiert werden, dass sie selbst keine eigenen Kopien erstellen dürfen, damit nicht aus Versehen die ungültigen Dokumente genutzt werden. Dies gilt für die Papierform und die elektronische Form.

WECHSELWIRKUNG

Aus diesem dokumentierten Verfahren wird eventuell auf weitere Arbeitsaufgaben und dokumentierte Verfahren verwiesen (Wechselwirkung). Eine detaillierte Beschreibung erfolgt in diesen Dokumenten.

## 4.9 Dokumentation des QM-Systems (dV)

**QM: Lenkung von Dokumenten (dV)**

| Tätigkeit / Prozessschritte | E/D Füh-rung | D Ver-trieb Bera-tung | D Ver-trieb Innend. | D Ser-vice | | | | D Sub-un-ter-neh-mer | Wechselwirkung / Checkliste | Dokumentation |
|---|---|---|---|---|---|---|---|---|---|---|
| *Lenkung von Dokumenten planen, festlegen und umsetzen* | | | | | | | | | | |
| Die vom Qualitätsmanagementsystem geforderten Dokumente festlegen | X | X | X | X | | | | | In der Dokumentationsmatrix sind die vom Qualitätsmanagementsystem geforderten Dokumente eingetragen. | • Dokumentationsmatrix |
| Die von der Organisation zur Sicherstellung der wirksamen Planung, Durchführung und Lenkung der Prozesse als notwendig eingestuften Dokumente festlegen | X | X | X | X | | | | | In der Dokumentationsmatrix sind die von der Organisation zu der Sicherstellung der wirksamen Planung, Durchführung und Lenkung der Prozesse als notwendig eingestuften Dokumente eingetragen. | • Dokumentationsmatrix |
| Die von der Organisation zur Sicherstellung der wirksamen Planung, Durchführung und Lenkung der Prozesse als notwendig eingestuften <u>Dokumente externer Herkunft</u> festlegen | X | X | X | X | | | | | In der Dokumentationsmatrix sind die von der Organisation zu der Sicherstellung der wirksamen Planung, Durchführung und Lenkung der Prozesse als notwendig eingestuften <u>Dokumente externer Herkunft</u> eingetragen. | • Dokumentationsmatrix |
| Dokumente externer Herkunft kennzeichnen und Verteilung lenken | (X) | X | X | X | | | | | Durch den Ersteller der Dokumente externer Herkunft wird der aktuelle Status gekennzeichnet. Ungültige Dokumente externer Herkunft werden gekennzeichnet (durchgestrichen und im Ordner abgeheftet oder in einem gesonderten Bereich im EDV-System abgespeichert). Dadurch kann es keine Verwechslung mit den aktuellen Dokumenten externer Herkunft geben. | • Dokument (externer Herkunft) <br> • Dokumentationsmatrix |
| Dokumente lesbar und leicht erkennbar erhalten | (X) | X | X | X | | | | | Die Dokumente dürfen grundsätzlich keine handschriftlichen Änderungen enthalten. Entweder sind die Dokumente ausgedruckt, ohne handschriftliche Änderungen, oder stehen elektronisch zur Verfügung. | • Dokument (Handbuch) <br> • Dokument (AA) <br> • Dokument (dV) <br> • Dokument (Formular) <br> • Dokument (externer Herkunft) <br> • Dokumentationsmatrix |
| Dokumente bewerten, aktualisieren und genehmigen | (X) | X | X | X | | | | | Beim internen Audit oder bei Bedarf werden die Dokumente bewertet, ob eine Aktualisierung erforderlich ist. **Dokumentiertes Verfahren (dV):** QM: Internes Audit | • Dokument (Handbuch) <br> • Dokument (AA) <br> • Dokument (dV) <br> • Dokument (Formular) <br> • Dokument (externer Herkunft) <br> • Dokumentationsmatrix |

**Dokument:** Bild 4.38 QM_Lenkung von Dokumenten.doc
© BSBE European Business School for Business Excellence Ltd. 2014,
Freigegeben: Klaus Mustermann, Datum: 05.01.2014, Dienstleistungsunternehmen 1
Seite 1 von 3

**BILD 4.38** QM: Lenkung von Dokumenten (dV) (Ausschnitt)

### Formular: Dokumentationsmatrix

Mit diesem Formular werden die internen Dokumente, die Dokumente externer Herkunft und die Aufzeichnungen festgelegt, die die Organisation als notwendig eingestuft hat (Bild 4.39).

Das Formular ist in **unterschiedliche Teilbereiche** aufgeteilt.

In der Dokumentationsmatrix werden die von der Organisation zu der Sicherstellung der wirksamen Planung, Durchführung und Lenkung der Prozesse als **notwendig eingestuften Dokumente** eingetragen.

In der Dokumentationsmatrix werden die von der Organisation zu der Sicherstellung der wirksamen Planung, Durchführung und Lenkung der Prozesse als **notwendig eingestuften Dokumente externer Herkunft** eingetragen.

Die Aufteilung erfolgt in

1. das Handbuch (das Handbuch besteht nur aus einer Seite),
2. die Arbeitsaufgaben mit der Unterteilung in die *Funktionsbereiche* (blau),
3. das Qualitätsmanagement,
4. die dokumentierten Verfahren,
5. die Formulare,
6. die Dokumente externer Herkunft und
7. „Freigegeben/Datum", diese Daten dokumentieren die Aktualität des entsprechenden Dokumentes und durch wen es freigegeben werden muss.

Bei dieser Organisationsgröße ist das Qualitätsmanagement **keine** eigene Organisationseinheit.

Die Dokumente dürfen grundsätzlich keine handschriftlichen Änderungen enthalten. Entweder sind die Dokumente ausgedruckt, ohne handschriftliche Änderungen, oder stehen elektronisch zur Verfügung. Mit einer Mitteilung werden die neuen gültigen Dokumente verteilt.

Weiter muss festgelegt werden, was mit den Dokumenten passieren muss, wenn sie nicht mehr gültig sind. Dies muss durch die Organisation festgelegt werden. Die Norm ermöglicht auch, dass die Dokumente vernichtet werden, wenn sie nicht mehr gültig sind. Ansonsten sind die ungültigen Dokumente zu kennzeichnen, damit keine Verwechselung mit den aktuellen Dokumenten erfolgt. Deshalb sollten die Mitarbeiter darüber informiert werden, dass sie selbst keine eigenen Kopien erstellen dürfen, damit nicht aus Versehen die ungültigen Dokumente genutzt werden. Dies gilt für die Papierform und die elektronische Form.

Die Dokumentationsmatrix muss an die eigene Organisation angepasst werden, wenn Sie eigene Dokumente in die Dokumentationsmatrix hinzufügen.

4.9 Dokumentation des QM-Systems (dV)

| QM: Dokumentationsmatrix |

## DOKUMENTE QUALITÄTSMANAGEMENT:

| Dokumente: (Handbuch) | Freigegeben | Datum |
|---|---|---|
| A_START-Handbuch-Prozessorientierter Ansatz | Klaus Mustermann | 05.01.2014 |

| Dokumente: Arbeitsaufgaben (AA) | Freigegeben | Datum |
|---|---|---|
| **Vertrieb (Beratung) (AA)** | | |
| VERTRIEB-BERATUNG: Angebotsmarketing | Klaus Mustermann | 05.01.2014 |
| VERTRIEB-BERATUNG: Angebot erstellen / ändern | Klaus Mustermann | 05.01.2014 |
| VERTRIEB-BERATUNG: Angebot verfolgen | Klaus Mustermann | 05.01.2014 |
| VERTRIEB-BERATUNG: Vertrag erstellen | Klaus Mustermann | 05.01.2014 |
| VERTRIEB-BERATUNG: Vertrag ändern / stornieren | Klaus Mustermann | 05.01.2014 |
| VERTRIEB-BERATUNG: Reklamation | Klaus Mustermann | 05.01.2014 |
| **Vertrieb (Innendienst) (AA)** | | |
| VERTRIEB-INNENDIENST: Disposition / Anfrage / Preisvergleich / Bestellung | Klaus Mustermann | 05.01.2014 |
| VERTRIEB-INNENDIENST: Bestellung verfolgen | Klaus Mustermann | 05.01.2014 |
| VERTRIEB-INNENDIENST: Lieferanten Auswahl / Beurteilung / Neubeurteilung | Klaus Mustermann | 05.01.2014 |
| **Service (AA)** | | |
| SERVICE: Montage / Wartung / Reparatur / Reklamation in der Werkstatt | Klaus Mustermann | 05.01.2014 |
| SERVICE: Montage / Wartung / Reparatur / Reklamation beim Kunden vor Ort | Klaus Mustermann | 05.01.2014 |
| SERVICE: Überwachungs- und Messmittel verwalten | Klaus Mustermann | 05.01.2014 |
| **Qualitätsmanagement (AA)** | | |
| QM: Qualitätspolitik | Klaus Mustermann | 05.01.2014 |
| QM: Managementbewertung | Klaus Mustermann | 05.01.2014 |
| QM: Messbare Qualitätsziele | Klaus Mustermann | 05.01.2014 |
| QM: Mitarbeiter Ausbildung / Schulung / Fertigkeiten / Erfahrung | Klaus Mustermann | 05.01.2014 |
| QM: Verantwortung der Leitung | Klaus Mustermann | 05.01.2014 |

| Dokumente: dokumentierte Verfahren (dV) | Freigegeben | Datum |
|---|---|---|
| QM: Norm-Kapitel: Arbeitsaufgaben (AA) / dokumentierte Verfahren (dV) | Klaus Mustermann | 05.01.2014 |
| QM: Internes Audit | Klaus Mustermann | 05.01.2014 |
| QM: Korrekturmaßnahmen | Klaus Mustermann | 05.01.2014 |
| QM: Lenkung fehlerhafter Produkte | Klaus Mustermann | 05.01.2014 |
| QM: Lenkung von Aufzeichnungen | Klaus Mustermann | 05.01.2014 |
| QM: Lenkung von Dokumenten | Klaus Mustermann | 05.01.2014 |
| QM: Vorbeugungsmaßnahmen | Klaus Mustermann | 05.01.2014 |

| Dokumente: (Formular) | Freigegeben | Datum |
|---|---|---|
| EINKAUF: QFD Insourcing | Klaus Mustermann | 05.01.2014 |
| EINKAUF: QFD Subunternehmerbewertung | Klaus Mustermann | 05.01.2014 |
| QM: Internes Audit Planbericht | Klaus Mustermann | 05.01.2014 |
| QM: Internes Audit Fragenkatalog | Klaus Mustermann | 05.01.2014 |
| QM: Dokumentationsmatrix | Klaus Mustermann | 05.01.2014 |
| QM: Korrektur- und Vorbeugungsmaßnahmen_1 | Klaus Mustermann | 05.01.2014 |
| QM: Korrektur- und Vorbeugungsmaßnahmen_2 | Klaus Mustermann | 05.01.2014 |
| QM: Managementbewertung | Klaus Mustermann | 05.01.2014 |
| QM: Messbare Qualitätsziele_1 | Klaus Mustermann | 05.01.2014 |
| QM: Messbare Qualitätsziele_2 | Klaus Mustermann | 05.01.2014 |
| QM: Mitarbeiter Maßnahme | Klaus Mustermann | 05.01.2014 |
| QM: Organigramm / Verantwortung | Klaus Mustermann | 05.01.2014 |
| QM: Qualitätspolitik | Klaus Mustermann | 05.01.2014 |

| Dokumente: (externe Herkunft) | Freigegeben | Datum |
|---|---|---|
| DIN EN ISO 9001:2008 | Ersteller | Dezember 2008 |
| Grobkonzept (Eigentum des Kunden) | Ersteller | Bis neuer aktueller Stand |
| Lastenheft (Eigentum des Kunden) | Ersteller | Bis neuer aktueller Stand |
| Kundenfeinkonzept (Eigentum des Kunden) | Ersteller | Bis neuer aktueller Stand |

Dokument: Bild 4.39 QM_Dokumentationsmatrix.doc
© BSBE European Business School for Business Excellence Ltd. 2014,
Freigegeben: Klaus Mustermann, Datum: 05.01.2014, Dienstleistungsunternehmen 1
Seite 2 von 5

**BILD 4.39** Formular: Dokumentationsmatrix (Ausschnitt)

### QM: Lenkung von Aufzeichnungen (dV)

Mit diesem dokumentierten Verfahren wird die Lenkung der Aufzeichnungen prozessorientiert beschrieben (Bild 4.40).

**Die Aufzeichnungen können nach der Erledigung der erforderlichen Tätigkeiten von der Organisation nicht mehr verändert werden.**

In der Dokumentationsmatrix sind die von der Organisation zu der Sicherstellung der wirksamen Planung, Durchführung und Lenkung der Prozesse als **notwendig eingestuften Aufzeichnungen** eingetragen.

Die Aufzeichnungen können handschriftlich ausgefüllt werden und handschriftliche Vermerke enthalten. Sie können auch ausgedruckt und mit handschriftlichen Vermerken versehen werden oder stehen elektronisch zur Verfügung. Alle handschriftlichen Vermerke müssen leicht lesbar sein.

Die Organisation muss weiter Folgendes festlegen:

1. die Kennzeichnung,
2. die Aufbewahrung,
3. den Schutz,
4. die Wiederauffindbarkeit,
5. die Aufbewahrungsfrist,
6. die Verfügung über Aufzeichnungen.

Die Aufzeichnungen müssen lesbar, leicht erkennbar und wiederauffindbar bleiben.

**WECHSELWIRKUNG** Aus diesem dokumentierten Verfahren wird eventuell auf weitere Arbeitsaufgaben und dokumentierte Verfahren verwiesen (Wechselwirkung). Eine detaillierte Beschreibung erfolgt in diesen Dokumenten.

4.9 Dokumentation des QM-Systems (dV)

## QM: Lenkung von Aufzeichnungen (dV)

| Tätigkeit / Prozessschritte | E/D Führung | D Vertrieb Beratung | D Vertrieb Innend. | D Service | | | | D Subunternehmer | Wechselwirkung / Checkliste | Dokumentation |
|---|---|---|---|---|---|---|---|---|---|---|
| **Lenkung von Aufzeichnungen planen, festlegen und umsetzen** | | | | | | | | | | |
| Die vom Qualitätsmanagementsystem geforderten Aufzeichnungen festlegen | X | (X) | (X) | (X) | | | | | In der Dokumentationsmatrix sind die vom Qualitätsmanagementsystem geforderten Aufzeichnungen eingetragen. | • Aufzeichnungen<br>• Dokumentationsmatrix |
| Die von der Organisation zur Sicherstellung der wirksamen Planung, Durchführung und Lenkung der Prozesse als notwendig eingestuften Aufzeichnungen festlegen | X | (X) | (X) | (X) | | | | | In der Dokumentationsmatrix sind die von der Organisation zu der Sicherstellung der wirksamen Planung, Durchführung und Lenkung der Prozesse als notwendig eingestuften Aufzeichnungen eingetragen. | • Aufzeichnungen<br>• Dokumentationsmatrix |
| Aufzeichnungen lesbar und leicht erkennbar erhalten | X | X | X | X | | | | | Die Aufzeichnungen können handschriftlich ausgefüllt werden. Die Aufzeichnungen können handschriftliche Vermerke enthalten. Die Aufzeichnungen können ausgedruckt und mit handschriftlichen Vermerken versehen werden oder stehen elektronisch zur Verfügung. Alle handschriftlichen Vermerke müssen leicht lesbar sein. | • Aufzeichnungen<br>• Dokumentationsmatrix |
| Kennzeichnung festlegen | X | (X) | (X) | (X) | | | | | Die Kennzeichnung ist von der Art der Aufzeichnung abhängig. <u>Kennzeichnungen sind der Name der Aufzeichnung:</u> z. B. Zeichnung, Lieferschein, Rechnung, Serviceauftrags-Nr., Prüfungsprotokoll usw. <u>Kennzeichnungen für die Zuordnung sind</u> z. B. Auftrags-Nr., Kunden-Nr., Artikel-Nr., Chargen-Nr., Zeichnungs-Nr., Rechnungs-Nr., Lieferschein-Nr. usw. Die Aufzählungen sind nicht vollständig. In der Dokumentationsmatrix sind die entsprechenden Aufzeichnungen aufgeführt. | • Aufzeichnungen<br>• Dokumentationsmatrix |
| Aufbewahrung festlegen | X | (X) | (X) | (X) | | | | | Die Aufbewahrung erfolgt in Ordnern in der Fachabteilung oder elektronisch im EDV-System. | • Aufzeichnungen<br>• Dokumentationsmatrix |

**Dokument:** Bild 4.40 QM_Lenkung von Aufzeichnungen.doc
© BSBE European Business School for Business Excellence Ltd. 2014,
Freigegeben: Klaus Mustermann, Datum: 05.01.2014, Dienstleistungsunternehmen 1
Seite 1 von 3

**BILD 4.40** QM: Lenkung von Aufzeichnungen (dV) (Ausschnitt)

### Formular: Dokumentationsmatrix

Mit diesem Formular werden die internen Dokumente, die Dokumente externer Herkunft und die Aufzeichnungen festgelegt, die die Organisation als notwendig eingestuft hat (Bild 4.41).

Das Formular ist in **unterschiedliche Teilbereiche** aufgeteilt.

In der Dokumentationsmatrix werden die von der Organisation zu der Sicherstellung der wirksamen Planung, Durchführung und Lenkung der Prozesse als **notwendig eingestuften Aufzeichnungen** eingetragen.

Die Aufteilung erfolgt in

1. die Funktionsbereiche (blau),
2. das Qualitätsmanagement und
3. die Aufzeichnungen über Mitarbeiter.

Die Aufzeichnungen können handschriftlich ausgefüllt werden und handschriftliche Vermerke enthalten. Sie können auch ausgedruckt und mit handschriftlichen Vermerken versehen werden oder stehen elektronisch zur Verfügung. Alle handschriftlichen Vermerke müssen leicht lesbar sein.

Die Organisation muss weiter Folgendes festlegen:

1. **Die Kennzeichnung:** der Name der Aufzeichnung; die Zuordnung durch die individuelle Bezeichnung
2. **Die Aufbewahrung:** in Papierform oder in elektronischer Form.
3. **Den Schutz:** im Schrank, im Regal oder in elektronischer Form mit Kennwort.
4. **Die Wiederauffindbarkeit:** in den Funktionsbereichen in Papierform oder im Ordner in elektronischer Form.
5. **Die Aufbewahrungsfrist:** durch die gesetzliche Aufbewahrungsfrist oder von der Organisation festgelegt.
6. **Die Verfügung:** durch die Funktionsbereiche oder die Mitarbeiter.

Die **Kennzeichnung** ist von der Art der Aufzeichnung abhängig. Die Kennzeichnungen sind der Name der Aufzeichnung: z. B. Zeichnung, Lieferschein, Rechnung, Fertigungsauftrag, Prüfungsprotokoll.

Die **Kennzeichnungen für die Zuordnung** sind z. B. Auftrags-, Kunden-, Artikel-, Chargen-, Zeichnungs-, Rechnungs-, Lieferscheinnummer.

Die Aufzeichnungen müssen lesbar, leicht erkennbar und wiederauffindbar bleiben.

Bei dieser Organisationsgröße ist das Qualitätsmanagement **keine** eigene Organisationseinheit.

Die Dokumentationsmatrix muss an die eigene Organisation angepasst werden, wenn Sie eigene Aufzeichnungen in die Dokumentationsmatrix hinzufügen oder bei Ihnen die Aufzeichnungen anders benannt sind.

## 4.9 Dokumentation des QM-Systems (dV)

### QM: Dokumentationsmatrix

## AUFZEICHNUNGEN:

**Von der Organisation als notwendig eingestuft.**

| Kennzeichnung | Aufbewahrung | Schutz | Wiederauffindbarkeit | Aufbewahrungsfrist | Verfügung |
|---|---|---|---|---|---|
| Die Kennzeichnung ist von der Art der Aufzeichnung abhängig. Kennzeichnungen sind der Name der Aufzeichnung: z. B. Projektplan, Lieferschein, Rechnung, Service, CL Projektbeschreibung, Abnahmeprotokoll usw. Kennzeichnungen für die Zuordnung sind z. B. Projekt-Nr., Kunden-Nr., Artikel-Nr., Rechnungs-Nr., Lieferschein-Nr. usw. | In Ordnern in Papierform in den **Funktionsbereichen** oder in der zentralen Ablage<br><br>Elektronischer Ordner im EDV-System | Im Schrank, Regal (abschließbar / nicht abschließbar)<br><br>EDV-System mit Kennwort | In Ordnern in Papierform in den **Funktionsbereichen** oder in der zentralen Ablage<br><br>Im EDV-System in elektronischen Ordnern | Gesetzliche Aufbewahrungsfrist<br><br>Von der Organisation festgelegte Aufbewahrungsfrist | **Funktionsbereiche**<br><br>Mitarbeiter |
| **Vertrieb (Beratung)** | | | | | |
| Anfrage | Papier/EDV | Papier/EDV | Vertrieb/EDV | 5 Jahre | Vertrieb |
| CL Projektanfrage | Papier/EDV | Papier/EDV | Vertrieb/EDV | 5 Jahre | Vertrieb |
| CL Angebotsprüfung | Papier/EDV | Papier/EDV | Vertrieb/EDV | 5 Jahre | Vertrieb |
| Grobkonzept (Eigentum des Kunden) | Papier/EDV | Papier/EDV | Vertrieb/EDV | 10 Jahre | Vertrieb |
| Lastenheft (Eigentum des Kunden) | Papier/EDV | Papier/EDV | Vertrieb/EDV | 10 Jahre | Vertrieb |
| Feinkonzept (Eigentum der Organisation) | Papier/EDV | Papier/EDV | Vertrieb/EDV | 10 Jahre | Vertrieb |
| Pflichtenheft (Eigentum der Organisation) | Papier/EDV | Papier/EDV | Vertrieb/EDV | 10 Jahre | Vertrieb |
| CL Projektbeschreibung | Papier/EDV | Papier/EDV | Vertrieb/EDV | 10 Jahre | Vertrieb |
| Projektplan | Papier/EDV | Papier/EDV | Vertrieb/EDV | 10 Jahre | Vertrieb |
| CL Projekt-Review (Kalkulation und Kostenverfolgung Soll / Ist) | Papier/EDV | Papier/EDV | Vertrieb/EDV | 10 Jahre | Vertrieb |
| QFD Insourcing | Papier/EDV | Papier/EDV | Vertrieb/EDV | 10 Jahre | Vertrieb |
| Angebot | Papier/EDV | Papier/EDV | Vertrieb/EDV | 10 Jahre | Vertrieb |
| Faxe | Papier/EDV | Papier/EDV | Vertrieb/EDV | 10 Jahre | Vertrieb |
| E-Mail | Papier/EDV | Papier/EDV | Vertrieb/EDV | 10 Jahre | Vertrieb |
| Kundenauftrag | Papier/EDV | Papier/EDV | Vertrieb/EDV | 10 Jahre | Vertrieb |
| Vertrag | Papier/EDV | Papier/EDV | Vertrieb/EDV | 10 Jahre | Vertrieb |
| Servicevertrag | Papier/EDV | Papier/EDV | Vertrieb/EDV | 10 Jahre | Vertrieb |
| Subunternehmervertrag | Papier/EDV | Papier/EDV | Vertrieb/EDV | 10 Jahre | Vertrieb |
| CL Problem | Papier/EDV | Papier/EDV | Vertrieb/EDV | 10 Jahre | Vertrieb |
| Lieferschein | Papier/EDV | Papier/EDV | Vertrieb/EDV | 10 Jahre | Vertrieb |
| Rechnung | Papier/EDV | Papier/EDV | Vertrieb/EDV | 10 Jahre | Vertrieb |
| Gutschrift | Papier/EDV | Papier/EDV | Vertrieb/EDV | 10 Jahre | Vertrieb |
| Reklamation | Papier/EDV | Papier/EDV | Vertrieb/EDV | 10 Jahre | Vertrieb |
| | | | | | |
| **Vertrieb (Innendienst)** | | | | | |
| CL Projektbeschreibung | Papier/EDV | Papier/EDV | Vertrieb/EDV | 10 Jahre | Vertrieb |
| Projektplan | Papier/EDV | Papier/EDV | Vertrieb/EDV | 10 Jahre | Vertrieb |
| CL Projekt-Review (Kalkulation und Kostenverfolgung Soll / Ist) | Papier/EDV | Papier/EDV | Vertrieb/EDV | 10 Jahre | Vertrieb |
| Vertrag | Papier/EDV | Papier/EDV | Vertrieb/EDV | 10 Jahre | Vertrieb |
| Subunternehmervertrag | Papier/EDV | Papier/EDV | Vertrieb/EDV | 10 Jahre | Vertrieb |
| Anfrage | Papier/EDV | Papier/EDV | Vertrieb/EDV | 10 Jahre | Vertrieb |
| Angebot | Papier/EDV | Papier/EDV | Vertrieb/EDV | 10 Jahre | Vertrieb |
| Bestellung / Rahmenauftrag | Papier/EDV | Papier/EDV | Vertrieb/EDV | 10 Jahre | Vertrieb |
| Auftragsbestätigung | Papier/EDV | Papier/EDV | Vertrieb/EDV | 10 Jahre | Vertrieb |
| Disposition / Statistik | EDV | EDV | Vertrieb/EDV | Bis zur Aktualisierung | Vertrieb |
| Faxe | Papier/EDV | Papier/EDV | Vertrieb/EDV | 10 Jahre | Vertrieb |
| E-Mail | Papier/EDV | Papier/EDV | Vertrieb/EDV | 10 Jahre | Vertrieb |
| Lieferschein | Papier/EDV | Papier/EDV | Vertrieb/EDV | 10 Jahre | Vertrieb |
| VERTRIEB-INNENDIENST: QFD Subunternehmerbewertung | EDV | EDV | Vertrieb/EDV | Bis zur Neuerstellung | Vertrieb |
| Abnahmeprotokoll | | | Vertrieb/EDV | | Vertrieb |
| Reklamation | Papier/EDV | Papier/EDV | Vertrieb/EDV | 10 Jahre | Vertrieb |
| Kostenaufstellung | Papier/EDV | Papier/EDV | Vertrieb/EDV | 10 Jahre | Vertrieb |

**Dokument:** Bild 4.41 QM_Dokumentationsmatrix.doc
© BSBE European Business School for Business Excellence Ltd. 2014,
Freigegeben: Klaus Mustermann, Datum: 05.01.2014, Dienstleistungsunternehmen 1
Seite 4 von 5

**BILD 4.41** Formular: Dokumentationsmatrix (Ausschnitt)

### QM: Norm-Kapitel: Arbeitsaufgaben (AA)/dokumentierte Verfahren (dV)

Das dokumentierte Verfahren ordnet das Handbuch, die Arbeitsaufgaben und die dokumentierten Verfahren der DIN EN ISO 9001:2008 zu (Bild 4.42).

**Prozessorientierung bedeutet:** *Nicht die Organisation ist der Norm anzupassen, sondern die Norm ist als „Checkliste" zu nutzen, um das Tagesgeschäft störungsfreier bewältigen und die Kundenanforderungen erfüllen zu können.*

Daher wurde auch **keine Nummerierung** der Arbeitsaufgaben oder der dokumentierten Verfahren durchgeführt, um einen Bezug zur Norm herzustellen.

Der Bezug zur Norm wird durch dieses dokumentierte Verfahren hergestellt. Die Tabelle ist dazu in **zwei Spalten** aufgeteilt:

1. **Norm-Kapitel:** Hier sind die Norm-Kapitel der DIN EN ISO 9001:2008 aufgeführt. Bei den (gelb) markierten Norm-Kapiteln fordert die Norm dokumentierte Verfahren.
2. **Umsetzung:** mit den Arbeitsaufgaben und den dokumentierten Verfahren. Zusätzlich wurden erklärende Texte eingefügt.

Wenn Sie Änderungen in der Bezeichnung der Arbeitsaufgaben oder in der Bezeichnung der dokumentierten Verfahren durchführen, dann muss **dieses** dokumentierte Verfahren ebenfalls geändert werden. Dies gilt auch, wenn Sie eigene Dokumente in das Qualitätsmanagement einfügen.

Damit ist die Umsetzung der Norm in der Organisation festgelegt und umgesetzt.

WECHSELWIRKUNG   Aus diesem dokumentierten Verfahren wird eventuell auf weitere Arbeitsaufgaben und dokumentierte Verfahren verwiesen (Wechselwirkung). Eine detaillierte Beschreibung erfolgt in diesen Dokumenten.

4.9 Dokumentation des QM-Systems (dV)

## QM: Norm-Arbeitsaufgaben-dokumentierte Verfahren (dV)

| Norm-Kapitel | Arbeitsaufgaben (AA) / Dokumentierte Verfahren (dV) |
|---|---|
| **4 Qualitätsmanagementsystem** | |
| 4.1 Allgemeine Anforderungen | • A_START-Handbuch-Prozessorientierter Ansatz<br>• Die erforderlichen Prozesse wurden in **obigem** Handbuch mit dem prozessorientierten Ansatz festgelegt.<br>• Die Abfolge und Wechselwirkungen wurden in den Arbeitsaufgaben und in den dokumentierten Verfahren festgelegt.<br>• Die erforderlichen Kriterien und Methoden wurden in den Arbeitsaufgaben und in den dokumentierten Verfahren festgelegt.<br>• Die Verfügbarkeit von Ressourcen und Informationen wurde in den Arbeitsaufgaben und in den dokumentierten Verfahren festgelegt.<br>• Die erforderliche Überwachung, Analyse und Messung der Prozesse wurden in den Arbeitsaufgaben und in den dokumentierten Verfahren festgelegt.<br>• Die erforderlichen Maßnahmen, um die geplanten Ergebnisse sowie eine ständige Verbesserung der Prozesse zu erreichen, wurden in den Arbeitsaufgaben und in den dokumentierten Verfahren festgelegt.<br>• Die Ausgliederung von Prozessen ist in den betreffenden Arbeitsaufgaben festgelegt. |
| 4.2 Dokumentationsanforderungen | • |
| 4.2.1 Allgemeines | • QM: Qualitätspolitik (AA)<br>• QM: Messbare Qualitätsziele (AA)<br>•<br>• A_START-Handbuch-Prozessorientierter Ansatz<br>•<br>• QM: Internes Audit (dV)<br>• QM: Korrekturmaßnahmen (dV)<br>• QM: Lenkung fehlerhafter Produkte (dV)<br>• QM: Lenkung von Aufzeichnungen (dV)<br>• QM: Lenkung von Dokumenten (dV)<br>• QM: Vorbeugungsmaßnahmen (dV)<br>•<br>• QM: Dokumentationsmatrix (Formular) |
| 4.2.2 Qualitätsmanagementhandbuch | A_START-Handbuch-Prozessorientierter Ansatz<br>Der Anwendungsbereich des Qualitätsmanagementsystems und die Ausschlüsse wurden in dem **oben** aufgeführten Dokument dargestellt.<br>**Das Qualitätsmanagementhandbuch besteht aus einer Seite.** Aus dieser Seite wird auf die Arbeitsaufgaben und die dokumentierten Verfahren verwiesen. Die Beschreibung der Wechselwirkungen der Prozesse wird in den Arbeitsaufgaben und in den dokumentierten Verfahren dargestellt. |
| 4.2.3 Lenkung von Dokumenten | • QM: Lenkung von Dokumenten (dV) |
| 4.2.4 Lenkung von Aufzeichnungen | • QM: Lenkung von Aufzeichnungen (dV) |
| **5 Verantwortung der Leitung** | • |
| 5.1 Selbstverpflichtung der Leitung | • QM: Verantwortung der Leitung (AA) |
| 5.2 Kundenorientierung | • QM: Verantwortung der Leitung (AA)<br>Weitere Informationen werden aus Telefongesprächen, Messebesuchen, Umsatzanalysen, Wettbewerbsanalysen, Gutschriften ermittelt. |
| 5.3 Qualitätspolitik | • QM: Verantwortung der Leitung (AA)<br>• QM: Qualitätspolitik (AA) |
| 5.4 Planung | • |
| 5.4.1 Qualitätsziele | • QM: Verantwortung der Leitung (AA)<br>• QM: Messbare Qualitätsziele (AA) |
| 5.4.2 Planung des Qualitätsmanagementsystems | • QM: Verantwortung der Leitung (AA) |
| 5.5 Verantwortung, Befugnis und Kommunikation | • |
| 5.5.1 Verantwortung und Befugnis | • QM: Verantwortung der Leitung (AA) |
| 5.5.2 Beauftragter der obersten Leitung | • QM: Verantwortung der Leitung (AA) |
| 5.5.3 Interne Kommunikation | • QM: Verantwortung der Leitung (AA) |
| 5.6 Managementbewertung | • |
| 5.6.1 Allgemeines | • QM: Verantwortung der Leitung (AA)<br>• QM: Managementbewertung (AA) |
| 5.6.2 Eingaben für die Bewertung | • QM: Verantwortung der Leitung (AA)<br>• QM: Managementbewertung (AA) |
| 5.6.3 Ergebnisse der Bewertung | • QM: Verantwortung der Leitung (AA)<br>• QM: Managementbewertung (AA) |
| **6 Management von Ressourcen** | • |
| 6.1 Bereitstellung von Ressourcen | • QM: Verantwortung der Leitung (AA) |
| 6.2 Personelle Ressourcen | • |
| 6.2.1 Allgemeines | • QM: Verantwortung der Leitung (AA) |
| 6.2.2 Kompetenz, Schulung und Bewusstsein | • QM: Verantwortung der Leitung (AA)<br>• QM: Mitarbeiter Ausbildung / Schulung / Fertigkeiten / Erfahrung (AA) |
| 6.3 Infrastruktur | Die erforderliche Infrastruktur wurde ermittelt und ist vorhanden.<br>• QM: Verantwortung der Leitung (AA) |
| 6.4 Arbeitsumgebung | Die erforderliche Arbeitsumgebung wurde ermittelt und ist vorhanden.<br>• QM: Verantwortung der Leitung (AA) |
| **7 Produktrealisierung** | • |

**Dokument:** Bild 4.42 QM_Norm_Arbeitsaufgaben_dokumentierte Verfahren.doc
© BSBE European Business School for Business Excellence Ltd. 2014,
Freigegeben: Klaus Mustermann, Datum: 05.01.2014, Handelsunternehmen 1
Seite 1 von 4

**BILD 4.42** QM: Norm-Kapitel: Arbeitsaufgaben (AA)/dokumentierte Verfahren (dV) (Ausschnitt)

# 5 HANDELSUNTERNEHMEN (MASCHINEN, GERÄTE, ANLAGEN, SERVICE)

## ■ 5.1 GRUNDSÄTZLICHES ZUM HANDELSUNTERNEHMEN 1

Das *Handelsunternehmen* handelt mit Maschinen, Geräten, Anlagen, Zubehör und Ersatzteilen. Zum Service gehören Montage, Wartung, Reparatur beim Kunden vor Ort oder in der eigenen Werkstatt, Modernisierungen, Erweiterungen sowie Leih- und Mietgeräte. Es findet **keine** Entwicklung statt, daher ist das *Norm-Kapitel 7 Produktrealisierung* ausgeschlossen. Insgesamt sind 15 Mitarbeiter in der Organisation beschäftigt. **Eine vorhandene EDV-Unterstützung wird den Abläufen zugrunde gelegt.**

ANGABEN ZUM „HANDELSUNTERNEHMEN 1"

Die ISO 9001:2008 ist eine Erfüllungsnorm. Das bedeutet, die Norm-Kapitel 4, 5, 6, 7 und 8 sind zu erfüllen. Die Fragen, die sich aus dem Text der Norm ergeben, können nur mit *erfüllt, nicht erfüllt, ausgeschlossen* oder *trifft nicht zu* beantwortet werden. Nur das *Norm-Kapitel 7 Produktrealisierung* lässt *Ausschlüsse mit Begründung* zu. Der Originaltext der Norm wird nur auszugsweise zitiert.

ISO 9001:2008

Im Ordner **E_9001_Beispiel_4_Hanser/Dokumente Arbeitsaufgaben_AA** finden Sie die *Arbeitsaufgaben (AA)*, im Ordner **E_9001_Beispiel_4_Hanser/Dokumente dokumentierte Verfahren_dV** die *dokumentierten Verfahren (dV)* und im Ordner **E_9001_Beispiel_4_Hanser/Dokumente Formulare** die *Formulare*.

ORDNER FÜR DAS „HANDELSUNTERNEHMEN 1"

Die Erreichung der Kundenzufriedenheit, die Vermeidung von Fehlern und die ständige Verbesserung der Organisation sind oberstes Ziel der Norm. Um diese Ziele und Anforderungen zu erreichen, wird das *Handelsunternehmen* in **Arbeitsaufgaben** aufgeteilt. Durch diese pragmatische Vorgehensweise wird die Norm für die Mitarbeiter transparent und leicht umsetzbar.

UMSETZUNG DER ISO 9001:2008 ALS ARBEITSAUFGABEN

**Die Organisation ist das QM-System!**

**Prozessorientierung bedeutet:** *Nicht die Organisation ist der Norm anzupassen, sondern die Norm ist als „Checkliste" zu nutzen, um das Tagesgeschäft störungsfreier bewältigen und die Kundenanforderungen erfüllen zu können.* Hier liegt der große Nutzen der Norm, da die organisatorischen Schwachstellen gezielt analysiert werden können. Wichtig sind die Integration und die direkte Auswirkung, die die Norm auf die Organisation und die Mitarbeiter ausübt. Die Integration von Norm und Organisation wird schnell erreicht, indem die Normenabschnitte als Arbeitsaufgaben definiert werden. So entsteht eine Übersicht über die eigene Organisation, die eigene Unternehmenslandkarte, zur gezielten Verbesserung der Organisation. Die Zuordnung der Arbeitsaufgaben und dokumentierten Verfahren zu den einzelnen Norm-Kapiteln der DIN EN ISO 9001:2008 wird mit dem dokumentierten Verfahren *QM: Norm-Kapitel: Arbeitsaufgaben (AA)/dokumentierte Verfahren (dV)* erreicht.

ELIMINIEREN DER ORGANISATORISCHEN SCHWACHSTELLEN

Die einzelnen Tätigkeiten, die zur Erfüllung der Arbeitsaufgabe benötigt werden, müssen von oben nach unten definiert werden. Die betroffenen Funktionsbereiche, die diese Tätigkeiten ausüben, werden mit einem „X" markiert. Dadurch entsteht eine Matrix, in der die

DIE ARBEITSAUFGABEN

Anteile jeder Ebene und jedes Funktionsbereiches zur Erfüllung der Arbeitsaufgabe leicht erkennbar sind. Ebenfalls werden die Schnittstellen und Wechselwirkungen zwischen den Funktionsbereichen und Ebenen deutlich. **Die Führungsebene ist rot markiert, die Funktionsbereiche/Mitarbeiterebenen sind blau markiert.**

Mit dieser Arbeitsaufgabe wird das Erstellen oder das Ändern des Angebotes prozessorientiert beschrieben (Bild 5.1):

**BEDEUTUNG DER ZUORDNUNG IN DEN ARBEITSAUFGABEN**

1. **VERTRIEB:** grundsätzliche Zuordnung der Arbeitsaufgabe in der Organisation zum Funktionsbereich.
2. **Angebot erstellen/ändern:** Definition der Arbeitsaufgabe im Sprachgebrauch der Organisation.
3. **Führungsebene (rot):** Wie z. B. Inhaber, Geschäftsführer, Vertriebsleiter, Einkaufsleiter, Serviceleiter usw., alle Führungsentscheidungen im Arbeitsablauf werden unter dieser Ebene zusammengefasst (E/D, E = entscheiden, D = durchführen).
4. **Funktionsbereich/Mitarbeiterebene (blau):** Vertrieb, Einkauf usw. (D = durchführen).
5. **Extern:** Zum Beispiel Subunternehmer, diese Tätigkeit wird einzeln betrachtet, da ein erhöhter logistischer Aufwand erforderlich ist.
6. **Wechselwirkung/Checkliste:** Hier werden die Wechselwirkungen mit anderen Arbeitsaufgaben oder die zu beachtenden Einzelheiten aufgeführt.
7. **Dokumentation:** Alle benötigten Unterlagen zur Durchführung der Tätigkeit werden hier aufgeführt.
8. **Tätigkeit/Prozessschritte:** Die durchzuführenden Tätigkeiten (Prozessschritte) werden immer in der erforderlichen Reihenfolge nacheinander durchgeführt.
9. **Farbliche Erläuterung zu Tätigkeiten:** Tätigkeiten, die nicht immer ausgeführt werden oder nur für bestimmte Tätigkeiten Gültigkeit haben, sind farblich markiert und müssen erläutert werden. Die *farbliche Kennzeichnung der Tabellenzeile* zeigt den Beginn und das Ende an.
10. **Ständige Verbesserung:** Hier *können* Methoden und Informationen aufgeführt werden, die zur ständigen Verbesserung der Arbeitsaufgabe genutzt werden.
11. **Dokument:** der Name der Arbeitsaufgabe.
12. **Freigegeben, Datum:** Diese Daten dokumentieren die Person, die für den Prozess verantwortlich ist, und die Aktualität der Arbeitsaufgabe.
13. **Handelsunternehmen 1:** Hier ist der Name der Organisation einzutragen oder das Logo einzufügen.

5.1 Grundsätzliches zum Handelsunternehmen 1

**VERTRIEB:** Angebot erstellen / ändern (AA)

| Tätigkeit / Prozessschritte | E/D Führung | D Vertrieb | D Vertrieb | D Vertrieb | D Einkauf, Logistik | D Service | D WE, Lager | D Extern | Wechselwirkung / Checkliste | Dokumentation |
|---|---|---|---|---|---|---|---|---|---|---|
| Evtl. erweiterten technischen Bedarf prüfen | (X) | X | | | X | | | X | Servicebedarf, Überwachungs- und Messmittel, Anbauten, Werkzeuge, Lagerbestand, Termin, Subunternehmer | • Anfrage<br>• Lastenheft |
| Einkaufsmöglichkeit prüfen | (X) | | | | X | | | X | **Produkte:** Maschinen, Geräte, Anlagen, Zubehör, Ersatzteile, Leihgeräte, Artikel-Nr., Termin, Preise, Rabatte, Vereinbarungen, Einsatzbedingung, Leistung **Service:** Montage / Wartung / Reparatur, Artikel-Nr., Termin, Preise, Rabatte, Vereinbarungen, Einsatzbedingung, Leistung, Subunternehmer **Arbeitsaufgabe (AA):** EINKAUF: Disposition / Anfrage / Preisvergleich / Bestellung | • Anfrage<br>• Lastenheft |
| Kaufmännische Prüfung durchführen | (X) | X | X | X | | | | (X) | Liefertermin, Preise, Rabatte, Vereinbarungen, Subunternehmer | • Anfrage<br>• Lastenheft<br>• Pflichtenheft |
| Kalkulation durchführen | (X) | X | X | | | | | | Artikel, Mengen, Servicebedarf, Versandkosten, Subunternehmer | • Anfrage<br>• Kalkulation<br>• Lastenheft<br>• Pflichtenheft |
| Terminierung berücksichtigen | (X) | X | | | X | | | (X) | Termin | • Anfrage<br>• Kalkulation |
| Angebot schreiben und versenden | | X | | | | | | | Wiedervorlage erforderlich? | • Anfrage<br>• Kalkulation<br>• Pflichtenheft<br>• Angebot |
| Angebot auf Wiedervorlage setzen | | X | | | | | | | Wiedervorlagetermin in EDV-System eingeben? **Arbeitsaufgabe (AA):** VERTRIEB: Angebot verfolgen | • Angebot |
| **Nachfolgende Tätigkeiten nur bei Bedarf durchgeführt** | | | | | | | | | | |
| Evtl. Korrekturen oder Verbesserungen im Unternehmen durchführen | X | X | X | X | X | X | | X | **Dokumentiertes Verfahren (dV):** QM: Korrekturmaßnahmen **Dokumentiertes Verfahren (dV):** QM: Vorbeugungsmaßnahmen | • |

**Ständige Verbesserung:** **Methode:** Anfragen von Kunden
**Informationen:** Daten des Kunden, Beschaffungsmöglichkeit, Subunternehmer, Marktpreis des Wettbewerbs, Kundenanforderung, Verkaufsstückzahlen, neue oder leistungsfähigere Produkte der Wettbewerber, Kapazitätsauslastung der Organisation, Lieferfähigkeit

**Dokument:** Bild 5.1 VERTRIEB_Angebot erstellen_ändern.doc
© BSBE European Business School for Business Excellence Ltd. 2014,
Freigegeben: Klaus Mustermann, Datum: 05.01.2014, Handelsunternehmen 1
Seite 2 von 2

**BILD 5.1** Grundsätzliche Darstellung der Arbeitsaufgabe (Ausschnitt)

## 5.2 HANDBUCH/UNTERNEHMENSLANDKARTE (AA UND DV)

Das Handbuch besteht aus einer Seite *(A_START-Handbuch-Prozessorientierter Ansatz)* und berücksichtigt die Prozessorientierung und den Anwendungsbereich des Qualitätsmanagementsystems der Organisation (Bild 5.2). Aus dieser Seite wird auf die Arbeitsaufgaben und dokumentierten Verfahren verwiesen. Die Integration von Norm und Organisation wird schnell erreicht, indem die Arbeitsaufgaben definiert werden. So entsteht eine Übersicht über die eigene Organisation, die eigene Unternehmenslandkarte, zur gezielten Verbesserung (ständige Verbesserung) der Organisation. Die Unternehmenslandkarte enthält alle benötigten Arbeitsaufgaben und dokumentierten Verfahren zur Umsetzung der Norm.

**ISO 9001:2008 AUSZUG AUS DER NORM**

*0.1 Allgemeines*

*… Es ist nicht die Absicht dieser Internationalen Norm zu unterstellen, dass Qualitätsmanagementsysteme einheitlich strukturiert oder einheitlich dokumentiert sein müssen …*

**STRUKTUR „HANDELSUNTERNEHMEN 1"**

Die Umsetzung der ISO 9001:2008 erfolgt *prozessorientiert* mit den Arbeitsaufgaben und den dokumentierten Verfahren.

Die Organisation wird in folgende Funktionsbereiche aufgeteilt:

1. Vertrieb (AA),
2. Einkauf (AA),
3. Entwicklung (AA) **(ausgeschlossen)**,
4. Service (AA),
5. Wareneingang/Lager/Versand (AA),
6. Verantwortung der Leitung (AA),
7. ständige Verbesserung des QM-Systems (dV),
8. Dokumentation des QM-Systems (dV),
9. Mitarbeiter (AA),
10. Zuordnung der Arbeitsaufgaben und dokumentierten Verfahren zu den Norm-Kapiteln,
11. Norm-Kapitel, die ausgeschlossen werden mit der Begründung, warum ein Ausschluss erfolgt.

Diese Aufteilung können Sie jederzeit ändern, wenn Ihre Organisation anders strukturiert ist. Die blauen Texte z. B. *Angebot erstellen,/ändern* sind mit einem Hyperlink versehen. Sie verzweigen direkt aus der Unternehmenslandkarte in die Arbeitsaufgaben oder in die dokumentierten Verfahren.

**Bitte beachten Sie Folgendes:** Wenn Sie Word-Dokumente umbenennen oder neue Word-Dokumente in die Unternehmenslandkarte aufnehmen, dann müssen Sie auch den Hyperlink ändern.

5.2 Handbuch/Unternehmenslandkarte (AA und dV)

## Prozessorientiertes Handbuch nach DIN EN ISO 9001:2008

### Übersicht der Arbeitsaufgaben (AA) und der dokumentierten Verfahren (dV)

| ① VERTRIEB (AA) | ② EINKAUF (AA) | ③ ENTWICKLUNG (AA) |
|---|---|---|
| • Angebot erstellen, ändern | • Disposition, Anfrage, Preisvergleich, Bestellung | • |
| • Angebot verfolgen | • Bestellung verfolgen | • |
| • Auftrag erstellen | • Reklamationen, Falschlieferung | • |
| • Auftrag ändern, stornieren | • Lieferanten Auswahl, Beurteilung, Neubeurteilung | • |
| • Reklamationen | • | • |

| ④ SERVICE (AA) | ⑤ WARENEINGANG / LAGER / VERSAND (AA) | |
|---|---|---|
| • Montage / Wartung / Reparatur / Reklamation in der Werkstatt | • Wareneingang extern | • |
| • Montage / Wartung / Reparatur / Reklamation beim Kunden vor Ort | • Wareneingang aus Service | • |
| • Überwachungs- und Messmittel | • Produkte ein- und auslagern | • |
| • | • Produkte versenden | • |
| • | • Inventur | • |

| ⑥ Verantwortung der Leitung (AA) | ⑦ Ständige Verbesserung des QM-Systems (dV) | ⑧ Dokumentation des QM-Systems (dV) |
|---|---|---|
| • Verantwortung der Leitung | • Internes Audit | • Lenkung von Dokumenten |
| • Qualitätspolitik | • Lenkung fehlerhafter Produkte | • Lenkung von Aufzeichnungen |
| • Messbare Qualitätsziele | • Korrekturmaßnahmen | ⑩ Zuordnung Norm-Kapitel: Arbeitsaufgaben (AA) / dokumentierte Verfahren (dV) |
| • Managementbewertung | • Vorbeugungsmaßnahmen | |

| Mitarbeiter (AA) | | |
|---|---|---|
| ⑨ • Mitarbeiter Ausbildung, Schulung, Fertigkeiten, Erfahrung | • | |

| Folgende Ausschlüsse wurden vorgenommen ⑪ | Begründung: |
|---|---|
| • 7.3 Entwicklung | • Es findet keine Entwicklung im Sinne der Norm statt. |
| • 7.5.2 Validierung der Prozesse zur Produktion und zur Dienstleistungserbringung | • Die Produkte oder Dienstleistungen können durch Überwachung oder Messung verifiziert werden. |

**Dokument:** Bild 5.2 A_START-Handbuch-Prozessorientierter Ansatz.doc
© BSBE European Business School for Business Excellence Ltd. 2014,
Freigegeben: Klaus Mustermann, Datum: 05.01.2014, Handelsunternehmen 1
Seite 1 von 1

**BILD 5.2** Prozessorientiertes Handbuch/Unternehmenslandkarte

## 5.3 VERTRIEB (AA)

Der Vertrieb benötigt die Arbeitsaufgaben:
1. VERTRIEB: Angebot erstellen/ändern (AA)
2. VERTRIEB: Angebot verfolgen (AA)
3. VERTRIEB: Auftrag erstellen (AA)
4. VERTRIEB: Auftrag ändern/stornieren (AA)
5. VERTRIEB: Reklamation (AA)

### VERTRIEB: Angebot erstellen/ändern (AA)

Mit dieser Arbeitsaufgabe wird das Erstellen oder das Ändern des Angebotes prozessorientiert beschrieben (Bild 5.3).

Die Anfragen der Kunden werden durch den Vertrieb (Innendienst, Technik, Außendienst) bearbeitet. Es gibt zwei generelle Unterscheidungen:

**Standardprodukt:** Maschinen, Geräte, Zubehör, Ersatzteile, Leihgeräte, Service. Es handelt sich um Standardprodukte, die ab Lager ohne oder mit Modifikationen geliefert werden.

**Sonderprodukt:** Maschinen, Geräte, Anlagen, Zubehör, Ersatzteile, Service. Es wird eine komplette Planung der Produkte auf Basis der Lasten- und Pflichtenhefte durchgeführt. Dazu zählt auch die Koordinierung der Subunternehmer für den Anschluss der Produkte vor Ort.

**Service:** Montage, Wartung und Reparatur beim Kunden vor Ort oder in der Werkstatt.

Die Arbeitsaufgabe berücksichtigt diese Auftragsarten. Die Angaben des Kunden werden geprüft. Bei Produkten und Service sind folgende Prüfungen notwendig: Artikelnummer, Termin, Preise, Rabatte, Vereinbarungen, Einsatzbedingung. Sollte Kundeneigentum vorhanden sein (Vertraulichkeit der Zeichnung, Muster, Kundenanbauten, Lagerung, Rücksendung), ist es die Aufgabe des Service, die Nutzung vorher abzuklären.

Die Prüfung des erweiterten technischen Bedarfs berücksichtigt Servicebedarf, Überwachungs- und Messmittel, Kundenanbauten, Werkzeuge, Lagerbestand, Termin und Subunternehmer. Zum Schluss erfolgen die Kalkulation und die Klärung der Liefertermine für den Einkauf und den Service.

Die Zuordnung der Verantwortung ist in kleineren Organisationen weiter gefasst. Ein Blick in das Formular *QM: Organigramm/Verantwortung* zeigt dies deutlich.

**WECHSELWIRKUNG**  Aus dieser Arbeitsaufgabe wird eventuell auf weitere Arbeitsaufgaben und dokumentierte Verfahren verwiesen (Wechselwirkung). Eine detaillierte Beschreibung erfolgt in diesen Dokumenten.

**KORREKTUR- UND VORBEUGUNGSMASSNAHMEN**  Es sind eventuell Korrektur- oder Vorbeugungsmaßnahmen einzuleiten. Im Bedarfsfall ist das Formular *QM: Korrektur- und Vorbeugungsmaßnahmen* auszufüllen.

# 5.3 Vertrieb (AA)

## VERTRIEB: Angebot erstellen / ändern (AA)

| Tätigkeit / Prozessschritte | E/D Führung | D Vertrieb Innend. | D Vertrieb Techn. | D Vertrieb Außend. | D Einkauf, Logistik, Auftragsabw. | D Service | D WE, Lager, Versand | D Extern | Wechselwirkung / Checkliste | Dokumentation |
|---|---|---|---|---|---|---|---|---|---|---|
| *Nachfolgende Tätigkeiten erfolgen bei Maschinen, Geräten, Zubehör, Ersatzteilen, Leihgeräten, Service als Standardprodukt.* | | | | | | | | | | |
| Angaben des Kunden prüfen | (X) | X | X | | | X | | | **Produkte:** Maschinen, Geräte, Zubehör, Ersatzteile, Leihgeräte, Artikel-Nr., Termin, Preise, Rabatte, Vereinbarungen, Einsatzbedingung, Leistung **Service:** Montage / Wartung / Reparatur, Artikel-Nr., Termin, Preise, Rabatte, Vereinbarungen, Einsatzbedingung, Leistung | • Anfrage |
| Lagerbestand prüfen | (X) | X | | | | | | | Maschinen, Geräte, Zubehör, Ersatzteile: Artikel-Nr., Lagerbestand | • Anfrage |
| Einkaufsmöglichkeit prüfen | (X) | X | X | | X | | | (X) | **Produkte:** Maschinen, Geräte, Zubehör, Ersatzteile, Leihgeräte, Artikel-Nr., Termin, Preise, Rabatte, Vereinbarungen, Einsatzbedingung, Leistung **Service:** Montage / Wartung / Reparatur, Artikel-Nr., Termin, Preise, Rabatte, Vereinbarungen, Einsatzbedingung, Leistung, Subunternehmer **Arbeitsaufgabe (AA):** EINKAUF: Disposition / Anfrage / Preisvergleich / Bestellung | • Anfrage |
| Kalkulation durchführen | (X) | X | X | | | | | | Artikel, Mengen, Servicebedarf, Versandkosten, Subunternehmer | • Anfrage<br>• Kalkulation |
| Terminierung berücksichtigen | (X) | X | | X | (X) | | (X) | | Termin | • Anfrage<br>• Kalkulation |
| *Nachfolgende Tätigkeiten erfolgen bei Maschinen, Geräten, Anlagen, Zubehör, Ersatzteilen, Service als Sonderprodukt.* | | | | | | | | | | |
| Anfrage prüfen | (X) | X | X | X | | (X) | | | **Produkte:** Maschinen, Geräte, Anlagen, Zubehör, Ersatzteile, Leihgeräte, Artikel-Nr., Termin, Preise, Rabatte, Vereinbarungen, Einsatzbedingung, Leistung **Service:** Montage / Wartung / Reparatur, Artikel-Nr., Termin, Preise, Rabatte, Vereinbarungen, Einsatzbedingung, Leistung | • Anfrage<br>• Lastenheft |
| Vom Kunden beizustellende Anbauten und Unterlagen berücksichtigen | (X) | X | X | X | X | X | | | Vertraulichkeit der Zeichnung, Muster, Kundenanbauten, Lagerung, Rücksendung | • Anfrage<br>• Lastenheft |

**Dokument:** Bild 5.3 VERTRIEB_Angebot erstellen_ändern.doc
© BSBE European Business School for Business Excellence Ltd. 2014,
Freigegeben: Klaus Mustermann, Datum: 05.01.2014, Handelsunternehmen 1

**BILD 5.3** VERTRIEB: Angebot erstellen/ändern (AA) (Ausschnitt)

## VERTRIEB: Angebot verfolgen (AA)

Mit dieser Arbeitsaufgabe wird die Verfolgung des Angebotes prozessorientiert beschrieben (Bild 5.4).

Der Vertrieb (Innendienst, Technik, Außendienst) erhält in einer Übersicht alle Angebote und kann nun entscheiden, ob ein Nachfassen dieser Angebote zu diesem Zeitpunkt sinnvoll ist.

Bei den Angeboten wird von Maschinen, Maschinenzubehör, Werkzeugen, Betriebs- und Verbrauchsstoffen und Ersatzteilen ausgegangen. Die unterschiedlichen Produkte bedingen Entscheidungszeiten des Kunden von einer Woche bis neun Monaten. Deshalb wird eine Selektion im Ausdruck der Liste vorgenommen.

**Standardprodukt:** Maschinen, Geräte, Zubehör, Ersatzteile, Leihgeräte, Service. Es handelt sich um Standardprodukte, die ab Lager ohne oder mit Modifikationen geliefert werden.

**Sonderprodukt:** Maschinen, Geräte, Anlagen, Zubehör, Ersatzteile, Service. Es wird eine komplette Planung der Produkte auf Basis der Lasten- und Pflichtenhefte durchgeführt. Dazu zählt auch die Koordinierung der Subunternehmer für den Anschluss der Produkte vor Ort.

**Service:** Montage, Wartung und Reparatur beim Kunden vor Ort oder in der Werkstatt.

Es ist nicht wahrscheinlich, dass zu diesem Zeitpunkt eine völlig veränderte Vorgabe durch den Kunden erfolgt. Daher werden deutlich weniger Tätigkeiten benötigt als bei der Angebotserstellung. Sollte das in Ihrer Organisation anders sein, dann müssen Sie die benötigten Tätigkeiten hinzufügen oder ändern.

**WECHSELWIRKUNG** Aus dieser Arbeitsaufgabe wird eventuell auf weitere Arbeitsaufgaben und dokumentierte Verfahren verwiesen (Wechselwirkung). Eine detaillierte Beschreibung erfolgt in diesen Dokumenten.

**KORREKTUR- UND VORBEUGUNGS- MASSNAHMEN** Es sind eventuell Korrektur- oder Vorbeugungsmaßnahmen einzuleiten. Im Bedarfsfall ist das Formular *QM: Korrektur- und Vorbeugungsmaßnahmen* auszufüllen.

5.3 Vertrieb (AA)

## VERTRIEB: Angebot verfolgen (AA)

| Tätigkeit / Prozessschritte ↓ | E/D Führung | D Vertrieb Innend. | D Vertrieb Techn. | D Vertrieb Außend. | D Einkauf, Logistik, Auftragsabw. | D Service | D WE, Lager, Versand | D Extern | Wechselwirkung / Checkliste | Dokumentation |
|---|---|---|---|---|---|---|---|---|---|---|
| Angebot heraussuchen | (X) | X | | | | | | | **Klären:** Termin für Rückfrage erreicht **Arbeitsaufgabe (AA):** VERTRIEB: Angebot erstellen / ändern | • Angebot |
| Mit Kunden in Verbindung setzen | (X) | X | | (X) | | | | | **Klären:** Angebot erhalten, Preise, Lieferzeit, Kunde hat sich noch nicht entschieden | • Angebot |
| *Nachfolgende Tätigkeiten werden nur bei Bedarf durchgeführt.* | | | | | | | | | | |
| Angebot überarbeiten | (X) | X | | | | | | | **Arbeitsaufgabe (AA):** VERTRIEB: Angebot erstellen / ändern | • |
| Angebot auf Wiedervorlage setzen | | X | | | | | | | Wiedervorlagetermin in EDV-System eingeben | • Angebot |
| Evtl. Korrekturen oder Verbesserungen im Unternehmen durchführen | X | X | | X | | | | | **Dokumentiertes Verfahren (dV):** QM: Korrekturmaßnahmen **Dokumentiertes Verfahren (dV):** QM: Vorbeugungsmaßnahmen | • |

| Ständige Verbesserung: | **Methode:** Rückmeldungen von Kunden<br>**Informationen:** Nicht erhaltene Angebote, Korrektur der Angebote |
|---|---|

**BILD 5.4**  VERTRIEB: Angebot verfolgen (AA)

## VERTRIEB: Auftrag erstellen (AA)

Mit dieser Arbeitsaufgabe wird das Erstellen des Auftrages prozessorientiert beschrieben (Bild 5.5).

Es gibt drei Kundenauftragsarten:

**Standardprodukt:** Maschinen, Geräte, Zubehör, Ersatzteile, Leihgeräte, Service. Es handelt sich um Standardprodukte, die ab Lager ohne oder mit Modifikationen geliefert werden.

**Sonderprodukt:** Maschinen, Geräte, Anlagen, Zubehör, Ersatzteile, Service. Es wird eine komplette Planung der Produkte auf Basis der Lasten- und Pflichtenhefte durchgeführt. Dazu zählt auch die Koordinierung der Subunternehmer für den Anschluss der Produkte vor Ort.

**Service:** Montage, Wartung und Reparatur beim Kunden vor Ort oder in der Werkstatt.

Bei den Sonderprodukten wird die Bestellung des Kunden mit dem Angebot verglichen, um letzte Widersprüche auszuräumen.

Bei Standard- und Sonderprodukten wird der Bestand im Lager berücksichtigt.

Der Einkauf übernimmt die Logistik und die Auftragsabwicklung:

- die Disposition,
- die Subunternehmer,
- die Erstellung des Serviceauftrages,
- die Beschaffbarkeit,
- die Lieferung mit Ladebühne.

Die Serviceaufträge für Sonderprodukte werden vom Einkauf erstellt und in den Service gegeben. Dies ist bei kleinen Organisationen üblich, da der Einkauf den Anstoß für die Serviceaufträge übernimmt. Bei kleineren Produkten muss kein Monteureinsatz geplant werden. Das Kundeneigentum, wie Anbauteile, die bei einem Produktwechsel weiter genutzt werden können, ist gesondert durch den Service zu prüfen. Die Verfügbarkeit ist bei Maschinen, Geräten, Anlagen und Zubehör genau zu klären, da der Kunde die Maschinen, Geräte und Anlagen ohne Zubehör nicht einsetzen kann.

Im Lastenheft hat der Kunde seine Anforderungen beschrieben. Das Lastenheft ist Kundeneigentum. Im Pflichtenheft beschreibt die Organisation, wie sie die Umsetzung der Anforderungen realisieren will. Das Pflichtenheft ist Eigentum der Organisation.

**WECHSELWIRKUNG** Aus dieser Arbeitsaufgabe wird eventuell auf weitere Arbeitsaufgaben und dokumentierte Verfahren verwiesen (Wechselwirkung). Eine detaillierte Beschreibung erfolgt in diesen Dokumenten.

**KORREKTUR- UND VORBEUGUNGSMASSNAHMEN** Es sind eventuell Korrektur- oder Vorbeugungsmaßnahmen einzuleiten. Im Bedarfsfall ist das Formular *QM: Korrektur- und Vorbeugungsmaßnahmen* auszufüllen.

5.3 Vertrieb (AA)

| VERTRIEB: Auftrag erstellen (AA) |
|---|

| Tätigkeit / Prozessschritte | E/D Führung | D Vertrieb Innend. | D Vertrieb Techn. | D Vertrieb Außend. | D Einkauf, Logistik, Auftragsabw. | D Service | D WE, Lager, Versand | D Extern | Wechselwirkung / Checkliste | Dokumentation |
|---|---|---|---|---|---|---|---|---|---|---|
| *Nachfolgende Tätigkeiten erfolgen bei Maschinen, Geräten, Zubehör, Ersatzteilen, Leihgeräten, Service als Standardprodukt.* | | | | | | | | | | |
| Angaben des Kunden prüfen | (X) | X | X | | X | (X) | | | **Produkte:** Maschinen, Geräte, Zubehör, Ersatzteile, Leihgeräte, Artikel-Nr., Termin, Preise, Rabatte, Vereinbarungen, Einsatzbedingung, Leistung **Service:** Montage / Wartung / Reparatur, Artikel-Nr., Termin, Preise, Rabatte, Vereinbarungen, Einsatzbedingung, Leistung **Arbeitsaufgabe (AA):** EINKAUF: Disposition / Anfrage / Preisvergleich / Bestellung | • Angebot<br>• Kundenauftrag<br>• Maschinenkarte |
| *Nachfolgende Tätigkeiten erfolgen bei Maschinen, Geräten, Anlagen, Zubehör, Ersatzteilen, Service als Sonderprodukt.* | | | | | | | | | | |
| Angebot vorhanden und vergleichen (bei Sonderprodukten zwingend) | (X) | X | X | | | X | | | Angebot mit Auftrag des Kunden vergleichen | • Kalkulation<br>• Lastenheft<br>• Pflichtenheft<br>• Angebot<br>• Kundenauftrag<br>• Maschinenkarte |
| Vom Kunden beigestellte Anbauten und Unterlagen berücksichtigen | (X) | X | X | | | X | | | Vertraulichkeit der Zeichnung, Muster, Kundenanbauten, Lagerung | • Kalkulation<br>• Lastenheft<br>• Pflichtenheft<br>• Angebot<br>• Kundenauftrag<br>• Maschinenkarte |
| Sonderprodukte disponieren | (X) | | X | X | | | | | **Arbeitsaufgabe (AA):** EINKAUF: Disposition / Anfrage / Preisvergleich / Bestellung | • |
| Auftragsbestätigung schreiben | | X | | | | | | | Eine Auftragsbestätigung ist in jedem Fall erforderlich. | • Kalkulation<br>• Lastenheft<br>• Pflichtenheft<br>• Angebot<br>• Kundenauftrag<br>• Auftragsbestätigung |
| *Nachfolgende Tätigkeiten erfolgen bei Maschinen, Geräten, Zubehör, Ersatzteilen, Leihgeräten, Service als Standardprodukt.* | | | | | | | | | | |
| Vorrätige Produkte für Kundenauftrag auslagern und versenden | | | | | | | X | | **Arbeitsaufgabe (AA):** LAGER: Produkte einlagern / auslagern | • Lieferschein |
| *Nachfolgende Tätigkeiten werden nur bei Bedarf durchgeführt.* | | | | | | | | | | |
| Evtl. Korrekturen oder Verbesserungen im Unternehmen durchführen | X | X | X | X | X | X | | X | **Dokumentiertes Verfahren (dV):** QM: Korrekturmaßnahmen **Dokumentiertes Verfahren (dV):** QM: Vorbeugungsmaßnahmen | • |

| Ständige Verbesserung: | **Methode:** Rückmeldungen von Kunden, Einkauf, Lager<br>**Informationen:** Angebot an den Kunden, Auftrag des Kunden, Kundeneigentum; Standardprodukt, Sonderprodukt |
|---|---|

**Dokument:** Bild 5.5 VERTRIEB_Auftrag_erstellen.doc
© BSBE European Business School for Business Excellence Ltd. 2014,
Freigegeben: Klaus Mustermann, Datum: 05.01.2014, Handelsunternehmen 1
Seite 1 von 2

**BILD 5.5** VERTRIEB: Auftrag erstellen (AA) (Ausschnitt)

## VERTRIEB: Auftrag ändern/stornieren (AA)

Mit dieser Arbeitsaufgabe wird das Ändern oder das Stornieren des Auftrags prozessorientiert beschrieben (Bild 5.6).

Es gibt vielfältige Gründe, die zu einer Auftragsänderung oder Stornierung führen können. Hier alle Gründe aufzuführen ist jedoch nicht möglich.

Beispiele, die zu einer Auftragsänderung oder Stornierung führen können:

- Es haben sich im Umfeld des Kunden neue Anforderungen ergeben.
- Im Lastenheft wurden nicht alle Anforderungen beschrieben.
- Der Kunde benötigt ein größeres Leihgerät.
- Der Einkauf kann die Produkte nicht rechtzeitig beschaffen.
- Das Lager meldet Fehlmengen.
- Der Service kann den gewünschten Zeitpunkt nicht einhalten.
- Preisänderungen werden nicht berücksichtigt, da die Produktqualität sich ändert.

Die Kurzklärung zwischen Führung, Einkauf und Service berücksichtigt alle Gründe, die zu einer Auftragsänderung führen. Die Entscheidung mit dem Kunden löst dann die weiteren Tätigkeiten aus.

Je nach Umfang der Änderung werden die einzelnen Tätigkeiten mehr oder weniger stark ausgeführt. Es kommt nicht darauf an, jede einzelne Tätigkeit bis ins Detail zu beschreiben, da bei der dargestellten Organisationsgröße dazu keine Notwendigkeit besteht.

**WECHSELWIRKUNG** Aus dieser Arbeitsaufgabe wird eventuell auf weitere Arbeitsaufgaben und dokumentierte Verfahren verwiesen (Wechselwirkung). Eine detaillierte Beschreibung erfolgt in diesen Dokumenten.

**KORREKTUR- UND VORBEUGUNGS- MASSNAHMEN** Es sind eventuell Korrektur- oder Vorbeugungsmaßnahmen einzuleiten. Im Bedarfsfall ist das Formular *QM: Korrektur- und Vorbeugungsmaßnahmen* auszufüllen.

## 5.3 Vertrieb (AA)

### VERTRIEB: Auftrag ändern / stornieren (AA)

| Tätigkeit / Prozessschritte | E/D Führung | D Vertrieb Innend. | D Vertrieb Techn. | D Vertrieb Außend. | D Einkauf, Logistik, Auftragsabw. | D Service | D WE, Lager, Versand | D Extern | Wechselwirkung / Checkliste | Dokumentation |
|---|---|---|---|---|---|---|---|---|---|---|
| *Kundenauftrag ändern / stornieren* | (X) | X | X | X | X | X |  | (X) | Kurzklärung des Problems, Kosten ermitteln **Arbeitsaufgabe (AA):** EINKAUF: Bestellung verfolgen **Arbeitsaufgabe (AA):** EINKAUF: Reklamation / Falschlieferung | • Lastenheft<br>• Pflichtenheft<br>• Kundenauftrag<br>• Maschinenkarte<br>• Bestellung<br>• Lieferschein |
| *Entscheidung mit Kunden durchführen* |  | X |  |  |  |  |  |  | Wenn keine Änderung oder Stornierung erfolgt, dann müssen keine weiteren Tätigkeiten durchgeführt werden. | • Lastenheft<br>• Pflichtenheft<br>• Kundenauftrag |
| *Nachfolgende Tätigkeiten werden nur bei Änderung oder Stornierung durchgeführt.* |  |  |  |  |  |  |  |  |  |  |
| *Nachfolgende Tätigkeiten erfolgen bei Maschinen, Geräten, Zubehör, Ersatzteilen, Leihgeräten, Service als Standardprodukt.* |  |  |  |  | X | X |  |  | Bestellung ändern oder stornieren **Arbeitsaufgabe (AA):** EINKAUF: Disposition / Anfrage / Preisvergleich / Bestellung | • Bestellung<br>• Maschinenkarte |
| *Nachfolgende Tätigkeiten erfolgen bei Maschinen, Geräten, Anlagen, Zubehör, Ersatzteilen, Service als Sonderprodukt.* |  |  |  |  | X | X |  |  | Bestellung ändern oder stornieren **Arbeitsaufgabe (AA):** EINKAUF: Disposition / Anfrage / Preisvergleich / Bestellung | • Bestellung<br>• Maschinenkarte |
| *Vom Kunden beigestellte Anbauten und Unterlagen berücksichtigen und zurücksenden* | (X) | X |  |  | X | X | X |  | Vertraulichkeit der Zeichnung, Muster, Kundenanbauten, Lagerung, Rücksendung **Arbeitsaufgabe (AA):** VERSAND: Produkte versenden | • Kundenauftrag<br>• Lieferschein<br>• Maschinenkarte |
| *Tätigkeiten, die bei Maschinen, Geräten, Anlagen, Zubehör, Ersatzteilen, Leihgeräten erfolgen, prüfen, Service als Bestand* |  | X | X |  | X |  |  | (X) | **Arbeitsaufgabe (AA):** EINKAUF: Disposition / Anfrage / Preisvergleich / Bestellung | • |
| *Kosten ermitteln / berechnen* | (X) | X | X |  | X | X |  | (X) | **Prüfen:** Kostenübernahme durch den Kunden | • Kundenauftrag<br>• Kostenaufstellung |
| *Auftragsbestätigung schreiben* |  | X |  |  |  |  |  |  | **Prüfen:** Eine Auftragsbestätigung ist in jedem Fall erforderlich. | • Auftragsbestätigung |
| *Nachfolgende Tätigkeiten werden nur bei Bedarf durchgeführt.* |  |  |  |  |  |  |  |  |  |  |
| *Evtl. Korrekturen oder Verbesserungen im Unternehmen durchführen* | (X) | X | X | X | X | X | X | (X) | **Dokumentiertes Verfahren (dV):** QM: Korrekturmaßnahmen **Dokumentiertes Verfahren (dV):** QM: Vorbeugungsmaßnahmen | • |
| **Ständige Verbesserung:** | **Methode:** Rückmeldungen von Kunden, Einkauf, Service, Versand<br>**Informationen:** Preisänderung, Falschlieferung, Mengenänderung, Terminänderung, Kundeneigentum ||||||||||

**BILD 5.6** VERTRIEB: Auftrag ändern / stornieren (AA)

**VERTRIEB: Reklamation (AA)**

Mit dieser Arbeitsaufgabe wird die Durchführung der Reklamationsbearbeitung prozessorientiert beschrieben (Bild 5.7).

Auch bei der Reklamationsbearbeitung werden die Tätigkeiten in der Arbeitsaufgabe nur abstrakt geschildert, da es nicht möglich und sinnvoll ist, alle Tätigkeiten aufzuzeigen.

Beispiele:

- Der Kunde hat die falsche Ware bekommen.
- Der Kunde hat defekte Ware bekommen.
- Die Reklamation ist im Wareneingang/Versand eingetroffen.
- Der Vertrieb bringt Ware vom Kunden mit.

Je nach Umfang der Reklamation werden die einzelnen Tätigkeiten mehr oder weniger stark ausgeführt. Es kommt nicht darauf an, jede einzelne Tätigkeit bis ins Detail zu beschreiben. Das ist bei den unterschiedlichen Kombinationsmöglichkeiten zu aufwendig. Wichtiger ist die Analyse der Reklamationsgründe.

Die reklamierten Produkte werden bis zur Klärung mit dem Begleitschreiben des Kunden oder einem Warenbegleitschein gekennzeichnet und ins Sperrlager eingeräumt bzw. verbleiben im Wareneingang. Der Service prüft die reklamierten Produkte, da dort die nötige Fachkompetenz vorhanden ist. Sollte das Ersatzteil nicht kurzfristig verfügbar sein, dann wird ein Ausbau eines Neuteils aus einer Lagermaschine ermöglicht.

Unberechtigte Reklamationen werden an den Kunden zurückgesandt oder auf seine Kosten entsorgt.

**WECHSELWIRKUNG**  Aus dieser Arbeitsaufgabe wird eventuell auf weitere Arbeitsaufgaben und dokumentierte Verfahren verwiesen (Wechselwirkung). Eine detaillierte Beschreibung erfolgt in diesen Dokumenten.

**KORREKTUR- UND VORBEUGUNGSMASSNAHMEN**  Es sind eventuell Korrektur- oder Vorbeugungsmaßnahmen einzuleiten. Im Bedarfsfall ist das Formular *QM: Korrektur- und Vorbeugungsmaßnahmen* auszufüllen.

## 5.3 Vertrieb (AA)

**VERTRIEB: Reklamation (AA)**

| Tätigkeit / Prozessschritte | E/D Füh-rung | D Ver-trieb Innend. | D Ver-trieb Techn. | D Ver-trieb Au-ßend. | D Ein-kauf, Logis-tik, Auf-trags-abw. | D Ser-vice | D WE, La-ger, Ver-sand | D Ex-tern | Wechselwirkung / Checkliste | Dokumentation |
|---|---|---|---|---|---|---|---|---|---|---|
| | | | | | | | | | | |
| Reklamation prüfen | (X) | X | X | X | X | X | X | (X) | Kurzklärung des Problems: Preis, Menge, Liefertermin, Reklamation im Wareneingang eingetroffen, Produkte im Versand sperren, Lieferant, externe Bearbeitung<br>**Arbeitsaufgabe (AA):** WARENEINGANG: Wareneingang extern<br>**Arbeitsaufgabe (AA):** SERVICE: Montage / Wartung / Reparatur / Reklamation beim Kunden vor Ort | • Reklamations-schreiben<br>• Lastenheft<br>• Pflichtenheft<br>• Maschinenkarte<br>• E-Mail<br>• Anschreiben<br>• Sperrzettel<br>• Antwortschreiben Lieferant |
| Lieferant benachrichtigen | (X) | | | | X | | | (X) | Produkte: (Maschinen, Geräte, Anlagen, Zubehör, Ersatzteile, Subunternehmer) | • Pflichtenheft<br>• Maschinenkarte<br>• Bestellung<br>• Auftragsbestätigung<br>• Reklamations-schreiben |
| Reklamation ist abgelehnt | (X) | X | X | | X | X | | (X) | Kunden benachrichtigen, Termin, evtl. Rückversand zum Kunden<br>**Arbeitsaufgabe (AA):** VERSAND: Produkte versenden | • Pflichtenheft<br>• Maschinenkarte<br>• Begleitschreiben<br>• Lieferschein |
| *Nachfolgende Tätigkeiten werden nur bei berechtigter Reklamation mit Preisen, Mengen, Falschlieferung von Produkten durchgeführt.* | | | | | | | | | | |
| Reklamation Preis | (X) | X | | | | | | | Gutschrift erstellen | • Gutschrift |
| Falsche Produkte ins Lager einlagern | (X) | X | | X | | X | X | | Produkte: Maschinen, Geräte, Anlagen, Zubehör, Ersatzteile, falscher Artikel, falsche Menge, keine Beschädigungen<br>**Arbeitsaufgabe (AA):** LAGER: Produkte einlagern / auslagern | • Einlagerungsschein<br>• Maschinenkarte |
| Neue Produkte auslagern und versenden | | X | | X | | X | X | | Produkte: Maschinen, Geräte, Anlagen, Zubehör, Ersatzteile<br>**Arbeitsaufgabe (AA):** LAGER: Produkte einlagern / auslagern | • Lieferschein<br>• Maschinenkarte |
| Evtl. Korrekturen oder Verbesserungen im Unternehmen durchführen | (X) | X | X | X | X | X | X | (X) | **Dokumentiertes Verfahren (dV):** QM: Korrekturmaßnahmen<br>**Dokumentiertes Verfahren (dV):** QM: Vorbeugungsmaßnahmen | • |
| *Nachfolgende Tätigkeiten werden nur bei berechtigter Reklamation mit fehlerhaften Produkten durchgeführt.* | | | | | | | | | | |
| Reklamation Lieferant | | | | X | | X | X | (X) | Produkte weiterleiten, Ersatzlieferung, Kostenübernahme, Termin, Subunternehmer, Produkte neu liefern<br>**Arbeitsaufgabe (AA):** EINKAUF: Reklamation / Falschlieferung | • Lieferschein<br>• Antwortschreiben Lieferant<br>• Maschinenkarte |

**Dokument:** Bild 5.7 VERTRIEB_Reklamation.doc
© BSBE European Business School for Business Excellence Ltd. 2014,
Freigegeben: Klaus Mustermann, Datum: 05.01.2014, Handelsunternehmen 1

**BILD 5.7** VERTRIEB: Reklamation (AA) (Ausschnitt)

## 5.4 EINKAUF (AA)

Der Einkauf benötigt die Arbeitsaufgaben:
1. EINKAUF: Disposition/Anfrage/Preisvergleich/Bestellung (AA)
2. EINKAUF: Bestellung verfolgen (AA)
3. EINKAUF: Reklamation/Falschlieferung (AA)
4. EINKAUF: Lieferanten Auswahl/Beurteilung/Neubeurteilung (AA)

### EINKAUF: Disposition/Anfrage/Preisvergleich/Bestellung (AA)

Mit dieser Arbeitsaufgabe werden die Disposition, die Anfrage, der Preisvergleich und die Bestellung prozessorientiert beschrieben (Bild 5.8).

Der Einkauf beschafft folgende relevante Produkte und Dienstleistungen:

- Maschinen, Geräte, Anlagen, Zubehör, Ersatzteile, Leihgeräte.
- Subunternehmer.
- Montage, Wartung und Reparatur beim Kunden vor Ort oder in der Werkstatt.
- Überwachungs- und Messmittel.

Die Produkte werden durch den Kunden mit dem Lastenheft und dem Pflichtenheft bestimmt. In der Praxis wird bei den Stammlieferanten angerufen, die Preise werden notiert, Lieferzeiten werden festgehalten, ein Vergleich wird durchgeführt und anschließend wird per Fax, E-Mail, Online-Shop oder telefonisch bestellt. Wenn die Lieferanten eine Auftragsbestätigung senden, dann muss ein Vergleich mit der Bestellung auf Richtigkeit erfolgen.

Da Maschinen, Geräte, Anlagen, Zubehör und Ersatzteile unterschiedlicher Größe und Einsatzzwecke mit unterschiedlichem Zubehör beschafft werden, ist die Auswahl der Lieferanten ein entscheidender Faktor. Deshalb wurde eine vereinfachte Excel-Arbeitsmappe *EINKAUF: QFD Lieferantenbewertung* entwickelt. Mit diesem Formular können gleichzeitig eine qualifizierte Lieferantenauswahl und eine Lieferantenbeurteilung durchgeführt werden. Da jedoch nicht jedes Mal eine Lieferantenbeurteilung sinnvoll oder erforderlich ist, wurde dies vermerkt.

In den Ablauf ist ein Subunternehmereinsatz integriert, da ein erhöhter logistischer Aufwand erforderlich ist.

Die Anfrage/Bestellung kann in einem Vorlageordner abgelegt oder elektronisch verwaltet werden.

**WECHSELWIRKUNG** Aus dieser Arbeitsaufgabe wird eventuell auf weitere Arbeitsaufgaben und dokumentierte Verfahren verwiesen (Wechselwirkung). Eine detaillierte Beschreibung erfolgt in diesen Dokumenten.

**KORREKTUR- UND VORBEUGUNGSMASSNAHMEN** Es sind eventuell Korrektur- oder Vorbeugungsmaßnahmen einzuleiten. Im Bedarfsfall ist das Formular *QM: Korrektur- und Vorbeugungsmaßnahmen* auszufüllen.

## 5.4 Einkauf (AA)

**EINKAUF: Disposition / Anfrage / Preisvergleich / Bestellung (AA)**

| Tätigkeit / Prozessschritte | E/D Führung | D Vertrieb Innend. | D Vertrieb Techn. | D Vertrieb Außend. | D Einkauf, Logistik, Auftragsabw. | D Service | D WE, Lager, Versand | D Extern | Wechselwirkung / Checkliste | Dokumentation |
|---|---|---|---|---|---|---|---|---|---|---|
| (Disposition) Mengen festlegen, ändern, stornieren | (X) | X | (X) | | X | X | | | **Prüfen:** Verkaufsstückzahlen, Kundenauftrag, Rahmenauftrag, Konsilager, EDV-Vorschlag (Disposition) (Maschinen, Geräte, Anlagen, Zubehör, Ersatzteile, Subunternehmer). **Arbeitsaufgabe (AA):** VERTRIEB: Auftrag erstellen **Arbeitsaufgabe (AA):** EINKAUF: Bestellung verfolgen **Arbeitsaufgabe (AA):** EINKAUF: Reklamation / Falschlieferung | • Statistik<br>• Kundenauftrag<br>• Rahmenauftrag |
| Lieferanten auswählen | (X) | | | | X | | | | Hauptlieferanten im EDV-System hinterlegt **Arbeitsaufgabe (AA):** EINKAUF: Lieferanten Auswahl / Beurteilung / Neubeurteilung | • Statistik<br>• Kundenauftrag<br>• Rahmenauftrag |
| *Nachfolgende Tätigkeiten erfolgen bei Maschinen, Geräten, Anlagen, Zubehör, Ersatzteilen, Service.* | | | | | | | | | | |
| Maschinenkarte erstellen, ändern, stornieren | | | | | X | X | | | **Arbeitsaufgabe (AA):** SERVICE: Montage / Wartung / Reparatur / Reklamation in der Werkstatt **Arbeitsaufgabe (AA):** SERVICE: Montage / Wartung / Reparatur / Reklamation beim Kunden vor Ort **Arbeitsaufgabe (AA):** VERTRIEB: Auftrag ändern / stornieren **Arbeitsaufgabe (AA):** VERTRIEB: Reklamation | • |
| *Nachfolgende Tätigkeiten erfolgen bei Maschinen, Geräten, Anlagen, Zubehör, Ersatzteilen.* | | | | | | | | | | |
| Produkte anfragen | | | | | X | | | | Die Anfrage kann telefonisch, schriftlich, per Fax, E-Mail oder Online-Shop erfolgen. **Arbeitsaufgabe (AA):** VERTRIEB: Angebot erstellen / ändern | • Anfrage<br>• Angebot |
| Produkte bestellen, ändern oder stornieren | | | | | X | | | | Die Bestellung kann telefonisch, schriftlich, per Fax, E-Mail oder Online-Shop erfolgen. **Arbeitsaufgabe (AA):** VERTRIEB: Auftrag ändern / stornieren | • Angebot<br>• Bestellung |
| *Nachfolgende Tätigkeiten erfolgen bei Subunternehmern.* | | | | | | | | | | |
| Dienstleistung anfragen | | | | | X | | | | Die Anfrage erfolgt schriftlich. **Arbeitsaufgabe (AA):** VERTRIEB: Angebot erstellen / ändern | • Anfrage<br>• Angebot |
| Dienstleistung bestellen, ändern oder stornieren | | | | | X | | | | Die Bestellung erfolgt schriftlich. **Arbeitsaufgabe (AA):** VERTRIEB: Auftrag ändern / stornieren | • Angebot<br>• Bestellung |

**Dokument:** Bild 5.8 EINKAUF_Disposition_Anfrage_Preisvergleich_Bestellung.doc
© BSBE European Business School for Business Excellence Ltd. 2014,
Freigegeben: Klaus Mustermann, Datum: 05.01.2014, Handelsunternehmen 1
Seite 1 von 2

**BILD 5.8** EINKAUF: Disposition / Anfrage / Preisvergleich / Bestellung (AA) (Ausschnitt)

### EINKAUF: Bestellung verfolgen (AA)

Mit dieser Arbeitsaufgabe wird die Verfolgung der Bestellung prozessorientiert beschrieben (Bild 5.9).

In vielen kleinen Organisationen wird die Bestellverfolgung über einen Vorlageordner durchgeführt. Eine elektronische Lösung scheidet oft aus, da Aufwand und Nutzen in keinem wirtschaftlichen Verhältnis stehen. Sonst erfolgt eine elektronische Verwaltung.

Täglich werden die Bestellungen des Lieferanten durchgesehen oder das EDV-System meldet über Wiedervorlage den Termin.

Sollte das in Ihrer Organisation anders sein, dann müssen Sie die benötigten Tätigkeiten hinzufügen oder ändern.

**WECHSELWIRKUNG** — Aus dieser Arbeitsaufgabe wird eventuell auf weitere Arbeitsaufgaben und dokumentierte Verfahren verwiesen (Wechselwirkung). Eine detaillierte Beschreibung erfolgt in diesen Dokumenten.

**KORREKTUR- UND VORBEUGUNGSMASSNAHMEN** — Es sind eventuell Korrektur- oder Vorbeugungsmaßnahmen einzuleiten. Im Bedarfsfall ist das Formular *QM: Korrektur- und Vorbeugungsmaßnahmen* auszufüllen.

## 5.4 Einkauf (AA)

### EINKAUF: Bestellung verfolgen (AA)

| Tätigkeit / Prozessschritte | E/D Füh-rung | D Ver-trieb Innend. | D Ver-trieb Techn. | D Ver-trieb Außend. | D Ein-kauf, Logis-tik, Auf-trags-abw. | D Ser-vice | D WE, La-ger, Ver-sand | D Ex-tern | Wechselwirkung / Checkliste | Dokumentation |
|---|---|---|---|---|---|---|---|---|---|---|
| Termin erreicht / überschritten | | | | | X | | | | **Prüfen:** Termin im EDV-System erreicht, Termin über-schritten. | • Bestellung<br>• Auftragsbestäti-gung |
| *Nachfolgende Tätigkeiten werden nur bei Bedarf durchgeführt.* | | | | | | | | | | |
| Service informieren | (X) | X | | | | X | | | **Arbeitsaufgabe (AA):** SERVICE: Montage / Wartung / Reparatur / Reklamation in der Werk-statt<br>**Arbeitsaufgabe (AA):** SERVICE: Montage / Wartung / Reparatur / Reklamation beim Kunden vor Ort | • |
| Lieferanten informieren | (X) | | | | X | | | | **Arbeitsaufgabe (AA):** EINKAUF: Disposition / Anfrage / Preisvergleich / Bestellung | • |
| Kunden informieren | (X) | X | X | X | | | | | **Arbeitsaufgabe (AA):** VERTRIEB: Auftrag ändern / stornieren | • |
| Bestellung überarbeiten | | | | | X | | | | **Arbeitsaufgabe (AA):** EINKAUF: Disposition / Anfrage / Preisvergleich / Bestellung | • |
| Service überarbeiten | | | | | | X | | | **Arbeitsaufgabe (AA):** SERVICE: Montage / Wartung / Reparatur / Reklamation in der Werk-statt<br>**Arbeitsaufgabe (AA):** SERVICE: Montage / Wartung / Reparatur / Reklamation beim Kunden vor Ort | • |
| Bestellung auf Wiedervorlage legen | | | | | X | | | | **Prüfen:** Der neue Termin wird ins EDV-System einge-tragen. | • Bestellung<br>• Auftragsbestäti-gung<br>• Maschinenkarte |
| Evtl. Korrekturen oder Verbesse-rungen im Unternehmen durch-führen | X | X | X | X | X | X | | | **Dokumentiertes Verfah-ren (dV):** QM: Korrekturmaßnahmen<br>**Dokumentiertes Verfah-ren (dV):** QM: Vorbeugungsmaß-nahmen | • |

| Ständige Verbesserung: | **Methode:** Rückmeldungen von Lieferanten, Kunden, Vertrieb<br>**Informationen:** Lieferverzug, Reklamationen, entstandene Fehler, nicht erhaltene Kundenaufträge, Stornierung Kundenaufträge, Probleme mit den Subunternehmern |
|---|---|

**BILD 5.9** EINKAUF: Bestellung verfolgen (AA)

## EINKAUF: Reklamation/Falschlieferung (AA)

Mit dieser Arbeitsaufgabe wird die Bearbeitung von Reklamationen und Falschlieferungen prozessorientiert beschrieben (Bild 5.10).

Bei den nachfolgenden Produkten handelt es sich um die Kernkompetenz dieser Organisation.

**Standardprodukt:** Maschinen, Geräte, Zubehör, Ersatzteile, Leihgeräte, Service. Es handelt sich um Standardprodukte, die ab Lager ohne oder mit Modifikationen geliefert werden.

**Sonderprodukt:** Maschinen, Geräte, Anlagen, Zubehör, Ersatzteile, Service. Es wird eine komplette Planung der Produkte auf Basis der Lasten- und Pflichtenhefte durchgeführt. Dazu zählt auch die Koordinierung der Subunternehmer für den Anschluss der Produkte vor Ort.

**Service:** Montage, Wartung und Reparatur beim Kunden vor Ort oder in der Werkstatt.

Reklamationen im Einkauf sind hier genauso vielfältig, wie im Kundenbereich.

Beispiele:

- Schwankungen in der Produktqualität,
- Probleme durch Modifikationen am Produkt durch den Hersteller,
- Überschreitung der Liefertermine,
- falsche Mengen,
- Probleme mit den Subunternehmern.

Natürlich kann es auch bei sehr guten Lieferanten zu Problemen kommen. Diese Probleme können jedoch erst beim Einsatz des Produkts festgestellt werden. Für die Bewertung des Lieferanten ist also die gleichmäßige Qualität von entscheidender Bedeutung. Dies gilt auch sinngemäß für die Subunternehmer.

Ein messbares Qualitätsziel sollte hier die benötigte Transparenz bringen. Sie müssen jedoch das messbare Qualitätsziel selbst definieren.

Nach Rücksprache mit dem Service und dem Vertrieb wird nun mit dem Lieferanten gemeinsam nach einer Lösung gesucht, dabei ist auch die Kostenübernahme zu klären.

**WECHSELWIRKUNG** Aus dieser Arbeitsaufgabe wird eventuell auf weitere Arbeitsaufgaben und dokumentierte Verfahren verwiesen (Wechselwirkung). Eine detaillierte Beschreibung erfolgt in diesen Dokumenten.

**KORREKTUR- UND VORBEUGUNGSMASSNAHMEN** Es sind eventuell Korrektur- oder Vorbeugungsmaßnahmen einzuleiten. Im Bedarfsfall ist das Formular *QM: Korrektur- und Vorbeugungsmaßnahmen* auszufüllen.

## 5.4 Einkauf (AA)

**EINKAUF: Reklamation / Falschlieferung (AA)**

| Tätigkeit / Prozessschritte | E/D Füh-rung | D Ver-trieb Innend. | D Ver-trieb Techn. | D Ver-trieb Au-ßend. | D Ein-kauf, Logis-tik, Auf-trags-abw. | D Ser-vice | D WE, La-ger, Ver-sand | D Ex-tern | Wechselwirkung / Checkliste | Dokumentation |
|---|---|---|---|---|---|---|---|---|---|---|
| Reklamation prüfen | | | | X | X | X | X | (X) | Kurzklärung des Problems: Preis, Mengendifferenz, Termin überschritten, falsche Produkte, fehlerhafte Produkte, Produkte im Versand sperren<br>Produkte: (Maschinen, Geräte, Anlagen, Zubehör, Ersatzteile, Subunternehmer)<br>Arbeitsaufgabe (AA): WARENEINGANG: Wareneingang extern<br>Arbeitsaufgabe (AA): VERTRIEB: Reklamation<br>Arbeitsaufgabe (AA): VERTRIEB: Auftrag ändern / stornieren | • Bestellung<br>• Auftragsbestätigung<br>• Lieferschein<br>• Maschinenkarte<br>• Sperrzettel |
| Lieferant benachrichtigen | (X) | | | X | | | | | Produkte: (Maschinen, Geräte, Anlagen, Zubehör, Ersatzteile, Subunternehmer) | • Bestellung<br>• Auftragsbestätigung<br>• Lieferschein |
| **Nachfolgende Tätigkeiten werden nur bei Bedarf durchgeführt.** | | | | | | | | | | |
| Reklamation Preis | (X) | | | X | | | | | Gutschrift erstellen | • Gutschrift |
| Falsche oder fehlerhafte Produkte zurücksenden | | | | | X | X | (X) | | Produkte: (Maschinen, Geräte, Anlagen, Zubehör, Ersatzteile, Subunternehmer)<br>Arbeitsaufgabe (AA): VERSAND: Produkte versenden | • Lieferschein |
| Service informieren | (X) | | X | | X | X | | | Arbeitsaufgabe (AA): SERVICE: Montage / Wartung / Reparatur / Reklamation in der Werkstatt<br>Arbeitsaufgabe (AA): SERVICE: Montage / Wartung / Reparatur / Reklamation beim Kunden vor Ort | • |
| Kunden informieren | (X) | X | X | | | | | | Arbeitsaufgabe (AA): VERTRIEB: Auftrag ändern / stornieren | • |
| Bestellung überarbeiten | | | | | X | | | | Arbeitsaufgabe (AA): EINKAUF: Disposition / Anfrage / Preisvergleich / Bestellung | • |
| Service überarbeiten | | | X | | | X | | | Arbeitsaufgabe (AA): SERVICE: Montage / Wartung / Reparatur / Reklamation in der Werkstatt<br>Arbeitsaufgabe (AA): SERVICE: Montage / Wartung / Reparatur / Reklamation beim Kunden vor Ort | • |
| Kosten ermitteln / berechnen | (X) | | | X | | | | | Kostenübernahme durch den Lieferanten, Kostenübernahme Subunternehmer | • Lieferschein<br>• Kostenaufstellung |
| Lieferanten bewerten | (X) | | | X | | | | | Es kann eine neue Lieferantenbewertung erforderlich sein.<br>QFD: EINKAUF: QFD Lieferantenbewertung | • Lieferschein<br>• QFD Lieferantenbewertung |

**Dokument:** Bild 5.10 EINKAUF_Reklamation_Falschlieferung.doc
© BSBE European Business School for Business Excellence Ltd. 2014,
Freigegeben: Klaus Mustermann, Datum: 05.01.2014, Handelsunternehmen 1

**BILD 5.10** EINKAUF: Reklamation / Falschlieferung (AA) (Ausschnitt)

## EINKAUF: Lieferanten Auswahl/Beurteilung/Neubeurteilung (AA)

Mit dieser Arbeitsaufgabe werden Auswahl, Beurteilung und Neubeurteilung von Lieferanten prozessorientiert beschrieben (Bild 5.11).

In Organisationen dieser Größe gibt es keine 100 Lieferanten oder es ist ein ständiger Wechsel vorhanden. Dies hat mehrere Gründe. Zu viele Lieferanten bedeuten einen erheblichen logistischen Aufwand, und zudem werden die Bestellmengen auf mehrere Lieferanten verteilt, was letztendlich wieder Auswirkung auf die Preise hat. Im *Handelsunternehmen* kommt noch erschwerend hinzu, dass die Rohmaterialien bei maximal zehn Lieferanten eingekauft werden können.

Da Maschinen, Geräte, Anlagen, Zubehör und Ersatzteile unterschiedlicher Größe und Einsatzzwecke mit unterschiedlichem Zubehör beschafft werden, ist die Auswahl der Lieferanten ein entscheidender Faktor. Deshalb wurde eine vereinfachte Excel-Arbeitsmappe *EINKAUF: QFD Lieferantenbewertung* entwickelt. Mit diesem Formular können gleichzeitig eine qualifizierte Lieferantenauswahl und eine Lieferantenbeurteilung durchgeführt werden. Die Anforderung des Kunden wird mit den Möglichkeiten der Lieferanten verglichen, die benötigten Produkte zu liefern. Da jedoch nicht für jedes Produkt eine Lieferantenbeurteilung sinnvoll ist, wurde dies in der Arbeitsaufgabe vermerkt. Die Excel-Arbeitsmappe *EINKAUF: QFD Lieferantenbewertung* ermöglicht bei Produktänderungen, die damaligen Entscheidungsgründe für diesen Lieferanten zu verfolgen.

Sollten Sie keine Bewertung mit der Excel-Arbeitsmappe *EINKAUF: QFD Lieferantenbewertung* durchführen wollen, dann müssen Sie die entsprechenden Tätigkeiten in der Arbeitsaufgabe korrigieren und eine eigene Lieferantenbewertung entwickeln.

**WECHSELWIRKUNG**

Aus dieser Arbeitsaufgabe wird eventuell auf weitere Arbeitsaufgaben und dokumentierte Verfahren verwiesen (Wechselwirkung). Eine detaillierte Beschreibung erfolgt in diesen Dokumenten.

**KORREKTUR- UND VORBEUGUNGSMASSNAHMEN**

Es sind eventuell Korrektur- oder Vorbeugungsmaßnahmen einzuleiten. Im Bedarfsfall ist das Formular *QM: Korrektur- und Vorbeugungsmaßnahmen* auszufüllen.

### 7.4.1 Beschaffungsprozess

**ISO 9001:2008 AUSZUG AUS DER NORM**

*Die Organisation muss sicherstellen, dass die beschafften Produkte die festgelegten Beschaffungsanforderungen erfüllen. Art und Umfang der auf den Lieferanten und das beschaffte Produkt angewandten Überwachung müssen vom Einfluss des beschafften Produkts auf die nachfolgende Produktrealisierung oder auf das Endprodukt abhängen.*

*Die Organisation muss Lieferanten auf Grund von deren Fähigkeit beurteilen und auswählen, Produkte entsprechend den Anforderungen der Organisation zu liefern. Es müssen Kriterien für die Auswahl, Beurteilung und Neubeurteilung aufgestellt werden. Aufzeichnungen über die Ergebnisse von Beurteilungen und über notwendige Maßnahmen müssen geführt werden (siehe 4.2.4).*

## 5.4 Einkauf (AA)

**EINKAUF: Lieferanten Auswahl / Beurteilung / Neubeurteilung (AA)**

| Tätigkeit / Prozessschritte | E/D Führung | D Vertrieb Innend. | D Vertrieb Techn. | D Vertrieb Außend. | D Einkauf, Logistik, Auftragsabw. | D Service | D WE, Lager, Versand | D Extern | Wechselwirkung / Checkliste | Dokumentation |
|---|---|---|---|---|---|---|---|---|---|---|
| *Lieferanten auswählen, beurteilen* | | | | | | | | | | |
| Kriterien festlegen | (X) | | | | X | | | | **Prüfen:** Verkaufsstückzahlen, Kundenauftrag, Rahmenauftrag, Konsilager, Preis, Termin (Maschinen, Geräte, Anlagen, Zubehör, Ersatzteile, Subunternehmer) **QFD:** EINKAUF: QFD Lieferantenbewertung | • Statistik<br>• Kundenauftrag<br>• Rahmenauftrag<br>• QFD Lieferantenbewertung |
| Lieferanten anfragen und beurteilen | (X) | | | | X | | | | **Prüfen:** Hauptlieferanten, Mengen, Liefertermin, Subunternehmer **QFD:** EINKAUF: QFD Lieferantenbewertung | • Anfrage<br>• QFD Lieferantenbewertung |
| Lieferanten auswählen (freigeben) | (X) | | | | X | | | | **Prüfen:** Die Auswahl (Angebot) kann auch durch Kataloge, Online-Shop usw. bei den schon vorhandenen Hauptlieferanten erfolgen. Ausgewählten Lieferanten im EDV-System hinterlegen. **Arbeitsaufgabe (AA):** EINKAUF: Disposition / Anfrage / Preisvergleich / Bestellung | • Anfrage<br>• QFD Lieferantenbewertung<br>• Angebot |
| *Lieferanten neu beurteilen* | | | | | | | | | | |
| Kriterien festlegen und bewerten | (X) | X | | | X | X | | | **Prüfen:** Fehlerhäufigkeit (Lieferschein) (Maschinen, Geräte, Anlagen, Zubehör, Ersatzteile, Subunternehmer). Die Bewertung erfolgt im Fehlerfall auf dem Lieferschein. **QFD:** EINKAUF: QFD Lieferantenbewertung | • QFD Lieferantenbewertung<br>• Lieferschein |
| Lieferanten anschreiben | (X) | | | | X | | | | **Prüfen:** Hauptlieferanten, Fehlerhäufigkeit (Lieferschein) | • Fehlerhäufigkeit (Lieferschein) |
| Lieferanten auswählen (freigeben) | (X) | | | | X | | | | **Prüfen:** Ausgewählten Lieferanten im EDV-System hinterlegen. | • Fehlerhäufigkeit (Lieferschein)<br>• Antwortschreiben<br>• QFD Lieferantenbewertung |
| *Nachfolgende Tätigkeiten werden nur bei Bedarf durchgeführt.* | | | | | | | | | | |
| Evtl. Korrekturen oder Verbesserungen im Unternehmen durchführen | X | X | | | X | X | | | **Dokumentiertes Verfahren (dV):** QM: Korrekturmaßnahmen **Dokumentiertes Verfahren (dV):** QM: Vorbeugungsmaßnahmen | • |

**Ständige Verbesserung:**
**Methode:** Rückmeldungen von Lieferanten, Kunden, Vertrieb, Service
**Informationen:** Lieferverzug, Reklamationen, entstandene Fehler, nicht erhaltene Kundenaufträge, Stornierung Kundenaufträge, Probleme mit Subunternehmern

**Dokument:** Bild 5.11 EINKAUF_Lieferanten_Auswahl_Beurteilung_Neubeurteilung.doc
© BSBE European Business School for Business Excellence Ltd. 2014,
Freigegeben: Klaus Mustermann, Datum: 05.01.2014, Handelsunternehmen 1
Seite 1 von 2

**BILD 5.11** EINKAUF: Lieferanten Auswahl / Beurteilung / Neubeurteilung (AA)

## Formular: EINKAUF: QFD Lieferantenbewertung

Mit diesem Formular wird die Lieferantenbewertung festgelegt (Bild 5.12).

Da Maschinen, Geräte, Anlagen, Zubehör und Ersatzteile unterschiedlicher Größe und Einsatzzwecke mit unterschiedlichem Zubehör beschafft werden, ist die Auswahl der Lieferanten ein entscheidender Faktor. Deshalb wurde eine vereinfachte Excel-Arbeitsmappe *EINKAUF: QFD Lieferantenbewertung* entwickelt. Mit diesem Formular können gleichzeitig eine qualifizierte Lieferantenauswahl und eine Lieferantenbeurteilung durchgeführt werden. Die Excel-Arbeitsmappe *EINKAUF: QFD Lieferantenbewertung* wurde für diese Organisationsgröße stark vereinfacht. Es ist jedoch ein effektives Mittel zur Beurteilung der Lieferanten. Der Einsatz der Excel-Arbeitsmappe *EINKAUF: QFD Lieferantenbewertung* ist denkbar einfach.

An dieser Stelle wird nur auf die generelle Definition eingegangen:

**INFORMATIONEN QFD LIEFERANTENBEWERTUNG**

1. Als Erstes sind **das Produkt,** *Maschine für Nischenanwendungen,* **das Rohmaterial,** *Aluminium Stangenprofil,* und **die Zielgruppe,** *Rohrverarbeiter, Stahlbau,* an die das Endprodukt verkauft werden soll, einzutragen.

2. Die Spalten der *Lieferanten* und *ausgewählten Lieferanten (AL)* sind nun zu vervollständigen. Unter *Lieferant* wird der Name des Lieferanten für das Rohmaterial eingetragen. Insgesamt können zehn Lieferanten verglichen werden. In der Zeile *ausgewählte Lieferanten (AL)* ist der Name des Lieferanten ebenfalls einzutragen. Die Spalte *eigenes Unternehmen* wurde eingeführt, falls ein Vergleich zwischen *eigener Herstellung und Fremdherstellung* erfolgen soll.

3. Als Nächstes sind die *Forderungen an das Produkt (FdK)* zu ermitteln und einzutragen. Es sind auch die nicht definierten Forderungen des Kunden wie z. B. Gesetze, Normen usw. zu berücksichtigen. Da jedoch nicht jede Forderung gleich wichtig ist, muss eine Gewichtung von *1 = unwichtig bis 10 = sehr wichtig* in der Spalte *Gewichtung Forderung* erfolgen.
Sollte der Service des Lieferanten eine entscheidende Rolle spielen, dann ist in der Spalte *Gewichtung Service* ebenfalls eine Bewertung von *1 bis 10* durchzuführen. (**Hinweis:** Es erfolgt keine Berechnung.)

4. Nun ist die *Beziehungsmatrix (FdK) zu (AL)* mit größter Sorgfalt auszufüllen, da sonst die Gesamtbewertung verfälscht wird. **Die komplette Beschreibung erfolgt im Kapitel 1.6 QFD-Excel-Arbeitsmappen.**

5. Der Erfüllungsgrad in Punkten und Prozenten ist das Ergebnis der Bewertung. Der Lieferant mit der größten Punkt- oder Prozentzahl ist der geeignete Lieferant für das Rohmaterial.

Weitere Hinweise finden Sie in den Tabellenspalten mit einem „roten Dreieck" als Kommentar in der Excel-Arbeitsmappe.

**Produkt: Maschine für Nischenanwendungen** (1) **QFD-Lieferantenbewertung**
**Rohmaterial: Aluminium Stangenprofil**
**Zielgruppe:** Rohrverarbeiter, Stahlbau

**Lieferanten (atM)** (2)

**Forderung an das Rohmaterial (FdK)** (3) — **Beziehungsmatrix (FdK) zu (atM) zu (stM)** (4)

| Forderung | | Gewichtung Forderung | Lieferant | Lieferant | Lieferant | Lieferant | Lieferant | Lieferant | Lieferant | | | Normen | Gesetzliche Bestimmungen | Gewichtung Service |
|---|---|---|---|---|---|---|---|---|---|---|---|---|---|---|
| Produktivität | Stück/Std. | 10 | 3 | 3 | 2 | 2 | 3 | 3 | 3 | 0 | 0 | 0 | 0 | |
| Flexibilität | Kommissionsfertigung | 5 | 3 | 1 | 2 | 2 | 2 | 3 | 2 | 0 | 0 | 0 | 0 | |
| Anwendungsbereich | Abschnittlänge | 5 | 0 | 0 | 0 | 0 | 0 | 0 | 0 | 0 | 0 | 0 | 0 | |
| | Abmessung des Materials | 5 | 0 | 0 | 0 | 0 | 0 | 0 | 0 | 0 | 0 | 0 | 0 | |
| Anschaffungskosten | günstig | 3 | 1 | 3 | 1 | 1 | 2 | 2 | 3 | 0 | 0 | 0 | 0 | |
| Folgekosten | Werkzeug (günstig) | 7 | 3 | 3 | 2 | 2 | 3 | 3 | 2 | 0 | 0 | 0 | 0 | |
| | Betriebs- u. Hilfsmittel | 3 | 0 | 0 | 0 | 0 | 0 | 0 | 0 | 0 | 0 | 0 | 0 | |
| Platzbedarf | | 2 | 0 | 0 | 0 | 0 | 0 | 0 | 0 | 0 | 0 | 0 | 0 | |
| Genauigkeit | hohe | 10 | 3 | 2 | 3 | 3 | 3 | 2 | 3 | 0 | 0 | 0 | 0 | |
| | | 0 | 0 | 0 | 0 | 0 | 0 | 0 | 0 | 0 | 0 | 0 | 0 | |
| | | 0 | 0 | 0 | 0 | 0 | 0 | 0 | 0 | 0 | 0 | 0 | 0 | |
| Angebot vor Peripherieger. | Qualitätskontrolle | 7 | 0 | 0 | 0 | 0 | 0 | 0 | 0 | 0 | 0 | 0 | 0 | |
| | SPC-Daten | 7 | 0 | 0 | 0 | 0 | 0 | 0 | 0 | 0 | 0 | 0 | 0 | |
| | | 0 | 0 | 0 | 0 | 0 | 0 | 0 | 0 | 0 | 0 | 0 | 0 | |
| | | 0 | 0 | 0 | 0 | 0 | 0 | 0 | 0 | 0 | 0 | 0 | 0 | |
| | | 0 | 0 | 0 | 0 | 0 | 0 | 0 | 0 | 0 | 0 | 0 | 0 | |
| | | 0 | 0 | 0 | 0 | 0 | 0 | 0 | 0 | 0 | 0 | 0 | 0 | |

**ausgewählte Lieferanten (stM)** (2)

| | | | Meier | Schulzwe | Altmann | Müller | Schu | Neumann | 123 Produkte | | | keine | keine |
|---|---|---|---|---|---|---|---|---|---|---|---|---|---|
| **Erfüllungsgrad** | Summe | 620 abs. | 99 | 85 | 77 | 77 | 97 | 92 | 93 | 0 | 0 | 0 | 0 |
| **Erfüllungsgrad** | Summe | (5) 100% relat | 16% | 14% | 12% | 12% | 16% | 15% | 15% | 0% | 0% | 0% | 0% |

**Summenbildung Beziehungsmatrix (FdK) zu (AL)**

| | | | | | | | | | | | |
|---|---|---|---|---|---|---|---|---|---|---|---|
| | 30 | 30 | 20 | 20 | 30 | 30 | 30 | 0 | 0 | 0 | 0 |
| | 15 | 5 | 10 | 10 | 10 | 15 | 10 | 0 | 0 | 0 | 0 |
| | 0 | 0 | 0 | 0 | 0 | 0 | 0 | 0 | 0 | 0 | 0 |
| | 0 | 0 | 0 | 0 | 0 | 0 | 0 | 0 | 0 | 0 | 0 |
| | 3 | 9 | 3 | 3 | 6 | 6 | 9 | 0 | 0 | 0 | 0 |
| | 21 | 21 | 14 | 14 | 21 | 21 | 14 | 0 | 0 | 0 | 0 |
| | 0 | 0 | 0 | 0 | 0 | 0 | 0 | 0 | 0 | 0 | 0 |
| | 0 | 0 | 0 | 0 | 0 | 0 | 0 | 0 | 0 | 0 | 0 |
| | 30 | 20 | 30 | 30 | 30 | 20 | 30 | 0 | 0 | 0 | 0 |
| | 0 | 0 | 0 | 0 | 0 | 0 | 0 | 0 | 0 | 0 | 0 |
| | 0 | 0 | 0 | 0 | 0 | 0 | 0 | 0 | 0 | 0 | 0 |
| | 0 | 0 | 0 | 0 | 0 | 0 | 0 | 0 | 0 | 0 | 0 |
| | 0 | 0 | 0 | 0 | 0 | 0 | 0 | 0 | 0 | 0 | 0 |
| | 0 | 0 | 0 | 0 | 0 | 0 | 0 | 0 | 0 | 0 | 0 |
| | 0 | 0 | 0 | 0 | 0 | 0 | 0 | 0 | 0 | 0 | 0 |
| | 0 | 0 | 0 | 0 | 0 | 0 | 0 | 0 | 0 | 0 | 0 |
| | 0 | 0 | 0 | 0 | 0 | 0 | 0 | 0 | 0 | 0 | 0 |
| **Summe** | **99** | **85** | **77** | **77** | **97** | **92** | **93** | **0** | **0** | **0** | **0** |

Dokument: EINKAUF QFD-Lieferantenbewertung
© BSBE European Business School for Business Excellence Ltd. 2014,
Freigegeben: Klaus Mustermann, Datum: 05.01.2014, Handelsunternehmen 1
Seite 1 von 1

**BILD 5.12** Formular: EINKAUF: QFD Lieferantenbewertung

## ■ 5.5 SERVICE (AA)

Der Service benötigt die Arbeitsaufgaben:
1. SERVICE: Montage/Wartung/Reparatur/Reklamation in der Werkstatt (AA)
2. SERVICE: Montage/Wartung/Reparatur/Reklamation beim Kunden vor Ort (AA)
3. SERVICE: Überwachungs- und Messmittel verwalten (AA)

### SERVICE: Montage/Wartung/Reparatur/Reklamation in der Werkstatt (AA)

Mit dieser Arbeitsaufgabe werden Montage, Wartung, Reparatur und Reklamation prozessorientiert beschrieben (Bild 5.13).

Bei Montage, Wartung, Reparatur und Reklamation sind folgende Punkte abzuklären:

- technische Klärung,
- Ersatzmaschine stellen,
- Ersatzteile vorhanden,
- Maschinenzubehör komplett,
- Gebrauchtmaschinen aufbereiten.

Bei kleineren Maschinen, Geräten und Anlagen wird die Montage in der Werkstatt durchgeführt. Der Anbau des Zubehörs erfolgt ebenfalls in der Werkstatt.

Fehlerhafte Kundenprodukte werden ausgesondert und gesperrt.

Die Gebrauchtmaschine wird nicht direkt in einen betriebsfähigen Zustand versetzt, da eventuell erst ein potenzieller Kunde gefunden werden muss. Die Maschine kann auch als Ersatzteilspender verwendet werden, wenn die Verkaufschancen als komplette Maschine nicht mehr gegeben sind.

**WECHSELWIRKUNG** Aus dieser Arbeitsaufgabe wird eventuell auf weitere Arbeitsaufgaben und dokumentierte Verfahren verwiesen (Wechselwirkung). Eine detaillierte Beschreibung erfolgt in diesen Dokumenten.

**KORREKTUR- UND VORBEUGUNGSMASSNAHMEN** Es sind eventuell Korrektur- oder Vorbeugungsmaßnahmen einzuleiten. Im Bedarfsfall ist das Formular *QM: Korrektur- und Vorbeugungsmaßnahmen* auszufüllen.

## 5.5 Service (AA)

**SERVICE: Montage / Wartung / Reparatur / Reklamation in der Werkstatt (AA)**

| Tätigkeit / Prozessschritte | E/D Führung | D Vertrieb Innend. | D Vertrieb Techn. | D Vertrieb Außend. | D Einkauf, Logistik, Auftragsabw. | D Service | D WE, Lager, Versand | D Extern | Wechselwirkung / Checkliste | Dokumentation |
|---|---|---|---|---|---|---|---|---|---|---|
| *Kapazitätsplanung durchführen* | X | | | | X | X | | | **Prüfen:** Termin, Kapazitätsauslastung, Mitarbeiter, Überwachungs- und Messmittel, Maschinen, Geräte, Anlagen, Zubehör, Ersatzteile, Subunternehmer **Arbeitsaufgabe (AA):** EINKAUF: Disposition / Anfrage / Preisvergleich / Bestellung **Arbeitsaufgabe (AA):** EINKAUF: Bestellung verfolgen **Arbeitsaufgabe (AA):** EINKAUF: Reklamation / Falschlieferung | • Pflichtenheft<br>• Kundenauftrag<br>• Maschinenkarte |
| *Vom Kunden beigestellte Anbauten und Unterlagen berücksichtigen* | | | | | | X | X | | Vertraulichkeit der Zeichnung, Muster, Kundenanbauten, Lagerung, Rücksendung **Arbeitsaufgabe (AA):** WARENEINGANG: Wareneingang extern | • Pflichtenheft<br>• Kundenauftrag<br>• Maschinenkarte<br>• Kundenlieferschein |
| *Monteureinsatz planen* | | | X | X | X | | | X | Termin mit Kunden und Subunternehmer abstimmen | • Kundenauftrag<br>• Maschinenkarte |
| **Nachfolgende Tätigkeiten erfolgen bei _neuen_ Maschinen, Geräten, Anlagen.** | | | | | | | | | | |
| *Maschinen, Geräte, Anlagen, Zubehör, Ersatzteile vom Lager auslagern* | | | | | | X | X | | Maschinen, Geräte, Anlagen, Zubehör, Ersatzteile, Kundenanbauten, Beschädigung vermeiden, Transporthilfsmittel nutzen **Arbeitsaufgabe (AA):** LAGER: Produkte einlagern / auslagern | • Kundenauftrag<br>• Maschinenkarte |
| *Maschinen, Geräte, Anlagen komplettieren* | | | X | | | X | | | Komplettierung durchführen | • Kundenauftrag<br>• Maschinenkarte |
| **Nachfolgende Tätigkeiten erfolgen bei der _Wartung / Reparatur / Reklamation_ von Maschinen, Geräten, Anlagen.** | | | | | | | | | | |
| *Bei Maschinen, Geräten, Anlagen technische Prüfung durchführen* | | | X | | | X | | | Evtl. Kostenvoranschlag erstellen, Reparatur freigegeben, fehlerhafte Produkte sperren | • Kundenauftrag<br>• Maschinenkarte |
| *Maschinen, Geräte, Anlagen, Zubehör, Ersatzteile vom Lager auslagern* | | | | | | X | X | | Maschinen, Geräte, Anlagen, Zubehör, Ersatzteile, Kundenanbauten, Beschädigung vermeiden, Transporthilfsmittel nutzen **Arbeitsaufgabe (AA):** LAGER: Produkte einlagern / auslagern | • Kundenauftrag<br>• Maschinenkarte |
| *Maschinen, Geräte, Anlagen warten / reparieren* | | | X | | | X | | | Reparatur freigegeben. Die Produkte werden repariert. | • Kundenauftrag<br>• Maschinenkarte |
| **Nachfolgende Tätigkeiten erfolgen bei _Gebrauchtmaschinen_.** | | | | | | | | | | |
| *Maschinen, Geräte, Anlagen technische Prüfung durchführen* | | | X | | | X | | | Evtl. Kostenvoranschlag erstellen, Reparatur freigegeben, fehlerhafte Produkte sperren | • Kundenauftrag<br>• Maschinenkarte |

**Dokument:** Bild 5.13 SERVICE_Montage_Wartung_Reparatur_Reklamation_Werkstatt.doc
© BSBE European Business School for Business Excellence Ltd. 2014,
Freigegeben: Klaus Mustermann, Datum: 05.01.2014, Handelsunternehmen 1
Seite 1 von 2

**BILD 5.13** SERVICE: Montage/Wartung/Reparatur/Reklamation in der Werkstatt (AA) (Ausschnitt)

## SERVICE: Montage/Wartung/Reparatur/Reklamation beim Kunden vor Ort (AA)

Mit dieser Arbeitsaufgabe werden Montage, Wartung, Reparatur und Reklamation prozessorientiert beschrieben (Bild 5.14).

Bei Montage, Wartung, Reparatur und Reklamation sind folgende Punkte abzuklären:

- Vorabbesuch beim Kunden notwendig,
- Monteureinsatz planen,
- Kundenanbauteile berücksichtigen,
- Ersatzmaschine stellen,
- Ersatzteile vorhanden,
- Reklamationen berücksichtigen,
- nicht benötigte Teile wieder mitbringen,
- Zubehör komplett,
- Subunternehmer verfügbar.

Bei größeren Maschinen, Geräten und Anlagen wird die Montage beim Kunden durchgeführt. Der Anbau des Zubehörs erfolgt ebenfalls direkt beim Kunden. Auf dem Fahrauftrag erfolgt die Bestätigung des Kunden mit der Abnahmeerklärung.

**WECHSELWIRKUNG** Aus dieser Arbeitsaufgabe wird eventuell auf weitere Arbeitsaufgaben und dokumentierte Verfahren verwiesen (Wechselwirkung). Eine detaillierte Beschreibung erfolgt in diesen Dokumenten.

**KORREKTUR- UND VORBEUGUNGS- MASSNAHMEN** Es sind eventuell Korrektur- oder Vorbeugungsmaßnahmen einzuleiten. Im Bedarfsfall ist das Formular *QM: Korrektur- und Vorbeugungsmaßnahmen* auszufüllen.

## SERVICE: Montage / Wartung / Reparatur / Reklamation beim Kunden vor Ort (AA)

| Tätigkeit / Prozessschritte | E/D Führung | D Vertrieb Innend. | D Vertrieb Techn. | D Vertrieb Außend. | D Einkauf, Logistik, Auftragsabw. | D Service | D WE, Lager, Versand | D Extern | Wechselwirkung / Checkliste | Dokumentation |
|---|---|---|---|---|---|---|---|---|---|---|
| *Kapazitätsplanung durchführen* | X | | | | X | X | | | **Prüfen:** Termin, Kapazitätsauslastung, Mitarbeiter, Überwachungs- und Messmittel, Maschinen, Geräte, Anlagen, Zubehör, Ersatzteile, Subunternehmer **Arbeitsaufgabe (AA):** EINKAUF: Disposition / Anfrage / Preisvergleich / Bestellung **Arbeitsaufgabe (AA):** EINKAUF: Bestellung verfolgen **Arbeitsaufgabe (AA):** EINKAUF: Reklamation / Falschlieferung | • Pflichtenheft  • Kundenauftrag  • Maschinenkarte |
| *Vom Kunden beigestellte Anbauten und Unterlagen berücksichtigen* | | | | | X | X | | | Vertraulichkeit der Zeichnung, Muster, Kundenanbauten, Lagerung, Rücksendung | • Pflichtenheft  • Kundenauftrag  • Maschinenkarte |
| *Monteureinsatz planen* | | | X | X | X | | | X | Termin mit Kunden und Subunternehmer abstimmen | • Kundenauftrag  • Maschinenkarte |
| **Nachfolgende Tätigkeiten erfolgen bei _neuen_ Maschinen, Geräten, Anlagen.** | | | | | | | | | | |
| *Maschinen, Geräte, Anlagen, Zubehör, Ersatzteile vom Lager auslagern* | | | | | | X | X | | Maschinen, Geräte, Anlagen, Zubehör, Ersatzteile, Kundenanbauten, Beschädigung vermeiden, Transporthilfsmittel nutzen **Arbeitsaufgabe (AA):** LAGER: Produkte einlagern / auslagern | • Kundenauftrag  • Maschinenkarte |
| *Maschinen, Geräte, Anlagen komplettieren* | | | X | | | X | | | Komplettierung durchführen | • Kundenauftrag  • Maschinenkarte |
| **Nachfolgende Tätigkeiten erfolgen bei der _Wartung / Reparatur / Reklamation_ von Maschinen, Geräten, Anlagen.** | | | | | | | | | | |
| *Maschinen, Geräte, Anlagen technische Prüfung durchführen* | | | X | | | X | | | Evtl. Kostenvoranschlag erstellen, Reparatur freigegeben, fehlerhafte Produkte sperren | • Kundenauftrag  • Maschinenkarte |
| *Maschinen, Geräte, Anlagen, Zubehör, Ersatzteile vom Lager auslagern* | | | | | | X | X | | Maschinen, Geräte, Anlagen, Zubehör, Ersatzteile, Kundenanbauten, Beschädigung vermeiden, Transporthilfsmittel nutzen **Arbeitsaufgabe (AA):** LAGER: Produkte einlagern / auslagern | • Kundenauftrag  • Maschinenkarte |
| *Maschinen, Geräte, Anlagen warten / reparieren* | | | X | | | X | | | Reparatur freigegeben. Die Produkte werden repariert. | • Kundenauftrag  • Maschinenkarte |
| *Maschinen, Geräte, Anlagen Endprüfung durchführen* | | | | | X | | | | **Prüfen:** Produkte funktionsbereit, Oberfläche, Ansicht, Beschädigung vermeiden, Transporthilfsmittel nutzen, fehlerhafte Produkte sperren | • Kundenauftrag  • Maschinenkarte |

Dokument: Bild 5.14 SERVICE_Montage_Wartung_Reparatur_Reklamation_Kunde vor Ort.doc
© BSBE European Business School for Business Excellence Ltd. 2014,
Freigegeben: Klaus Mustermann, Datum: 05.01.2014, Handelsunternehmen 1
Seite 1 von 2

**BILD 5.14** SERVICE: Montage/Wartung/Reparatur/Reklamation beim Kunden vor Ort (AA) (Ausschnitt)

## SERVICE: Überwachungs- und Messmittel verwalten (AA)

Mit dieser Arbeitsaufgabe wird die Verwaltung von Überwachungs- und Messmitteln prozessorientiert beschrieben (Bild 5.15).

Je nach geforderter Präzision der Produkte sind die Überwachungs- und Messmittel schon kalibriert. Zunächst werden alle Überwachungs- und Messmittel nach drei Kriterien begutachtet:

1. Wird das Überwachungs- und Messmittel für die Prüfung der Produkte genutzt?
2. Ist die benötigte Genauigkeit vorhanden? (Im Normalfall trifft dies jetzt schon zu, sonst würden die Produkte vom Kunden nicht abgenommen.)
3. Ist das Überwachungs- und Messmittel zu kalibrieren, anderweitig noch nutzbar oder sollte es entsorgt werden?
4. Kann das Überwachungs- und Messmittel selbst verifiziert werden?

Die Kalibrierung stellt nur den Zustand des Überwachungs- und Messmittels fest. In vielen Fällen kann das Überwachungs- und Messmittel nicht aufgearbeitet werden. Deshalb sollte man vorher überlegen, ob ein Neukauf preiswerter ist.

**EINFACHE VERWALTUNG DER ÜBERWACHUNGS- UND MESSMITTEL**

Die Arbeitsaufgabe zeigt den Ablauf der Überwachungs- und Messmittelverwaltung. Mit dem Kalibrierer kann eine erweiterte Vereinbarung getroffen werden. Der Kalibrierer übernimmt die Verwaltung der Überwachungs- und Messmittel, da er die Daten sowieso im EDV-System gespeichert hat. Dies erspart die Verwaltungsarbeit in der eigenen Organisation, wie z. B. das Erstellen der Überwachungs- und Messmittellisten und die Kontrolle des Datums. Die Organisation erhält vom Kalibrierer eine Sammelliste der Überwachungs- und Messmittel, um so jederzeit eine Übersicht über die vorhandenen Überwachungs- und Messmittel zu bekommen.

Das Kalibrierintervall wird von der Organisation mit dem Kalibrierer festgelegt. Dabei spielen Nutzungshäufigkeit und Genauigkeit der Prüfung eine weitere Rolle.

**MITARBEITER ÜBERNEHMEN DIE VERANTWORTUNG**

Wenn möglich, werden die Mitarbeiter festgelegt, die die Verantwortung für die Überwachungs- und Messmittel übernommen haben. Der Mitarbeiter bestätigt das mit seiner Unterschrift.

Nach erfolgter Kalibrierung erhält das Überwachungs- und Messmittel eine Plakette, die eine erfolgreiche Kalibrierung bestätigt.

Nach dieser Radikalkur gibt es nur noch zwei Arten von Überwachungs- und Messmitteln:

1. Überwachungs- und Messmittel, die zur Prüfung von Serien- und Sonderprodukten genutzt werden dürfen (mit Plakette).
2. Überwachungs- und Messmittel, die zu einfacheren Messungen herangezogen werden, jedoch nicht zu Prüfung von Serien- und Sonderprodukten (ohne Plakette).

Sollte bei Überwachungs- und Messmitteln unter Punkt 1 die Plakette verloren gehen, dann tritt automatisch Punkt 2 in Kraft.

**WECHSELWIRKUNG**

Aus dieser Arbeitsaufgabe wird eventuell auf weitere Arbeitsaufgaben und dokumentierte Verfahren verwiesen (Wechselwirkung). Eine detaillierte Beschreibung erfolgt in diesen Dokumenten.

**KORREKTUR- UND VORBEUGUNGSMASSNAHMEN**

Es sind eventuell Korrektur- oder Vorbeugungsmaßnahmen einzuleiten. Im Bedarfsfall ist das Formular *QM: Korrektur- und Vorbeugungsmaßnahmen* auszufüllen.

## SERVICE: Überwachungs- und Messmittel verwalten (AA)

| Tätigkeit / Prozessschritte ↓ | E/D Führung | D Vertrieb Innend. | D Vertrieb Techn. | D Vertrieb Außend. | D Einkauf, Logistik, Auftragsabw. | D Service | D WE, Lager, Versand | D Extern | Wechselwirkung / Checkliste | Dokumentation |
|---|---|---|---|---|---|---|---|---|---|---|
| Kriterien für Überwachungs- und Messmittel festlegen | X | | X | | | X | | | **Prüfen:** Garantiezeit des Herstellers, Kalibriervorschriften, Kaufpreis der Überwachungs- und Messmittel, Einfluss auf den Service oder das Produkt, Verfügbarkeit, eigene Kalibrierung, Fremdkalibrierung, eigene Verifizierung oder grundsätzlich Neukauf, evtl. Lieferanten festlegen<br><br>**1. mit Plakette:** zur Prüfung von Serien- und Sonderprodukten mit Einfluss auf die Produktqualität<br><br>**2. ohne Plakette:** für sonstige Messungen | • Liste Überwachungsmittel, Messmittel |
| Überwachungs- und Messmittel in Überwachungs- und Messmittelliste aufnehmen | | | | | | X | | | **Prüfen:** Eigene Kalibrierung, Fremdkalibrierung, eigene Verifizierung oder grundsätzlich Neukauf | • Liste Überwachungsmittel, Messmittel |
| Kalibriertermine für Überwachungs- und Messmittel überwachen | | | | | X | X | | | **Prüfen:** Neukauf: Einkauf benachrichtigen, wenn Termin erreicht<br>Fremdkalibrierung: Einkauf benachrichtigen, wenn Termin erreicht<br>**Arbeitsaufgabe (AA):** EINKAUF: Disposition / Anfrage / Preisvergleich / Bestellung<br>Eigene Verifizierung: Service benachrichtigen, wenn Termin erreicht | • Liste Überwachungsmittel, Messmittel |
| *Nachfolgende Tätigkeiten werden nur bei eigener Verifizierung durchgeführt.* | | | | | | | | | | |
| Verifizierung von Überwachungs- und Messmitteln durchführen | | | | | | X | | | **Prüfen:** Die Verifizierung erfolgt mit dem kalibrierten Endmaßkasten Nr. 34.<br><br>**1. mit Plakette:** zur Prüfung von Serien- und Sonderprodukten mit Einfluss auf die Produktqualität<br><br>**2. ohne Plakette:** für sonstige Messungen | • Liste Überwachungsmittel, Messmittel |

**BILD 5.15** SERVICE: Überwachungs- und Messmittel verwalten (AA) (Ausschnitt)

## Formular: SERVICE: Überwachungs- und Messmittel verwalten

Mit diesem Formular werden die Überwachungs- und Messmittel festgelegt, die die Organisation als notwendig eingestuft hat (Bild 5.16).

Das Formular ermöglicht die einfache Verwaltung von Überwachungs- und Messmitteln, wenn dies nicht durch den Kalibrierer durchgeführt werden soll. Es wird von ca. 30 Überwachungs- und Messmitteln ausgegangen.

Das Formular ist von einem verantwortlichen Mitarbeiter auszufüllen und auf dem aktuellen Stand zu halten.

1. Die Nummer oder Seriennummer oder eine sonstige vorhandene Nummer sind hier einzutragen.
2. Das Überwachungs- und Messmittel muss eindeutig identifizierbar sein, dies ist besonders wichtig, wenn vom gleichen Typ mehrere Überwachungs- und Messmittel vorhanden sind.
3. Die Funktionseinheit und der verantwortliche Mitarbeiter, der das Überwachungs- und Messmittel nutzt, sind hier einzutragen. Der Mitarbeiter muss unterschreiben, dass er das Überwachungs- und Messmittel erhalten hat oder dafür verantwortlich ist.
4. Hier muss vermerkt werden, ob die Überwachungs- und Messmittel *kalibriert* oder *verifiziert* werden (*kalibriert* = extern, *verifiziert* = intern).
5. Der nächste Termin muss festgelegt werden.
6. Das Anschaffungsjahr ist hier einzutragen.
7. Das Aussonderungsjahr ist hier einzutragen.
8. Unter *Bemerkungen* können alle zu den Überwachungs- und Messmitteln notwendigen Hinweise zu vermerkt werden.

**VERANTWORTUNG DER MITARBEITER**

Die Zuordnung des Mitarbeiters (Punkt 3) wirkt oft Wunder, da die Verantwortung festgelegt wird. In festgelegten Abständen, z. B. alle zwei Wochen, muss der Mitarbeiter *sein* Überwachungs- und Messmittel dem Vorgesetzten zeigen und mit Unterschrift bestätigen lassen. Diese Vorgehensweise hat sich als sehr nützlich herausgestellt, wenn angeblich keiner das Überwachungs- und Messmittel beschädigt oder verloren hat.

## 5.5 Service (AA)

**SERVICE: Überwachungs- und Messmittel verwalten**

| Nr. | Überwachungsmittel, Messmittel | Abteilung | Verantwortung Mitarbeiter | Kalibrieren verifizieren | Nächster Termin | Anschaffung Jahr | Aussonderung Jahr | Bemerkungen |
|---|---|---|---|---|---|---|---|---|
| (1) | (2) | (3) | (3) | (4) | (5) | (6) | (7) | (8) |
| 01 | Bügelmessschr. 0–25 mm | Fräsen | Schulz | Kalibrieren | 15.03.2014 | 2011 | | • **Kalibrieren** = Fremdkalibrierung. <br>• **Verifizieren** = eigene Verifizierung durch den Service. <br>• Die **Fremdkalibrierung** erfolgt bei Meier & Schulze. <br>• Neue Überwachungs- und Messmittel werden bei Meier & Schulze beschafft. <br>• Die **Verifizierung** von Überwachungs- und Messmitteln mit Plakette erfolgt mit dem kalibrierten Endmaßkasten. <br>• **Mit Plakette** <br>• Messprotokoll Nr. 23486, 12.03.2013 <br>• **Ohne Plakette** <br>• **Mit Plakette** <br>• Die Verifizierung erfolgt vor jeder Messung. <br>• Neukauf, wenn nicht mehr im Toleranzbereich. <br>• **Mit Plakette** <br>• Messprotokoll Nr. 23487, 13.03.2013 <br>• **Der Endmaßkasten darf nur zur Verifizierung von Überwachungs- und Messmitteln genutzt werden.** |
| 02 | Bügelmessschr. 25–50 mm | Fräsen | Schulz | Verifizieren | 15.03.2014 | 2011 | | |
| 23 | Messschieber 150 mm | Fräsen | Schulz | Verifizieren | Vor jeder Messung durch Mitarbeiter | 2013 Garantie 2 Jahre | | |
| 34 | **Endmaßkasten Mauser Gen. 1** | Qualitätssicherung | Günther | Kalibrieren | 15.03.2014 | 2011 | | |

**BILD 5.16** Formular: SERVICE: Überwachungs- und Messmittel verwalten

## 5.6 LAGER, WARENEINGANG, VERSAND (AA)

Für das Lager, den Wareneingang und den Versand werden folgende Arbeitsaufgaben benötigt:

1. WARENEINGANG: Wareneingang extern (AA)
2. WARENEINGANG: Wareneingang aus Service (AA)
3. LAGER: Produkte einlagern/auslagern (AA)
4. VERSAND: Produkte versenden (AA)
5. LAGER: Inventur (AA)

### WARENEINGANG: Wareneingang extern (AA)

Mit dieser Arbeitsaufgabe wird der externe Wareneingang prozessorientiert beschrieben (Bild 5.17).

Im Wareneingang werden unterschiedliche Produkte angeliefert und müssen gelenkt werden:

- neue Maschinen, Geräte, Anlagen,
- Maschinen, Geräte, Anlagen zur Wartung, Reparatur, Reklamation,
- Gebrauchtmaschinen,
- Zubehör, Ersatzteile, Überwachungs- und Messmittel,
- vom Kunden beigestellte Anbauten,
- Kunden- und Lieferantenreklamation.

Eine Kennzeichnung der Produkte wird durch den Lieferanten durchgeführt und ist eindeutig. Eine eigene Kennzeichnung entfällt.

Lager und Wareneingangsbereich sind für Neumaschinen, Neugeräte und Neuanlagen vorgesehen. Es ist ein Stellplan mit den Maschinennummern anzulegen, um einen einfacheren Transport zwischen Buchen der Maschinennummer und Versand zu ermöglichen.

**WECHSELWIRKUNG** Aus dieser Arbeitsaufgabe wird eventuell auf weitere Arbeitsaufgaben und dokumentierte Verfahren verwiesen (Wechselwirkung). Eine detaillierte Beschreibung erfolgt in diesen Dokumenten.

**KORREKTUR- UND VORBEUGUNGSMASSNAHMEN** Es sind eventuell Korrektur- oder Vorbeugungsmaßnahmen einzuleiten. Im Bedarfsfall ist das Formular *QM: Korrektur- und Vorbeugungsmaßnahmen* auszufüllen.

## 5.6 Lager, Wareneingang, Versand (AA)

**WARENEINGANG: Wareneingang extern (AA)**

| Tätigkeit / Prozessschritte | E/D Führung | D Vertrieb Innend. | D Vertrieb Techn. | D Vertrieb Außend. | D Einkauf, Logistik, Auftragsabw. | D Service | D WE, Lager, Versand | D Extern | Wechselwirkung / Checkliste | Dokumentation |
|---|---|---|---|---|---|---|---|---|---|---|
| Sichtprüfung durchführen | | | | | | | X | | **Prüfen:** Beschädigung, Anzahl oder Transporteinheiten, Lieferadresse | • |
| Lieferschein und Bestellung mit gelieferten Produkten vergleichen, evtl. Maßprüfung, Oberflächenprüfung durchführen | | | | | | | X | | **Prüfen:** Beschädigung, Anzahl, Artikel, evtl. Maßprüfung, Oberflächenprüfung | • Lieferschein • Bestellung |
| *Nachfolgende Tätigkeiten erfolgen bei neuen Maschinen, Geräten, Anlagen, Zubehör, Ersatzteilen.* | | | | | | | | | | |
| Lieferschein (Lieferant) Produkte als geliefert melden (Maschinen, Geräte, Anlagen, Zubehör, Ersatzteile) | (X) | | | | X | X | X | | **Prüfen:** Lagerort: Neuer Lagerplatz oder bestehender Lagerplatz wird lt. EDV-System zugeordnet. | • Lieferschein (Lieferant) • Einlagerungsschein |
| Produkte auf reservierte Kundenaufträge verteilen (Maschinen, Geräte, Anlagen, Zubehör, Ersatzteile) | (X) | | | | X | X | X | | **Prüfen:** Produkte auf reservierte Kundenaufträge verteilen, Lieferschein (Kunde), restliche Produkte einlagern | • Lieferschein (Kunde) • Einlagerungsschein |
| Produkte nach Vorgabe kennzeichnen (Maschinen, Geräte, Anlagen, Zubehör, Ersatzteile) | | | | | X | X | X | | **Prüfen:** • Nicht kennzeichnen (Hinweis im EDV-System), • nach Katalog kennzeichnen (Hinweis im EDV-System), • nach Kundenvorschrift kennzeichnen (Hinweis auf Lieferschein) Beschädigung vermeiden, Transporthilfsmittel nutzen | • Lieferschein (Kunde) |
| Produkte nach Vorgabe konservieren oder verpacken (Maschinen, Geräte, Anlagen, Zubehör, Ersatzteile) | | | | | X | X | X | | **Prüfen:** • Nicht konservieren, nicht verpacken (Hinweis im EDV-System), • nach eigenen Vorschriften konservieren, verpacken (Hinweis im EDV-System), • nach Kundenvorschrift konservieren, verpacken (Hinweis auf Lieferschein) Beschädigung vermeiden, Transporthilfsmittel nutzen | • Lieferschein (Kunde) |
| Auf Kundenaufträge verteilte Produkte versenden (Maschinen, Geräte, Anlagen, Zubehör, Ersatzteile) | | | | | | X | X | | **Arbeitsaufgabe (AA):** VERSAND: Produkte versenden | • |
| Produkte ans Lager übergeben (Maschinen, Geräte, Anlagen, Zubehör, Ersatzteile) einlagern | | | | | X | X | X | | **Arbeitsaufgabe (AA):** LAGER: Produkte einlagern / auslagern | • |
| *Nachfolgende Tätigkeiten erfolgen bei vom Kunden beigestellten Anbauten.* | | | | | | | | | | |

**Dokument:** Bild 5.17 WARENEINGANG_Wareneingang extern.doc
© BSBE European Business School for Business Excellence Ltd. 2014,
Freigegeben: Klaus Mustermann, Datum: 05.01.2014, Handelsunternehmen 1
Seite 1 von 3

**BILD 5.17** WARENEINGANG: Wareneingang extern (AA) (Ausschnitt)

## WARENEINGANG: Wareneingang aus Service (AA)

Mit dieser Arbeitsaufgabe wird der Wareneingang aus Service prozessorientiert beschrieben (Bild 5.18).

Aus dem Service werden unterschiedliche Produkte angeliefert und müssen gelenkt werden:

- neue komplettierte Maschinen, Geräte, Anlagen,
- Maschinen, Geräte, Anlagen zur Wartung, Reparatur, Reklamation,
- Gebrauchtmaschinen,
- Zubehör, Ersatzteile,
- vom Kunden beigestellte Anbauten,
- Kunden- und Lieferantenreklamation.

Eine Kennzeichnung der Produkte wird durch den Lieferanten durchgeführt und ist eindeutig. Eine eigene Kennzeichnung entfällt.

Lager und Wareneingangsbereich sind für Neumaschinen, Neugeräte und Neuanlagen vorgesehen. Es ist ein Stellplan mit den Maschinennummern anzulegen, um einen einfacheren Transport zwischen Buchen der Maschinennummer und Versand zu ermöglichen.

**WECHSELWIRKUNG** — Aus dieser Arbeitsaufgabe wird eventuell auf weitere Arbeitsaufgaben und dokumentierte Verfahren verwiesen (Wechselwirkung). Eine detaillierte Beschreibung erfolgt in diesen Dokumenten.

**KORREKTUR- UND VORBEUGUNGSMASSNAHMEN** — Es sind eventuell Korrektur- oder Vorbeugungsmaßnahmen einzuleiten. Im Bedarfsfall ist das Formular *QM: Korrektur- und Vorbeugungsmaßnahmen* auszufüllen.

5.6 Lager, Wareneingang, Versand (AA)

## WARENEINGANG: Wareneingang aus Service (AA)

| Tätigkeit / Prozessschritte | E/D Führung | D Vertrieb Innend. | D Vertrieb Techn. | D Vertrieb Außend. | D Einkauf, Logistik, Auftragsabw. | D Service | D WE, Lager, Versand | D Extern | Wechselwirkung / Checkliste | Dokumentation |
|---|---|---|---|---|---|---|---|---|---|---|
| Wareneingangsschein mit gelieferten Produkten vergleichen (Maschinen, Geräte, Anlagen) | | | | | | X | X | | **Prüfen:** Beschädigung, Anzahl, Artikel, Mitteilung an Einkauf **Arbeitsaufgabe (AA):** SERVICE: Montage / Wartung / Reparatur / Reklamation in der Werkstatt | • Kundenauftrag • Maschinenkarte |
| Wareneingangsschein Produkte als geliefert melden (Maschinen, Geräte, Anlagen) | (X) | | | | | X | X | | **Prüfen:** Lagerort: Neuer Lagerplatz oder bestehender Lagerplatz wird lt. EDV-System zugeordnet. | • Kundenauftrag • Maschinenkarte • Einlagerungsschein |
| Produkte auf reservierte Kundenaufträge verteilen (Maschinen, Geräte, Anlagen) | (X) | | | | | X | X | | **Prüfen:** Produkte auf reservierte Kundenaufträge verteilen, Lieferschein, restliche Produkte einlagern | • Kundenauftrag • Maschinenkarte • Lieferschein |
| Produkte nach Vorgabe kennzeichnen (Maschinen, Geräte, Anlagen) | | | | | | X | X | | **Prüfen:** • Nicht kennzeichnen (Hinweis im EDV-System), • nach Katalog kennzeichnen (Hinweis im EDV-System), • nach Kundenvorschrift kennzeichnen (Hinweis auf Lieferschein) Beschädigung vermeiden, Transporthilfsmittel nutzen | • Kundenauftrag • Maschinenkarte • Lieferschein |
| Produkte nach Vorgabe konservieren und / oder verpacken (Maschinen, Geräte, Anlagen) | | | | | | X | X | | **Prüfen:** • Nicht konservieren, nicht verpacken (Hinweis im EDV-System), • nach eigenen Vorschriften konservieren, verpacken (Hinweis im EDV-System), • nach Kundenvorschrift konservieren, verpacken (Hinweis auf Lieferschein) Beschädigung vermeiden, Transporthilfsmittel nutzen | • Kundenauftrag • Maschinenkarte • Lieferschein |
| Auf Kundenaufträge verteilte Produkte versenden (Maschinen, Geräte, Anlagen) | | | | | | | X | | **Arbeitsaufgabe (AA):** VERSAND: Produkte versenden | • |
| Produkte ans Lager übergeben (Maschinen, Geräte, Anlagen) | | | | | | X | X | | **Arbeitsaufgabe (AA):** LAGER: Produkte einlagern / auslagern | • |
| *Nachfolgende Tätigkeiten werden nur bei Bedarf durchgeführt.* | | | | | | | | | | |
| Evtl. Korrekturen oder Verbesserungen im Unternehmen durchführen | X | | | X | X | X | | | **Dokumentiertes Verfahren (dV):** QM: Lenkung fehlerhafter Produkte | • |

| Ständige Verbesserung: | **Methode:** Rückmeldungen von Service, Lager **Informationen:** Maschinenkarte, Hinweise für Kennzeichnung, Konservierung, Verpackung |
|---|---|

**Dokument:** Bild 5.18 WARENEINGANG_Wareneingang aus Service.doc
© BSBE European Business School for Business Excellence Ltd. 2014,
Freigegeben: Klaus Mustermann, Datum: 05.01.2014, Handelsunternehmen 1

**BILD 5.18** WARENEINGANG: Wareneingang aus Service (AA)

## LAGER: Produkte einlagern/auslagern (AA)

Mit dieser Arbeitsaufgabe wird die Einlagerung oder Auslagerung der Produkte aus dem Lager prozessorientiert beschrieben (Bild 5.19).

Lager und Wareneingangsbereich sind für Neumaschinen, Neugeräte und Neuanlagen vorgesehen. Es ist ein Stellplan mit den Maschinennummern anzulegen, um einen einfacheren Transport zwischen Buchen der Maschinennummer und Versand zu ermöglichen.

Dazu zählen folgende Produkte:

- neue komplettierte Maschinen, Geräte, Anlagen,
- Maschinen, Geräte, Anlagen zur Wartung, Reparatur, Reklamation,
- Gebrauchtmaschinen,
- Zubehör, Ersatzteile,
- vom Kunden beigestellte Anbauten,
- Kunden- und Lieferantenreklamation.

Die Ware wird eventuell konserviert und einem bestimmten Lagerplatz zugeordnet. Die Einlagerung erfolgt nach FIFO *(First in, First out)*, ebenso die Auslagerung. **Hinweis:** Hier wurde nur die Einlagerung abgebildet. In der Arbeitsaufgabe ist auch die Auslagerung beschrieben.

**WECHSELWIRKUNG** Aus dieser Arbeitsaufgabe wird eventuell auf weitere Arbeitsaufgaben und dokumentierte Verfahren verwiesen (Wechselwirkung). Eine detaillierte Beschreibung erfolgt in diesen Dokumenten.

**KORREKTUR- UND VORBEUGUNGSMASSNAHMEN** Es sind eventuell Korrektur- oder Vorbeugungsmaßnahmen einzuleiten. Im Bedarfsfall ist das Formular *QM: Korrektur- und Vorbeugungsmaßnahmen* auszufüllen.

## LAGER: Produkte einlagern / auslagern (AA)

| Tätigkeit / Prozessschritte | E/D Führung | D Vertrieb Innend. | D Vertrieb Techn. | D Vertrieb Außend. | D Einkauf, Logistik, Auftragsabw. | D Service | D WE, Lager, Versand | D Extern | Wechselwirkung / Checkliste | Dokumentation |
|---|---|---|---|---|---|---|---|---|---|---|
| *Nachfolgende Tätigkeiten erfolgen bei der <u>Einlagerung</u> von Maschinen, Geräten, Anlagen, Zubehör, Ersatzteilen.* | | | | | | | | | | |
| *Produkte einlagern* | | | X | | | | X | | **Arbeitsaufgabe (AA):** WARENEINGANG: Wareneingang extern **Arbeitsaufgabe (AA):** VERTRIEB: Reklamation **Prüfen:** Neuer Lagerplatz oder bestehender Lagerplatz, Einlagerung nach FIFO, Beschädigung vermeiden, Transporthilfsmittel nutzen | • Einlagerungsschein • Maschinenkarte |
| *Nachfolgende Tätigkeiten erfolgen bei der <u>Einlagerung</u> von Maschinen, Geräten, Anlagen, Zubehör, Ersatzteilen.* | | | | | | | | | | |
| *Produkte einlagern* | | | X | | | X | X | | **Arbeitsaufgabe (AA):** WARENEINGANG: Wareneingang aus Service **Arbeitsaufgabe (AA):** SERVICE: Montage / Wartung / Reparatur / Reklamation beim Kunden vor Ort **Arbeitsaufgabe (AA):** VERTRIEB: Reklamation **Prüfen:** Neuer Lagerplatz oder bestehender Lagerplatz, Einlagerung nach FIFO, Beschädigung vermeiden, Transporthilfsmittel nutzen | • Einlagerungsschein • Maschinenkarte |
| *Nachfolgende Tätigkeiten werden nur bei Bedarf durchgeführt.* | | | | | | | | | | |
| *Evtl. Korrekturen oder Verbesserungen im Unternehmen durchführen* | | X | X | | | X | X | | **Dokumentiertes Verfahren (dV):** QM: Lenkung fehlerhafter Produkte | • |

| **Ständige Verbesserung:** | **Methode:** Rückmeldung von Wareneingang, Vertrieb, Service<br>**Informationen:** Produkterhaltung, Kennzeichnung und Rückverfolgbarkeit, Mengendifferenzen, falscher Lagerplatz, Einlagerung nicht nach FIFO, kein Transporthilfsmittel |
|---|---|

**BILD 5.19** LAGER: Produkte einlagern / auslagern (AA) (Ausschnitt)

## VERSAND: Produkte versenden (AA)

Mit dieser Arbeitsaufgabe wird der Versand der Produkte prozessorientiert beschrieben (Bild 5.20).

Der Versand verschickt unterschiedliche Produkte mit Versendern, Bahn, Spediteur usw.

Dazu zählen folgende Produkte:

- neue komplettierte Maschinen, Geräte, Anlagen,
- Maschinen, Geräte, Anlagen zur Wartung, Reparatur, Reklamation,
- Gebrauchtmaschinen,
- Zubehör, Ersatzteile,
- vom Kunden beigestellte Anbauten,
- Kunden- und Lieferantenreklamation.

Es erfolgt nur eine Sichtprüfung, um die unterschiedlichen Produkte dem jeweiligen Empfänger korrekt zuzuordnen.

Die Ware wird gekennzeichnet, verpackt und versandfertig vorbereitet.

**WECHSELWIRKUNG**

Aus dieser Arbeitsaufgabe wird eventuell auf weitere Arbeitsaufgaben und dokumentierte Verfahren verwiesen (Wechselwirkung). Eine detaillierte Beschreibung erfolgt in diesen Dokumenten.

**KORREKTUR- UND VORBEUGUNGSMASSNAHMEN**

Es sind eventuell Korrektur- oder Vorbeugungsmaßnahmen einzuleiten. Im Bedarfsfall ist das Formular *QM: Korrektur- und Vorbeugungsmaßnahmen* auszufüllen.

## 5.6 Lager, Wareneingang, Versand (AA)

### VERSAND: Produkte versenden (AA)

| Tätigkeit / Prozessschritte | E/D Füh-rung | D Ver-trieb Innend. | D Ver-trieb Techn. | D Ver-trieb Au-ßend. | D Ein-kauf, Logis-tik, Auf-trags-abw. | D Ser-vice | D WE, La-ger, Ver-sand | D Ex-tern | Wechselwirkung / Checkliste | Dokumentation |
|---|---|---|---|---|---|---|---|---|---|---|
| *Nachfolgende Tätigkeiten erfolgen beim Versand von Maschinen, Geräten, Anlagen, Zubehör, Ersatzteilen.* | | | | | | | | | | |
| Produkte aus dem Lager zum Versand erhalten | | | | | | | X | | **Arbeitsaufgabe (AA):** LAGER: Produkte einlagern / auslagern | • |
| Produkte aus dem Wareneingang zum Versand erhalten | | | | | | X | X | | **Arbeitsaufgabe (AA):** WARENEINGANG: Wareneingang aus Service | • |
| Produkte mit Lieferschein vergleichen | | | | | | | X | | **Prüfen:** Anzahl, Artikel-Nr., Lieferadresse, Beschädigung | • Lieferschein |
| Produkte versandfertig verpacken | | | | | | | X | | **Prüfen:** Karton, Kiste, Kundenwunsch, Kundenverpackung, Füllmaterial, Empfindlichkeit für Beschädigungen berücksichtigen, Gefahrensymbole | • Lieferschein |
| Versender wählen | | | | | | | X | | **Prüfen:** Länge, Breite, Höhe, Gewicht, Versandart, Kundenwunsch, Empfindlichkeit für Beschädigungen berücksichtigen, Gefahrensymbole | • Lieferschein |
| Versandbelege erstellen und buchen | | | | | | | X | | **Prüfen:** Versender hat eigene Vordrucke, Standardvordrucke. Versand im EDV-System buchen. | • Lieferschein<br>• Versandbelege |
| Versandbelege abheften | | | | | | | X | | **Prüfen:** Versandbelege archivieren | • Lieferschein<br>• Versandbelege |
| *Nachfolgende Tätigkeiten erfolgen:*<br>• *bei Rücksendung von vom Kunden beigestellten Anbauten und Unterlagen,*<br>• *bei abgelehnter Kundenreklamation.* | | | | | | | | | | |
| Produkte mit Lieferschein vergleichen | | X | | | | | X | | **Prüfen:** Anzahl, Artikel-Nr., Lieferadresse, Beschädigung<br>**Arbeitsaufgabe (AA):** VERTRIEB: Auftrag ändern / stornieren<br>**Arbeitsaufgabe (AA):** VERTRIEB: Reklamation | • Lieferschein |
| Produkte versandfertig verpacken | | | | | | X | | | **Prüfen:** Karton, Kiste, Kundenwunsch, Kundenverpackung, Füllmaterial, Empfindlichkeit für Beschädigungen berücksichtigen, Gefahrensymbole | • Lieferschein |
| Versender wählen | | | | | | | X | | **Prüfen:** Länge, Breite, Höhe, Gewicht, Versandart, Kundenwunsch, Empfindlichkeit für Beschädigungen berücksichtigen | • Lieferschein |

**Dokument:** Bild 5.20 VERSAND_Produkte versenden.doc
© BSBE European Business School for Business Excellence Ltd. 2014,
Freigegeben: Klaus Mustermann, Datum: 05.01.2014, Handelsunternehmen 1
Seite 1 von 2

**BILD 5.20** VERSAND: Produkte versenden (AA) (Ausschnitt)

## LAGER: Inventur (AA)

Mit dieser Arbeitsaufgabe wird die permanente Inventur prozessorientiert beschrieben (Bild 5.21).

Die Jahresinventur dient gleichzeitig der Produktbeurteilung nach folgenden Kriterien:

- Lagerhüter,
- neue komplettierte Maschinen, Geräte, Anlagen,
- Maschinen, Geräte, Anlagen zur Wartung, Reparatur, Reklamation,
- Gebrauchtmaschinen,
- Zubehör, Ersatzteile,
- Korrekter Lagerort/Lagerplatz.

Die Produkte werden durch Sichtprüfung beurteilt. Die Inventurlisten werden durch ein EDV-Programm erstellt und mit dem Bestand abgeglichen.

**WECHSELWIRKUNG**  Aus dieser Arbeitsaufgabe wird eventuell auf weitere Arbeitsaufgaben und dokumentierte Verfahren verwiesen (Wechselwirkung). Eine detaillierte Beschreibung erfolgt in diesen Dokumenten.

**KORREKTUR- UND VORBEUGUNGS- MASSNAHMEN**  Es sind eventuell Korrektur- oder Vorbeugungsmaßnahmen einzuleiten. Im Bedarfsfall ist das Formular *QM: Korrektur- und Vorbeugungsmaßnahmen* auszufüllen.

## 5.6 Lager, Wareneingang, Versand (AA)

### LAGER: Inventur (AA)

| Tätigkeit / Prozessschritte | E/D Führung | D Vertrieb Innend. | D Vertrieb Techn. | D Vertrieb Außend. | D Einkauf, Logistik, Auftragsabw. | D Service | D WE, Lager, Versand | D Extern | Wechselwirkung / Checkliste | Dokumentation |
|---|---|---|---|---|---|---|---|---|---|---|
| *Nachfolgende Tätigkeiten erfolgen bei der Inventur von Maschinen, Geräten, Anlagen, Zubehör, Ersatzteilen.* | | | | | | | | | | |
| *Lagerliste ausdrucken* | (X) | | X | | | | | | **Prüfen:** Nach Lagerort ausdrucken | • Inventurliste |
| *Inventur durchführen* | (X) | | X | X | | | | | **Prüfen:** Es darf während der Inventur keine physische Bewegung der Produkte erfolgen. Produkterhaltung überprüfen (Sichtkontrolle). | • Inventurliste |
| *Bestandskorrekturen durchführen* | (X) | | X | | | | | | **Prüfen:** Die Bestandskorrektur ist im EDV-System zu begründen. | • Inventurliste |
| *Inventur bewerten* | (X) | | X | | | | | | **Prüfen:** Die Bewertung der Inventur muss kurzfristig erfolgen. Es erfolgt eine Mengen- und Preisbewertung mit dem EDV-System. | • Inventurliste |
| *Nachfolgende Tätigkeiten werden nur bei Bedarf durchgeführt.* | | | | | | | | | | |
| *Evtl. Korrekturen oder Verbesserungen im Unternehmen durchführen* | | | | X | | X | | | **Dokumentiertes Verfahren (dV):** QM: Korrekturmaßnahmen **Dokumentiertes Verfahren (dV):** QM: Vorbeugungsmaßnahmen | • |

| Ständige Verbesserung: | **Methode:** Rückmeldungen von Lager, Einkauf, Service<br>**Informationen:** Produkterhaltung, Kennzeichnung und Rückverfolgbarkeit, Mengendifferenzen |
|---|---|

**BILD 5.21** LAGER: Inventur (AA)

# 5.7 VERANTWORTUNG DER LEITUNG (AA)

Für die Verantwortung der Leitung werden folgende Arbeitsaufgaben benötigt:

1. QM: Verantwortung der Leitung (AA)
2. QM: Qualitätspolitik (AA)
3. QM: Messbare Qualitätsziele (AA)
4. QM: Managementbewertung (AA)

### QM: Verantwortung der Leitung (AA)

Mit dieser Arbeitsaufgabe wird die Verantwortung der Leitung prozessorientiert beschrieben (Bild 5.22).

Dazu gehören:

1. die Selbstverpflichtung der Leitung mit planen, festlegen und umsetzen,
2. die Qualitätspolitik,
3. die messbaren Qualitätsziele,
4. die Managementbewertung,
5. die Ressourcen,
6. die Kundenorientierung,
7. die Planung des Qualitätsmanagementsystems,
8. die Zuordnung von Verantwortung,
9. die Befugnis und die Kommunikation,
10. die personellen Ressourcen, die Infrastruktur,
11. die Arbeitsumgebung.

Mit dieser Arbeitsaufgabe werden die **Norm-Kapitel 5 Verantwortung der Leitung** und **6 Management von Ressourcen** prozessorientiert beschrieben.

**WECHSELWIRKUNG** Aus dieser Arbeitsaufgabe wird eventuell auf weitere Arbeitsaufgaben und dokumentierte Verfahren verwiesen (Wechselwirkung). Eine detaillierte Beschreibung erfolgt in diesen Dokumenten.

**KORREKTUR- UND VORBEUGUNGSMASSNAHMEN** Es sind eventuell Korrektur- oder Vorbeugungsmaßnahmen einzuleiten. Im Bedarfsfall ist das Formular *QM: Korrektur- und Vorbeugungsmaßnahmen* auszufüllen.

5.7 Verantwortung der Leitung (AA)

### QM: Verantwortung der Leitung (AA)

| Tätigkeit / Prozessschritte | E/D Führung | D Vertrieb Innend. | D Vertrieb Techn. | D Vertrieb Außend. | D Einkauf, Logistik, Auftragsabw. | D Service | D WE, Lager, Versand | D Extern | Wechselwirkung / Checkliste | Dokumentation |
|---|---|---|---|---|---|---|---|---|---|---|
| **Selbstverpflichtung der Leitung planen, festlegen und umsetzen** | | | | | | | | | | |
| Bedeutung der Kundenanforderungen in der Organisation vermitteln | X | | | | | | | | 1. Produkte / Dienstleistungen, 2. gesetzliche und behördliche Anforderungen berücksichtigen hinsichtlich Produkten und Dienstleistungen. Die Kundenanforderungen werden den zuständigen Mitarbeitern vermittelt. Dies erfolgt z. B. durch Mitarbeitergespräche, schriftliche Arbeitsanweisung, Besprechungen der Kundenaufträge. | • |
| **Qualitätspolitik** | | | | | | | | | | |
| Qualitätspolitik festlegen | X | | | | | | | | **Arbeitsaufgabe (AA):** QM: Qualitätspolitik | • |
| **Messbare Qualitätsziele** | | | | | | | | | | |
| Sicherstellen: messbare Qualitätsziele für laufendes Jahr planen und festlegen | X | | | | | | | | **Arbeitsaufgabe (AA):** QM: Messbare Qualitätsziele | • |
| **Managementbewertung** | | | | | | | | | | |
| Managementbewertung durchführen | X | | | | | | | | **Arbeitsaufgabe (AA):** QM: Managementbewertung | • |
| **Ressourcen** | | | | | | | | | | |
| Sicherstellen: Verfügbarkeit der Ressourcen | X | | | | | | | | Die Ressourcen, die für die Entwicklung des Qualitätsmanagementsystems benötigt werden, sind geplant und festgelegt. Die Ressourcen für die Verwirklichung des Qualitätsmanagementsystems und der ständigen Verbesserung der Wirksamkeit des Qualitätsmanagementsystems werden festgestellt und festgelegt. | • |
| **Kundenorientierung** | | | | | | | | | | |
| Sicherstellen: Kundenanforderungen ermitteln und mit dem Ziel der Erhöhung der Kundenzufriedenheit erfüllen | X | | | | | | | | **Arbeitsaufgabe (AA):** VERTRIEB: Angebot erstellen / ändern **Arbeitsaufgabe (AA):** VERTRIEB: Auftrag erstellen **Arbeitsaufgabe (AA):** VERTRIEB: Auftrag ändern / stornieren **Arbeitsaufgabe (AA):** VERTRIEB: Reklamation Weitere Informationen werden aus Telefongesprächen, Messebesuchen, Umsatzanalysen, Gutschriften ermittelt. | • |
| **Planung des Qualitätsmanagementsystems** | | | | | | | | | | |

**Dokument:** Bild 5.22 QM_Verantwortung der Leitung.doc
© BSBE European Business School for Business Excellence Ltd. 2014,
Freigegeben: Klaus Mustermann, Datum: 05.01.2014, Handelsunternehmen 1
Seite 1 von 4

**BILD 5.22** QM: Verantwortung der Leitung (AA) (Ausschnitt)

**Formular: QM: Organigramm/Verantwortung**

Mit diesem Formular wird die Verantwortung festgelegt (Bild 5.23). Ein Qualitätsmanagementsystem benötigt eine Führungskraft oder mehrere Führungskräfte, die sich um die Einhaltung und vor allem um die Integration des Qualitätsmanagementsystems in die Alltagspraxis kümmern. In dieser Organisationsgröße ist das normalerweise kein Problem, da Geschäftsführung und Beauftragter der obersten Leitung meist identisch sind.

Die Führungskräfte übernehmen eine Patenschaft für die Umsetzung des Qualitätsmanagementsystems in das Tagesgeschäft.

Auf ein Organigramm wurde verzichtet und nur eine Einteilung in Geschäftsführung, Funktionsbereiche und Qualitätsmanagement durchgeführt. Bei dieser Organisationsgröße ist das Qualitätsmanagement **kein** eigener Funktionsbereich.

Die Norm verlangt nur, dass die Verantwortungen und Befugnisse innerhalb der Organisation festgelegt und bekannt gemacht werden. Sie können auch eine bestehende Telefonliste erweitern und gegen dieses Formular austauschen.

5.7 Verantwortung der Leitung (AA)

## QM: Organigramm / Verantwortung

| (Organisationseinheit) Funktionsbereiche und Ebenen | Name |
|---|---|
| **Geschäftsführung:** | • Dieter Führer (OL) |
| | • Werner Müller (OL) |
| | • |
| **Vertrieb (Innendienst, Technik, Außendienst):** | • Dieter Führer |
| | • |
| **Einkauf (Logistik, Auftragsabwicklung):** | • Werner Müller |
| | • |
| **Lager (Wareneingang, Versand):** | • Werner Müller |
| | • |
| **Service:** | • Werner Müller |
| | • Peter Baumann |
| | • |
| **Qualitätsmanagement:** | • Werner Müller (BOL) |
| | • Werner Müller (QMB) |
| | • Der BOL hat in Zusammenarbeit mit dem QMB sicherzustellen, dass die für das Qualitätsmanagementsystem erforderlichen Prozesse (= Arbeitsaufgaben und dokumentierte Verfahren) eingeführt, verwirklicht und aufrechterhalten werden.<br>• Der BOL berichtet der obersten Leitung (OL) über die Leistung des Qualitätsmanagementsystems sowie jegliche Notwendigkeit für Verbesserungen und fördert das Bewusstsein über die Kundenanforderungen in der gesamten Organisation. |
| | • |
| | • |
| | • |

**Dokument:** Bild 5.23 QM_Organigramm_Verantwortung.doc
© BSBE European Business School for Business Excellence Ltd. 2014,
Freigegeben: Klaus Mustermann, Datum: 05.01.2014, Handelsunternehmen 1
Seite 1 von 1

**BILD 5.23** Formular: QM: Organigramm/Verantwortung

## QM: Qualitätspolitik (AA)

Mit dieser Arbeitsaufgabe wird die Qualitätspolitik prozessorientiert beschrieben (Bild 5.24).

Die Qualitätspolitik muss für den Zweck der Organisation angemessen sein. Sie muss einen Rahmen zum Festlegen und Bewerten von messbaren Qualitätszielen ermöglichen.

Was ist nun die Qualitätspolitik?

Eine Qualitätspolitik ist nichts Zusätzliches oder Unbekanntes in Ihrer Organisation, sondern nutzt die Organisationsziele, die Organisationsstrategie, die Ausrichtung der Organisation auf die Anforderungen der Kunden und warum der Kunde bei Ihnen die Produkte oder Dienstleistungen kaufen soll.

Die Qualitätspolitik und die messbaren Qualitätsziele enthalten Schwerpunkte für das Leiten und Lenken Ihrer Organisation und haben eine positive Wirkung auf die Qualität der Produkte und die Wirksamkeit der Betriebsabläufe. Es werden gewünschte Ergebnisse und tatsächliche Ergebnisse festgelegt und miteinander verglichen. Es sollte ein Trend bei den messbaren Qualitätszielen erkennbar sein, inwieweit Sie die messbaren Qualitätsziele erreicht oder nicht erreicht haben.

Dies ist in der DIN EN ISO 9000:2005 erläutert:

**ISO 9000:2005 AUSZUG AUS DER NORM**

*3.2.4 Qualitätspolitik*

*ANMERKUNG 1 Generell steht die Qualitätspolitik mit der übergeordneten Politik der Organisation in Einklang und bildet den Rahmen für die Festlegung von Qualitätszielen.*

**WECHSELWIRKUNG**

Aus dieser Arbeitsaufgabe wird eventuell auf weitere Arbeitsaufgaben und dokumentierte Verfahren verwiesen (Wechselwirkung). Eine detaillierte Beschreibung erfolgt in diesen Dokumenten.

**KORREKTUR- UND VORBEUGUNGS- MASSNAHMEN**

Es sind eventuell Korrektur- oder Vorbeugungsmaßnahmen einzuleiten. Im Bedarfsfall ist das Formular *QM: Korrektur- und Vorbeugungsmaßnahmen* auszufüllen.

## 5.7 Verantwortung der Leitung (AA)

**QM: Qualitätspolitik (AA)**

| Tätigkeit / Prozessschritte | E/D Führung | D Vertrieb Innend. | D Vertrieb Techn. | D Vertrieb Außend. | D Einkauf, Logistik, Auftragsabw. | D Service | D WE, Lager, Versand | D Extern | Wechselwirkung / Checkliste | Dokumentation |
|---|---|---|---|---|---|---|---|---|---|---|
| **Qualitätspolitik planen, festlegen und umsetzen** | | | | | | | | | | |
| Qualitätspolitik planen und erstellen | X | (X) | (X) | (X) | (X) | (X) | (X) | | **Prüfen:** Qualitätspolitik für den Zweck der Organisation angemessen: 1. Kunden 2. Produkte / Dienstleistungen 3. Unternehmen 4. Mitarbeiter 5. messbare Qualitätsziele | • Qualitätspolitik |
| Kundenerwartung ermitteln | X | X | X | X | | X | | | **Prüfen:** Kundenerwartung hinsichtlich Produkten und Dienstleistungen ermitteln, um die Erwartungen mit der Qualitätspolitik abzugleichen | • Qualitätspolitik |
| Prozesse analysieren | X | X | X | X | X | X | X | | **Prüfen:** Prozesse mit den erforderlichen Arbeitsaufgaben abgedeckt und die Wechselwirkungen berücksichtigt hinsichtlich Funktionsbereichen und Ebenen | • Qualitätspolitik |
| Organisation festlegen | X | (X) | (X) | (X) | (X) | (X) | (X) | | **Prüfen:** Organisation mit der Qualitätspolitik im Einklang und die Wechselwirkungen berücksichtigt hinsichtlich Funktionsbereichen und Ebenen **Arbeitsaufgabe (AA):** QM: Verantwortung der Leitung | • Qualitätspolitik • Organigrammverantwortung |
| Schulung der Mitarbeiter planen | X | (X) | (X) | (X) | (X) | (X) | (X) | | **Prüfen:** Schulung mit der Qualitätspolitik im Einklang **Arbeitsaufgabe (AA):** QM: Mitarbeiter Ausbildung / Schulung / Fertigkeiten / Erfahrung | • Qualitätspolitik |
| Messbare Qualitätsziele für laufendes Jahr festlegen | X | (X) | (X) | (X) | (X) | (X) | (X) | | **Prüfen:** Messbare Qualitätsziele mit der Qualitätspolitik der Organisation und mit den Produkten im Einklang, sowie die Berücksichtigung der Funktionsbereiche und Ebenen **Arbeitsaufgabe (AA):** QM: Messbare Qualitätsziele | • Qualitätspolitik • Messbare Qualitätsziele |
| Mitarbeiter Qualitätspolitik vermitteln | X | X | X | X | X | X | X | | Mitarbeiter zur Erfüllung von Anforderungen und zur ständigen Verbesserung der Wirksamkeit des Qualitätsmanagementsystems verpflichten **Arbeitsaufgabe (AA):** QM: Mitarbeiter Ausbildung / Schulung / Fertigkeiten / Erfahrung | • Qualitätspolitik |

<u>Dokument:</u> Bild 5.24 QM_Qualitätspolitik.doc
© BSBE European Business School for Business Excellence Ltd. 2014,
Freigegeben: Klaus Mustermann, Datum: 05.01.2014, Handelsunternehmen 1
Seite 1 von 2

**BILD 5.24** QM: Qualitätspolitik (AA) (Ausschnitt)

## Formular: QM: Qualitätspolitik

Mit diesem Formular wird die Qualitätspolitik Ihrer Organisation beschrieben (Bild 5.25).

Eine Qualitätspolitik ist nichts Zusätzliches oder Unbekanntes in Ihrer Organisation, sondern nutzt die Organisationsziele, die Organisationsstrategie, die Ausrichtung der Organisation auf die Anforderungen der Kunden und warum der Kunde bei Ihnen die Produkte oder Dienstleistungen kaufen soll.

Wenn Sie die Qualitätspolitik in **fünf Punkte** einteilen, erhalten Sie eine Struktur der Qualitätspolitik für Ihre Organisation. Nun erkennen Sie auch den „Rahmen" für die Festlegung von messbaren Qualitätszielen mit den Schwerpunkten auf Basis der Qualitätspolitik. **Die fünf Punkte verbinden die „übergeordnete Politik der Organisation" und die „Qualitätspolitik" der Organisation.**

### 1. Kunden:

Hier treffen Sie Aussagen zu den Kunden, die Sie beliefern. Diese Aussagen zu treffen ist problemlos, da Sie Ihre Kunden kennen, die Ihre Produkte kaufen.

### 2. Produkte:

Hier treffen Sie die Aussagen zu den Produkten und den Vorteilen für die Kunden, wenn sie Ihre Produkte nutzen. Dazu gehören auch die Einsatzgebiete des Kunden, für die Ihre Produkte genutzt werden können. Diese Aussagen zu treffen ist problemlos, da Sie die Einsatzgebiete und die Vorteile Ihrer Produkte kennen.

### 3. Organisation:

Hier treffen Sie die Aussagen zu Ihrer Organisation. Dazu gehören die Besonderheiten, wie Sie auf die Kundenanforderungen eingehen. Dies ist nicht ganz so problemlos, da manche Organisationen ihre eigenen Besonderheiten nicht kennen und für viele Organisationen dies eigentlich „Selbstverständlichkeiten" sind.

### 4. Mitarbeiter:

Hier treffen Sie Ihre Aussage, wie Sie die Mitarbeiter zur Qualitätspolitik verpflichtet haben.

### 5. Messbare Qualitätsziele:

Hier treffen Sie Ihre Aussage, wie Sie die „ständige Verbesserung" durch „messbare Qualitätsziele" bewerten. Sie können auch zusätzlich die **Funktionsbereiche** und **Ebenen** aufführen, wo Sie messbare Qualitätsziele definiert haben.

5.7  Verantwortung der Leitung (AA)

## QM: Qualitätspolitik

Hier müssen Sie die eigene Qualitätspolitik definieren. Was ist nun die Qualitätspolitik?

Eine Qualitätspolitik ist nichts Zusätzliches oder Unbekanntes in Ihrer Organisation, sondern nutzt die Organisationsziele, die Organisationsstrategie und die Ausrichtung der Organisation auf die Anforderungen der Kunden, warum der Kunde bei Ihnen die Produkte oder Dienstleistungen kaufen soll.
Dies ist in der DIN EN ISO 9000:2005 erläutert: 3.2.4 Qualitätspolitik **ANMERKUNG 1 Generell steht die Qualitätspolitik mit der übergeordneten Politik der Organisation in Einklang und bildet den Rahmen für die Festlegung von Qualitätszielen.**

Die Qualitätspolitik und die messbaren Qualitätsziele enthalten **Schwerpunkte** für das Leiten und Lenken Ihrer Organisation und haben eine positive Wirkung auf die Qualität der Produkte und die Wirksamkeit der Betriebsabläufe. Es werden gewünschte Ergebnisse und tatsächliche Ergebnisse festgelegt und miteinander verglichen. Es sollte ein Trend bei den messbaren Qualitätszielen erkennbar sein, inwieweit Sie die messbaren Qualitätsziele erreicht oder nicht erreicht haben.
In der Managementbewertung erläutern Sie, warum Sie die messbaren Qualitätsziele erreicht oder nicht erreicht haben. Dies ermöglicht Ihnen einen optimalen Einsatz Ihrer Ressourcen wie z. B. Auftragseingang, Umsatz, Mitarbeiter, Serviceleistungen, Materialverbrauch, Ausschuss und Reklamationen beim Lieferanten und durch den Kunden.
Diesen "Rahmen" für die Festlegung von messbaren Qualitätszielen müssen Sie nun bei der Qualitätspolitik berücksichtigen. Mit der Qualitätspolitik beschreiben Sie die Kunden, die Produkte und/oder die Dienstleistungen. Oft finden sich in Organisationsbeschreibungen, Prospekten, Leistungskatalogen oder Serviceleistungen schon die entsprechenden Texte. Diese Texte können Sie als Basis für die Qualitätspolitik nutzen.
Wenn Sie die Qualitätspolitik in **fünf** Punkte einteilen, erhalten Sie eine Struktur der Qualitätspolitik für Ihre Organisation. Nun erkennen Sie auch den "Rahmen" für die Festlegung von messbaren Qualitätszielen mit den Schwerpunkten auf Basis der Qualitätspolitik. **Die fünf Punkte verbinden die "übergeordnete Politik der Organisation" und die "Qualitätspolitik der Organisation".**

**1. Kunden:**
Hier treffen Sie Aussagen zu den Kunden, die Sie beliefern. Diese Aussagen zu treffen ist problemlos, da Sie Ihre Kunden kennen, die Ihre Produkte kaufen, z. B.: *"Wir beliefern Kunden aus den Bereichen Industrie und Handwerk."*

**2. Produkte:**
Hier treffen Sie die Aussagen zu den Produkten, Dienstleistungen und Vorteilen für die Kunden, wenn sie Ihre Produkte und Dienstleistungen nutzen. Diese Aussagen zu treffen ist problemlos, da Sie die Möglichkeiten Ihrer Produkte und Dienstleistungen kennen, z. B.:
*"Zu den Produkten zählen Maschinen, Geräte und Anlagen. Unser Lieferprogramm für Zubehör und Ersatzteile umfasst ca. 120.000 Artikel, die ab Lager frei Haus versandt werden, wie z. B. Leitungsverbinder, Gewindefittings, Kupplungstechnik, Schläuche – Rohre – Schellen, Absperrarmaturen, Regeln – Messen – Aufbereiten, Ventile – Elektronik, Zylinder – Stoßdämpfer, Werkzeuge, Industriebedarf. Als Service bieten wir die Montage, Wartung und Reparatur in eigener Werkstatt oder direkt beim Kunden vor Ort."*

**3. Organisation:**
Hier treffen Sie die Aussagen zu Ihrer Organisation. Dazu gehören die Besonderheiten, wie Sie auf die Kundenanforderungen eingehen. Dies ist nicht ganz so problemlos, da manche Organisationen ihre eigenen Besonderheiten nicht kennen und für viele Organisationen dies eigentlich "Selbstverständlichkeiten" sind, z. B.: *"Unser Spektrum umfasst die Beratung, die Planung, die Vermietung, den Verkauf und den Service. Durch den Außendienst vor Ort erfolgt eine praxisnahe Beratung mit dem Ziel der Erhöhung von Effektivität und Effizienz durch anwendungsspezifische Systemlösungen. Dies schließt vorhandene und neue Systeme ein. Weiter bieten wir einen Rundum-die-Uhr-Service an 365 Tagen im Jahr. Die Ersatzteile liefern wir direkt ab Lager. Für Notfälle stellen wir Austausch- und Leihgeräte zur Verfügung. Unsere kompetenten Servicetechniker warten Produkte unterschiedlicher Fabrikate. Unser QM-System ist zertifiziert nach DIN EN ISO 9001:2008."*

**4. Mitarbeiter:**
Hier treffen Sie Ihre Aussage, wie Sie die Mitarbeiter zur Qualitätspolitik verpflichtet haben, z. B.: *"In allen Funktionsbereichen und Ebenen sind Fehler vermeidbar, wenn ihre Ursachen konsequent beseitigt werden. Damit wird nicht nur die Kundenzufriedenheit gefördert, sondern auch die ständige Verbesserung innerhalb des Unternehmens umgesetzt. Die Sicherung und gezielte Verbesserung der Qualität ist eine Aufgabe für unser gesamtes Unternehmen. Unser Unternehmen fühlt sich verpflichtet, die Qualität der Abläufe, Produkte und Dienstleistungen zu sichern und ständig zu verbessern, um unserem Unternehmen eine sichere Zukunft zu verschaffen. Jeder Mitarbeiter ist verpflichtet, die Anforderungen zu erfüllen und zur ständigen Verbesserung der Wirksamkeit des Qualitätsmanagementsystems beizutragen."*

**5. Messbare Qualitätsziele:**
Hier treffen Sie Ihre Aussage, wie Sie die "ständige Verbesserung" durch "messbare Qualitätsziele" bewerten, z. B.: *"Die Organisationsabläufe und die Anforderungen an das Produkt und an die Dienstleistung werden mithilfe von messbaren Qualitätszielen für die entsprechenden Funktionsbereiche und Ebenen, Korrektur- und Vorbeugungsmaßnahmen auf eine fortdauernde Angemessenheit bewertet."*
Sie können auch zusätzlich die Funktionsbereiche und Ebenen aufführen, wo Sie messbare Qualitätsziele definiert haben, z. B.: *"Das prozessorientierte Handbuch mit der Darstellung der Wechselwirkungen zwischen den Funktionsbereichen und Ebenen ermöglicht ein wirksames Leiten und Lenken der Betriebsabläufe zur Erreichung der messbaren Qualitätsziele. In folgenden Funktionsbereichen und Ebenen in den Betriebsabläufen wurden messbare Qualitätsziele definiert: Führung, Vertrieb (Innendienst, Technik, Außendienst), Einkauf (Logistik, Auftragsabwicklung), Service, Lager (Wareneingang, Versand)."*

Diese Qualitätspolitik wurde am TT.MM.JJJJ von der Geschäftsführung in Kraft gesetzt.

**HINWEIS:**

**Den Text vor den Punkten 1. bis 5. müssen Sie löschen.**

**Den Text unter den Punkten 1. bis 5. müssen Sie gegen Ihren eigenen Text austauschen oder anpassen.**

**Dokument:** Bild 5.25 QM_Qualitätspolitik.doc
© BSBE European Business School for Business Excellence Ltd. 2014,
Freigegeben: Klaus Mustermann, Datum: 05.01.2014, Handelsunternehmen 1

**BILD 5.25**  Formular: QM: Qualitätspolitik

### QM: Messbare Qualitätsziele (AA)

Mit dieser Arbeitsaufgabe werden die messbaren Qualitätsziele prozessorientiert beschrieben (Bild 5.26).

Die Norm erwartet, dass messbare Qualitätsziele für **zutreffende Funktionsbereiche** und **Ebenen** festgelegt werden. Die Organisation legt somit fest, für welchen Funktionsbereich und welche Ebene dies zutrifft.

1. Die **zutreffenden Funktionsbereiche** und **Ebenen** müssen festgelegt werden.
2. Für alle zutreffenden **Funktionsbereiche**, die mit einem „X" gekennzeichnet sind, werden messbare Qualitätsziele erstellt.
3. Für die **Führungsebene müssen** messbare Qualitätsziele vorhanden sein.
4. Für die **Mitarbeiterebene können** messbare Qualitätsziele vorhanden sein.

Sie müssen nicht jedes Jahr neue messbare Qualitätsziele definieren, da viele messbare Qualitätsziele immer benötigt werden. Ebenfalls sollte ein Trend erkennbar sein, um z. B. Monat, Quartal oder Jahr vergleichen zu können.

Wenn Sie neue messbare Qualitätsziele erstellen, dann müssen diese mit der Qualitätspolitik im Einklang stehen, d. h., sie müssen auf die Organisation zugeschnitten sein und einen Sinn ergeben.

**WECHSELWIRKUNG** Aus dieser Arbeitsaufgabe wird eventuell auf weitere Arbeitsaufgaben und dokumentierte Verfahren verwiesen (Wechselwirkung). Eine detaillierte Beschreibung erfolgt in diesen Dokumenten.

**KORREKTUR- UND VORBEUGUNGSMASSNAHMEN** Es sind eventuell Korrektur- oder Vorbeugungsmaßnahmen einzuleiten. Im Bedarfsfall ist das Formular *QM: Korrektur- und Vorbeugungsmaßnahmen* auszufüllen.

5.7 Verantwortung der Leitung (AA)

## QM: Messbare Qualitätsziele (AA)

| Tätigkeit / Prozessschritte | E/D Führung | D Vertrieb Innend. | D Vertrieb Techn. | D Vertrieb Außend. | D Einkauf, Logistik, Auftragsabw. | D Service | D WE, Lager, Versand | D Extern | Wechselwirkung / Checkliste | Dokumentation |
|---|---|---|---|---|---|---|---|---|---|---|
| **Messbare Qualitätsziele planen, festlegen und umsetzen** | | | | | | | | | | |
| Messbare Qualitätsziele für laufendes Jahr festlegen | X | X | X | X | X | X | X | (X) | **Prüfen:** Messbare Qualitätsziele für **zutreffende Funktionsbereiche** und **Ebenen:** alle Funktionsbereiche, die mit "X" gekennzeichnet sind **Anforderung an Produkte**, messbare Qualitätsziele mit der Qualitätspolitik und der Organisation im Einklang, Trend berücksichtigen **Ebene:** Führungsebene, Mitarbeiterebene **Messbare Qualitätsziele:** Die messbaren Qualitätsziele können jedes Jahr die gleichen sein. **Dokumentiertes Verfahren (dV):** QM: Korrekturmaßnahmen **Dokumentiertes Verfahren (dV):** QM: Vorbeugungsmaßnahmen | • Messbare Qualitätsziele |
| Messbare Qualitätsziele aus den Ergebnissen von internen Audits überprüfen | X | | | | | | | | **Prüfen:** Messbare Qualitätsziele mit der Qualitätspolitik, der Organisation und mit den Produkten im Einklang, Messbarkeit **Dokumentiertes Verfahren (dV):** QM: Internes Audit | • Internes Audit Planbericht<br>• Internes Audit Fragenkatalog |
| Messbare Qualitätsziele im laufenden Jahr überprüfen und aktualisieren | X | | | | | | | | **Prüfen:** Messbare Qualitätsziele mit der Qualitätspolitik, der Organisation und mit den Produkten im Einklang, Messbarkeit | • Messbare Qualitätsziele |
| **Nachfolgende Tätigkeiten werden nur bei Bedarf durchgeführt.** | | | | | | | | | | |
| Evtl. Korrekturen oder Verbesserungen im Unternehmen durchführen | | | | | X | X | | | **Dokumentiertes Verfahren (dV):** QM: Korrekturmaßnahmen **Dokumentiertes Verfahren (dV):** QM: Vorbeugungsmaßnahmen | • |

| Ständige Verbesserung: | **Methode:** Messbare Qualitätsziele bewerten mithilfe von Statistikdaten<br>**Informationen:** Die Informationen sind in den messbaren Qualitätszielen festgelegt. |
|---|---|

**Auszug aus der Norm:**
DIN EN ISO 9001:2008
5.4 Planung
5.4.1 Qualitätsziele
Die oberste Leitung muss sicherstellen, dass für **zutreffende Funktionsbereiche** und **Ebenen** innerhalb der Organisation Qualitätsziele, einschließlich derer, **die für die Erfüllung der Anforderungen an Produkte [siehe 7.1 a)] erforderlich sind**, festgelegt sind. Die Qualitätsziele müssen messbar sein und mit der Qualitätspolitik im Einklang stehen.

**Dokument:** Bild 5.26 QM_Messbare Qualitätsziele.doc
© BSBE European Business School for Business Excellence Ltd. 2014,
Freigegeben: Klaus Mustermann, Datum: 05.01.2014, Handelsunternehmen 1

**BILD 5.26** QM: Messbare Qualitätsziele (AA)

### Formular: QM: Messbare Qualitätsziele_1 (Bild 5.27)

Mit diesem Formular werden die messbaren Qualitätsziele festgelegt. Es sind **zwei Formulare** vorhanden (Bild 5.27 und Bild 5.28). Sie müssen entscheiden, welches Formular Sie nutzen wollen.

Die Norm erwartet, dass messbare Qualitätsziele für **zutreffende Funktionsbereiche** und **Ebenen** festgelegt werden. Die **Organisation** legt somit fest, für welchen Funktionsbereich und welche Ebene dies zutrifft.

In diesem Formular werden die messbaren Qualitätsziele **festgelegt,** jedoch werden hier **keine Zahlen** usw. eingetragen. Die Nachweise werden durch die BWA, Statistik usw. erbracht.

In der **Managementbewertung** treffen Sie die Aussagen, warum Sie die messbaren Qualitätsziele erreicht oder nicht erreicht haben.

Das **Norm-Kapitel 8.4 Datenanalyse** wird mit diesem Formular ebenfalls berücksichtigt.

1. Die **zutreffenden Funktionsbereiche** (blau) und **Ebenen** (rot) müssen festgelegt werden.
2. Für alle zutreffenden **Funktionsbereiche** (blau) werden messbare Qualitätsziele erstellt.
3. Für die **Führungsebene** (rot) **müssen** messbare Qualitätsziele vorhanden sein.
4. Für die **Mitarbeiterebene** (blau) wurden keine messbaren Ziele definiert, da dies für die Organisationsgröße nicht unbedingt erforderlich ist.

Sie müssen nicht jedes Jahr neue messbare Qualitätsziele definieren, da viele messbare Qualitätsziele immer benötigt werden. Ebenfalls sollte ein **Trend** erkennbar sein, um z.B. Monat, Quartal oder Jahr vergleichen zu können.

Sollten Sie jedes Jahr bestimmte messbare Qualitätsziele ändern wollen, dann sollten Sie die messbaren Qualitätsziele mindestens **zweimal** im Jahr bewerten, um einen Trend ermitteln zu können.

Wenn Sie neue messbare Qualitätsziele erstellen, dann müssen diese mit der Qualitätspolitik im Einklang stehen, d.h., sie müssen auf die Organisation zugeschnitten sein und einen Sinn ergeben.

5.7 Verantwortung der Leitung (AA)

## QM: Messbare Qualitätsziele

### MESSBARE QUALITÄTSZIELE FÜR DAS JAHR XXXX

**DIN EN ISO 9001:2008**

**5.4.1 Qualitätsziele**
Die oberste Leitung muss sicherstellen, dass für zutreffende Funktionsbereiche und Ebenen innerhalb der Organisation Qualitätsziele, einschließlich derer, die für die Erfüllung der Anforderungen an Produkte [siehe 7.1 a)] erforderlich sind, festgelegt sind. Die Qualitätsziele müssen messbar sein und mit der Qualitätspolitik im Einklang stehen.

**8.4 Datenanalyse**
Die Organisation muss geeignete Daten ermitteln, erfassen und analysieren, um die Eignung und Wirksamkeit des Qualitätsmanagementsystems darzulegen und zu beurteilen, wo ständige Verbesserungen der Wirksamkeit des Qualitätsmanagementsystems vorgenommen werden können. Dies muss Daten einschließen, die durch Überwachung und Messung und aus anderen relevanten Quellen gewonnen wurden. Die Datenanalyse muss Angaben liefern über a) Kundenzufriedenheit (siehe 8.2.1), b) Erfüllung der Produktanforderungen (siehe 8.2.4), c) Prozess- und Produktmerkmale und deren Trends, einschließlich Möglichkeiten für Vorbeugungsmaßnahmen (siehe 8.2.3 und 8.2.4), und d) Lieferanten (siehe 7.4).

| Organisationseinheit (5.4.1) (Funktionsbereiche und Ebenen) | Messbare Qualitätsziele (5.4.1) | Bewertungszeitraum und Trend (8.4) | Nachweise (5.4.1, 8.4) |
|---|---|---|---|
| **Oberste Leitung** | Betriebsergebnis gesamtes Unternehmen | Vergleich Monat, Quartal, Jahr, laufendes Jahr zum Vorjahr | • BWA |
| **Vertrieb (Innendienst, Technik, Außendienst)** | Auftragseingang, Umsatz, Kundenreklamationen, Kosten Falschlieferungen, Kosten Kulanz, Kosten Garantieleistungen | Vergleich Monat, Quartal, Jahr, laufendes Jahr zum Vorjahr | • Statistik |
| **Einkauf (Logistik, Auftragsabwicklung)** | Lieferantenreklamationen (Anzahl Falschlieferungen, Liefertermin nicht eingehalten), Kosten aus Garantieleistungen, Kosten aus Ersatzlieferungen, Kosten Reklamation externe Dienstleistung durch Subunternehmen | Vergleich Monat, Quartal, Jahr, laufendes Jahr zum Vorjahr | • Statistik |
| **Lager (Wareneingang, Versand)** | Keine messbaren Ziele definiert | | • |
| **Service** | Betriebsergebnis, Reklamationen, Garantien, Kulanz, Gutschriften, Monteureinsatz Stunden berechnet – Stunden geleistet | Vergleich Monat, Quartal, Jahr, laufendes Jahr zum Vorjahr | • Statistik |
| **Extern (Subunternehmer)** | Kosten Reklamation externe Dienstleistung durch Subunternehmer, Kostenübernahme durch Subunternehmer | Die Statistik wird im Einkauf geführt. | • |
| **Nachfolgende Tätigkeiten werden nur bei Bedarf durchgeführt.** | | | |
| Messbare Ziele aus den Ergebnissen von internen Audits überprüfen | Messbare Ziele bei Korrekturen, Vorbeugung oder Verbesserungen überprüfen und korrigieren | Nach Durchführung des internen Audit | • Internes Audit Planbericht |

Hier werden die messbaren Qualitätsziele für die Funktionsbereiche und Ebenen festgelegt. Es werden keine Zahlen usw. hier eingetragen. Die Nachweise werden durch die BWA, Statistik usw. erbracht. In der Managementbewertung unter den Punkten Rückmeldungen von Kunden, Prozessleistung, Produktkonformität, Status von Vorbeugungs- und Korrekturmaßnahmen werden die Aussagen getroffen, warum die messbaren Qualitätsziele erreicht oder nicht erreicht wurden.

**Dokument:** Bild 5.27 QM Messbare Qualitätsziele_1.doc
© BSBE European Business School for Business Excellence Ltd. 2014,
Freigegeben: Klaus Mustermann, Datum: 05.01.2014, Handelsunternehmen 1

**BILD 5.27** Formular: QM: Messbare Qualitätsziele_1

### Formular: QM: Messbare Qualitätsziele_2 (Bild 5.28)

Mit diesem Formular werden die messbaren Qualitätsziele festgelegt. Es sind **zwei Formulare** vorhanden (Bild 5.27 und Bild 5.28). Sie müssen entscheiden, welches Formular Sie nutzen wollen.

Die Norm erwartet, dass messbare Qualitätsziele für **zutreffende Funktionsbereiche** und **Ebenen** festgelegt werden. Die **Organisation** legt somit fest, für welchen Funktionsbereich und welche Ebene dies zutrifft.

In diesem Formular werden die messbaren Qualitätsziele **festgelegt,** jedoch werden hier **keine Zahlen** usw. eingetragen. Die Nachweise werden durch die BWA, Statistik usw. erbracht. **Abweichend** von dieser Aussage werden für die *Korrekturmaßnahmen* und die *Vorbeugungsmaßnahmen* sowie für die *Verbesserungen* die Gesamtzahlen hier erfasst.

In der **Managementbewertung** treffen Sie die Aussagen, warum Sie die messbaren Qualitätsziele erreicht oder nicht erreicht haben.

Das **Norm-Kapitel 8.4 Datenanalyse** wird mit diesem Formular ebenfalls berücksichtigt.

1. Die **zutreffenden Funktionsbereiche** (blau) und **Ebenen** (rot) müssen festgelegt werden.
2. Für alle zutreffenden **Funktionsbereiche** (blau) werden messbare Qualitätsziele erstellt.
3. Für die **Führungsebene** (rot) **müssen** messbare Qualitätsziele vorhanden sein.
4. Für die **Mitarbeiterebene** (blau) wurden keine messbaren Ziele definiert, da dies für die Organisationsgröße nicht unbedingt erforderlich ist.
5. Die Korrekturmaßnahmen, die Vorbeugungsmaßnahmen und die Verbesserungen werden hier mit Zahlen dokumentiert.

Sie müssen nicht jedes Jahr neue messbare Qualitätsziele definieren, da viele messbare Qualitätsziele immer benötigt werden. Ebenfalls sollte ein **Trend** erkennbar sein, um z. B. Monat, Quartal oder Jahr vergleichen zu können.

Sollten Sie jedes Jahr bestimmte messbare Qualitätsziele ändern wollen, dann sollten Sie die messbaren Qualitätsziele mindestens **zweimal** im Jahr bewerten, um einen Trend ermitteln zu können.

Wenn Sie neue messbare Qualitätsziele erstellen, dann müssen diese mit der Qualitätspolitik im Einklang stehen, d. h., sie müssen auf die Organisation zugeschnitten sein und einen Sinn ergeben.

## 5.7 Verantwortung der Leitung (AA)

**QM: Messbare Qualitätsziele**

### MESSBARE QUALITÄTSZIELE FÜR DAS JAHR XXXX

**DIN EN ISO 9001:2008**
**5.4.1 Qualitätsziele**
Die oberste Leitung muss sicherstellen, dass für **zutreffende Funktionsbereiche und Ebenen** innerhalb der Organisation Qualitätsziele, einschließlich derer, **die für die Erfüllung der Anforderungen an Produkte [siehe 7.1 a]] erforderlich sind,** festgelegt sind. Die Qualitätsziele müssen messbar sein und mit der Qualitätspolitik im Einklang stehen.

**8.4 Datenanalyse**
Die Organisation muss geeignete Daten ermitteln, erfassen und analysieren, um die Eignung und Wirksamkeit des Qualitätsmanagementsystems darzulegen und zu beurteilen, wo ständige Verbesserungen der Wirksamkeit des Qualitätsmanagementsystems vorgenommen werden können. Dies muss Daten einschließen, die durch Überwachung und Messung und aus anderen relevanten Quellen gewonnen wurden. Die Datenanalyse muss Angaben liefern über a) Kundenzufriedenheit (siehe 8.2.1), b) Erfüllung der Produktanforderungen (siehe 8.2.4), c) Prozess- und Produktmerkmale und deren Trends, einschließlich Möglichkeiten für Vorbeugungsmaßnahmen (siehe 8.2.3 und 8.2.4), und d) Lieferanten (siehe 7.4).

| Organisationseinheit (5.4.1) (Funktionsbereiche und Ebenen) | Messbare Qualitätsziele (5.4.1) | Bewertungszeitraum und Trend (8.4) | Nachweise (5.4.1, 8.4) | Korrekturmaßnahmen | Vorbeugungsmaßnahmen (8.4) Verbesserungen |
|---|---|---|---|---|---|
| **Oberste Leitung** | Betriebsergebnis gesamtes Unternehmen | Vergleich Monat, Quartal, Jahr, laufendes Jahr zum Vorjahr | • BWA | Gesamtanzahl: Erledigt: Offen: | Gesamtanzahl: Erledigt: Offen: |
| **Vertrieb (Innendienst, Technik, Außendienst)** | Auftragseingang, Umsatz, Kundenreklamationen, Kosten Falschlieferungen, Kosten Kulanz, Kosten Garantieleistungen | Vergleich Monat, Quartal, Jahr, laufendes Jahr zum Vorjahr | • Statistik | Gesamtanzahl: Erledigt: Offen: | Gesamtanzahl: Erledigt: Offen: |
| **Einkauf (Logistik, Auftragsabwicklung)** | Lieferantenreklamationen (Anzahl Falschlieferungen, Liefertermin nicht eingehalten), Kosten aus Garantieleistungen, Kosten aus Ersatzlieferungen, Kosten Reklamation externe Dienstleistung durch Subunternehmer | Vergleich Monat, Quartal, Jahr, laufendes Jahr zum Vorjahr | • Statistik | Gesamtanzahl: Erledigt: Offen: | Gesamtanzahl: Erledigt: Offen: |
| **Lager (Wareneingang, Versand)** | Keine messbaren Ziele definiert | | • | | |
| **Service** | Betriebsergebnis, Reklamationen, Garantien, Kulanz, Gutschriften, Monteureinsatz Stunden berechnet – Stunden geleistet | Vergleich Monat, Quartal, Jahr, laufendes Jahr zum Vorjahr | • Statistik | Gesamtanzahl: Erledigt: Offen: | Gesamtanzahl: Erledigt: Offen: |
| **Extern (Subunternehmer)** | Kosten Reklamation externe Dienstleistung durch Subunternehmer, Kostenübernahme durch Subunternehmer | Die Statistik wird im Einkauf geführt. | • | | |
| **Nachfolgende Tätigkeiten werden nur bei Bedarf durchgeführt.** | | | | | |
| Messbare Ziele aus den Ergebnissen von internen Audits überprüfen | Messbare Ziele bei Korrekturen, Vorbeugung oder Verbesserungen überprüfen und korrigieren | Nach Durchführung des internen Audits | • Internes Audit Planbericht | | |

Hier werden die messbaren Qualitätsziele für die Funktionsbereiche und Ebenen festgelegt. Es werden keine Zahlen usw. hier eingetragen. Die Nachweise werden durch die BWA, Statistik usw. erbracht. Abweichend von dieser Aussage werden für die Korrekturmaßnahmen und Vorbeugungsmaßnahmen sowie für Verbesserungen die Gesamtzahlen hier erfasst. In der **Managementbewertung** unter den Punkten **Rückmeldungen von Kunden, Prozessleistung, Produktkonformität, Status von Vorbeugungs- und Korrekturmaßnahmen** werden die Aussagen getroffen, warum die messbaren Qualitätsziele erreicht oder nicht erreicht wurden.

**Dokument:** Bild 5.28 QM Messbare Qualitätsziele_2.doc
© BSBE European Business School for Business Excellence Ltd. 2014.
Freigegeben: Klaus Mustermann, Datum: 05.01.2014, Handelsunternehmen 1
Seite 1 von 1

**BILD 5.28** Formular: QM: Messbare Qualitätsziele_2

### QM: Managementbewertung (AA)

Mit dieser Arbeitsaufgabe wird die Managementbewertung prozessorientiert beschrieben (Bild 5.29).

Die Anforderung im **Norm-Kapitel 5.6.1 Allgemeines** legt fest, dass die oberste Leitung der Organisation das Qualitätsmanagementsystem in **geplanten Abständen** bewerten muss. Die Norm legt somit **nicht** fest, **wie oft** die Managementbewertung durchgeführt werden muss, da dies die Organisation tut. Als Empfehlung sollte die Managementbewertung einmal pro Jahr durchgeführt werden.

Die in den **Norm-Kapiteln 5.6.2 Eingaben für die Bewertung** und **5.6.3 Ergebnisse der Bewertung** festgelegten Anforderungen werden hier berücksichtigt.

**Zu den Eingaben gehören:** die Ergebnisse von Audits; Rückmeldungen von Kunden; die Prozessleistung; die Produktkonformität; der Status von Korrektur- und Vorbeugungsmaßnahmen; die Folgemaßnahmen vorangegangener Managementbewertungen; Änderungen, die sich auf das Qualitätsmanagementsystem auswirken können; Empfehlungen für Verbesserungen.

**Zu den Ergebnissen gehören:** Verbesserungen der Wirksamkeit des Qualitätsmanagementsystems und seiner Prozesse; Produktverbesserung in Bezug auf Kundenanforderungen; Bedarf an Ressourcen.

Was passiert, wenn Sie als Ergebnisse **keine** Verbesserungen der Wirksamkeit des Qualitätsmanagementsystems und seiner Prozesse, **keine** Produktverbesserung in Bezug auf Kundenanforderungen oder **keinen** Bedarf an Ressourcen in diesem Jahr haben? Dann protokollieren Sie als Ergebnis, dass kein Bedarf besteht.

Sie sollten trotzdem die *messbaren Qualitätsziele* und die *Qualitätspolitik* überprüfen, ob Änderungen oder keine Änderungen durchzuführen sind, und dies protokollieren.

**WECHSELWIRKUNG** Aus dieser Arbeitsaufgabe wird eventuell auf weitere Arbeitsaufgaben und dokumentierte Verfahren verwiesen (Wechselwirkung). Eine detaillierte Beschreibung erfolgt in diesen Dokumenten.

**KORREKTUR- UND VORBEUGUNGS-MASSNAHMEN** Es sind eventuell Korrektur- oder Vorbeugungsmaßnahmen einzuleiten. Im Bedarfsfall ist das Formular *QM: Korrektur- und Vorbeugungsmaßnahmen* auszufüllen.

## 5.7 Verantwortung der Leitung (AA)

**QM: Managementbewertung (AA)**

| Tätigkeit / Prozessschritte | E/D Führung | D Vertrieb Innend. | D Vertrieb Techn. | D Vertrieb Außend. | D Einkauf, Logistik, Auftragsabw. | D Service | D WE, Lager, Versand | D Extern | Wechselwirkung / Checkliste | Dokumentation |
|---|---|---|---|---|---|---|---|---|---|---|
| **Managementbewertung planen, festlegen und umsetzen** | | | | | | | | | | |
| Managementbewertung durchführen | X | | | | | | | | | • Managementbewertung |
| **Eingaben für die Managementbewertung** | | | | | | | | | | |
| Ergebnisse von Audits überprüfen | X | | | | | | | | **Prüfen:** Anzahl der Audits ausreichend, Korrekturen, Verbesserungen | • Internes Audit Planbericht<br>• Managementbewertung |
| Rückmeldung von Kunden | X | | | | | | | | **Prüfen:** Auftragseingang, Umsatz, Trend | • Statistiken<br>• Managementbewertung |
| Prozessleistung | X | | | | | | | | **Prüfen:** Betriebsergebnis (Ausschuss, Gemeinkosten), Korrekturen, Verbesserungen | • Betriebsergebnis<br>• Managementbewertung |
| Produktkonformität | X | | | | | | | | **Prüfen:** Kundenreklamationen, Lieferantenreklamationen, Kosten, Korrekturen, Verbesserungen | • Kundenreklamationen<br>• Lieferantenreklamationen<br>• Managementbewertung |
| Status von Korrektur- und Vorbeugungsmaßnahmen | X | | | | | | | | **Prüfen:** Messbare Ziele, Status der Umsetzung, Korrekturmaßnahmen, Vorbeugungsmaßnahmen, Verbesserungen, Trend (Organisationseinheit, Gesamtanzahl, erledigte Maßnahmen, offene Maßnahmen) | • Messbare Qualitätsziele<br>• Managementbewertung |
| Folgemaßnahmen vorangegangener Managementbewertungen | X | | | | | | | | **Prüfen:** Maßnahmen aus voheriger Managementbewertung, offene Probleme, erledigte Probleme, Umsetzungen | • Vorangegangene Managementbewertungen<br>• Managementbewertung |
| Änderungen, die sich auf das Qualitätsmanagementsystem auswirken könnten | X | | | | | | | | **Prüfen:** Änderungen in den Arbeitsaufgaben, Produkten, Herstellungsverfahren, Gesetzen, Vorgehensweisen und Arbeitsabläufen, messbare Ziele, Status der Umsetzung | • Messbare Qualitätsziele<br>• Managementbewertung |
| Empfehlungen für Verbesserungen | X | | | | | | | | **Prüfen:** Messbare Qualitätsziele, Audits, Status der Umsetzung aus den Korrekturmaßnahmen, Vorbeugungsmaßnahmen, Verbesserungen | • Messbare Qualitätsziele<br>• Internes Audit Planbericht<br>• Managementbewertung |
| **Ergebnisse der Managementbewertung** | | | | | | | | | | |

**Dokument:** Bild 5.29 QM_Managementbewertung.doc
© BSBE European Business School for Business Excellence Ltd. 2014,
Freigegeben: Klaus Mustermann, Datum: 05.01.2014, Handelsunternehmen 1
Seite 1 von 3

**BILD 5.29** QM: Managementbewertung (AA) (Ausschnitt)

### Formular: QM: Managementbewertung

Mit diesem Formular wird die Managementbewertung durchgeführt (Bild 5.30).

Die Anforderung im **Norm-Kapitel 5.6.1 Allgemeines** legt fest, dass die oberste Leitung der Organisation das Qualitätsmanagementsystem in **geplanten Abständen** bewerten muss. Die Norm legt somit **nicht** fest, **wie oft** die Managementbewertung durchgeführt werden muss, da dies die Organisation tut. Als Empfehlung sollte die Managementbewertung einmal pro Jahr durchgeführt werden.

Die in den **Norm-Kapiteln 5.6.2 Eingaben für die Bewertung** und **5.6.3 Ergebnisse der Bewertung** festgelegten Anforderungen werden hier berücksichtigt.

**Zu den Eingaben gehören:** die Ergebnisse von Audits; Rückmeldungen von Kunden; die Prozessleistung; die Produktkonformität; der Status von Korrektur- und Vorbeugungsmaßnahmen; die Folgemaßnahmen vorangegangener Managementbewertungen; Änderungen, die sich auf das Qualitätsmanagementsystem auswirken können; Empfehlungen für Verbesserungen. Welche Daten diesen Norm-Unterpunkten zugeordnet werden, ist in der Arbeitsaufgabe *QM: Managementbewertung (AA)* unter der Spalte „Wechselwirkung/Checkliste" festgelegt.

**Zu den Ergebnissen gehören:** Verbesserungen der Wirksamkeit des Qualitätsmanagementsystems und seiner Prozesse; Produktverbesserung in Bezug auf Kundenanforderungen; Bedarf an Ressourcen. Welche Daten diesen Norm-Unterpunkten zugeordnet werden, ist in der Arbeitsaufgabe *QM: Managementbewertung (AA)* unter der Spalte „Wechselwirkung/Checkliste" festgelegt.

Was passiert, wenn Sie als Ergebnisse **keine** Verbesserungen der Wirksamkeit des Qualitätsmanagementsystems und seiner Prozesse, **keine** Produktverbesserung in Bezug auf Kundenanforderungen oder **keinen** Bedarf an Ressourcen in diesem Jahr haben? Dann protokollieren Sie als Ergebnis, dass kein Bedarf besteht.

Sie sollten trotzdem die *messbaren Qualitätsziele* und die *Qualitätspolitik* überprüfen, ob Änderungen oder keine Änderungen durchzuführen sind, und dies protokollieren.

## QM: Managementbewertung

### MANAGEMENTBEWERTUNG FÜR DAS JAHR XXXX

| Eingaben für die Managementbewertung | |
|---|---|
| Ergebnisse von Audits | Hier wird eingetragen, wann das Audit durchgeführt wurde, ob Korrekturen oder Verbesserungen erforderlich waren und welche Organisationseinheiten davon betroffen sind. Im Formular *QM: Internes Audit Planbericht* wurden die entsprechenden Ergebnisse dargestellt. Diese Ergebnisse sind hier zu bewerten. Wenn keine Korrekturmaßnahmen, Verbesserungen oder Vorbeugungsmaßnahmen erforderlich waren, dann muss dies hier vermerkt werden. |
| Rückmeldungen von Kunden | Hier werden Aussagen zum Auftragseingang, zum Umsatz und über den Trend (gleich, höher, niedriger) beschrieben. Weiter sind Aussagen von Kunden über Produkte, Dienstleistungen und Reklamationen möglich. Hier erläutern Sie, warum Sie die messbaren Qualitätsziele erreicht oder nicht erreicht haben. |
| Prozessleistung | Hier werden Aussagen zu Betriebsergebnis, Ausschuss, Gemeinkosten, Korrekturen, Verbesserungen in den Prozessen, **Arbeitsaufgaben** und über den Trend (gleich, höher, niedriger) beschrieben. Hier erläutern Sie, warum Sie die messbaren Qualitätsziele erreicht oder nicht erreicht haben. Weiter müssen Sie die Korrekturmaßnahmen, Verbesserungen und Vorbeugungsmaßnahmen erläutern. |
| Produktkonformität | Hier werden Aussagen zu Kundenreklamationen, Lieferantenreklamationen, Kosten, Korrekturen, Verbesserungen und über den Trend (gleich, höher, niedriger) beschrieben. Weiter sind Aussagen von Kunden über Produkte, Dienstleistungen und Reklamationen möglich. Hier erläutern Sie, warum Sie die messbaren Qualitätsziele erreicht oder nicht erreicht haben. Weiter müssen Sie die Korrekturmaßnahmen, Verbesserungen und Vorbeugungsmaßnahmen erläutern. |
| Status von Vorbeugungs- und Korrekturmaßnahmen | Hier treffen Sie die Aussagen aus den messbaren Qualitätszielen zum Status der Korrekturmaßnahmen, Vorbeugungsmaßnahmen, Verbesserungen und über den Trend (gleich, höher, niedriger). Weiter müssen Organisationseinheit, Gesamtanzahl, erledigte und offene Maßnahmen hier aufgeführt werden. |
| Folgemaßnahmen vorangegangener Managementbewertungen | Hier werden Aussagen über noch offene Probleme, erledigte Probleme und die Umsetzungen beschrieben. Wenn keine Folgemaßnahmen vorangegangener Managementbewertungen vorhanden waren, dann muss dies hier vermerkt werden. |
| Änderungen, die sich auf das Qualitätsmanagementsystem auswirken können | Hier werden Aussagen über Änderungen in den Prozessen, Arbeitsaufgaben, Produkten, Herstellungsverfahren, Gesetzen, Vorgehensweisen, Arbeitsabläufen, messbaren Qualitätszielen und im Status der Umsetzung getroffen. Wenn keine Änderungen, die sich auf das Qualitätsmanagementsystem auswirken können, vorhanden waren, dann muss dies hier vermerkt werden. |
| Wurden Empfehlungen für Verbesserungen berücksichtigt? | Hier werden Aussagen, welche Empfehlungen umgesetzt wurden, die sich aus den Korrekturmaßnahmen, Vorbeugungsmaßnahmen, Verbesserungen und internen Audits ergeben haben, getroffen. Wenn keine Empfehlungen für Verbesserungen zu berücksichtigen sind, dann muss dies hier vermerkt werden. |

| Ergebnisse der Managementbewertung | |
|---|---|
| Verbesserung der Wirksamkeit des Qualitätsmanagementsystems und seiner Prozesse | Hier werden Aussagen über Änderungen durch interne Audits, in den Prozessen, Produkten, Dienstleistungen, Herstellungsverfahren, Gesetzen, Vorgehensweisen, Arbeitsaufgaben, Korrekturmaßnahmen, Vorbeugungsmaßnahmen, Verbesserungen und messbaren Zielen getroffen. Wenn keine Verbesserungen der Wirksamkeit des Qualitätsmanagementsystems und seiner Prozesse vorhanden sind, dann muss dies hier vermerkt werden. |

**Dokument:** Bild 5.30 QM_Managementbewertung.doc
© BSBE European Business School for Business Excellence Ltd. 2014,
Freigegeben: Klaus Mustermann, Datum: 05.01.2014, Handelsunternehmen 1
Seite 1 von 2

**BILD 5.30**  Formular: QM: Managementbewertung (Ausschnitt)

## ■ 5.8 MITARBEITER (AA)

### QM: Mitarbeiter Ausbildung/Schulung/Fertigkeiten/Erfahrung (AA)

Mit dieser Arbeitsaufgabe werden Ausbildung, Schulung, Fertigkeiten und Erfahrung prozessorientiert beschrieben (Bild 5.31).

Die Mitarbeiter werden in den entsprechenden **Funktionsbereichen** und **Ebenen** eingesetzt. Daher ist es notwendig, Ausbildung, Schulungen, Fertigkeiten und Erfahrungen zu ermitteln. Bei einer Neueinstellung wird ein Anforderungsprofil erstellt, dies kann auch eine Anzeige in einer Zeitung sein, und wird mit den Bewerbungsunterlagen verglichen. Damit ist die grundsätzliche Analyse erfüllt.

Bei den bestehenden Mitarbeitern sollte auch in geplanten Abständen oder bei Bedarf eine Analyse durchgeführt werden.

**Dazu gehören:** die Tätigkeiten, die bei einer Einstellung neuer Mitarbeiter erforderlich sind; die Tätigkeiten, die bei einer Beschäftigung von Zeitarbeitskräften, die vom Personaldienstleister zur Verfügung gestellt werden, notwendig sind; die Analyse der Mitarbeiter, deren Tätigkeiten die Erfüllung der Produktanforderungen beeinflussen.

**WECHSELWIRKUNG** Aus dieser Arbeitsaufgabe wird eventuell auf weitere Arbeitsaufgaben und dokumentierte Verfahren verwiesen (Wechselwirkung). Eine detaillierte Beschreibung erfolgt in diesen Dokumenten.

**KORREKTUR- UND VORBEUGUNGS-MASSNAHMEN** Es sind eventuell Korrektur- oder Vorbeugungsmaßnahmen einzuleiten. Im Bedarfsfall ist das Formular *QM: Korrektur- und Vorbeugungsmaßnahmen* auszufüllen.

5.8 Mitarbeiter (AA)

## QM: Mitarbeiter Ausbildung / Schulung / Fertigkeiten / Erfahrung (AA)

| Tätigkeit / Prozessschritte | E/D Führung | D Vertrieb Innend. | D Vertrieb Techn. | D Vertrieb Außend. | D Einkauf, Logistik, Auftragsabw. | D Service | D WE, Lager, Versand | D Extern | Wechselwirkung / Checkliste | Dokumentation |
|---|---|---|---|---|---|---|---|---|---|---|
| **Ausbildung, Schulung, Fertigkeiten, Erfahrung planen, festlegen und umsetzen** | | | | | | | | | | |
| **Nachfolgende Tätigkeiten erfolgen bei der Einstellung neuer Mitarbeiter.** | | | | | | | | | | |
| Einstellung neuer Mitarbeiter planen und Anforderungsprofil festlegen | X | (X) | (X) | (X) | (X) | (X) | (X) | | **Berücksichtigen:** Ausbildung, Schulung, Fertigkeiten, Erfahrungen in den Funktionsbereichen und Ebenen, Beeinflussung des Mitarbeiters auf die Produktanforderungen | • Anforderungsprofil |
| Anforderungsprofil veröffentlichen | X | | | | | | | | Anzeigen in Fachzeitungen, Homepage, Ausschreibung in der eigenen Organisation | • Anforderungsprofil |
| Vorstellungsgespräch vorbereiten und durchführen | X | (X) | (X) | (X) | (X) | (X) | (X) | | Vorstellungsgespräch durchführen, Auswahl treffen | • Anforderungsprofil<br>• Bewerbungsunterlagen |
| Einstellung durchführen und Arbeitsvertrag abschließen | X | | | | | | | | Unterlagen für Mitarbeiter erstellen, Verantwortung und die Wechselwirkungen berücksichtigen hinsichtlich Funktionsbereichen und Ebenen und Beeinflussung des Mitarbeiters auf die Produktanforderungen | • Einstellungsunterlagen |
| Organisation festlegen mit Organigrammverantwortung | X | | | | | | | | Verantwortung und Wechselwirkungen berücksichtigen hinsichtlich Funktionsbereichen und Ebenen | • Organigrammverantwortung |
| Einarbeitungsplan erstellen | X | (X) | (X) | (X) | (X) | (X) | (X) | | Einarbeitungsplan erstellen, Beeinflussung des Mitarbeiters auf die Produktanforderungen berücksichtigen | • Schulungsablauf |
| Einarbeitung durchführen | (X) | X | X | X | X | X | X | | Organisation vorstellen in den Funktionsbereiche und Ebenen, eigene Tätigkeit und die Beeinflussung des Mitarbeiters auf die Produktanforderungen | • Handbuch<br>• Arbeitsaufgaben<br>• Dokumentierte Verfahren<br>• Formulare<br>• Dokumente externer Herkunft<br>• Organigrammverantwortung<br>• Dokumentationsmatrix |
| Ermittlung des weiteren Maßnahmenbedarfs | (X) | X | X | X | X | X | X | | Mitarbeitergespräche | • Mitarbeiter Maßnahme |

Dokument: Bild 5.31 QM_Mitarbeiter_Ausbildung_Schulung_Fertigkeiten_Erfahrung.doc
© BSBE European Business School for Business Excellence Ltd. 2014,
Freigegeben: Klaus Mustermann, Datum: 05.01.2014, Handelsunternehmen 1
Seite 1 von 4

**BILD 5.31** QM: Mitarbeiter Ausbildung/Schulung/Fertigkeiten/Erfahrung (AA) (Ausschnitt)

### Formular: QM: Mitarbeiter Maßnahme

Mit diesem Formular wird die Maßnahme protokolliert (Bild 5.32).

Das Formular ist ein Universalformular, das für unterschiedliche Tätigkeiten eingesetzt werden kann. Für die Größe der hier dargestellten Organisation ist dies ausreichend.

Die Maßnahme berücksichtigt:

1. die interne Schulung, die externe Schulung, die Unterweisung, die Betriebsversammlung, die Mitarbeiterbesprechung, die Informationen, die zur Kenntnis abgezeichnet werden müssen,
2. die *Funktionsbereiche*,
3. den Inhalt/das Thema der Maßnahme,
4. die Beurteilung der Wirksamkeit der Maßnahme,
5. die Mitarbeiter, die vom Personaldienstleister zur Verfügung gestellt werden.

Sie müssen dieses Formular nicht mit dem EDV-System ausfüllen, es ist auch möglich, dies von Hand zu tun. Der Aufwand ist überschaubar und sollte unbedingt genutzt werden. Die Norm erwartet jedoch, dass die Eintragungen lesbar sind. Sie sollten aber die Mitarbeiter vorher eintragen, damit Sie das Formular optimal nutzen können.

Weiter erwartet die Norm, dass die Wirksamkeit der Maßnahme kontrolliert wird, und dies sollten Sie unbedingt durchführen.

## QM: Mitarbeiter Maßnahme

| | |
|---|---|
| Art der Maßnahme: | • Interne Schulung, externe Schulung, Unterweisung, Betriebsversammlung, Mitarbeiterbesprechung; Information zur Kenntnis<br>**Nichtzutreffendes streichen** |
| **Funktionsbereiche:** | • Vertrieb (Innendienst, Technik, Außendienst), Einkauf (Logistik, Auftragsabwicklung), Service, Lager (Wareneingang, Versand), extern<br>**Nichtzutreffendes streichen** |
| Ort, Datum, Uhrzeit von / bis: | • |
| Nächste geplante Maßnahme: | • |
| Inhalt / Thema der Maßnahme:<br><br>Information zur Kenntnis:<br>**Nichtzutreffendes streichen** | • |
| **Wirksamkeit der Maßnahme beurteilt durch / am:** | • |

| Name des Mitarbeiters, eigene Organisation / vom Personaldienstleister: | Unterschrift des Mitarbeiters, eigene Organisation / des Personaldienstleisters: | Eigene Organisation | Personaldienstleister |
|---|---|---|---|
| | | | |
| | | | |
| | | | |
| | | | |
| | | | |
| | | | |
| | | | |
| | | | |
| | | | |
| | | | |
| | | | |
| | | | |
| | | | |
| | | | |

**Inhalt / Thema:** Mit der Unterschrift bestätigt der Mitarbeiter / die Zeitarbeitskraft, dass er / sie teilgenommen und den Inhalt / das Thema der Maßnahme verstanden hat. Sollte der Inhalt / das Thema der Maßnahme nicht oder nur teilweise verstanden worden sein, dann ist unverzüglich der Vorgesetzte zu benachrichtigen.
**Information zur Kenntnis:** Mit der Unterschrift bestätigt der Mitarbeiter / die Zeitarbeitskraft, dass er / sie die Information gelesen und verstanden hat.

**Dokument:** Bild 5.32 QM_Mitarbeiter Maßnahme.doc
© BSBE European Business School for Business Excellence Ltd. 2014,
Freigegeben: Klaus Mustermann, Datum: 05.01.2014, Handelsunternehmen 1
Seite 1 von 1

**BILD 5.32** Formular: QM: Mitarbeiter Maßnahme

## 5.9 STÄNDIGE VERBESSERUNG DES QM-SYSTEMS (DV)

Für die ständige Verbesserung des Qualitätsmanagementsystems werden folgende dokumentierte Verfahren prozessorientiert beschrieben:

1. QM: Internes Audit (dV)
2. QM: Lenkung fehlerhafter Produkte (dV)
3. QM: Korrekturmaßnahmen (dV)
4. QM: Vorbeugungsmaßnahmen (dV)

### QM: Internes Audit (dV)

Mit diesem dokumentierten Verfahren wird die Durchführung von internen Audits prozessorientiert beschrieben (Bild 5.33).

Es werden **zwei Arten** von internen Audits dargestellt.

**Auditprogramm als Systemaudit:**

**Auditziele:** Ermittlung des Erfüllungsgrades der DIN EN ISO 9001:2008 und der Anforderungen der Organisation. Das Audit wird als **Systemaudit** durchgeführt, um die Organisationsabläufe auf Wirksamkeit zur Erfüllung der Kundenanforderungen zu überprüfen. **Auditkriterien:** Als Bezugsgrundlage (Referenz) dient die DIN EN ISO 9001:2008. Der Auditplanbericht und der Auditfragenkatalog werden als Vorgehensweise genutzt, um einen Vergleich mit den Nachweisen zu erhalten. **Auditumfang:** Erfüllung der Anforderungen der DIN EN ISO 9001:2008 und der Anforderungen der Organisation. **Audithäufigkeit:** einmal pro Jahr. **Auditmethoden:** Auditplanbericht, Auditfragenkatalog und Dokumentationsmatrix als Basis für das interne Audit (Systemaudit) nutzen. Es werden Mitarbeiter befragt, Tätigkeiten beobachtet und Dokumente und Aufzeichnungen überprüft. Die Norm erwartet eine Planung des Auditprogramms. Die Norm legt jedoch nicht fest, wie oft ein internes Audit durchgeführt werden muss. Es wird jedoch empfohlen, das interne Audit einmal pro Jahr durchzuführen.

**Auditprogramm als Prozessaudit:**

**Prozessaudit:** Das interne Audit kann auch als **Prozessaudit** zur Behebung von Problemen genutzt werden. **Auditkriterien:** Als Bezugsgrundlage (Referenz) dient das Formular *QM: Korrektur- und Vorbeugungsmaßnahmen*.

**WECHSELWIRKUNG**

Aus diesem dokumentierten Verfahren wird eventuell auf weitere Arbeitsaufgaben und dokumentierte Verfahren verwiesen (Wechselwirkung). Eine detaillierte Beschreibung erfolgt in diesen Dokumenten.

**KORREKTUR- UND VORBEUGUNGSMASSNAHMEN**

Es sind eventuell Korrektur- oder Vorbeugungsmaßnahmen einzuleiten. Im Bedarfsfall ist das Formular *QM: Korrektur- und Vorbeugungsmaßnahmen* auszufüllen.

## 5.9 Ständige Verbesserung des QM-Systems (dV)

### QM: Internes Audit (dV)

| Tätigkeit / Prozessschritte | E/D Führung | D Vertrieb Innend. | D Vertrieb Techn. | D Vertrieb Außend. | D Einkauf, Logistik, Auftragsabw. | D Service | D WE, Lager, Versand | D Extern | Wechselwirkung / Checkliste | Dokumentation |
|---|---|---|---|---|---|---|---|---|---|---|
| *Interne Audits planen, festlegen und umsetzen* **SYSTEMAUDIT** | | | | | | | | | 1. Das interne Audit kann als **Systemaudit** zur Überprüfung der Organisationsabläufe und der Erfüllung der Wirksamkeit der Kundenanforderungen genutzt werden.<br><br>2. Das interne Audit kann als **Prozessaudit** zur Behebung von Problemen genutzt werden. | |
| **SYSTEMAUDIT:** *Auditprogramm planen, festlegen und als Vorgehensweise für das interne Audit nutzen* | X | | | | | | | | **Auditziele:** Ermittlung des Erfüllungsgrades der DIN EN ISO 9001:2008 und der Anforderungen der Organisation. Das Audit wird als **Systemaudit** durchgeführt, um die Organisationsabläufe auf Wirksamkeit zur Erfüllung der Kundenanforderungen zu überprüfen.<br>**Auditkriterien:** Als Bezugsgrundlage (Referenz) dient die DIN EN ISO 9001:2008. Der Auditplanbericht und der Auditfragenkatalog werden als Vorgehensweise genutzt, um einen Vergleich mit den Nachweisen zu erhalten.<br>**Auditumfang:** Erfüllung der Anforderungen der DIN EN ISO 9001:2008 und der Anforderungen der Organisation.<br>**Audithäufigkeit:** Einmal pro Jahr<br>**Auditmethoden:** Auditplanbericht, Auditfragenkatalog und Dokumentationsmatrix als Basis für das interne Audit (**Systemaudit**) nutzen. Es werden Mitarbeiter befragt, Tätigkeiten beobachtet und Dokumente und Aufzeichnungen überprüft. | • Internes Audit Planbericht<br>• Internes Audit Fragenkatalog<br>• Dokumentationsmatrix |
| *Ergebnisse von früheren Audits überprüfen und berücksichtigen* | X | | | | | | | | **Prüfen:** Anzahl der Audits ausreichend, Korrekturen, Verbesserungen | • Internes Audit Planbericht<br>• Korrektur- und Vorbeugungsmaßnahmen |

**Dokument:** Bild 5.33 QM_Internes Audit.doc
© BSBE European Business School for Business Excellence Ltd. 2014,
Freigegeben: Klaus Mustermann, Datum: 05.01.2014, Handelsunternehmen 1

**BILD 5.33** QM: Internes Audit (dV) (Ausschnitt)

## Formular: QM: Internes Audit Planbericht

Mit diesem Formular wird das interne Audit (Systemaudit) protokolliert (Bild 5.34).

Das Formular ist in **drei Teilbereiche** aufgeteilt. Im ersten Teil wird mit dem *Auditplan* das interne Audit geplant. Im zweiten Teil wird die *Vorgehensweise* festgelegt. Im dritten Teil wird der *Auditbericht* ausgefüllt, um ein abschließendes Urteil über die positiven und die negativen Aspekte darzulegen.

**AUDITPLAN**
1. Legen Sie das Datum und die Dauer (Uhrzeit) des internen Audits fest.
2. Legen Sie den oder die Auditoren fest. Der Auditor darf seine eigene Tätigkeit nicht auditieren.
3. Legen Sie die Auditziele, die Auditkriterien, den Auditumfang, die Audithäufigkeit und die Auditmethoden fest.
4. Benachrichtigen Sie die Mitarbeiter rechtzeitig.

**VORGEHENSWEISE**
5. Nutzen Sie das Formular *QM: Internes Audit Fragenkatalog* als Basis für das interne Audit. Sie können das interne Audit für die Norm-Kapitel 4, 5, 6, 7 und 8 auf das Jahr verteilt durchführen. Sie müssen dann nur die nicht benötigten Norm-Kapitel aus dem Formular *QM: Internes Audit Fragenkatalog* löschen. Sie müssen dann die Formulare *QM: Internes Audit Planbericht* und *QM: Internes Audit Fragenkatalog* mehrfach ausfüllen. Wenn Sie das interne Audit auf das Jahr verteilt durchführen, dann müssen Sie das unter der *Vorgehensweise* vermerken.
6. Führen Sie das interne Audit durch und notieren Sie die Abweichungen im Formular *QM: Korrektur- und Vorbeugungsmaßnahmen*.

**AUDITBERICHT** Zum Schluss fällen Sie unter dem Punkt *Auditbericht* ein abschließendes Urteil über das interne Audit und unterschreiben Sie auf dieser Seite den Auditbericht. Die für den Funktionsbereich verantwortliche Leitung unterschreibt ebenfalls.

Das interne Audit ist mit einfachen Mitteln durchgeführt.

Die Abweichungen müssen analysiert werden. Die für den auditierten **Funktionsbereich** verantwortliche Leitung muss sicherstellen, dass Maßnahmen ohne ungerechtfertigte Verzögerung zur Beseitigung erkannter Fehler und ihrer Ursachen ergriffen werden.

Aus diesen Daten können neue messbare Qualitätsziele und Kennzahlen entstehen.

## QM: Internes Audit Planbericht

### Auditplan

| Datum: | • |
|---|---|
| Uhrzeit von / bis: | • |
| Auditor 1: | • |
| Auditor 2: | • |
| | • Es wurde darauf geachtet, dass der Auditor seine eigene Tätigkeit nicht auditiert. |

| | |
|---|---|
| Auditziele: | • Ermittlung des Erfüllungsgrades der DIN EN ISO 9001:2008 und der Anforderungen der Organisation. Das Audit wird als **Systemaudit** durchgeführt, um die Organisationsabläufe auf Wirksamkeit zur Erfüllung der Kundenanforderungen zu überprüfen. |
| Auditkriterien: | • Als Bezugsgrundlage (Referenz) dient die DIN EN ISO 9001:2008. Die Formulare *QM: Internes Audit Planbericht* und *QM: Internes Audit Fragenkatalog* werden als Vorgehensweise genutzt, um einen Vergleich mit den Nachweisen zu erhalten. |
| Auditumfang: | • Erfüllung der Anforderungen der DIN EN ISO 9001:2008 und der Anforderungen der Organisation. Die zu auditierenden Normenabschnitte sind im Formular *QM: Internes Audit Fragenkatalog* aufgeführt. |
| Audithäufigkeit: | • Einmal pro Jahr. |
| Auditmethoden: | • Die Formulare *QM: Internes Audit Planbericht*, *QM: Internes Audit Fragenkatalog* und *QM: Dokumentationsmatrix* als Basis für das interne Audit (**Systemaudit**) nutzen. Es werden Mitarbeiter befragt, Tätigkeiten beobachtet und Dokumente und Aufzeichnungen überprüft. |
| Abweichungen im Audit: | • Die Formulare *QM: Internes Audit Planbericht* und *QM: Korrektur- und Vorbeugungsmaßnahmen* für die Dokumentation nutzen. |

### Vorgehensweise:

1. Den oder die Auditoren festlegen. Dabei ist darauf zu achten, dass der Auditor seine eigene Tätigkeit nicht auditiert.
2. Das Formular *QM: Internes Audit Fragenkatalog* erstellen/überarbeiten und als Checkliste für das interne Audit nutzen.
3. Wenn Abweichungen oder Verbesserungen aus dem **vorherigen** Audit vorhanden sind, dann müssen diese berücksichtigt werden.
4. Die zu auditierenden Normenabschnitte sind im Formular *QM: Internes Audit Fragenkatalog* aufgeführt.
5. Die im Handbuch festgelegten Arbeitsaufgaben und dokumentierten Verfahren können zusätzlich als Checkliste genutzt werden, um die Tätigkeiten hinterfragen zu können.
6. Wenn im Audit Abweichungen oder Verbesserungen vorhanden sind, dann ist das Formular *QM: Korrektur- und Vorbeugungsmaßnahmen* zur Dokumentation der Abweichungen oder Verbesserungen zu nutzen. Die für den auditierten **Funktionsbereich** verantwortliche Leitung muss sicherstellen, dass Maßnahmen ohne ungerechtfertigte Verzögerung zur Beseitigung erkannter Fehler und ihrer Ursachen ergriffen werden.
7. Weiter muss überprüft werden, ob Daten in die messbaren Ziele übernommen werden müssen.

### Auditbericht:

| | |
|---|---|
| Festgestellte Abweichungen: | • Es wurden keine Abweichungen festgestellt.<br>• Die ausgefüllten Formulare *QM: Korrektur- und Vorbeugungsmaßnahmen* zur Dokumentation der Abweichungen oder Verbesserungen sind an diesen Bericht geheftet.<br>• **Nichtzutreffendes streichen** |
| Abschließendes Urteil über die Erfüllung der Norm: | |

**Dokument:** Bild 5.34 QM_Internes Audit_Plan_Bericht.doc
© BSBE European Business School for Business Excellence Ltd. 2014,
Freigegeben: Klaus Mustermann, Datum: 05.01.2014, Handelsunternehmen 1

**BILD 5.34** Formular: QM Internes Audit Planbericht

### Formular: QM: Internes Audit Fragenkatalog

Mit diesem Formular werden die Fragen festgelegt und die Antworten dokumentiert (Bild 5.35).

Das Formular ist in **zwei Spalten** aufgeteilt. In der ersten Tabellenspalte werden die *Normenabschnitte* und die *Fragen* festgelegt. In der zweiten Tabellenspalte werden die *Antworten* notiert. Die Fragen und die Antworten sind als Muster eingetragen und müssen an Ihre Organisation angepasst werden. Dies betrifft grundsätzlich die Antworten, wenn Sie die Fragen belassen wollen.

Dabei können Sie wie folgt vorgehen:

1. **Variante 1:** Notieren Sie die Abweichung als Text direkt in der zweiten Tabellenspalte unter dem Abschnitt **Abweichung**.
2. **Variante 2:** Notieren Sie eine fortlaufende Nummer in der zweiten Tabellenspalte unter dem Abschnitt **Abweichung**. Anschließend füllen Sie für jede Abweichung das Formular *QM: Korrektur- und Vorbeugungsmaßnahmen* aus und ordnen diesem die fortlaufende Nummer zu.
3. Sie können das interne Audit für die Norm-Kapitel 4, 5, 6, 7 und 8 auf das Jahr verteilt durchführen. Sie müssen dann nur die nicht benötigten Norm-Kapitel aus dem Formular *QM: Internes Audit Fragenkatalog* löschen. Sie müssen dann die Formulare *QM: Internes Audit Planbericht* und *QM: Internes Audit Fragenkatalog* mehrfach ausfüllen.

Im Beispiel sind nur die Abweichungen aufgeführt. Es können hier auch **Empfehlungen** notiert und im Formular *QM: Korrektur- und Vorbeugungsmaßnahmen* protokolliert werden. Für die Vorgehensweise bei Empfehlungen sind die *Nummern 1 und 2* sinngemäß anzuwenden.

5.9 Ständige Verbesserung des QM-Systems (dV)

## QM: Internes Audit Fragenkatalog

### INTERNES AUDIT FÜR DAS JAHR XXXX

| NORMENABSCHNITTE ISO 9001:2008 | ANTWORTEN |
|---|---|
| 4.2.2 Qualitätsmanagementhandbuch **Frage:** Wie werden im Handbuch die relevanten Arbeitsabläufe (Prozesse) berücksichtigt? | Hier kann eingetragen werden, wie die relevanten Abläufe im Qualitätsmanagementhandbuch berücksichtigt werden, z. B.: Qualitätsmanagementhandbuch: A_START-Handbuch-Prozessorientierter Ansatz Das Qualitätsmanagementhandbuch berücksichtigt alle relevanten Arbeitsabläufe. Es wurden keine Änderungen im Qualitätsmanagementhandbuch und in den Arbeitsabläufen durchgeführt. Es wurden keine Kopien des Qualitätsmanagementhandbuches erstellt, daher gab es nur ein aktuelles Qualitätsmanagementhandbuch. Die Dokumente werden hinsichtlich Aktualität überprüft. Das Qualitätsmanagementhandbuch besteht aus einer Seite. Aus dieser Seite wird auf die Arbeitsaufgaben und die dokumentierten Verfahren verwiesen. Die Beschreibung der Wechselwirkungen der Prozesse wird in den Arbeitsaufgaben und den dokumentierten Verfahren dargestellt. **Abweichung:** Es waren keine Abweichungen vorhanden. |
| 4.2.3 Lenkung von Dokumenten **Frage:** Wie werden die Dokumente gelenkt? | Hier kann eingetragen werden, wie die Dokumente gelenkt werden, z. B.: Die Dokumente wurden auf folgende Punkte überprüft: 1. Vollständigkeit (interne und externe Dokumente), 2. Aktualität der Dokumente, 3. Aufbewahrungszeit, 4. wo die Dokumente aufbewahrt werden, 5. wer die Dokumente nutzen muss. **Abweichung:** Es waren keine Abweichungen vorhanden. |
| 4.2.4 Lenkung von Aufzeichnungen **Frage:** Wie werden die Aufzeichnungen gelenkt? | Hier kann eingetragen werden, wie die Aufzeichnungen gelenkt werden, z. B.: Die Aufzeichnungen wurden auf folgende Punkte überprüft: 1. Vollständigkeit, 2. Aufbewahrungszeit, 3. wo die Aufzeichnungen aufbewahrt werden. **Abweichung:** Es waren keine Abweichungen vorhanden. |
| 5.1 Selbstverpflichtung der Leitung **Frage:** Wie werden die Kundenanforderungen, die Qualitätspolitik und die Qualitätsziele den Mitarbeitern vermittelt? | Hier kann eingetragen werden, wie die Qualitätspolitik und die Qualitätsziele den Mitarbeitern vermittelt werden, z. B.: Die Kundenanforderungen wurden in Gesprächen mit den Mitarbeitern vermittelt. Dies erfolgt auftragsbezogen. Die Qualitätspolitik ist als Leitbild vorhanden und noch aktuell. Die Qualitätsziele als Statistik sind festgelegt und wurden regelmäßig überprüft. Die Managementbewertung wurde durchgeführt. Die Arbeitsabläufe in unserem Unternehmen wurden überprüft, und die benötigten Ressourcen für die Durchführung der Tätigkeiten sind vorhanden. **Abweichung:** Es waren keine Abweichungen vorhanden. |
| 5.2 Kundenorientierung **Frage:** Wie wird die Kundenorientierung umgesetzt? | Hier kann eingetragen werden, wie die Kundenorientierung umgesetzt wird, z. B.: Die Kundenanforderungen wurden in Gesprächen mit den Mitarbeitern vermittelt. Die Qualitätspolitik ist als Leitbild vorhanden und noch aktuell. **Abweichung:** Es waren keine Abweichungen vorhanden. |
| 5.3 Qualitätspolitik **Frage:** Wie wird die Qualitätspolitik den Mitarbeitern vermittelt? | Hier kann eingetragen werden, wie die Qualitätspolitik den Mitarbeitern vermittelt wird, z. B.: Die Qualitätspolitik ist als Leitbild vorhanden, wurde von den Mitarbeitern verstanden und ist auf das Unternehmen, die Kunden und die Produkte abgestimmt. Den Mitarbeitern wurde es durch Mitarbeitergespräche vermittelt. Die Qualitätsziele (Statistiken) wurden regelmäßig überprüft. |

**Dokument:** Bild 5.35 QM_Internes Audit_Fragenkatalog.doc
© BSBE European Business School for Business Excellence Ltd. 2014,
Freigegeben: Klaus Mustermann, Datum: 05.01.2014, Handelsunternehmen 1
Seite 1 von 5

**BILD 5.35** Formular: QM: Internes Audit Fragenkatalog

## QM: Lenkung fehlerhafter Produkte (dV)

Mit diesem dokumentierten Verfahren wird die Durchführung der Lenkung von fehlerhaften Produkten prozessorientiert beschrieben (Bild 5.36).

Die Tätigkeiten sind als Arbeitsaufgaben definiert und somit prozessorientiert dargestellt. Wenn es erforderlich wird, dass fehlerhafte Produkte gelenkt werden müssen, **dann muss dies direkt in der betroffenen Arbeitsaufgabe erfolgen**.

In diesem dokumentierten Verfahren erfolgt daher die Darstellung der *Wechselwirkung* mit den weiteren Arbeitsaufgaben.

**WECHSELWIRKUNG** Aus diesem dokumentierten Verfahren wird eventuell auf weitere Arbeitsaufgaben und dokumentierte Verfahren verwiesen (Wechselwirkung). Eine detaillierte Beschreibung erfolgt in diesen Dokumenten.

**KORREKTUR- UND VORBEUGUNGS- MASSNAHMEN** Es sind eventuell Korrektur- oder Vorbeugungsmaßnahmen einzuleiten. Im Bedarfsfall ist das Formular *QM: Korrektur- und Vorbeugungsmaßnahmen* auszufüllen.

5.9 Ständige Verbesserung des QM-Systems (dV)

## QM: Lenkung fehlerhafter Produkte (dV)

| Tätigkeit / Prozessschritte | E/D Führung | D Vertrieb Innend. | D Vertrieb Techn. | D Vertrieb Außend. | D Einkauf, Logistik, Auftragsabw. | D Service | D WE, Lager, Versand | D Extern | Wechselwirkung / Checkliste | Dokumentation |
|---|---|---|---|---|---|---|---|---|---|---|
| **Lenkung fehlerhafter Produkte planen, festlegen und umsetzen** | | | | | | | | | | |
| *Abweichungen durch Prozessaudit prüfen* | X | X | X | X | X | X | X | | **Prüfen:** Es muss geprüft werden, ob ein **Prozessaudit** geplant und durchgeführt wird. **Dokumentiertes Verfahren (dV):** QM: Internes Audit | • |
| *Arbeitsaufgaben auf Lenkung von fehlerhaften Produkten analysieren* | X | X | X | X | X | X | X | (X) | Die Lenkung von fehlerhaften Produkten wird direkt in der Arbeitsaufgabe dargestellt. **Arbeitsaufgabe (AA):** EINKAUF: Reklamation / Falschlieferung **Arbeitsaufgabe (AA):** VERTRIEB: Reklamation **Arbeitsaufgabe (AA):** SERVICE: Montage / Wartung / Reparatur / Reklamation in der Werkstatt **Arbeitsaufgabe (AA):** SERVICE: Montage / Wartung / Reparatur / Reklamation beim Kunden vor Ort **Arbeitsaufgabe (AA):** WARENEINGANG: Wareneingang extern **Arbeitsaufgabe (AA):** WARENEINGANG: Wareneingang aus Service **Arbeitsaufgabe (AA):** LAGER: Produkte einlagern / auslagern **Arbeitsaufgabe (AA):** VERSAND: Produkte versenden | • |
| **Nachfolgende Tätigkeiten werden nur bei Bedarf durchgeführt.** | | | | | | | | | | |
| *Evtl. Korrekturen oder Verbesserungen im Unternehmen durchführen* | X | X | X | X | X | X | X | | **Dokumentiertes Verfahren (dV):** QM: Korrekturmaßnahmen **Dokumentiertes Verfahren (dV):** QM: Vorbeugungsmaßnahmen | • |

| Ständige Verbesserung: | **Methode:** Internes Audit<br>**Informationen:** Internes Audit Planbericht, Korrektur- und Vorbeugungsmaßnahmen, Managementbewertung, messbare Qualitätsziele |
|---|---|

**BILD 5.36** QM: Lenkung fehlerhafter Produkte (dV) (Ausschnitt)

### QM: Korrekturmaßnahmen (dV)

Mit diesem dokumentierten Verfahren wird die Durchführung der Korrekturmaßnahmen prozessorientiert beschrieben (Bild 5.37).

In der zweiten Tabellenzeile unter *Tätigkeit/Prozessschritte* wird erläutert, dass die Korrekturmaßnahmen durch die Arbeitsaufgaben oder durch die dokumentierten Verfahren ausgelöst werden. Es muss eine Analyse der Daten aus dem Formular *QM: Korrektur- und Vorbeugungsmaßnahmen* durchgeführt und dann die weitere Vorgehensweise in diesem Formular protokolliert werden.

Die Abweichung muss analysiert werden. Die für den betroffenen **Funktionsbereich** verantwortliche Leitung muss sicherstellen, dass Maßnahmen ohne ungerechtfertigte Verzögerung zur Beseitigung erkannter Fehler und ihrer Ursachen ergriffen werden.

Weiter muss festgelegt werden, wer die durchgeführten Korrekturmaßnahmen kontrolliert.

Aus diesen Daten können neue messbare Qualitätsziele und Kennzahlen entstehen.

**WECHSELWIRKUNG** Aus diesem dokumentierten Verfahren wird eventuell auf weitere Arbeitsaufgaben und dokumentierte Verfahren verwiesen (Wechselwirkung). Eine detaillierte Beschreibung erfolgt in diesen Dokumenten.

5.9 Ständige Verbesserung des QM-Systems (dV)

## QM: Korrekturmaßnahmen (dV)

| Tätigkeit / Prozessschritte | E/D Führung | D Vertrieb Innend. | D Vertrieb Techn. | D Vertrieb Außend. | D Einkauf, Logistik, Auftragsabw. | D Service | D WE, Lager, Versand | D Extern | Wechselwirkung / Checkliste | Dokumentation |
|---|---|---|---|---|---|---|---|---|---|---|
| **Korrekturmaßnahmen planen, festlegen und umsetzen** | | | | | | | | | | |
| Korrekturmaßnahmen durch Arbeitsaufgaben oder dokumentierte Verfahren auslösen | X | X | X | X | X | X | X | (X) | | • |
| Ursachenanalyse durchführen | X | X | X | X | X | X | X | (X) | **Prüfen:** In welchem Funktionsbereich ist das Problem aufgetreten? Wann ist das Problem aufgetreten? Was für ein Problem ist aufgetreten? Warum ist das Problem aufgetreten? | • Korrektur- und Vorbeugungsmaßnahmen |
| Fehlerbewertung durchführen | X | | | | | | | | **Prüfen:** Um welche Art der Maßnahme handelt es sich (Korrekturmaßnahme, Reklamation Kunde, Reklamation Lieferant)? Wie ist das Problem in Zukunft zu vermeiden? Welche Verbesserung ist möglich? | • Korrektur- und Vorbeugungsmaßnahmen |
| Beurteilung des Handlungsbedarfs, um das erneute Auftreten von Fehlern zu verhindern | X | | | | | | | | **Prüfen:** Wie viel Zeit ist erforderlich? Wie hoch sind die Kosten? Ist eine Korrektur erforderlich? Steht der Aufwand, das Problem zu lösen, in einem sinnvollen Kosten-Nutzen-Verhältnis? | • Korrektur- und Vorbeugungsmaßnahmen |
| Ermittlung und Verwirklichung der erforderlichen Maßnahmen | X | | | | | | | | **Prüfen:** Wer führt die Umsetzung durch? | • Korrektur- und Vorbeugungsmaßnahmen |
| Aufzeichnung der Ergebnisse der ergriffenen Maßnahmen | (X) | X | X | X | X | X | X | (X) | **Prüfen:** Die Ergebnisse werden im Formular QM: Korrektur- und Vorbeugungsmaßnahmen aufgezeichnet. | • Korrektur- und Vorbeugungsmaßnahmen |
| Ergriffene Korrekturmaßnahmen überprüfen (Verifizierung) | (X) | X | X | X | X | X | X | (X) | **Prüfen:** Wer prüft die Umsetzung? | • Korrektur- und Vorbeugungsmaßnahmen<br>• Interne Audits |
| **Nachfolgende Tätigkeiten werden nur bei Bedarf durchgeführt.** | | | | | | | | | | |
| Übernahme der Daten in messbare Qualitätsziele prüfen | X | | | | | | | | **Prüfen:** Daten in die messbaren Qualitätsziele übernehmen bzw. neue messbare Qualitätsziele erstellen **Arbeitsaufgabe (AA):** QM: Messbare Qualitätsziele | • Messbare Qualitätsziele |

| Ständige Verbesserung: | **Methode:** Korrekturen durchführen<br>**Informationen:** Korrektur- und Vorbeugungsmaßnahmen, messbare Qualitätsziele |
|---|---|

**Dokument:** Bild 5.37 QM_Korrekturmaßnahmen.doc
© BSBE European Business School for Business Excellence Ltd. 2014,
Freigegeben: Klaus Mustermann, Datum: 05.01.2014, Handelsunternehmen 1
Seite 1 von 2

**BILD 5.37** QM: Korrekturmaßnahmen (dV) (Ausschnitt)

**Formular: QM: Korrektur- und Vorbeugungsmaßnahmen**

Mit diesem Formular werden die Korrekturmaßnahmen analysiert, festgelegt und protokolliert (Bild 5.38).

Das Formular ist in **acht Teilbereiche** aufgeteilt. Es ist ein Universalformular, das für unterschiedliche Maßnahmen in den einzelnen Funktionsbereichen genutzt werden kann.

1. **Art der Maßnahme:** Hier ist die Maßnahme auszuwählen und Nichtzutreffendes zu streichen (Pflichtfeld).
2. **Funktionsbereich:** Hier ist der Funktionsbereich auszuwählen und Nichtzutreffendes zu streichen (Pflichtfeld).
3. **Wann ist das Problem aufgetreten?** Hier ist das Datum einzutragen, wann das Problem aufgetreten ist (Pflichtfeld).
4. **Was für ein Problem ist aufgetreten?** Hier ist das Problem einzutragen. Alle Angaben können stichpunktartig eingetragen werden. Ausformulierte Sätze sind nicht erforderlich (Pflichtfeld).
5. **Was ist die Ursache des Problems?** Hier ist die Ursache des Problems einzutragen. Alle Angaben können stichpunktartig eingetragen werden. Ausformulierte Sätze sind nicht erforderlich (Pflichtfeld).
6. **Welche Maßnahme ist erforderlich?** Hier ist die Maßnahme einzutragen. Alle Angaben können stichpunktartig eingetragen werden. Ausformulierte Sätze sind nicht erforderlich (Pflichtfeld).
7. **Maßnahme zu erledigen bis:** Es muss ein Termin festgelegt werden, bis wann die Maßnahme erledigt wird. **Durch Mitarbeiter:** Es muss ein Mitarbeiter festgelegt werden, der die Umsetzung der Maßnahme durchführt oder die Durchführung veranlasst. **Wirksamkeit der Maßnahme überprüft durch/am:** Die für den betroffenen Funktionsbereich verantwortliche Leitung muss sicherstellen, dass Maßnahmen ohne ungerechtfertigte Verzögerung zur Beseitigung erkannter Fehler und ihrer Ursachen ergriffen werden und die Umsetzung kontrolliert wird (Pflichtfelder).
8. **Übernahme in die messbaren Qualitätsziele:** Es kann überprüft werden, ob eine Übernahme in die messbaren Qualitätsziele erfolgen muss. **Geschätzte Kosten/Einsparungen:** Hier können die Kosten oder die Einsparungen dokumentiert werden. **Benötigte Zeit:** Hier kann die benötigte Zeit dokumentiert werden (**keine** Pflichtfelder).

Bei dem Punkt 8 handelt es sich nicht um Pflichtfelder, da die Norm nur eine ständige Verbesserung der Effektivität erwartet und nicht die ständige Verbesserung der Effizienz.

## QM: Korrektur- und Vorbeugungsmaßnahmen

**① Art der Maßnahme:** Korrekturmaßname, Vorbeugungsmaßnahme, Verbesserungsmaßnahme, Reklamation (Kunde / Lieferant) Nichtzutreffendes streichen

**② Funktionsbereich:** Vertrieb (Innendienst, Technik, Außendienst), Einkauf (Logistik, Auftragsabwicklung), Service, Lager (Wareneingang, Versand), extern Nichtzutreffendes streichen

**③ Wann ist das Problem aufgetreten?**
Datum:

**④ Was für ein Problem ist aufgetreten?**

**⑤ Was ist die Ursache des Problems?**

**⑥ Welche Maßnahme ist erforderlich?**

| ⑦ Maßnahme zu erledigen bis: | Durch Mitarbeiter: | Wirksamkeit der Maßnahme überprüft durch / am: |
|---|---|---|
| ⑧ Übernahme in die messbaren Qualitätsziele: **Ja / Nein** | Geschätzte Kosten / Einsparung: | Benötigte Zeit: |

Alle Angaben können stichpunktartig eingetragen werden. Ausformulierte Sätze sind nicht erforderlich. Die für den auditierten **Funktionsbereich** verantwortliche Leitung muss sicherstellen, dass Maßnahmen ohne ungerechtfertigte Verzögerung zur Beseitigung erkannter Fehler und ihrer Ursachen ergriffen werden.

**Dokument:** Bild 5.38 QM_Korrektur-und Vorbeugungsmaßnahmen_1.doc
© BSBE European Business School for Business Excellence Ltd. 2014,
Freigegeben: Klaus Mustermann, Datum: 05.01.2014, Handelsunternehmen 1
Seite 1 von 1

**BILD 5.38** Formular: QM: Korrektur- und Vorbeugungsmaßnahmen

### QM: Vorbeugungsmaßnahmen (dV)

Mit diesem dokumentierten Verfahren wird die Durchführung der Vorbeugungsmaßnahmen prozessorientiert beschrieben (Bild 5.39).

In der zweiten Tabellenzeile wird erläutert, dass die Vorbeugungsmaßnahmen durch die Arbeitsaufgaben oder durch die dokumentierten Verfahren ausgelöst werden. Es muss eine Analyse der Daten aus dem Formular *QM: Korrektur- und Vorbeugungsmaßnahmen* durchgeführt und dann die weitere Vorgehensweise in diesem Formular protokolliert werden.

Die Vorbeugungs- oder Verbesserungsmaßnahmen müssen analysiert werden. Die für den betroffenen **Funktionsbereich** verantwortliche Leitung muss sicherstellen, dass Maßnahmen ohne ungerechtfertigte Verzögerung zur Beseitigung erkannter Fehler und ihrer Ursachen ergriffen werden.

Weiter muss festgelegt werden, wer die durchgeführten Vorbeugungs- oder Verbesserungsmaßnahmen kontrolliert.

Aus diesen Daten können neue messbare Qualitätsziele und Kennzahlen entstehen.

WECHSELWIRKUNG  Aus diesem dokumentierten Verfahren wird eventuell auf weitere Arbeitsaufgaben und dokumentierte Verfahren verwiesen (Wechselwirkung). Eine detaillierte Beschreibung erfolgt in diesen Dokumenten.

## 5.9 Ständige Verbesserung des QM-Systems (dV)

### QM: Vorbeugungsmaßnahmen (dV)

| Tätigkeit / Prozessschritte | E/D Füh-rung | D Ver-trieb Innend. | D Ver-trieb Techn. | D Ver-trieb Außend. | D Ein-kauf, Logis-tik, Auf-trags-abw. | D Ser-vice | D WE, La-ger, Ver-sand | D Ex-tern | Wechselwirkung / Checkliste | Dokumentation |
|---|---|---|---|---|---|---|---|---|---|---|
| **Vorbeugungsmaßnahmen planen, festlegen und umsetzen** | | | | | | | | | | |
| Vorbeugungsmaßnahmen durch Arbeitsaufgaben oder dokumentierte Verfahren auslösen | X | X | X | X | X | X | X | (X) | | • |
| Ursachenanalyse durchführen | X | X | X | X | X | X | X | (X) | **Prüfen:** In welchem Funktions-bereich ist das Problem aufgetreten? Wann ist das Problem aufgetreten? Was für ein Problem ist aufgetreten? Warum ist das Problem aufgetreten? | • Korrektur- und Vorbeugungsmaß-nahmen |
| Ermittlung potenzieller Fehler und ihrer Ursachen | X | | | | | | | | **Prüfen:** Um welche Art der Maßnahme handelt es sich (Vorbeugungs-maßnahme, Verbesse-rung)? Welche Verbesserung ist möglich? | • Korrektur- und Vorbeugungsmaß-nahmen |
| Beurteilung des Handlungsbe-darfs, um das Auftreten von Fehlern zu verhindern | X | | | | | | | | **Prüfen:** Wie viel Zeit ist erfor-derlich? Wie hoch sind die Kosten? Ist eine Vorbeugung erforderlich? Steht der Aufwand, das Problem zu lösen, in einem sinnvollen Kos-ten-Nutzen-Verhältnis? | • Korrektur- und Vorbeugungsmaß-nahmen |
| Ermittlung und Verwirklichung der erforderlichen Maßnahmen | X | | | | | | | | **Prüfen:** Wer führt die Umset-zung durch? | • Korrektur- und Vorbeugungsmaß-nahmen |
| Aufzeichnung der Ergebnisse der ergriffenen Maßnahmen | (X) | X | X | X | X | X | X | (X) | **Prüfen:** Ist die Übernahme der Daten in die messbaren Ziele erforderlich? | • Korrektur- und Vorbeugungsmaß-nahmen • Messbare Ziele |
| Bewertung der ergriffenen Vor-beugungsmaßnahmen | (X) | X | X | X | X | X | X | (X) | **Prüfen:** Wer prüft die Umset-zung? | • Korrektur- und Vorbeugungsmaß-nahmen • Interne Audits |
| **Nachfolgende Tätigkeiten werden nur bei Bedarf durchgeführt.** | | | | | | | | | | |
| Daten in messbare Qualitätsziele übernehmen | X | | | | | | | | **Prüfen:** Daten in die messbaren Qualitätsziele über-nommen **Arbeitsaufgabe (AA):** QM: Messbare Qualitäts-ziele | • Messbare Quali-tätsziele |

| Ständige Verbesserung: | **Methode:** Vorbeugungsmaßnahmen durchführen  **Informationen:** Korrektur- und Vorbeugungsmaßnahmen, messbare Qualitätsziele |
|---|---|

**Dokument:** Bild 5.39 QM_Vorbeugungsmaßnahmen.doc
© BSBE European Business School for Business Excellence Ltd. 2014,
Freigegeben: Klaus Mustermann, Datum: 05.01.2014, Handelsunternehmen 1

**BILD 5.39** QM: Vorbeugungsmaßnahmen (dV) (Ausschnitt)

## 5.10 DOKUMENTATION DES QM-SYSTEMS (DV)

Für die Dokumentation des QM-Systems werden folgende dokumentierte Verfahren prozessorientiert beschrieben:

1. QM: Lenkung von Dokumenten (dV)
2. QM: Lenkung von Aufzeichnungen (dV)
3. QM: Norm-Kapitel: Arbeitsaufgaben (AA)/dokumentierte Verfahren (dV)

### QM: Lenkung von Dokumenten (dV)

Mit diesem dokumentierten Verfahren wird die Lenkung der Dokumente prozessorientiert beschrieben (Bild 5.40).

**Dokumente sind veränderlich, entweder durch die Organisation selbst oder durch den Ersteller.**

Die Dokumente sind aufgeteilt in:

1. **Dokumente, die von der Organisation als notwendig eingestuft werden:** Dazu zählen Arbeitsaufgaben, dokumentierte Verfahren und Formulare.
   Dokumente können von der Organisation geändert werden.

In der Dokumentationsmatrix sind die von der Organisation zu der Sicherstellung der wirksamen Planung, Durchführung und Lenkung der Prozesse als notwendig eingestuften Dokumente eingetragen.

**Änderungen** werden durch „Freigegeben" mit Name und Datum in der Fußzeile gekennzeichnet. In der Dokumentationsmatrix ist das aktuelle Freigabedatum eingetragen.

2. **Dokumente externer Herkunft:** Dazu zählen Normen, Sicherheitsdatenblätter usw.
   **Dokumente externer Herkunft können nur durch den Ersteller geändert werden.**

In der Dokumentationsmatrix sind die von der Organisation zu der Sicherstellung der wirksamen Planung, Durchführung und Lenkung der Prozesse als notwendig eingestuften Dokumente externer Herkunft eingetragen.

Die Dokumente dürfen grundsätzlich keine handschriftlichen Änderungen enthalten. Entweder sind die Dokumente ausgedruckt, ohne handschriftliche Änderungen, oder stehen elektronisch zur Verfügung. Mit einer Mitteilung werden die neuen gültigen Dokumente verteilt.

Weiter muss festgelegt werden, was mit den Dokumenten passieren muss, wenn sie nicht mehr gültig sind. Dies muss durch die Organisation festgelegt werden. Die Norm ermöglicht auch, dass die Dokumente vernichtet werden, wenn sie nicht mehr gültig sind. Ansonsten sind die ungültigen Dokumente zu kennzeichnen, damit keine Verwechselung mit den aktuellen Dokumenten erfolgt. Deshalb sollten die Mitarbeiter darüber informiert werden, dass sie selbst keine eigenen Kopien erstellen dürfen, damit nicht aus Versehen die ungültigen Dokumente genutzt werden. Dies gilt für die Papierform und die elektronische Form.

**WECHSELWIRKUNG** Aus diesem dokumentierten Verfahren wird eventuell auf weitere Arbeitsaufgaben und dokumentierte Verfahren verwiesen (Wechselwirkung). Eine detaillierte Beschreibung erfolgt in diesen Dokumenten.

## 5.10 Dokumentation des QM-Systems (dV)

**QM: Lenkung von Dokumenten (dV)**

| Tätigkeit / Prozessschritte | E/D Führ-ung | D Ver-trieb Innend. | D Ver-trieb Techn. | D Ver-trieb Außend. | D Einkauf, Logistik, Auftragsabw. | D Service | D WE, Lager, Versand | D Extern | Wechselwirkung / Checkliste | Dokumentation |
|---|---|---|---|---|---|---|---|---|---|---|
| **Lenkung von Dokumenten planen, festlegen und umsetzen** | | | | | | | | | | |
| Die vom Qualitätsmanagementsystem geforderten Dokumente festlegen | X | X | X | X | X | X | X | | In der Dokumentationsmatrix sind die vom Qualitätsmanagementsystem geforderten Dokumente eingetragen. | • Dokumentationsmatrix |
| Die von der Organisation zur Sicherstellung der wirksamen Planung, Durchführung und Lenkung der Prozesse als notwendig eingestuften Dokumente festlegen | X | X | X | X | X | X | X | | In der Dokumentationsmatrix sind die von der Organisation zu der Sicherstellung der wirksamen Planung, Durchführung und Lenkung der Prozesse als notwendig eingestuften Dokumente eingetragen. | • Dokumentationsmatrix |
| Die von der Organisation zur Sicherstellung der wirksamen Planung, Durchführung und Lenkung der Prozesse als notwendig eingestuften <u>Dokumente externer Herkunft</u> festlegen | X | X | X | X | X | X | X | X | In der Dokumentationsmatrix sind die von der Organisation zu der Sicherstellung der wirksamen Planung, Durchführung und Lenkung der Prozesse als notwendig eingestuften Dokumente externer Herkunft eingetragen. | • Dokumentationsmatrix |
| Dokumente externer Herkunft kennzeichnen und Verteilung lenken | (X) | X | X | X | X | X | X | X | Durch den Ersteller der Dokumente externer Herkunft wird der aktuelle Status gekennzeichnet. Ungültige Dokumente externer Herkunft werden gekennzeichnet (durchgestrichen und im Ordner abgeheftet oder in einem gesonderten Bereich im EDV-System abgespeichert). Dadurch kann es keine Verwechslung mit den aktuellen Dokumenten externer Herkunft geben. | • Dokument (externer Herkunft) <br> • Dokumentationsmatrix |
| Dokumente lesbar und leicht erkennbar erhalten | (X) | X | X | X | X | X | X | | Die Dokumente dürfen grundsätzlich keine handschriftlichen Änderungen enthalten. Entweder sind die Dokumente ausgedruckt, ohne handschriftliche Änderungen, oder stehen elektronisch zur Verfügung. | • Dokument (Handbuch) <br> • Dokument (AA) <br> • Dokument (dV) <br> • Dokument (Formular) <br> • Dokument (externer Herkunft) <br> • Dokumentationsmatrix |
| Dokumente bewerten, aktualisieren und genehmigen | (X) | X | X | X | X | X | X | | Beim internen Audit oder bei Bedarf werden die Dokumente bewertet, ob eine Aktualisierung erforderlich ist. **Dokumentiertes Verfahren (dV):** QM: Internes Audit | • Dokument (Handbuch) <br> • Dokument (AA) <br> • Dokument (dV) <br> • Dokument (Formular) <br> • Dokument (externer Herkunft) <br> • Dokumentationsmatrix |

**Dokument:** Bild 5.40 QM_Lenkung von Dokumenten.doc
© BSBE European Business School for Business Excellence Ltd. 2014,
Freigegeben: Klaus Mustermann, Datum: 05.01.2014, Handelsunternehmen 1
Seite 1 von 3

**BILD 5.40** QM: Lenkung von Dokumenten (dV) (Ausschnitt)

### Formular: Dokumentationsmatrix – Teil 1

Mit diesem Formular werden die internen Dokumente, die Dokumente externer Herkunft und die Aufzeichnungen festgelegt, die die Organisation als notwendig eingestuft hat (Bild 5.41).

Das Formular ist in **unterschiedliche Teilbereiche** aufgeteilt.

In der Dokumentationsmatrix werden die von der Organisation zu der Sicherstellung der wirksamen Planung, Durchführung und Lenkung der Prozesse als **notwendig eingestuften Dokumente** eingetragen.

In der Dokumentationsmatrix werden die von der Organisation zu der Sicherstellung der wirksamen Planung, Durchführung und Lenkung der Prozesse als **notwendig eingestuften Dokumente externer Herkunft** eingetragen.

Die Aufteilung erfolgt in

1. das Handbuch (das Handbuch besteht nur aus einer Seite),
2. die Arbeitsaufgaben mit der Unterteilung in die *Funktionsbereiche* (blau),
3. das Qualitätsmanagement,
4. die dokumentierten Verfahren,
5. die Formulare,
6. die Dokumente externer Herkunft und
7. „Freigegeben/Datum", diese Daten dokumentieren die Aktualität des entsprechenden Dokumentes und durch wen es freigegeben werden muss.

Bei dieser Organisationsgröße ist das Qualitätsmanagement **keine** eigene Organisationseinheit.

Die Dokumente dürfen grundsätzlich keine handschriftlichen Änderungen enthalten. Entweder sind die Dokumente ausgedruckt, ohne handschriftliche Änderungen, oder stehen elektronisch zur Verfügung. Mit einer Mitteilung werden die neuen gültigen Dokumente verteilt.

Weiter muss festgelegt werden, was mit den Dokumenten passieren muss, wenn sie nicht mehr gültig sind. Dies muss durch die Organisation festgelegt werden. Die Norm ermöglicht auch, dass die Dokumente vernichtet werden, wenn sie nicht mehr gültig sind. Ansonsten sind die ungültigen Dokumente zu kennzeichnen, damit keine Verwechslung mit den aktuellen Dokumenten erfolgt. Deshalb sollten die Mitarbeiter darüber informiert werden, dass sie selbst keine eigenen Kopien erstellen dürfen, damit nicht aus Versehen die ungültigen Dokumente genutzt werden. Dies gilt für die Papierform und die elektronische Form.

Die Dokumentationsmatrix muss an die eigene Organisation angepasst werden, wenn Sie eigene Dokumente in die Dokumentationsmatrix hinzufügen.

5.10 Dokumentation des QM-Systems (dV)

## QM: Dokumentationsmatrix

## DOKUMENTE QUALITÄTSMANAGEMENT:

| Dokumente: (Handbuch) | Freigegeben | Datum |
|---|---|---|
| A_START-Handbuch-Prozessorientierter Ansatz | Klaus Mustermann | 05.01.2014 |

| Dokumente: Arbeitsaufgaben (AA) | Freigegeben | Datum |
|---|---|---|
| **Vertrieb (Innendienst, Technik, Außendienst) (AA)** | | |
| VERTRIEB: Angebot erstellen / ändern | Klaus Mustermann | 05.01.2014 |
| VERTRIEB: Angebot verfolgen | Klaus Mustermann | 05.01.2014 |
| VERTRIEB: Auftrag erstellen | Klaus Mustermann | 05.01.2014 |
| VERTRIEB: Auftrag ändern / stornieren | Klaus Mustermann | 05.01.2014 |
| VERTRIEB: Reklamation | Klaus Mustermann | 05.01.2014 |
| **Einkauf (Logistik, Auftragsabwicklung) (AA)** | | |
| EINKAUF: Disposition / Anfrage / Preisvergleich / Bestellung | Klaus Mustermann | 05.01.2014 |
| EINKAUF: Bestellung verfolgen | Klaus Mustermann | 05.01.2014 |
| EINKAUF: Lieferanten Auswahl / Beurteilung / Neubeurteilung | Klaus Mustermann | 05.01.2014 |
| EINKAUF: Reklamation / Falschlieferung | Klaus Mustermann | 05.01.2014 |
| **Service (AA)** | | |
| SERVICE: Montage / Wartung / Reparatur / Reklamation in der Werkstatt | Klaus Mustermann | 05.01.2014 |
| SERVICE: Montage / Wartung / Reparatur / Reklamation beim Kunden vor Ort | Klaus Mustermann | 05.01.2014 |
| SERVICE: Überwachungs- und Messmittel verwalten | Klaus Mustermann | 05.01.2014 |
| **Wareneingang / Lager / Versand (AA)** | | |
| WARENEINGANG: Wareneingang aus Service | Klaus Mustermann | 05.01.2014 |
| WARENEINGANG: Wareneingang extern | Klaus Mustermann | 05.01.2014 |
| LAGER: Produkte einlagern / auslagern | Klaus Mustermann | 05.01.2014 |
| LAGER: Inventur | Klaus Mustermann | 05.01.2014 |
| VERSAND: Produkte versenden | Klaus Mustermann | 05.01.2014 |
| **Qualitätsmanagement (AA)** | | |
| QM: Qualitätspolitik | Klaus Mustermann | 05.01.2014 |
| QM: Managementbewertung | Klaus Mustermann | 05.01.2014 |
| QM: Messbare Qualitätsziele | Klaus Mustermann | 05.01.2014 |
| QM: Mitarbeiter Ausbildung / Schulung / Fertigkeiten / Erfahrung | Klaus Mustermann | 05.01.2014 |
| QM: Verantwortung der Leitung | Klaus Mustermann | 05.01.2014 |

| Dokumente: dokumentierte Verfahren (dV) | Freigegeben | Datum |
|---|---|---|
| QM: Norm-Kapitel: Arbeitsaufgaben (AA) / dokumentierte Verfahren (dV) | Klaus Mustermann | 05.01.2014 |
| QM: Internes Audit | Klaus Mustermann | 05.01.2014 |
| QM: Korrekturmaßnahmen | Klaus Mustermann | 05.01.2014 |
| QM: Lenkung fehlerhafter Produkte | Klaus Mustermann | 05.01.2014 |
| QM: Lenkung von Aufzeichnungen | Klaus Mustermann | 05.01.2014 |
| QM: Lenkung von Dokumenten | Klaus Mustermann | 05.01.2014 |
| QM: Vorbeugungsmaßnahmen | Klaus Mustermann | 05.01.2014 |

| Dokumente: (Formular) | Freigegeben | Datum |
|---|---|---|
| EINKAUF: QFD Lieferantenbewertung | Klaus Mustermann | 05.01.2014 |
| SERVICE: Liste Überwachungsmittel / Messmittel | Klaus Mustermann | 05.01.2014 |
| QM: Internes Audit Planbericht | Klaus Mustermann | 05.01.2014 |
| QM: Internes Audit Fragenkatalog | Klaus Mustermann | 05.01.2014 |
| QM: Dokumentationsmatrix | Klaus Mustermann | 05.01.2014 |
| QM: Korrektur- und Vorbeugungsmaßnahmen_1 | Klaus Mustermann | 05.01.2014 |
| QM: Korrektur- und Vorbeugungsmaßnahmen_2 | Klaus Mustermann | 05.01.2014 |
| QM: Managementbewertung | Klaus Mustermann | 05.01.2014 |
| QM: Messbare Qualitätsziele_1 | Klaus Mustermann | 05.01.2014 |
| QM: Messbare Qualitätsziele_2 | Klaus Mustermann | 05.01.2014 |
| QM: Mitarbeiter Maßnahme | Klaus Mustermann | 05.01.2014 |
| QM: Organigramm / Verantwortung | Klaus Mustermann | 05.01.2014 |
| QM: Qualitätspolitik | Klaus Mustermann | 05.01.2014 |

**Dokument:** Bild 5.41 QM_Dokumentationsmatrix.doc
© BSBE European Business School for Business Excellence Ltd. 2014,
Freigegeben: Klaus Mustermann, Datum: 05.01.2014, Handelsunternehmen 1
Seite 2 von 5

**BILD 5.41** Formular: Dokumentationsmatrix (Ausschnitt)

### Formular: Dokumentationsmatrix – Teil 2

Mit diesem Formular werden die internen Dokumente, die Dokumente externer Herkunft und die Aufzeichnungen festgelegt, die die Organisation als notwendig eingestuft hat (Bild 5.42).

Das Formular ist in **unterschiedliche Teilbereiche** aufgeteilt.

In der Dokumentationsmatrix werden die von der Organisation zu der Sicherstellung der wirksamen Planung, Durchführung und Lenkung der Prozesse als **notwendig eingestuften Aufzeichnungen** eingetragen.

Die Aufteilung erfolgt in

4. die Funktionsbereiche (blau),
5. das Qualitätsmanagement und
6. die Aufzeichnungen über Mitarbeiter.

Die Aufzeichnungen können handschriftlich ausgefüllt werden und handschriftliche Vermerke enthalten. Sie können auch ausgedruckt und mit handschriftlichen Vermerken versehen werden oder stehen elektronisch zur Verfügung. Alle handschriftlichen Vermerke müssen leicht lesbar sein.

Die Organisation muss weiter Folgendes festlegen:

7. **Die Kennzeichnung:** der Name der Aufzeichnung; die Zuordnung durch die individuelle Bezeichnung.
8. **Die Aufbewahrung:** in Papierform oder in elektronischer Form.
9. **Den Schutz:** im Schrank, im Regal oder in elektronischer Form mit Kennwort.
10. **Die Wiederauffindbarkeit:** in den Funktionsbereichen in Papierform oder im Ordner in elektronischer Form.
11. **Die Aufbewahrungsfrist:** durch die gesetzliche Aufbewahrungsfrist oder von der Organisation festgelegt.
12. **Die Verfügung:** durch die Funktionsbereiche oder die Mitarbeiter.

Die **Kennzeichnung** ist von der Art der Aufzeichnung abhängig. Die Kennzeichnungen sind der Name der Aufzeichnung: z. B. Zeichnung, Lieferschein, Rechnung, Fertigungsauftrag, Prüfungsprotokoll.

Die **Kennzeichnungen für die Zuordnung** sind z. B. Auftrags-, Kunden-, Artikel-, Chargen-, Zeichnungs-, Rechnungs-, Lieferscheinnummer.

Die Aufzeichnungen müssen lesbar, leicht erkennbar und wiederauffindbar bleiben.

Bei dieser Organisationsgröße ist das Qualitätsmanagement **keine** eigene Organisationseinheit.

Die Dokumentationsmatrix muss an die eigene Organisation angepasst werden, wenn Sie eigene Aufzeichnungen in die Dokumentationsmatrix hinzufügen oder bei Ihnen die Aufzeichnungen anders benannt sind.

## 5.10 Dokumentation des QM-Systems (dV)

### QM: Dokumentationsmatrix

## AUFZEICHNUNGEN:

**Von der Organisation als notwendig eingestuft**

| Kennzeichnung | Aufbewahrung | Schutz | Wiederauffindbarkeit | Aufbewahrungsfrist | Verfügung |
|---|---|---|---|---|---|
| Die Kennzeichnung ist von der Art der Aufzeichnung abhängig. Kennzeichnungen sind der Name der Aufzeichnung: z. B. Zeichnung, Lieferschein, Rechnung, Service, Maschinenkarte, Prüfungsprotokoll usw. Kennzeichnungen für die Zuordnung sind z. B. Auftrags-Nr., Kunden-Nr., Artikel-Nr., Maschinen-Nr., Zeichnungs-Nr., Rechnungs-Nr., Lieferschein-Nr. usw. | In Ordnern in Papierform in den **Funktionsbereichen** oder in der zentralen Ablage<br><br>Elektronischer Ordner im EDV-System | Im Schrank, Regal (abschließbar / nicht abschließbar)<br><br>EDV-System mit Kennwort | In Ordnern in Papierform in den **Funktionsbereichen** oder in der zentralen Ablage<br><br>Im EDV-System in elektronischen Ordnern | Gesetzliche Aufbewahrungsfrist<br><br>Von der Organisation festgelegte Aufbewahrungsfrist | **Funktionsbereiche**<br><br>Mitarbeiter |
| **Vertrieb (Innendienst, Technik, Außendienst)** | | | | | |
| Anfrage | Papier/EDV | Papier/EDV | Vertrieb/EDV | 5 Jahre | Vertrieb |
| Pflichtenheft (Eigentum der Organisation) | Papier/EDV | Papier/EDV | Vertrieb/EDV | 10 Jahre | Vertrieb |
| Kalkulation | Papier/EDV | Papier/EDV | Vertrieb/EDV | 10 Jahre | Vertrieb |
| Angebot | Papier/EDV | Papier/EDV | Vertrieb/EDV | 10 Jahre | Vertrieb |
| Zeichnung des Kunden | Papier/EDV | Papier/EDV | Vertrieb/EDV | 10 Jahre | Vertrieb |
| Auftrag | Papier/EDV | Papier/EDV | Vertrieb/EDV | 10 Jahre | Vertrieb |
| Auftragsbestätigung (bei Bedarf) | Papier/EDV | Papier/EDV | Vertrieb/EDV | 10 Jahre | Vertrieb |
| Maschinenkarte | Papier/EDV | Papier/EDV | Vertrieb/EDV | 10 Jahre | Vertrieb |
| Faxe | Papier/EDV | Papier/EDV | Vertrieb/EDV | 10 Jahre | Vertrieb |
| E-Mail | Papier/EDV | Papier/EDV | Vertrieb/EDV | 10 Jahre | Vertrieb |
| Lieferschein | Papier/EDV | Papier/EDV | Vertrieb/EDV | 10 Jahre | Vertrieb |
| Rechnung | Papier/EDV | Papier/EDV | Vertrieb/EDV | 10 Jahre | Vertrieb |
| Gutschrift | Papier/EDV | Papier/EDV | Vertrieb/EDV | 10 Jahre | Vertrieb |
| Reklamation | Papier/EDV | Papier/EDV | Vertrieb/EDV | 10 Jahre | Vertrieb |
| Kostenaufstellung | Papier/EDV | Papier/EDV | Vertrieb/EDV | 10 Jahre | Vertrieb |
| **Einkauf (Logistik, Auftragsabwicklung)** | | | | | |
| EINKAUF: QFD Lieferantenbewertung | EDV | EDV | Einkauf/EDV | Bis zur Neuerstellung | Einkauf |
| Anschreiben Fehlerhäufigkeit | Papier/EDV | Papier/EDV | Einkauf/EDV | 10 Jahre | Einkauf |
| Antwortschreiben Fehlerhäufigkeit | Papier/EDV | Papier/EDV | Einkauf/EDV | 10 Jahre | Einkauf |
| Anfrage | Papier/EDV | Papier/EDV | Einkauf/EDV | 10 Jahre | Einkauf |
| Angebot | Papier/EDV | Papier/EDV | Einkauf/EDV | 10 Jahre | Einkauf |
| Bestellung / Rahmenauftrag | Papier/EDV | Papier/EDV | Einkauf/EDV | 10 Jahre | Einkauf |
| Auftragsbestätigung | Papier/EDV | Papier/EDV | Einkauf/EDV | 10 Jahre | Einkauf |
| Disposition / Statistik | EDV | EDV | EDV | Bis zur Aktualisierung | Einkauf |
| Faxe | Papier/EDV | Papier/EDV | Einkauf/EDV | 10 Jahre | Einkauf |
| E-Mail | Papier/EDV | Papier/EDV | Einkauf/EDV | 10 Jahre | Einkauf |
| Lieferschein | Papier/EDV | Papier/EDV | Einkauf/EDV | 10 Jahre | Einkauf |
| Lieferschein (Kundeneigentum) | Papier/EDV | Papier/EDV | Einkauf/EDV | 10 Jahre | Einkauf |
| Lieferschein (Lieferant externe Bearbeitung) | Papier/EDV | Papier/EDV | Einkauf/EDV | 10 Jahre | Einkauf |
| Materialprüfzertifikate | Papier/EDV | Papier/EDV | Einkauf/EDV | Bis zur Neuanforderung | Einkauf |
| Reklamation | Papier/EDV | Papier/EDV | Einkauf/EDV | 10 Jahre | Einkauf |
| Kostenaufstellung | Papier/EDV | Papier/EDV | Einkauf/EDV | 10 Jahre | Einkauf |
| Rechnung | Papier/EDV | Papier/EDV | Einkauf/EDV | 10 Jahre | Einkauf |
| Gutschrift | Papier/EDV | Papier/EDV | Einkauf/EDV | 10 Jahre | Einkauf |
| Unterlagen des Maschinenherstellers | Papier/EDV | Papier/EDV | Einkauf/EDV | Bis zum Verkauf der Maschine | Einkauf |
| Inventurliste | Papier/EDV | Papier/EDV | Einkauf/EDV | 10 Jahre | Einkauf |
| **Service** | | | | | |
| SERVICE: Liste Überwachungsmittel / Messmittel | EDV | EDV | Service/EDV | Bis zur Aktualisierung | Service |

**Dokument:** Bild 5.42 QM_Dokumentationsmatrix.doc
© BSBE European Business School for Business Excellence Ltd. 2014,
Freigegeben: Klaus Mustermann, Datum: 05.01.2014, Handelsunternehmen 1

**BILD 5.42** Formular: Dokumentationsmatrix (Ausschnitt)

### QM: Lenkung von Aufzeichnungen (dV)

Mit diesem dokumentierten Verfahren wird die Lenkung der Aufzeichnungen prozessorientiert beschrieben (Bild 5.43).

**Die Aufzeichnungen können nach der Erledigung der erforderlichen Tätigkeiten von der Organisation nicht mehr verändert werden.**

In der Dokumentationsmatrix sind die von der Organisation zu der Sicherstellung der wirksamen Planung, Durchführung und Lenkung der Prozesse als **notwendig eingestuften Aufzeichnungen** eingetragen.

Die Aufzeichnungen können handschriftlich ausgefüllt werden und handschriftliche Vermerke enthalten. Sie können auch ausgedruckt und mit handschriftlichen Vermerken versehen werden oder stehen elektronisch zur Verfügung. Alle handschriftlichen Vermerke müssen leicht lesbar sein.

Die Organisation muss weiter Folgendes festlegen:

1. die Kennzeichnung,
2. die Aufbewahrung,
3. den Schutz,
4. die Wiederauffindbarkeit,
5. die Aufbewahrungsfrist,
6. die Verfügung über Aufzeichnungen.

Die Aufzeichnungen müssen lesbar, leicht erkennbar und wiederauffindbar bleiben.

**WECHSELWIRKUNG** Aus diesem dokumentierten Verfahren wird eventuell auf weitere Arbeitsaufgaben und dokumentierte Verfahren verwiesen (Wechselwirkung). Eine detaillierte Beschreibung erfolgt in diesen Dokumenten.

## 5.10 Dokumentation des QM-Systems (dV)

**QM: Lenkung von Aufzeichnungen (dV)**

| Tätigkeit / Prozessschritte | E/D Führung | D Vertrieb Innend. | D Vertrieb Techn. | D Vertrieb Außend. | D Einkauf, Logistik, Auftragsabw. | D Service | D WE, Lager, Versand | D Extern | Wechselwirkung / Checkliste | Dokumentation |
|---|---|---|---|---|---|---|---|---|---|---|
| **Lenkung von Aufzeichnungen planen, festlegen und umsetzen** | | | | | | | | | | |
| Die vom Qualitätsmanagementsystem geforderten Aufzeichnungen festlegen | X | (X) | (X) | (X) | (X) | (X) | (X) | | In der Dokumentationsmatrix sind die vom Qualitätsmanagementsystem geforderten Aufzeichnungen eingetragen. | • Aufzeichnungen<br>• Dokumentationsmatrix |
| Die von der Organisation zur Sicherstellung der wirksamen Planung, Durchführung und Lenkung der Prozesse als notwendig eingestuften Aufzeichnungen festlegen | X | (X) | (X) | (X) | (X) | (X) | (X) | | In der Dokumentationsmatrix sind die von der Organisation zu der Sicherstellung der wirksamen Planung, Durchführung und Lenkung der Prozesse als notwendig eingestuften Aufzeichnungen eingetragen. | • Aufzeichnungen<br>• Dokumentationsmatrix |
| Aufzeichnungen lesbar und leicht erkennbar erhalten | X | X | X | X | X | X | X | | Die Aufzeichnungen können handschriftlich ausgefüllt werden. Die Aufzeichnungen können handschriftliche Vermerke enthalten. Die Aufzeichnungen können ausgedruckt und mit handschriftlichen Vermerken versehen werden oder stehen elektronisch zur Verfügung. Alle handschriftlichen Vermerke müssen leicht lesbar sein. | • Aufzeichnungen<br>• Dokumentationsmatrix |
| Kennzeichnung festlegen | X | (X) | (X) | (X) | (X) | (X) | (X) | | Die Kennzeichnung ist von der Art der Aufzeichnung abhängig. <u>Kennzeichnungen sind der Name der Aufzeichnung:</u> z. B. Zeichnung, Lieferschein, Rechnung, Serviceauftrags-Nr., Prüfungsprotokoll usw. <u>Kennzeichnungen für die Zuordnung sind</u> z. B. Auftrags-Nr., Kunden-Nr., Artikel-Nr., Chargen-Nr., Zeichnungs-Nr., Rechnungs-Nr., Lieferschein-Nr. usw. Die Aufzählungen sind nicht vollständig. In der Dokumentationsmatrix sind die entsprechenden Aufzeichnungen aufgeführt. | • Aufzeichnungen<br>• Dokumentationsmatrix |
| Aufbewahrung festlegen | X | (X) | (X) | (X) | (X) | (X) | (X) | | Die Aufbewahrung erfolgt in Ordnern in der Fachabteilung oder elektronisch im EDV-System. | • Aufzeichnungen<br>• Dokumentationsmatrix |

**Dokument:** Bild 5.43 QM_Lenkung von Aufzeichnungen.doc
© BSBE European Business School for Business Excellence Ltd. 2014,
Freigegeben: Klaus Mustermann, Datum: 05.01.2014, Handelsunternehmen 1
Seite 1 von 3

**BILD 5.43** QM: Lenkung von Aufzeichnungen (dV) (Ausschnitt)

## QM: Norm-Kapitel: Arbeitsaufgaben (AA)/dokumentierte Verfahren (dV)

Das dokumentierte Verfahren ordnet das Handbuch, die Arbeitsaufgaben und die dokumentierten Verfahren der DIN EN ISO 9001:2008 zu (Bild 5.44).

**Prozessorientierung bedeutet:** *Nicht die Organisation ist der Norm anzupassen, sondern die Norm ist als „Checkliste" zu nutzen, um das Tagesgeschäft störungsfreier bewältigen und die Kundenanforderungen erfüllen zu können.*

Daher wurde auch **keine Nummerierung** der Arbeitsaufgaben oder der dokumentierten Verfahren durchgeführt, um einen Bezug zur Norm herzustellen.

Der Bezug zur Norm wird durch dieses dokumentierte Verfahren hergestellt. Die Tabelle ist dazu in **zwei Spalten** aufgeteilt:

1. **Norm-Kapitel:** Hier sind die Norm-Kapitel der DIN EN ISO 9001:2008 aufgeführt. Bei den (gelb) markierten Norm-Kapiteln fordert die Norm dokumentierte Verfahren.
2. **Umsetzung:** mit den Arbeitsaufgaben und den dokumentierten Verfahren. Zusätzlich wurden erklärende Texte eingefügt.

Wenn Sie Änderungen in der Bezeichnung der Arbeitsaufgaben oder in der Bezeichnung der dokumentierten Verfahren durchführen, dann muss **dieses** dokumentierte Verfahren ebenfalls geändert werden. Dies gilt auch, wenn Sie eigene Dokumente in das Qualitätsmanagement einfügen.

Damit ist die Umsetzung der Norm in der Organisation festgelegt und umgesetzt.

WECHSELWIRKUNG — Aus diesem dokumentierten Verfahren wird eventuell auf weitere Arbeitsaufgaben und dokumentierte Verfahren verwiesen (Wechselwirkung). Eine detaillierte Beschreibung erfolgt in diesen Dokumenten.

## 5.10 Dokumentation des QM-Systems (dV)

**QM: Norm-Kapitel: Arbeitsaufgaben (AA) / dokumentierte Verfahren (dV)**

| Norm-Kapitel | Arbeitsaufgaben (AA) / Dokumentierte Verfahren (dV) |
|---|---|
| **4 Qualitätsmanagementsystem** | • |
| 4.1 Allgemeine Anforderungen | • A_START-Handbuch-Prozessorientierter Ansatz<br>• Die erforderlichen Prozesse wurden in **obigem** Handbuch mit dem prozessorientierten Ansatz festgelegt.<br>• Die Abfolge und Wechselwirkungen wurden in den Arbeitsaufgaben und in den dokumentierten Verfahren festgelegt.<br>• Die erforderlichen Kriterien und Methoden wurden in den Arbeitsaufgaben und in den dokumentierten Verfahren festgelegt.<br>• Die Verfügbarkeit von Ressourcen und Informationen wurde in den Arbeitsaufgaben und in den dokumentierten Verfahren festgelegt.<br>• Die erforderliche Überwachung, Analyse und Messung der Prozesse wurden in den Arbeitsaufgaben und in den dokumentierten Verfahren festgelegt.<br>• Die erforderlichen Maßnahmen, um die geplanten Ergebnisse sowie eine ständige Verbesserung der Prozesse zu erreichen, wurden in den Arbeitsaufgaben und in den dokumentierten Verfahren festgelegt.<br>• Die Ausgliederung von Prozessen ist in den betreffenden Arbeitsaufgaben festgelegt. |
| 4.2 Dokumentationsanforderungen | • |
| 4.2.1 Allgemeines | • QM: Qualitätspolitik (AA)<br>• QM: Messbare Qualitätsziele (AA)<br>•<br>• A_START-Handbuch-Prozessorientierter Ansatz<br>•<br>• QM: Internes Audit (dV)<br>• QM: Korrekturmaßnahmen (dV)<br>• QM: Lenkung fehlerhafter Produkte (dV)<br>• QM: Lenkung von Aufzeichnungen (dV)<br>• QM: Lenkung von Dokumenten (dV)<br>• QM: Vorbeugungsmaßnahmen (dV)<br>•<br>• QM: Dokumentationsmatrix (Formular) |
| 4.2.2 Qualitätsmanagementhandbuch | A_START-Handbuch-Prozessorientierter Ansatz<br>Der Anwendungsbereich des Qualitätsmanagementsystems und die Ausschlüsse wurden in dem **oben** aufgeführten Dokument dargestellt. **Das Qualitätsmanagementhandbuch besteht aus einer Seite.** Aus dieser Seite wird auf die Arbeitsaufgaben und die dokumentierten Verfahren verwiesen. Die Beschreibung der Wechselwirkungen der Prozesse wird in den Arbeitsaufgaben und in den dokumentierten Verfahren dargestellt. |
| ==4.2.3 Lenkung von Dokumenten== | • QM: Lenkung von Dokumenten (dV) |
| ==4.2.4 Lenkung von Aufzeichnungen== | • QM: Lenkung von Aufzeichnungen (dV) |
| **5 Verantwortung der Leitung** | • |
| 5.1 Selbstverpflichtung der Leitung | • QM: Verantwortung der Leitung (AA) |
| 5.2 Kundenorientierung | • QM: Verantwortung der Leitung (AA)<br>Weitere Informationen werden aus Telefongesprächen, Messebesuchen, Umsatzanalysen, Gutschriften ermittelt. |
| 5.3 Qualitätspolitik | • QM: Verantwortung der Leitung (AA)<br>• QM: Qualitätspolitik (AA) |
| 5.4 Planung | • |
| 5.4.1 Qualitätsziele | • QM: Verantwortung der Leitung (AA)<br>• QM: Messbare Qualitätsziele (AA) |
| 5.4.2 Planung des Qualitätsmanagementsystems | • QM: Verantwortung der Leitung (AA) |
| 5.5 Verantwortung, Befugnis und Kommunikation | |
| 5.5.1 Verantwortung und Befugnis | • |
| 5.5.2 Beauftragter der obersten Leitung | • QM: Verantwortung der Leitung (AA) |
| 5.5.3 Interne Kommunikation | • QM: Verantwortung der Leitung (AA) |
| 5.6 Managementbewertung | • QM: Verantwortung der Leitung (AA) |
| 5.6.1 Allgemeines | • QM: Verantwortung der Leitung (AA)<br>• QM: Managementbewertung (AA) |
| 5.6.2 Eingaben für die Bewertung | • QM: Verantwortung der Leitung (AA)<br>• QM: Managementbewertung (AA) |
| 5.6.3 Ergebnisse der Bewertung | • QM: Verantwortung der Leitung (AA)<br>• QM: Managementbewertung (AA) |
| **6 Management von Ressourcen** | |
| 6.1 Bereitstellung von Ressourcen | • QM: Verantwortung der Leitung (AA) |
| 6.2 Personelle Ressourcen | |
| 6.2.1 Allgemeines | • QM: Verantwortung der Leitung (AA) |
| 6.2.2 Kompetenz, Schulung und Bewusstsein | • QM: Verantwortung der Leitung (AA)<br>• QM: Mitarbeiter Ausbildung / Schulung / Fertigkeiten / Erfahrung (AA) |
| 6.3 Infrastruktur | Die erforderliche Infrastruktur wurde ermittelt und ist vorhanden.<br>• QM: Verantwortung der Leitung (AA) |
| 6.4 Arbeitsumgebung | Die erforderliche Arbeitsumgebung wurde ermittelt und ist vorhanden.<br>• QM: Verantwortung der Leitung (AA) |
| **7 Produktrealisierung** | |

**Dokument:** Bild 5.44 QM_Norm_Arbeitsaufgaben_dokumentierte Verfahren.doc
© BSBE European Business School for Business Excellence Ltd. 2014,
Freigegeben: Klaus Mustermann, Datum: 05.01.2014, Handelsunternehmen 1
Seite 1 von 3

**BILD 5.44** QM: QM: Norm-Kapitel: Arbeitsaufgaben (AA) / dokumentierte Verfahren (dV) (Ausschnitt)

# ■ HINWEISE ZUR CD

Die CD startet automatisch und läuft problemlos auf:

- Windows 2000, Windows XP, Windows Vista, Windows 7 oder höher,
- Prozessor: Pentium 4 (oder Equivalent, 120 MHz) oder höher,
- 32 MB RAM oder höher,
- 1024 × 768-Display mit 16 Bit oder höher.

Sie können bequem die Daten von der CD starten und die Dateien in Ihre gewünschten Verzeichnisse abspeichern. Legen Sie die CD in das entsprechende Laufwerk, es erscheint dann automatisch die Startmaske (Bild).

**Bild** Easy ISO – Startmaske

Die CD ist entsprechend dem Buch gegliedert. Die Darstellung der Arbeitsaufgaben und dokumentierten Verfahren erfolgt in Tabellenform mit Microsoft® Office Word 97–2003, ohne dass zusätzliche grafische Elemente und Pfeile eingefügt werden müssen und somit ein doppelter Aufwand entsteht.

Die gleichen Dateien, die in die CD eingebunden sind, finden Sie auch in dem Ordner „Alle_Daten": Die Texte, z. B. Angebot erstellen, ändern, sind bei diesen Daten mit einem Hyperlink versehen. Sie verzweigen direkt aus der Unternehmenslandkarte (A_START-Handbuch-Prozessorientierter Ansatz.doc) in die Arbeitsaufgaben oder in die dokumentierten Verfahren. Bitte beachten Sie Folgendes: Wenn Sie Word-Dokumente umbenennen oder neue Word-Dokumente in die Unternehmenslandkarte aufnehmen, dann müssen Sie auch den Hyperlink ändern. Ein zusätzliches Texthandbuch ist nicht erforderlich, somit wird der Dokumentationsaufwand erheblich vermindert.

Die Dokumente, die in die Anwendung der CD eingebunden sind (also die Sie direkt aus dem CD-Programm heraus starten), können Sie selbstverständlich auch verändern. Die Einbindung in das Handbuch der CD-Anwendung funktioniert allerdings nur, wenn die Namen unverändert bleiben. Die Hinzunahme weiterer Dateien ist hier allerdings nicht möglich.

Sollte die CD nicht automatisch starten, dann drücken Sie bitte die Anwendungsdatei „Easy_ISO_starten.exe". Sie können auch direkt über den Explorer auf die CD zugreifen und die Daten beliebig abspeichern.

Bei Rückfragen wenden Sie sich bitte an Lisa Hoffmann-Bäuml.

E-Mail: Lisa.Hoffmann@hanser.de.

# INDEX

## D

DIN EN ISO 9000\
- 2005 4
DIN EN ISO 9001\
- 2008 3, 4, 5
Dokumentation des QM-Systems 102, 192, 278, 368

## E

Einkauf 32, 128, 304
- Bestellung verfolgen (AA) 34, 35, 130, 131, 306, 307
- Disposition/Anfrage/Preisvergleich/ Bestellung (AA) 32, 33, 128, 129, 304, 305
- Lieferanten Auswahl/Beurteilung/ Neubeurteilung (AA) 38, 39, 134, 135, 310, 311
- Reklamation/Falschlieferung (AA) 36, 37, 132, 133, 308, 309
Entwicklung 42
- Änderung Serienprodukt (AA) 42, 43
- Sonderprodukt (AA) 46, 47

## F

Fertigung 48, 138
- Fertigungsablauf (AA) 138, 139
  - Serienprodukte/Sonderprodukte (AA) 48, 49
- Instandhaltung der Fertigungseinrichtungen (AA) 50, 51, 140, 141
- Überwachungs- und Messmittel verwalten (AA) 52, 53, 142, 143
Formular
- Dokumentationsmatrix 104, 105, 108, 109, 194, 195, 198, 199, 280, 281, 284, 285, 370, 371, 372, 373
- EINKAUF\
  - QFD Lieferantenbewertung 40, 41, 136, 137, 312, 313
- ENTWICKLUNG\
  - QFD Produkt 12, 13, 14, 15, 44, 45
- FERTIGUNG\
  - Überwachungs- und Messmittel verwalten 54, 55, 144, 145
- QM\Internes Audit
  - Fragenkatalog 92, 93, 182, 183, 268, 269, 358, 359
  - Planbericht 90, 91, 180, 181, 266, 267, 356, 357
  - Korrektur- und Vorbeugungsmaßnahmen 98, 99, 188, 189, 274, 275, 364, 365
- Managementbewertung 82, 83, 172, 173, 258, 259, 348, 349
- Messbare Qualitätsziele_1 76, 77, 166, 167, 252, 253, 342, 343
- Messbare Qualitätsziele_2 78, 79, 168, 169, 254, 255, 344, 345
- Mitarbeiter Maßnahme 86, 87, 176, 177, 262, 263, 352, 353
- Organigramm/Verantwortung 68, 69, 158, 159, 244, 245, 334, 335
- Qualitätspolitik 72, 73, 162, 163, 248, 249, 338, 339
- SERVICE\
  - Überwachungs- und Messmittel verwalten 320, 321
- VERTRIEB-BERATUNG\
  - QFD Insourcing 212, 213
- VERTRIEB-INNENDIENST\
  - QFD Subunternehmerbewertung 228, 229

## G

Grundsätze ordnungsmäßiger Modellierung (GoM) 2

## H

Handbuch 1, 20, 21, 116, 117, 206, 207, 292, 293

## L

Lager 56, 146, 322
- Inventur (AA) 64, 65, 154, 155, 330, 331
- Produkte einlagern/auslagern (AA) 60, 61, 150, 151, 326, 327

## M

Mitarbeiter 84, 174, 260, 350

## Q

QFD-Excel-Arbeitsmappen 12
QM
- Internes Audit (dV) 88, 89, 178, 179, 264, 265, 354, 355
- Korrekturmaßnahmen (dV) 96, 97, 186, 187, 272, 273, 362, 363
- Lenkung fehlerhafter Produkte (dV) 94, 95, 184, 185, 270, 271, 360, 361
- Lenkung von Aufzeichnungen (dV) 106, 107, 196, 197, 282, 283, 374, 375
- Lenkung von Dokumenten (dV) 102, 103, 192, 193, 278, 279, 368, 369
- Managementbewertung (AA) 80, 81, 170, 171, 256, 257, 346, 347
- Messbare Qualitätsziele (AA) 74, 75, 164, 165, 250, 251, 340, 341
- Mitarbeiter Ausbildung/Schulung/ Fertigkeiten/Erfahrung (AA) 84, 85, 174, 175, 260, 261, 350, 351
- Norm-Kapitel\
  - Arbeitsaufgaben (AA)/dokumentierte Verfahren (dV) 110, 111, 200, 201, 286, 287, 376, 377
- Qualitätspolitik (AA) 70, 71, 160, 161, 246, 247, 336, 337
- Verantwortung der Leitung (AA) 66, 67, 156, 157, 242, 243, 332, 333
- Vorbeugungsmaßnahmen (dV) 100, 101, 190, 191, 276, 277, 366, 367
Qualitätsmanagementsystem 3
Qualitätssicherung 9, 10
- Umsetzung in der Organisation 9, 11
Qualitätssicherungssystem 3

## S

Service 230, 314
- Betriebsanalyse (AA) 236, 237
- DV-Projekte (AA) 230, 231
- Individuelle Programmierung (AA) 234, 235
- Mitarbeit in Kunden-DV-Projekten (AA) 232, 233
- Montage/Wartung/Reparatur/Reklamation beim Kunden vor Ort (AA) 316, 317
- Montage/Wartung/Reparatur/Reklamation in der Werkstatt (AA) 314, 315
- Projektmanagement (AA) 240, 241
- Projektplan (AA) 238, 239
- Überwachungs- und Messmittel verwalten (AA) 318, 319
Ständige Verbesserung des QM-Systems 88, 178, 264, 354

## U

Unternehmenslandkarte 20, 21, 116, 117, 206, 207, 292, 293

## V

Verantwortung der Leitung  66, 156, 242, 332
Versand  56, 146, 322
- Produkte versenden (AA)  62, 63, 152, 153, 328, 329

Vertrieb  22, 118, 294
- Angebot erstellen/ändern (AA)  22, 23, 118, 119, 294, 295
- Angebot verfolgen (AA)  24, 25, 120, 121, 296, 297
- Auftrag ändern/stornieren (AA)  28, 29, 124, 125, 300, 301
- Auftrag erstellen (AA)  26, 27, 122, 123, 298, 299
- Beratung  208
  - Angebot erstellen/ändern (AA)  210, 211
  - Angebotsmarketing (AA)  208, 209
  - Angebot verfolgen (AA)  214, 215
  - Reklamation (AA)  220, 221
  - Vertrag ändern/stornieren (AA)  218, 219
  - Vertrag erstellen (AA)  216, 217
- Innendienst  222
  - Bestellung verfolgen (AA)  224, 225
  - Disposition/Anfrage/Preisvergleich/Bestellung (AA)  222, 223
  - Lieferanten Auswahl/Beurteilung/Neubeurteilung (AA)  226, 227
  - Reklamation (AA)  30, 31, 126, 127, 302, 303

## W

Wareneingang  56, 146, 322
- aus Fertigung (AA)  58, 59, 148, 149
- aus Service (AA)  324, 325
- extern (AA)  56, 57, 146, 147, 322, 323

Wechselbeziehung  4, 5, 6
Wechselwirkung  4, 5, 6